기독교문서선교회(Christian Literature Center: 약칭 CLC)는 1941년 영국 콜체스터에서 켄 아담스에 의해 시작되었으며 국제 본부는 미국 필라델피아에 있습니다.
국제 CLC는 59개 나라에서 180개의 본부를 두고, 약 650여 명의 선교사들이 이동 도서차량 40대를 이용하여 문서 보급에 힘쓰고 있으며 이메일 주문을 통해 130여 국으로 책을 공급하고 있습니다. 한국 CLC는 청교도적 복음주의 신학과 신앙 서적을 출판하는 문서선교기관으로서, 한 영혼이라도 구원되길 소망하면서 주님이 오시는 그날까지 최선을 다할 것입니다.

김 영 한 박사
기독교학술원장, 한국개혁신학회 초대회장

"르네 지라르의 질투사회론을 소개한 포스트모던 철학 비판서"

국내에서 르네 지라르 연구의 새 영역을 개척한 저자 정일권 박사가 이 책에서 현대 정치경제학에서 논의되는 자본주의와 시장 경제를 문화인류학적으로 해석하는 지라르의 질투사회론을 소개하고 있다. 지라르식으로 해석하면 오늘날 자본주의를 움직이는 원자로는 '질투의 원자로'이다. 지라르는 평등주의적 현대사회를 차이소멸적인 '위기사회'와 '질투사회'라고 비극적으로 분석하면서 현대의 철학, 정치학, 문화학의 흐름을 정통 기독교 철학의 시각에서 설명해 주고 있다. 이 책은 오늘날 소위 '촛불 혁명'으로 원초적 모방 경쟁적 투쟁이 격화된 한국사회를 위한 올바른 사회 안정의 길을 지라르의 '미메시스 이론'(Mimetic Theory, 모방 이론)을 통하여 제시해 주고 있다.

저자는 황혼기에 접어든 마르크스적인 관점 및 포스트모더니즘 철학과 연계된 네오마르크시즘과 급진좌파 정치경제학에 대하여 지라르의 문화인류학 이론에 기초한 비판적 논의를 통해서 자유민주주의와 자본주의적 시장경제를 '최선의 카테콘'(a best *katechon*)으로 긍정하고 변호한다. 그러면서 한국사회에도 반동적으로 밀려오는 극단적인 포스트모던 철학, 주디스 버틀러(Judith Butler)의 퀴어 이론(queer theory)의 사상적 배경과 동성애 이슈를 문화비판적으로 드러낸다는 점에서 이 책은 오늘날 '21세기 문명 비평서'라고 말할 수 있다.

저자는 지라르가 취한 입장과, 문화정치적 네오마르크시즘 계열에서 볼 수 있는 정치경제학적 유토피아주의의 폭력이나 새로운 전체주의의 위험성을 비판적으로 분석한 칼 포퍼(Karl Popper)의 입장을 계승한다. 칼 포퍼는 전체주의가 시도하는 사회를 급진적으로 재구성하려는 '구성주의의 오류'(Fehler des Konstruktivismus), 사회 전체를 재구성하려는 '유토피아적 사회공학'을 비판하면서, 경험적이고 다원적이고 인간의 가치를 다양하게 표현할 수 있고 비판과 토론이 자유롭게 허용되는 열린 사회(Open Society)를 추구한다. 이는 오늘날 문재인 정권에 들어와 이념적으로 흔들린다는 우려를 받고 있는 한국사회가 가야 할 길이다.

지라르에 의하면, 자본주의와 시장경제는 모방적 욕망으로 인한 내부 갈등과 내부 폭력으로부터 시민들을 보호하고 나아가 시민들의 먹고사는 문제에 대한 욕망을 충족하는 장치다. 자유민주주의와 자본주의적 시장경제는 토마스 홉스(Thomas Hobbes)의 거대한 짐승(리바이어던)인 국가가 '만인에 대한 만인의 투쟁'과 '만인에 대한 만인의 질투'로부터 발생하는 카오스적이고 무정부주의적 혼란과 폭력으로부터 시민들을 보호하는 카테콘(*katechon*)이다.

저자는 지라르의 이러한 입장에 서서, 칼 마르크스의 유토피아주의와 사회구성주의(Konstruktivismus)에서 파생된 동성애 담론인 젠더주의적 퀴어 이론이 생물학적 성(sex)을 '해체'(deconstruct)하고, 사회적 젠더(gender)로 새롭게 '구성'(construct)하려는 포스트모던적 급진 사회구성주의의 반실재주의적이고 반실체주의적 입장을 비판적으로 조명하고 있다.

지라르의 사회분석은 하이데거의 영향을 받은 페터 슬로터다이크(Peter Sloterdijk)의 좌파보수적 포스트모던 철학이나 푸코 등의 영향을 받은 포스트모던 사회론에 대한 대안이 된다. 저자는 루소의 낭만주의 인류학과 유사한 관점을 한병철의 피로사회론(자본주의적, 신자유주의적 피로사회와 성과사회)이나 푸코의 철학에서도 발견한다. 이것은 모방적이고 경쟁적 욕망을 보여주는 창세기 3장의 인간 원죄론과 관련이 있다. 여기에 마르크스적 사회분석론이 보지 못한 지라르의 공헌이 있다고 본다.

저자가 현대 질투사회, 피로사회, 초모방사회 등에 대해서 근본적인 대안으로 제시하고자 하는 것은 한병철의 『피로사회』에서 발견되는 불교적이고 세계 포기적인(world-renouncing) 백치 상태, 멈춤과 비움, 무(無)나 공(空)이 아니라, 막스 베버(Max Weber)가 『프로테스탄트 윤리와 자본주의 정신』에서 분석한 자본주의의 기원과 정신에 존재하는 기독교(특히, 칼빈주의)의 세계 내적 금욕주의(innerweltliche Askese)의 자세다.

저자의 주장에 따르면, 우리는 자본주의라는 현대세계 속에서 살면서도 때로는 모방적 욕망에 대해서 금욕적 자세를 가져야 한다. 저자는 지라르가 차이소멸 혹은 무차별화된 현대사회가 만들어 낸 '폭력적 근접성'의 시대 속에 살아가는 현대인들에게 '창조적 포기'와 '올바른 거리 두기'를 대안적 지혜로 제시했다고 소개한다.

질투사회(Neidgesellschaft)가 21세기 현대 인류에게 새로운 인간 조건(*conditio humana*)이라면, 이제는 모방적 욕망으로 인한 질투심과 르상티망(ressentiment)에 대한 보다 세련되고 섬세한 이해와 성찰이 필요하다고 그 해결의 길을 제시한다. 저자는 욕망의 기원과 기제에 대한 인류학적인 깨달음을 통해서 우리는 보다 성숙한 모습으로 자신의 모방적 '욕망의 꼭두각시'가 아니라, 욕망의 당당한 주체가 되기를 제안한다.

지라르는 현대사회를 차이가 소멸된 무차별화된 시대로 분석하는데, 이런 새로운 인간 조건를 지배하는 것은 '폭력적 근접성'이다. 인간 사회의 불평등 기원을 장 자크 루소(Jean Jacques Rousseau)가 말하는 사유재산이 아니라 호모 미메티쿠스의 모방심리, 경쟁심리, 집단심리 그리고 군중심리로 보는 것은 지라르의 바른 통찰이다. 한병철이 말하는 탈주체화와 탈심리화하는 삶의 기술, 즉 바보 되기가 대안이 아니다. 이는 반유물론적 신비주의로의 지향이요, 신자유주의에 순응일 뿐이다.

'미메시스적 심리치료'(mimetic psychotherapy)는 끝없는 경쟁에 사로잡혀 있는 사람들을 풀어서 그 허구적 집착을 깨닫게 하는 것이다. 폭력과 야만은 모방적 욕망과 불타는 질투심과 르상티망이 분출하는 증오와 혐오로부터 나온다. 지라르는 기독교의 탈신성화와 희생양 메커니즘의 폭로로 인해 비로소 가능해진 현대사회의 당당한 업적을 긍정한다.

"급진 사회구성주의와 반실재주의 비판," "유행으로서의 동성애와 차별금지법 논쟁," "퀴어 이론가 주디스 버틀러 비판," "차별금지법과 포스트모던적 루소주의" 등 이 책의 소제목들하에 오늘날 한국사회에서 논의되는 동성애 퀴어 이론과 차별금지법에 대한 비판적 성찰은 적절하다. 루소, 니체, 하이데거, 푸코, 데리다 등 오늘날 포스트모던 반철학, 급진적 페미니즘, 포스트모던적-후기구조주의적 퀴어 이론, 동성애를 변호하고 인간신(*homo deus*)을 선언하는 유발 하라리의 입장, 그리고 니체와 바타유, 데리다 그리고 푸코 등의 강한 영향을 받은 버틀러에 대한 비판적 성찰 역시 타당하다.

저자는 기독교적 사유를 반영하는 비판적 실재론(critical realism)의 입장에 서서 포스트모던적 급진 사회구성주의(social constructionism)와 해체주의(deconstructionism) 철학, 그리고 독일의 하이데거 영향 속에 있는 슬로터다이크의 니체적-불교적-신이교주의적 관점을 비판하고 있다. 이 점에서 저자는 이 책을 통하여 우리 사회의 문화사상이 가야 할 바른길을 제시해 주고 있다.

첫째, 포스트모던적 퀴어 이론에는 유대-기독교적 문화, 도덕 그리고 철학에 대한 반문화적이고 반철학적인 문화전쟁(Kulturkampf)의 차원이 있다고 바르게 지적하고 있다.

둘째, 포스트모더니즘 철학이 최초의 반도덕주의자 니체의 사유와 윤리와 도덕을 거부한 하이데거를 추종하여 유대-기독교적 도덕과 윤리 그리고 십계명 등을 금기, 폭력 그리고 억압 등으로 비판하면서 성욕망을 중심으로 한 모든 욕망의 무한한 충족을 지향하는 디오니소스적-향락주의적 담론이자 일종의 문화전쟁적인 담론이었다고 날카롭게 지적한다.

셋째, 20세기 후반 프랑스에서 일어난 '68문화혁명'(또는 '68혁명')과 연동된 이러한 축제적-향락주의적 철학 '운동'은 서구 대학가에서 진리, 의미, 논리 등만 추방했을 뿐 아니라, 도덕과 윤리까지도 많이 추방해 버렸다고 예리하게 지적하고 있다.

저자는 오늘날 지구촌적으로 문제시되고 있는 동성애를 단지 개인적인 성적 취향만이 아니라 포스트모던시대의 풍조와 유행으로 이해하면서 이것은 문화사적으로 극복되어야 할 과제로 접근하고 있다. 정치적으로 조직화되고 거대화되어서 새로운 성적 유행과 성적인 반문화를 생산함으로 이러한 운동들에는 전통적이고 생물학적 차원에서의 성차이와 성도덕을 전복적으로 혁명하고자 하는 문화전쟁적인 차원도 존재한다는 사실을 문명비평가적 정신으로 천명하고 있다.

저자는 이 책에서 서구의 정의, 자유, 책임의 가치를 인정한 위르겐 하버마스(Jürgen Habermas)의 모더니즘을 계승하면서 지라르의 입장을 따르는 슬라보예 지젝(Slavoj Žižek) 등 극단적인 포스트모던 철학을 극복하려는 철학자들의 입장을 소개해주고 있다. 21세기에 접어들면서 서구 철학은 극단적인 허용주의적-자유주의적 권리 문화의 한계를 인정하면서 다시금 건강한 도덕과 윤리의 중요성을 철학적으로 재발견하고 있으며, 의무의 문화도 다시금 강조하고 있다.

유럽 68혁명 세대와 포스트모더니즘 유행으로 인해서 철학적 향락주의(hedonism) 혹은 향락주의적 담론은 서구에서 잠시 유행했다가 이제는 그 거품이 빠지고 있는데, 한국 대학에서는 뒤늦게 이것이 부분적으로나마 유행하고 있다고 실상을 알려주고 또한 우리 사회 동성애 운동 속에 은폐되고 있는 사회적 약자인 어린 소년에 대한 성폭력과 관련한 인권적 감수성을 각성시키고 있다.

이상에서 서술한 것 같이 이 책은 니체, 하이데거 이후 68문화혁명과 이의 연장선에 있는 좌파적 극단 페미니즘과 젠더주의에 이르기까지의 오늘날 극단적 포스토모던 철학의 계보를 알려주면서 지라르의 미메시스적 인간 이해와 인간 심리치료에 입각해서 현대사회의 나아가야 할 방향을 문화인류적·심리학적으로 제시해 주는 현대사회 문화철학의 개관서이다. 나치와 하이데거 이후 망각된 기독교 가치관과 윤리관을 지라르의 미메시스 이론에 입각해서 복권시키는 기독교 사상서이다.

이 책은 입시, 차 크기, 아파트 크기, 출세 경쟁으로 특징지어지는 오늘날 한국사회 속에 사는 우리들에게 욕망의 꼭두각시가 아니라 욕망의 당당한 주체가 되는 자기 성찰의 길을 제시해 주고 있다. 사상적으로 혼미하여 젊은 세대 학자들이 포스트모던 상대주의, 회의주의, 도피주의, 과격혁명주의 등으로 떨어지는 오늘날, 기독교 사상을 다시 복권시킨 지라르의 사상을 소개하면서 현대사상의 진로를 정통 기독교의 입장에서 해명해 주는 것은 너무나 귀하고 이 시대에 필요한 작업이라고 생각된다.

이 책을 후기 현대사상에서 정통 기독교 사상의 자리매김을 연구하는 신학자들, 목회자들과 젊은 지성인들에게 권하고 싶다.

양 명 수 박사
이화여자대학교 기독교학과 교수

언제나처럼 정일권 박사는 르네 지라르의 이론을 다양한 학문 분야를 통해 소개하며 독자의 이해를 돕는다. 지라르의 기여는 무엇보다도 상대주의적 회의주의 시대에 진리가 무엇인지 분명히 밝힌 데에 있어 보인다. 그리고 근대 이래로 세상을 바꾸고자 한 노력에 대해 인간 그 자체에 주목하게 만든 것도 지라르의 독특한 기여이다.
지라르는 인류학자로서 과학적 접근을 통해 기독교라는 종교에서 진리를 찾았다. 자유와 평등의 가치를 기반으로 한 민주주의와 근대적 인권이 기독교라는 종교의 산물임을 지라르는 잘 말해주고 있다. 지라르를 통해 기독교의 본질에 대해 알게 되면 한국교회도 미신적인 신앙에서 벗어날 것이다.

조 무 성 박사
고려대학교 정부행정학부 명예교수

"질투사회는 만인에 대한 만인의 질투와 경쟁의 사회이다"

르네 지라르는 예수 십자가의 희생양 이론을 통해 인류학을 설명하는 21세기 기독교 지성이다. 르네 지라르의 대표적 연구자인 저자의 『질투사회』는 르네 지라르의 모방적 욕망 이론에 기초하여 질투사회라는 현대의 진단을 통해 정치경제학을 이해하고 설명하는 논의를 전개하고 있다.
이 책에서 자유민주주의와 자본주의 체제가 사회주의와 공산주의 체제보다 왜 우수한가를 이해하고 설명하는 노력을 시도하고 있다. 가난하고 평등한 사회가 불평등한 시장경제보다 더 폭력적이기 때문에 자본주의를 긍정하면서 모방적 욕망에 대한 금욕주의가 현실적 대안이라고 주장한다. 이것은 신자유주의를 비판한 한병철 교수의 『피로사회』에 대한 대안으로서 불교적이고 세계 포기적인 백치 상태, 무나 공의 대안과 구별된다고 주장한다.
기독교 문명이 질투사회라는 자본주의 경쟁사회를 가져왔지만 모방적 욕망을 항상 스스로 성찰하고 자신의 폭력충동을 제어하며 군중에 휘둘리지 않고 저항하는 진정한 개인들을 통해 질투사회는 바른 방향을 찾을 수 있다는 주장을 펼친다.
정치경제학에 대한 성경적 인간관에 대한 접근으로 토마스 홉스, 칼 슈미트, 하버마스 등 수많은 사상가들과 그 반대의 입장에 서 있는 루소, 니체, 하이데거 등의 주장을 소개함으로 독자들에게 기독교 세계관과 반기독교 세계관의 사상적 흐름을 이해하는 데도 통찰력을 제공하고 있다.

앞으로 성경적 인간관과 르네 지라르의 모방적 욕망 이론이 성경적 근거에 의해서 어떻게 연결되며 우리나라의 현실을 구체적으로 어떻게 설명하며 어떤 대안이 타당한가라는 연구가 계속되고 수많은 사상가들의 생각들이 표로 정리되어 독자들에게 더 풍성한 르네 지라르의 사상과 기독교 세계관이 더욱 잘 전달되길 바란다.

기독교의 정체성을 유지하며 영적·정신적·신체적·사회적·환경적 고통을 받고 있는 시민들의 삶의 질을 높이는 공공신학과 모방적이고 경쟁적인 욕망의 거품을 걷어내는 진정한 시민들을 현실 대안으로 제시한 저자가 부제에서 제시한 것처럼, "르네 지라르와 정치경제학" 연구의 만남이 계속 이어지길 기대한다.

르네 지라르 연구를 통해 저자가 일반 독자들, 특히 크리스천 독자들에게 들려주는 귀한 메시지에 대한 공감을 표하며 독자로서 이 책을 읽는 독서의 즐거움이 있기에 지성인들, 특히 기독 지성인들에게 소개하고 싶다.

이 승 구 박사
합동신학대학원대학교 조직신학 교수

얼마 전에 『피로사회』라는 책이 독일에 사는 한국인 철학자에 의해 쓰여서 온 세상에 큰 영향을 미쳤다. 그 책이 우리가 살고 있는 사회의 한 성격을 잘 분석한 것처럼, 정일권 박사의 『질투사회』도 우리 사회의 또 다른 한 측면을 잘 드러내어 준다. 이 책은 박사 학위 이후 계속해서 정 박사께서 탐구하고 출간하고 있는 르네 지라르의 입장에서 본 사회 경제 상황에 대한 비판서이다.

이전의 책들이 지라르 자신의 생각을 좀 더 탐구한 것이라면, 이번 책은 지라르의 시각에서 우리 사회의 모습을 탐구하고, 우리 시대의 여러 사상적 대안인 정신분석학, 마르크시즘, 포스트모던 사상, 그리고 유발 하라리의 생각, 공공신학 등과 대화하면서 정 박사가 규정한 '질투사회' 속에서 우리가 어떻게 해야 하는지를 잘 제시한 책이다.

좋은 책은 우리의 동의를 얻는 책이기보다는 항상 우리의 생각을 자극하는 책이다. 정일권 박사의 이 책을 통해서 자극 받은 많은 사람들이 지라르와 더 대화하고, 우리 사회의 모든 문제들과 건강하게 대립하여 이 질투사회 속에서 참으로 질투에 빠지지 않고 건강한 사람으로 사는 일이 나타나기를 바란다.

박 창 균 박사
전 한국기독교 철학회 회장, 서경대학교 명예교수

어느 시대를 살았던 사람들이든 자기가 사는 시대를 격동기라고 하겠지만, 오늘날 역시 그동안 안정적이었던 국제 질서나 사회 체제에 균열이 생겨 큰 파열음을 내고 있는 혼란의 시기인 것은 누구도 부인할 수 없을 것 같다. 기존 질서의 연속선상에 있기보다는 무언가 다른 시대로 진입한다는 느낌을 많은 사람은 토로한다. 그 변화의 감지는 긴 삶의 연륜을 가진 세대에게 더욱 민감하게 다가오는 것은 당연하고, 젊은이들은 불안정한 환경 속에서 초조함을 표출하고 있다.

나이와 관계없이 사람들은 '욕망의 질병들'을 앓고 있다. 불안, 공포, 강박증, 질투, 원한 등으로 나타나는 증후군은 모두 타자의 욕망을 욕망하고 경쟁이 치열한 데에 그 원인이 있는 것으로 보인다. 국제적으로 가깝게는 한·일 간 마찰은 물론 미·중 간의 무역 분쟁, 영국의 브렉시트(Brexit) 추진, 끝없이 계속되는 전쟁과 테러 그리고 이로 인한 난민수용 문제 등으로 시끄럽고, 우리나라도 극심한 이념적 갈등 속에서 합리적 대화와 판단은 실종되고 양측 간에 감정적 골이 깊어진 상태이다.

이념 갈등 외에도 남녀 갈등, 세대 갈등, 좀 희석되기는 했지만 아직 여전히 존재하는 지역 갈등 등 우리 사회는 가히 '갈등의 나라'라고 할 정도로 크고 작은 갈등들이 명시적으로 또는 암묵적으로 존재한다. 입시 경쟁, 취업 경쟁 등은 경쟁이라는 용어보다 차라리 '전쟁'이라는 말이 더 어울리는 현실에서 타인에 대한 배려와 관용은 거론하기조차 민망한 비현실적인 주문이 되고 있다.

현 시점에서 우리는 이러한 현상을 어떻게 이해해야 하는가?
그리고 우리가 현 상황에서 취할 수 있는 행동 지침은 존재하는가?
인간 사회에서 모든 사람이 의견의 일치를 보기는 애초부터 가능하지 않지만, 서로 다른 견해를 조정하는 방식이나 의견이 다른 상대방을 대하는 태도에 관한 한 적어도 합의해야 하는데 이것마저도 쉽지 않은 것처럼 보인다. 경쟁하는 게임의 규칙에 대한 합의가 불가능하다면 야만과 폭력이 지배하는 사회가 될 것이고 실제로 정의 혹은 이념의 고상한 이름으로 포장한 야만스러운 폭력이 만연함은 어렵지 않게 확인할 수 있다.

우리가 목도하는 증오를 포함하는 야만적이고 폭력적인 증후군의 원인은 무엇인가?
그 원인을 안다면 처방은 가능한 것인가?
이러한 혼돈된 상황에서 모방적 욕망과 질투라는 주제를 탐구하는 것은 우리로 하여금 현대사회에 드러난 문제 전체를 조망하게 하고 그 문제의 뿌리에 도달하게 만드는 명쾌함이 있다. 드러난 문제의 원인이 실제로 모방적 욕망과 질투라고 한다면, 지라르의 이론을 빌어 그 처방을 기대해 봄 직하다. 지라르의 모방적 욕망 이론은 단순히 하나의 문화인류학적 이론을 넘어 역사적으로 지지되는 설명력을 가진 하나의 공리와 같은 명제라고 할 수 있다.

이러한 면에서 르네 지라르 전문가인 정일권 박사의 저서가 출간된 것이 매우 기쁘고 시의적절하다고 생각한다. 왜냐하면, 저자는 이 책에서 위에 제시된 현안에 대한 진지한 성찰과 실질적인 해답을 시도하고 있기 때문이다.

미국의 한 작가는 욕망을 급경사를 가진 비탈길에서 브레이크가 고장이 난 자전거에 올라탄 것으로 비유하면서 언젠가 쓰러지거나 죽어야 내릴 수 있다고 했다는데, 인간 조건으로서의 욕망을 무조건 긍정적으로 보아서도 안 되겠지만 꼭 부정적으로 볼 필요도 없다. 오히려 저자의 지적대로 대부분의 사람이 (모방적) 욕망의 진정한 주체가 되지 못하고 '욕망의 꼭두각시'로 전락한다는 것이 문제이다.

그러나 타자의 욕망을 욕망하는 모방적 욕망은 질투와 증오를 수반하게 된다. 욕망과 마찬가지로 질투는 질투하는 대상을 반드시 전제하고 있으며 욕망의 부정적 결과들을 산출하는 경우가 대부분이다. 질투가 극대화되면 증오나 원한으로 나타난다. 저자가 언급하듯이 현대사회는 욕망의 고삐가 풀린 대중의 질투가 범람하는 시대이다.

질투와 증오는 동전의 양면과 같고 그것이 개인적인 차원에서든 집단 간에 이루어지는 것이든 갈등을 확대하고 증폭시킨다. 지라르는 욕망의 문제를 철저하게 분석한 문화인류학자이다. 저자는 지라르 이론의 전문가로서 지라르의 모방적 욕망 이론에 근거하여 정치경제학을 바라보고 방대하고 복잡하게 얽혀 있는 심각한 현대사회의 문제에 대한 근본적인 통찰을 설득력 있게 제공하고 있다.

나는 이 책이 가지는 의미를 세 가지 정도로 정리해 볼 수 있다고 생각한다.

첫째, 이 책은 지라르 이론을 정치경제학에 접목시킨 본격적인 저서라는 점에서 학문적 가치가 있다고 본다. 이 책에서 저자는 정치경제학에서 문화인류학적 접근의 타당성을 주장하고, 그동안 정치사회학의 지배적인 분석의 틀이었던 신마르크시즘에서 벗어나 문화인류학적인 접근을 시도하는 일종의 패러다임의 전이가 이루어지는 현장을 소개한다. 근대정치학자인 토머스 홉스와 장 자크 루소의 입장을 추적하면서 지라르를 따라 후자를 비판하고 "보다 현실적인 인간 이해에 기초한" 토머스 홉스를 지지하고 칼 슈미트의 입장에 동조한다.

저자는 지라르의 영향을 받은 독일 철학자 슬로터다이크의 최근 논의를 소개하며 질투사회는 인간 조건이며 질투의 글로벌화에 대한 논의가 활발하게 이루어지고 있음을 강조한다. 필자는 현대 정치경제학은 지라르 이론을 따라서 모방적 욕망과 경쟁, 질투, 원한 등을 보다 심도 있게 고려해야 한다고 저자가 주장하는 것으로 이해했고, 이는 정치경제학 분야에 또 다른 지평을 제시한 것으로 본다.

둘째, 저자는 지라르 이론이 정치경제와 사회에 대해 단순하지만 매우 근본적인 통찰을 제공한다는 것을 보여주었다. 질투사회라는 인간 조건은 한 국가 내에서뿐만 아니라 글로벌한 차원에서도 형성되어 있다. 질투는 부정적인 측면이 있음에도 불구하고 자본주의와 시장경제를 작동하게 하는 힘이기도 하다. 그래서 슬로터다이크는 "자본주의는 질투라는 원자로와 발전소에 의해서 작동되는 체제"라고 했다.

그러나 질투는 폭력과 원한을 가져오기도 한다. 저자는 "자본주의와 시장경제에도 폭력적인 요소가 있다는 점을 인정하면서도 그것이 더 큰 폭력을 통제하고 담아내는 최선의 카테콘"이라고 논증하며, "자유민주주의와 자본주의적 시장경제를 최선의 카테콘으로 긍정하고 변호"한다. 지라르 이론은 질투사회라는 단순하지만 근본적인 개념으로 현실에 대한 설명력을 가지는 것으로 보인다.

셋째, 지라르 이론이 정치사회학에 가지는 함의는 관념적이 아니라 실제적이어서 현실 세계에 실천적 지침을 제공한다. 지라르가 권유한 방법은 '올바른 거리 두기'이다. 점점 좋은 의미에서가 아닌 무차별화 시대에 블랙홀에 빨려들어가듯이 자칫하면 질투의 소용돌이를 헤쳐나오기 어려운 것이 사실이다. 점점 그 위력이 가속화되는 모방과 질투의 소용돌이에서 자신을 지키기 위해서는 올바른 거리를 유지해야 한다.

저자는 그 거리는 현실도피 내지 세계 포기와 욕망 포기에 의해 성취되는 것이 아니라, 막스 베버가 자본주의 정신의 기원에서 발견한 기독교의 세계 내적 금욕(innerweltliche Askese)에 의해 성취될 수 있다고 주장한다. 이러한 주장은 어차피 이 세상과 절연하지 않고 살아가야 하는 "모방하고 질투하는 인간, 호모 미메티쿠스(*homo mimeticus*)"가 받아들일 수밖에 없는 대안으로 설득력이 있다고 여겨진다.

우리 사회가 극심한 사회적 갈등을 겪고 있는 것도 지라르 이론에 의해 잘 설명이 된다. 지라르의 욕망의 삼각형 이론에 따르면, 욕망 주체와 타자 사이의 차이가 소멸된 상태에 다다를 때 이에 따른 상호적 폭력이나 증오가 횡행하게 되고 이러한 불안정한 위기의 상태에서 희생염소를 만들어 갈등을 해소하여 사회적 위기를 극복하게 된다고 한다.

우리 사회는 욕망 주체와 타자 사이의 차이가 소멸된 상태로 경쟁이 극에 달해 있다고 보인다. 특히, 다른 사람과 차별하여 자신을 대하는 것에 대한 분노만큼 모든 사람의 공감을 이끌어 내는 것도 없다. 이것은 한편으로 정의와 욕망이라는 구별하기 어려운 두 양상의 결합이라고 할 수 있다. 그리고 우리 사회의 극심한 질투와 증오는 희생염소를 만드는 주기를 매우 짧게 가져가고 있는데 이러한 우리 사회의 현상에 대해 지라르 이론은 적실한 통찰력을 제공한다고 본다.

결론적으로, 나는 이 책이 가지는 의미가 지대하다고 본다. 지라르 이론이 정치경제 문제와 사회 현상에 어떻게 적용 가능한지에 대한 학문적 성과 이외에도 우리 시대가 처한 현실에서 적실한 설명을 제공하기 때문이다. 인간의 욕망이나 질투라는 본성을 거스르지 않고 역사와 현실에서 구동 가능한 관점을 제시한 역작이라고 본다.

인간의 본성을 무시하고 사회적 구조에만 집착하거나 단순히 욕망만을 자극하는 이론은 마치 하드웨어에 적합하지 않은 소프트웨어를 구동하려는 것과 같고 그 한계를 노정할 수밖에 없다. 현실에 밀착되지 않고 관념에 머문 정치경제 이론이 어느 기간 득세하는 것 같아도 그 생명이 길지 않음을 역사적으로 확인할 수 있다. 역사적으로 검증된 것에 대해 겸허히 수용하는 것이 사회적 낭비를 줄이는 지혜로운 일일 것이다.

저자는 "욕망하고 탐욕하고 질투하는 인간에 대한 자기 성찰이 증발"된 것을 지적하며, "질투의 제국 속에 살면서도 그 뜨거운 복잡성을 관용하면서 아프더라도 견디어 내는 사람"을 "교양 있고 품격 있고 문명화된" 사람이라고 정의하고 있다. 또한 "모방적 욕망에 대한 인문학적 성찰로 갈등 조정을 세련되고 섬세하게 할 줄 아는 국가"를 문화국가(Kulturstaat)로 간주한다.

아무쪼록 많은 사람이 이 책을 읽어 교양과 품격을 다시 한 번 생각하는 계기가 되고, 이 책에서 제시한 관점에 대한 활발한 토론이 이어져 우리 사회가 감정적으로 소모적인 대립에서 벗어나 보다 합리적인 문화국가로 이행하게 되기를 바라마지 않는다. 뜻깊은 저서의 출간을 다시 한 번 축하하면서 정일권 박사의 후속적 연구도 기대해 본다.

질투사회

르네 지라르와 정치경제학

Jealousy Society: Rene Girard and Political Economy
Written by Ilkwaen Chung
All rights reserved.
Korean Edition Copyright ⓒ 2019 by Christian Literature Center, Seoul, Korea

질투사회: 르네 지라르와 정치경제학

2019년 12월 20일 초판 발행

지은이 | 정일권

편집 | 정재원
디자인 | 김진영
펴낸곳 | (사)기독교문서선교회
등록 | 제16-25호(1980.1.18.)
주소 | 서울특별시 서초구 방배로 68
전화 | 02-586-8761~3(본사) 031-942-8761(영업부)
팩스 | 02-523-0131(본사) 031-942-8763(영업부)
이메일 | clckor@gmail.com
홈페이지| www.clcbook.com
송금계좌| 기업은행 073-000308-04-020 (사)기독교문서선교회

ISBN 978-89-341-2052-0 (03130)

이 도서의 국립중앙도서관 출판예정도서목록(CIP)은 서지정보유통지원시스템 홈페이지
(http://seoji.nl.go.kr)와 국가자료공동목록시스템(http://www.nl.go.kr/kolisnet)에서 이용하실 수 있습니다.
(CIP제어번호: CIP2019044645)
이 책의 저작권은 저자와 (사)기독교문서선교회가 소유합니다.
신저작권법에 의하여 한국 내에서 보호받는 저작물이므로 무단 전재와 무단 복제를 금합니다.

질투사회

르네 지라르와 정치경제학

정일권 지음

CLC

목 차

추천사

김 영 한 박사_기독교학술원장, 숭실대학교 기독교학대학원 설립원장, 한국개혁신학회 초대회장
양 명 수 박사_이화여자대학교 기독교학과 교수
조 무 성 박사_고려대학교 정부행정학부 명예교수
이 승 구 박사_합동신학대학원대학교 조직신학 교수
박 창 균 박사_전 한국기독교 철학회 회장, 서경대학교 명예교수

제1장 정치경제학의 인류학적 전환

1. 질투사회와 새로운 인간 조건 ······ 20
2. 21세기 독일 철학과 정치경제학의 최근 동향 ······ 27
3. 칼 포퍼의 비판적 합리주의와 유토피아주의 비판 ······ 33
4. 칼 슈미트의 정치적 낭만주의 비판 ······ 37
5. 초모방사회, 차이소멸 그리고 폭력적 근접성 ······ 44
6. 정치경제학의 인류학적 기초 ······ 49
7. 성스러운 시장경제의 폭력 통제 기능 ······ 55

제2장 토마스 홉스와 장 자크 루소의 낭만주의 인류학

1. 한병철의 『피로사회』와 디지털 심리정치 ······ 60
2. 토마스 홉스와 장 자크 루소의 '고귀한 미개인' ······ 66
3. 한나 아렌트의 장 자크 루소 비판 ······ 71
4. 모방적 뇌(Mimetic Brain)와 미메시스적 심리정치학 ······ 77

제3장 자유민주주의, 시장경제 그리고 최선의 카테콘

1. 지라르와 소셜 미디어 페이스북의 탄생: 피터 틸   83
2. 디지털 심리정치, 바보 되기가 대안인가?   92
3. 포스트모던적 반계몽주의를 넘어서   100
4. 패배의 철학과 이데올로기의 종언   103
5. 자유민주주의의 승리와 '역사의 종언'   110
6. 붓다의 다르마와 부정주의 철학   116
7. 유럽 68혁명, 마오이즘 그리고 사변적 좌파의 추상성   120
8. 당당한 모더니즘과 21세기 계몽주의: 스피븐 핑커   123
9. 미메시스적 심리치료와 깨달음   128
10. 폭력적 질투심 르상티망의 글로벌화   130
11. 폭력적 근접성과 올바른 거리   136
12. 모방적 욕망과 르상티망의 심리정치학   138
13. 질투에 대한 조직적인 자극   144

제4장 르네 지라르와 정신분석학

1. 아카데미 프랑세즈 '불멸'의 40인   147
2. '프랑스 이론'과 '프랑스 역병'   149
3. C. S. 루이스, J. R. R. 톨킨 그리고 지라르   153
4. 프로이트의 오이디푸스 콤플렉스 이론 비판   156
5. 파르마코스 오이디푸스   167
6. 파르마코스 소크라테스   178
7. 지라르의 비교신화학과 동양 신화   188
8. 강강술래와 디오니소스적인 통음난무   198
9. 니체의 '춤추는 신,' 디오니소스 그리고 예수   201
10. 거울뉴런 발견자와 지라르의 만남   205
11. 뇌공감력, 공명, 이타심 그리고 희생양 메커니즘   208

제5장 카테콘으로서의 정치 질서와 시장경제

1. 폭력과 성스러운 시장경제 — 214
2. 과시적 소비와 명품 마케팅: 베블런과 지라르 — 218
3. 시장경제는 폭력인가 아니면 폭력에 대한 치유인가? — 221
4. 시장평화: '카테콘'으로서의 시장경제와 정치 질서 — 226
5. 돈이 희생양을 대체하다: 돈, 경제, 교환의 기원 — 234
6. 자본주의의 정신과 세계 내적 금욕주의: 막스 베버 — 239
7. 칼 슈미트와 법의 신화적 기원 — 242
8. 예외상황과 희생제의: 칼 슈미트와 아감벤 — 251

제6장 포스트모더니즘과 급진좌파 정치경제학

1. 9.11테러의 세계무역센터는 바벨탑인가: 자크 데리다 — 256
2. 21세기 독일과 프랑스의 중도 정치경제학 — 262
3. 통섭, 반자연과학적 포스트모더니즘 비판: 에드워드 윌슨 — 265
4. 장 자크 루소와 데리다: '고상한 미개인'과 애매주의 — 274
5. 사유재산이 사회 불평등의 기원인가?: 루소 — 279
6. 기회평등인가 결과평등인가? — 283
7. 급진 사회구성주의와 반실재주의 비판 — 287
8. 유행으로서의 동성애와 차별금지법 논쟁 — 294
9. 퀴어 이론가 주디스 버틀러(Judith Butler) 비판 — 305
10. 차별금지법과 포스트모던적 루소주의 — 316
11. 어린 소년을 향한 동성애적 성폭력 — 324
12. 과잉된 희생자 이데올로기의 문제 — 330

제7장 희생자에 대한 관심과 정치적 올바름 논쟁

1. 가인의 정치학을 넘어서 — 338
2. 초기독교사회와 또 다른 전체주의 — 342
3. 정치적 올바름을 넘어서 — 348
4. 유토피아와 폭력: 칼 포퍼의 마르크스 비판 — 355

5. 희생자에 대한 감수성과 희생자 이데올로기 　　　　　362
  6. 독일 철학과 정치적 올바름 논쟁: 볼츠와 자라친 　　　369
  7. 차이, 차별 그리고 차이소멸된 평등사회의 역설 　　　376

제8장 불교가 질투사회의 대안인가?

  1. 욕망의 꼭두각시와 미메시스적 심리치료 　　　　　　389
  2. 질투의 글로벌화 　　　　　　　　　　　　　　　　　393
  3. 포스트휴머니즘, 반휴머니즘 그리고 냉소주의 　　　　397
  4. 부처님 머리 위의 촛불 　　　　　　　　　　　　　　404
  5. 불교 속의 카타르시스와 카타르마: 인간 희생양 　　　407
  6. 한병철의 『선불교의 철학』 비판 　　　　　　　　　　413
  7. 불교는 평화스럽고 친절한 종교인가? 　　　　　　　　420
  8. 정신적 희생제사로서의 불교 명상 　　　　　　　　　425
  9. 분신공양, 소신공양, 성불(成佛) 그리고 인간 제사 　　433
  10. 하이쿠, 텅 빈 중심 그리고 일본 천황 　　　　　　　436
  11. 붓다와 희생염소 　　　　　　　　　　　　　　　　444
  12. 마틴 하이데거의 『블랙 노트』 그리고 선불교 　　　　448
  13. 세계 질서와 세계 포기의 변증법 　　　　　　　　　453
  14. 파르마코스 붓다 　　　　　　　　　　　　　　　　461

제9장 유발 하라리의 『호모 데우스』 비판

  1. 21세기 미래 인류는 '호모 데우스'가 되는가? 　　　　467
  2. 유발 하라리의 동성애와 명상불교 　　　　　　　　　469
  3. 힐링, 킬링, 멘붕 그리고 불교 명상 　　　　　　　　　473
  4. 현대 자연과학에 대한 유발 하라리의 모순된 관점 　　479
  5. 기독교는 가짜뉴스다: 유발 하라리 　　　　　　　　　489
  6. 빅뱅(Big Bang), 크신 하나님(Big God) 그리고 호모 데우스 　496
  7. 불교는 무신론적 철학인가? 　　　　　　　　　　　　498
  8. 21세기 실리콘밸리는 데이터 종교의 성지인가? 　　　506

  9. '불멸의 물리학'과 현대 우주론 그리고 오메가 포인트 … 509
 10. 사회 불평등의 기원으로서의 농업혁명: 루소와 하라리 … 513

제10장 르네 지라르, 정치신학 그리고 공공신학
  1. 희생자에 대한 성경적 근심과 현대적 강박 … 518
  2. 세속화의 변증법과 후기세속적 사회: 위르겐 하버마스 … 529
  3. 성서 인문학과 신앙의 보편성과 공공성 … 539

제11장 한국사회는 질투사회인가?
  1. 만인에 대한 만인의 질투의 시대 … 546
  2. 한반도 통일과 질투 관리 … 551
  3. 욕망의 꼭두각시와 욕망의 당당한 주체 … 555
  4. 모방 욕망의 거품, 허영 그리고 적정 욕망 … 559
  5. 소확행, 욜로, 모방심리 그리고 경쟁심리 … 564

제1장

정치경제학의 인류학적 전환

1. 질투사회와 새로운 인간 조건

현대사회를 새롭게 규정하는 표현들, 예를 들어 독일 뮌헨대학교 사회학 교수였던 울리히 벡(Ulrich Beck, 1944-2015)이 분석한 『위험사회』(Risikogesellschaft)[1] 그리고 베를린예술대학교 한병철 교수의 『피로사회』[2]에 이어서 최근에는 현대사회를 질투사회(Neidgesellschaft)로 분석하는 사회학 저서들이 많이 등장하고 있다.[3]

이후 소개할 독일에서 가장 잘 알려진 철학자인 슬로터다이크(Peter Sloterdijk)는 지라르를 읽으면서 현대 자본주의 사회에는 '질투를 생산하는 원자로'와 '시기심을 발생시키는 발전소'가 존재한다고 분석한 바 있다. 그에 의하면, 현대사회는 고삐가 풀린 대중의 질투가 범람하는 시대이다.

---

[1] 울리히 벡, 『위험사회: 새로운 근대(성)를 향하여』, 홍성태 역 (서울: 새물결플러스, 1997).
[2] 한병철, 『피로사회』 (서울: 문학과지성사, 2012).
[3] Karl Markus Michel u.a. (Hrsg.), *Die Neidgesellschaft* (= Kursbuch. Heft 143) (Rowohlt: Berlin, 2001).

이 책에서는 르네 지라르의 미메시스 이론(Mimetic Theory)에 기초해서 질투사회라는 화두를 통해서 현대 정치경제학을 이해하고 논의하고자 한다. 주류 정치학자들과 경제학자들이 모방적 욕망, 경쟁 그리고 질투와 르상티망을 인류학적이고 문명사적 관점에서 연구한 지라르의 이론에 깊은 학제적 관심을 보이고 있다. 지라르의 이론이 현대의 시장경제 체제를 추동하는 욕망과 경쟁의 메커니즘을 보다 잘 이해할 수 있게 해준다고 보는 것이다.

이제는 자본주의의 이해와 비판에 있어서 점차적으로 마르크스적인 관점이 황혼기에 접어들면서 지라르적인 관점이 점차 주목을 받고 있다. 체제 경쟁에서 자본주의의 승리로 인해 이제 세계는 글로벌한 차원에서 '질투사회'가 되었다.

최근 지라르를 논의하는 독일 철학자 페터 슬로터다이크(Peter Sloterdijk)는 '질투의 글로벌화'의 문제를 논의하면서, '모방적 욕망과 르상티망(ressentiment, 원한)의 심리정치'에 대해서 분석한다. 한반도 통일과 그 이후를 위해서도 질투의 문제는 논의되어야 한다. 지라르 학파에서도 '르상티망의 글로벌화'에 대해서 분석하고 있다.

이 책에서는 '질투의 예언자'라고도 불리는 지라르의 모방적 욕망 이론에 기초해서 질투를 조직적으로 자극하는 자본주의 사회와 평등주의적 민주주의 사회 속에 살아가는 현대인들의 새로운 인간 조건(conditio humana)을 분석하고자 한다.

질투사회는 새로운 인간 조건이다. 현대 자본주의 체제 자체를 비판하기보다는 그것을 인류 문화의 기원에 대한 장구한 문화인류학적 이해의 지평 속에서 긍정하면서, 그 체제 속에 살아가는 호모 미메티쿠스(homo *mimeticus*)의 새로운 인간 조건을 분석하고자 한다.

또한 욕망의 타자성을 분석하는 지라르의 욕망 이론에 기초해서 미메시스적 심리치료를 대안으로 제시하고자 한다. 그리고 질투사회라는 새로운 인간 조건을 만들어 낸 현대 정치경제학을 '문화의 기원'을 해명한 지라르의 이론의 빛으로 그 기원으로부터 이해하고 논의하고자 한다. 토마스 홉스(Thomas Hobbes)나 애덤 스미스(Adam Smith)와 같은 현대 정치경제학의 근대적 기원보다 더 깊고 궁극적인 인류 정치경제학의 문화인류학적 기원으로부터 이해하고자 한다.

그래서 현대 정치경제학을 이해하고 논의함에 있어서 인간의 모방적 욕망과 경쟁 그리고 질투와 르상티망에 대해서 보다 심도 있게 논의해야 한다는 점에서 이 장의 제목을 "정치경제학의 인류학적 전환"이라고 선택해 보았다.

현대 자본주의와 시장경제를 움직이는 동력은 질투이다. 그래서 이후 소개하겠지만, 독일 철학자 슬로터다이크는 지라르를 읽으면서 자본주의는 질투라는 원자로와 발전소에 의해서 작동되는 체제라고 분석한 바 있다.

이 책은 지라르의 인류학적 통찰의 관점에서 질투의 원자로에 의해서 작동되는 폭력적이고 성스러운 자본주의와 시장경제를 네오마르크시즘(Neo-Marxism, 신마르크스주의)과 깊은 연관을 가진 포스트모던적 급진좌파 정치학에서 유행되었던 자본주의와 신자유주의 체제 비판과는 다른 관점에서 폭력을 담아내는 '카테콘'(*Katechon*)으로 이해하고자 한다.

지라르와 지라르 학파는 대체로 정치와 경제를 폭력을 통제했던 옛 성스러움(le sacré)을 대체하는 '카테콘'으로 파악한다. 지라르의 문화인류학적 이론을 통해서 이 책은 자본주의와 시장경제에도 폭력적인 요소가 있다는 점을 인정하면서도 그것이 더 큰 폭력을 통제하고 담아내는 최선의 카테콘이라고 논증할 것이다. 또한 지라르와 지라르 학파의 입장을 따라서 자본주의와 시장경제가 헤겔이 역사의 동력으로서 이해한 인정 투쟁(Kampf um Anerkennung)과 그 욕망을 가장 잘 충족시켜주는 체제라고 긍정할 것이다.

현대 정치경제학을 보다 깊게 인류학적으로 논의하는 이 책에서는 근대 정치학에서 큰 영향을 준 토마스 홉스와 장 자크 루소(Jean-Jacques Rousseau)의 입장을 대조하면서 그 영향사를 추적하면서 논의할 것이다.

보다 현실적인 인간 이해에 기초한 토마스 홉스는 근대 정치학의 아버지라 평가되면서 현대 정치경제학의 주류에 큰 영향을 주었다면, 보다 낭만적인 인간론에 기초한 장 자크 루소의 입장은 낭만주의 운동, 마르크시즘과 공산주의, 레비 스트로스의 구조주의 인류학, 자크 데리다의 저작을 비롯한 포스트모던 철학의 반철학(counter-philosophy) 운동, 유럽 68문화혁명4의 반문화(counter-culture) 운동 그리고 동성애 담론 포스트모던적 퀴어 이론의 창시자 주디스 버틀러(Judith Butler) 등에까지 영향을 주었다.

---

4   또는 68혁명. 1968년 5월 프랑스에서 일어난 사회변혁 운동. 1968년 5월 프랑스에서 학생과 근로자들이 일으킨 사회변혁 운동으로 '5월혁명'이라고도 한다. 1968년 3월 미국 베트남 침공에 항의해 '아메리칸 익스프레스'의 파리 사무실을 습격한 대학생 8명이 체포되자 그해 5월 이들의 석방을 요구하는 학생들의 대규모 항의 시위가 이어지면서 발생하였다. 여기에 노동자들의 총파업이 겹치면서 프랑스 전역에 권위주의와 보수 체제 등 기존의 사회 질서에 강력하게 항거하는 운동이 일어났고, 이는 남녀평등과 여성 해방, 학교와 직장에서의 평등, 미국의 반전, 히피 운동 등 사회 전반의 문제로 확산됐다. 시위대는 정부가 대학교육 문제와 유럽 공동체 체제하에서의 사회 문제를 해결할 것을 요구했다. 68혁명은 프랑스뿐만 아니라 미국, 일본, 독일 등 국제적으로 번져나갔다. 네이버 지식백과, '68혁명'(『시사상식사전』, pmg 지식엔진연구소).

'위기의 사상가'(Krisendenker)로서 지라르는 토마스 홉스와 칼 슈미트의 정치학적 입장과 맥을 같이하면서, 장 자크 루소의 낭만주의와 포스트모던적 루소주의에 대해서 비판적이다. 장 자크 루소의 입장을 주된 비판 대상으로 삼았던 정치철학자 한나 아렌트(Hannah Arendt)에 대한 논의도 이후에 이루어질 것이다.

장 자크 루소의 관점은 '전체주의적 민주주의'의 위험을 내포하고 있다. 20세기와 21세기 루소주의의 근거한 일부 급진좌파 정치경제학의 '정치적 올바름'(Political Correctness)의 언어정치에도 이러한 루소에게서 발견되는 새로운 전체주의적인 위험이 존재한다.

한나 아렌트는 자신의 저서 『전체주의의 기원』을 통해 어떻게 대중들이 파시즘이나 독일 나치즘과 같은 전체주의에 매혹하게 되고, 그것에 의해 지배당하며, 결국 희생당하고 마는지 설명했다. 아렌트는 독일 나치즘과 스탈린식 사회주의 체제만이 전체주의라고 분석한다.

아렌트는 계급사회의 붕괴로 인한 '대중'의 등장을 전체주의의 실질적인 배경과 기원으로 본다. 조직되지 않고 구조화되지 않은 대중, 절망적이고 증오로 가득 찬 개인들의 대중은 강력한 지도자에게서 메시아적 구원을 기대한다. 아렌트의 이러한 전체주의의 기원에 대한 분석은 지라르적인 관점에서 살펴보아도 흥미롭다. 한나 아렌트는 전체주의를 일종의 폭력적 군중 현상으로 파악한 것이다.

이 전체주의 현상을 설명하기 위해 아렌트는 조직되지 않은 거대한 폭력적 군중을 의미하는 '폭민'(暴民)이라는 개념을 사용한다. 폭민은 계급과 국가, 어떤 공동체에도 속하지 않고 조직되지 않은 집단이다. 조직되지 않고 구조화되지 않은 이 거대한 폭력적 군중 현상을 아렌트는 전체주의의 기원을 분석하면서 목도하게 되는데, 이는 지라르가 분석하는 차이소멸화된 군중과도 맥을 같이하는 개념이다.

지라르는 세계 신화 속에서 문화의 차이가 붕괴되고 와해된 카오스적이고 위기적인 차이소멸 상태에 있는 폭력적 군중 현상과 그 전체주의적 마녀사냥을 분석해 냈다. 토마스 홉스가 말하는 전쟁상태로서의 자연상태는 지라르가 말하는 차이소멸적 자연상태와 맥을 같이한다.

한나 아렌트에 의하면, 전체주의는 거대한 폭력적 군중이 만들어 내는 괴물이다. 독일 나치의 반유대주의 현상을 분석하면서, 한나 아렌트는 유대인들이 당시 거대한 폭력적 군중에 의해서 희생양으로 몰리는 현상을 희생양 이론(Sündenbocktheorie)으로 분석한 바 있다.

중세적 신분사회와 계급사회가 붕괴되고 토마스 홉스가 목도한 근대적 평등사회로 접어들면서, 독일의 경우 반평등주의적·반민주주의적·반현대주의적인 관점을 가졌던 니체와 하이데거의 경우에서 볼 수 있는 것처럼, 현대사회를 데카당스(Décadence)[5]와 위기로만 파악한 나머지, 모방적 욕망으로 인한 사회 내부의 뜨거운 열기와 갈등들을 잘 담아내고 통제할 수 있는 복잡하고 거대한 사회시스템(민주주의)을 발전시키지 못했다.

그래서 극한 사회적 위기가 닥쳤을 때 독일 시민들은 거대한 폭력적 군중으로 돌변했고, 이 전체주의적 폭민들은 그 르상티망과 질투의 집단심리와 집단광기 속에서 유대인들을 희생양으로 내몰아서 그 위기적 스트레

---

[5] 세기말적(世紀末的)인 문예사조의 명칭. 퇴폐주의(頹廢主義). 쇠미(衰微)·쇠퇴(衰退)를 뜻하는 프랑스 말로, E. 기봉의 저서 『로마 제국 쇠망사』에서도 볼 수 있듯이 로마 제국이 난숙(爛熟)에서 쇠퇴·파멸로 향하는 과정에서 나타난 병적이고 향락주의적인 문예풍조를 가리킨다. 네이버 지식백과 '데카당스'(『국어국문학자료사전』, 1998).

스를 해소하고자 했다.

이 책에서는 모방적 욕망으로 인한 갈등, 폭력, 질투 그리고 르상티망(Ressentiment) 등에 대한 보다 소설적이고 현실적인 인류학을 전개한 지라르 이론에 기초해서 현대 주류 정치학의 기원에 있는 토마스 홉스의 입장을 따르면서 장 자크 루소와 현대 루소주의의 계보에 서 있는 정치경제학적 사조를 비판적으로 성찰하고자 한다.

포스트모더니즘 철학과 연동된 네오마르크시즘과 급진좌파 정치경제학에 대한 비판적 논의를 통해서 이 책은 지라르의 문화인류학 이론에 기초해서 자유민주주의와 자본주의적 시장경제를 최선의 카테콘으로 긍정하고 변호할 것이다. 그렇기에 자본주의와 신자유주의를 비판하는 관점에서 서술된 한병철 교수의 『피로사회』와는 다른 관점에서 현대사회를 분석할 것이다.

독일 철학자 슬로터다이크에 대한 논의와 한병철 교수의 피로사회론과 낭만적 불교 이해에 대한 비판적 논쟁도 이 책에서 시도할 것이다. 나아가 21세기 인공지능과 4차 산업혁명, SNS 등으로 인해 초모방적(hypermimetic) 사회 속에서 살아가는 현대인의 새로운 인간 조건(conditio humana)을 해명하는 동시에 지라르의 욕망 이론에 기초해서 미메시스적 심리치료를 대안으로 제시하고자 한다.

지식의 대통합인 통섭을 주장하는 하버드대학교의 에드워드 윌슨(Edward Wilson)은 장 자크 루소의 낭만주의의 계보에 서 있는 프랑스 포스트모더니즘의 반자연과학적 입장과 급진적 사회구성주의의 입장을 날카롭게 비판한 바 있다.

포스트모더니즘, 네오마르크시즘 그리고 급진좌파 정치경제학에 대한 논의를 하면서 최근 기독교를 '가짜뉴스'(Fake News)라고 일관되게 주장하면서 불교 명상에 심취하고 동성결혼을 한 이후 그것을 학문적으로 변호하는 유발 하라리(Yuval Harari)와 『호모 데우스』에 대해서도 비판적으로 논의할 것이다. 국제적으로 정치학의 뜨거운 감자가 된 동성애와 동성결혼 논쟁, 포스트모던적 퀴어 이론과 그 창시자 주디스 버틀러(Judith Butler), 그리고 차별금지법에 대한 뜨거운 논쟁도 다룰 것이다.

니체와 하이데거를 계승하면서 반현대주의적이고 반계몽주의적 입장을 가진 포스트모던적 사유의 문화비관주의를 비판하면서 21세기에 다시금 반이성적이고 반자연과학적인 포스트모더니즘 철학에 의해 상실되고 추방되었던 계몽주의의 가치, 곧 이성, 과학, 휴머니즘과 진보를 복권시키고자 하는 하버드대학교의 스티븐 핑커(Steven Pinker)도 이 책에서 중요한 부분을 차지할 것이다.

이 맥락에서 지라르와 오랜 학문적 대화를 나누었던 찰스 테일러(Charles Taylor)도 낭만주의 운동, '내재적 반계몽주의' 운동 그리고 포스트모던적 반휴머니즘을 비판하고 있다. 유럽 68문화혁명 세대들이 반문화 운동과 반철학 운동을 전개하면서 생산한 허무주의적, 냉소주의적, 반휴머니즘적 그리고 문화비관주의적인 각종 '죽음의 철학'을 비판적으로 점검하면서 다시금 휴머니즘, 민주주의, 개인, 자유, 이성 그리고 과학 등의 가치를 재발견하고자 한다.

2. 21세기 독일 철학과 정치경제학의 최근 동향

또한 21세기 한국 정치경제학의 현실과 미래를 위해서 독일의 정치경제학에 대한 최근의 논의를 이 책에서 소개할 것이다. 독일 언론과 학계에서 가장 잘 알려진 학자들로서 진보좌파적 입장에서 변화되어 점차적으로 보수적 관점을 대변하고 있는 독일의 저명한 철학자 페터 슬로터다이크, 노베르트 볼츠(Nobert Bolz) 그리고 자라친(Thilo Sarrazin) 박사의 입장들을 소개함으로써 21세기 독일 정치경제학에 최근 논의와 논쟁을 소개할 것이다.

최근 프랑스와 독일의 경우 그동안 유럽 68문화혁명 세대가 주도했던 좌파적 정치경제학이 비판적으로 성찰되면서 중도우파가 집권하고 있다. 특히 대중적으로 가장 잘 알려진 독일 철학자 슬로터다이크는 유럽 68문화혁명 세대를 대변했고 니체와 하이데거 계보에 서 있는 학자인데, 최근에 자신의 정치적 노선을 좌파보수(linkskonservativ)로 규정하고 있다.

독일 정치에서 좌파 정당들이 더 이상 다수가 아니며, 10년 넘게 재임하고 있는 독일 총리 앙겔라 메르켈이 당수로 있는 독일의 보수우파 기민당(CDU, 기독교민주연합)이 주도하고 있다. 좌파적 시각을 가진 학자들은 독일사회가 보수화하고 있다고 비판할 정도로 보수주의와 중도우파적 관점이 점차적으로 그 영향력을 확대하고 있다.

일부 학자들이 여전히 사회주의, 공산주의 그리고 마르크시즘 노선에서서 자본주의와 신자유주의를 비판하지만, 유럽의 현실정치는 사회주의 노선을 점차적으로 포기하고 있다. 중도 노선을 택한 최근 프랑스와 독일의 정치경제학에 대한 논의에서 소개하겠지만, 독일 사회민주당(SPD,

Sozialdemokratische Partei Deutschlands, 약어로 '사민당')이 독일의 미래를 위해서 사회주의를 버려야 한다고 주장한 사민당 출신의 전 총리 게르하르트 슈뢰더(Gerhard Schröder)의 입장을 계승하면서 사민당 사무총장인 숄즈(Scholz)는 "사회민주당은 '민주적 사회주의'(demokratischer Sozialismus)를 포기해야 한다"라고 2003년 주장했다.[6]

프랑스 마크롱 대통령의 선거혁명의 원인 중 하나도 프랑스의 오랜 사회주의 정책 결과로 발생한 경제 추락 때문이기도 하다. 프랑스에서도 오랜 사회주의가 실패했다.

또한 아도르노(Theodor Wiesengrund Adorno) 전공자로서 자신이 초기에 추종했던 좌파적인 독일 프랑크푸르트 학파로부터 벗어나서 점차적으로 보수우파의 입장을 대변하고 있는 독일 언론에 잘 알려진 철학자 노베르트 볼츠(Nobert Bolz)에 대한 소개와 논의도 이루어질 것이다. 볼츠는 독일어권에서 르네 지라르의 사상을 가장 깊게 수용하고 있는 학자로서, 국내에서는 발터 벤야민(Walter Benjamin) 연구과 미학 분야에서 알려진 학자이다.

볼츠는 자신의 지적인 여정을 소개하면서 아도르노 전공자로서 좌파적-마르크스적 독일 프랑크푸르트 학파와 그 비판 이론 계열에 속했다가 점차적으로 보수주의의 가치를 재발견하고 있다고 말한다. 볼츠는 당시 독일 프랑크푸르트 학파의 좌파적 관점을 추종했던 것은 그것이 당시의 지배적인 지적인 유행(Mode)이었기 때문이라고 고백하고 있다. 그는 이후 야콥 타우베스(Jakob Taubes)와의 만남을 통해서 독일 헌법학자 칼 슈미트(Carl Schmitt) 등을 재발견하면서 보수적 관점을 학문적으로 재정립하

---

[6] https://derstandard.at/1382938/SPD-soll-demokratischen-Sozialismus-aufgeben.

고 있다.

대체적으로 독일사회의 미래를 위해서 좌파적 관점에서 보수적인 관점으로 돌아선 슬로터다이크, 볼츠와 마찬가지로 제2차 세계대전 이후로 독일에서 가장 많이 팔린 책 『독일은 폐지되고 있다: 어떻게 우리는 우리 조국을 위험에 빠뜨렸는가?』(Deutschland schafft sich ab: Wie wir unser Land aufs Spiel setzen)[7]를 출간함으로 독일을 양분시킬 정도로 엄청난 뜨거운 관심과 논쟁을 불러일으킨 자라친(Thilo Sarrazin) 박사도 오랫동안 유럽 68문화혁명 노선과 사회민주주의 노선의 독일 사회민주당에서 활동하다가 독일의 처한 새로운 팩트들을 직시하고 독일의 미래를 위해서 자신의 과거로부터 전향해서 보다 보수적 관점을 대변하고 있다. 그의 책은 130만 부가 판매되었다고 한다.

볼츠는 유럽 68세대[8], 독일의 이슬람화 그리고 동성애에 대한 비판적 입장을 가진 자라친 박사를 변호한다. 슬로터다이크, 볼츠 그리고 자라친 박사는 독일 학계와 언론에서 가장 잘 알려진 학자들로서, 독일사회의 여론에 큰 영향을 주고 있다. 볼츠와 자라친은 모두 장 자크 루소의 낭만주의적 관점을 비판하고 있는데, 이들은 보다 좌파적인 노선으로부터 사상적으로 전향해서 독일의 미래를 위해서 보다 보수적 관점을 대변하고 있다는 사실이 주목할 만하다.

좌파적(links) 입장을 가진 아도르노와 독일 프랑크푸르트 학파를 전공했

---

[7] Thilo Sarrazin, *Deutschland schafft sich ab: Wie wir unser Land aufs Spiel setzen* (Deutsche Verlags-Anstalt, 2010).

[8] '68세대'(68문화혁명 세대)란 1968년 5월 68문화혁명을 주도했던 대학생들과 이에 동조해 시위와 청년문화를 이끌어 갔던 당시 유럽과 미국 등의 젊은 세대를 가리키는 말이다.

다가 이후 점차적으로 보수주의적 관점을 가진 볼츠와 마찬가지로 자라친 박사도 사회민주주의 노선의 독일 사민당에서 자신의 보수적 관점으로 인해서 갈등을 경험하고 있다. 자라친 박사는 독일 사민당 베를린 주의회 재정의원을 2009년까지 역임했고 그리고 2010년까지 독일연방은행의 이사를 역임했다.

자라친 박사는 유럽 68세대들이 역사 서술을 독점하고 있다고 비판한다. 그는 21세기에 접어들면서 독일연방은행의 이사로 활동하면서 독일이 처한 새로운 팩트들을 심각하게 생각하면서 자신이 속했던 사회민주주의 노선과 유럽 68세대들의 노선으로부터 점차 떠나게 되었다고 한다. 그는 독일에서 사회민주주의 노선을 따르는 독일 사민당과 녹색당이 더 이상 정치적으로 다수가 아니라는 사실을 직시해야 한다고 말한다.

유럽에서의 이슬람 난민과 이민 등에 대해서 보수적 관점을 견지하는 독일 철학자 슬로터다이크, 볼츠 그리고 자라친은 톨레랑스만 이야기하는 급진좌파적 노선으로만 나아갈 경우 결국 독일과 유럽의 '자기 파괴'로 이어질 수 있다고 경고한다.

이미 니체는 기독교가 문명의 약화와 부패를 가져오는 데카당스로 진단한 바 있는데, 기독교가 말하는 약자, 희생자, 소수자에 대한 염려와 톨레랑스만 유일한 절대적인 가치인 것처럼 주장하면서 문화정치를 전개해 나갈 경우 다가오는 것은 자기 파괴와 자기 붕괴의 위험이라는 사실을 이들 학자들은 보고 있는 것이다. 이런 유럽-기독교 문화의 '자살'의 위험성 혹은 스스로를 파괴하고 붕괴시키는 좌파적 관점의 위험 등은 영국과 미국의 보수적 지식인들에 의해서도 최근 많이 지적되고 있다.

독일의 가장 유명한 철학자 페터 슬로터다이크(Peter Sloterdijk)는 독일 메르켈 총리의 이슬람 난민정책이 '자기 파괴의 행위'라고 비판한 바 있다. 독일에서 그동안 유럽 68세대들과 사회민주주의 노선과 녹색당이 지배적인 담론을 형성해 왔지만, 독일 철학자 노베르트 볼츠(Nobert Boltz)는 슬로터다이크와 자라친 박사와 함께 '불편한 진실들'을 외면하는 '좌파들의 금기들'과 그 '정치적 올바름'(Political Correctness)을 비판하고 있다.

노베르트 볼츠는 지난 몇십 년간 서구 정치학을 지배했던 가장 중요한 이데올로기인 이 '정치적 올바름'을 지적한다. 이 정치적 올바름은 서구 정치계뿐 아니라, 서구 대학 캠퍼스에도 지배적인 이데올로기와 언어정치로 자리잡게 되었다는 것이 볼츠의 분석이다.

2018년 국내에 번역된 러셀 커크(Russell Kirk)의 『보수의 정신』(Conservative Mind)[9]도 추상적 설계에 따라 사회를 구성하려는 이데올로기에 맞서 사회 발전을 이끌어 온 현실적인 고뇌의 산물로서의 보수주의의 부활을 잘 보여주고 있다. 이 책은 사회 발전을 위한 진보적 개혁이 사회 그 자체를 태워버리는 대화재가 될 수 있음을 간파한 버크 등을 소개하면서 진보적 자유주의가 초래할 위험과 폐해를 통찰한 보수주의자들의 관점을 잘 소개하고 있다.

독일의 자라친 박사도 독일 진보좌파 정당의 유토피아적 다문화주의의 지속 가능성에 대해서 의문을 제기하며 보다 책임감을 가지고 독일의 미래를 위해서 폭발적으로 증가하는 이슬람 이민과 난민 문제를 해결해야 한다고 주장하고 있다. 이후 상세하게 논의할 독일의 헌법학자 칼 슈미트(Carl Schmitt)는 지라르와 같은 위기의 사상가(Krisendenker)로서 인류 사회가 직면

---

[9] 러셀 커크, 『보수의 정신: 버크에서 엘리엇까지』, 이재학 역 (서울: 지식노마드, 2018).

할 수 있는 무너지기 쉬운 취약성(Fragilität)에 특히 주목한 바 있다.

과도한 유토피아적 낭만주의 보다는 비판적 현실주의의 입장에서 인간의 욕망과 인류 문명과 사회에 대한 보수적 접근도 여전히 중요하다. 21세기 급진적인 혹은 급진좌파적인 문화 실험을 시도했던 유럽 68문화혁명 세대가 은퇴기에 접어들면서 유럽과 서구에서 보다 중도적이고 보수적인 관점이 우세해지고 있는 중이다.

3. 칼 포퍼의 비판적 합리주의와 유토피아주의 비판

이 책은 정치경제학을 논하면서 대체적으로 오스트리아 출신으로서 이후 런던정치경제대학교(LSE)의 교수를 역임한 칼 포퍼(Karl Raimund Popper)의 비판적 합리주의(Kritischer Rationalismus)와 반유토피아적 자유주의의 관점을 따를 것이다.

칼 포퍼는 유럽 합리주의 전통을 침식시키는 니체-하이데거 철학의 계보로부터 탄생한 포스트모더니즘 전통과 연계된 네오마르크시즘, 반자연과학주의 그리고 급진 사회구성주의(social constructionism)와의 이론 논쟁을 전개함에 있어서 마르크시즘을 비판하고 자연과학을 학문적으로 크게 존중한 20세기 가장 영향력 있었던 과학철학자이자 사회철학자이다. 그는 젊은 시절 한때 마르크시즘에 경도되었지만 이후 마르크시즘을 신랄하게 비판하며 자유민주주의를 옹호하는 대표적인 사상가가 되었다.

칼 포퍼의 '열린 사회'(Open Society)는 유토피아적이고 전체주의적인 이상국가 건설을 목적으로 삼지 않고, 경험적이고 다원적이고 인간의 가치를 다양하게 표현할 수 있는 비판과 토론이 자유롭게 허용되는 사회이다. 칼 포퍼는 사회를 급진적으로 재구성하려는 구성주의의 오류(Fehler des Konstruktivismus)을 지적하면서 사회 전체를 재구성하려는 '유토피아적 사회공학'을 비판했다. 왜냐하면, 칼 포퍼는 자신의 논문 "유토피아와 폭력"에서 유토피아주의(Utopismus)는 필연적으로 폭력을 동반하기에 그것을 비판한다.[10]

그래서 칼 포퍼는 '점진적 사회공학'을 제시한다. 이 책에서는 문화정치적 네오마르크시즘 계열에서 볼 수 있는 정치경제학적 유토피아주의적인 폭력이나 새로운 전체주의의 위험성을 비판적으로 분석하면서 지라르를 따라서 자본주의와 시장경제를 폭력을 통제하는 최선의 카테콘으로 제시하고자 한다.

칼 포퍼의 이러한 입장은 칼 마르크스의 유토피아주의와 사회구성주의(Konstruktivismus)에 대한 이론 논쟁이지만, 그의 자연과학적 과학철학과 비판적 합리주의 전통과 정신은 네오마르크시즘과 연동된 포스트모더니즘 철학의 급진 사회구성주의에 대한 비판을 위해서도 꼭 필요하다. 동성애 담론인 퀴어 이론 등에서 볼 수 있는 포스트모던적 급진 사회구성주의는 반실재주의적이고 반실체주의적인 입장에서 그리고 진화생물학과 같은 자연과학을 반대하는 입장에서 생물학적 성(sex)을 '해체'(deconstruct)하고, 새롭게 사회적 젠더(gender)로 '구성'(construct)하려고 한다.

낭만적 유토피아보다는 인간의 모방적이고 경쟁적인 욕망에 대한 현실

---

[10] Karl Popper, "Utopie und Gewalt," *Kritischer Rationalismus und Sozialdemokratie* (BonnBad Godesberg: J.W.Dietz, 1975), 303-15.

적인 이해와 충족이 더 중요할 것이다. 토마스 모어의 '유토피아'(utopia)는 문자적으로 어디에도 존재하지 않는 곳을 의미한다. 인간이 모방적이고 경쟁적으로 욕망하는 존재로 남아 있는 한, 평등사회라는 유토피아는 문자적인 의미 그대로 이 세상에 존재하지 않는 곳으로 남아 있을 것이다.

기독교적 영향으로 신분사회가 극복된 현대사회에서 법적인, 사회적인 그리고 신분적인 평등은 실현되었고, 이제 남은 것은 경제적인 불평등의 문제인데, 경제적 평등사회는 인간의 모방적 욕망으로 인해 아마 이 지상에서는 어디에도 존재하지 않는 곳, 곧 '유토피아'가 될 것이다. 계급 투쟁으로 지상낙원을 건설하고자 했던 사회주의적이고 공산주의적 유토피아론은 끔찍한 전체주의적 전쟁, 폭력 그리고 야만을 가져왔고 결국 실패로 끝났다.

이 책에서는 평등하게 가난한 공산주의 사회보다는 경제적 불평등의 그림자가 있지만 프리드리히 하이에크(Friedrich Hayek)가 인류 역사상 최고의 발견이라고 평가한 시장경제 시스템으로 운용되는 자본주의 체제를 인간의 욕망을 충족시키는 최선의 사회시스템으로 긍정하고자 한다. 특히 자본주의에 대한 긍정을 인류 정치경제학에 대한 문화인류학적 성찰을 통해서 시도하고자 한다.

평등 유토피아는 이 세상에 존재하지 않는 곳으로 남아 있을 것인데, 그 이유는 인간의 욕망이 모방적이고 경쟁적이어서 끊임없이 남의 것을 탐욕하기 때문이다. 인간이 모방적이고 경쟁적으로 욕망하기를 멈출 때, 평등 유토피아가 건설될 수 있을 것이다. 20세기 공산주의적이고 사회주의적 평등 유토피아론이 가져온 악몽을 경험한 21세기 현대 정치경제학은 이제 인간의 모방적 욕망에 대한 보다 깊고 진지한 성찰을 해야 한다.

이 책에서는 사회주의적이고 공산주의적인 르상티망의 정치경제학을 비판적으로 성찰한 후에 자유민주주의와 자본주의적 시장경제 체제가 인간의 모방적 욕망에 대한 보다 섬세한 이해에 기초해서 그 욕망을 충족시켜 주는 체제로 재긍정하고자 한다. 사회주의와 공산주의 이론에서는 장자크 루소의 낭만적 인류학의 경우처럼 인간 욕망에 대한 보다 깊고 섬세한 이해가 대체적으로 결여되어 있다.

경제학의 코드는 심리와 욕망이다. 자유민주주의와 자본주의적 시장경제 체제도 폭력적인 측면이 분명 존재하지만, 공산주의와 사회주의의 전체주의적 폭력보다는 더 나은 폭력이다. 폭력이 없는 유토피아는 존재하지 않기에, 우리는 모방적 욕망으로 인한 내부 폭력을 최소화하는 사회시스템으로 나아가야 할 것이다.

물론 한국의 현실과 앞에서 소개한 최근의 독일 현실에는 차이가 존재하다는 점을 인정하지만, 한국사회가 서구적 모델, 유럽적 모델 혹은 독일적 모델에 대한 모방을 시도할 때에는 독일 철학과 사회에서 이루어지고 있는 이러한 최근의 논쟁들도 반드시 논의되어야 한다. 한국도 인구절벽이라는 문제에 직면해 있다.

그리고 이 책에서는 현대 정치경제학을 지배하고 있는 희생자에 대한 기독교적 염려와 현대적 강박의 문제를 동시에 다룰 것이다. 지라르에 의하면, 현대 정치경제학을 지배하고 있는 것은 희생양 혹은 희생자에 대한 독특한 감수성, 관심, 염려 그리고 우선적 선택인데, 이는 희생양 메커니즘을 폭로한 기독교로부터 나온 것이다.

현대 정치경제학을 지배하는 이념인 희생자에 대한 관심과 함께 생각해 보아야 할 문제는 새로운 정치 이데올로기로서의 희생자학(victimology)에 대한 것이다. 희생자에 대한 기독교적 감수성과 염려가 정치적으로 오용되고 과용되어서 나온 정치 이데올로기적 형태의 희생자학도 정치적 올바름(Political Correctness)에 대한 논의 속에서 비판적으로 논의할 것이다.

4. 칼 슈미트의 정치적 낭만주의 비판

20세기의 토마스 홉스로 평가되는 독일의 헌법학자 칼 슈미트(Carl Schmitt)는 자신의 저서 『정치적 낭만주의』(Politische Romantik)에서 정치적 낭만주의를 비판한 바 있는데, 이 책에서는 대체적으로 르네 지라르, 토마스 홉스 그리고 칼 슈미트의 입장을 계승하면서 정치경제학적 낭만주의를 비판적으로 분석하고, 보다 현실적인 입장을 제시하고자 한다.

장 자크 루소의 낭만주의적 입장이 무정부주의와 전체주의 모두에게 영향을 준 것처럼, 독일 낭만주의의 경우에도 독일 나치(Nationalsozialismus, 민족사회주의), 파시즘 그리고 전체주의로 기울어졌다. 니체의 디오니소스적 낭만주의는 결국 독일 히틀러와 나치로까지 이어지는데, 나치는 게르만 민족주의, 인종주의가 사회주의와 결합된 형태였다.

독일 철학자 슬로터다이크와 함께 독일 ZDF 방송에서 철학4중주(Philosophische Quartett)를 진행했고 니체와 하이데거에 대한 전기문을 출판하기도 한 독일 철학자 뤼디거 자프란스키(Rüdiger Safranski)는 독일 낭만주의에 대한 연구서도 출판했는데, 그는 독일의 낭만주의 운동이 때로는 민족주의와 파시즘으로 기울어졌다는 것을 인정한다.[11] 특히 독일과 일본의 경우 일견 문학적이고 시적이고 생태적이고 미학적인 낭만주의 운동이 정치적으로는 낭만적 민족주의와 폭력적 파시즘으로 기울어진 사실을 기억해야 한다.

독일 낭만주의의 경우에도 니체가 말한 디오니소스적 새로운 신화학과 연결되며, 이는 다시금 독일 나치와 히틀러의 파시즘과 전체주의로까지 나아간다. 독일 낭만주의 운동과 새로운 신화학(Neue Mythologie) 운동에서 디오니소스는 도래하는 신(der kommende Gott)과 새로운 신으로서 중심적인 역할을 하고 있다. 『도래하는 신: 새로운 신화학에 대한 강의들』에서 독일 튀빙엔대학교의 철학 교수였던 프랑크(Manfred Frank)는 예술과 사회에서의 '신화르네상스'에 대해서 논의한다.

프랑크는 '낭만적 디오니소스'를 미래의 신 혹은 '반(反)계몽의 신'(Gott der Gegenaufklärung)으로 파악했다. 또한 디오니소스는 공동체의 신(Gemein-schafts-Gott)이다.[12] 개인보다는 공동체를, 자유보다는 평등을, 계몽보다는 반계몽적 새로운 신화를 강조하는 사유가 독일 낭만주의와 장 자크 루소의 낭만주의로부터 나오기 시작했다.

프랑크는 독일 관념론 철학과 낭만주의 운동 그리고 해석학과 후기구조주의 철학에 대해서도 연구했는데, 『유배 중의 하나님: 새로운 신화학에 대한 강의들』에서 니체와 바그너에서 볼 수 있는 "디오니소스와 제의적 드라마의 르네상스"에 대해서 논의하고 있다. 그에 의하면, 근대적 합리성에 대해서 권태를 느끼고 의미의 위기(Sinnkrise)를 경험한 일부 학자들

---

[11] Rüdiger Safranski, *Romantik: Eine deutsche Affäre* (München: Hanser, 2007).
[12] Manfred Frank, *Der kommende Gott: Vorlesungen über die Neue Mythologie* (Frankfurt:-Suhrkamp, 1982).

은 새로운 신화학의 이름으로 신화라는 원시성으로 회귀하고자 했다.

독일 낭만주의 이후의 새로운 신화학 운동을 연구해 온 프랑크는 최근 저서『신화의 황혼: 초기낭만주의적 상황에서 본 리하드 바그너』[13]에서 계몽적이고 반신화적 이성의 절대주의에 반대해서 발생한 낭만주의가 파시즘으로 흐르는 과정을 분석한다. 바그너의 음악드라마에서 '새로운 신화학'은 좌초되고 '자기 파괴의 작품'이 되었다.[14]

니체와 바그너의 새로운 신화학의 영향사에 대한 연구에서도 이 두 사람에 의해 시작된 그리스 비극 숭상이 종교와 도덕을 대신하면서 문화정치적인 차원에서 독일 나치로 연결되는지를 프랑크는 분석한다. 니체와 바그너의 새로운 신화학은 자유주의와 자본주의를 비판하면서 새로운 제의의 필요성을 강조했는데, 이는 초기낭만주의적 유산을 왜곡하는 것이었다. 보편주의적으로 지향된 낭만주의적 기획은 결국 특정주의적이고 인종주의적으로 변모하게 되어 버렸다.

장 자크 루소의 낭만주의, 레비 스트로스의 낭만주의적 구조주의 인류학 그리고 니체와 하이데거의 디오니소스적 낭만주의 철학 등의 계보로부터 탄생한 프랑스 포스트모더니즘 철학과 연관된 급진좌파 정치학과 네오마르크시즘에도 하버마스가 비판한 좌파파시즘(Linksfaschismus)의 위험이 존재한다.

르네 지라르의 인류학적 이론에 기초해서 정치경제학을 논의하는 이 책은 독일의 국가적인 철학자로 평가받는 사회철학자 위르겐 하버마스(Jürgen

---

[13] Manfred Frank, *Mythendämmerung: Richard Wagner im frühromantischen Kontext* (München: Wilhelm Fink, 2008).

[14] Frank, *Mythendämmerung: Richard Wagner im frühromantischen Kontext,* 17.

Habermas)의 입장을 대체적으로 따르면서 비중 있게 소개할 것인데, 최근 지라르에 대해서 논의하고 언급하는 하버마스 또한 독일 낭만주의와 니체의 디오니소스 철학 등과 독일 나치의 연관성을 지적하고 있다.

최근 유대교의 정의의 윤리와 기독교의 사랑의 윤리가 민주주의, 자유, 평등, 인권 등의 직접적인 기원이라고 주장한 하버마스는 일관되게 니체와 하이데거 그리고 포스트모던 철학을 사회철학적인 입장에서 비판해 왔다. 하버마스에 의하면, 포스트모더니즘의 시작점은 특히 니체의 디오니소스적 철학이다. 하버마스는 니체의 『비극의 탄생』을 칸트 이후의 계몽된 철학의 관점에서 비판했다. 하버마스는 이 『비극의 탄생』에서 "근대로부터의 도피로"를 보았다.[15]

하버마스에 의하면, 니체는 『비극의 탄생』에서 '디오니소스적 메시아주의'를 대변하면서 근대 주체성철학의 업적들에 대항하기 위해 고대의 신인 디오니소스로 회귀하고 있다고 분석한다. 헤겔(Georg Wilhelm Friedrich Hegel)에서부터 푸코(Michel Paul Foucault)까지 다루는 하버마스는 『현대성의 철학적 담론』 제4장 "포스트모던으로의 진입: 출발점으로서의 니체"에서 니체의 디오니소스적 새로운 신화학을 비판적으로 논의하고 있다. 니체가 말하는 새로운 신화학은 "미학적으로 갱신된 신화학"이다.[16]

하버마스는 제5장 "신화와 계몽의 얽힘: 호르크하이머와 아도르노"에서 『계몽의 변증법』과 같은 차원에서 계몽주의 이후 시대의 새로운 신화

---

15 Jürgen Habermas, "Eintritt in die Postmoderne: Nietzsche als Drehscheibe," *Der philosophische Diskurs der Moderne: Zwölf Vorlesungen* (Frankfurt am Main: Suhrkamp Verlag, 1985), 104-129, 117.

16 Habermas, *Der philosophische Diskurs der Moderne: Zwölf Vorlesungen*, 109.

학 운동을 비판적 관점에서 논의한다.[17] 독일 철학에서는 지금까지도 프랑스 일부 사상가들이 창안한 포스트모더니즘의 급진주의 철학에 대해서 비판적인데, 포스트모더니즘 철학에 대한 비판서라 할 수 있는 하버마스의 『현대성의 철학적 담론』의 결정적인 영향 때문이라 할 수 있다. 하버마스에 의하면, 근대는 미완의 기획이다.

하버마스는 이 책 제6장 "형이상학 비판을 통한 서구 합리주의의 침식: 마틴 하이데거"에서 니체의 후계자이자 '파시스트' 하이데거를 다루고 있다. 하버마스는 니체가 자신의 미학적 형이상학을 통해서 이성 비판을 시도하고 있지만, 이성을 일면적으로 권력에의 의지로 축소하고 있다고 비판한다.

또한 하버마스는 하이데거와 데리다도 논하는데, 그들은 결국 형이상학을 극복하지 못했다고 본다. 하이데거와 데리다의 이론들은 숙명주의로 흐를 위험이 있다고 그는 분석한다. 하버마스는 또한 푸코도 비판적으로 다루는데, 푸코와는 달리 휴머니즘을 문제로 보지 않고 비인간화를 비판하게 하는 필요한 기준으로 파악한다. 하버마스가 잘 분석한 것처럼, 포스트모더니즘 철학은 반현대주의, 반계몽주의를 의미할 뿐 아니라, 반휴머니즘을 의미하기도 하다. 이러한 포스트모던적 반휴머니즘의 정서 속에서 21세기에는 트랜스휴머니즘 혹은 포스트휴머니즘 담론들이 부분적으로 유행하고 있다.

하버마스의 시각에서 푸코는 위장된 휴머니스트로서 오래된 인권 개

---

[17] Habermas, "Die Verschlingung von Mythos und Aufklärung: Horkheimer und Adorno," *Der philosophische Diskurs der Moderne. Zwölf Vorlesungen* (Frankfurt am Main Suhrkamp, 1985), 130ff.

념을 새롭게 기술해 보려고 한다는 것이다. 니체, 하이데거, 데리다 그리고 푸코와의 비판적 논쟁을 통해서 하버마스는 헤겔적인 원칙들로부터 이성의 자기논증이 가능하다고 본다. 하지만, 그것은 주체중심적인 것이 아니라, 의사소통적인 이성(Kommunikative Vernunft)이어야 한다고 그는 주장한다.

하버마스는 포스트모더니즘의 노력이란 결국은 철학을 벗어나 '새로운 신화학'의 이념을 설정하려는 노력이라고 비판한다. 그것은 전통 형이상학에 대한 비판, 실증 학문 또는 이성의 원칙에 대한 비판을 의미한다. 하버마스는 이러한 철학적 시도는 디오니소스적 메시아 사상을 생성시키기 위해 신화학을 예술철학적으로 새롭게 단장한 것이라고 본다. 이는 신화로 철학을 대치하려는 시도로 자리바꿈의 노력에 지나지 않는다고 하버마스는 평가한다.[18]

필자는 지라르가 '프랑스 역병'(French Plague)으로 명명한 프랑스 포스트모더니즘 철학을 대체적으로 유럽 68문화혁명의 반문화(counter-culture) 운동과 연동된 일종의 철학적 반철학(counter-philosophy) 운동으로 이해한다. 포스트모더니즘의 이 '반대'는 유대-기독교 철학과 도덕에 대한 반대운동(Gegenbewegung)을 감행했던 니체로부터 기원한다. 니체는 '십자가에 달리신 자'에 '반대'해서(gegen) 그리스의 신 디오니소스를 미래의 신으로 숭배했다.

하이데거의 제자인 독일 철학자 칼 뢰비트(Karl Löwith)는 "디오니소스

---

[18] 신승환, 『포스트모더니즘에 대한 성찰』, '살림지식총서' 027 (서울:살림출판사, 2003)에서 "새로운 신화학의 사유"를 보라.

대 십자가에 달리신 자"(Dionysos gegen den Gekreuzigten)라는 이 니체의 표현을 니체의 광기가 서린 쪽지(Wahnsinnszetteln)라고 표현했는데, 지라르의 분석처럼 니체는 집단광기, 집단도취 그리고 희생제의적 축제의 신인 디오니소스를 자신의 메시아로 선택함으로 자기 자신도 점차 광기에 사로잡히게 되었다.

유럽 68세대, 포스트모더니즘, 뉴에이지 그리고 히피 문화 등은 또한 출가승의 삭발한 머리에서 상징되듯이 반(anti)과 무(nothingness)가 전면적으로 자리잡고 있는 가장 강한 의미에서의 반철학이자 부정주의 철학인 불교 철학과 깊은 관련성을 가지게 되었다. 20세기 후반 니체적인 낭만주의적 반대운동과 불교적인 반철학을 사회해방적인 반대로 오해했지만, 그 반대운동은 결국 독일 나치라는 전체주의와 파시즘으로 퇴행되었다.

포스트모던 계열의 학자들은 대부정을 하는 불교 반철학을 데리다식의 해체주의 철학적인 어떤 것으로 새롭게 오해했지만, 그 대부정이 전체주의와 파시즘과 같은 가장 강한 정치 질서와 세계 질서에 대한 대긍정으로 전환되는 문명의 역설을 제대로 이해하지 못했다. 불교의 대부정과 대긍정의 폭력적이고 역설적인 변증법에 대한 지라르적인 이해를 추구하는 필자의 연구는 이후에 소개될 것이다.

루소주의에 영향을 받고 있는 포스트모더니즘과 그 네오마르크시즘과 급진좌파 정치경제학에도 평등주의의 이름으로 자유의 가치를 훼손하고 억압하는 새로운 전체주의 혹은 극좌의 전체주의의 위험이 존재한다. 이후 소개될 것이지만, 최근 독일에서도 점차적으로 독일의 미래를 위해서 사회주의나 사회민주주의적 입장을 버리거나 궤도 수정을 하고 있는데, 이 책에서는 자유민주주의와 자본주의 시장경제 체제에 대한 학문적 재긍정과 변호를 하려고 한다.

자본주의와 신자유주의를 비판하는 한병철의 『피로사회』와는 달리 이 책에서는 자유민주주의와 자본주의 시장경제 체제를 체제 경쟁에서 승리한 최선의 체제로 재긍정하고자 한다. 물론 한병철 교수도 마르크스적인 관점을 점차 벗어난 것으로 알고 있다. 이 책에서는 포스트모더니즘과 연관된 네오마르크시즘 계열의 일부 지식인들에 의해서 유행되었던 자본주의 비판을 극복하고자 한다.

포스트모더니즘, 네오마르크시즘 그리고 서구 명상불교가 20세기 후반 지성인들 사이에서 지적으로 유행한 것과 마찬가지로 자본주의 비판도 지적인 유행이었다. 하지만 체제 경쟁에서 패배한 사회주의와 공산주의에 대해서 지적으로 동정적이면서 자본주의에 대해서도 과도하게 비판적인 것은 시대착오적인 것으로 본다.

또한 자본주의 체제 속에 살면서 그 풍요와 혜택을 누리면서도 유행적이고 관성적으로 자본주의 비판만이 유일한 지성인의 임무인 것처럼 주장하는, 지적으로 정직하지도 정의롭지도 못한 과도한 판단이라고 생각한다.

5. 초모방사회, 차이소멸 그리고 폭력적 근접성

이 책에서는 고귀한 원시인(noble savage)에 대해 주장하는 장 자크 루소식의 낭만주의적 인류학을 비판하면서, 정치경제학적 분야에서의 '낭만적 거짓들'을 비판적으로 분석하고자 한다. 그리고 현대 정치경제학을 '인류학적 진실들' 위에 다시 세우고자 한다.

  원시인은 고귀하고 순수하고 평화스러운데, 현대인은 탐욕적이고 타락했다는 식의 신원시주의적이고 낭만주의적 이분법을 이 책에서는 '낭만적 거짓'이라고 본다. 원시인이나 현대인이나 모두 모방적으로 욕망하고 경쟁하는 늑대들, 곧 호모 미메티쿠스라는 것이 인류학적 진실일 것이다.

  모방적이고 경쟁적 인간, 곧 호모 미메티쿠스(homo mimeticus)에 대한 보다 깊은 인류학적 성찰로부터 정치경제학적 논의가 출발되어야 한다. 좌파와 우파, 보수와 진보 모두 모방적으로 욕망하고 경쟁하는 인간이라는 공통분모로부터 정치경제학적 논의와 논쟁이 시작되어야 한다.

  모방적 욕망은 인류학적 상수이기에, 현대 정치경제학에 대한 논의에 있어서도 상수는 인간의 (모방적이고 경쟁적인) 욕망, 질투, 르상티망(ressentiment) 그리고 증오 등에 대한 인류학적 논의일 것이다. 경제도 심리이지만, 정치도 심리다. 그렇게 지라르의 근본인류학은 현대 정치경제학적 논의를 보다 깊게 진행시키는 데 큰 영감을 줄 것이다.

  질투사회는 자유민주주의와 자본주의 시장경제 속에서의 새로운 인간조건(conditio humana)이기에, 체제 경쟁으로 승리한 이 체제 자체를 부정하기보다는 이 체제를 폭력 방지를 위한 일종의 '카테콘'으로 긍정하고자 한다. 국가의 목적이 내부 폭력과 외부폭력으로부터 자국민을 보호하는 것이라면, 현대 정치경제학의 과제도 모방적 욕망으로 인한 내부 갈등과 내부 폭력으로부터 시민들을 보호하고 나아가 시민들의 먹고사는 문제에 대한 욕망을 충족시키는 것일 것이다.

  지라르와 지라르 학파는 인류의 정치와 경제를 모두 내부 폭력을 담아서 억제하는 '카테콘'으로 파악하는데 이는 이후 소개될 것이다. 자유민주주의와 자본주의 시장경제 체체를 최선의 '카테콘'으로 재긍정하면서, 질투사회 속에서 살아가는 현대인의 새로운 인간 조건과 실존을 분석하고자 한다.

또한 카오스적 내부 폭력과 내부 갈등을 담아내면서 억제하는 카테콘은 일종의 폭력적 필요악이기에 자유민주주의와 자본주의 시장경제 체제의 폭력적, 억압적, 탐욕적 그리고 착취적 그림자에 대한 논의도 이 체제의 부작용을 최소화하기 위해서 필요하다. 하지만 20세기 후반 포스트모더니즘, 네오마르크시즘 그리고 급진좌파 정치경제학의 영향으로 유행되었던 자본주의 체제 비판은 이제 어느 정도 극복되어야 할 것이다.

자유민주주의와 자본주의적 시장경제에도 토마스 홉스의 '리바이어던'처럼 거대한 짐승이라는 부정적인 이미지가 있다. 하지만 이 거대한 짐승인 국가가 '만인에 대한 만인의 투쟁'과 '만인에 대한 만인의 질투'로부터 발생하는 카오스적이고 무정부주의적 혼란과 폭력으로부터 시민들을 보호하는 카테콘이기에 우리는 그것을 긍정할 수 있다. 오랜 역사와 논쟁을 통해서 자유민주주의와 자본주의 시장경제 체제가 최선의 카테콘인 것으로 드러났기에, 이 체제에 저항하는 반체제적인 담론보다는 그 체제의 부작용을 최소화하는 것이 대안일 것이다.

슬로터다이크는 지라르를 논의하면서 현대 자본주의와 소비사회에는 '질투의 원자로'가 존재한다고 분석한 바 있는데, 그의 분석처럼 현대 자본주의는 '질투의 원자로'에 의해서 가동되는 거대한 시스템이다. 자본주의의 동력은 필요(needs)가 아니라, 모방적 욕망(mimetic desire, désir mimétique)이다.

모방적 욕망으로 인한 질투심이 현대 자본주의를 가동시킨다. 자본주의가 가동되기 위해서는 원자로처럼 끊임없이 질투심이 유발되어야 된다. 그래서 현대 자본주의는 그 지속적 성장과 가동을 위해서 질투를 조직적으로 자극할 수밖에 없는 '질투사회'를 만들어 낸다. 그러므로 현대 질투사회는 문명사적으로 그리고 문화인류학적으로 비교해 보면 아주 독특한 새로운 사회시스템이다.

고대사회는 '독'으로 작용할 수 있는 질투를 억압하고 통제하는 사회였다. 질투심은 사회 붕괴를 초래할 수 있는 '독'과 같은 것이어서 인도의 카르마-카스트 제도에서는 신분과 다르마 교리를 통해서 질투를 억압하고 통제해야만 했다. 그러나 현대사회는 이 위험한 '독'과 같은 질투를 원자로처럼 그리고 '약'처럼 사용하게 되었다. 질투를 조직적으로 억압하고 통제하는 고대사회와는 달리 현대사회는 질투를 조직적으로 자극해서 그것을 원자로와 같은 동력으로 사용해서 가동되는 질투사회가 되었다.

21세기는 4차 산업혁명, 인공지능, 빅데이터, 사물인터넷 그리고 페이스북과 같은 소셜 네트워크로 인해 초연결사회가 되었다. 이 초연결사회는 또한 모방적 인간인 호모 미메티쿠스(*homo mimeticus*)가 살아가는 초모방사회(hypermimetic society)가 되어 간다.

지라르는 인간을 나누어질 수 없는 모나드(monad)와 같은 개인(individual)이 아니라, '상호 개인'(interdividual)이라는 신조어로 새롭게 정의했다. 인간은 단순한 모방적(mimetic) 동물이 아니라, 초모방적(hypermimetic) 존재다. 초모방적인 상호 개인(interdividual)들로 인해서 이 21세기 초연결사회는 점차적으로 초모방적 사회가 되어가고 있는 것이다. 소셜 네트워크 페이스북의 탄생에 있어서 지라르의 미메시스 이론이 중요한 역할을 했는데, 이는 이후 소개될 것이다.

지라르는 현대인들이 "부정적 모방에서 나온 허위 개인성"을 좇아다닌다고 분석한다. 모두들 다른 사람들보다 자신이 더 독창적이라고 생각하지만, 사실은 모방적이라고 그는 말한다. 근대를 정의할 수 있는 유일한 방법은 "내적 중개의 보편화"라고 볼 수 있다고 지라르는 분석한다.

> 오늘날 개인들은 서로에게서 동떨어져 있을 수 있는 공간이 전혀 없기 때문이다. 이것은 곧 우리의 믿음과 정체성의 형성에 모방적인 요소가 강하게 스며들지 않을 수 없다는 것을 의미한다.[19]

지라르는 현대사회를 차이가 소멸된 무차별화된 시대로 분석하는데, 이런 새로운 인간 조건을 지배하는 것을 '폭력적 근접성'이라고 말한다.

지라르의 미메시스 이론(Mimetic Theory)은 인류 문명에 대한 큰 그림(Big Picture, 빅픽처)을 그리는 이론이다. 그동안 필자는 인류 문화에 대한 새로운 빅픽처와 빅퀘스천을 보여주는 지라르의 큰 이론을 종교학(불교학과 인도학), 기독교 신학, 비교신화학, 니체 철학, 포스트모더니즘 철학 그리고 빅뱅 우주론, 양자물리학 그리고 카오스 이론과 같은 현대 자연과학과의 관련성 속에서 소개하는 책 6권을 출판했다.

이제 이 책에서는 질투사회를 화두로 해서 지라르의 현대사회에 대한 이해와 분석을 정치경제학적 관점에서 소개하고 논의하고자 하는데, 본래 필자가 공부한 분야는 기독교 사회학 분야였다. 지라르 연구를 위해서 공부했던 오스트리아 인스부르크대학교에서 필자는, 기독교 사회론(Christli-

---

[19] 르네 지라르, 『문화의 기원』, 김진식 역 (서울: 기파랑, 2006), 258.

che Gesellschaftslehre) 분야 최초의 근대 정치철학자로 평가받는 토마스 홉스와 20세기 토마스 홉스로 불리는 독일 헌법학자 칼 슈미트(Carl Schmitt)의 지라르의 이론을 분석한 연구로 각각 박사 학위 논문과 교수자격 논문 (Habilitation)을 쓴 볼프강 팔라버(Wolfgang Palaver)의 지도 아래 지라르의 이론을 문화 이론적인 측면에서뿐 아니라 현대 정치경제학 관점에서도 연구했다.

팔라버 교수는 국제지라르학회 회장을 역임했을 뿐 아니라, 독일어권에서 가장 대표적인 지라르 입문서인 『르네 지라르의 미메시스 이론: 문화 이론적이고 사회정치적인 질문들이라는 상황 속에서』[20]를 출간한 학자다. 이 책은 영어로도 번역된 저명한 지라르 입문서로 자리잡고 있다.

6. 정치경제학의 인류학적 기초

현대 주류 정치경제학이 지라르의 이론에 주목하고 있는데, 그것은 지라르의 근본인류학적 성찰은 현대 정치경제학이 기초하고 있는 인간 이해에 큰 영감과 도전을 주기 때문이다. 인간 욕망을 간과하면서 오직 사회구조에만 집착하는 정치경제학은 낭만적 거짓이다.

현대 정치경제학은 (문화)인류학적으로 깊게 심화되어야 하고, 나아가 문명사적인 관점에서 성찰되어야 하는데, 지라르의 근본인류학적 성찰은

---

[20] Wolfgang Plaver, *René Girards mimetische Theorie: Im Kontext kulturtheoretischer und gesellschaftspolitischer Fragen* (Beiträge zur mimetischen Theorie Band. 6). 3. Auflage (Münster: LIT Verlag, 2008).

이 점에서 보다 깊이 있는 정치경제학적 성찰에 큰 도움을 준다. 이 책은 현대 정치경제학을 지라르의 문명 이론에 기초해서 그 (문화)인류학적 뿌리로부터 깊게 논의하고자 한다. 현대 정치경제학은 인류학적 연구로부터 심화되어야 한다.

또한 이 책은 현대 정치경제학에 대한 논의를 근대로부터 출발하는 것이 아니라, 지라르의 문화 이론 혹은 문명 이론에 기초해서 문화인류학적 관점으로 원시문명으로부터 현대에 이르기까지 문명사적 관점에서 분석하고자 한다.

정치경제학은 인류학적 기초 위에 세워져야 한다. 최초의 근대 정치학자라 할 수 있는 토마스 홉스의 정치학도 그가 당시 영국의 시민전쟁 상태에서 목도한 '호모 호미니 루푸스'(*Homo homini lupus*, 사람은 사람에게 늑대다)라는 인류학적 성찰에 기초하고 있다. 토마스 홉스의 정치학은 자연상태에서의 인간이 자연에서의 늑대가 경쟁하는 것과 같이 행동한다는 인류학적 기초 위에 세워져 있다.

20세기 독일의 토마스 홉스라 할 수 있는 위기의 사상가(Krisendenker) 칼 슈미트의 '위험한' 정치학과 헌법학도 위험한 동물인 인간에 대한 인류학적 성찰에 기초하고 있다. 독일 헌법학자 칼 슈미트는 자신의 저서 『정치적 낭만주의』[21]에서 위험한 동물인 인간에 대한 현실적 이해에 기초해서 정치적 낭만주의의 한계를 지적하고 있다. 칼 슈미트는 인간에 대한 이러한 자신의 현실적이고, 비관적이고 그리고 비극적인 이해를 자신의 '인류학적 신앙고백'(Anthropologische Glaubensbekenntnis)이라고 말한다.

---

[21] Carl Schmitt, *Politische Romantik* (Berlin: Duncker & Humblot, 1919).

르네 지라르와 현대 정치경제학에 대한 이 책이 의도하는 것도 현대 정치경제학의 인류학적 기초와 이해에 대한 논의다. 인류학적 기초가 부실한 현대 정치경제학은 낭만적 거짓이다. 정치경제학은 인류학적 진실 위에 세워져야 한다. 지라르는 "인류학적 기초가 없는" 현대사상을 비판한다.[22]

현대 정치경제학에 대한 논의도 모방적 인간인 호모 미메티쿠스(*homo mimeticus*)에 대한 보다 깊이 있는 이해로부터 출발해야 한다. 이 책은 현대 정치경제학의 기원을 단지 토마스 홉스나 아담 스미스와 같은 근대적 기원에까지만 소급하는 것이 아니라, '문화의 기원'을 해명한 지라르의 문명 이론에 기초해서 정치경제학의 원시적 기원 혹은 문명사적 기원으로부터 소급해서 해명하려고 한다.

이후 상술하겠지만, 지라르에 의하면 정치 권력의 기원도 인류 문화의 많은 사회 제도와 마찬가지로 사회계약이 아니라 희생양 메커니즘에 있다. 법(*Nomos*)의 기원도 희생제의적이다. 그리고 지라르에 의하면, 돈, 경제 그리고 교환도 종교적 기원을 가지고 있다. 바로 희생제의와 그 희생제의의 제물인 희생양을 점차 대체하면서 돈과 경제와 교환이 탄생한 것이다. 그러므로 이 책에서 정치경제학 논의를 보다 깊게 문화인류학적 관점에서 그리고 문명사적 관점에서 전개하여 정치경제학의 기원으로부터 소급해서 다룰 것이다.

---

[22] René Girard, *Things Hidden since the Foundation of the World*. Research undertaken in collaboration with Jean-Michel Oughourlian and Guy Lefort (Stanford: Stanford University Press, 1987), 63; Andrew J. McKenna, *Violence and Difference: Girard, Derrida, and Deconstruction* (Urbana and Chicago: University of Illinois Press, 1992), 174.

칼 슈미트는 시민전쟁이라는 예외상태(Ausnahmezustand)로부터 정치학과 법학을 성찰하는 위기의 사상가다. 또한 토마스 홉스를 따르는 그의 정치적 리얼리즘은 인간사회 속에 상존하는 갈등, 폭력 그리고 적의를 심각하게 다룬다.

칼 슈미트는 나치 히틀러의 독재 체제에 이론적 토대를 제공한 독일의 법학자이자 정치학자다. 그러나 그의 주권에 대한 저작은 상당히 날카로운 관점을 가지고 있어, 발터 벤야민, 자크 데리다, 조르조 아감벤 등과 관련된 논의에서 반드시 읽어야만 하는 논쟁적인 저서가 되어 있다. 이와 같이 칼 슈미트의 법 이론은 1990년대 이후 데리다, 아감벤, 무페 등 포스트모던 좌파 학자들에게도 논의될 뿐 아니라, 일본에서는 천황제의 특수성을 논하는 맥락에서도 그의 이론이 인용되기도 한다.

국내에서도 최근 좌파적 시각에서 칼 슈미트 읽기가 진행되어, 그의 많은 저서들이 번역되었다. 조르조 아감벤을 비롯한 많은 학자에 의하면, 칼 슈미트는 오늘날 우파뿐만 아니라 좌파에게도 많이 읽히는데, 이는 그가 예외상태(Ausnahmezustand)의 문제처럼 현대 정치학의 문제에 매우 적절한 문제를 제기하고 있기 때문이다. 지라르 이론으로 칼 슈미트를 연구한 필자의 지도교수 팔라버도 칼 슈미트의 나치 과거사에도 불구하고 그의 법 이론이 가지는 날카로운 분석적 가치를 높이 평가했다.

칼 슈미트의 헌법학과 정치학은 10년 넘게 재임하고 있는 독일 총리 앙겔라 메르켈이 당수로 있는 독일의 보수우파 기독교민주연합(CDU, 기민당)의 자문가들로부터 재발견되고 있다고 한다. 한국의 헌법학에서는 히틀러 시대의 동년배 헌법학자들인 오스트리아 출신의 법실증주의자 한스 켈젠(Hans Kelsen), 통합주의의 입장을 가진 스멘트(Carl Friedrich Rudolf Smend) 그리고 '결단주의'(Dezisionismus) 입장을 가진 칼 슈미트를 자주 언급한다.

당시 칼 슈미트는 히틀러의 헌법학자로 이름을 떨쳤다. 현재 한국과 독일의 이론과 판례는 모두 스멘트의 통합주의가 통설이다. 칼 슈미트의 사상은 독일의 경우 나치 히틀러와 관련되고 한국의 경우 유신헌법과 독재에 관련된 과거사에도 불구하고, 현대 정치학과 헌법학에서 한 축을 이루는 고전으로 읽히고 있다.

또한 그의 사상은 정치학과 법학을 넘어서 현대철학자들에게도 큰 도전과 영감을 주고 있다. 칼 슈미트는 노쇠할 때까지 그의 친구 및 젊은 지식인들의 끊임없는 방문을 받았는데, 방문객 가운데에는 에른스트 융거(Ernst Jünger), 야콥 타우베스(Jakob Taubes), 알렉상드르 코제브(Alexandre Kojève) 등의 인물이 포함되어 있었다. 지라르와 칼 슈미트에 대해서는 이후 상세하게 논의할 것이다.

이 책에서는 현대 정치경제학의 인류학적 기초와 기원에 대한 논의 뿐 아니라, 현대 정치경제학의 신학적 기원 혹은 유대-기독교적 기원에 대해서도 소개할 것이다. 이후에 소개하겠지만, 21세기에 접어들면서 독일의 '국가적인' 사회철학자로 불리는 위르겐 하버마스는 자유, 평등, 인권, 보편주의, 평등주의 등 현대 민주주의적 가치의 기원이 "유대교의 정의의 윤리"와 "기독교의 사랑의 윤리"라고 주장했다.

칼 슈미트는 헌법학자로서 자신의 저서 『정치신학: 주권론에 관한 네 개의 장』[23] 제3장 첫 문장에서 "현대 국가학(Staatslehre)의 모든 중요한 개

---

[23] Carl Schmitt, *Politische Theologie: Vier Kapitel zur Lehre von der Souveränität*. Siebente Auflage (Berlin: Duncker & Humblot, 1996), 43; 칼 슈미트, 『정치신학: 주권론에 관한 네 개의 장』, 김항 역 (서울: 그린비, 2010).

념들은 세속화된 신학적 개념들이다"라고 주장했는데, 이 문장은 20세기 인문학 문헌들에서 가장 자주 인용된 문장들 중 하나에 속한다.

니체는 "민주주의는 자연화된 기독교다"(Die Demokratie ist das vernatürlichte Christentum)라고 주장했는데, 기독교가 자연화되면서 탄생한 것이 정치적 민주주의라는 것이다. 칼 슈미트의 말처럼, 신학적 개념이 정치와 법학의 영역에서 세속화되어서 현대 국가학의 기본개념들을 형성했다. 민주주의를 탄생시킨 것은 기독교다.

'법 앞에 만인은 평등하다'라는 민주주의의 대원칙도 한 분 하나님 앞에 만인은 평등하다는 기독교 신앙이 자연화되고 세속화되어서 형성된 것이다. 니체는 한 분 하나님 앞에 만인은 평등하다는 이 기독교적 평등가치야말로 가장 위험한 가치라고 분석한 바 있는데, 이는 이후 자유와 평등에 대한 논의 때 다룰 것이다.

민주주의의 기원뿐 아니라, 자본주의의 기원에도 기독교가 있다. 종교사회학자 막스 베버는 자신의 저서 『프로테스탄트 윤리와 자본주의 정신』에서 자본주의의 기원에는 기독교 윤리, 특히 세계 내적 금욕주의로 특징지어지는 프로테스탄트 윤리가 자리잡고 있다고 주장했다. 근대적 합리화 과정에서 발생한 세계의 탈마술화(Entzauberung der Welt)의 기원도 유대교의 예언자들의 사상에 있다고 막스 베버는 주장한다.

이후 2014년 이후 독일에서 출판되기 시작한 하이데거의 『블랙 노트』(Schwarze Hefte)에 대한 논의에서 소개하겠지만, 하이데거는 자본주의, 민주주의, 보편주의, 평등주의, 세계시민주의 등의 기원이 세계유대교(Weltjudentum)에 있다고 분석하고, 음모론적인 방식으로 유대교를 존재역사적 타락사(Verfallsgeschichte)를 발생시킨 주범으로 몰아세웠다. 그리고 하이데거는 나치 정권과 히틀러에 협력해서 유대인들을 대학에서 추방하고 박해했다.

니체 철학을 계승하는 하이데거는 독일 나치로서 유대교와 칼빈주의가 대표하는 세계시민주의(cosmopolitanism), 민주주의 그리고 자본주의와 같은 현대주의의 업적들을 반현대주의적인 방식으로 타락사의 관점에서 부정하고 비판하고 있다. 학자들은 하이데거의 이러한 반현대주의적 존재철학에서 우리는 민주주의와 자본주의를 앞서서 발전시킨 영미권과 유대교에 대한 독일 철학 특유의 '르상티망 현상'을 분석하고 있는데, 이는 이후 논의될 것이다. 지라르도 자유, 평등, 박애라는 프랑스 혁명 정신의 기원이 그리스적이라기보다는 히브리적이라고 주장한 바 있다.

7. 성스러운 시장경제의 폭력 통제 기능

지라르의 이론과 헌법학과 정치학과의 학제적 연구뿐 아니라, 경제학과의 대화도 왕성하게 진행되고 있다. 2013년 새로운 시각으로 주류 경제학의 한계 극복을 목적으로 한 '새로운 경제적 사고를 위한 연구소'(INET)의 홍콩 컨퍼런스에 지라르 학파에서 가장 주요한 학자 중 한 명인 장 피에르 뒤피(Jean-Pierre Dupuy)와 폴 뒤무셸(Paul Dumouchel)을 비롯한 경제학과 관련된 지라르 학파의 학자들이 참여해 발표했는데, 이는 국내 주요 경제전문지에도 소개되었다.

'새로운 경제적 사고를 위한 연구소'의 홍콩 컨퍼런스는 칼 포퍼(Karl Popper)의 제자였던 조지 소로스(George Soros)가 설립한 것인데, 이 경제학

학술대회에 참여한 지라르 학파의 경제학자들은 지라르의 스탠퍼드대학교의 제자로서 미국에 지라르 연구재단(Imitatio)을 설립하고 재정을 지원하고 있는 피터 틸(Peter Thiel)의 후원으로 이루어진 것이다. 피터 틸도 학부에서 철학을 전공하고 대학원에서는 법학박사 학위를 받은 펀드매니저인데, 이에 대해서는 이후에 소개될 것이다.

2003년 오스트리아 인스부르크대학교에서 개최된 '폭력과 종교에 관한 학술대회'(Colloquiuum on Violence and Religion)에서 지라르의 이론과 정치경제학과의 학제적 대화가 이루어졌는데, 이때 발표된 논문들은 필자의 지도교수가 편집, 출판한 『경제학, 정치학 그리고 언론 속의 열정: 기독교 신학과 대화』에 담겨 있다. 이 책은 현대 경제학과 정치학 그리고 언론학에서의 미메시스적인 열정과 욕망의 문제를 심도 있게 다루고 있다.[24]

지라르를 '인간과학의 새로운 다윈'으로 평가한 '아카데미 프랑세즈'의 또 다른 불멸인 미셸 세르(Michel Serres)는 지라르의 이론이 현대의 시장경제 체제를 추동하는 욕망과 경쟁의 메커니즘을 보다 잘 이해할 수 있게 해준다고 분석하기도 했다.[25] 지라르의 미메시스 이론은 경제학뿐 아니라, 광고심리학과 언론학 등에도 깊이 연구되고 있다. 지라르 자신과 많은 지라르 학파의 학자들은 지라르의 이론이 가장 쉽게 설명될 수 있는 분야는 광고 분야라고 말한다.

---

[24] Wolfgang Palaver and Petra Steinmair-Pösel (ed), *Passions in Economy, Politics, and the Media: In Discussion with Christian Theology*, Beiträge zur mimetischen Theorie 17 (Münster: LIT, 2005).

[25] Michel Serres, "Receiving René Girard into the Académie française," *René Girard and Sandor Goodhart, For René Girard: Essays in Friendship and in Truth* (East Lansing: Michigan State University Press, 2009), 13-4.

광고심리학의 코드는 질투다.

왜 광고에 모델이 필요한가?

상품의 내재가치만 보여주면 되지, 왜 우리가 질투하고 선망할 수 있는 광고 모델을 중개해서 욕망을 자극하고 소비를 자극하는가?

광고 모델을 통해서 이루어지는 광고심리학의 삼각형 구조는 지라르가 말하는 '삼각형의 욕망 이론'으로 쉽게 설명된다. 인간 욕망을 진지하게 성찰하지 않는 낭만적 정치경제학은 그 한계가 있다.

자본주의와 신자유주의 비판담론에서 흔히 볼 수 있는 자본주의의 폭력성과 '신이 된 시장경제'의 위험성을 인정하면서도 지라르의 이론을 경제학 분야에 적용한 장 피에르 뒤피 등의 연구에 의존해서 시장경제가 폭력을 통제하는 약과 같은 역할도 하고 있음을 논증할 것이다. 최근 슬라보예 지젝과 학문적 대화를 나눈 뒤피에 의하면, "경제는 전혀 다른 수단들 통한 성스러움의 연장이다"(the economy is the continuation of the sacred by entirely other means). 즉, 성스러움(the sacred)과 마찬가지로 경제는 폭력을 폭력으로서 저지하고 있다.

1973년에 프랑스 아카데미상을 받았고 출간 당시 프랑스「르몽드」지가 인류 정신사의 위대한 발견으로 평가한 지라르의 주된 저서『폭력과 성스러움』(*La Violence et le Sacré*)[26]은 성스러움이 모방적 욕망과 경쟁으로 인한 내부 폭력을 통제한다고 주장했다. 뒤피는 기독교의 탈신성화 이후 이 폭력을 통제했던 옛 성스러움(le Sacré)이 점차 그들의 신들과 함께 사라지고 현대 시장경제가 폭력 통제의 역할을 대체하게 되었다고 주장한다.

---

[26] René Girard, *La Violence et le Sacré* (Paris: Grasset, 1972).

그렇기에 이 책에서는 시장경제와 자본주의가 어느 면에서 폭력적이라는 사실을 인정하면서도, 동시에 시장경제와 자본주의가 폭력 통제의 효율적인 수단과 체제라는 것을 논증할 것이다. 뒤피가 주장하는 것처럼, 제2차 세계대전 이후 유럽은 전쟁과 폭력을 방지하기 위해서 EU라는 경제공동체를 설립하게 되었다. 즉, 강한 경제공동체가 전쟁과 폭력을 예방하는 역할을 하는 것이다. 지라르와 지라르 학파에서는 대체적으로 이와 비슷한 맥락에서 현대 정치경제학을 폭력과 무질서를 예방하고 통제하는 '카테콘'으로 보는데, 이는 이후에 보다 상세하게 논의될 것이다.

르네 지라르의 미메시스 이론은 서구 정치경제학에 큰 사상적 영감과 영향을 주고 있다. 제2차 세계대전 후, 독일어권에서는 인간의 근본적인 평화능력이 자주 강조되었다. 하지만 이것은 아름다운 환상이었다. 유럽의 68문화혁명은 반전과 평화 운동을 전개했다. 그러나, 냉전과 이데올로기의 종언 이후 '뜨거운 평화'의 시대가 왔다.

『뜨거운 평화: 폭력, 권력 그리고 문명의 비밀에 대하여』[27]라는 책에서 독일 녹색당 문화위원이었고 2005년까지 독일 국회부의장을 역임한 개신교 신학자 안티에 폴머(Antje Vollmer)는 지라르의 이론에 강한 영향을 받고 있다. 필자의 지도교수였던 팔라버도 한때 냉전시대에 평화운동에 적극적으로 참여했다가 점차적으로 지라르의 이론을 접하면서 평화를 보다 비극적이고 드라마틱하게 파악하게 되었다고 한다. 지라르의 이론은 문명의 비밀에 관한 큰 질문에 관한 것이다. 이데올로기적 냉전 이후의 새로운 인

---

[27] Antje Vollmer, *Heißer Frieden: Über Gewalt, Macht und das Geheimnis der Zivilisation* (Köln: Kiepenheuer & Witsch Verlag, 1995).

종적 증오와 폭력의 문제는 지라르의 욕망 이론과 폭력이론으로 가장 현실성 있게 설명되고 있다.

지라르의 이론은 유럽의회(European Parliament, EU의 입법 기관) 의원으로 1999년부터 2004년까지 활동한 이탈리아 포스트모던 철학자 바티모(Gianni Vattimo)에게도 큰 영향을 주었다. 니체, 가다머, 하이데거 계보에 서 있으면서 그동안 미학과 해석학 분야에 많은 저술을 남긴 이탈리아의 대표적 포스트모던 철학자 바티모는 지라르를 통해서 다시금 기독교로 근접하고 있다.

바티모는 지라르와의 대담집인 『기독교, 진리 그리고 약한 신앙: 대담』에서 예수께서는 인간의 폭력의 무고한 희생자로서 이후 신성화된 것이 아니라, 그 패러다임을 폭발시키는 어떤 분이라는 지라르의 통찰에 의해 기독교로 이끌려지게 되었다고 증언한다.[28] 그는 자신의 저서 『신앙』에서 "예수께서는 신의 분노를 달래는 하나의 희생물이 아니라, 바로 폭력과 성스러움의 연계를 폭로하고 종식시키기 위해 오셨다"라는 지라르의 입장을 받아들인다.[29]

---

[28] Gianni Vattimo and René Girard, *Christianity, Truth, and Weakening Faith: A Dialogue*, Pierpaolo Antonello (ed.), William McCuaig (tr.) (New York: Columbia University Press, 2010).

[29] G. Vattimo, *Belief*, trans. Luca d'Isanto and David Webb (Stanford: Stanford University Press, 1999), 37.

제2장

토마스 홉스와 장 자크 루소의 낭만주의 인류학

1. 한병철의 『피로사회』와 디지털 심리정치

이 책은 마틴 하이데거 철학과 선불교 철학 등을 연구하고 출판하면서 최근에는 지라르를 논의하고 있는 재독(在獨) 철학자 한병철의 『피로사회』의 자본주의와 신자유주의 비판과는 다른 관점을 제공하고자 한다.

한병철은 『피로사회』에서 자본주의적이고 신자유주의적 자기 착취의 문제를 다룬다. 한병철은 니체와 하이데거, 불교 등을 연구하다가 최근에는 르네 지라르에 대한 학문적 관심을 보이고 있다. 마틴 하이데거에 관한 논문으로 박사 학위를 받은 한병철은 『피로사회』뿐 아니라, 『하이데거 입문』과 『선불교의 철학』[1] 등을 출간했다.

앞으로 한국에서 번역 출판될 것으로 알려진 『폭력의 위상학』(*Topologie der Gewalt*)[2]에서 한병철은 지라르, 프로이트, 발터 벤야민, 칼 슈미트, 아

---

1 한병철, 『선불교의 철학』 한충수 역 (서울: 이학사, 2017).
2 Han, Byung-Chul, *Topologie der Gewalt* (Berlin: Matthes & Seitz, 2011).

감벤, 들뢰즈/가타리, 푸코 그리고 지라르의 친구이자 지라르를 '인간과 학의 새로운 다윈'으로 평가한 미셸 세르(Michel Serres) 그리고 마틴 하이데 거 등을 논하고 있다. 한병철의 『폭력의 위상학』은 국제지라르학회인 '폭력과 종교에 관한 콜로키움'에서 발행하는 르네 지라르에 대한 연구서 참고문헌(Bibliography of Literature on the Mimetic Theory)에 포함되기도 했다.[3]

한병철은 『폭력의 위상학』에서 폭력의 계보학을 설명하면서 지라르를 상세하고 길게 논하고 있음에도 불구하고 부분적으로는 지라르의 모방적 경쟁이 폭력의 본질을 설명하지 못한다고 하면서, 폭력의 행위들은 무엇보다도 그 가치가 모방적 욕망에 기인한 것이 아니라 내재적인 것들에 대한 갈등에서 발생한다고 말한다. 이런 사물들은 일차적인 필요들(needs)을 만족시키는 것들이라고 그는 말한다. 그러면서 그는 일차적인 필요로 물을 예로 들면서, 다른 사람들이 물을 욕망한다고 해서 그 라이벌이 그 물을 욕망하는 것은 아니라고 반박한다.

그런데 이런 한병철의 주장은 지라르를 깊게 읽지 못해서 나온 것이다. 지라르의 모방적 욕망은 우선적으로 생물학적, 생리적, 일차적 욕구나 필요에 대한 것이 아니라 물리적인 것을 넘어서는, 곧 형이상학적(metaphysical)인 것에 대한 것이다. 그래서 지라르는 욕망의 모방성과 경쟁성으로 인한 형이상학적 질병들을 분석하고 있는 것이다. 지라르의 욕망은 형이상학적 욕망을 우선적으로 말한다. 한병철은 지라르의 모방적 욕망과 경쟁에 대한 이론이 스피치나 행동의 패턴들과 같이 상징적인 것에만 우선적

---

[3] "Bibliography of Literature on the Mimetic Theory" vol. XLII. https://violenceandreligion.com/bibliography/bibliography42.

으로 해당하기에 그것이 필연적으로 폭력적인 갈등의 원인이지는 않다고 말한다.[4]

하지만 이러한 그의 이해는 피상적이다. 인간은 모방적(mimetic)이거나 경쟁적인(emulative) 동물일 뿐 아니라, 더 나아가 초모방적인(hypermimetic) 존재다. 동물에게서도 어느 정도의 모방과 경쟁은 발견된다. 문어가 상당히 모방적인 동물이어서 지능적이라고 한다.

하지만 대부분의 동물들은 일차원적이고 물리적이고 생리적인 차원에서 먹을 것과 암컷을 위해서 모방적으로 경쟁하지만, 메타물리학적(형이상학적인 것)을 위해서 경쟁하지는 못한다. 초모방적 동물인 인간은 그렇기에 자신의 이 위대한 초모방성과 경쟁성 때문에 스스로를 파괴할 수 있는 유일하게 어리석고 비극적인 동물이기도 하다. 그렇기에 초모방성은 호모 미메티쿠스(*homo mimeticus*)에게 축복인 동시에 저주이기도 하다.

인간은 물이나 돈과 같은 일차적인 필요나 욕구들만 가지고 폭력적으로 갈등하고 투쟁하는 동물이 아니다. 헤겔이 말한 인정 투쟁(Anerkennungskampf) 개념에서 볼 수 있듯이 인간은 매우 추상적이고 형이상학인 것을 위해서도 폭력적으로 투쟁하고 갈등하고 경쟁하고 있다는 사실을 우리는 상식적으로 인정할 수밖에 없다.

우리 인간이 언제 생존에 필수적인 물만을 위해서 투쟁하고 경쟁했는가?

인간의 초모방성은 4차 산업혁명, 인공지능, SNS 등으로 인해 등장하는

---

[4] Han, Byung-Chul, *Topology of Violence*, trans. Amanda DeMarco (Cambridge, MA: MIT Press, 2017), 9.

초연결사회에서 더욱 강화된다. 그렇기에 초연결사회는 곧 초모방사회가 된다. 앞에서 소개한 것처럼, 지라르는 '나누어질 수 없는' 개인(individual)이라는 말 대신에 자아의 철저한 사회적 성격을 강조하기 위해서 나누어질 수 있는 '상호 개인'(interdividual)이라는 신조어를 사용한다. 인간관계는 삼투압적이다. 지라르에게 영향을 크게 준 시몬 베유(Simone Weil)의 말처럼, 인간관계에는 사회적 중력이 존재한다.

한병철은 도올 김용옥과의 만남에서 "독일의 김용옥이라고 할 수 있는 페터 슬로터다이크라는 독일의 유명한 철학자가 총장인 독일 카를스루에 대학에서 철학을 가르치고 있습니다"라고 자신을 소개한 바 있다. 이후 상세하게 논의하겠지만, 슬로터다이크는 니체와 하이데거의 계보학 위에서 철학하는 학자로서 1978년에서 1980년까지 인도에 머물면서 오쇼 라즈니쉬(Osho Rajneesh)의 제자로 수행했다.

한병철의 저서들에는 '심리정치' 개념 등 슬로터다이크의 입장과 유사한 내용들이 많이 등장한다. 그렇기에 '질투사회'에 대한 이 책은 니체와 하이데거 그리고 포스트모더니즘, 선불교 철학 등에 기초한 한병철의 『피로사회』와 슬로터다이크의 철학 등을 지라르 이론에 기초해서 비판적으로 분석하고자 한다.

이 책은 현대의 자본주의적 초연결사회와 초모방사회에 대한 심리정치학적 분석이다. 초연결사회는 정보통신기술(ICT)의 발달로 인간과 인간, 인간과 기기, 기기와 기기가 인터넷을 기반으로 하는 네트워크로 연결된 사회를 말한다. 초모방적 사회는 페이스북과 같은 소셜 네트워크 서비스(SNS)로 인해서 더욱더 강화된다.

페이스북의 탄생에 지라르의 모방적 욕망 이론이 결정적 역할을 했다는 사실은 어느 정도 알려져 있다. 페이스북의 탄생과 성장에 있어서 초기 피터 틸(Peter Thiel)의 투자가 결정적이었는데, 스탠퍼드대학교에서 지라르의 제자였던 피터 틸은 지라르의 이론으로 인해 큰 깨달음을 얻고, 지라르의 이론 때문에 모방으로 이루어지는 페이스북에 투자하게 되었다고 고백했다.

심리정치학적 관점에서 지라르의 이론은 학제적(學際的)으로 많이 연구되고 있다. 한병철의 피로사회론도 심리정치적 분석이다. 지라르 학파에서는 대체적으로 심리정치학을 현대 자본주의라는 '질투의 제국' 속에 살아가는 호모 미메티쿠스들의 초모방적 새로운 인간 조건(conditio humana)에 대한 보다 중립적이고 서술적인 연구로 본다면, 한병철은 디지털 심리정치를 푸코식으로, 신자유주의의 통치술로, 약한 의미에서 음모론적으로 규정하고 분석하고 있다.

『심리정치: 신자유주의의 통치술』[5]에서 한병철은 푸코식의 분석의 수정된 연장선상에서 디지털 심리정치를 디지털 파놉티콘[6] 속에서 살아가는 현대인이 스스로를 자발적으로 착취하게 하는 은밀하고 세련된 신자유주의의 통치술이라고 정의한다. 이렇게 신자유주의와 자본주의의 통치술에 대한 이러한 분석은 사회구조만을 논의하고, 그 사회구조 속에서 모방적으로 욕망하고 경쟁하고 질투하는 인간 자신에 대해서는 면죄부를 주고 있다. 마르크스적-푸코적 구조분석뿐 아니라, 지라르적인 욕망분석도 중요하다.

---

[5] 한병철, 『심리정치: 신자유주의의 통치술』, 김태환 역 (서울: 문학과지성사, 2015).
[6] Panopticon. 영국의 공리주의 사상가 제레미 벤담이 제안한 원형감옥으로 최소한의 감시자가 많은 수감자를 감시할 수 있도록 설계되었다.

한병철에 의하면, 심리정치적 조종이 '스마트한' 디지털 권력의 새로운 콘셉트라는 것이다. 그는 빅데이터(big data)야말로 자본의 가장 효과적인 심리정치적 도구라고 경고한다. 신자유주의 시스템이 디지털 심리정치를 이용해서 개인들의 심리를 착취한다고 한병철은 주장한다.

'우리의 욕망과 의지는 과연 우리의 것인가?'

'우리는 정말 자유로운가?'

그는 질문한다. 하지만 우리가 가지고 있는 욕망을 과도하게 수직적으로 디지털 권력의 신자유주의적 통치술과 조종으로만 파악하고, 우리의 욕망이 보다 수평적으로 타자로부터 경쟁적으로 모방되어서 오는 것을 간과하고 있다. 우리의 욕망이 우리의 것이 아니라, 남의 욕망을 모방해서 온 가짜 욕망이라는 지라르적인 분석이 자본주의를 이해하는 데 꼭 필요하다.

한병철은 신자유주의적 심리정치는 호감을 사고 욕구를 채워주고자 하는 '스마트 권력'이라고 분석한다. 이렇게 친절한 모습으로 유혹하는 '좋아요-자본주의'가 탄생한다고 그는 분석한다. 우리의 욕망이 우리의 것이 아니라, 지라르가 분석하는 것처럼 사실은 타자의 욕망을 모방하는 것이라고 분석하는 대신에, 한병철은 푸코식으로 신자유주의만 비판하고 있다.

모방적으로 욕망하고 경쟁하고 질투하는 현대인 개인은 과연 무죄한가? 구조와 체제만 비난할 수 있는가?

한병철은 어느 정도 마르크스적인 관점을 극복한 것으로 평가되는데, 푸코적 관점도 극복되기를 기대해 본다. 푸코의 철학에는 마르크스적-무정부주의적인 지향이 존재한다.

2. 토마스 홉스와 장 자크 루소의 '고귀한 미개인'

자연상태 인간의 자유롭고 평등한 상태와 소유권 제도와 사회 조직의 발전으로 인한 불평등과 비참함을 대비시켜서 기존 질서를 타파하고자 했던 장 자크 루소식의 관점이 칼 마르크스뿐 아니라, 레비 스트로스의 낭만주의적 구조주의 인류학과 자크 데리다의 해체주의 철학 그리고 포스트모더니즘 철학자들에게 큰 영향을 주었다.

그러나 우리는 루소와 같은 낭만적 인간 이해를 벗어나서, 최초의 근대 정치학자로 평가받는 토마스 홉스와 같이 인간을 보다 현실적이고 '비극적'으로 이해해야 한다. 지라르는 합리적이고 이성적 인류 문화의 기원을 말하는 사회계약설보다는 희생양 메커니즘에 문화의 기원이 있다고 주장한다.

루소는 사람을 타락시키는 문명의 영향에 오염되지 않은 사람의 '고귀한 미개인'(noble savage)을 낭만적으로 찬양했다. '고귀한 미개인'에 대한 찬미는 18~19세기의 낭만주의 작품들, 특히 장 자크 루소 작품의 중요한 주제로 등장한다. 자연상태(Naturzustand)에서 인간은 자유롭고 평등했다는 루소의 주장은 너무 낭만적이다.

루소가 말한 것처럼, 사회 불평등의 기원은 착취하는 악한 사회구조에만 있는 것이 아니라 이웃의 것을 탐욕하는 호모 미메티쿠스의 모방적 욕망과 경쟁에도 있다. 인간은 필요(needs)에 의해서가 아니라, 모방적 욕망으로 인해서 경쟁적으로 탐욕하기에, 인간 욕망에게는 언제나 '불필요한' 거품이 발생한다.

호모 미메티쿠스의 모방심리, 경쟁심리, 집단심리 그리고 군중심리로 인해서 인류 사회의 정치학에는 언제가 과도한 쏠림 현상이 존재하고 인류 사회의 경제학에는 언제나 거품이 존재한다. 모방적 욕망의 거품으로 인해서 주식시장과 부동산 시장에서의 거품이 발생한다. 사회 불평등론의 기원은 장 자크 루소가 말한 것처럼 사유재산이라기보다는, 지라르가 말하는 것처럼 모방적 욕망과 경쟁적 탐욕에 있다고 보아야 더 급진적일 것이다.

장 자크 루소의 '고귀한 미개인'은 낭만적 거짓이다. 원시인과 현대인 모두 그렇게 고귀하지 못하고 언제나 타자를 의식하고 모방하고 경쟁해서 욕망하는 호모 미메티쿠스들이다. 원시적 자연상태의 인간은 장 자크 루소가 낭만적으로 동경했던 '고귀한 미개인'의 모습이 아니라, 토마스 홉스가 일종의 카오스적 전쟁상태로서의 자연상태에서 목도하면서 표현한 '호모 호미니 루푸스'(*Homo homini lupus*, 사람은 사람에게 늑대다)의 모습이었을 것이다.

지라르가 우선적으로 말하는 희생제의는 사법 제도 이전의 원시적 자연상태를 가정하는데, 인류는 거대하고 복잡한 사법 제도를 수립함으로써 이 늑대와 같은 모습을 지닌 이 폭력적 자연상태로부터 점차 성숙한 시민사회로 계몽되어 갔다고 보아야 할 것이다.

자연상태의 인간의 순수한 무죄함을 믿고 인류 문명의 타락상만을 일면적으로 주장한 루소의 주장과 유사한 관점을 우리는 한병철의 피로사회론이나 푸코의 철학에서도 발견하게 된다. 인류 문명과 사회구조만 타락한 것이 아니라, 인간의 욕망이 타락한 것이다. 인간 욕망의 타락상을 무시하고 문명의 타락상만을 주장하는 것은 반쪽의 진리다.

아버지가 영국 성공회 목사였던 토마스 홉스의 관점이나 성경적 원죄론의 영향을 받은 독일 헌법학자 칼 슈미트 그리고 기독교적 사유를 인류학적으로 전개한 지라르적인 관점은 모두 모방적이고 경쟁적 욕망을 보여주는 창세기 3장의 인간 원죄론과 관련이 있다. 성서는 특정 인간이 죄인이라고 말하지 않고 모든 인류가 죄인이라고 선언한다. 사회 불평등의 기원이 사유재산에 있다고 분석한 장 자크 루소의 관점이 가지는 공산주의적 함의를 비판적으로 분석하면서, 필자는 사회 불평등의 궁극적 기원은 인간의 모방적 욕망과 탐욕에 있다는 사실을 주장할 것이다.

대의민주주의(代議民主主義)를 비판한 루소는 불평등의 기원이 사유재산제도에 있기에 그것을 폐지하고 재산의 공유 혹은 공공재산(public possession)을 주장했기에 이후 사회주의, 마르크시즘 그리고 공산주의 사상에도 영향을 주게 되었다. 루소는 '사회계약론'에서 국가통제주의와 집단주의를 주장한다. 그래서 루소의 사상은 전체주의적 위험을 지닌다고 비판받는다.

한나 아렌트(Hannah Arendt)는 루소 사상에 파시즘적인 위험이 있다고 분석하기도 했다. 루소는 혁명이념의 창시자이기도 하지만 '일반의지'(la volonté générale)에 대한 주장 때문에 파시즘의 원류라고 비판받기도 하는 모순적인 학자이다. 이 일반의지에 대한 루소의 주장은 무정부주의적으로 읽혀질 수 있고 또한 전체주의적으로도 해석될 수 있다고 현대 정치철학자들은 본다.

인류학자로서 지라르는 자연상태의 원시인에 대한 문화인류학적 이해가 결여된 이러한 루소식의 낭만적이고 신원시주의적 인간 이해를 일관되게 비판했다. 자연상태의 인간을 '만인에 대한 만인의 투쟁'으로 파악한 토마스 홉스의 인간론이 지라르의 인간 이해에 근접한다. 질투사회는 '만인에 대한 만인의 질투'가 지배하는 사회다.

근대 주류 정치학은 자연상태의 인간에 대한 낭만적 이해를 가진 루소가 아니라, 보다 현실적인 인간 이해를 가진 홉스로부터 출발한다. 21세기 현대 정치경제학은 호모 미메티쿠스인 인간에 대한 올바른 이해로부터 출발해야 한다. 자연상태의 인간을 과도하게 순수하고 고상하고 자유롭고 무죄한 존재로 파악하는 루소의 영향으로 현대 일부 좌파 사상가들은 루소처럼 사회구조가 인간을 억압하고 통제하고 타락시킨다고 분석했다.

마르크스적-푸코적 관점에서 인간은 언제나 권력으로부터 조종당하고 통제당하는 피해자다. 이런 관점에서는 수직적 권력이 아니라, 수평적 타자, 이웃 그리고 친구를 의식하고 모방하고 경쟁하면서 욕망하고 탐욕하고 질투하는 인간에 대한 자기 성찰이 증발되어 있다. 수직적인 권력이 조정하고 통제하는 면도 있겠지만, 타자에 대한 모방과 경쟁으로 인해서 스스로 조종당하고 통제당하는 면도 분명히 존재한다.

인간은 푸코식의 권력 비판에서 말하는 것처럼, 권력에 조종당하고 통치당하는 꼭두각시가 아니라, 보다 수평적으로 타자의 욕망을 경쟁적으로 탐욕하는 모방적 '욕망의 꼭두각시'이다.

『욕망의 꼭두각시』(*Puppet of Desire*)[7]는 지라르 학파의 가장 중요한 정신분석학자인 장 미셸 우구를리앙(Jean-Michel Oughourlian)의 책 제목이다. 인간은 욕망의 진정하고 당당한 주체가 되지 못하고 언제나 타자와 이웃을 의식하고 모방하는 '욕망의 꼭두각시'다. 푸코식의 권력의 통치술에 의해서 조종당하고 통제당하는 꼭두각시가 아니라 타자에 의해서, 혹은 모방적이

---

[7] Jean-Michel Oughourlian, *The Puppet of Desire: The Psychology of Hysteria, Possession, and Hypnosis*, trans. Eugene Webb (Stanford: Stanford University Press, 1991).

고 경쟁적 욕망의 타자성과 관계성으로 인해서 조종당하는 꼭두각시인 것이다. 그렇기에 인간 자기 자신의 권력에의 의지, 모방적 욕망 그리고 경쟁적 탐욕에 대해서 면죄부를 쉽게 주는 것에 대해서 거리를 두어야 한다. 푸코식의 철학적 피해자 코스프레를 벗어나야 한다.

우리는 인간 자기 자신에 대한 올바른 인류학적 이해로부터 출발해서 현대 정치경제학적 사회구조 분석으로까지 나아가야 한다. 순수하고 고상하고 자유롭고 평등한 자연상태에서의 인간에 대한 루소의 이해는 낭만적일 뿐 아니라 신원시주의적이다.

문화비관주의자 루소는 대의민주주의를 거부했다. 루소는 수학도 탐욕에서 나온 것이라고 비판했다. 물리학과 같은 자연과학을 그는 거부했다. 니체를 계승한 하이데거도 자연과학과 수학을 거부하고 부정하고 비판했는데, 그 이유는 대체적으로 이것이 유대인의 산물이라고 보았기 때문이다. 근대철학의 기원에 존재하는 데카르트적인 인식론도 하이데거는 비판한다.

수학, 물리학 그리고 자연과학을 거부한 루소처럼 루소주의적 관점을 가진 포스트모더니즘 철학자들도 급진적으로 반자연과학적인 입장을 가지고 있어서, 앨런 소칼, 리처드 도킨스 그리고 에드워드 윌슨과 같은 자연과학자들로부터 신랄하게 비판을 받았다. 이는 이후에 보다 상세하게 논의될 것이다.

장 자크 루소는 인류 문명의 역사를 타락과 추락의 역사로 보았다. 하이데거도 자신의 존재철학을 유대인들의 계산성 등으로 인한 타락사(Verfallsgeschichte)로 파악하고서는 니체를 따라서 헤라클레이토스로 대표되는 소크라테스 이전의 신화적 철학으로 되돌아가고자 했다. 그래서 하이데거

연구자들은 이러한 하이데거의 관점에서 영지주의적이고 마니교적인 차원을 분석해 낸다.

자연상태에 대한 홉스의 이해가 보다 엄밀하고 현실적이라 할 수 있다. 토마스 홉스는 그의 저서 『리바이어던』에서 자연적인 상태에서 인간을 가리키면서 '호모 호미니 루푸스'(Homo homini lupus, 사람은 사람에게 늑대다)라는 유명한 말을 남겼다. 인간을 늑대로 만드는 것은 모방적 욕망이다. 순수하고 고상한 자연상태는 낭만적 거짓이고, 우리 인류 문화가 '폭력적 기원'을 가지고 있다는 것이 인류학적 진실이다.

원시적 자연상태는 루소가 말한 것처럼, 평화상태가 아니라, 홉스가 분석한 것처럼, 전쟁상태(Kriegszustand)였다. 20세기의 토마스 홉스로 불리는 칼 슈미트도 질서보다는 위기적이고 카오스적인 예외상태(Ausnahmezustand)에 대해서 우선적으로 논했는데, 이 예외상태에 대한 논의는 현대철학의 좌파와 우파 모두에게 중요한 화두가 되었다.

지라르에게 있어서도 질서와 무질서의 관계, 자연상태와 예외상태의 관계 등이 중요한 주제다. 자연상태는 본래 폭력적이었다가 점차 인류는 점진적으로 이 폭력을 통제하는 수단들 통해서 문화를 건설해 왔다고 보아야 한다. 루소가 문명 비판을 하면서 지적한 사회구조악뿐 아니라, 그가 간과한 인간의 마음과 욕망 속의 악도 보아야 한다.

3. 한나 아렌트의 장 자크 루소 비판

장 자크 루소는 자신의 '일반의지'(volonté générale)를 인민주권의 원리와 결합시킴으로서 '전체주의적 민주주의'를 위한 길을 열었다고 비판받는다. 이스라엘 예루살렘 대학의 역사가이자 현대사 교수인 탈몬(Jacob Talmon)은 자신의 주저 『전체주의적 민주주의 기원과 정치적 메시아주의: 낭만적 시기』(The Origins of Totalitarian Democracy und Political Messianism: The Romantic Phase) 등을 통해서 장 자크 루소의 입장은 전체주의적 민주주의로 이해될 수 있다고 주장했다.

탈몬은 루소의 철학은 절대적인 집단적 목적의 성취에 그 목적이 있다고 분석한다. 그는 전체주의의 발전사를 연구하면서 그러한 메시아주의가 프랑스 혁명과 그 혁명에 결정적 영향을 준 장 자크 루소의 사상으로부터 나왔다고 주장한다. 마르크시즘에 대한 날카로운 비판가인 탈몬의 반유토피아적 자유주의 입장은 칼 포퍼의 정치적 사유와 유사한 것으로 알려져 있다.[8]

전체주의의 기원을 연구한 정치철학자 한나 아렌트는 장 자크 루소의 입장이 탈몬이 주장하는 것처럼 전체주의적 민주주의를 대변한다고 보지는 않지만, 전체주의적 위험이 존재한다는 분석에는 동의한다. 한나 아렌트는 자신의 많은 저서들에서 루소의 입장을 비판하고 있다. 박혁은 한나 아렌트의 루소 비판을 다음과 같이 잘 소개하고 있다.

> 루소가 생각하는 일반의지의 가장 큰 특징은 그것이 공적으로 토론될 수 없다는 점이다. 공적인 긴 토론은 인민의 통합을 해친다. 인민은 자신들의 통합을 위해 단지 하나의 의지를 지녀야 한다. 그래서 특수의지나 개인 혹

---

[8] J. L. Talmon, *Die Ursprünge der Totalitären Demokratie* (Köln, 1961).

은 집단의 이익들이 다양한 요구를 한다는 것은 정치적 부패의 신호다.

루소에 의하면, 공적 토론은 이미 공화국의 위기신호다. 공적으로 토론되고 논쟁되는 곳에서는 정치적 옳음은 이미 의문스럽다. 장 자크 루소의 조용하고 말없는 국가라는 이상은 폴리스와는 대립되는데 폴리스는 모든 국가 형태 중에서 가장 시끄러운 곳이었다. 루소의 공화주의 원리에는 폴리스를 두드러지게 했던 요소, 즉 다양한 의견들의 표출이 배제된다.

루소는 아렌트와는 달리 고대 폴리스가 지녔던 공적 영역의 분투적(agonal) 요소 혹은 주관적 요소, 즉 그 안에서 개인이 자신을 드러내고 타인들 앞에서 출현하는 공간으로서의 공적영역을 알지 못한다. 그 대신 일반의지와 함께 모든 논쟁과 차이를 배제하는 공적 침묵이 나타난다. 거기에는 인민의 결정은 언제나 옳기만 한 것이 아닌 반면에, 일반의지는 항상 올바른 길이라는 루소의 확신이 자리한다.

그래서 아렌트는 루소의 일반의지를 '통일된 여론'으로 규정하고 그것은 "의견과 사상의 자유에서 발생하는 필연적 결과인 의견의 다양성과 대립되는 것"이라고 주장한다.[9]

"아렌트, 루소, 그리고 정치 속에서의 인간 다양성"이라는 논문은 아렌트의 루소 비판은 정치 안에 존재하는 인간 다양성(human plurality)에 대한 문제에 대해서 아렌트와 루소가 근본적으로 다른 해결책을 제시하고 있다는 사실로부터 나온다고 주장하고 있다. 루소는 유일한 일반의지(a single

---

9   박혁, "의지의 정치에서 의견의 정치로: 루소의 『사회계약론』에 나타난 의지의 정치에 대한 아렌트의 비판," 「정치사상 연구」 제18집 1호 (2012.5).

General Will) 아래 인민들을 통합하려고 시도했다면, 아렌트는 다양한 시민들이 포함될 수 있는 공동의 공적인 세계의 필요성을 강조했다.

아렌트에 의하면, 루소는 인간 다양성을 파괴하는 동질의 인민에 대한 개념을 확립했다. 아렌트 정치철학의 핵심적인 테제는 "다원성의 승인이 모든 정치의 전제조건이다"라는 것이다. 자유와 다원성의 정치를 한나 아렌트는 주장한다. 장 자크 루소의 일반의지론은 이후 프랑스 혁명과 그 공포정치로까지 이어진다.

루소 이론을 계승한 프랑스 혁명과 그 공포정치를 실행한 로베스피에르는 "우리의 의지가 일반의지다"라고 말했다. 독일 사회철학자 위르겐 하버마스는 로베스피에르가 보여주었듯이 "루소의 민주주의는 종국에는 조작적인 폭력수행으로 끝이 난다"[10]라고 분석했다.

다양성의 정치학(politics of plurality)을 주장한 한나 아렌트는 루소의 '일반의지'(volonté générale) 개념이 가지는 전체주의적 위험을 분석하면서, 루소의 '의지의 정치'를 다양성과 자유의 이름으로 비판하는데, 박혁은 이를 잘 소개하고 있다.

> 루소는 인민주권원리를 일반의지의 원리와 결합시킴으로서 정치적 다원성과 그 다원성 안에서 이루어지는 정치행위를 위한 공적 영역의 존재를 입법원리로부터 배제한다.

아렌트에 의하면, '의지의 정치'는 잠재적으로 토론을 배제하며 그와

---

[10] Jürgen Habermas, *Strukturwandel der Öffentlichkeit* (Neuwied: Berlin, 1969), 112.

함께 대립을 조장하기 때문에 일반의지의 관철이라는 인민주권원리를 포기할 때라야 사람들은 논의적이고 비폭력적으로 공존할 수 있으며 그들 사이의 많은 관계와 결합의 공동공간을 만들 수 있다. 아렌트는 '의지의 정치'를 판단과 의견의 정치로 대체하려고 한다. 아렌트에 의하면, 정치학은 의지가 아니라, 의견 일치 혹은 동의(consent)에 기초해야 한다.

> 공적 영역, 즉 정치적 영역은 개별 참여자들의 판단에 의미를 부여하고 그 판단에 대한 책임을 지운다. 그러한 공간이 없이 판단을 의지로 대체하고 일반의지의 실현을 통해 사회적 갈등과 긴장을 제거하려는 사회는 민주적 정치의 가능성 자체를 파괴한다.[11]

전체주의적 위험을 내포하고 있는 장 자크 루소의 일반의지에 대한 개념이 프랑스 혁명 당시 로베스피에르의 공포정치로 이어진 것과 유비적으로 독일의 경우 니체가 말한 권력에의 의지(Wille zur Macht) 개념도 히틀러와 독일 민족사회주의(Nationalsozialismus)의 야만과 폭력을 불러왔다.

니체가 기독교적인 의미에서의 '진리를 향한 의지'(Wille zur Wahrheit)를 대체하면서 선택한 권력에의 의지(Wille zur Macht) 개념은 이후 니체 철학을 기원으로 해서 발생한 포스트모더니즘 철학에까지 이어진다. 포스트모던적-루소주의적 급진좌파 정치경제학에도 권력 쟁취를 향한 의지가 존재한다.

---

[11] 박혁, "의지의 정치에서 의견의 정치로: 루소의 『사회계약론』에 나타난 의지의 정치에 대한 아렌트의 비판."

장 자크 루소의 관점을 따르는 현대 루소주의, 포스트모더니즘, 네오마르크시즘 그리고 급진좌파 정치경제학에도 이 루소적인 (권력) 의지의 정치가 존재한다. 그 권력 의지의 정치로 인해서 정치적 올바름(Political Correctness)이라는 새로운 언어정치와 언어검열이 발생하게 되었고, 이로 인해서 장 자크 루소 당시의 경우처럼 다시금 다양성과 자유의 가치가 훼손당하고 억압받는 측면이 있음도 보아야 한다.

르네 지라르와 학문적 대화를 시도했던 캐나다의 사회철학자 찰스 테일러(Charles Taylor)도 이러한 루소의 공화주의 모델에 대한 비판적 시각에서 아렌트의 정치 이론을 의견의 차이와 논쟁을 전제로 하는 '자유주의적 공화주의'로 규정하고 그것을 활기찬 민주주의적 정치에 걸맞은 원리로 본다.[12] 공동체주의자인 찰스 테일러는 장 자크 루소의 낭만주의, 니체 철학, 독일 낭만주의 운동과 프랑스 포스트모더니즘 속의 반계몽주의 운동을 '내재적 반계몽주의'(The Immanent Counter-Enlightenment)[13]로 파악하고서 비판적으로 다음과 같이 분석한다.

"계몽주의는 시간이 흐르면서 하나의 내재적 반작용, 즉 '내부로부터' 그것이 가장 신봉했던 이상들에 대한 공격을 자극했다."

그에 의하면, 오늘날 계몽의 가치들에 대한 푸코나 데리다와 같은 사람들의 공격, 또 한 세기 전의 니체의 공격을 모두 '내부로부터의 공격'이라

---

[12] Charles Taylor, "Wieviel Gemeinschaft braucht die Demokratie?," *Transit: Europäische Revue* (1992/1993), 12; 박혁, "의지의 정치에서 의견의 정치로: 루소의 『사회계약론』에 나타난 의지의 정치에 대한 아렌트의 비판."

[13] Charles Taylor, "The Immanent Counter-Enlightenment," Ronald Beiner & W. J. Norman (eds.), *Canadian Political Philosophy: Contemporary Reflections* (Oxford University Press, 2001), 386-400.

고 부를 수 있다.

찰스 테일러에 의하면, '내재적 반계몽주의'가 일차적으로 발생했던 것은 낭만주의와 그 후계자들로부터 자라났던 문학·예술 영역이다. 낭만주의 운동은 전부는 아니지만 반계몽주의의 중요한 소재지 중 하나다. 내재적 반계몽주의는 처음부터 미학적인 것의 우선성과 결합되었다. 내재적 반계몽주의는 예술, 특히 현대적인 포스트낭만주의 예술과 관련되어 있었다.

내재적 반계몽주의는 미학적 전환과 연결된다고 테일러는 분석한다. 이런 종류의 견해의 가장 영향력 있는 옹호자인 니체는 위대하고 예외적이고 영웅적인 것을 주장했다. 또한 '반인간주의적' 사상가들, 예를 들어 푸코, 데리다, 그리고 이후의 바타이유(Bataille) 등은 모두 이러한 니체에 크게 의존하고 있다. 이러한 내재적 반계몽주의와 낭만주의 운동은 보다 안정된 민주주의적 시스템을 발전시키지 못하고 독일 나치의 경우처럼 거대한 폭력적 군중에 의한 전체주의로 기울어졌다.

4. 모방적 뇌(Mimetic Brain)와 미메시스적 심리정치학

한병철은 우리 마음 자체가 신자유주의적 자본의 인질로 붙들려 착취의 대상이 된 디지털 심리정치와 디지털 파놉티콘의 시대에 자본의 유혹에 얽혀들지 않고 내면을 비우고 바보 혹은 '백치' 상태에 이르러야 한다고 이야기한다. '백치,' 즉 바보는 네트워크에 낚이지 않은 자, 정보가 없는 자, 이단아라고 그는 본다. 바보짓을 통해 침묵과 고요, 고독이 있는 자유로운 공간을 대안으로 그는 제시한다. 현대인을 교묘하고 '소프트하게' 지배하고 착취하고 조종하는 신자유주의의 디지털 심리정치에 정면으로 맞서려면, 백치의 기술이 필요하다고 그는 주장한다.

물론 한병철이 대안으로 제시하는 대안에 부분적으로는 동의할 수 있다. 하지만 그의 대안은 지나치게 불교적이고 세계 포기적(world-renouncing)이다. 내면의 비움, 멈춤, 백치, 바보 등을 그가 대안으로 제시하는 것은 선불교에 대한 그의 낭만적 이해와 무관하지 않은 것으로 보인다. 실제로 그는 선불교를 매우 낭만적으로 미학적이고 평화스럽게 묘사하고 소개하고 있는데, 자신의 저서들에게 불교적 무와 공을 피로사회에 저항할 수 있는 대안으로 제시하곤 했다.

현대 질투사회, 피로사회, 초모방사회 등에 대해 이 책에서 근본적인 대안으로 제시하고자 하는 것은 한병철에게서 발견되는 불교적이고 세계 포기적인 백치 상태, 멈춤과 비움, 무나 공이 아니라, 막스 베버가 『프로테스탄트 윤리와 자본주의 정신』에서 분석한 자본주의의 기원과 정신에 존재하는 기독교(특히, 칼빈주의)의 '세계 내적 금욕주의'(innerweltliche Askese)의 자세다. 우리는 자본주의라는 현대세계 속에서 살면서도 때로는 모방적 욕망에 대해서 금욕적 자세를 가져야 한다.

한병철이 제안하는 것처럼, 현대인을 억압하고 조종하고 착취하는 자본주의와 신자유주의 체제에만 모든 문제의 원인을 돌리고, 인간 자기 자신에게는 손쉬운 면죄부를 주는 것에서 우리는 인간의 사회구조와 문명의 타락상만 지적하는 루소의 입장과 유사한 것을 보게 된다. 자본주의 체제라는 세계만 탓할 것이 아니라, 나 자신의 모방적이고 경쟁적 욕망, 질투와 르상티망(ressentiment, 원한) 그리고 증오심 등에 대해서 보다 자기 성찰적이고 금욕적인 자세도 중요하다.

'자본주의 내적 금욕주의'가 현실적인 대안이 될 것이다. 급진좌파적인 자본주의 체제 비판이나 급진적인 세계 포기적인 바보 되기나 백치 되기는 비현실적이고 낭만적인 극단이다. 우리는 자본주의 사회 속에서 잠시 멈추고 비울 수는 있지만, 바보가 되거나 백치가 되기는 힘들다. 리얼리즘 정신 속에서 자본주의를 긍정하면서도 그 그림자에 대해서는 비판적으로 성찰하고자 하는 것이 대안일 것이다. 디지털 심리정치와 디지털 파놉피콘 시대에 대한 한병철이 대안으로 제시한, 바보와 백치 되기 기술에 대한 비판적 논의는 이후에 전개될 것이다.

지라르는 차이소멸 혹은 무차별화된 현대사회가 만들어 낸 '폭력적 근접성'의 시대 속에 살아가는 현대인들에게 '창조적 포기'와 '올바른 거리 두기'를 대안적 지혜로 제시한다. 지라르 스스로가 주장하듯이 이 '창조적 포기'는 불교에서 말하는 니르바나적인 자기 포기, 욕망 포기, 세계 포기(world-renunciation)를 의미하지 않는다.

불교에서 말하는 니르바나(nirvana, 열반)적인 세계 포기와 욕망 포기, 좀 더 엄밀하게 사회인류학적으로 개념을 해명하자면 출가승들에게만 자발적/비자발적으로 강요된 세계 포기(world-renunciation)와 욕망 포기에는 은폐된 채 작동하는 희생양 메커니즘과 신화적 희생 논리가 존재하고 있다는 것을 필자는 지라르 이론에 근거해서 분석했는데, 이 또한 이후에 소개될 것이다.

21세기 초연결사회와 초모방사회라 불리는 현대사회의 거대한 고도의 복잡성을 무시하고, 너무 신자유주의의 지배, 착취 그리고 조종만 비난하고, 그 속에서 자유를 누리며 살아하는 초모방적인 존재 호모 미메티쿠스에 대한 인류학적 자기 성찰을 간과하는 것은 곤란한다. 우리는 개인과 구조 모두를 비판적으로 성찰해야 한다. 그리고 자본주의 사회가 만들어 낸 새로운 사회유형을 푸코식으로 지나치게 착취와 지배의 시각으로 비난하는 것도 옳지 않다.

새로운 사회에는 분명 저주의 차원도 존재하겠지만 축복의 차원도 존재하지 않겠는가?

이런 새로운 차원의 현대사회를 좌파 정치경제학적 입장에서 신자유주의와 자본주의의 새로운 지배와 착취로만 보지 않고 보다 중도적으로 그 축복과 저주의 양면을 동시에 보아야 한다. 자본주의가 체제 경쟁에서 승리한 이후 한병철도 인정하듯이 대안이 없다면, 자본주의를 긍정하면서 그 부작용들을 최소화하는 방향으로 가야 한다.

칸트는 '계몽이란 무엇인가'라는 질문에 대한 답변으로 "계몽이란 인간이 스스로 초래한 미성숙함(Unmündigkeit)으로부터 벗어나는 것"이라고 답했다. 칸트에 의하면, 계몽은 성숙성을 의미한다. 이 책에서 제안하고자 하는 것은 최선의 체제로 긍정할 수 있는 자본주의가 생산하는 새로운 현대 질투사회라는 체제를 반체적으로 비판하기보다는 그것을 새로운 카이로스와 새로운 카테콘으로 수용하면서 보다 계몽적이고 성숙된 자세로 살아가야 한다는 것이다.

현대 자본주의적 질투사회에서 계몽적 성숙성이 중요해졌다. 현대 자본주의 체제에 대해서 계몽적-성숙적 자세를 가진다는 것은 그 체제에 대해서 냉소적 입장을 가지지 않는다는 것이다. 자본주의적 체제 속에서 풍요를 누리면서도 그 체제에 대해서는 마치 유행처럼 혹은 강박처럼 냉소적 비판만을 고집하는 것을 극복해야 한다.

독일에서 가장 대중적으로 잘 알려진 철학자 슬로터다이크는 유럽 68문화혁명 세대의 대표자로서 당시 유행했던 반칸트적인 정서를 가지고 칸트의 『순수 이성 비판』을 비판하는 『냉소적 이성 비판』(Kritik der zynischen Vernunft)"[14]을 출판했다. 유럽 68문화혁명 세대를 대표하는 학자로서 인도에서 요가를 수행하고 니체-하이데거를 따라서 불교 지혜를 찬양했던 그는 이후 신보수주의적 입장으로 돌아서 유럽에서의 이슬람 난민과 이민 문제 등에 대해서 자기표현대로 '좌파보수적'(linkskonservativ) 입장을 피력하고 있다. 후기의 슬로터다이크와 한병철 모두 대체적으로 마르크스적인 관점을 극복하고 있는 것으로 안다.

국제지라르학회에서는 심리정치학을 한병철과는 다른 각도에서 논의하고 있다. 9.11테러 이후 지라르는 국제 테러리즘을 이해하기 위해서는 새로운 심리학이 필요하다고 언급한 있는데, 글로벌한 차원에서 이루어지는 모방적 욕망과 경쟁을 이해하기 위해서 미메시스적인 심리정치학이 연구되고 있는 것이다.

지라르의 오랜 학문적 동료이자 지라르와 함께 '상호 개인적'(interdividual) 심리학을 선구적으로 연구한 프랑스 파리대학교 임상적 정신병리학 교수인 장 미셸 우구를리앙(Jean-Michel Oughourlian)은 2012년 『심리정치학』(Psychopolitics)이라는 책을 지라르 연구 시리즈인 '폭력, 미메시스 그리고 문화 연구 시리즈'(Studies in Violence, Mimesis, & Culture) 중 한 권으로 출판했다.[15]

---

[14] Peter Sloterdijk, *Kritik der zynischen Vernunft*. 2 Bände (Frankfurt am Main: Suhrkamp, 1983).
[15] Jean-Michel Oughourlian, *Psychopolitics. Conversations with Trevor Cribben Merrill* (Studies in Violence, Mimesis, & Culture) (East Lansing, MI: Michigan State University Press, 2012).

우구를리앙은 비이성적인 모방적 욕망이 생산하는 패턴을 연구하는 심리정치학은 개인들의 행동들뿐 아니라, 국가의 행위들도 잘 설명한다고 주장한다. 정신분석과 심리학과 관련해서 지라르와 오래전부터 공동 연구를 해 온 우구를리앙은 지라르의 대작(*opus magnum*)인 『창세로부터 은폐되어 온 것들』(*Des choses cachées depuis la fondation du monde*)도 함께 출판했다.[16]

신경정신병학자이자 심리학자인 우구를리앙은 2016년 『모방적 뇌』(*The Mimetic Brain*)라는 제목의 연구서를 지라르의 미메시스 이론 연구 시리즈 중 하나로 출판했다. DNA의 발견과 비견되는 것으로 평가받는 거울뉴런(mirror neurons)의 발견 이후 '모방적 뇌'(Mimetic Brain)는 국제지라르학회뿐 아니라, 최근 정신분석학과 인지심리학 등에서 주요한 연구의 화두가 되었다.

우구를리앙은 모방에 대한 현대 뇌과학적 이해들에 있어서 맹점 혹은 사각지대라 할 수 있는 (모방적) 경쟁이야말로 정신질환들 뒤에 오해된 채 숨어있는 원인이라고 주장한다.[17] 피로사회에서의 자기 착취도 많은 경우 우리 자신의 모방적 뇌(Mimetic Brain)로부터 온다.

---

[16] René Girard, *Des choses cachées depuis la fondation du monde* (Paris: Grasset, 1978); René Girard, *Things Hidden since the Foundation of the World*. Research undertaken in collaboration with Jean-Michel Oughourlian and Guy Lefort (Stanford: Stanford University Press, 1987).

[17] Jean-Michel Oughourlian, *The Mimetic Brain* (Studies in Violence, Mimesis, & Culture) (East Lansing, MI: Michigan State University Press, 2016).

제3장

자유민주주의, 시장경제 그리고 최선의 카테콘

1. 지라르와 소셜 미디어 페이스북의 탄생: 피터 틸

한병철은 페이스북과 같은 소셜 네트워크(social network)와 빅데이터(big data) 등으로 인한 디지털 파놉티콘[1]에 대한 디지털 심리정치를 자본주의와 신자유주의 권력 비판의 관점에서 푸코식으로 전개한다. 그는 21세기 디지털 세계과 페이스북과 같은 소셜 미디어의 세계를 과도하게 음모론적인 방식으로 신자유주의적 자본의 새로운 통치술로만 파악한다.

이러한 이해는 21세기 소셜 네트워크 세계의 복잡하고 사회적이고 관계적인 초연결성을 너무 푸코식의 권력 관계의 관점으로만 파악하는 한계을 드러낸다. 한병철은 착취를 보는 푸코의 관점을 어느 정도 벗어났다고 하면서도 자본주의와 신자유주의 비판의 관점에서 21세기 소셜 네트워크 세계에 대한 분석에서도 여전히 푸코적인[2] 관점으로 접근하는 모습을

---

[1] Panopticon. 영국의 공리주의 사상가 제레미 벤담이 제안한 원형감옥으로 최소한의 감시자가 많은 수감자를 감시할 수 있도록 설계되었다.
[2] 권력에 의한 교묘한 통제와 억압을 '(미셸) 푸코적'이라 한다.

보인다.

미셸 푸코(Michel Foucault)에 의하면, 관계를 지배하는 것은 권력이다. 하지만 페이스북과 같은 보다 자유롭고 수평적인 소셜 네트워크의 모든 관계를 푸코식의 권력 관계로 보기에는 무리가 있다. 한병철은 이제는 마르크스적-푸코적 관점에서의 착취는 더 이상 존재하지 않고 자유 안에서의 자기 착취가 피로사회와 성과사회에서 이루어진다고 주장하기에 마르크스와 푸코를 넘어서고 있는 것 같으면서도 여전히 그 관점의 진화된 연장선상에서 자신의 입장을 전개하고 있다.

이후에 소개되겠지만 마르크스적이고 푸코적인 관점보다 21세기 접어들면서 주류 경제학뿐 아니라, 21세기 소셜 네트워크와 빅데이터 등 디지털 세계에 대한 이해에 있어서 지라르적인 관점이 더 주목을 받고 있다. 지라르의 미메시스 이론(Mimetic Theory)은 모방에 의해서 작동하는 21세기 소셜 네트워크 사회에 대한 보다 풍부한 이해와 관점을 제공한다. 또한 페이스북의 탄생의 경우에는 지라르의 미메시스 이론이 결정적이고 직접적인 영향을 주었다.

지라르 학파에서는 슬로터다이크와 한병철의 관점과는 다른 입장에서 디지털 심리정치학을 전개하고 있다. 대표적인 학자가 지라르의 제자인 피터 틸(Peter Thiel)이다. 2015년 한국에도 방문하여 강연하기도 한 미국 기업가이며, 벤처자본가, 헤지펀드 매니저인 피터 틸은 미국 'IT 거물' 5인방 중의 한 명으로 지라르의 이론들과 저서들이 가장 큰 영향력을 주었고 또한 페이스북 투자에도 결정적으로 기여했다고 밝혔다.

미국으로 이민 온 독일계 학자인 피터 틸은 가장 유명한 미국 창업가 가운데 한 사람이다. 그는 실리콘밸리에서 가장 영향력 있는 투자자이기도

하다. 그는 페이스북의 최초 투자자이자 이후 이사회 의장으로서 엄청난 부와 명성을 쌓았다. 페이스북을 다룬 영화 '소셜 네트워크'에도 피터 틸이 등장한다. 틸은 페이스북 경영에는 거의 참여하지 않았지만, 대신 적극적으로 투자자를 연결해 주는 등 페이스북이 실리콘밸리의 대표 스타트업(start-up, 신생 벤처기업)으로 성공하는 데 결정적인 역할을 했다.

피터 틸이 페이스북 투자하는 데 있어서 지라르의 이론이 결정적인 역할을 했다. 피터 틸을 존경하는 『페이스북 마케팅』(*Facebook Marketing*)의 저자(Arnaud Auger)는 지라르를 페이스북 "'좋아요' 버턴의 대부"(the godfather of the 'like' button)라고 부르기도 했다. 지라르는 한병철이 "'좋아요'-자본주의"라고 비판한 그것의 대부인 셈이다. 이렇게 지라르의 미메시스 이론의 직접적인 영향으로 인해서 '모방에 의해서 움직이는 소셜 미디어'(imitation-driven social media)인 페이스북에 피터 틸이 과감하게 초기에 투자한 것이다.

피터 틸은 지라르의 열렬한 추종자이자 제자다. 그의 저서들과 강연들에는 지라르와 그의 이론들이 자주 언급되고 소개된다. 그는 나아가 지라르의 놀라운 통찰들에 기초한 인간 행동과 문화에 대한 학제적(學制的) 연구를 지원하는 '이미타티오'(Imitatio)라는 연구재단을 미국에 설립하고, 이 연구재단에 거액을 기부했다. 이 연구재단을 통해서 다양한 학문 분야에 학제적으로 적용되고 확장되는 지라르 연구서들이 지속적으로 출판되고 각종 학술대회도 개최되고 있다.[3]

피터 틸은 21세기 실리콘밸리의 중흥을 이끈 '페이팔 마피아'(PayPal ma-

---

[3] http://www.imitatio.org/

fia)의 대부로 세계 최대 결제 서비스 페이팔(PayPal), 세계 최고 빅데이터 분석기업 팰런티어 테크놀로지(Palantir Technologies)의 공동 창업자다. 테슬라(Tesla Motors)의 엘론 머스크(Elon Musk)와 함께 페이팔을 창업했다. 피터 틸은 조지 소로스(George Soros)처럼 철학 전공자다. 피터 틸은 미국 스탠퍼드대학교에서 20세기 철학을 공부하여 학사학위를 1989년에 취득한 후, 스탠퍼드대학교 로스쿨을 1992년에 졸업하여 법학박사(J.D.)를 받았다. 그가 스탠퍼드대학교에서 철학을 전공할 당시 그는 지라르의 제자가 되었고, 그의 저서들을 읽고 큰 도전을 받았다.

지라르의 타계 이후 이루어진 "사회과학의 프랑스 이론가"인 지라르에 대한 미국 「뉴욕타임스」(The New York Times)의 추모 언론보도에 피터 틸이 지라르의 이론으로 인해 페이스북에 투자하게 되었다는 내용이 소개되어 있다.

> 피터 틸은…지라르 교수가 경력을 바꾸도록 영감을 주었다고 하면서 페이스북의 초기의 그리고 잘 보상받은 투자자가 되었다…피터 틸은 그가 지라르 교수의 저서들을 처음 접하기 시작할 때는 스탠퍼드대학교 학부생이었는데, 이것이 이후에 뉴욕에서의 성취감을 주지 못하는 법률가로서의 경력을 포기하고 실리콘밸리로 가도록 영감을 주었다.

피터 틸은 페이스북에 50만 달러를 투자했는데, 이는 "지라르의 이론들이 소셜 미디어라는 개념 안에서 입증되고 있음을 보았기 때문이다"라고 말한다. 지라르의 이론에 영감을 받은 피터 틸은 "소셜 미디어가 생각했던 것보다 훨씬 더 중요하다는 것이 증명되었는데, 그것은 우리 인간의 본성에 대한 것이기 때문이다"라고 말한다.[4] 지라르의 이론으로 영감받은 피터 틸의 페이스북 투자는 이후 큰 성공을 거두었다.

"미메시스, 폭력 그리고 페이스북: 피터 틸의 프랑스 커넥션"이라는 제목은 글은 피터 틸, 페이스북 그리고 르네 지라르와의 깊은 관련성에 대해서 "소셜 미디어를 움직이는 알고리즘은 미메시스적 원리들(mimetic principles)로 프로그램되어 있다고 밝혀졌다"라고 소개하고 있다.

> (피터 틸이 페이스북에 투자한 것은) 지라르의 이론들이 단지 그 회사의 미래 수익성을 예견하도록 이끌었기 때문만이 아니라, 틸이 소셜 미디어를 효력이 없는 상태에서는 모방적 폭력에 대한 방지와 통제를 위한 메커니즘으로 보았기 때문이다.

피터 틸은 만약 폭력을 방지하기 위해 고안된 희생제의적이고 사법적인 상부구조가 그 한계에 도달한다면, 이제 소셜 미디어가 모방적 욕망으로 인한 내부 폭력을 통제하는 새로운 과학기술적 도구로 될 수 있다고 이해한 것처럼 보인다고 이 글은 적고 있다.

"지라르의 미메시스 이론은 소셜 미디어가 왜 우리의 생활에 그렇게 급속도로 중심적이 되었는지를 조명하는 데 도움을 줄 수 있다."[5]

미국 경제 전문지 「포브스」(*Forbes*)는 지라르 추모 언론보도 "르네 지라

---

[4] https://www.nytimes.com/2015/11/11/arts/international/rene-girard-french-theorist-of-the-social-sciences-dies-at-91.html?_r=0.

[5] https://thesocietypages.org/cyborgology/2016/08/13/mimesis-violence-and-facebook-peter-thiels-french-connection-full-essay/

르, '사회과학의 아인슈타인'"에서 지라르가 사회과학의 아인슈타인으로 평가되었다는 점을 언급했다. 지라르는 "인류학, 사회학, 경제학, 종교학 등을 하나의 기본적인 개념들로, 곧 하나의 스토리로 통합할 수 있도록 하는 체계를 창조했다"고 소개하고 있다.

나아가 「포브스」는 지라르의 가장 잘 알려진 제자로서 "지라르의 통찰들을 투자 판단에 사용하는" 피터 틸을 소개하며 다음과 같이 평가했다.

> 미메시스 이론은 비즈니스 사이클들과 버블 가격설정(bubble pricing)에 대한 이해를 위해서 엄청난 함의들을 지니고 있으며, 미메시스(모방)는 욕망으로 이끄며, 그 욕망은 더 많은 미메시스로 이어지고, 미메시스는 또 더 많은 욕망을 이끌어 내는데…이는 벨류에이션 레블(valuation levels)이 지속 불가능해질 때까지 계속된다.[6]

지라르 이론에 심취한 철학도인 피터 틸은 세상을 전복하고 새로운 규칙을 만드는 변화의 창조자들인 '체인지 메이커'다. 그는 자유지상주의자로서 모험심이 강하고 자유주의적이며 또한 복음주의 기독교인이다. 그는 지라르의 저서들에 심취했는데, 특히 지라르의 대작인 『창세로부터 은폐되어 온 것들』(Things Hidden since the Foundation of the World)을 자신의 인생 책으로 선정했다. 이 책은 "[슈퍼리치] 美 'IT 거물' 5인방이 밝힌 '나의 인생 책'"이라는 제목 아래서 한국의 많은 언론에도 소개된 바 있다. 피터

---

[6] Jerry Bowyer, René Girard, "The Einstein Of The Social Sciences," 「포브스」, 2015년 11월 30일자. https://www.forbes.com/sites/jerrybowyer/2015/11/30/rene-girard-the-einstein-of-the-social-sciences-rip/#62478b915a1a.

틸은 이 책에 대해서 다음과 같이 밝혔다.

르네 지라르는 나에게 가장 큰 영향을 미친 작가다. 그 중에서도 이 책은 단순히 학문적인 철학 서적이 아니다. 나에게 세상을 바라보는 새 시각을 제시한 안내서다. 인간 행동의 근원이 모방에서 출발한다는 내용을 이해하고 나면 나를 비롯한 타인의 본질도 꿰뚫어 볼 수 있는 자질을 키울 수 있다.

피터 틸은 지라르의 대작인 『창세로부터 은폐되어 온 것들』을 스탠퍼드대학교 학부시절 철학을 전공하면서 읽었다고 하면서, 지라르가 모든 신화와 모든 문화를 방대하게 다루고 있음에 큰 감동을 받았다고 말한다. "지라르는 항상 대담하게 논증하고 있다"라고 그는 말한다. 바로 이 점에서 지라르는 아카데미아(Academia.edu)의 다른 학자들과 대조적이었다.

당시 아카데미아는 두 가지 접근법으로 양분되어 있었는데, 지금도 여전히 그러하다.

첫째, 사소한 질문들에 대한 전문화된 접근법이다.

둘째, 지식은 불가능하다는 식의 웅대하지만 허무주의적인 주장들이다.

피터 틸은 다음과 같이 적고 있다.

지라르는 이 두 접근법과 대조적이다. 지라르는 세계 전체에 대한 견해에 근거해서 빅퀘스천(big questions)에 대한 방대한 논증들을 하고 있다. 지라르가 기독교를 진지하게 성찰한다는 스캔들과 같은 사실을 배제한다고 하

더라도 그의 저작에는 언제나 영웅적이고 전복적인 어떤 것이 존재한다.[7]

아마존(Amazon.com) 선정 2014년 최고의 책으로 선정되기도 한 피터 틸의 『제로 투 원: 스탠퍼드대학교 스타트업 최고 명강의』에도 모방적 욕망과 경쟁에 대한 지라르의 이론이 간접적으로 잘 녹아 있다.[8] 경쟁하려 들지 말고 구글처럼 0(무)에서 1(유)을 만드는 창조적 독점으로 인류의 미래를 바꾸라고 그는 이 책에서 독려한다.

피터 틸은 이 책에서 경쟁을 자본주의의 본질로 보는 것과는 달리 모방적 경쟁이 가져오는 폐해들을 지적하고 있다. 출혈 경쟁 하지 말고 시장을 창조적으로 독점하라는 것이다. 이런 주장들은 인간은 매우 경쟁적인 동물이어서, 경쟁이 격화될 때에는 처음 경쟁의 대상에 대한 본질적인 인식을 증발되고, 경쟁 자체가 목적이 되어서 비이성적 상태에 쉽게 빠진다는 지라르의 이론에 도움을 받은 것이다.

특정 분야에서 독보적인 역량을 갖춰 다른 회사들은 감히 비슷하게 쫓아올 수 없는 독점 기업이야말로 인류에게 더 나은 삶을 가져다줄 원동력이라는 것이다. 독점이 꼭 나쁜 것은 아니다. 창조적 독점은 오히려 약이 된다는 것이다.

피터 틸은 경쟁을 신화처럼 떠받들고 독점을 절대악으로 여기는 통념에 정면으로 반기를 든다. 그는 오히려 엇비슷한 기업이 차별화된 점 없이 경쟁하는 상황이야말로 이윤을 극단적으로 끌어내려 이윤을 낼 수 없는 나

---

[7] https://www.businessinsider.com/peter-thiel-on-rene-girards-influence-2014-11.
[8] 피터 틸, 블레이크 매스터스, 『제로 투 원: 스탠퍼드대학교 스타트업 최고 명강의』, 이지연 역 (서울: 한국경제신문, 2014).

쁜 상황이라고 설명한다. 구글이나 페이스북처럼 계속 혁신을 이끌어 내려면 시장을 독점해 초과이윤을 얻어야 한다는 게 그의 주장이다. 경쟁을 일반화한 현대의 무차별화 현상을 극복하는 것은 경쟁에서 벗어나 새로운 문화를 창조하는 기업을 만드는 것이고 결과적으로 그러한 기업은 독점 기업이 되는 것이라고 피터 틸은 주장한다.

독일 일간지 「디 차이트」(*Die Zeit*)는 2014년 "빛나는 자본주의"라는 제목 아래서 피터 틸이 "창조적이고 과감한 자본주의"를 희망하고 꿈꾼다고 보도하고 있다.[9] 피터 틸은 미래학자이기도 하다. 미래에 변화할 세상을 가장 먼저 보면서 자신의 투자처를 발견하거나 기술혁신을 이뤄 왔다.

피터 틸은 급진적 기술과 사업 모델에 대한 공격적 투자로도 유명하다. 그는 공해상에 자치국을 세운다는 비전, 인공 섬 프로젝트, 노화 방지 및 장수 연구, 전기자동차와 우주왕복선 개발 등을 담대하게 상상하고 투자한다. 그는 이런 것들이야말로 인류가 처한 각종 문제를 해결할 수 있는 위대한 도전이라고 믿는다.

법학박사이기도 한 공화주의자 피터 틸은 정치적으로는 보수와 진보 모두에게 새롭게 연구되고 있는 독일 헌법학자 칼 슈미트(Carl Schmitt)와 미국에 크게 영향을 끼친 독일 태생의 유대계 미국 정치 철학자이자 미국 신보수주의의 형성에 중요한 영향을 끼친 것으로 평가되는 레오 스트라우스(Leo Strauss)에 입장을 대체로 따른다. 피터 틸은 2019년 미국 캘리포니아 주지사 선거에 출마할 것으로 알려져 있다.

---

[9] https://www.zeit.de/2014/39/peter-thiel-wettbewerb-kapitalismus/seite-3 Funkelnder Kapitalismus.

2. 디지털 심리정치, 바보 되기가 대안인가?

한병철은 『피로사회』와 『심리정치』에서 자본주의와 신자유주의를 비판하지만 다른 한편으로 신자유주의는 전례 없이 효율적이고 안정적인 지배라고도 평가하기에, 그의 입장이 신보수주의적이거나 혹은 신자유주의를 옹호하고 있다고 조정환은 비판한다. 조정환은 "한병철 철학이 신자유주의 옹호로 귀결되는 이유"라는 제목의 글에서 '신자유주의적 자본의 공세 앞에서 혁명은 실제로 가능한가'라는 질문에 대해 한병철의 『피로사회』나 『투명사회』 등의 저서들은 '아니오'라고 답하는 데 많은 노력을 기울였다고 비판한다.

한병철의 『심리정치』도 이 혁명의 불가능성을 권력기술의 혁신이라는 측면에서 입증하는 책이다. 그의 분석에 의하면, 현대인들은 이 지극히 생산적인 권력에 저항할 필요를 느끼지 않으며 그들이 느끼는 자유 기분 속에서 피로로 소진되어 우울증의 주체가 된다. 한병철의 포스트모던적 좌파 입장이 결국은 역설적이게도 신자유주의를 옹호한다고 다음과 같이 비판되고 있다.

> 이러한 판단에 근거하여 한병철은 최근에, 혁명은 불가능하며 혁명을 수행할 주체성도 없다는 1990년대에 (한국의 경우에는 IMF 위기 전에) 유행했던 포스트모더니즘적 테마로 돌아갔다. 다중이 새로운 혁명적 주체성이라면, 예속 주체들로 구성된 신자유주의 파놉티콘에 그러한 주체성을 위한 자리는 없다는 것이다….

왜 한병철은 자신의 사회 이론에서 저항과 반란을 말소하는 것일까?
왜 신자유주의적 삶의 단면들에 대한 그의 날카로운 비판들은 '대안은 없다'(TINA: There Is No Alternative), '혁명은 불가능하다'는 신자유주의적이고 포스트모더니즘적인 비판주의적이고 억압적인 구호 뒤에 온순하게 정렬되고 마는 것일까?[10]

한병철은 '억압(규율 권력)이 있는 곳에 저항이 있다'라는 푸코의 명제를 '자유(친절 권력)가 있는 곳에 저항은 없다'는 명제로 재해석한다. 이러한 재해석은 사람들의 신체를 규율하던 훈육 정치로부터 사람들의 심리를 통제하는 심리 정치로 권력 기술의 이행이 있다는 판단에 근거한다. 전자는 사람들을 억압하지만 후자는 사람들을 자유롭게 한다는 것이다. 여기서 억압은 자유로 대체된다.

한병철은 네트워크에 낚이지 않고 정보가 없는 특이체질의 이단아인 바보만이 주체화와 심리화에서 벗어나서 완전히 다른 것이 되는 것, 곧 탈주체화와 탈심리화하는 삶의 기술을 대안으로 제시한다. 즉, 바보 되기가 대안이라는 것이다. 한병철이 대안으로 제시하는 것은 다음과 같다.

그것은 지성의 외부에 있는 '지혜,' 아우성의 외부에 있는 '침묵,' 무리의 외부에 있는 '고독,' 수평적인 것을 절단하는 '수직적인 것,' 충만함의 반대인 '공허,' 긍정성을 거부하는 '부정성'의 저항이며 반란이다. 그것은 신

---

[10] 조정환, "한병철 철학이 신자유주의 옹호로 귀결되는 이유," 「프레시안」, 2015년 5월 8일자. http://www.pressian.com/news/article.html?no=126186#09T0.

자유주의적 권력을 비판하되 그것과 싸우고 그것을 다른 것으로 대체하는 활동을 하는 것이 아니라 오히려 무장을 해제하고 거리를 두면서 그것을 응시하고 사색하면서 그 옆에 머뭇거리고 머무르며 기다리는 것이다.

그것은 무위의 저항이다. 그는 활동적 삶이 본성적으로 과잉, 소진, 히스테리, 신경증, 우울증을 가져오는 정신적 탈진의 증상이라고 보기 때문에, 활동적이고 강한 저항에서가 아니라 이 약한 저항에서만 다른 존재, 다른 공동체가 탄생할 것이라고 믿는다.

조정환은 한병철의 '반유물론적 신비주의의 지향'을 다음과 같이 비판했다.

> 우리는 한병철에게서, 활동적 삶과 사색적 삶 모두의 총체적 소외를 가져오는 적대적 사회관계에 대한 실천적 폐지가 아니라 활동적 삶의 우위를 사색적 삶의 우위로 대체하려는 반유물론적 신비주의의 지향을 목도한다. 이 지향은, 신자유주의에 대한 그의 예리한 이론적 비판이 실천적으로는 신자유주의 옹호로 귀결되도록 만드는 근본 요소다.[11]

한병철이 대안으로 제시하는 부정성의 저항과 바란, 무위의 저항, 탈주체화와 탈심리화 등에서 우리는 불교적이고 도교적인 차원을 엿보게 된다.

한병철의 이러한 포스트모던적-불교적-유럽 도교적인 차원은 그와 인

---

[11] 조정환, "한병철 철학이 신자유주의 옹호로 귀결되는 이유."

연이 깊은 슬로터다이크의 사유에서도 발견된다. 한병철의 신자유주의 비판이 결국에는 신자유주의 옹호로 귀결되게 하는 그 '반유물론적 신비주의의 지향'을 필자는 앞에서 불교적 세계 포기(world-renunciation)와 관련지었다.

한병철이 대안으로 제시하는 지혜, 침묵, 고독, 수직적인 것 등은 기독교의 명상적 전통이나 부정신학 전통에도 존재하지만, 하이데거와 선불교에 천착한 그가 신자유주의를 비판하면서 제시하는 부정성, 무위, 공허 등에서 '반유물론적,' 곧 반물질적이고 반실체주의적인 불교의 세계 포기적 철학의 흔적을 본다.

막스 베버가 자본주의의 기원과 정신 속에서 발견한 기독교적 세계 내적 금욕주의에서처럼, 우리는 세계 포기적이 아니라 세계 내적으로 때로는 금욕하고, 명상하고, 침묵하고, 고독하고, 수직적인 지혜 등을 추구해야 한다. 한병철이 대안으로 제시하는 바보짓이나 백치 되기 등은 불교적 무와 공을 연상시킬 정도로 세계 포기적이다.

한병철의 사유와 그가 제시하는 대안에는 불교적 부정주의(Negativismus)의 영향이 큰 것으로 분석된다. 불교의 세계 포기적, 비대상적 그리고 부정주의적 명상과 기독교의 대상적 명상과 명상적 삶 사이에는 큰 차이가 존재한다. 활동적 삶(*vita activa*)과 명상적 삶(*vita contemplitiva*)의 구분은 기독교 영성과 명상 전통에 존재하지만, 본래 불교에는 존재하지 못했다. 기독교 수도원의 구호는 '기도하고 노동하라'(*ora et labora*)였다.

기독교 수도원은 노동과 명상이 병행되었을 뿐 아니라, 이후 옥스퍼드대학교나 파리대학교 같은 대학을 탄생시켰던 지식과 과학기술의 모태가 되었다. 『붓다와 희생양』¹²에서 논한 것처럼, 불교의 세계 포기 전통에서 본래는 노동은 금지되었다.

본래 출가자들에게는 어떤 생산 활동도 금지되었다. 심지어 자신의 밥을 요리하는 것도 금지되었다.¹³ 출가비구(出家比丘)는 경제적인 생산 노동에 종사하는 것이 금지되었고, 오직 재가자(在家者)의 공양으로만 살아간다. 결혼과 생산을 축으로 하는 재가자들의 삶을 부정하는 것을 자신의 다르마(*dharma*, 질서와 의무)로 삼는 출가승들은 생산 활동에 참여하는 것이 금지되었다.

출가승은 재가자가 주는 것으로만 생활한다. 스스로 직접 먹을 것을 만들어 먹거나 혹은 미리 먹을 것을 저장하는 것, 그리고 손수 농사를 짓거나 생업을 위한 장사를 하는 것 등은 모두 출가자들에게 금지된다. 탁발은 출가승에게 유일한 생계수단이고, 음식을 얻지 못할 경우에는 굶어 죽는 것을 각오하고 탁발행을 한다.

본래 거지라는 뜻을 가진 비구(比丘)는 직접 음식을 조리해서는 안 되며 재가자가 조리한 것을 받아서 먹어야 한다. 레비-스트로스의 날것과 요리한 것의 구분이 이 인도의 몬순기후에서도 적용 가능한데, 출가자들은 문명과 반대되는 정글에 속한다. 출가를 통해서 사회적으로 이미 "죽은 자로서" 출가승은 "무엇을 줄 수 없고, 오직 받기만 한다."¹⁴

---

[12] 정일권, 『붓다와 희생양: 르네 지라르와 불교 문화의 기원』 (서울: SFC, 2013).
[13] Stanley J. Tambiah, "Max Webers Untersuchung des frühen Buddhismus. Eine Kritik," *Max Webers Studie über Hinduismus und Buddhismus. Interpretation und Kritik,* ed. Wolfgang Schluchter (Frankfurt am Main: Suhrkamp, 1984), 218–9.
[14] Joachim F. Sprockhoff, *Saṇnyāsa: Quellenstudien zur Askese im Hinduismus. Bd. I: Untersuchungen über die Saṇnyāsa-Upaniṣads* (Wiesbaden: Harrassowitz, 1976), Sprockhoff,

그래서 불교에서의, 보다 정확하게 말하자면 일부 출가승들만의 사색적 삶과 명상적 삶은 기독교에서처럼 노동하고 명상하는 것이 아니라, 세계 포기적 명상만을 하는 것이었다. 붓다는 출가한 세계 포기자(world-renouncer)인데, 세계 포기는 그 자체로 정의되지 못하고, 오직 마을로 상징되는 세계 질서에 대한 부정으로만 정의된다.

이 출가자들의 다르마는 가정과 결혼을 중심으로 형성되는 세계 속에 살아가는 평범한 사람들의 다르마의 정반대다.[15] 무욕(無慾)은 출가자들의 가치요 그들에게 요구된 다르마다. 반대로 재가신자들에게 생산과 출산에 있어서 욕망은 필요하다. 출가자들은 그 반대로 생산해서도 출산해서도 안 된다.[16] 출가승들은 세계 질서와 문화 질서에 있어서 하나의 '예외'로서, 그는 자신의 무엇을 하는 것에 의해서라기보다는 무엇을 포기하느냐에 따라 정의되는 존재다.

출가승의 다르마는 긍정적인 명령이 아니라, 부정적인 금지(nivṛttiśāstra)에 있다.[17] 그래서 불교 철학은 본질적으로 모든 것을 부정하고 모든 것을 의심하는 범부정주의와 범회의주의라 할 수 있다. 하지만 이러한 불교 철학의 근본적인 부정주의는 무엇을 비판하고 저항하면서 다른 것을 대안적으로 긍정하기 위한 부정이 아니라, 부정 자체가 출가승들만의 특정한 다

Saṃnyāsa: Quellenstudien zur Askese im Hinduismus, 65.
15 Patrick Olivelle, *The Āśrama System: The History and Hermeneutics of a Religious Institution* (New York: Oxford University Press, 1993), 230.
16 Richard Gombrich, *Der Theravada-Buddhismus: Vom alten Indien bis zum modernen Sri Lanka* (Stuttgart, Berlin, Köln: Kohlhammer 1997), 55–7.
17 Patrick Olivelle, *Saṃnyāsa Upaniṣads: Hindu Scriptures on Asceticism and Renunciation*, translated and with an Introduction (New York, Oxford: Oxford University Press, 1992), 67.

르마이기 때문에 파생된 것이다.

불교적 세계 포기는 일종의 신성한 반대구조(anti-structure)인데, 그 반대를 가장 쉽고도 상징적으로 볼 수 있는 것은 출가승의 삭발한 머리다. 우리나라에서 정치적 반대행위를 할 때 흔히들 삭발을 하는 것도 비슷한 의미가 있다.

이후 보다 자세하게 논하겠지만, 본래 불교의 절대적인 무와 공 그리고 대부정이 사회해방적인 부정과 저항이 되지 못하고, 오히려 전체주의적이고 파시즘적인 체제를 유지하고 대긍정하는 축제적이고 일시적인 대부정으로 끝나고 마는 것처럼, 한병철의 불교적인 색채는 강한 바보짓이나 무위, 공허, 부정성, 무와 공 등은 위의 비판처럼 실제로는 신자유주의를 옹호하게 된다. 불교 문명에서 발견되는 이 세계 포기(Weltentsaung)와 세계질서(Weltordnung) 사이의 변증법을 필지는 지라르의 문명 이론에 기초해서 해명했다.

한병철은 슬로터다이크처럼 20세기 후반 유럽 지식인들 사이에 일시적으로 유행했던 서구 불교의 관점들을 가지고 자본주의와 신자유주의에 대한 저항과 비판을 위한 대안으로 제시하지만, 동유럽 출신의 슬라보예 지젝(Slavoj Žižek)은 유럽 지식인들의 일시적인 지적인 유행이었던 서구 명상 불교를 후기자본주의 사회의 대표적인 이데올로기로 바르게 보았다.

지젝은 서구 불교와 그 대중문화적인 현상들은 시장경쟁의 가공할 만한 속도에 대해서 내적인 거리와 무관심을 보이는 것 같지만, 실제로는 자본주의적 역동성에 참여하면서도 정신적인 건강을 유지하는 듯한 인상을 주는 가장 효과적인 형태다. 즉, 서구 불교는 "후기자본주의의 전형적인 이

데올로기"다.[18]

지젝은 현대 서구 불교와 서구 도교는 지성적, 정치적 그리고 경제적 난제들을 회피하기 위한 완벽한 방법이라고 분석한다. 지젝에 의하면, 서구 불교는 가공할 만한 속도의 자본주의적 게임에 완전히 참여하고 있으면서도 내적인 자아의 평화를 유지하는 듯한 기만적인 인상을 준다. 그러므로 한병철의 피로사회론은 자본주의의 새로운 복잡성과 그 난제들에 대한 현실적이고 구체적인 대안을 제시하지 못하고, 일종의 '명상적 힐링서'를 제공하고 있다.

조정환은 한때 혁명을 추구하던 사람들의 정서적 피난처로 주목받으면서 일대 붐을 일으키고 있는 것이 고대나 중세의 신비주의와 그 신비주의 공동체였는데, 한병철의 '신비주의적 방향 설정'도 같은 맥락에서 "감각적이고 대상적이며 능동적인 인간의 활동성이 아니라, '순수'하고 '공허'하며 '부정'적인 사변에 기초하여 반유물론적 방식으로 재구성하려는 이론적 시도"를 하고 있다고 비판했다.

조정환이 한병철이 과도하게 불교 철학에 근접하는 방식으로 바보짓이나 공허하고 부정적인 사변을 '반유물론적인 방식'으로, 필자가 보기에는 불교적이고 세계 포기적인 방식으로 재구성하려는 '복고주의적 지향'으로 흐르고 있다고 비판하는 것은 적절하다.[19]

조정환이 마르크스적인 입장에서 신자유주의를 비판하는 것에는 동의하기 힘들다. 하지만 조정환이 한병철의 사유 속에 흐르는 이러한 '반유물

---

[18] Slavoj Žižek, "Star Wars III: Über Taoistische Ethik und den Geist des virtuellen Kapitalismus," *Lettre* 69 (2005), 55.
[19] 조정환, "한병철 철학이 신자유주의 옹호로 귀결되는 이유."

론적' 신비주의와 복고주의를 비판하는 것은 옳다. 필자는 한병철의 반유물론적 신비주의가 불교의 세계 포기적 전통에 근접하거나 그곳으로부터 파생되었다고 분석한다.

또한 한병철이 마르크스적인 관점을 극복하고 있는 것은 동의하지만, 과연 디지털 심리정치에 저항하기 위해서 불교적인 의미에서 완전히 비우고 멈춰서 바보와 백치가 되는 것이 대안인지는 의문이 든다. 내면을 비우고 백치 상태에 도달해야 한다는 한병철의 주장에서 불교적인 공과 무 사상을 흔적을 볼 수 있는데, 이것은 지나치고 현실적이지 못하다.

지라르는 초모방적 사회가 만들어 낸 새로운 '폭력적 근접성'의 시대에 '올바른 거리'를 두는 것이 중요하다고 말하는데, 이것이 대안이 될 것이다. 세계 내적 금욕주의가 대안이지, 불교에서 말하는 세계 포기적인 백치가 대안이 될지는 의문이다. 바보짓이나 백치 되기 등에 관한 한병철의 부정주의적 대안은 그의 책들의 무게만큼이나 가볍다.

3. 포스트모던적 반계몽주의를 넘어서

호모 에코노미쿠스(*homo economicus*)를 화두로 이루어지는 자본주의적, 신자유주의적 피로사회와 성과사회에 대한 비판을 넘어서 필자는 호모 미메티쿠스(*homo mimeticus*)와 질투사회라는 개념을 중심으로 민주주의, 자유주의, 자본주의, 보편주의와 평등주의 그리고 휴머니즘에 대한 재긍정을 시도하고자 한다.

또한 국내에도 베스트셀러 작가로 잘 알려진 하버드대학교 교수 스티븐 핑커(Steven Pinker)와 같은 학자가 최근에 주장하는 것처럼, 니체와 하이데거 그리고 반계몽주의적 포스트모더니즘 혹은 포스트모던적 반계몽주의(Counter-Enlightenment)에 흐르는 문화비관주의(Kulturpessimismus)를 극복하고 당당한 현대성의 업적인 민주주의, 자본주의 등을 최선의 체제로 재긍정하고자 한다. 스티븐 핑커는 체제 경쟁에서 승리한 자본주의가 훨씬 효율적인 체제임에도 불구하고 학계에서 대체적으로 자본주의는 비판을 받고 때로는 악마화되고 사회주의와 공산주의는 동정적으로 다루어지고 혹은 찬양되는 분위기에 대해서 비판적이다.

자본주의와 신자유주의 체제 아래서의 자기 착취를 심리정치학의 관점에서 분석한 한병철도 왜 자본주의와 신자유주의가 붕괴되지 않고 안정적인 체제로 지속하는지에 대해서 질문하곤 한다. 한병철의 분석에서 보이는 도교적 무위나 현대 서구화된 명상불교나 혹은 힐링불교에서 말하는 멈춤과 비움이 '피로사회'와 질투사회에 대한 대안이 되는 데는 한계가 있다.

『피로사회』를 소개하는 어느 독일 동영상 자료는 불교 스님의 북소리로 시작하고 있는 것을 보았다. 그래서 국내에서『피로사회』를 비판적으로 읽는 사람들은 이 책을 정의론으로는 한참 부족한 자기계발서나 힐링서 정도로 파악한다. '피로사회론'의 현실 분석은 정확하지만, 그 해결책은 싱겁다는 비판도 많다.

한병철 교수가『피로사회』를 활동 과잉, 긍정성 과잉 혹은 과잉 긍정의 사회로 진단하고, 여기서는 부정성이 개입할 여지가 없다고 진단한 부분에서 부정성을 강조하는 불교 철학의 영향을 엿보게 된다. 한병철의 피로사회론에서는 불교적인 공과 무가 대안인 것처럼 제시되고 있다.

불교 철학은 부정주의(Negativismus) 철학이다. 한병철 교수가 비판하는 현대사회의 과잉 긍정도 문제이지만, 불교에서 말하는 과잉 부정 혹은 부정성 과잉도 문제다. 필자는 불교에서 발견되는 철학적 부정주의와 부정성 과잉을 지라르가 신화 속에서 해독해 낸 희생양 메커니즘, 보다 정확하게 번역해서 희생염소 메커니즘(scapegoat mechanism) 속에서 새롭게 해석했다. 즉, 불교 속의 부정성 과잉은 출가승들만의 멍에였다. 필자의 지라르 이론에 기초한 사회인류학적 불교 연구의 결과에 의하면, 붓다들과 출가승들은 부정성 과잉이라는 멍에를 지고 가는 희생염소(scapegoat) 역할을 하고 있다.

선불교에 대한 책도 출판한 한병철 교수는 20세기 후반 일부 유럽 지식인들 사이에 유행했던 평화스러운 종교의 대명사로서의 불교를 소개하고 있는데, 이러한 지적 유행은 거품이 빠졌다. 2003년 독일 종교학회는 불교와 폭력에 대한 특집호를 발간하면서 이제 불교는 어제의 불교가 아니라고 말함으로 지금까지 유행했던 평화스럽고 미학적이고 서정적인 명상불교라는 이미지 속에 담긴 오리엔탈리즘을 비판했다.

한병철 교수는 하이데거적인 불교 이해를 많이 소개하는데, 선불교 철학에 기초한 일본 교토학파가 당시 전쟁동맹국이었던 독일의 나치였던 하이데거와 니체 철학을 뜨겁게 수용했었다. 유럽에서 일시적으로 유행했던 선불교나 티베트 불교, 명상불교, 힐링불교에 관한 서적들과 크게 다르지 않은 한병철 교수의 불교 소개는 평화스럽고 비폭력적인 불교에 대한 자기 오리엔탈리즘에서 나온 것이다.

또한 많은 불교에 대한 낭만적 이해를 하는 일부 유럽 지식인들처럼 한병철도 불교의 무(Nichts)를 철학적으로 찬양하고 있는데, 그것이 출가승들만의 특정하고 고유한 다르마로서 신화적인 희생 논리라는 것을 그는 깨닫지 못하고 있다. 하이데거를 비롯한 일부 철학자들이 찬양한 불교의 무, 보다 정확하게 사회인류학적으로 개념을 해명하자면 출가승들만의 무에는 희생염소 메커니즘(scapegoat mechanism)이 은폐된 채 작동하고 있다는 세계 최초의 주장을 필자는 필자의 책 『붓다와 희생양』에서 이미 국내에 소개했다.

2019년 8월 현재 세계 유명 대학들의 교수들의 연구논문들을 공유하는 플랫폼인 아카데미아(Academia.edu)로부터 676개의 외국 연구논문이 필자의 연구를 언급하고 있다는 메시지를 받는 등, 르네 지라르와 불교 연구에 있어서 나름 국제적 인지도를 가지고 있다. 명상불교에만 집착하는 유럽 지식인들과는 달리 필자는 불교를 제대로 파악하려면 출가승과 재가자 사이에 존재하는 인류학적 상호성을 보아야 한다고 주장했다.

한병철의 선불교 이해에 대한 비판은 이후에 보다 자세히 논할 것이다.

4. 패배의 철학과 이데올로기의 종언

자본주의적-신자유주의적 자기 착취의 문제를 진단한 『피로사회』는 마르크스적인 범주로는 이해되기 힘들다는 한병철 교수의 주장에서 슬로터다이크와 같은 신보수주의적 입장을 발견하는 것은 틀린 비판이 아니다.

한병철 교수는 자신이 말하는 '피로사회'는 아직도 규율사회라 할 수 있는 아랍사회나 남미사회가 아니라, 서구사회를 의미한다고 말한다. 그러면서 마르크스적인 범주로는 자신의 피로사회를 제대로 이해하기 힘들다고 말한다. 그는 피로사회가 '자기를 착취하는 사회'이기 때문에 '착취하는 타인'이 없다고 강조한다.

자기를 착취하는 피로사회에 대한 그의 입장은 어느 정도 자기 성찰을 제시하기에 동의할 만하지만, 그렇다면 착취하는 타인은 존재하지 않고 착취하고 감시하고 통치하는 권력은 존재하는가?

자본주의에 대한 한병철의 입장은 분열된 모습을 보인다. 한편으로는 자본주의와 신자유주의에 대한 체제 비판을 하면서도 마르크스적 관점을 극복한 것처럼 보이기도 한다. 그래서 앞에서 본 것처럼, 신자유주의를 비판한다는 한병철은 오히려 신자유주의를 옹호한다는 비판을 받고 있다.

그는 자본주의 체제를 비판한다고 하면서도 자본주의 체제가 안정된 시스템이기에 혁명은 불가능하고 자본주의에 대한 대안은 존재하지 않는다는 사실을 인정하기에, 그의 입장에는 일관성이 결여되어 있다. 그의 자본주의 비판은 자본주의의 역동성과 복잡성 그리고 여러 가지 난제들에 대한 적절한 분석과 답변을 제시하지 못한 채, 그 체제를 손쉽게 벗어나는 가벼운 힐링서를 제시하고 있을 뿐이다.

자본주의 체제의 거대한 복잡성에 비해서 그가 제시하는 대안은 가볍고 도피적인데, 그것은 그가 제시하는 부정주의적 대안의 원천이 되는 불교가 자본주의 체제와는 무관한 종교였기 때문이기도 하다. 자본주의라는 복잡한 시스템의 탄생과는 무관한 불교적 대안의 태생적 한계다.

급진좌파 혹은 좌파 정치경제학에서 사용한 마르크스적인 범주를 극복하는 그의 '심리정치학'적 시도는 마르크스적인 관점을 넘어서 현대 자본주의를 분석하고 이해하려는 지라르 학파의 심리정치학적 입장과 어느 정도 맥을 같이한다. 그의 자기 착취에 대한 분석에서도 접점을 발견할 수 있다. 마르크시즘, 사회주의 그리고 공산주의의 패배와 붕괴 이후 착취하는 사회구조에 집중하는 것을 넘어서 정치학을 보다 심리학적으로 파악하는 심리정치학이 큰 흐름을 주도하고 있다.

심리정치학적 분석을 한다는 점에서는 자본주의와 신자유주의에 대해서 비판적인 한병철의 피로사회론과 자본주의를 긍정하는 지라르 이론에 기초한 이 책의 질투사회론은 맥을 같이한다고 볼 수 있다. 약탈구조와 착취구조에 천착하는 마르크스적인 사회 비판을 넘어서 착취의 타자성이 아니라 자기성(자기 착취)에 대한 심리정치학적 사회분석을 하는 한병철의 피로사회론은 그 자기 착취가 궁극적으로는 (모방적) 욕망과 경쟁으로부터 나오기에, 지라르 학파에서 연구하는 심리정치학과 그 미메시스적 심리치료로 수정, 보완 그리고 심화될 수 있다고 본다.

한병철은 『폭력의 위상학』에서 지라르를 논하면서 타인에 의한 착취 대신에 '자기 착취'의 폭력을 논하고 있다. 그의 주장은 정의론, 특히 분배정의와 관련한 다음의 질문을 던진 신진욱 교수와의 대담에서 나왔다.[20]

> 오늘날 사회 현실에 대한 주된 비판 가운데 하나는 대다수의 사람들에게 그들의 노동에 상응하는 보상이 돌아오지 않는다는 것, 반면 극소수의 사람들이 사회의 대부분의 자원을 가져간다는 것 아닌가?
>
> 이른바 '20 대 80 사회,' '1% 대 99%,' '승자독식 사회' 등의 규정들은 그런 분배정의의 훼손을 가리키고 있다.

---

[20] '정의론'에서 '성과정의'는 분배정의의 중요한 한 차원으로 이해되어 왔다. 특히 사회민주주의 전통에서 노동, 성과, 기여에 대한 정당한 보상은 '사회적 정의'의 중요한 측면이었고, 이는 자유주의 정의론이 주로 '기회의 정의'에 집중해온 것과는 구분됐다.

한 교수의 성과사회 비판은 이런 분배정의의 문제와 아무런 관계가 없는가?

이 질문에 대해서 한병철은 다음과 같이 답변한다.

> 나의 피로사회 담론은 정의와 아무 상관이 없다. 피로사회의 희생자는 분배를 못 받은 서민만이 아니라 수입이 많은 매니저, 교수들이다. 적은 양의 파이를 차지하는 대다수만이 아니라 가장 많은 양의 파이를 차지하는 소수도 희생자다. 신 교수는 분배를 적게 받는 사람들을 희생자로 보지만, 필자의 피로사회 담론에서는 분배를 가장 많이 받는 사람들조차 자신을 착취한다. 마르크시즘적인 범주를 가지곤 필자가 말하는 피로사회를 이해하기 힘들다.[21]

한병철 교수는 『피로사회』에서 우리 자본주의 사회에서 '혁명을 끌어낼 수 있는 분노'는 없다고 주장한다. 분노란 전체를 대상으로 하고 전체를 바꾸려는 충동인데, 우리 사회에는 진정한 분노가 없다고 본 것이다. 한병철은 타인착취 시대의 착취자는 피로사회와 같은 자기 착취 시대의 착취자와 다르다고 말한다. 피로사회, 성과사회에는 우리가 제거할 수 있는 자본가와 같은 타인착취자가 없다는 것이다. 자본가 스스로 자기 착취를 하기 때문이라는 것이다.

---

[21] "한병철 '성과에 집착 스스로 착취,' 신진욱 '그 역시 타인에 의한 착취,'" 「한겨레신문」, 2012년 5월 15일자. http://www.hani.co.kr/arti/culture/culture_general/532872.html#csidxcacbf714d5258499a8c6b1f9e569254.

'착취자와 대다수의 사람'으로 구분하는 것은 마르크시즘적인 발상인데, 여기에서 벗어나야 피로사회의 새로운 현상과 문제를 볼 수 있다고 한병철은 주장한다.

"가난한 서민들이 자기 착취를 하는 것은 자유가 있기 때문이다. 자유롭기 때문에 자신을 착취하는 것이다."[22]

이러한 측면에서 한병철의 진단이 "무한히 자기 긍정하는 신자유주의적 주체를 비판하는 제스처를 취하면서도 역설적으로 그 비판의 대상에 결국은 포섭되는 것처럼 보인다"면서 한병철과 그의 동료 "슬로터다이크의 신보수주의적 함의"를 분석한 문순표의 비판은 옳다.

슬로터다이크의 경우 신보수주의적 입장뿐 아니라, 니체-하이데거를 여전히 변호하는 입장에 서 있기에 하버마스와 같은 학자들로부터 파시즘 혐의까지도 받는다. 문순표는 다음과 같이 분석하고 있다.

> 신자유주의를 보완하기 위해 근대적 정치철학이 기반했던 모든 종류의 적대 대신에 노동의 시간을 중단할 수 있는 '사색적 삶'이 가능한 '탁월한 개인'을 해방의 주체로 내세우는 것은, 신보수주의가 회귀하는 그리스적 시민의 탁월함(virtus)과 많은 부분 닮아 있다는 인상도 지우기 어렵다.

후쿠야마의 종언 담론이 베를린 장벽의 붕괴 이후에 냉전의 종식이라는 역사적 현상을 기술하기 위해 1950년대 유럽에서 유행했던 코제브의 '역

---

[22] "한병철 '성과에 집착 스스로 착취,' 신진욱 '그 역시 타인에 의한 착취,'" 「한겨레신문」, 2012년 5월 15일자.

사의 종언과 최후의 인간' 분석을 도입했다면, 한병철의 피로사회론은 유럽 68혁명 이후 그 혁명 결과를 자본주의가 포섭하면서 급진적으로 등장한 신자유주의 담론이 표명했던 '운동의 종언'이라는 그림자가 짙게 드리워져 있다.

문순표의 분석은 옳다. 그래서 한병철의 피로사회론이 마르크시즘, 사회주의 그리고 공산주의의 붕괴와 패배 이후 "적대의 대상이 불투명해진 상황에 대한 비판철학적인 기술"로 문순표는 평가했다.

앞으로 한국에 번역 소개될 한병철의 저서들의 제목에 공통적으로 등장하는 '종언' 혹은 '종말'에 직접 지시되어 있듯이, 그의 담론은 요즘 유행하는 아감벤의 '호모 사케르 연작'처럼 '종언 담론' 또는 '묵시 담론'의 계열에 속한다.

이런 의미에서, 피로사회론은 바디우가 말한 '패배의 시학'이나 '패배의 철학'에 가깝다고 문순표는 비판했다.[23]
이처럼 자본주의적 신자유주의적 자기 착취의 폭력을 분석한 한병철은 사회주의와 공산주의의 체제 경쟁에서의 패배 이후 마르크스적인 관점을 벗어나서 슬로터다이크와 같이 신보수주의적 색채를 지니게 되었다는 점에 있어서 사회민주주의적 관점에서 분배정의와 사회적 정의를 외치는 좌

---

[23] 문순표, "힐링과 정의를 원해? 이것은 당신들의 피로가 아니다!," 「프레시안」, 2013년 4월 19일자. http://www.pressian.com/news/article.html?no=68798#09T0.

파 지식인들로부터 비판받고 있다.

한병철은 때로는 사회변혁을 주장하기도 하는데, 자신과 인연이 깊은 슬로터다이크가 2010년에 출간한 저서 『당신은 당신의 삶을 변화시켜야만 한다』(*Du musst dein Leben ändern*)가[24] "신자유주의적 자기극대화"의 논리 속에서 전개되었다고 비판하면서 "당신은 당신의 사회를 변화시켜야 한다"로 바뀌어야 한다고 주장하기도 한다.[25] 인간기술(Anthropotechnik)에 관한 슬로터다이크의 이 책에는 '파리지앵의 불교'(Pariser Buddhimus)에 대한 내용도 한 장으로 포함되어 있다.

슬로터다이크는 레비 스트로스도 동경했던 파리지앵의 불교에 대한 낭만적 이해를 이 책에서 보이고 있다. 니체-하이데거에 대한 그의 옹호 등에 대해서는 동의할 수 없지만, 지나치게 사회변혁에만 집중하고 개인변혁에는 무관심한 것을 비판하면서 "당신은 당신의 삶을 변화시켜야만 한다"는 그의 주장에는 동의한다.

슬로터다이크는 유럽 난민 문제 등에 대해서 보수적 입장을 표명했는데, 자신의 입장에 대한 비판에 대해서 그는 자신은 극우적 입장에서 난민 문제를 본 것이 아니라, 좌파보수(linkskonservativ)적 관점에서 그러한 것이라고 주장했다. 그의 좌파보수는 독특한 조합이다. 이후 소개할 조던 피터슨(Jordan B. Peterson)도 비슷한 맥락에서 "세상을 탓하기 전에 방부터 정리하라"라고 제안한다. 앞부분에서 주장한 것처럼, 급진좌파에서는 세상의 모든 문제의 원인을 사회구조, 착취구조, 권력 구조 그리고 지배구조 등에

---

[24] Peter Sloterdijk, *Du musst dein Leben ändern. Über Anthropotechnik* (Frankfurt am Main Suhrkamp, 2010).
[25] derstandard.at/1369361693437/Die-Politik-verduennt-sich-zur-Geschwaetzigkeit.

서 찾고자 했다.

이런 입장에서 인간 자신은 무죄한 피해자로만 이해된다. 21세기에 접어들면서 다시금 서구 지식인들은 마르크스적이고 푸코적인 구조비판을 점차적으로 극복하면서 학문적 시선과 관심을 인간 자기 자신에게로 되돌리고 있다. 지라르의 근본인류학은 이러한 현대 정치경제학의 인류학적 전환을 촉진시키고 있다.

5. 자유민주주의의 승리와 '역사의 종언'

프랜시스 후쿠야마(Francis Y. Fukuyama)는 미국 스탠퍼드대학교의 교수이자 정치경제학자 그리고 철학자로서 자유주의와 공산주의 사이의 이데올로기 대결의 역사는 자유주의의 승리로 끝났다고 주장한 『역사의 종언』이라는 책으로 잘 알려져 있다. 후쿠야마는 1989년 냉전이 종식되는 순간을 역사의 종말이라고 선언했다.

후쿠야마는 인류의 역사가 공산주의가 패배하고 자유민주주의가 승리함으로써 헤겔과 마르크스적 의미의 역사는 끝났다고 선언했다. 역사적인 관점에서 냉전이라는 기간 동안 민주주의 체제는 파시즘과 공산주의 체제로부터 많은 투쟁을 거치면서 승리를 거머쥔 만큼 더 이상 민주주의 체제에 도전할 수 있는 이념과 철학 체계가 없다고 보았기 때문에 역사가 종말에 도달했다고 보았다. 그는 민주주의 정치 제도를 궁극적이고도 역사적으로 최종적인 정치 체제로 보았다.

후쿠야마는 자유민주주의 체제가 헤겔의 역사철학에서 말하는 인정욕망이 가장 잘 충족되는 체제로 보았다. 지라르식으로 말하자면 자유민주주의 체제와 자본주의 시장경제가 모방적 욕망을 최선의 방식으로 충족시키면서 통제할 수 있는 최선의 카테콘이라고 이해할 수 있다.

헤겔-코제브를 지적 기반으로 한 후쿠야마의 역사종말론의 근거는 이념적으로 헤겔이 말한 타인으로부터 인정받고자 하는 인간의 욕망은 일방적이 아니라 상호성이 보장될 때 충족할 수 있게 되는 것으로, 이를 가능케 하는 정치 제도가 바로 민주주의 정치 제도라고 보았고 이를 궁극적이고도 역사적으로 최종적인 정치 체제로 보았기 때문이다.

후쿠야마의 '역사의 종말' 테제는 코제브의 '역사적 종말' 테제로부터 영향을 받았는데, 코제브는 제한된 의미에서의 이데올로기의 역사는 프랑스 혁명과 나폴레옹 체제의 등장과 함께 끝났으며, 따라서 동등한 권리와 평등한 인정을 실현하기 위한 폭력적인 투쟁이 더 이상 필요하지 않다는 생각을 발전시킨 것이다.

지라르는 1961년 자신의 책 『낭만적 거짓과 소설적 진실』(*Mensonge romantique et vérité romanesque*)이 프랑스에서 출판되었을 때,[26] 많은 사람들이 자신을 헤겔의 위대한 평론가, 알렉산드르 코제브(Alexandre Kojève)의 후계자로 보기를 원했다는 사실을 언급한다. 당시 많은 사람들은 지라르의 이론을 헤겔 사상의 새로운 버전을 제시하는 것으로 이해했는데, 이는 모방적 욕망은 헤겔 이론에 있어서의 인정 투쟁 개념이 새롭게 표현된 것에 불과하다고들 보았기 때문이다.

지라르는 헤겔의 이론이 배경으로 염두에 두고 있었다는 사실을 인정하

---

[26] René Girard, *Mensonge romantique et vérité romanesque* (Paris: Grasset, 1961).

면서도 그것이 헤겔의 인정 투쟁 개념과 동일하다는 것은 부인한다. 생사를 건 인정 투쟁(Anerkennungskampf)은 헤겔의 『정신현상학』의 '자기의식' 편에서 핵심적인 개념이다. 헤겔 사상의 역사 발전 법칙을 주인과 노예의 투쟁으로 이해한 코제브는 헤겔의 『정신현상학』에서 논의된 '주인과 노예의 변증법'을 논평했는데, 그에 의하면 주인이란 생계를 걸고 인정 투쟁을 포기하지 않는 사람이고, 노예란 생계를 부지하기 위해 인정 투쟁을 포기한 사람이라는 것이다.[27]

1933년부터 1939년 사이 파리에서 헤겔의 정신현상학 강의를 연속으로 진행한 코제브는 제2차 세계대전 이후 프랑스 재무부에서 일했으며, 유럽 공동 시장의 수석 계획관 중 한 명이었다.

앞에서 소개한 것처럼, 지라르 학파에서 가장 주요한 학자 중 한 명인 장 피에르 뒤피(Jean-Pierre Dupuy)는 경제가 성스러움(the Sacred)처럼 폭력을 담아서 방지하는 역할을 하고 있다는 자신의 주장을 뒷받침하는 예로서의 유럽의 경제공동체(현재의 유럽연합)를 언급한다. 즉, 제2차 세계대전 이후 유럽 국가 간의 전쟁과 폭력을 방지하기 위해서 경제공동체를 건설했다는 것이다. 정치경제가 모방적 욕망과 경쟁으로 인한 내부 폭력과 내부 갈등을 저지하고 방지하는 일종의 '카테콘' 역할을 하고 있는데, 이는 이후에 보다 상세하게 논의될 것이다.

후쿠야마의 역사종말론에 의하면, 민주주의와 자본주의 체제가 타인으로부터 인정받기를 원하는 인간 욕망이 가장 잘 충족되는 체제다. 민주주

---

[27] René Girard and Benoît Chantre, *Battling to the End: Conversations with Benoît Chantre* (East Lansing: Michigan State University Press, 2010), 30-32.

의와 자본주의가 헤겔이 역사 발전의 법칙으로 분석한 인정욕망과 인정 투쟁 그리고 이와 유사한 맥락에서의 지라르가 분석한 모방적 욕망이 가장 잘 충족되는 시스템이기에 이 체제를 비판하기보다는 이 체제를 잘 관리하는 것이 대안이다.

그렇기에 한병철의 피로사회론에서처럼 자본주의와 신자유주의라는 사회구조에 대한 비판보다는 모방적 욕망, 인정욕망 그리고 인정 투쟁이 가장 잘 충족되는 사회구조로 자본주의와 시장경제를 긍정하면서도 그 부작용들을 관리하는 것이 대안이라고 본다.

지라르는 자신의 저서 『문화의 기원』 제7장 "모더니티와 포스트모더니티 그리고 역사의 종언"에서 이데올로기의 종말을 역사의 종말로 보는 후쿠야마의 생각은 잘못된 것이라고 비판하기도 했다.

> 이데올로기는 그 자체로는 폭력적인 것이 아니다. 그보다는 정말 폭력적인 것은 인간이다. 그에 비해 이데올로기는 희생양 제의에 의지하는 우리의 경향을 감추는 대서사시를 제공해주고 있을 뿐이다. 박해의 이야기에 나타나는 신화적인 해피엔딩이 그것이다.[28]

데리다는 종말론이 1950년대부터 우리 일상의 빵이 되어 있다고 말하면서 철학의 최근 조류에 들어 있는 종말론적 분위기를 지적했다.[29] 지라르의 이론도 이런 조류에 속하는 것이냐는 질문에 지라르는 자신이 그런

---

[28] 지라르, 『문화의 기원』, 254.
[29] J. Derrida, *Specters of Marx*, trans. Peggy Kamuf (New York-London: Routledge, 1994), 15.

계보에 속하는 학자가 아니라고 답한다. 데리다는 묵시록적 분위기에서 역사의 종말, 인간의 종말, 철학의 종말 등을 주장했다.[30] 지라르는 "근대와 그 불만"이라는 소제목 아래서 현대사회의 노동의 분업은 카스트 제도와 달리 적어도 원칙적으로는 개인에게 선택의 여지를 남겨두고 있다고 말한다.

시장은 사람으로 하여금 저것 대신에 이것을 선택하도록 강요한다. 그렇지만 마르크시즘 신봉자들의 주장처럼 자본주의가 엄격한 의미의 계급사회라고 말하는 것은 옳지 않은 듯하다고 지라르는 주장한다. 그리고 나아가 지라르는 희생양 메커니즘을 폭로한 서구 기독교가 이룬 현대성의 문명사적 독특성에 대해서 다음과 같이 분석한다.

> 다르마라는 사회 질서의 정의에서 벗어나 있는 서구는 집단 내부의 엄격한 위계질서 없이도 안정을 유지하는 사회를 이룬 것이다. 현대사회는 이제 더 이상 다르마에 근거하지 않은 안정이 있는데, 이것은 당연히 자신의 폭력 충동을 자기 스스로 제어하는 개인이라는 유대-기독교적 원칙에 기반을 둔 안정이다.[31]

즉, 고대 인도사회는 다르마(*dharma*, 법)라는 개념으로 정의될 수 있다는 것이다. 이 다르마는 근본적으로 카스트의 엄격한 분리와 그 분리의 결과로서 각자 자신에게 정해진 것만 행하는 사회를 뜻한다. 다르마는 자연적

---

30 지라르, 『문화의 기원』, 252.
31 지라르, 『문화의 기원』, 258-60.

이고 제도적 질서에 대한 인도의 전통적인 개념을 의미한다. 힌두교에서는 모방적인 무차별화와 상반되는 계급 제도와 사회관습, 관습법, 종교법 등을 준수하는 개인적인 의무조항을 다르마라고 한다. 이에 비하면 서구는 좀 특별한 경우라고 지라르는 분석한다.

기독교는 모방적 욕망과 질투를 통제하는 수단이었던 카스트 제도와 다르마를 폐지했다. 서구 기독교 문명은 전통사회에서는 내부 폭력을 일으킬 수 있는 독이기에 사회 제도로 통제하고 억압하려고만 했던 모방적 욕망과 질투를 약과 같은 것으로 변화시켜서 번영과 안정을 이루게 된 문명이라는 것이다.

질투사회를 기독교가 만들었다고도 볼 수 있다. 하지만 이 뜨겁고도 위험한 질투사회가 붕괴되지 않고 안정된 체제로 발전할 수 있는 이유는 거대하고 복잡한 사회시스템뿐 아니라, 질투사회를 견딜 수 있는 진정한 개인들이 있기 때문이라고 지라르는 말한다.

"진정한 개인은 모방 욕망의 부정적인 측면에 근거하지 않은 근거로 군중과 다른 길을 가는 사람이며, 그래서 군중에 저항할 수 있는 사람이다."

그러면서 디오니소스의 철학자가 되고자 했던 니체가 잘못 이해했다고 다음과 같이 비판한다. 즉, 디오니소스와 기독교를 비교하면서 니체는 자신은 디오니소스적 귀족과 소수자의 종교로 선택했다고 보고 기독교는 군중의 종교라고 말했는데, 이것은 매우 잘못된 분석이다. 이 순간 니체는 정반대로 말하고 있다.

"디오니소스가 오히려 군중이며, 기독교는 소수자, 그러나 군중에 저항

할 수 있는 미약한 소수자였다."³²

그렇기에 승리한 자본주의 체제 자체를 여전히 비판하기보다는 자본주의를 긍정하면서 막스 베버가 자본주의 '정신'과 기원으로 소개한 기독교의 세계 내적 금욕주의(innerweltliche Askese) 자세를 가진 진정한 개인들이 뜨거운 질투사회에 필요한 것이다. 질투사회 속에서의 진정한 개인은 자신의 모방적 욕망을 항상 자기 성찰하고 자신의 폭력충동을 자기 스스로 제어하며 군중에 저항할 수 있는 사람이다.

6. 붓다의 다르마와 부정주의 철학

대부분의 전통문화와 종교와 신화는 독과 같은 질투의 위험성을 잘 알고 있었기에 그것을 통제하고 가두어 두려고 했다. 인도의 카스트 제도와 카르마 교리, 다르마 그리고 다른 전통사회의 신분 제도도 모방적 욕망으로 인한 질투를 통제하기 위한 시스템이라 할 수 있다.

불가촉천민들은 가장 높은 브라만을 질투하지 않는다. 아니 질투하지 못한다. 불가촉천민으로서의 자신의 다르마를 지상에서 잘 수행해야만 다음 생에서 보다 높은 신분으로 환생할 수 있다고 믿는 것이다. 기독교는 신분사회를 철폐하고 평등사회를 가져옴으로 문명 속에 질투의 고삐를 풀어놓음으로 질투사회를 가져왔다.

전통적 사회는 사회학적으로 차가운 사회로서 모방적 욕망과 질투가 안

---

32 지라르, 『문화의 기원』, 257.

정되게 통제된 사회다. 기독교가 탄생시킨 현대사회는 뜨거운 사회이며, 그것은 평등사회로서 또한 질투사회다. 고대사회는 독과 같은 질투 때문에 스스로 붕괴될 수 있었다. 하지만 기독교가 산파 역할을 한 뜨거운 현대 질투사회는 고대사회와는 다르게 독과 같은 질투를 약처럼 창조적으로 사용하는 법을 획득함으로 새로운 문화의 카이로스를 가져왔다.

질투사회임에도 불구하고, 붕괴되지 않고 창조적이고 혁신적으로 질투의 에너지를 잘 활용하는 사회가 현대사회다. 현대 질투사회는 뜨거운 용광로와 같은 사회다. 만인에 대한 만인의 질투와 경쟁이 지배하는 뜨거운 사회가 질투사회다.

파리지앵의 불교를 말하는 레비 스트로스나 슬로터다이크, 한병철 그리고 많은 포스트모던 철학자들은 불교의 무와 공을 평화스럽고 친절하며 때로는 해체주의적인 어떤 것으로 낭만적으로 오해하고, 그것이 출가승들에게 강요된 희생제의적 논리 혹은 희생 논리였다는 사실을 보지 못하고 있다. 붓다의 다르마가 무(無)인 것이다.

출가승들의 다르마로서의 무는 또한 희생염소로서 감당해야 할 그들의 멍에였다. 세계 포기자 붓다들은 자신의 다르마를 통해서 세계 질서 유지를 위해서 안전밸브 역할을, 지라르식으로 말하자면 희생염소 역할을 했다고 필자는 『붓다와 희생양』에서 주장했다. 필자는 이 책에서 출가자들의 다르마(*dharma*)로서의 부정주의를 분석했다.

종교사회학자 막스 베버는 힌두교와 불교도 연구했는데, 그는 인도에는 창녀들과 도둑들도 자신의 고유한 다르마를 가지고 있다는 사실을 지적한다.³³ 세계 포기자(world-renouncer)인 붓다들도 자신의 고유한 다르마가 있다. 요기들과 붓다들과 출가승들의 고유하고 매우 특정한 다르마로부터 불교 철학의 부정주의와 반실체주의 등을 이해해야 한다.

이 출가자들의 다르마는 가정과 결혼을 중심으로 형성되는 세계 속에 살아가는 평범한 사람들의 다르마의 정반대다.³⁴ 무욕(無慾)은 출가자들만의 가치요 그들에게 요구된 다르마다. 반대로 재가신자들에게 생산과 출산에 있어서 욕망은 필요하다. 출가자들은 그 반대로 생산해서도 출산해서도 안 된다.³⁵ 출가하는 붓다들에게만 욕망은 '악마화'되어서 정죄된다.³⁶ 본래 출가자들에게는 어떤 생산 활동도 금지되었다. 심지어 자신의 밥을 요리하는 것도 금지되었다.³⁷

살아 있으면서도 실제로는 죽은 자들인 그들은 신성한 카오스와 반(反)질서를 자신의 다르마로 삼고 있다. 출가승들은 세계 질서와 문화 질서에 있어서 하나의 '예외'로서, 자신의 무엇을 하는 것에 의해서라기보다는 무엇을 포기하느냐에 따라 정의되는 존재다. 출가승의 다르마는 긍정적인 명령이 아니라, 부정적인 금지(*nivṛttiśāstra*)에 있다.³⁸

---

33 Max Weber, *Gesammelte Aufsätze zur Religionssoziologie II/ Hinduismus und Buddhismus* (Tübingen: J.C.B. Mohr[Paul Siebeck], 1966), 142.
34 Olivelle, *The Āśrama System. The History and Hermeneutics of a Religious Institution* (1993), 230.
35 Richard Gombrich, *Der Theravada-Buddhismus: Vom alten Indien bis zum modernen Sri Lanka* (Stuttgart, Berlin, Köln: Kohlhammer, 1997), 55–7.
36 Bernard Faure, "The Demonization of Desir," *The Red Thread: Buddhist Approaches to Sexuality* (Princeton: Princeton University Press, 1998), 31.
37 Stanley J. Tambiah, "Max Webers Untersuchung des frühen Buddhismus. Eine Kritik," *Max Webers Studie über Hinduismus und Buddhismus. Interpretation und Kritik,* ed. Wolfgang Schluchter (Frankfurt am Main: Suhrkamp, 1984), 218–9.
38 Olivelle, *Saṃnyāsa Upaniṣads: Hindu Scriptures on Asceticism and Renunciation* (1992), 67.

불교에서 세계 포기(world-renunciation)는 그것의 고유한 다르마로서 정의되는 것이 아니라, 마을에 있는 재가신자들의 다르마를 부정함으로서 정의된다. 세계 포기와 붓다들의 다르마는 일반사회의 다르마에 대한 부정에 있다. '세계 포기의 이 부정적 성격' 때문에 세계 포기자는 희생제의적 불이 없는 사람(*anagni*), 집이 없는 사람(*aniketa*)으로 불린다.[39]

마을과 집과 가정과 욕망을 포기하고 출가승들은 정글로 나아간다. 출가는 본래 사회적 죽음을 의미했다. 그래서 지금까지도 우리는 스님들의 법명만 알 뿐 시민적인 본명을 알지 못한다. 무와 공과 부정은 붓다의 다르마였기에, 불교 철학에는 부정주의가 지배적이다. 출가승들은 세계 질서 유지와 갱신을 위해서 보통 축제 때에 발생하는 가치 전복과 카오스를 대변하는 영원한 야당 역할을 했다는 것이다.

불교 철학의 핵심주제인 무(無)가 출가승들만의 고유하고 특정한 다르마였다는 사실을 기억하는 것은 불교의 무를 포스트모던적 의미에서 평화스럽고 친절하고 해체적인 어떤 것으로 새롭게 오해하는 일부 견해들을 바로잡기 위해서 꼭 필요한 것이다.

한병철의 선불교 이해나 슬로터다이크의 불교에 대한 낭만적이고 위생적(카타르시스적) 이해와 새로운 오해 등은 모두 불교의 무를 지나치게 철학적으로만 파악하고, 그것이 출가승들만의 희생적이고 희생제의적인 다르마였다는 사실을 깨닫지 못하고 있는 데서 나온 것이다. 그러므로 사변화되고 추상화된 온갖 종류의 불교의 무에 대한 현대적이고 포스트모던적

---

[39] Patrick Olivelle, "A Definition of World Renunciation," *Wiener Zeitschrift für die Kunde Südasiens* 19 (1975), 80,

오해는 사회인류학적인 불교 이해로 교정되어야 한다.

7. 유럽 68혁명, 마오이즘 그리고 사변적 좌파의 추상성

마르크시즘과 공산주의 혁명의 결정적 패배와 파산으로 간주되는 '1989년' 이후 한 세대 동안 포스트모더니즘 속에서 그동안 비판 이론은 패배와 좌절의 어두운 미로를 헤맸다고들 한다.

라틴 아메리카의 공산주의를 연구한 브루노 보스틸스(Bruno Bosteels)는 알랭 바디우(Alain Badiou), 자크 랑시에르(Jacques Rancière), 슬라보예 지젝과 같은 좌파철학자들을 논의하면서 '좌파들의 패배주의'를 성찰하고 "'사변적 좌파'의 추상성"을 비판한다.[40] 「한겨레신문」은 이 책에 대해서 "사변적 좌파의 추상성"이라는 제목으로 소개했는데, 이 기사 제목은 마르크시즘, 사회주의, 공산주의의 체재경쟁에서의 패배 이후 그것을 포기하지 않고서 그 노선의 연장선상에서 제시하는 사변적 좌파들의 대안이 현실적이지 못하고 모호하고 추상적이라는 점에서 적절하다고 생각된다.

피로사회론이나 디지털 심리정치라는 개념을 통해서 자본주의와 신자유주의를 비판하는 한병철의 사유에서도 사변적 좌파들의 추상적이고 비현실적인 그리고 일관성이 결여된 대안 제시를 보게 된다. 마르크시즘의 패배 이후 대안이 없다고 인정하면서 마르크시즘을 넘어서서 바보 되기와

---

[40] 브루노 보스틸스, 『공산주의의 현실성』, 염인수 역 (서울: 갈무리, 2014). 「한겨레신문」, 2014년 10월 12일자. http://www.hani.co.kr/arti/culture/book/659427.html#csidx-43c1a73cbed30b38c5c3ba3091a0e6c.

같은 불교적인 어떤 것을 한병철은 대안으로 제시하는데, 이는 추상적이고 비현실적인 것으로 판단된다.

바디우는 1970년대 마오주의에 몰두했는데, 당시 그는 자본주의 사회의 모순적 요소, 즉 노동계급을 대리해서 행동하는 혁명적 전위의 헌신을 통해 혁명적 사건이 일어날 것이라고 생각했다. 하지만, 1980년대 노동계급과 좌파가 패배를 겪으면서 바디우의 혁명적 신념은 점차 희미해졌다. 바디우는 마르크시즘에서 점차 멀어져 갔다. 바디우는 이후 사도 바울을 연구했다. 하지만 그는 전향을 거부한 마오주의자로 남아 있다고 프랑스 주간지「마리안느」(Marianne)는 비판한다.

바디우는 전 프랑스 대통령 니콜라 사르코지를 공격하는 책을 출간하면서 인기를 누렸다. 극좌파 사상가 바디우는 민주주의에 대한 증오를 숨기지 않는다.「마리안느」는 바디우를 다음과 같이 평가했다.

> 이 늙은 패자, 그 패배의 원천에는 피비린내가 나는, 과거에 실패한 모든 것을 그가 옹호했다는 데 있고, 그가 옹호한 것 중에는 스탈린주의, 마오주의, 캄보디아 대학살이 있다.[41]

바디우는 사르코지 대통령을 비판했지만, 사르코지 대통령은 지라르를 프랑스가 배출한 큰 학자로 자랑했다.

알랭 바디우뿐 아니라, 미셸 푸코도 1960년대 프랑스 공산당에 가입하

---

[41] Par Eric Conan, "La star de la philo est-il un salaud ?" 2010년 2월 27일자. https://www.marianne.net/societe/la-star-de-la-philo-est-il-un-salaud.

고 마오이즘에 심취했다. 한국 '나무위키백과'는 '문화대혁명'에 대해서 다음과 같이 잘 소개하고 있다.

> 1966년~1976년까지 중화인민공화국에서 10년 동안 마오쩌둥이 기획, 연출하고 홍위병이 주연을 맡은 문화대혁명은 당시만 해도 들어오는 정보가 없었기 때문에 유럽권, 특히 진보 진영이나 좌파들 사이에서는 문화대혁명을 찬양하는 분위기가 지배적이었다.

대규모의 반달리즘(vandalism) 그리고 야만적 폭력과 학살이 자행된 문화대혁명 당시의 중국 정부는 대외적으로는 이 사건을 마치 프랑스 혁명의 동양판쯤으로 선전했다. 서구 지식인들도 진실을 알기 전까지는 진짜로 이렇게 믿기도 했다. 마오쩌둥이 기획한 문화대혁명은 유럽 68문화혁명에 어느 정도 영향을 주었다. 유럽 68혁명 당시 대중운동을 주도했던 가장 큰 계파가 바로 신좌파, 무정부주의, 마오주의(Maoism)였다. 유럽 68문화혁명 당시 프랑스 소르본대학교 정문에도 블라디미르 레닌과 마오쩌둥의 사진이 걸렸다.

전 하버드대학교 심리학과 교수이자 현재는 토론토대학교 교수로 재직 중인 조던 피터슨(Jordan B. Peterson)은 마르크시즘, 사회주의 그리고 공산주의가 체제 경쟁에서 패배한 이후 이 정치 노선을 따르는 자들이 포스트모더니즘 진영으로 오게 되었다고 지적하면서, 포스트모더니즘, 네오마르크시즘 그리고 급진좌파 정치학 사이의 깊은 연관성을 지적했다.

포스트모더니즘 철학이 급진좌파(far-left) 정치경제학과 관련되어 있다는 것은 잘 알려져 있다. 최근 '그리스도 대 군중'(Christ vs the Crowd)을 화두로 자신의 책, 희생 그리고 르네 지라르에 대해서 인터뷰하기도 한 피터슨은 서구 지식사회에서 현재 가장 뜨거운 화제를 몰고 다니는 인물인데, 정통 학자의 길을 걸어온 인물이지만, 이례적으로 엄청난 팬덤(fandom)을 형성했다. 그가 가는 곳에는 구름 관중이 운집한다. 그의 책은 미국과 캐나다 영국 젊은이들을 비롯해 전 세계에서 '피터슨 현상'을 일으키며 200만 부가 넘는 판매 부수를 기록했다.

피터슨은 포스트모던 철학자들과 사회학자들은 마르크시즘(Marxism, 마르크스주의)과 공산주의를 포기한 것처럼 보이지만, 실제로는 1960년대부터 마르크시즘과 공산주의의 확장된 핵심 사상 위에 자신들을 이론을 전개해 나갔다고 주장한다. 그는 전통적인 서구 철학에 대한 반철학을 전개한 자크 데리다의 급진좌파적 시각도 비판한다. 2018년 세계적인 베스트셀러인 그의 책 『12가지 인생의 법칙: 혼돈의 해독제』가 한국어로 번역되었다.[42] 혼돈의 해독제라는 부제는 포스트모던적 무정부주의로 인한 혼돈을 염두에 둔 것으로 판단된다. 이 책 내용 중 여섯 번째 법칙 "세상을 탓하기 전에 방부터 정리하라"가 인상적이다.

8. 당당한 모더니즘과 21세기 계몽주의: 스티븐 핑커

지라르는 반현대주의 혹은 탈현대주의인 포스트모더니즘 철학과는 달리 '당당한 모더니즘'을 변호한다.

---

[42] 조던 B. 피터슨, 『12가지 인생의 법칙: 혼돈의 해독제』, 강주헌 역 (서울: 메이븐, 2018).

당당한 모더니즘은 역사상의 모든 문화 속에서 우뚝 솟아난다. 차이에 대항해서 단호히 동일성과 상호성 편에 선 첫 번째 사조였기 때문이다. 고대의 전통적 종교의 부당한 측면으로 치부되던 위계질서에 대해서 모더니즘은 대담하게도 동등성과 좋은 상호성을 옹호한다.

지라르에 의하면, "당당한 모더니즘은 좋은 상호성을 믿는다." 그리고 이 모더니즘은 고대 문화들이 거부했던 모든 것을 다량 흡수할 수 있다는 것을 실제로 입증해 보인다. 고대문화가 그것을 거부할 수밖에 없었던 것은, 지금 당당한 모더니즘 속에 살아가는 우리 현대인들이 견뎌낼 수 있는 것들을 받아들이면 고사할 수밖에 없었기 때문이라는 지라르는 분석한다.[43]

앞에서 분석한 것처럼, 고대사회에서는 모방적 욕망과 질투는 그 고삐가 풀릴 경우 사회 붕괴를 가져올 수 있는 독과 같은 것이어서, 신분 제도와 같은 사회적 장치를 통해서 억제하려고 했다. 하지만 현대 평등사회와 질투사회는 이 독과 같이 위험한 모방적 욕망과 질투의 고삐를 풀어놓았다. 그럼에도 당당한 모더니즘이 만들어 낸 현대 질투사회는 이 독과 같은 미메시스적 열정을 흡수할 수 있는 거대하고 복잡한 사회시스템을 만들어 냈기에 붕괴되지 않고 발전을 거듭해 나갔다. 현대 질투사회의 정치경제학이 이 독과 같은 미메시스를 잘 흡수하고 통제하고 담아내고 있기 때문이다.

자본주의, 신자유주의 그리고 세계화를 부정적으로만 보는 지식인들과

---

[43] 르네 지라르, 『그를 통해 스캔들이 왔다: 모방적 욕망과 르네 지라르 철학』(서울: 문학과지성사, 2007), 34.

는 달리 지라르는 이 정치경제적 질서를 부정적으로만 평가하기보다는 그 업적과 그림자를 동시에 그 복잡성 가운데서 보려고 한다. "신자유주의 경제이론에 근본적인 비판을 가하는 것이 있다면 그것은 확실히 시장 그 자체일 것이다"라고 지라르는 분석한다.

지라르는 토크빌이 분석하는 것처럼, 민주주의의 위험성을 잘 알고 있다. 지라르는 민주주의의 불만과 자유주의의 한계를 잘 알고 있다는 점에서 사회철학적으로는 공동체주의에 근접하는 입장을 보인다. 지라르가 민주주의의 한계를 지적한다고 해서 그가 니체-하이데거에서 발견되는 반민주주의적 입장을 지지하는 것은 결코 아니다. 지라르는 다른 프랑스 반계몽주의적이 경향을 지닌 포스트모던 철학자들과 달리 계몽주의 전통을 존중하는 학자다.

앞에서 소개한 하버드대학교 교수 스티븐 핑커는 자본주의와 사회주의(공산주의)의 체제 경쟁의 결과는 남한과 북한의 차이에서 잘 보인다고 지적한 바 있다. 핑커는 반이성적이고 반과학적인 포스트모더니즘을 넘어서 다시금 계몽주의의 가치였던 이성, 과학 그리고 휴머니즘을 복권시키고자 한다.

스티븐 핑커는 2018년 인간 이성, 과학, 휴머니즘 그리고 진보를 새롭게 변호해서 21세기 계몽주의를 복권시키고자 하는 『현대 계몽주의: 이성, 과학, 휴머니즘 및 진보에 대한 사례』(*Enlightenment Now: The Case for Reason, Science, Humanism, and Progress*)라는 저서를 출판했다.[44] 핑커는 포스트모

---

[44] Steven Pinker, *Enlightenment Now: The Case for Reason, Science, Humanism, and Progress*, (Penguin Books Limited/Viking, 2018).

던 철학 속의 반이성적 애매주의(obscurantism) 속에 상실된 과학과 이성의 가치를 재발견하고자 한다.

포스트모던적 급진좌파 정치학과 반계몽주의(Counter-Enlightenment)는 지나치게 반이성적, 반과학적 그리고 반휴머니즘적으로 흘러갔다. 물론 과도한 이성중심주의, 과학주의 그리고 인간중심주의도 어느 정도 비판적으로 성찰되어야 하겠지만, 포스트모더니즘에서 시도했던 반계몽주의와 반현대주의 운동은 너무 급진적이고 냉소적이고 허무주의적이었다.

스티븐 핑커는 서구뿐 아니라 전 세계적으로 건강, 번영, 안전, 평화 그리고 행복이 증가하고 있다는 사실을 통계적으로 증명하고 있다. 진보주의는 아니지만, 인류 문명이 점차적으로 폭력 감소라는 방향으로 점차적으로 진보하고 있다는 사실을 강조한다. 과도한 낙관주의가 아닌 범위 내에서 우리는 핑커의 주장에 경청할 필요가 있다.

포스트모던적 사유는 반현대주의적 사유로서 현대성의 업적들을 지나치게 부정하고 있는데, 이러한 사유는 니체로부터 시작해서 하이데거에까지 이어지고, 이는 또한 프랑스 일부 철학자들의 포스트모더니즘에까지 이른다. 포스트모더니즘을 연구하는 학자들은 이 사유가 현대의 영지주의라고 본다.

2014년부터 독일에서 출판되기 시작한 하이데거의 『블랙 노트』(*Schwarze Hefte*)에는 현대성의 업적들이라 할 수 있는 민주주의, 자유주의, 세계시민주의, 평등주의, 보편주의, 자본주의 그리고 과학기술에 대한 하이데거의 르상티망(ressentiment)과 비판이 적혀 있는데, 하이데거는 이 현대성을 만든 주범으로서 세계유대교(Weltjudentum)를 지명하고 있다. 이 책에서 필자는 포스트모던적 급진좌파 정치학에서 시도되는 반현대주의적 새로운 영지주의를 극복하고, 현대성의 업적들을 재긍정하면서 그 업적들과 성과들이 가질 수 있는 그림자와 병리학에 대한 치유책과 대안을 제시하고자 한다.

20세기 후반은 유럽 68혁명을 중심으로 한 세대 동안 반문화(counter-culture) 운동과 포스트모던적 반철학(counter-philosophy) 운동의 지적인 유행으로 인해서 반과학주의, 반자본주의, 반실재주의(anti-realism), 급진적 사회구성주의(social constructionism), 급진좌파 정치경제학, 허무주의와 냉소주의 등이 유행했었다. 이제 21세기 들어서면서 1990년대부터 프랑스에서부터 포스트모던적 니체주의가 점차 황혼기에 접어들었고, 포스트모더니즘의 종언에 대한 논의도 시작되었다. 21세기 4차 산업혁명과 인공지능 시대를 맞이해서 20세기 후반 일시적으로 유행했던 급진적인 포스트모던적 반계몽주의, 반과학주의 그리고 반이성주의 등은 점차적으로 극복될 것으로 본다.

자본주의와 신자유주의를 비판하는 한병철 교수의 『피로사회』와는 달리, 이 책에서는 현대성의 탄생에 결정적으로 기여한 유대-기독교적 가치와 전통을 재발견하고자 한다. 독일의 국가적인 철학자로 평가받는 위르겐 하버마스(Jürgen Habermas)는 최근 르네 지라르에 대해서도 논의하고 있는데, 그는 다음과 같이 최근에 주장해서 많이 회자되고 있다.

기독교는 근대의 규범적 자기이해에 있어서 선구자 혹은 촉매제 역할만 한 것이 아니었다. 자유와 연대적 공존, 자율적 삶의 영위와 해방, 개인적 양심도덕, 인권 그리고 민주주의가 파생된 평등한 보편주의는 바로 유대교의 정의의 윤리와 기독교의 사랑의 윤리의 직접적인 유산이다. 지금까지 이것을 대신할 대안이 존재하지 않는다. 후기국가적 성좌(the post-national constellation)라는 현재의 도전 앞에서도 우리는 이 유산을 기억해야 한다. 다른 모든 것은 포스트모던적 수다(Gerede)이다.[45]

9. 미메시스적 심리치료와 깨달음

필자는 자본주의와 신자유주의를 비판하고 저항하는 관점에서 쓰여진 '피로사회' 담론과 그 불교적-세계 포기적 대안을 넘어서 20세기 후반 사회주의의 붕괴로 체제 경쟁에서 승리한 자유주의적 자본주의를 긍정하면서도 그 시스템이 발생시키는 그림자들을 비판적으로 성찰하고 최소화하는 것을 대안으로 제시하고자 한다.

지라르는 무차별적 혹은 차이소멸적 현대사회에 살아가는 현대인들의 전형적인 병리학으로 르상티망을 지적한다. 지라르는 새로운 '폭력적 근접성' 속에 살아가는 현대인들에게 '올바른 거리'의 중요성을 역설하는데, 이는 지라르가 비판하는 불교적-니르바나적 세계 포기(world-renunciation)와 욕망 포기와는 거리가 있다.

'질투사회'를 화두로 이루어지는 이 책의 21세기 문명이해와 문화분석의 대안은 막스 베버가 자본주의 정신의 기원에서 발견한 기독교의 '세계 내적 금욕'(innerweltliche Askese)이 될 것이다. 자본주의, 민주주의 그리고

---

[45] J. Habermas, "Ein Gespräch über Gott u. die Welt," *Zeit der Übergänge* (Frankfurt: Suhrkamp Verlag, 2001), 174f.

자유주의 자체를 비판하기보다는 그 최선의 체제 속에 살아가면서 모방적 욕망, 경쟁적 욕망, 질투와 르상티망 등을 세계 포기적이 아니라 세계 내적으로 성찰하고 금욕하는 방향으로 가야 한다. 모방하고 질투하는 인간 호모 미메티쿠스(*homo mimeticus*)는 우리 시대의 새로운 인간형이기에, 이 자체를 거세하거나 멸절하기보다는 보다 숭고한 방향으로 끌어올리는 것이 대안이 될 것이다.

모방적 욕망과 질투를 조직적으로 자극하는 자본주의에 대한 비판적 이해와 함께 질투사회와 피로사회를 살아가는 현대인들을 위해서 최근 정신분석학에서 많이 논의되는 지라르의 욕망 이론에 기초한 '미메시스적 심리치료'(mimetic psychotherapy)를 대안으로 제시한다. 인간 욕망의 근본적이고 본질적인 타자성과 관계성을 말하는 지라르의 미메시스 이론은 모방적 욕망이 만들어 내는 각종 정신병리학적 현상에 분석함으로 큰 치유적 가치를 지닌다.

욕망의 모방성, 경쟁성, 타자성 그리고 관계성이 수많은 형이상학적 질병을 만들어 낸다. 대부분의 병리학들(히스테리, 공포증, 불안, 파괴적 격정, 강박적 질투심, 신경성 무식욕증 등등)은 '욕망의 질병들'이다. 현대 피로사회의 자기 착취도 많은 경우 인간 자신의 모방적 욕망과 경쟁과 무관하지 않다. 모방적 욕망에 의해 촉발된 경쟁은 우리를 너무 강하게 사로잡아서 증오의 관계성 속에 우리를 사로잡는다.

인간의 상호관계에 존재하는 미메시스적인 것(mimetism)이 현대인들의 피로감을 만들어 낸다. '미메시스적 심리치료'(mimetic psychotherapy)는 끝없는 경쟁에 사로잡혀 있는 사람들을 풀어서 그 허구적 집착을 깨닫게 하는 것이다. 우리의 강한 모방성에 대한 깨달음을 얻게 되면, 그 깨달음이 우리를 점차 해방시켜 모방적 욕망이 우리를 '욕망의 꼭두각시'처럼 조종하지 못하게 한다.

그렇기에 지라르의 모방적 욕망 이론을 수용해서 슬로터다이크가 자신의 심리정치학에서 주장하는 것처럼, '피로사회'를 화두로 자본주의와 신자유주의 성과사회와 빅데이터를 통한 새로운 디지털 감시사회, 규율사회 혹은 파놉티콘을 분석하는 한병철의 심리정치학은 지라르의 모방적 욕망 이론에 의해서 보다 급진적으로 심화될 수 있다고 본다.

10. 폭력적 질투심 르상티망의 글로벌화

한병철 교수가 영향을 많이 받은 것으로 보이는 슬로터다이크도 지라르를 읽으면서 오늘날의 문화 이론이나 도덕철학이 논의해야 할 문제가 질투의 문제라고 분석한다. 슬로터다이크는 현대사회가 질투의 불꽃을 조직적으로 자극하는 질투사회라고 진단하면서, 어떻게 다시금 '질투의 글로벌화'를 통제할 수 있을지에 대해서 고민해야 한다고 주장한다.

21세기 4차 산업혁명과 인공지능, SNS 미디어 등으로 인해 현대사회는 고도로 모방적인 혹은 초모방적인(hypermimetic) 세계가 되어가고 있다. 고도로 모방적인 현대 질투사회에서의 '르상티망의 글로벌화'(globalization of resentment)는 국제지라르학회에 속한 학자들의 최신의 연구주제이기도 하다. 니체도 사용한 르상티망은 질투의 의미를 포함하지만, 원한과 복수의 의미를 포함해서 그 질투의 대상을 해하고자 하는 보다 폭력적이고 부정적인 질투심이라 할 수 있다.

지라르의 문화 (발생) 이론은 초석적 살해가 문화의 기원이 되는 패러독스에 대해서 말한다.⁴⁶ 문화 발생의 중심에는 폭력이 있다는 것을 하나의 법칙처럼 지라르는 주장한다.⁴⁷ 냉전 종식과 함께 엄청난 재앙을 갖고 오는 전쟁의 위험이 줄어드면서 평화주의자들은 즐거워했겠지만, 테러리즘이 전쟁을 대신하게 되었다.

9.11테러 이후 테러리즘에 관한 「르몽드」(*Le Monde*)와의 인터뷰에서 지라르는 오늘날 모방적 경쟁이 문제라고 보았다.⁴⁸ 이후 자세하게 논의하겠지만, 이러한 지라르의 입장은 최근 9.11테러로 인해 파괴된 세계무역센터 빌딩을 신에 의해 파괴된 바벨탑이라고 주장한 자크 데리다(Jacques Derrida)의 입장과 크게 다르다.

포스트모던 철학자 장 보드리야르(Jean Baudrillard)도 9.11테러에 대해서 데리다와 유사한 입장을 표명한 것으로 알려졌다. 갈등과 폭력 문제를 연구하는 한 철학자는 최근 지라르의 이론을 수용하면서 "르상티망의 글로벌화의 관점에서" 이슬람 테러리즘의 발생과 현대 지하디즘의 문제를 연구하기도 했다.⁴⁹

지라르는 9.11테러 이후 이슬람 테러리즘에 관한 프랑스「르몽드」와의 인터뷰에서 오늘날 모방적 경쟁이 문제되고 있다고 주장했다. 지라르는 모든 문제를 항상 '차이'의 범주로만 풀어가려는 것이 잘못되었다고 주장한다. 왜냐하면, 모든 갈등의 뿌리는 모방적이고 폭력적인 경쟁, 즉 개인,

---

46　르네 지라르,『문화의 기원』, 김진식 역 (서울: 기파랑, 2006), 235.
47　지라르,『문화의 기원』, 182.
48　지라르,『문화의 기원』, 254.
49　Andreas Wilmes, "René Girard's Reflections on Modern Jihadism: An Introduction," *Philosophical Journal of Conflict and Violence* 1(2017. 2): 98-116.

국가, 문화 사이의 모방적 경쟁 관계에 있기 때문이다.

경쟁이란 타인이 소유한 것과 똑같은 것을, 필요하면 폭력을 사용해서라도 획득하기 위해 그 상대방을 모방하려는 욕망이다. 인간 관계는 본질적으로 모방의 관계 그리고 경쟁의 관계이다. 현재 우리가 경험하고 있는 것은 지구적인 차원에서 일어나는 문명 간의 모방적 경쟁의 모습이다. 모방 경쟁이 많은 원한과 르상티망을 만들어 내고 이 원한은 사회적으로 축적되어 사회에 해를 끼칠 수 있다는 것도 사실이라고 지라르는 주장한다.[50]

슬라보예 지젝도 폭력에 관한 최근 저서에서 '테러리스트의 르상티망'(Terrorist Resentment)에 대해서 지적한다.[51] 물론 지라르는 세계화 또는 이른바 새로운 국제질서의 옹호자가 아니다. 그는 오늘날의 상황을 무책임하게 찬양하지도 완전하게 매도하지도 않으면서 이런 상황의 복잡성을 보려고 노력할 뿐이라고 말한다.[52] 세계 각국의 인종분쟁, 특히 복수와 원한의 양상 등이 글로벌화되고 무차별화된 현대사회의 폭력 문제는 생각보다 깊고 복잡한 문제이다.

현대는 욕망의 자발성을 옹호하고 욕망의 중개자와 모방을 감춘다. 현대로 들어오면서 독창성과 자발성이 강조되고 모방은 경시되고 있지만, 그 안에는 모방의 새로운 형태가 숨겨져 있다. 질투, 증오, 혐오감과 같은 현대적인 감정이 확산되는 것은 오히려 타인에 대한 병적인 관심과 모방

---

50 지라르, 『문화의 기원』, 254-55.
51 Slavoj Žižek, *Violence: Six sideways reflections* (New York: Picador, 2008), *Terrorist Resentment* (72-79)를 보라.
52 지라르, 『문화의 기원』, 268.

이 감추어지지만 만연하고 있음을 보여준다.

지라르는 르상티망이야말로 전형적인 현대인의 감정이자 질병이라고 진단한다. 이미 스탕달과 토크빌이 이 전형적인 현대인의 질병을 분석했고 니체도 이것에 대해서 지적했지만, 지라르에 의하면 니체는 이 르상티망에 대한 비판의 대상을 잘못 정했다.[53] 인류의 자기이해에 큰 깨달음을 주는 지라르의 근본인류학(Anthropologie Fondamentale)은 무엇보다도 인류의 야만성과 폭력성에 대한 고발이다.

지젝이 냉전 이후의 인종청소와 같은 야만적이고 반인륜적인 범죄행위들 속에서 '재자연화'의 위험성을 보는 것은 옳다. 인류의 야만성은 생물학적인 차원뿐 아니라, 보다 더 근본적으로는 관계적인 차원에서 파악해야 한다. 폭력과 야만은 모방적 욕망과 불타는 질투심과 르상티망으로부터 나온 증오와 혐오로부터 나온다. 성경이 말하는 인류 최초의 살해도 질투로 인해 벌어진 것이었다.

차이가 소멸되고 붕괴되는 가장 가까운 곳에 모방의 욕망과 불타는 질투와 르상티망의 폭력이 도사리고 있다. 폭력은 언제나 가장 가까운 곳에 있다. 왜냐하면, 가장 가까운 곳에서 모방적 욕망과 경쟁이 격화되기 때문이다. 그래서 사촌이 논을 사면 배가 아픈 것이다. 사람들이 만나서 먼저 날씨 이야기를 하는 이유는 날씨야말로 우리의 이해관계로부터 가장 먼 편안한 주제이기 때문이다.

지라르는 심리적이고 물리적인 근접성은 폭력적이라고 보는데, 근접성 속에 모방과 경쟁이 격하게 발생하기 때문이다. 차이가 크면 클수록 서로

---

[53] René Girard, *Mensonge romantique et vérité romanesque* (Paris: Grasset, 1961), 12.

편안한 관계가 되지만, 형제 사이나 쌍둥이의 관계처럼 차이가 소멸되고 붕괴되는 차이소멸적이고 무차별화된 관계는 친밀한 관계일수도 있지만 많은 경우 라이벌 관계이기에 불편하고 갈등적이고 경쟁적 관계로 쉽게 변질된다.

현대사회의 점증하는 경쟁과 질투와 선망, 허영 그리고 탐욕은 프로이트가 말한 '문명 속의 불만'(Unbehagen in der Kultur)으로 이어진다. 이것이 오늘날의 사회와 문화 속에서 끊임없이 증가하는 르상티망의 원천이다. 지라르는 '내적 중개' 시대로의 진입 이후 전 지구적 차원에서 진행되는 무차별화의 증가와 '타자와의 폭력적인 근접성'의 문제에 대해 논한다.[54]

르상티망에 대한 지라르의 견해와 유사한 입장은 이미 막스 셸러(Max Scheler)의 르상티망에 대한 고전적인 연구에서 발견된다. 그는 1912년 『도덕성의 수립에 있어서의 르상티망』(Das Ressentiment im Aufbau der Moralen)에서 니체의 르상티망에 대해 이해에 대해서 비판적 입장을 보이면서 르상티망에 대한 현상학적 분석을 시도한다. 그는 니체의 보편적 르상티망 혐의에 대해서 기독교 윤리의 복권을 시도한다.

막스 셸러는 기독교적 가치가 쉽게 르상티망의 가치로 변질될 수 있고 또한 그렇게 이해되어 왔다고 믿는다. 셸러에 의하면, 기독교적 윤리의 핵심은 르상티망의 토양에서 자란 것이 아니다. 13세기부터 점차적으로 기독교 도덕을 대체하고 프랑스 혁명에 그 절정에 도달한 부르주아 도덕이 르상티망에 뿌리를 두고 있다고 그는 주장한다. 셸러의 르상티망에 대한

---

[54] René Girard and Benoît Chantre, *Battling to the End: Conversations with Benoît Chantre* (East Lansing: Michigan State University Press, 2010), 98-100.

연구의 제1장은 르상티망의 현상학과 사회학에 관한 것이며, 제3장은 기독교 도덕과 르상티망에 관한 것이다.[55]

니체의 주장처럼 기독교 도덕이 르상티망으로부터 발생한 것이 아니다. 기독교는 군중 현상뿐 아니라 점차적으로 르상티망 현상도 보게 만든다. 한나 아렌트가 전체주의의 기원을 분석하면서 독일 민족사회주의(Nationalsozialismus)에서 목도한 거대하게 차이소멸된 폭력적 군중 현상을 보았는데, 그것은 군중 현상일 뿐 아니라 현대성의 아방가르드 역할을 했던 유대인을 향한 르상티망 현상이기도 했다. 히틀러와 나치뿐 아니라 그것에 깊은 영향을 준 니체와 하이데거의 철학도 유대인을 향한 '르상티망 현상'으로 파악하는 학자들도 있다.

지라르에 의하면, 희생양 메커니즘에 의해서 내부 폭력을 통제하면서 스스로를 보호한 전통적 사회 질서와 영원회귀의 사상이 기독교에 의해 탈신성화 되면서 이제는 내적 중개와 부정적 무차별화로 특징지어지는 묵시록적 상황으로 변했다.

지라르에 의하면, 현대사회는 최선의 사회이기도 하지만, 최악의 사회, 특히 상처받기 쉬운 연약한 사회가 될 수도 있다. 이 점에서 자본주의, 민주주의, 자유주의, 평등주의 그리고 과학기술의 진보로 특징지어지는 현대성을 위기와 부패상(데카당스)으로만 보는 니체와 하이데거 그리고 허무주의적이고 냉소주의적 포스트모더니즘(반현대주의 혹은 탈근대주의)이 현대사회를 이해하는 것과 지라르의 관점이 다른 것이다. 지라르는 기독교의

---

[55] Max Scheler, *Das Ressentiment im Aufbau der Moralen* (Frankfurt am Main: Vittorio Klostermann Verlag, 2004).

탈신성화와 희생양 메커니즘의 폭로로 인해 비로소 가능해진 당당한 현대 사회의 업적을 긍정한다.

11. 폭력적 근접성과 올바른 거리

지라르는 자신의 평생의 연구를 비교 인류학을 통한 원시종교의 연구로 제시했다. 모든 사람들이 서로 닮게 되는 상황에서 다시금 차이를 도입하게 하는 메커니즘은 바로 희생제의였다. 그에 의하면, 인류는 희생제의의 결과다. 인류는 종교의 자녀들이다.

프로이트를 따라서 지라르가 초석적 살해라고 부른 것, 곧 무질서의 원인으로서 비난받고 동시에 질서를 회복할 수 있는 자로서 여겨지는 희생제의의 희생양 살해가 끊임없이 반복되었다. 이것이 바로 성스러움의 논리(logic of the sacred)였고, 세계 신화들은 이 논리를 숨기고 있었다. 문화의 진화과정 중에서 결정적인 사건은 지라르에게 있어서 인류의 폭력의 메커니즘을 폭로하는 기독교의 계시였다.[56]

기독교는 세계 종교를 탈신성화시켰다. 탈신성화는 절대적 의미에 있어서 좋은 것이지만, 상대적인 의미에서 나쁜 것으로 이해될 수도 있는데, 이는 우리가 그 탈신성화의 결과들은 감당할 준비가 되어 있지 않기 때문이라고 지라르는 말한다. 두 차례의 세계대전, 원자폭탄의 발명, 몇 차례

---

[56] René Girard and Benoît Chantre, *Battling to the End: Conversations with Benoît Chantre* (East Lansing: Michigan State University Press, 2010), ix.

의 인종말살 사건 그리고 환경 재앙들, 우리는 이제 묵시록적인 상황을 보고 있다.

그리스도의 수난은 인류의 희생제의적 기원을 단 한번으로 영원히 폭로했다. 그것은 성스러움(the sacred)을 해체하고 성스러움의 폭력을 계시했다.[57] 폭력적 상호성으로 인한 내부 폭력을 진정시키기 위해서 희생제의를 고안한 '모든 종교들의 위대함'과 그 '희생제의의 임시적 기능'을 폐지시킨 '기독교라는 예외'를 지라르는 동시에 논한다.[58]

지라르는 횔더린의 슬픔, 침묵, 은거에 대한 논의에서 현대인들에게 '타자와의 폭력적 근접성'으로부터의 '올바른 거리 두기의 중요성'을 강조한다. 지라르는 레비 스트로스의 『슬픈 열대』를 염두에 두면서 뜨거운 『슬픈 현대』와 그 질투사회에 대해서 근본인류학적 성찰을 시도하고자 한다.[59]

지라르에 의하면, 기독교는 인류를 희생제의적 목발로부터 해방시켰고, 동시에 우리의 운명에 대해서 보다 성숙한 자세로 책임지게 만들었다. 그렇기에 전지국적 차원에서 진행되는 무차별화된 시대 속에서 평화를 위해서는 우리의 상처받기 쉬운 운명에 대한 보다 성숙하면서도 계몽된 합리성이 요청된다.

지라르는 '타자와의 폭력적인 근접성'과 무차별화라는 큰 비극의 시대

---

[57] René Girard and Benoît Chantre, *Battling to the End: Conversations with Benoît Chantre*, x-xi.
[58] René Girard and Benoît Chantre, *Battling to the End: Conversations with Benoît Chantre*, 19-21.
[59] 보다 자세한 내용은 필자의 다음 논문을 참고하라. 정일권, "슬픈 현대: 글로벌 시대의 종교와 평화 르네 지라르의 최근 저작『클라우제비츠를 완성하다』를 중심으로,"「한국조직신학논총」36권 0호(2013.9).

속에서 '올바른 거리 두기'와 은거의 지혜를 권하고 있다. 지라르는 이 가속화되는 부정적 무차별화의 시대 속에서 미메시스적인 소용돌이에 저항할 수 있는 '올바른 거리 두기'를 대안으로 제시한다.[60] 지라르가 역설하는 '올바른 거리 두기'의 중요성은 한병철과 슬로터다이크가 찬양하는 불교적인 백치 되기나 바보 되기와는 다른 것이다.

지라르는 '긍정적인 무차별화'의 상태를 인정하면서도 점차적으로 정치가 통제할 수 없을 정도로 증폭되는 현대사회의 '부정적 무차별화'에 대해서 지적한다. 지라르에게 있어서 현대사회는 최선의 사회인 동시에 최악의 사회다. 많은 희생자들이 살해되었지만 또한 이전 시대보다 더 많은 사람들이 구원되기도 했다. 기독교의 계시가 그 가능성들을 해방시켰는데, 그 가능성들 중에는 경이로운 것도 있고 무시무시한 것도 있다고 지라르는 평가한다.[61]

12. 모방적 욕망과 르상티망의 심리정치학

슬로터다이크는 지라르의 저서 독일어 번역본 후기(Nachwort)를 쓴 학자로 지라르를 잘 알고 또 어느 정도 수용하지만, 지라르가 독일 나치즘과 깊이 관련된 신이교주의자로 평가하는 니체와 하이데거를 여전히 변호하

---

[60] René Girard and Benoît Chantre, *Battling to the End: Conversations with Benoît Chantre*, 134.
[61] René Girard and Benoît Chantre, *Battling to the End: Conversations with Benoît Chantre*, 131.

는 학자이기에 간극이 존재한다.

슬로터다이크는 『분노와 시간: 정치적-심리학적 시도』에서 지라르의 모방적 욕망 이론을 말하면서, 고대 그리스로부터 현대의 이슬람 테러리즘의 문제까지 모방적 욕망의 심리정치학에 대해서 논한다.[62] 그는 격정(*thymos*)을 화두로 그리스의 아킬레우스(Achilleus)의 분노로부터 이슬람 극단주의 테러리스트들의 분노까지 다루고 있다.

그는 서구의 전형적인 감정으로서의 르상티망을 지적한다. 슬로터다이크는 지라르의 모방적 욕망 이론에 근거해, 현대의 해방 운동들이 성공과 실패를 동시에 겪고 있다고 말한다. 왜냐하면, 시민들이 자신들을 장애를 가진 주체들로 스스로를 경험하고 있으며, 또한 인정 자체가 모방적 욕망의 대상이 되었기 때문이다.

한병철의 '심리정치학'에 의하면, 자본주의와 신자유주의는 자기 착취를 부르는 피로사회요 성과사회다. 신자유주의적 성과사회, 피로사회는 암담할 뿐 분노와 저항을 모른다. 분노와 저항을 상실한 신자유주의의 성과사회를 극복하기 위해 한병철은 '부정의 힘'을 요구한다.

한병철은 이 부정의 힘을 불교의 '참선'이나 '공'에서 발견한다. 선불교에 대한 책도 저술한 한병철 교수는 불교 철학적으로 기울어진 니체와 하이데거를 따라서, 모두가 쫓기듯 살아가는 피로사회에서 불교적 지혜가 사람들에게 휴식을 주는 '힐링'의 지혜이며, 불교의 '내려놓음'과 '느림의 미학'이 대안인 것처럼 주장하고 있다.

---

[62] Peter Sloterdijk, *Zorn und Zeit. Politisch-psychologischer Versuch* (Frankfurt/M.: Suhrkamp 2006), 312.

한병철 교수는 불교의 대부정이나 부정주의(Negativismus)가 사회해방적인 부정이 아니라, 전체주의적 질서의 대긍정을 위한 축제적이고 일시적인 대부정에 불과하다는 사실을 깨닫지 못하고 있다. 불교의, 더 정확히 말해서 출가불교의 혹은 출가승들만의 대부정은 대긍정을 위한 안전밸브 역할을 하고 있다.

필자는 지라르 이론에 기초한 사회인류학적 불교 연구를 진행하면서 불교의 부정주의 속에 은폐된 채 작동하는 희생양 메커니즘, 보다 엄밀하게 번역해서 희생염소 메커니즘(scapegoat mechanism)을 해독해 내었고, 출가한 세계 포기자들(world-renouncer)인 붓다들과 보살들 그리고 인도의 요기(yogi)들이 희생염소(scapegoat)을 하고 있다고 최초로 주장했다. 슬로터다이크도 한때 인도에서 세계 포기자(world-renouncer)로 수행했다. 한병철의 『피로사회』나 그 외 저술들은 슬로터다이크의 철학과 많은 경우에 맥을 같이하는 것으로 보인다.

슬로터다이크는 『유럽 도교: 정치적 동역학 비판』[63]에서 세계의 낯섦(Weltfremdheit)과 세계 도피(Weltflucht)를 주제로 삼았다. 영지주의적인 냄새가 필자는 『세계의 낯섦』(*Weltfremdheit*)도 그의 저서이다.[64] 정치신학자인 마네만(Jürgen Manemann)은 "정치적 반현대주의"라는 논문에서 슬로터다이크를 비판하면서, 그가 현대성을 '운동을 향한 존재'(Sein-zur-Bewegung)로 정의한다는 점에서 영지주의적으로 기초된 '현대성에 대한 비판적 이론'을 제시한다고 분석한다. 슬로터다이크의 사유에는 '반유대주의적'

---

[63] Peter Sloterdijk, *Eurotaoismus: Zur Kritik der politischen Kinetik* (Frankfurt: Suhrkamp Verlag, 1989).
[64] Peter Sloterdijk, *Weltfremdheit* (Frankfurt: Suhrkamp, 1993).

인 관점이 존재한다는 것이다.

슬로터다이크의 정신사적 해석에 의하면, 사도 바울이 이 '거룩한 가동'(heilige Mobilmachung)의 최초 개시자로 파악되는데, 그가 이후 유럽의 심리적·정치적 에너지의 상당 부분을 움직였다는 것이다. 슬로터다이크는 이제 이 현대성, 즉 '운동을 향한 존재'를 가져온 유대-기독교적 전통에 대한 대안을 영지주의에서 발견한다고 마네만은 분석한다.

슬로터다이크는 1946년 낙 하마디(Nag Hamadi)에서 발견된 영지주의 텍스트들을 아우슈비츠에 대한 답변으로 제시했다. 그는 그 문서들을 서양 문명의 역사에서 중간 휴지(休止, Zäsur) 시기로 파악하는데, 이 점에서 하이데거의 내맡김(Gelassenheit)이라는 철학적 개념이 그의 논문의 표제어가 된 것이다.

마네만에 의하면, 슬로터다이크는 유대교의 메시아적 역사관이 세계 속에서 시간 압박(Zeitdruck)을 가져왔고 가동화(Mobiliiserung)했으며, 이제 그 유대-기독교적 시대 이후에서는 그것을 극복해야 한다고 주장한다. 그래서 마네만은 슬로터다이크의 철학에서 세계 역사의 잘못을 유대인들에게 전가시키는 '형이상학적 반유대주의'를 발견할 수 있다고 말한다. '형이상학적 반유대주의'는 에른스트 블로흐(Ernest Bloch)가 이름 붙인 것이다.

또한 마네만은 슬로터다이크의 '무역사성'(無歷史性)이 포스트모던적 해체주의 철학 진영에서 발견할 수 있는 일종의 '미학주의'(Ästhetizismus)로 나아간다고 지적한다. 이러한 입장에서 마네만은 인간농장(Menschenpark)에 대한 슬로터다이크의 제안을 '신이교적'(neuheidnisch)이라고 비판한 하버마스의 입장에 동의한다.

즉, 인간농장에 대한 슬로터다이크의 기획은 성경적 유일신론으로부터 나온 보편적 윤리와 휴머니즘 전통에 대한 공격이라는 것이다.[65] 슬로터다이크와 관련이 깊은 한병철 교수가 강조하는 불교적인 멈춤과 비움도 비슷한 맥락에서 유대-기독교적 전통이 이룩한 '운동을 향한 존재'(Sein-zur-Bewegung)로서의 현대성에 대한 반현대주의적-포스트모던적 비판으로 이해될 수 있다.

슬라보예 지젝은 니체의 계보에 서 있는 슬로터다이크의 사유가 반(反)평등주의적이고 반(反)보편주의적 담론이라고 비판한다. 포스트모더니즘과 급진좌파 정치경제학의 관계를 분석하는 이 책에서 주목하는 사실은 포스트모더니즘 철학은 반휴머니즘적이라는 사실이다. 포스트모더니즘 철학은 일종의 '죽음의 철학'으로서 니체가 선포한 유대-기독교적 '신의 죽음'(보다 정확하게는 신에 대한 집단살해) 이후 인간의 죽음, 저자의 죽음, 주체의 죽음 그리고 휴머니즘의 죽음과 종말 등을 주장했다.

정치경제학적 차원에서 볼 때 이러한 포스트모던적 철학에서 발견되는 보편적 윤리와 휴머니즘 전통에 대한 철학적 공격은 비판적으로 성찰되어야 한다. 니체적이고 포스트모던적 계열에서 유행되는 트랜스휴머니즘과 포스트휴머니즘 담론 속에 존재하는 반휴머니즘적인 차원도 비판적으로 읽어내어야 한다.

슬로터다이크는 독일 바이에른의 엘마우 성에서 열린 국제 학술심포지엄에서 "인간농장을 위한 규칙들"(Regeln für den Menschenpark)이라는 제목의 논문을 발표했다. 그러나 이 논문은 새로운 인간형을 창조하는 데 유전

---

[65] Jürgen Manemann, "Politische Anti-Monotheismus: Zu Peter Sloterdijks Elmauer Vortrag," *Orientierung* 19(1999), 201-3.

공학을 적극 활용할 것을 고려해야 한다는 주장을 담고 있어서 참석자들의 반발을 불러일으켰다. 특히 유태인 학자들은 경악을 금치 못했다고 한다. 이 논문은 『인간농장을 위한 규칙들: 하이데거의 휴머니즘 서간에 대한 하나의 답변』으로 출판되었다.

이 책에서 그는 "모든 휴머니즘적인 문화에 대한 니체의 혐의"를 반영하고 있다.[66] 그에 의하면, 휴머니즘은 폐기 처분되어야 한다는 것이다, "인간성의 야만을 극복하기 위한 윤리적 인간 교육이 실패했다면, 도래할 것은 유전자 변형 혹은 조작을 통한 인간 사육이지 않는가?"라는 슬로터다이크의 주장은 지식인 사회에 큰 논쟁을 불러왔으며, 이것은 '슬로터다이크 논쟁' 혹은 프랑스에서는 '슬로터다이크-하버마스 스캔들'로 알려졌다.

슬로터다이크는 윤리체계를 일종의 양육체계로 보고 새로운 양육체계로서 유전자 조작에 의한 새로운 인간형, 곧 니체가 꿈꿨던 초인의 세계로의 전환을 꿈꾼다.[67]

---

[66] Peter Sloterdijk, *Regeln für den Menschenpark: Ein Antwortschreiben zu Heideggers Brief über den Humanismus* (Frankfurt am Main: Suhrkamp Verlag, 1999), 40.

[67] Sloterdijk, *Regeln für den Menschenpark: Ein Antwortschreiben zu Heideggers Brief über den Humanismus*. 슬로터다이크에 대한 보다 상세한 논의를 위해서는 필자의 저서 『르네 지라르와 현대 사상가들의 대화: 미메시스 이론, 후기구조주의 그리고 해체주의 철학』 (서울: 동연, 2017)을 참고하라.

13. 질투에 대한 조직적인 자극

독일어 최고의 사전 『두든』(*Duden*)에 최근 '질투사회'(Neidgesellschaft)가 전문용어로 수록되었는데, 이 사전에서는 질투사회를 "대다수의 국민들이 자신이 속한 사회를 소득과 재산이 정의롭지 못하게 분배된 사회라고 확신하는 사회"라고 정의하고 있다. '독일어 위키피디아'(German Wikipedia)에도 질투사회에 대한 상세한 논의가 소개되어 있다.[68]

이미 오래전부터 독일 언론들은 질투사회라는 새로운 개념으로 독일사회가 질투사회인지를 분석해 왔다.[69] 독일 저명한 일간지 「프랑크푸르트 알게마이네 짜이퉁」(*FAZ*) 2001년 언론기사는 "우리는 질투사회에 살고 있는가?"(Leben wir in einer Neidgesellschaft?)라는 제목으로 분석하기도 했다.[70] 남미 해방신학자들과 르네 지라르와의 학문적 만남에도 참여한 바 있는 남미에서 활동 중인 한국 해방신학자 성정모는 2016년 『욕망사회: 자본주의 시대 욕망의 이면』이라는 책을 출판하기도 했다.[71]

위르겐 하버마스를 비롯한 독일 프랑크푸르트 학파의 비판 이론(Kritische Theorie)에서 볼 수 있는 마르크스적인 사회구조 분석보다 더 급진적이고 심층적인 사회분석의 도구로 최근 르네 지라르의 미메시스 이론(Mimetische Theorie)이 주목을 받고 있다.

---

[68] https://de.wikipedia.org/wiki/Neidgesellschaft.
[69] ttp://www.focus.de/politik/deutschland/deutschland-die-neid-gesellschaft_aid_150382.html.
[70] http://www.faz.net/aktuell/feuilleton/gesellschaft-leben-wir-in-einer-neidgesellschaft-123181.html.
[71] 성정모, 『욕망사회: 자본주의 시대 욕망의 이면』, 홍인식 역 (서울: 휴, 2016).

마르크스적인 자본주의 비판과 이해보다 더 급진적인 이해와 비판을 주는 것이 자본주의 사회의 동력으로 작용하는 모방적 욕망과 경쟁 그리고 질투심에 대한 지라르적인 이해이기에, 최근 국제경제학 주류에서 지라르를 깊이 연구하고 있다. 그동안 남미 해방신학이나 국내 민중신학이 마르크스적인 준거틀에서 사회분석을 시도했다면 지라르의 이론은 보다 더 성경적으로, 즉 성경 자체의 관점과 논리로부터 사회적 약자와 희생자에 대한 우선적 관심을 두게 한다.

이렇게 유럽의 사회학자들이 사회분석에 있어서 질투에 대해서 심도 있게 분석하는 것과 함께 질투와 르상티망의 문제를 중대한 인문학적 화두로 자리잡게 한 학자는 프랑스의 문학가이자 인류학자인 르네 지라르다. 셰익스피어에 대한 지라르의 책 제목 『질투의 극장』(*A Theater of Envy*)[72]에서 볼 수 있듯이 지라르는 질투와 르상티망의 문제에 소설과 문학을 넘어서 문명사적인 차원에서 깊이 천착했다.

질투의 문제를 지라르만큼 근본인류학적인 차원에서 그리고 문명사적인 차원에서 분석한 학자는 없었다. 지라르는 문화의 기원, 신화와 제의의 기원에서 적과 같은 쌍둥이에서 볼 수 있는 차이소멸의 위기를 보았고, 그것이 질투와 깊이 관련되어 있다는 것을 분석해 냈다.

질투사회는 대체적으로 다음과 같이 정의될 수 있다. 후기 자본주의 사회와 현대 소비사회는 모방적 욕망에 대한 조직적인 자극이 이루어지는 질투사회다. 현대 소비사회는 '질투의 불꽃'(Feuer des Neides)을 자극하는

---

[72] R. Girard, *A Theater of Envy: William Shakespeare* (Oxford: Oxford University Press, 1991).

질투사회다. 현대사회에는 조직적인 질투의 자극과 생산이 이루어진다. 지라르는 많은 현대인들의 정신병과 폭력성이 모방 욕망, 경쟁, 질투, 원한, 르상티망과 결코 무관하지 않다고 지적하기도 했다.

독일 철학자 슬로터다이크(Peter Sloterdijk)는 지라르의 저서 『나는 사탄이 번개처럼 하늘에서 떨어지는 것을 본다: 기독교에 대한 비판적 변증』의 후기(Nachwort)를 "질투의 제국에서 잠을 깨다: 르네 지라르의 인류학적 메시지에 대한 메모"라는 제목으로 썼는데,[73] 그는 사회심리적 관점에서 현대 소비사회에는 '질투의 원자로'가 존재한다고 분석하고, 좌절과 실패로 인한 르상티망의 범람과 '전염'의 문제를 철학적으로 사유했다.

현대사회는 슬로터다이크의 표현처럼 시장에 통합된 질투를 생산하는 원자로(Eifersuchtsreaktoren) 혹은 시기를 발생시키는 발전소(Neidkraftswerke)와 같다. 현대사회는 고삐가 풀린 대중의 질투(Masseneifersucht)가 범람하는 시대다.

필자는 2017년 "질투사회(Neidgesellschaft), 욕망교회"라는 주제 아래 개최된 '당대 사회와 기독교의 책임 연구소'(Contemporary Society Responsibility of Christianity) 개소식(開所式) 강의에서 르네 지라르의 모방적 욕망과 경쟁 이론의 빛으로 현대 질투사회를 분석한 바 있다. 질투사회에 대한 보다 본격적인 논의에 앞서 우선 국제적으로 평가받는 르네 지라르의 학문적 위상과 국내 학계를 비롯한 언론과 방송에서의 지라르의 미메시스 이론에 대한 이해와 수용 등을 중심으로 소개하고자 한다.

---

[73] Peter Sloterdijk, "Erwachen im Reich der Eifersucht: Notiz zu René Girards anthropologischer Sendung," R. Girard, *Ich sah den Satan vom Himmel fallen wie ein Blitz: Eine kritische Anthropologie des Christentums* (München: Hanser, 2002), 243-54.

제4장

르네 지라르와 정신분석학

1. 아카데미 프랑세즈 '불멸'의 40인

르네 지라르와 정치경제학에 대한 본격적인 논의에 앞서서 우선 르네 지라르에 대해서 소개하고자 한다. 그동안의 책들을 통해서 현대 인문학과 철학에서의 지라르의 위상에 대해서 소개해 왔기에, 여기서는 보다 최근의 논의와 한국에서의 지라르 이론 수용사(Rezeptionsgeschichte)를 중심으로 간략하게 소개하고자 한다.

2015년 겨울에 타계한 르네 지라르는 2005년 '불멸'의 40인이라 불리는 '아카데미 프랑세즈'(Académie française, 프랑스 학술원)의 정회원으로 선출되었고, '인간과학의 새로운 다윈'(nouveau Darwin des sciences humaines)으로 평가되었다. 지라르 타계 소식이 알려지자 곧바로 프랑스의 전 대통령 프랑수아 올랑드는 "그가 결코 만족하지 않고 열정적인 지성이었다는 점을 온 국민이 알고 있다"며 안타까워했다고 AFP는 전했다. 프랑스의 사르코지 전 대통령도 지라르를 국민적인 학자로 자랑해 왔었다.

지라르가 가르쳤던 미국 스탠퍼드대학교는 그를 추모하면서 "그의 관심은 유행에 좌우되지 않았고, 영원히 변하지 않는 것들에 기울어졌다"라고 밝혔다. 스탠포드대학교의 부고 기사는 다음과 같은 평가로 지라르를 추모했다.

> 르네 지라르는 우리 시대의 주도적인 사상가들 중 한 명으로서 유행하는 정통주의들과 '주의들'(isms)을 무시한 도발적인 현자(sage)이며 인류 본성, 인류 역사 그리고 인류 운명에 대한 담대하고 광범위한 안목을 제공했다… 지라르는 2003년 노벨문학상 수상자인 쿠체(John Maxwell Coetzee)와 노벨 수상자 후보로 거명되었던 체코 소설가 밀란 쿤데라(Milan Kundera)에게 영향을 주었지만, 구조주의자들, 후기구조주의자들, 해체주의자들 그리고 다른 진영들의 동료들에 의해서 향유된 유행적이고 (그리고 자주 찰나적인) 특징을 소유하지 않았다. 그의 관심들은 최신 유행을 좇는 것이(trendy) 아니라 언제나 세월이 흘러도 변하지 않는 것이었다(timeless).[1]

그동안 국내에서는 르네 지라르가 제대로 알려지지 못한 면도 있지만, 사실 미국에서 소위 프랑스 이론(French theory)이 큰 주목을 받게 된 계기는 1966년에 지라르가 주도해서 조직된 존스홉킨스대학교에서 열린 "비평언어와 인간과학"(The Language of Criticism and the Sciences of Man)이라는 제목의 학술대회였다. 이 모임에 자크 데리다(Jacques Derrida)와 자크 라캉(Jacques Lacan), 롤랑 바르트(Roland Barthes), 루시엥 골드만(Lucien Goldmann) 등이 초대되었다.

---

[1] https://news.stanford.edu/2015/11/04/rene-girard-obit-110415/

이 학술대회를 통해서 데리다의 해체주의 철학이 탄생했다. 이 대회는 미국에서 프랑스 철학과 이론을 유행시킨 분수령이 되었으며, 데리다도 이 대회를 출발점으로 명성을 얻기 시작했다. 그가 여기에서 발표한 "인간과학 담론에서의 구조, 기호 그리고 놀이"(La structure, le signe et le jeu dans le discours des sciences humaines)는 해체주의 철학의 고전적 텍스트 중 하나로 여겨진다.[2] 이 학술대회의 논문들은 『비평언어와 인간과학: 구조주의 논쟁』이라는 제목으로 출판되었는데, 이 책에서도 당시 이 학술대회를 조직한 주도적인 인물로서 지라르를 언급한다.

지라르는 이미 1961년, 자신의 모방적 욕망 이론과 희생제의적 폭력과 박해에 대한 연구 성과로 출판된 『낭만적 거짓과 소설적 진실』을 통해 국제적 명성을 얻고 있었다. 지라르는 자신을 '구조주의자' 혹은 '후기구조주의자'로 분류하는 것에 대해 용감하게 저항했으며, 기존의 아카데믹한 영역들을 기꺼이 넘나들고자 했다. 그는 방대한 독서를 통해서 인간과학(les sciences de l'homme)의 많은 영역들, 곧 인류학, 심리학, 사회학 그리고 신화와 종교의 영역들까지도 폭넓게 섭렵하였다.[3]

2. '프랑스 이론'과 '프랑스 역병'

1966년 이 학술대회를 주도한 지라르는 이 학술대회를 통해서 프랑스

2　Michael Kirwan, *Discovering Girard* (Cambridge, MA: Cowley Publications, 2005), 10.
3　Richard Macksey and Eugenio Donato, eds., *The Languages of Criticism and the Sciences of Man: The Structuralist Controversy* (Baltimore: Johns. Hopkins Press, 1970), xiii.

역병(the French plague)이 미국 대학가에 들어와 휩쓸게 되었다고 하면서 "조용히 뉘우쳤다"고 한다. 2018년 지라르의 전기문[4]이 출간되었는데, 그 전기문에 대한 서평에는 다음과 같이 적혀 있다.

> 지라르는 터무니없는 비이성주의를 화려하게 드높이는 데리다, 푸코, 폴 드만(Paul DeMan)과 함께 그가 이후에 '프랑스 역병'(the French plague)이라고 부른 것을 미국에 소개한 역할에 대해서 조용히 뉘우쳤다. 지라르 자신의 노력들은 점차적으로 인류학과 종교적 연구로 방향을 잡았다. 루소, 낭만적 원시주의, 니체 그리고 프랑스 미학주의, 악마주의(diabolism, 악의 꽃), 그리고 미학적 실존주의-사드, 보들레르, 지드, 샤르트르, 장 주네, 푸코, 데리다, 폴 드만, 바타유-는 잔여분으로서 남아 있는 기독교적이고 플라톤적이고 아놀드적인(Arnoldian) 자유적-휴머니즘적인 전통을 익사시켜 버렸다.[5]

지라르는 "아직 명목상으로는 미국의 미학적이고, 반기초주의적인 프랑스 아카데믹한 아방가르드의 한 부분이지만 존스홉킨스대학교에서 그의 위치가 이제 점차적으로 유력해지면서," 1966년 이 대학에서 개최된 "비평언어와 인간과학"(The Language of Criticism and the Sciences of Man) 학술대회의 "주요 조직자들 중 한 명"이 되었다.

---

[4] Cynthia L. Haven, *Evolution of Desire: A Life of René Girard* (East Lansing, MI: Michigan State University Press, 2018).

[5] M. D. Aeschliman, "Mimicry, Mania, and Memory: René Girard Remembered." *Nationalreview*. 2018년 10월 21일자. https://www.nationalreview.com/2018/10/book-review-evolution-of-desire-rene-girard-remembered/

이 학술대회는 엄청나게 영향력 있는 학술대회였는데, 자크 라캉, 루시앙 골드만, 롤랑 바르트, 그리고 결과적으로 "니체적 허무주의자들 중 가장 명민한 자크 데리다"와 같은 "프랑스의 회의적인 유명인사 지식인들"이 초대되었다. 자크 데리다는 1966년 "아직 무명이었는데," 이 '애매주의자'(obscurantist) 데리다는 이 학술대회를 통해서 명성을 얻었고, 그 다음에 3권에 책을 출간하고 미국에 강연을 다녔다.

데리다와 '좌파 니체주의'인 그의 '해체주의'는 미국을 폭풍처럼 강타했는데, "이것이 미국 인문학부의 수강신청과 그 강의 내용 모두에서의 난해성(unintelligibility), 하락 그리고 몰락에 있어서의 주요한 스토리"가 된다.

데리다의 해체주의 철학이 가져온 장기간의 효과는 미국 스탠퍼드대학교에서의 하락하는 수강신청률에서 볼 수 있는데, 예를 들어 "2014년에는 인문학부 수강신청률이 20%에서 7%로 하락했다."

> 문화 전통들과 권력 구조들에 대한 도덕주의적인 네오마르크시즘적인 분석과 연합된 상대주의적이면서도 좌파적, 친프랑스적 니체주의가―이것은 미친 조합이다!―서구 대학 캠퍼스가 숨쉬고 있는 공기가 되어 버렸다.[6]

지라르가 2005년 '불멸'의 40인이라 불리는 '아카데미 프랑세즈'의 정회원으로 선출되었을 때 "그는 자신이 우리 시대 도처에 퍼져 있는 반기독교적 허무주의로의 현대적 하강이라고 그가 부른 것에 대한 혐오를 표

---

[6] M. D. Aeschliman, "Mimicry, Mania, and Memory: René Girard Remembered."

명했다." 지라르는 이 허무주의를 점차적으로 노출시키고, 분석하고, 그리고 도전하고 또 사실상 자기 자신 안의 이 허무주의의 잔류 효과들도 점진적으로 제거하고 있는 자기 자신을 발견하게 된다.

'뉘우치는 지라르'는 그 프랑스 이론(French Theory)인 포스트모더니즘의 "폭주에 저항하고 또한 비판했는데," 처음에는 스탕달, 플로베르, 푸르스트로부터 시작해서 점차적으로 더 오래되고 위대한 문학적 전통, 특히 단테와 도스토옙스키와 유대-기독교 성서에 근거해서 이 저항과 비판을 시도했다. 베르자예프, 솔제니친 그리고 다른 반공산주의적 반체제 인사들과 같은 도스토옙스키 작품에 대한 깊은 이해를 가진 독자들과 같이, 지라르도 도스토옙스키를 "가장 위대한 사회-심리학적 분석가"로 보게 되었다.

또한 지라르는 도스토옙스키의 작품들을 "이기주의와 탐욕이라는 원죄로 구성되고 또 그것을 보여주는 부당한 자기애(amour propre)와 현대적 삶의 안절부절한 혁명적 르상티망들에 대한 해독제"로 보게 되었다. 도스토옙스키와 마찬가지로 지라르는 점차적으로 '정통적 그리스도인'이 되어가면서 그리스도에 대한 모방 속에서 "모방적 욕망들이라는 끝없고, 부당하고, 원숭이 같은 거울 복도로부터 벗어날 수 있는 신에 의해서 정해진 길을 발견하게 되었다."[7]

지라르가 2005년 '불멸'의 40인이라 불리는 아카데미 프랑세즈의 정회원으로 프랑스 파리에서 선출되었을 때, 또 다른 '불멸'의 40인 중 한 명이자 지라르의 친구였던 미셸 세르(Michel Serres)는 지라르를 '인간과학의

---

[7] M. D. Aeschliman, "Mimicry, Mania, and Memory: René Girard Remembered."

새로운 다윈'으로 평가했다. 세르는 이때 '현대의 시청각적 미디어의 폭력적이고 비뚤어진 세계'에 대해서도 열정적으로 개탄했다. 세르에 의하면, "루소의 목가적인 낭만주의적 꿈이 '선악의 저편'에 있는 세계라는 니체의 의기양양한 범죄적 비전으로 변해버렸다."[8]

3. C. S. 루이스, J. R. R. 톨킨 그리고 지라르

"질투의 예언자"(The Prophet of Envy)라는 제목 아래서 「뉴욕리뷰」(*The New York Review*)는 앞에서 언급한 2018년 출간된 지라르 전기문에 대해서 다음과 같이 소개하고 있다.

> 모방적 욕망과 인간의 폭력에 대한 지라르의 통찰들은 정치경제에 대한 마르크스의 이론들과 오이디푸스 콤플렉스에 대한 프로이트의 주장들보다 더 광범위할 뿐 아니라 소셜 미디어의 폭발력과 포퓰리즘의 부활 그리고 상호적 폭력의 점증하는 독성 모두는 현대 세계가 점점 더 곧 알 수 있을 만큼이나 그 행위에 있어서 "지라르적으로" 되어 가고 있다는 것을 보여준다.

이 기사는 지라르를 다음과 같이 소개한다.

---

[8] M. D. Aeschliman, "Mimicry, Mania, and Memory: René Girard Remembered."

하인리히 슐리만(Heinrich Schliemann)이 호머의 서사시가 역사적 진실의 기질(substrate, 결합 조직의 기본 물질)을 포함하고 있을 것이라고 추정하고서 고대 트로이의 유적지를 발견했듯이, 지라르는 문학 작품들을 인간의 욕망, 갈등 그리고 자기기만에 대한 가장 근본적인 진리들을 담고 있는 보물상자로 접근했다.[9]

미국 경제주간지 「포브스」(*Forbes*)는 "르네 지라르, 사회과학의 아인슈타인"이라는 제목으로 지라르의 신화 해독과 및 C. S. 루이스와 J. R. R. 톨킨의 신화와 성서에 대한 이해를 비교하면서 다음과 같이 지라르를 소개했다(C. S. 루이스는 영화로도 제작된 『나니아 연대기』의 원작자, J. R. R. 톨킨은 『반지의 제왕』의 원작자로 영국 옥스퍼드대학교의 교수들이다).

C. S. 루이스의 지적인 회심은 복음서를 지지하는 역사적 증거에 대해서 이야기하면서 복음서에는 '옥수수 신'(corn god)이 실제로 죽은 자들 가운데서 부활한 것처럼 보인다고 강사실에서 말하는 어느 강경파 무신론자의 말을 엿듣게 되면서 시작되었다. 루이스의 상상력과 가슴의 회심은 '죽고 소생하는 신'에 대한 '신화'의 보편성은 그 진리를 위한 사례일 수도 있고 반대로 그 진리에 반하는 경우가 될 수도 있다는 사실을 보도록 도운 J. R. R. 톨킨과의 밤늦은 토론을 통해서 이루어졌다.

톨킨은 만약 복음서 이야기가 인류와 인류의 보편적 필요에 대한 참된 스

---

[9] Robert Pogue Harrison, "The Prophet of Envy," *The New York Review*. 2018년 12월 20일자. https://www.nybooks.com/articles/2018/12/20/rene-girard-prophet-envy/

토리라면, 그것의 보편성은 그 이론의 확증이 될 수도 있다는 점을 보여주었다. 다른 말로 만약 기독교가 참되다면, 그렇다면 기독교에 대한 기대 가운데 쓰여진 스토리와 같은 스토리들을 말하는 인간 심리에 대한 어떤 것이 분명히 존재했을 것이다.

그러나 지라르는 루이스와 프레이즈와는 달리 기독교와 신화의 유사성들에 대한 질문을 다르게 접근했다. 지라르는 복음서에 대해서 가장 현격한 것은 그 복음서가 고대의 모든 다른 희생염소 스토리(scapegoat story)와의 차이라는 점을 보았다.

어떤 차이인가?

그 차이는 바로 희생당한 예수께서는 무죄하다는 사실이며 이 무죄성이 성경 본문에 의해서 인정되고 있다는 사실이다. 복음서들은 이 점에 대해서 명확하다. 예수는 죄가 없다.[10]

지라르의 학문적 업적에도 불구하고, 그는 오랫동안 포스트모던적 학문 공동체에서 일종의 '스캔들'이었다. 그는 신약성서에 등장하는 그리스어 '스칸달론'(scandalon)의 의미 그대로 '부딪히며 넘어지는 돌'과 같은 존재였는데, 이는 지라르가 포스트모던의 시대정신 속에서 추방되고 배제되었던 유대-기독교적 텍스트를 다시금 심도 있게 논의해 자신의 미메시스 이론(Mimetic Theory) 안에서 포용했기 때문이다. 유대-기독교적 전통에 대한 진지한 연구로 인해 때때로 스캔들로 인식되었지만, 그렇다고 그가 항상

---

[10] "René Girard, The Einstein Of The Social Sciences." http://www.forbes.com/sites/jerrybowyer/2015/11/30/rene-girard-the-einstein-of-the-social-sciences-rip/#5d996efc6345.

고립되어 있었던 것은 아니다.

르네 지라르는 자신의 지적인 여정을 통해서 결국 유대-기독교적 문서들로 오게 되었다고 말한다. 하지만, 그는 오랫동안 현대주의자들의 정통주의가 원했던 것처럼, 유대-기독교적 텍스트에 적대적이었다. 그는 현대에 와서 유대-기독교적 텍스트들이 점차적으로 현대철학과 모든 "인간 과학들"에게 낯설게 되었음을 지적한다. 심지어 아프리카의 신화들보다 더 낯설게 되어 버렸다는 것이다. 그래서 그는 폭력적으로 추방되고 배제된 유대-기독교적 텍스트들을 정당하게 복권시켜 평가하고자 한다.[11]

지라르는 이렇게 포스트모더니즘의 반이성주의, 허무주의, 니체주의, 냉소주의, 반과학주의, 급진적 사회구성주의, 반문화 운동과 반철학(counter-philosophy) 운동 그리고 네오마르크시즘 등과 거리를 두면서 인류 욕망과 문화의 기원 등에 대한 보다 보편적이고 과학적 이해와 연구를 추구했다.

4. 프로이트의 오이디푸스 콤플렉스 이론 비판

르네 지라르의 이론은 국내에서 다양한 학문 분야에서 수용되고 있다. 특히 그리스 문명을 다루는 서양 고전학 분야에서도 지라르의 이론은 수

---

[11] R. Girard, *The Girard Reader*, ed. by James G. Williams (New York: Crossroad, 1996), 174. 지라르의 기독교 신앙으로의 회심에 대해서 필자는 2018년 봄 서울 양재 온누리교회에서 개최된 기독교학술원(원장 김영한 박사) 제66회 월례포럼에서 '지라르의 영성론'에 대한 논문을 발표하면서 소개한 바 있다.

용되고 있다. 2014년 서울대학교 서양고전학연구소 콜로키움에서 발표된 이성원 교수의 논문 "소포클레스의 오이디푸스와 프로이트의 오이디푸스"에서는 "프로이트의 오이디푸스 콤플렉스 이론은 근본적으로 재검토되어야 한다는 생각에서 출발한다"고라 주장한다.

이 논문은 오이디푸스가 일종의 희생양, 보다 정확하게 번역하자면 희생염소(scapegoat) 역할을 하고 있다는 지라르의 해석을 언급하며 소개하고 있다. 이 논문은 지라르를 이론을 소개하면서 오이디푸스의 추방은 당시의 인간 희생양(human scapegoat)인 파르마코스(*pharmakos*) 추방과 연관된다고 분석하고 있다.

이성원 교수는 르네 지라르라든가 고전학자 장-삐에르 베르낭(Jean-Pierre Vernant) 같은 학자는 소포클레스의 『오이디푸스 왕』이 파르마코스의 추방과 밀접하게 관련을 맺고 있다고 본다는 사실을 소개한다. 파르마코스란 범죄자, 병자, 불구자 등을 수용하는 수용소를 지칭하면서 동시에 그곳으로부터 선정되어 희생물이 되는 존재를 의미하기도 했다.

아테네에서는 매년 새해가 되면 무작위적으로 한 사람을 선정하여 골목골목을 끌고 다니고는 돌팔매질을 하여 공동체 밖으로 추방하는 풍습이 있었다. 이렇게 하면 지난해에 쌓인 모든 더러운 것, 나쁜 것이 이들에 묻어 씻겨져 나가고 공동체는 다시금 정화된다는 믿음에서였다.[12]

국내에서는 '희생양'이라는 번역이 많이 사용되고 있긴 하지만, 'scapegoat'를 '희생염소'로 번역하는 것이 더 정확하다. 지라르의 저서 『희생염

---

12 이성원, "소포클레스의 오이디푸스와 프로이트의 오이디푸스," 「서양 고전학 연구」, 제55권 제1호(2016.3), 15-6.

소』(*scapegoat*)가 일본어로도 번역되었는데, 일본의 경우에는 『대역의 산양』(身代りの山羊)으로 번역되었다.

일본어에서 산양(山羊)은 양이 아니라, 염소를 의미한다. 일본어 사전에 염소를 검색하면 산양으로 나온다. 우리나라에서도 산양은 양이 아니라, 염소를 의미한다. 산양은 면양(sheep)이 아니라 염소다. 산양은 길고 갸름한 얼굴과 우뚝 솟은 두 개의 뿔 때문에 염소와도 비슷하게 생겼다. 다산 정약용도 『다산필담』에서 산양, 즉 염소를 양이라고 잘못 부른 사례가 많다고 했다.

오늘날 양이라고 하면 곱슬거리고 부드러운 면양을, 산양은 염소를 가리킨다. 서양에선 면양(sheep)과 산양(goral)을 확실하게 구분해 왔다. 염소(goat)는 산양을 가축화한 동물로 여겨진다. 희생양에 해당하는 독일어 'Sündenbock'에서 'Bock'은 양이 아니라, 숫염소를 의미한다. 프랑스어에서 희생양에 해당하는 'bouc émissaire'에서도 'bouc'은 양이 아니라, 숫염소를 의미한다.

한국에서만 'scapegoat'를 너무 쉽게 희생양으로 번역해 버렸다. 이는 어떤 의미에서 기독교적 번역이라 할 수 있다. 예수 그리스도는 세상 죄를 지고 가는 하나님의 어린 양이다. 예수는 염소가 아니다. 지라르에 의하면, 하나님의 어린 양(*Agnus Dei*)이 '문화의 기원'으로부터 그리고 '창세로부터 은폐되어 온 것들'인 희생염소 메커니즘(scapegoat mechanism, le mécanisme du bouc émissaire)을 폭로하고 해체한다.

영어권, 독일어권, 프랑스어권 그리고 일본에서도 사람들은 한국에서 쉽게 희생양으로 사용해 버리는 그 단어를 읽거나 들을 때 우선적으로 염소를 연상할 것이다. 그렇기에 이 책에서는 국내에서 이미 많이 사용되고 있는 희생양이라는 말을 희생염소라고 대체해서 많이 사용할 것이다.

이성원 교수는 『폭력과 성스러움』에서 프로이트의 오이디푸스 콤플렉스 이론을 비판하고 오이디푸스를 일종의 인간 제물 파르마코스 혹은 인간 희생염소(human scapegoat)로 새롭게 해석한 지라르의 입장을 수용해서 결론 부분에서 다음과 주장한다.

> 그러나 가령 코린토스 지방에서는 새해를 맞으면 한 사람을 선정해 말 뒤에 묶어 놓고는 말을 채찍질하여 마을 밖으로 질주하게 하는 풍습이 있었으며, 파에톤의 이야기는 이 풍습과 관련되어 이야기되었다면, 우리는 이를 어떻게 보아야 할까?
> 질주하는 말에 매달려 끌려가는 사람은 필경 죽게 될 것인데, 이것이 매년 이행되는 풍습이라면 이는 필경 파르마코스의 추방과 관련된 것이라 생각해 볼 수 있다.[13]

이성원 교수가 적고 있듯이, 프로이트는 오이디푸스 콤플렉스가 모든 인간의 보편 현상이라고 단언하였고, 소포클레스의 『오이디푸스 왕』에서 이 콤플렉스가 명백히 표출되고 있음을 확인한다. 오이디푸스는 그리스 신화에 나오는 인물 중에서 가장 널리 알려진 존재일 것이다. 독일 철학자 마틴 하이데거는 그리스 비극작품 중에서 소포클레스의 『오이디푸스 왕』을 최고의 예술작품으로 평가하기도 했다.

그러나 오이디푸스 하면 현대인들이 우선 떠올리는 것은 소포클레스의

---

[13] 이성원, "소포클레스의 오이디푸스와 프로이트의 오이디푸스," 42.

비극 또는 오이디푸스 신화라기보다는 프로이트 이후 널리 알려진 저 '오이디푸스 콤플렉스' 그리고 정신분석일 것이다. 근친상간과 부친살해의 하마르티아(*hamartia*, '과오,' '약점,' 또는 '비극적 결함')[14]를 범한 오이디푸스의 이름을 빌어서 프로이트는 자신의 정신분석의 현장에서 마주치게 된 복합심리를 명명했고, 나아가서 아버지를 제거하고 어머니를 차지하고자 하는 것이 모든 사람의 무의식적 욕망이라고 일반화함으로써 20세기 최대의 논쟁을 불러일으켰다.

프로이트 이후 오이디푸스는 일종의 코드로서 이후 포스트모던 철학자들인 자크 라캉의 정신분석이나 들뢰즈/가타리의 정신분석에까지 작용해 왔다. 하지만 정신분석학의 아버지인 프로이트의 오이디푸스 콤플렉스 이론 자체가 소포클레스의 그리스 비극 『오이디푸스 왕』에 대한 범성욕주의적 오독과 오해에서 나온 것이기에 이제는 전면적으로 검토되거나 폐기되어야 할 것이다. 또한 실제로 주류 심리학에서 이 이론은 지금은 큰 영향력을 행사하지 못하고 있다.

한국 프로이트 학회에서도 오이디푸스 콤플렉스 이론에 대한 지라르의 비판이 옳다고 수용하고 있는 것으로 안다. 프로이트를 따라서 여전히 오이디푸스와 오이디푸스적인 것에 대해서 논하는 자크 라캉이나 들뢰즈와 가타리의 정신분석도 그다지 큰 설명력을 가지지 못하고 있다. 자크 라캉의 정신분석은 "무의식은 언어에 의해서 구조화되어 있다"는 말로 요약될

---

[14] 아리스토텔레스가 『시학』에서 그 용어를 사용한 이래 '하마르티아'라는 용어는 비극의 중심개념으로 다루어졌는데, 그것은 '성격이 곧 운명'이라는 명제와 결합하여 비극의 주인공의 '성격적 결함'을 의미했다. 아리스토텔레스는 하마르티아의 대표적인 예로 오이디푸스의 근친상간과 부친살해를 언급하는데, 지라르는 이것을 희생염소에게 전가하는 차이소멸적 죄로 해석했다.

수 있는데, 프로이트가 연구했던 무의식의 세계를 소쉬르의 언어학과 레비 스트로스의 구조주의에서 말하는 언어구조주의적 관점에서 이해하려고 하다 보니 모호하고 난해한 해석만을 생산했을 뿐이다.

이 책 다른 곳에서 주장한 것처럼, 이론물리학자 앨런 소칼(Alan Sokal)은 포스트모더니즘 철학의 지적사기를 비판하면서, 특히 자크 라캉을 비판하고 있다. 최근의 심리학의 주류는 범성욕주의적인 오이디푸스 담론이 아니라, 뇌과학이나 인지심리학이다.

이성원 교수는 지금은 신빙성을 많이 상실하여 그 동력이 떨어진 프로이트의 오이디푸스 콤플렉스 이론에 근본적인 의문을 다음과 같이 바르게 제기했다.

> 20세기 전반부에는 수많은 인류학자들이 오이디푸스 이야기 유형의 민담을 발굴하고 경우에 따라서는 무리한 해석을 가하면서 오이디푸스 콤플렉스가 인간 사회에 보편적임을 입증하려고 애썼다. 지금은 신빙성을 많이 상실하여 그 동력이 떨어졌지만, 그럼에도 원래 '강한 이론'은 어떻게든 그것이 옳았음을 입증해 내는 방향으로 관철되는 법인지라(가령 자크 라캉이 프로이트 식의 오이디푸스 개념에는 동의하지 않으면서도 '거세 콤플렉스'라는 프로이트적 용어를 계속 사용하고 있음을 생각해 보라), 오이디푸스 콤플렉스 이론은 계속 반복·재생산되고 있다고 말할 수 있다.
> 프로이트는 오이디푸스 콤플렉스의 발견이야말로 자신이 이룬 최대의 성과로 보았고 이는 고금을 막론하고 모든 사회에서 발견되는 인간 현실이요 '사실'이라고 단언하였다. 또 이를 인정하면 그것은 정신분석이고 이를 인정하지 않으면 그것은 정신분석으로 간주할 수 없다고까지 하였다. 그

러나 한 세기가 지난 지금까지도 우리는 오이디푸스 콤플렉스의 실재함을 경험적으로 검증할 수 있는 아무런 수단을 갖고 있지 못하다.[15]

21세기 정신분석에서는 프로이트의 정신분석을 넘어서 최근 거울뉴런 (mirror neurons)의 발견으로 더 이론적 설득력과 설명력을 얻고 있는 르네 지라르의 모방적 욕망 이론이 더 주목을 받고 있다. 2016년 영국 케임브리지대학교에서는 모방적 뇌(Mimetic Brain)를 화두로 "상호주체성, 욕망 그리고 모방적 뇌: 르네 지라르와 정신분석"(Intersubjectivity, Desire, and the Mimetic Brain: René Girard and Psychoanalysis)이라는 주제 아래 국제학술대회가 개최되기도 했다.[16]

이렇게 최근 심리학의 경향도 프로이트의 범성욕주의적 정신분석학이나, 칼 융의 (영지주의적) 분석심리학이나 자크 라캉의 무의식에 대한 언어구조주의적 정신분석을 넘어서 보다 자연과학적으로 인지심리학이 대세를 이루고 있다. '거울뉴런'의 발견은 최근 심리학과 정신분석학, 뇌과학, 신경과학 등의 지대한 영향을 주고 있다.

거울뉴런의 발견으로 뇌과학적으로 확증된 르네 지라르의 미메시스 이론이 프로이트, 칼 융, 자크 라캉의 정신분석보다 더 큰 주목을 받고 있는데, 위에 소개한 2016년 영국 케임브리지대학교의 학제적 학술대회는 이를 잘 보여준다. 최근 국내에도 『신경끄기의 기술』에 관한 책들이 힐링서로 주목을 받고 있는데, 때로는 거울뉴런(신경세포)을 비활성화시켜야 행

---

[15] 이성원, "소포클레스의 오이디푸스와 프로이트의 오이디푸스," 37.
[16] "Intersubjectivity, Desire, and the Mimetic Brain: René Girard and Psychoanalysis," 11-12 November 2016 (St. John's College, Cambridge, UK).

복하다. 그렇게 하려면 먼저 모방적 욕망을 시각적으로 통제해야 한다. 성서는 인간이 가지는 안목의 정욕에 대해서 경고한다.

이성원 교수에 의하면, 프로이트가 단순히 『오이디푸스 왕』을 정신분석학적으로 읽어내려 한 것이 아니다. 오히려 『오이디푸스 왕』에서 일어나는 일들이 정신분석을 이론화하는 기틀이 되었다는 사실을 그는 바르게 지적했다.

> 19세기에 이르러 서양 고전문학 중에서도 가장 높이 평가되기에 이른 소포클레스의 이 작품에서 자신이 수행할 작업의 근거와 출발점을 찾음으로써, 프로이트는 거의 필마단기(匹馬單騎)로 개척해 나간 정신분석에 오랜 서양문학 전통의 권위와 아우라를 부여할 수 있었던 것이다.[17]

이성원 교수는 소포클레스의 『오이디푸스 왕』에 대한 잘못된 독법과 해석에 기초한 프로이트의 정신분석이 가지고 있는 일반화의 오류에 근본적인 의문을 제기했다.

> 프로이트는 자신이 '오이디푸스 콤플렉스'라고 명명할 무의식적 욕망이 자신에게 있었음을 자기분석을 통해 '발견'하고 소포클레스의 비극에서 그러한 콤플렉스가 명백히 표출되고 있음을 '확인'한다. 이제 프로이트에 의해 오이디푸스 콤플렉스는 모든 시대 모든 사회에서 작용하고 있는 것으로 일반화되고, 심지어는 이를 받아들이는 것만이 정신분석이고 이를

---

[17] 이성원, "소포클레스의 오이디푸스와 프로이트의 오이디푸스," 40.

받아들이지 않으면 가짜 정신분석이라고까지 단언하기에 이른다. 그러나 과연 그러할까?[18]

프로이트는 자신의 표현처럼 "우리의 도덕률에 비추어 혐오스럽기 짝이 없는 이 소망" 곧 오이디푸스의 근친상간과 부친살해라는 최악의 하마르티아(hamartia)를 희생염소나 파르마코스를 향한 당시 그리스 폴리스의 사회적 비난이나 마녀사냥이라는 것을 알아채지 못한 채 과도하게 일반화시켜서 오이디푸스의 운명이 우리 모두의 운명이라고 생각했다. 이성원 교수는 프로이트를 비판하면서 다음과 같이 이를 잘 분석하고 있다.

> 프로이트는 『오이디푸스 왕』에서 유아기의 판타지(parricide + incest)가 드러나고 성취되고 있는 것으로 본다. 그에게 신탁은 무의식적 욕망을 대변한다. 신탁의 내용이 너무도 끔찍하여 이를 벗어나려는 오이디푸스의 필사적 노력은 의식에서 작용하는 '억압'을 의미하고, 그러는 가운데에도 예언은 어김없이 관철되어 라이오스를 죽이고 이오카스테와 결혼하게 되는데, 이것이 바로 오이디푸스의 운명이다.
> 이러한 운명은 우리 모두가 '무의식'으로부터 자유롭지 못함을 말해준다. 오이디푸스의 운명은 우리를 감동시킨다. 그것은 신탁이 그에게 내린 저주를 우리에게도 내렸기에 오이디푸스의 운명이 우리들의 운명일 수도 있었기 때문이다. 그것이 우리 모두의 운명이다. 오이디푸스처럼 우리도 우리의 도덕률에 비추어 혐오스럽기 짝이 없는 이 소망을 모른 채 살아가고

---

[18] 이성원, "소포클레스의 오이디푸스와 프로이트의 오이디푸스," 41.

있다. 그러나 그 소망은 자연이 우리에게 부과한 것이다. 이 '모름'이 바로 무의식을 대변하고 있다.[19]

프로이트는 오이디푸스의 근친상간과 부친살해를 "우리의 도덕률에 비추어 혐오스럽기 짝이 없는 소망"이라고 표현했는데, 그는 이것을 모든 인류가 보편적으로 가지고 있는 "무의식적 욕망"이라고 부당하게 일반화시켰다. 하지만 지라르의 주장처럼 오이디푸스의 혐오스럽기 짝이 없는 반도덕적 근친상간과 부친살해는 무의식적 성욕망이 아니라, 파르마코스 역할을 하는 오이디푸스에 대한 마녀사냥으로 보아야 한다.

소포클레스의 『오이디푸스 왕』에 대한 잘못된 이해로부터 탄생한 프로이트의 오이디푸스 콤플렉스 이론과 그의 정신분석에 대한 지라르의 비판과 그의 새로운 해석은 프로이트 정신분석학에서 파생된 이후의 포스트모던적 정신분석(라캉, 크리스테바, 들뢰즈-가타리)이 천착하고 있는 오이디푸스적인 것에 대한 근본적인 재검토를 의미한다.[20]

지라르가 바르게 해석하고 있듯이 '오염된 자' 오이디푸스는 희생염소(scapegoat)나 파르마코스 역할을 하고 있다. 그는 오염의 원인자로서 추방되는 자다. 상처난 오이디푸스의 발은 희생염소의 신체적 징후로 지목된다. 오이디푸스(Oidipous)라는 이름은 통상 '*oidein* = 붓다 + *pous* = 발,' 즉 '부은 발'로 풀이된다. 오이디푸스의 부은 발은 '희생양의 징후' 중 신체

---

[19] 이성원, "소포클레스의 오이디푸스와 프로이트의 오이디푸스," 34.
[20] 이 부분에 대해서는 필자의 저서 『르네 지라르와 현대 사상가들의 대화: 미메시스 이론, 후기구조주의 그리고 해체주의 철학』(서울: 동연, 2017) 제8장 "들뢰즈: 안티 오이디푸스와 희생양 오이디푸스"를 참고하라.

적 징후로 해석할 수 있다.

지라르에 의하면, 신화의 주인공들이 신격화되기 이전에 엄청난 죄를 저질렀다고 비난받으면서 사형을 받아도 마땅한 것으로 간주된다. 신화의 주인공들은 늘 그런 것은 아니지만, 대부분은 신체에 약간의 손상을 입고 있는 사람들이다. 신들의 무리는 흔히 "불구자들의 집합소"로 비유되는데, 이는 정말 적합한 비유라고 지라르는 적고 있다. 이런 '희생양 징후'를 가진 사람에게로 쉽게 모여드는 모방성을 인류는 오랫동안 가져왔다는 것이다.

모든 특이한 것은 긴박한 상황에 빠져 흥분해 있는 군중에게 적의에 찬 시선을 유도할 수 있다. 희생양 징후로 주목받을 수 있는 특이한 것들 중에는 너무 추한 것도 있지만, 너무 아름다운 것도 해당되며, 불쌍하게 딱한 사람도 그러하지만, 너무 건방지게 돋보이는 사람도 해당된다고 지라르는 분석한다.[21]

근친상간과 부친살해라는 오이디푸스의 최악의 치명적이고 비극적인 결함과 죄악인 하마르티아(*harmartia*)를 지라르는 프로이트처럼 무의식적이고 억압된 성욕망이 아니라, 희생염소로 몰아가기 위한 그리스 폴리스의 사회적 비난 혹은 사회적 마녀사냥으로 새롭게 해석했다.

---

21 지라르, 『문화의 기원』, 312.

5. 파르마코스 오이디푸스

르네 지라르와 자크 데리다의 입장을 중심으로 국내 『문학비평용어사전』은 다음과 같이 고대 그리스 폴리스의 인간 희생양들이었던 파르마코스를 잘 소개하고 있다.

파르마코스는 고대 그리스어로 속죄양을 의미하는 말이다. 고대 그리스에서는 전염병이나 기근, 외세 침입, 내부 불안 등과 같은 재앙이 덮쳤을 때, 재앙의 원흉으로 몰아 처형함으로써 민심을 수습하고 안정을 되찾기 위해 자체의 경비로 인간 제물을 준비해 두고 있었는데, 이를 가리켜 파르마코스라고 칭했다. 소나 송아지 같은 동물들 이외의 인간 파르마코스는 대체로 희생을 당하더라도 보복의 위험이 없거나 연고자가 없는 부랑자, 가난한 자, 불구자들 가운데 선택되었다.

특히 르네 지라르는 전 세계에 널리 퍼져 있는 희생제의를 분석한 자신의 저서 『폭력과 성스러움』에서 이 말을 논의의 중요한 전거로 활용하고 있는데, 지라르에 따르면 희생제의는 집단의 내부에 잠재해 있는 폭력을 희생양이라는 특정한 대상을 향해 분출시킴으로써 발생하는 카타르시스의 효과를 통해 집단의 질서와 일체감을 유지해 나가기 위해 고안된 문화적 장치이다.

지라르에 따르면, 파르마코스는 고대 그리스에서 독과 약을 동시에 의미했던, 다시 말해 독과 그 해독제, 혹은 병과 그 치료제라는 의미를 함께 가지고 있던 파르마콘(*pharmakon*)이라는 말로 변화한다. 파르마코스와 파르마콘 모두 해로우면서 동시에 유익한 것이라는 이중적 의미를 공유하고 있는 것이다.

한편 『플라톤의 제약술』에서 데리다는 글을 의미하는 플라톤의 용어인 파르마콘(pharmakon)과 파르마시아(pharmacia), 파르마코스를 잇는 의미의 연쇄 안에서 글, 혹은 말에서의 의미 작용의 논리와 차이의 조건들을 예시함으로써, 이 말을 상호 이질적인 것들이 서로 차이를 형성하고 그 차이가 모순이나 대립으로 가지 않으면서 차이와 차이가 서로 얽히는 텍스트를 만들어 내는 차연(differance)이나 흔적(trace) 등의 현상을 드러내는 용어로 사용한다.[22]

지라르는 데리다의 파르마콘을 실제로 제의적으로 인간 희생양이었던 파르마코스에게 적용한다. 제의적 희생양인 인간 카타르마(katharma)가 의학적인 카타르시스로 변하는 것은 인간 파르마코스가 독과 약을 동시에 의미하는 파르마콘이라는 말로 변화하는 것과 아주 흡사하다.[23]

비극적인 오이디푸스는 고대의 카타르마와 같다. 실제로 희생제물을 제단이나 사원에서 처형함으로써 원초적 집단 폭력을 대체하는 대신, 이제 사람들은 연극과 무대를 통해서 배우가 흉내내는 그 카타르마의 운명으로 관객들의 정념을 순화시킴으로써 이 역시 공동체를 구원하는 새로운 카타르시스를 생산한다. 플라톤의 파르마콘은 제의적 희생양 파르마코스와 같은 작용을 한다고 지라르는 주장한다.

지라르는 데리다의 파르마콘 개념을 실제적이고 사회적인 상황 속에

---

[22] 파르마코스(Pharmakos). '네이버 지식백과'(『문학비평용어사전』, 국학자료원).
[23] R. Girard, *Das Heilige und die Gewalt* (Zürich: Benzinger, 1987), 422.

서 희생양 메커니즘 속에서 새롭게 해석했다. 그리스 폴리스가 사육했던 제의적 인간 희생양들 파르마코스(*pharmakos*)는 독과 약이 되는 파르마콘 (*pharmakon*)이 된다.

파르마콘을 언어와 상호텍스트성(intertexuality)에만 한정시켜서 이해한 데리다와는 달리 지라르는 사회적이고 실제적인 상황 속에서 그것을 해석한다. 데리다는 파르마콘의 모호성을 텍스트성(textuality)에만 한정시키고 있다. 그러나 지라르에 의하면, 추방세력은 단지 텍스트 차원에서만 존재하는 것이 아니라, '실제적' 추방을 지시한다.[24]

실제적인 의미에서 최초 사건에 대한 관련성을 배제해 버리고, 오직 텍스트 안에서의 논의로만 한정시킨다면 결국 해체주의는 원시적 종교의 해체라기보다는 그 반영에 불과하며 '허무주의적 언어유희'로 전락할 위험이 있다고 지라르는 말한다. 그는 본문외적인 현실에 대한 지시, 곧 텍스트들의 지시성을 부정하는 후기구조주의적 이론들을 비판한다.[25]

지라르는 "허무주의로 향하는 포스트모더니즘의 경향"을 비판하면서 희생양 메커니즘 속에서 기호시스템과 언어의 기원까지 설명하는 발생학적 모델(ein genetisches Modell)을 제시한다.[26] "기호는 희생양이다"라고 그는 주장한다.[27] 지라르에게 있어서 초월적 기표가 희생양이다.

---

[24] Guy Vanheeswijck, "The Place of René Girard in Contemporary Philosophy," *Contagion* Volume 10 (2003), 100–2.

[25] R. Girard, *Ich sah den Satan vom Himmel fallen wie einen Blitz. Eine kritische Apologie des Christentums* (München Carl Hanser Verlag, 2002), 14, 94, 97, 99.

[26] Wolfgang Palaver, *René Girards mimetische Theorie. Im Kontext kulturtheoretischer und gesellschaftspolitischer Fragen*(Münster–Hamburg–London: LIT Verlag, 2003), 337–8.

[27] René Girard, *Das Ende der Gewalt: Analyse des Menschheitsverhängnisses* (Freiburg: Herder, 1983), 103.

이성원 교수에 의하면, 파르마코스 추방은 다른 한편 아테네의 민주정치와도 관련이 있을 것이다.

> 일찍이 도편추방제(陶片追放制度, ostrakismos)는 결국 사회적으로 제도화된, 합리화된 형태의 파르마코스 추방이 아니냐 하는 지적도 있었다고 그는 적고 있다. 우선 시민들이 아고라에 모여 도편추방을 할 것인가 말 것인가를 결정한다. 만약 하기로 결정이 나면 일체의 토론 없이 각자 추방되어야 할 인물의 이름을 적어낸다.
>
> 동일인이 일정 수 이상의 표를 얻으면 그는 아테네를 떠나야 한다. 일체의 항변이나 해명의 기회도 주어지지 않는다. 암묵적 '공모'(共謀)에 의해 형성되는 민심은 이토록 무서운 것이다. 추방할 존재에 돌팔매질하는 일(파르마코스의 추방)과 이름을 적은 도기 조각을 단지(투표함)에 던지는 일(도편추방제)은 상동 관계에 있다.[28]

전 서울대학교 종교학과 교수 배철현도 자신의 그리스 비극 강의에서 오이디푸스를 희생양 혹은 파르마코스로 잘 파악했다.

"그는 테베의 최고 권력자인 왕이면서도 테베의 안녕을 위해 제물로 바쳐져야 할 '파르마코스'(pharmakos), 즉 '희생양'이다."

"가정과 도시로부터 버려진 오이디푸스"는 문명의 가장 근본적인 규범이자 인간과 짐승을 구별하는 터부인 두 가지, 곧 친부살해와 근친상간을 파계(transgression)한다고 사회적으로 비난받고 마녀사냥당하는 희생염소

---

[28] 이성원, "소포클레스의 오이디푸스와 프로이트의 오이디푸스," 16.

(scapegoat) 역할을 하고 있다. 오이디푸스는 아테네의 역병을 몰고온 '오염된 자'로 지목된다.

배철현 교수는 무질서와 혼돈, 야생의 상징인 야산의 아들로 태어날 뿐 아니라 퉁퉁 심하게 부은 다리라는 의미를 지닌 오이디푸스에게서 '괴상한 존재'의 상징, 곧 군중이 주목하게 되는 희생양의 신체적 징후를 다음과 같이 발견하고 있다.

> 오이디푸스는 문명과 문화의 최소 단위인 '집'을 상실하고 무질서와 혼돈, 야생의 상징인 '야산'(野山)의 아들로 그리고 '우연'(偶然)의 아들로 태어난다. 산지의 목동에 의해 목숨을 건진 오이디푸스는 야만과 문명의 경계에서 자란다. 그에겐 가장 미천한 인간이라도 당연히 소유하게 되는 집과 이름 그리고 부모가 없다. 다른 인간과 구별해 오이디푸스에게 정체성을 준 유일한 것은 '퉁퉁 부은 다리'다. 심하게 부은 다리는 그를 문명사회로부터 격리시키고 다른 인간들과는 섞일 수 없게 만든 '괴상한 존재'의 상징이다.[29]

『붓다와 희생양』에서 주장했듯이, 붓다들과 출가승들도 사회적이고 제의적인 죽음을 의미하는 출가(세계 포기, world-renunciation) 이후에는 사회적으로 살아 있으나 죽은 자로서 본질적으로 문명을 상징하는 '집'과 마을이 아니라, 무질서와 혼돈 그리고 야만을 상징하는 정글에 속하는 존재

---

[29] 배철현, "야만에서 문명으로 가는 길…오이디푸스의 희생이 요구됐다." 「한국경제」, 2018년 6월 8일자. http://news.hankyung.com/article/2018060834691.

들이다. 재가자들의 사유가 아니라, 출가하는 붓다들과 보살들의 특정 사유를 반영하는 불교 철학은 그렇기에 레비 스트로스가 말한 야생적 사유를 반영한다.

필자는 정글과 야생에 속하는 출가승들이 오이디푸스처럼 희생염소 역할을 하고 있다고 주장했다. 붓다들의 살불살조(殺佛殺祖)[30]와 디오니소스적-성적 파계는 오이디푸스의 근친상간과 부친살해와 같은 희생염소에게 전가시키는 하마르티아(죄악)이다.

배철현 교수는 스핑크스의 수수께끼의 주인공이 오이디푸스 자신이라는 사실을 다음과 같이 잘 보여주고 있는데, 필자는 이미 『우상의 황혼과 그리스도』[31]에서 이를 설명한 바 있다.

> 부은 발을 의미하는 오이디푸스라는 이름의 어원은 "어느 동물이 한 목소리를 지니면서도 네 발로 걸었다가, 두 발로 걷고, 그 후에 세 발로 걷느냐"는 스핑크스의 질문을 연상케 한다. 인간은 어릴 때 네 발로 걷고, 청년이 되면 두 발로 걷고, 나이가 들면 지팡이를 짚으며 세 발로 걷는다.
> 오이디푸스는 이 수수께끼를 말이 아니라 무대 위에서 실제로 보여준다. 그는 발이 묶인 채로 태어나 어릴 때 다른 아이들보다 오랫동안 네 발로 걸어 다녔고, 자기 운명의 비밀을 찾기 위해 젊은 시절 두 발로 우뚝 서서 테베의 왕으로 통치했으며, 자신의 저주받은 운명을 알고서는 스스로 두

---

[30] 부처를 만나면 부처를 죽이고 조사를 만나면 조사를 죽이라는 뜻으로, 이는 곧 속임수에서 벗어나라는 것이다.
[31] 정일권, 『우상의 황혼과 그리스도: 르네 지라르와 현대사상』(서울: 새물결플러스, 2014).

눈을 찔러 상하게 해 말년에 지팡이를 짚고 세 발로 걸어다녔다.[32]

지라르에 의하면, 무질서의 원인으로서 추방되고 살해된 이후 신성화되어서 질서의 초석이 되는 희생염소(scapegoat)의 존재 자체가 무질서와 질서가 중첩되는 수수께끼다.

최근 『그리스 비극 깊이 읽기』를 출간한 전남대 최혜영 교수는 그리스 비극을 당시 그리스의 정치적이고 종교제의적 맥락으로부터 이탈해서 순수문학 작품으로서 심미적이고 미학적으로 읽어내는 것과는 달리(물론 그것도 하나의 가능한 독법일 수도 있지만), 그리스 비극이 아테네 시민들의 대동단결을 이끌어 내기 위한 정치적 프로파간다(propaganda)라고 해석했다. 그리스 비극은 정치적 문학이요 호국신앙의 산물이라는 것이다.

최 교수의 『그리스 비극 깊이 읽기』는 그리스 비극에 대한 미학적-심미적 해석에 강력한 망치질을 가한다. 고대 그리스 비극이 순수문학이 아니라, 정치적 문학이었다는 것이다. 그리스 비극들은 기원전 5세기 전후 일종의 아테네 우선주의에 기초해 당시 그리스 내 적대국 내지 경쟁국이던 도시국가(폴리스)들을 깎아내리는 한편 아테네 시민의 대동단결을 끌어 내기 위한 '정치적 프로파간다'에 가까웠다는 것이다.

이런 해석은 지라르가 그리스 비극을 새롭게 읽으면서 자신의 희생양 메커니즘, 보다 정확히 번역하자면 희생염소 메커니즘(scapegoat mechanism) 속에서 해석한 것과 맥을 같이한다고 보인다. 최혜영 교수에 의하면, 그리스 비극경연 자체가 사회 내부의 대동단결을 이루고자 하는 희생제의로부

---

[32] 배철현, "야만에서 문명으로 가는 길… 오이디푸스의 희생이 요구됐다."

터 파생되었다는 것이다. 최 교수는 오이디푸스 신화에 왜 테베가 자주 등장하는지에 질문하면서, 그것은 테베가 아테네의 대척점에 서 있는 일종의 적국이었다는 점과 관련된다고 말한다.

또한 그리스 비극에 여성들이 전면에 부각되는 것을, 비록 당시에 여성참정권은 없었지만 능동적이고 당당한 주체로서의 여성을 보여준다는 일부 해석과는 정반대로 그리스 비극의 배경이 테베와 같은 아테네의 대척점에 있는 도시라는 사실을 기억한다면 여성이 남성 역할을 하는 망조가든 나라라는 것을 보여준다고 최 교수는 바르게 해석했다.[33]

즉, 지라르가 해석하듯이 희생제의와 마찬가지로 그리스 비극도 정상적 사회 질서의 전복과 차이소멸을 보여주기에 그리스 비극에 여성들이 전면에 등장하는 것을 나이브하게 액면 그대로 현대 페미니즘적으로 읽는 것은 낭만적이라는 것이다. 필자의 불교 연구에서도 소개한 것처럼, 20세기 후반 일부 서구 급진 페미니즘 학자들이 탄트라(tantra)[34] 제의에서 여성이 전면에 등장하는 것을 이런 식으로 새롭게 오해하기도 한 것과 맥을 같이하기도 한다.[35]

최 교수에 의하면, 고대 그리스 폴리스들은 서로 끊임없이 경쟁하고 갈등하는 가운데 있었다. "전쟁이 만물의 아버지 왕"이라 했던 헤라클레이토스나 "모든 폴리스들은 만성적 전쟁상태에 있기에 평화란 전쟁이 잠시

---

[33] "권재현의 심중일언-그리스 비극에 테베가 주요 무대로 등장하는 이유를 아시나요?『그리스 비극 깊이 읽기』를 펴낸 최혜영 교수,"「주간동아」, 2018년 6월 9일자. https://m.post.naver.com/viewer/postView.nhn?volumeNo=15992000&memberNo=39087579.
[34] 힌두교·불교·자이나교 등에서 행해지는 밀교 수행법, 또는 밀교 수행법을 담은 경전.
[35] 정일권,『붓다와 희생양: 르네 지라르와 불교 문화의 기원』(서울: SFC, 2013)을 보라.

중단된 상태에 불과하다"라고 했던 플라톤의 말이 우연히 나온게 아니었다. 당시 각 폴리스의 최대 현안이야말로 바로 폴리스의 안녕과 존폐에 있었고, 각 폴리스의 운명이 걸려 있었던 전쟁이나 외교 문제는 최대의 지상과제에 속했는데, 그리스 비극 역시 이러한 국가적 의제를 충실하게 반영하고 있었다는 것이다.

또한 최 교수는 고대 그리스에서는 전쟁 시에 군사력이나 정치적 협상력 같은 것 못지않게 종교적 예식도 매우 중요했는데, 그 가운데서도 가장 중요했던 것이 에보카티오(*evocatio*) 의식이었다. 에보카티오는 '불러내다'라는 라틴어 에보코(*evoco*)에서 파생된 말로, '신 모셔내기' 혹은 '신 불러내기' 의식이라고 할 수 있다.

아테네가 대(大)디오니시아 제전을 중시한 것은 국경을 맞댄 최대의 숙적이었던 테베의 주신이었던 디오니소스 신을 달래 아테네 편으로 돌아서게 할 필요가 있었기 때문이다. 그 산물로 탄생한 그리스 비극 속 주요 무대가 테베가 된 것도 그 연장선상에서 이해할 필요가 있다고 주장했다. 나아가 그리스 비극은 아테네에서 매년 디오니소스 신에게 바쳐진 '대디오니시아 축제'의 일환으로 탄생했는데, 최 교수는 그리스 비극의 어원이 된 트라고디아(*tragodia*) 역시 그 제의에서 제물로 바쳐지거나 또 디오니소스 신 자신의 상징물이었던 염소와 관련된 단어라는 사실을 바르게 지적했다.

필자는 이미 이전 저서들을 통해서 그리스 비극(*tragodia*)이 문자적으로 희생염소의 노래를 의미한다는 사실을 소개한 바 있다. 그리스 비극이라는 단어의 그리스 원어가 '트라고디아'인데, '염소'(*tragos*)와 '노래'(*ode* 혹

은 *oide*)의 합성어로, 말 그대로 '염소의 노래'라는 뜻이다.³⁶

지라르의 해석처럼 그리스 비극은 보다 더 깊이 종교적으로, 특히 희생제의적으로 읽어야 한다. '염소의 노래'로서의 그리스 비극은 희생염소 역할을 하는 오이디푸스를 가운데 두고 대동단결한 아테네 시민들의 정치적 문학 작품이었다.

아테네 시민들이 최대의 숙적이었던 테베의 주신 디오니소스 신을 불러내고 달래는 에보카티오 의식을 한 것은 한국 무속의 신들을 에보카티오하는 것과 비교될 수 있다. 일본의 수많은 신들에 대한 숭배는 '비극적 희생자 숭배'(tragic victim worship)로 해명될 수 있는데, 무속의 많은 신들의 정체는 폭력적이고 비극적이고 억울한 죽음 이후에 신성화된 희생염소(scapegoat) 혹은 비극적 희생자(tragic victim)이다.

평범한 자연사를 통해서는 신들이 탄생하지 못한다. 오직 폭력적이고 억울하고 비극적인 추방과 죽음을 통해서 신들이 생산되고 탄생한다. 무속에서 신들의 죽음, 살해 그리고 추방의 폭력적 비극성은 이후의 신성과 비례한다. 즉, 비극적이고 폭력적으로 살해되면 살해될수록 더 영험하고 센 신이 되는 것이다. 이 무속의 신들의 비극성과 신성의 비례 관계는 지라르가 말하는 희생양 메커니즘에 의해서 쉽게 설명될 수 있다.

지라르에 의하면, 희생양 메커니즘, 보다 정확하게 번역하면 희생염소 메커니즘(scapegoat mechanism)이 신들을 생산하고 제작하는 장치요 메커니

---

36 "권재현의 심중일언-그리스 비극에 테베가 주요 무대로 등장하는 이유를 아시나요?『그리스 비극 깊이 읽기』를 펴낸 최혜영 교수." '희생염소의 노래'(*tragoidia*)로서의 그리스 비극에 대해서는 필자의『우상의 황혼과 그리스도: 르네 지라르와 현대사상』에서 상세하게 논의한 바 있다.

즘이다. 무속의 수많은 신들이 주로 건강한 성인 남성신보다는 애기귀신이나, 처녀귀신, 할매귀신이 거의 절대다수를 차지하는 이유도 바로 비극적으로 희생당한 자들이 이후 신격화되기 때문이다.

대부분의 무속의 신들의 정체적 비극적인 희생자들(tragic victims)이다. 마녀사냥이라고 주로 말하지 마남사냥이라는 표현을 잘 하지 않는 이유도 사회적인 약자인 여성이 주로 폭력적이고 비극적이고 억울하게 희생당한 이후에 신성화되기 때문이다. 지라르가 그리스 신화를 분석하면서 주장하는 것처럼, 그리스-로마의 신들이 부은 발을 의미하는 오이디푸스처럼 많은 경우에 신체적 장애를 가진 신들인 이유는 신체적 장애자들이 약자로서 추방되고 살해당한 이후 신격화되어서 신이 되었기 때문이다.

고려시대 말 충신으로 큰 공로를 이룩했지만, 조선을 개국한 이성계를 비롯한 인물들에 의해 배신을 당한 이후에 개성에서 참수당한 이후에 조선시대 수호신과 장군신으로 무속에서 가장 널리 그리고 가장 열렬히 숭배되었던 최영 장군도 이런 맥락에서 이해될 수 있다. 고대 그리스 아테네 시민들이 적국 테베의 주신이었던 디오니소스를 불러내어서 달래는 것처럼, 한국의 수많은 무속의 신들도 비극적이고 폭력적인 추방과 죽음으로 공동체에게 카타르시스를 주는 희생염소(scapegoat)들이다.

니체가 십자가에 달리신 자(der Gekreuzigte)에 대항해서(gegen) 미래의 메시아적 신으로 선택하고 숭배했던 갈기갈기 찢겨지는 디오니소스는 "반(反)그리스도"를 의미하는 신으로서 집단광기로 이루어지는 폭력적 희생제사의 신이면서 동시에 그 희생제물이다.

6. 파르마코스 소크라테스

　미국에서 약학박사 과정 중에 공부하는 오성민은 르네 지라르의 관점에서 볼 때 소크라테스도 한 명의 희생염소로 볼 수 있는지 질문해 왔다. 소크라테스의 죽음이 당시 아테네의 어지러운 정세를 잠재우기 위한 것이었다는 해석을 많이 보았다는 것이다. 만약 소크라테스가 아테네 사람들에게 선택된 희생염소가 맞다면, 플라톤의 대화편 중 『소크라테스의 변명』은 복음서 이전에 쓰여진 피해자 입장에서의 서술이 아닌지 그는 질문해 왔다. 약학이나 약국(pharmacy)이라는 말도 독인 동시에 약이 되는 그리스 폴리스의 인간 희생제물 파르마코스(*pharmakos*)와 어원적으로 연결되기에, 이 약학도의 질문은 나름 의미가 있는 것이다.

　미국 미시간대학교 서양 고전학부 석좌교수 티렐(Wm. Blake Tyrrell)은 르네 지라르 연구 시리즈인 '폭력, 미메시스 그리고 문화 연구 시리즈'(Studies in Violence, Mimesis, & Culture)에 포함되어서 2012년 출간된 자신의 책 『소크라테스의 희생: 아테네, 플라톤, 지라르』(*The Sacrifice of Socrates: Athens, Plato, Girard*)에서 지라르의 미메시스 이론에 기초해서 소크라테스를 일종의 파르마코스로 파악했다. 이 책을 소개하는 문구에는 다음과 같이 그의 주장을 요약하고 있다.

　　주전 404년경 아테네 시민들이 자신들의 탐욕과 어리석음으로 인해 전쟁에서 패배하는 수치를 당했을 때 공적인 비난은 소크라테스에게로 향하게 되었는데, 소크라테스의 민주주의에 대한 반대와 함께 그의 독특한 외모와 행동은 그를 준비된 타깃으로 만들었다.

그러나 르네 지라르가 지적한 바와 같이 어떠한 한 개인에게 공동체의 위기의 책임을 전가시킬 수는 없다.

> 플라톤의 『소크라테스의 변명』은 소크라테스를 그리스 사회의 골칫거리(bane)인 동시에 치료(cure)로 묘사하고 있지만, 플라톤의 '크리토'(Crito)는 하나의 파르마코스와 같은 인물(a pharmakos figure), 곧 플라톤이 자신의 철학적 치유책들을 제공할 수 있는 인간 약품(the human drug)으로도 간주될 수 있는 하나의 희생제의적 소크라테스(a sacrificial Socrates)를 보여주고 있다.

이 책은 이렇게 지라르의 희생양 메커니즘의 렌즈를 통해서 이 그리스 고전작품들을 분석하고 있다.[37]

하지만, 플라톤의 『소크라테스의 변명』이 예수의 무죄함을 선포함으로써 희생양 메커니즘을 결정적으로 폭로한 복음서와 같이 희생양 메커니즘을 폭로하고 있지는 못하다. 지라르는 그리스 비극작품 연구가 자신의 희생양 메커니즘 발견에 큰 도움을 주었다고 말하고, 그리스 비극이 복음서만큼은 아니지만 희생양 메커니즘을 어느 정도 보여주고 있다고 말한다.

국제지라르학회인 '폭력과 종교에 관한 학술대회'(Colloquium on Violence and Religion)의 공식 기관지(Bulletin) 2016년 50호에는 소크라테스를 일종의 파르마코스로 보는 이 책에 대한 서평이 실렸는데, 여기서도 아테네 시민

---

[37] Wm. Blake Tyrrell, *The Sacrifice of Socrates: Athens, Plato, Girard* (Studies in Violence, Mimesis, & Culture)(East Lansing, MI: Michigan State University Press, 2012).

들에 의한 소크라테스의 희생이 "플라톤 철학의 초석적 살해"(the founding murder of Plato's philosophy)가 되었다는 이 책의 저자의 주장을 소개하고 있다.[38] 지라르에 의하면, 플라톤이 자신의 이상사회에서 그리스 비극시인들을 추방한 것은 그가 시인들을 좋아하지 않아서가 아니라, 종교적 폭력에 대한 시인들의 폭로가 공공질서에 위험한 것으로, 그래서 두려운 것으로 보였기 때문이다.[39]

소크라테스를 일종의 희생양으로 보는 견해는 2018년 국내 방송프로그램 '알쓸신잡' 시즌 3 '그리스 편'에서도 발견되었는데, 이 프로그램은 그리스 아크로폴리스(높은 곳의 폴리스)의 파르테논을 보면서 그리스-로마 신화, 그리스 비극 그리고 소크라테스의 죽음 등에 대해서 논했다. 특히 유시민 작가가 자신이 초등학교 6학년 어린 시절 자유교양대회 출전을 위해서 그리스-로마 신화를 공부하다가 신들의 이야기가 성적으로 너무 난잡해서 책을 읽다가 던져 버렸다는 말이 인상적이었다.

인류의 고전이라고 하지만, 그리스-로마 신화 속에 등장하는 신들은 성적으로 난잡한 인물들이다. 신들이 강간하고 겁탈하는 성범죄자들로 묘사되는 것이다. 그래서 초대 기독교 교부들에게 있어서 그리스-로마 신화에 등장하는 '신들의 부도덕성'은 이교 비판에 있어서 가장 중요한 포인트였다.

지라르에 의하면, 희생양 메커니즘, 보다 정확하게 번역해서 희생염소 메커니즘(scapegoat mechanism)이 신들의 탄생(Theogony)을 작동시킨다. 그리

---

[38] "The Sacrifice of Socrates: Athens, Plato, Girard," reviewed by Brian Harding, *Bulletin of Colloquium on Violence and Religion* 50 (December 2016).
[39] 지라르, 『문화의 기원』, 299.

스-로마 신화의 신들의 탄생 이야기에는 일반적으로 잘 알려진 것처럼, 오이디푸스의 근친상간과 같은 신들의 '막장드라마'가 잘 기록되어 있는데, 이 신들의 성적인 막장 드라마는 희생양 메커니즘 속에서 쉽게 이해될 수 있다. 근친상간과 부친살해라는 하마르티아(죄악, 비극적 결함)를 범한 오이디푸스가 그리스 폴리스의 희생염소 역할을 하고 있듯이 그리스-로마 신화의 신들도 희생염소 역할을 하고 있다.

'신들의 탄생'을 말하고 있는 그리스 헤시오도스의 『신통기』(*Theogony*)에 따르면, 태초의 카오스에서 대지의 여신 가이아(*Gaia*)가 나왔고 가이아는 우라노스(*Ouranos*, 공간 또는 천공) 및 산과 바다를 낳았다. 이어 어머니 가이아가 아들 우라노스와 성관계를 해서 낳은 것이 티탄족·키클롭스족·헤카톤케이레스족이다.

그리스-로마 신화의 신들의 탄생 이야기에도 세계 신화에 쉽게 발견되는 근친상간의 모티브가 존재하는 것이다. 고대 인도 베다 시대의 창조주로 파악되는 프라자파티(*Prajapati*) 신화에도 근친상간의 모티브가 존재한다. 근친상간의 모티브는 보다 원형적인 좌도밀교(비밀불교)의 명상에도 존재한다.

가이아의 아들 우라노스는 자신의 어머니인 가이아와의 근친상간을 통해서 탄생한 그의 자식들을 싫어해 어머니 가이아의 몸 안에 숨겼다고 한다. 가이아는 자식들에게 복수를 호소했으나, 티탄족의 크로노스만 말을 들었다. 근친상간을 통해서 탄생한 아들 크로노스는 하르페(harpe)[40]를 가

---

[40] 외관상으로 보면 낫칼 같은 모양으로 그리스에서 널리 사용되었다. 날은 안쪽에 있으며 곡선 모양으로 일체형이다. 이 검은 상대의 몸을 걸어서 베는 것이 효과적이며 그리스 신화인 메두사의 목을 벨 때 이 검을 사용했다고 한다.

지고 아버지 우라노스가 어머니 가이아에게 접근하려 할 때 그의 성기를 잘라버렸다. 그때 떨어져나간 우라노스 성기는 바다를 떠돌아다니며 흰 거품을 만들어냈고, 이 거품에서 사랑의 여신 아프로디테가 탄생했다. 크로노스의 행동으로 하늘과 땅이 갈라지게 되었다.

지라르의 비교신화학에서 기초해서 분석해 보면 오이디푸스가 근친상간과 부친살해라는 '더러운' 성범죄를 범한 것을 깨닫고 스스로 저주해서 눈을 뽑아버리고 이후 폴리스에서 추방된 것처럼, 근친상간이라는 최악의 범죄를 범한 가이아의 아들 우라노스는 자신의 아들 크로노스에 의해서 그 성범죄에 대한 징벌로 성기가 잘려버렸다고 해석할 수 있다.

신들 혹은 비극적 영웅들의 성범죄 이후 징벌로서 나타나는 거세 모티브는 인도 최고신인 시바 신화에서도 발견된다. 필자는 2005년 독일에서 개최된 국제지라르학회 학술대회에서 르네 지라르와 만나서 힌두교의 시바 신화에 대해서 인터뷰를 했는데, 당시 지라르도 시바는 희생양이라고 주장했다. 『붓다와 희생양』을 비롯한 다른 책들에서 주장한 것처럼, 시바는 성범죄를 범하게 되고, 그 벌로서 그의 성기가 잘려서 종교적 숭배의 대상이 되었다.

지금도 이 잘려진 시바의 성기는 인도를 비롯한 지역에서 링가(Linga) 혹은 링감(Lingam)으로 종교적으로 숭배되고 있다. 시바의 성기인 링가를 보통 생식력의 상징으로 단순하게 해석하지만, 이것은 보다 깊게 희생염소 역할을 하는 시바의 성범죄와 그 징벌이라는 희생양 메커니즘 속에서 이해해야 한다. 시바를 상징하기도 하고 시바의 (성범죄로 인해서 징벌받아 잘린) 성기를 상징하는 링가는 인도 전역의 시바 신전과 가정의 사당에 중요한 숭배 대상으로 모셔져 있다.

링가에 대한 다음(Daum) 백과사전에서 잘 소개하고 있듯이, 여성의 성기를 상징하는 '요니'(yoni)는 시바 신의 배우자인 샤크티 여신의 상징물로 쓰이고 있으며, 꼿꼿이 곧추선 '링가'의 받침대를 이루고 있는 경우가 많다. '링가'와 '요니'는 이렇게 성적으로 결합한 형태를 이루고 있다.

현대인들은 그리스-로마 신들의 부도덕성과 반도덕성을 도덕주의적 관점에서 비판하기보다는 지라르의 비교신화학과 신화 해독의 도움으로 그 내부메커니즘과 코드를 비로소 이해하게 되었다. 즉, 신들은 정체는 결국 파르마코스 오이디푸스의 경우처럼 희생염소(scapegoat)다. 그리스-로마의 수많은 신들은 자신들의 반인륜적, 반도덕적 그리고 부도덕적인 행위들을 통해서 공동체의 비난을 자신에게 흡수시켜서 공동체에게 카타르시스를 제공하면서 공동체를 정화시키는 '걸레' 역할을 하고 있다.

외국 불교학자들에게도 잘 알려지고 연구된 한국의 '걸레스님' 중광은 야누스적인 존재다. 어떤 불자들은 생불이라고 하고, 다른 불자들은 악마와 같은 존재라고 한다. 성적인 몸보시, 기행 그리고 각종 파계(transgression) 등과 같은 반도덕적 혹은 부도덕적인 행위를 통해서 자신을 걸레와 같은 존재로 만들어서 세상을 청소하는 존재다.

지라르 이론에 기초한 필자의 사회인류학적 불교 읽기에 의하면, 붓다들과 보살들과 고승들과 스님들은 결국은 희생염소(scapegoat) 역할을 하고 있다는 것이다. 필자의 책 『붓다와 희생양』은 세계 최초로 붓다를 은폐된 희생염소(scapegoat)로 파악했고, 어느 정도 후대에 약화되고 승화되긴 했지만 아직도 작동하고 있는 불교 속의 희생양 메커니즘을 해독했다.

하지만 세상 죄를 지고 가는 어린 양(*Agnus Dei*) 예수에게는 걸레 이미지가 없다. 성경 텍스트는 예수에게는 '죄'(하마르티아)가 없다고 강조한다. 유죄성은 예수를 죽인 인간 공동체에 있다. 세계 신화는 희생염소의 유죄성과 공동체의 무죄성을 믿는 전체주의적 텍스트요 마녀사냥의 텍스트다.

성경은 희생양 예수의 무죄성과 공동체의 유죄성을 폭로하는 최초의 텍스트다. 지라르는 세계 신화에는 공범의식이 차단되어 있다고 지적한다. 무죄한 자의 전형인 어린 양 예수를 중심에 두고 모인 새로운 폴리스로서의 에클레시아(교회)는 십자가를 앞에 두고 그리스 비극이나 세계 신화의 경우처럼 카타르시스를 느끼는 것이 아니라, 공범의식과 죄의식을 느끼고 용서를 구하는 사죄기도를 한다.

그리스-로마 신화의 신들에게 특징적인 (성적) 부도덕성 못지않게 그리스 비극작품의 주인공들도 충격적이고 반인륜적인 죄를 범한다. 최혜영 교수가 적고 있듯이, 신화적 이야기에 토대를 두었지만 그리스 비극에는 친부살해(오이디푸스), 친모살해(오레스테스), 친자살해(메디아), 남편살해(클리타임네스트라), 근친상간(오이디푸스)처럼 "반인륜적인 내용"이 거침없이 등장한다.

이에 영감을 얻어 프로이트의 오이디푸스 콤플렉스나 엘렉트라 콤플렉스 같은 정신분석학적 용어와 이론이 탄생했다.[41] 즉, 프로이트의 정신분석에서 파생된 각종 포스트모던적 정신분석과 성해방과 성혁명 운동과 담론들은 그리스 신화와 그리스 비극에 대한 오독과 오해에 기초한 것이기에 전면적으로 재검토되어야 한다.

오이디푸스의 파계적(transgressive)이고 반인륜적인 범죄들에 대한 오독

---

[41] "권재현의 심중일언-그리스 비극에 테베가 주요 무대로 등장하는 이유를 아시나요? 『그리스 비극 깊이 읽기』를 펴낸 최혜영 교수."

과 오해에 깊게 기초하고 있는 프로이트의 정신분석, 프로이트로부터 파생된 포스트모던적 정신분석 그리고 프로이트의 억압된 성욕망 이론에 기초하고 있는 유럽 68문화혁명의 각종 성해방 운동들과 자유로운 성해방 운동과 담론들은 전면적으로 재검토될 필요가 있다. 지라르가 주장하듯이 현대인들은 고대 그리스 신화와 그리스 비극을 제대로 해독하지 못한 채 오해했다.

'염소의 노래'라는 문자적인 의미를 지닌 그리스 비극은 오이디푸스의 경우처럼 희생염소(scapegoat) 역할을 하는 비극적인 주인공들의 반인륜적이고 치명적인 결함 혹은 죄악(하마르티아)으로 인한 파국(카타스트로프)을 통해서 관중들에게 카타르시스를 주고자 한다. 그리스-로마의 신들과 그리스 비극의 주인공들뿐 아니라, 아시아의 신들도 결국은 범죄자 신들(criminal gods)이다.

인도학 어느 연구서의 책 제목처럼 인도의 많은 신들도 '범죄자 신들'(criminal gods)이다.[42] 성경은 예수를 또 하나의 범죄자 신으로 묘사하지 않는다. 성경 텍스트는 예수에게는 하마르티아(죄)가 없다고 강조한다. 니체도 자신이 미래의 도래하는 신으로 택한 디오니소스의 반립으로서의 십자가에 달린 예수를 무죄한 자로 묘사한다.

성경은 텍스트성으로 볼 때 구조적으로 다르다. '오염된 자' 오이디푸스는 자신의 하마르티아인 근친상간과 부친살해를 통해서 공동체를 걸레처럼 씻기고 정화시키는 희생염소다. 성경과 기독교는 예수를 염소가 아

---

[42] Alf Hiltebeitel, ed., *Criminal Gods and Demon Devotees: Essays on the Guardians of Popular Hinduism*(Albany: SUNY Press, 1989).

니라, 세상 죄를 없애시는 하나님의 어린 양으로 묘사한다. 그리스 비극과 세계 신화가 '희생염소의 노래'라면 기독교는 '어린 양의 노래'다.

지라르가 분석하듯이, 희생당하는 점에서 볼 수 있는 세계 종교와 기독교 사이의 역설적이고 형식적인 유사성뿐 아니라, 희생염소의 노래/어린 양의 노래 사이에 존재하는 본질적, 구조적, 내용적 그리고 급진적인 불연속성과 차이를 동시에 보아야 한다. 그렇기에 유대-기독교 텍스트는 세계 신화에 대한 가치 전복(Umwertung)을 의미한다.

희생염소의 유죄성을 중심으로 구조화된 텍스트인 세계 신화에는 사회적 약자, 소수자 그리고 희생자의 목소리가 파묻혀 있다. 신화적 가치들에 대한 성경적 가치 전복으로 인해서 점차적으로 사회적 약자, 소수자 그리고 희생자들의 권리와 목소리가 문명 속에서 일어서게 되었다. 상처받은 치유자 그리스도가 희생자들을 일으켜 세운 것이다.

세상 죄를 없애시는 어린 양 예수는 신화가 억압하고 있는 사회적 약자, 소수자 그리고 희생자를 일으켜 세운다. 그래서 최근 지라르를 논의에서 언급하고 있는 독일의 국가적인 철학자로 평가받는 위르겐 하버마스는 최근 유대교의 정의의 윤리와 기독교의 사랑의 윤리가 현대 민주주의, 인권, 자유, 평등 등의 직접적인 기원이라고 주장한 바 있다.[43] 하지만 니체는 유대-기독교적 가치에 대한 디오니소스적 가치 전복이라는 위험한 시도를 했고, 이것은 독일 나치의 야만으로까지 이어지게 된다.

르네 지라르의 신화 해독이 보여주는 것처럼, 부도덕하고 반도덕적인

---

[43] 하버마스와 지라르에 대해서는 필자의 책 『우상의 황혼과 그리스도: 르네 지라르와 현대사상』(서울:새물결플러스, 2014)을 보라.

그리스-로마의 신들의 정체도 그리스 비극의 주인공 오이디푸스처럼 희생염소(scapegoat)로 파악해야 한다. 디오니소스의 철학자가 되고자 했던 니체는 최초의 반도덕주의자가 되고자 했다. 니체가 선포한 신의 죽음은 바로 유대-기독교의 도덕적 신의 죽음과 집단살해였다.

니체를 계승한 하이데거에게 있어서도 윤리와 도덕은 역겨운 것으로 추방되었다.[44] 하이데거를 비판하면서 레비나스는 윤리학을 제1 철학으로 복권시키고자 했다. 니체와 하이데거의 계보학에서 나온 프랑스 포스트모더니즘에서도 윤리학과 도덕은 실종되어 있으며, 포스트모던적 사유는 향락주의적(hedonistic) 사유로 기울어져 있다.

그리스-로마 신화에 등장하는 신들의 부도덕성과 난잡함은 인류 문명의 폭력적이고 비극적 기원을 잘 보여준다. '알쓸신잡' 시즈 3 '그리스 편'에서도 대장장이 신인 자기 남편이 있음에도 불구하고 미의 여신 아포르디테는 미소년들과 성적인 불륜을 범하고 다닌다는 사실이 잘 소개되었다. 이 프로그램에서는 그리스 직접민주주의가 현대의 민주주의와는 다르게 개인의 인권과 자유보다는 폴리스의 자유를 중심으로 작동했고, 그렇기에 폴리스 외부에 대해서는 상당히 적대적이고 정복적이었다는 사실이 옳게 지적되었다.

현대의 민주주의로 발전하는 데 있어서 유대-기독교적 전통의 기여와 공헌이 필요했다. 그래서 앞에서 언급한 것처럼, 위르겐 하버마스는 최근에 유대교의 정의의 윤리와 기독교의 사랑의 윤리가 현대 민주주의의 기

---

[44] 보다 자세한 내용은 필자의 책 『예수는 반신화다: 르네 지라르와 비교신화학』(서울: 새물결플러스, 2017)에서 소개된 2014년 이후 독일에서 출판되기 시작한 하이데거의 철학적 일기장인 『블랙 노트』(*Schwarze Hefte*)에 대한 최신 논의들을 보라.

본적 가치들인 인권, 자유, 평등, 보편주의 등의 직접적인 기원이라고 주장한 바 있다.[45] 20세기 독일 헌법학자 칼 슈미트(Carl Schmitt)는 현대 민주주의와 법학의 주요 개념들은 "세속화된 신학적 개념"이라고 분석한 바 있다. 지라르는 자유, 평등, 박애라는 프랑스 혁명의 주요 개념들이 그 기원이 그리스적인 것이라기보다는 유대교적인 것이라고 주장했다.

유네스코 세계문화유산 1호가 그리스 아테네 아크로폴리스의 파르테논 신전인데, 이 신전에서 당시 사람들은 동물제사를 드렸고, 신탁을 받았다. 세계문화와 인류 문명의 최초의 가장 위대한 건축물들은 모두 희생제사를 위한 건축물이었다. 지라르가 자신의 저서 『문화의 기원』에서 해명하고 있듯이, 인류 문화와 종교와 신화의 기원에는 초석적(礎石的) 살해 이야기가 자리잡고 있다.

7. 지라르의 비교신화학과 동양 신화

2018년 JTBC '차이나는 클라스'에서는 이화여자대학교 중어중문학과 정재서 명예교수의 동양 신화 강의가 이루어졌다. 정재서 교수는 지라르를 국내에 처음 소개하기 시작한 이화여자대학교 불문과 고(故) 김현 선생을 마지막에 언급하는 것으로 보아 지라르의 비교신화학을 어느 알고 있는 것 같았다. 정 교수는 동양 신화와 서양 신화 사이에 존재하는 비교신

---

[45] J. Habermas, "Ein Gespräch über Gott u. die Welt," *Zeit der Übergänge* (Frankfurt: Suhrkamp Verlag, 2001), 174f.

화학적인 공통분모에 대한 보편적 이해보다는 동양 신화가 좀 더 자연 친화적이고 포용적이라는 등의 자기 오리엔탈리즘적인 경향을 보이는 것 같아 좀 아쉬운 면이 있었지만, 동양 신화에 대한 흥미로운 내용들이 소개되었다.

정재서 교수는 천지창조에 대한 동양 신화에서도 반고라는 우주적 거인인 시체로부터 세계가 나왔다는 내용을 설명하면서, 서양 게르만 신화 등에서는 거인에 대한 집단살해와 집단폭력으로부터 세계가 나왔다고 하지만, 반고(盤古)[46] 신화에서는 반고의 자연적인 죽음으로부터 나왔다는 차이를 주장했다. 그렇기에 동양이 좀 더 평화스럽다는 뉘앙스를 보여주었다. 하지만 동양 신화에서 초석적 살해와 폭력에 대한 내용들이 잘 등장하지 않는 것은 동양이 더 평화스러워서라기보다는 그 폭력에 대한 흔적 지우기가 더 강해서이기 때문이라고 보아야 할 것이다.

지라르는 동양 인도신화의 우주적 거인 푸루샤신화에서 나타난 집단살해, 집단폭력 그리고 초석적 살해에 대한 흔적 지우기를 분석한다. 지라르에 의하면, 전통문화는 폭력이 쉽게 노출되지 않고, 절대적 평화라는 기만적인 인상을 주기도 한다. 지라르는 『리그베다』 제10권의 "푸루샤 찬가(讚歌)"에 대해서 다음과 같이 풀이한다.

이는 우주적 푸루샤, 즉 최초의 인간(原人)의 각 부분으로부터 만유(萬有)가 전개되었다는 '거인해체'에 의한 창조 신화다. 신(神)이 푸루샤를 희생제물로 하여 제사를 올리자 그의 몸을 통해서 카스트 제도가 파생되었다고 한다. 지라르에 의하면, 푸루샤는 "희생제사를 드리는 군중에 의해

---

[46] 천지의 창제신.

서 살해되었다." 바로 이 초석적 '살해'로부터 모든 실재가 탄생했다. 이 푸루샤찬가는 초석적 신화이지만, "폭력은 이상하게도 존재하지 않은 것처럼 보인다."

지라르에 의하면, 이 창조 신화는 "너무나 오래되어서 폭력이 희미하게 사라져 버린 것 같다." 이것은 "사물에 대한 절대적으로 평화스러운 베다적 개념"이다.[47] 동양 신화에서 집단살해 이야기가 잘 보이지 않는 것은, 동양인들이 조화롭고 평화스러워서라기보다는 집단폭력에 대한 신화적 흔적 지우기가 강했다고 보아야 더 옳을 것이다. 서구중심주의도 극복해야 하지만, 진지한 자기반성이 결여된 동양의 자기 오리엔탈리즘도 넘어서서 우리 동양 신화에서도 집단폭력과 마녀사냥에 대한 불편한 진실을 읽어내어야 할 것이다.

정재서 교수의 강의에서는 또한 중국 신화에 등장하는 여신으로 도교 전설에서는 여선(女仙)들을 총괄하는 지위에 있는 가장 높은 여신인 서왕모(西王母)가 처음에는 마귀할멈과 같은 모습이지만, 나중에는 아름다운 여신으로 변했다는 언급이 등장했다. 이는 지라르가 분석하는 것처럼, 세계 신화는 마녀사냥의 텍스트라는 것을 잘 보여준다. 즉, 후대에 아름다운 여신으로 초월적이고 미학적으로 변화되고 신성화된 그 여신의 정체는 일종의 마녀로 몰린 여성이었다는 것이다.

민간의 숭배를 바탕으로 도교 최고신의 자리에 오른 옥황상제의 배우자로서의 위치를 차지한 서왕모는 본래 사람 모습을 하고 있지만 표범 꼬리

---

[47] René Girard and Benoît Chantre, *Battling to the End: Conversations with Benoît Chantre* (East Lansing: Michigan State University Press, 2010), 135.

와 호랑이 이빨을 가진 반인반수(半人半獸)의 형상이었다고 한다. 동굴 속에서 살며 역병과 다섯 가지 형벌(天厲五殘)을 관장하는 죽음의 신이었다는 서왕모 신화에서 우리는 동양 신화 속에 은폐된 마녀사냥을 볼 수 있어야 한다.

세계 종교와 신화에서 사회적 약자였던 여성은 그리스 폴리스의 희생염소 오이디푸스가 역병을 몰고온 '오염된 자'로 추방되는 것처럼, 역병의 원인자이자 치유자인 역병의 신으로 추방되고 살해된 이후에 신성화된다. 세계 종교와 신화들에 주로 여신들이 많은 것은 사회적 약자로서 여성이 그만큼 많이 희생되었다는 것을 의미한다.

본래는 마귀할멈과 반인반수(半人半獸)의 형상이었던 서왕모가 이후에 아름다운 여신으로 변화되는 것에서 우리는 동양 신화 속의 마녀사냥을 보게 된다. 마녀사냥은 중세 기독교의 죄악사의 전유물이 아니라, 인류 보편적인 현상이다. 각종 처녀귀신들과 구미호 이야기들로 가득한 우리나라의 '전설의 고향' 이야기들을 마녀사냥의 스토리로 볼 줄 알아야 한다.

또한 정 교수의 강의에서는 드라마 '도깨비'와 지난 월드컵의 붉은 악마의 신화적 소재인, 중국 황제와의 전쟁했다가 잔인하게 참수형을 당한 이후 전쟁의 신으로 신성화된 치우(蚩尤)에 대한 이야기도 등장했다. 이 동양 신화 강의에서는 앞에서 언급한 것처럼, 동양에서는 억울하게 한을 품고 폭력적이고 비극적인 죽음으로 생을 마감한 자들이 크고 센 신이 된다는 내용도 언급되었다.

치우와 마찬가지로 동양 도교에서는 참수당한 관우도 신격화되어 전쟁의 신인 관성제군(關聖帝君)이라 불리우며, 지금까지도 중국인들에게 숭배를 받는다. 앞에서 언급한 독일 철학자들이 유럽 도교 등을 찬양하고 있지만, 이러한 도교 오리엔탈리즘에는 비극적 영웅과 희생자에 대한 신격화와 종교적 숭배가 살아 있는 민간신앙 형태로 남아 있는 동양 도교에 보다 현실적인 이해가 결여되어 있다.

고려시대의 최영 장군도 자연사가 아니라 참수라는 폭력적이고 비극적인 죽음 이후 한국 무속에서 영험한 신으로 신성화되고 있다는 내용이 이 강의에서도 언급되었다. '알쓸신잡' 시리즈 2의 어느 편에서는 한국 무속에서 억울한 신들이 많은 것은 억울한 자들의 원한을 풀어주기 위해서라는 식의 이야기가 등장했는데, 이러한 입장은 전통종교인 한국 샤머니즘에 대한 '정치적으로 올바른'(politically correct) 주장 정도로 이해한다.

지라르가 신들을 생산하는 메커니즘으로 설명한 희생양 메커니즘, 좀 더 정확하게 번역하자면 희생염소 메커니즘(scapegoat mechanism)이 왜 무속의 신들은 자연사한 건강한 성인 남성신이 아니라, 거의 대부분 억울하게 추방당하고 살해당한 애기귀신, 처녀귀신 그리고 할매귀신 들인지를 쉽게 설명해 준다.

진정한 의미에서 억울한 자들의 원한을 풀어주기 위해서는 억울한 신들을 지속적이고 주기적으로 생산하는 사회적 메커니즘을 근대적 계몽의 정신으로 비판하고 해체해야 할 것이다. 억울한 신들이 지속적으로 생산되고 숭배된다는 것은 그 사회가 여전히 희생양 만들기(scapegoating 혹은 victimization)와 희생양 메커니즘에 의존해서 작동된다는 것을 증명할 뿐이다. 더 이상 무속의 신들처럼 비극적이고 억울한 신들이 탄생하지 않아야 억울한 자들이 비극이 최소화될 수 있다. 무속의 신들의 황혼이 인권과 정의와 민주주의의 아침놀을 의미한다.

또한 정 교수의 동양 신화 강의에 의하면, 그리스-로마 신화와 서양의 신화에서는 신들은 처음부터 신이었다. 서양에서는 신과 인간의 차이가 크다. 하지만 동양 신화에서는 신과 인간이 차이가 엄격하지 않고, 느슨하다는 점이 지적되었다. 동양 신화에서는 인간이 신이 된다는 것이다.

동양 신화에서 신과 인간의 차이가 크거나 엄격하지 않고 느슨하고 연속적인 것은, 지라르가 분석하는 것처럼 사회적 약자가 희생염소로 몰려 폭력적인 죽음을 통해서 신들로 신격화되는 그 메커니즘이 약화된 형태로 작동하기 때문이라 보아야 할 것이다. 그리고 이 강연 프로그램 참여 방송인들은 "우리도 신이 되자"라고 주장하기도 했는데, 신이 되기 위해서는 평화스러운 자연사가 아니라, 사지절단이나 참수와 같은 군중폭력과 집단살해를 통해서만이 신들이 될 수 있다는 사실을 기억해야 한다.

이후 비판적으로 논의할 유발 하라리(Yuval Noah Harari)의 '신이 된 인간'을 다룬 책 『호모 데우스』(Homo Deus)도 불교적 영향으로 인해서 신과 인간 사이의 존재론적 간격을 강조하는 유대-기독교적 전통에 반대해서 '우리도 신이 되자'라는 식의 동양적이고 불교적인 뉘앙스를 보이고 있다. 이후 자세하게 분석하겠지만 유발 하라리는 불교 명상에 깊이 심취한 학자다.

불교에서는 성불(成佛), 곧 붓다가 되는 것이 니체가 말한 초인이 되는 것과 유사하고, 이는 일종의 신적인 존재가 되는 것이라고 보는데, 필자는 붓다가 된다는 것은 심청이가 된다는 것과 유사하다고 본다. 필자의 다른 책들에서 소개한 것처럼, 2003년 독일 종교학회에서는 불가에서 성불 과정으로 이해하는 분신공양(焚身供養)과 소신공양(燒身供養)을 은폐된 인간제사(Menschenopfer)로 이해하기 시작했다.

동양 신화에서 신과 인간의 구분이 명확하지 않고, 인간이 쉽게 신이 되는 경우가 많은 것을 환영하거나 장려할 일이 결코 아니다. 자연사가 아니라 폭력적이고 비극적 죽음으로 생을 마감한 사람들이 무속의 신들이 되는 경우가 많다는 것은 그만큼 동양에서는 아직도 사회적 약자와 소수자들을 희생시키는 메커니즘이 작동하고 있다는 것을 보여줄 뿐이다. 동양의 무속의 신들의 정체는 희생된 사회적 약자와 소수자들이다. 세계 신화를 살펴보면 건강하고 강한 남성들은 신이 되지 못한다.

세계 신화는 복수의 위험이 없고 만만한 사회적 약자와 소수자에 대한 박해의 텍스트요 마녀사냥의 텍스트다. 서양 기독교 전통에서 신과 인간의 구분이 명확한 것은 기독교에서 말하는 신은 동양에서처럼 인간 공동체의 폭력으로부터 성스럽게 신성화된 그런 존재가 아니라는 것을 의미한다. 신과 인간의 존재론적 구분과 간격으로 인해서 참된 휴머니즘이 비로소 탄생하는 것이다.

신들과 인간들의 구분이 애매하고 모호하다는 것은 그만큼 전근대적인 의미에서 사회적 약자들이 손쉽게 희생당하고 이후 종교적으로 숭배되는 사회적 메커니즘이 여전히 강하게 작동하고 있다는 것을 의미한다. 신과 인간의 구분이 명료한 기독교 문화의 인권, 자유, 평등, 사회적 약자에 대한 배려 등이 탄생한 것은 결코 우연이 아니다. 신들의 정체가 사회적 약자라면, 그런 신들을 더 이상 만들지 말아야 한다. 억울한 신들의 황혼이 참된 휴머니즘의 아침놀이다.

정재서 교수는 동아시아적 상상력과 동양 신화의 대중화를 위해 강연과 연구 활동에 힘쓰고 있는 신화학자로서 한국에서도 동양 신화를 새로운 콘텐츠 기획에 적극 활용할 것을 독려한다. 정 교수는 풍부한 이야기 창고가 될 수 있는 '동양 신화'의 잠재력을 논하며 중국 고대 신화 '치우천황'을 모티브로 제작된 애니메이션 '포켓몬스터'의 성공 사례를 소개했다.

또한 정 교수는 눈이 하나이거나 가슴을 뚫고 다니는 이방인 역시 너그럽게 받아들였던 동양 신화 속 상호 공존의 자세를 현대에서도 본받아야 한다는 메시지를 전하기도 했다. 하지만 지라르가 그리스-로마 신화의 수많은 신들 중에서 유독 신체적 장애를 가진 신들이 많은 것은 결국 신들이 '부은 발'이라는 신체적 장애를 가진 오이디푸스처럼 희생염소 역할을 하고 있기 때문이라고 해석한 것처럼, 동양 신화에서 자주 발견되는 '눈이 하나이거나 가슴을 뚫고 다니는 이방인'을 우리 동양사회의 희생양, 보다 정확하게 번역해서 희생염소로 읽을 줄 알아야 한다.

동양 신화는 다양성을 좀 더 존중하는 신화라는 정 교수의 주장은 동서양 신화에 대한 비교신화학적 보편성보다는 동양을 좀 더 미화시키는 자기 오리엔탈리즘적인 경향이 있기에 아쉽다. 우리 동양인은 우리에게 익숙한 처녀귀신 이야기들 속에서 우리 사회의 마녀사냥을 읽어낼 줄 알아야 한다.

동양 신화가 좀 더 평화스럽고 포용적이었다면 왜 동양에서 먼저 평화주의나 민주주의가 탄생하지 못했는가?

그 이유는 동양 신화가 민주주의적인 의미를 지닌 텍스트가 아니라, 전체주의적인 의미를 지닌 마녀사냥의 텍스트로 남았기 때문이다. 전체주의적인 텍스트인 신화의 인류학적 메커니즘을 폭로한 기독교가 점차적으로 민주주의를 발전시킨 것이다. 외견상 평화스러워 보이는 동양 신화는 신화적 폭력과 집단주의적-전체주의적 폭력을 주제화하기보다는 그것을 은폐하고 있다. 폭력에 대한 주제화와 그 감수성이 평화를 위한 지름길이지, 폭력이라는 주제에 대한 회피나 은폐 혹은 미화가 그 지름길은 아니다.

지라르에 의하면, 그리스 신화를 비롯한 세계 신화들에서 신들은 대부분 불구나 장애를 가진 사람이거나 아니면 그 사회에 낯선 이방인으로 묘사된다. 낯설고 악마적인 시선을 특징으로 가진 선불교의 창시자인 달마 대사의 모습도 초석적 희생양의 모습을 보여준다.[48]

세계 신화를 자세히 살펴보면 희생양들은 대부분 불구나 장애를 가진 사람이거나 아니면 그 사회에 낯선 이방인이다. 불구로 괴로워한다거나 타지에서 왔다는 사실이 그 사람이 희생양으로 선택될 가능성을 높여준다. 지라르는 이런 것을 희생양의 우선 징후라 표현한다. 중세의 삽화에서 마녀들이 반유대주의적인 만화에 나오는 일그러진 얼굴의 꼽추에다 절름발이인 유대인처럼 그려져 있는 것도 다 이런 이유 때문이라고 말한다.

필자가 오스트리아 인스부르크대학교에서 유학할 때 세미나 시간에 달마 대사의 그림을 보여주었더니 필자의 지도교수가 독일 나치 시대에 유대인들을 그렇게 묘사했다고 지적한 바 있다. 그리스의 신화에는 주로 장애가 있거나 불구이거나 왜소하거나 추한 신들로 가득 차 있다. 고대들의 신들 중에는 아폴론이나 비너스처럼 멋진 신들도 있긴 하지만, 육체나 정신이 망가져 있는 신이 꽤 많다는 사실을 지라르는 지적한다.[49]

정재서 교수는 문화콘텐츠로서의 동양 신화의 가치를 평가하는데, 각종 문화산업의 콘텐츠로서 신화적 소재에 대한 활용도 중요하지만, 동양 신화 자체의 콘텐츠에 대한 학문적 관심도 간과해서는 안 된다. 현대 신화학은 신화의 내용(콘텐츠)에 대한 이해가 증발되어 있다. 이것은 현대 신화학

---

[48] 정일권, 『붓다와 희생양: 르네 지라르와 불교 문화의 기원』(서울: SFC, 2013), 9.1. "신비의 인물 달마 대사와 초석적 희생양"을 보라.
[49] 지라르, 『문화의 기원』, 84-5.

뿐 아니라, 포스트모던 철학의 경우에도 마찬가지다.

『미메시스와 이론: 1953년부터 2005년까지의 문학과 비평에 관한 논문들』에서 지라르는 신비평(New Criticism)의 변종으로서 해체주의는 구조주의와 마찬가지로 일종의 '형식주의'로서 '언어학적 놀이'를 선택함으로 '내용의 도피(evacuation)'를 초래했다고 비판한다. 그래서 그는 이 형식주의적인 배타성이 가지는 암시적인 '허무주의'를 비판하고, "내용으로의 복귀 곧 역사적, 사회적, 그리고 심리적 의미로의 복귀"를 주장한다.

> 어떤 텍스트에 대한 지라르의 독법은 해체주의적 독법보다 더 급진적이라 할 수 있다. 왜냐하면, 해체주의적 접근법은 결국 텍스트를 액면 그대로 받아들이기 때문이다.[50]

구조주의는 기호학으로부터 파생한 한 가지다. 지라르는 롤랑 바르트, 레비-스트로스, 푸코, 데리다와 같은 인물로 대변되는 구조주의와 해체주의를 일종의 '형식주의적 연구들'로 본다. 이들 이론들에 있어서 강조점은 소쉬르적인 의미에서의 구조적 언어학에 있다. 하지만 이 소쉬르적인 언어학은 '내용'의 추방을 확증하고 강화하는 수단이 되었다.

후기구조주의는 이 구조적 언어학에 계속 의지해서 모든 텍스트의 지시성(referentiality)을 의심했다.[51] 독일 관념론이나 해체주의, 포스트모더니즘,

---

[50] Robert Doran, "Editor's Introduction," René Girard, *Mimesis and Theory: Essays on Literature and Criticism, 1953-2005,* ed. Robert Doran (Stanford: Stanford University Press, 2008), xxiv.

[51] René Girard, *Mimesis and Theory: Essays on Literature and Criticism, 1953-2005,* ed. Robert Doran (Stanford: Stanford University Press, 2008), 198-9.

후기구조주의와는 달리 지라르는 한때 풍미했던 언어학적 허무주의를 극복하면서 현실, 곧 '레페랑'(referent, 지시체, 언어가 지시하는 현실 속의 대상)으로 되돌아가고자 한다. 지라르는 "인류학적 기초가 없는" 현대사상을 비판한다.[52]

8. 강강술래와 디오니소스적인 통음난무

르네 지라르의 사상을 두고서 몇 차례의 소통과 만남 이후 『희생되는 진리: 르네 지라르와 무라카미 하루키, 기독교를 옹호하다』를 출간한 오지훈은 정재서 교수의 자기 오리엔탈리즘의 경향에 대한 필자의 비평에 대해서 다음과 같은 질문을 제기했다.

> 한 맺혀 죽은 희생양이 원혼이 되거나 귀신이 되어 산 자를 괴롭히는 테마가 유독 동양에 많은 것은 집단 박해자들이 어느 정도 죄의식을 갖고 있기 때문이 아닐까?

필자는 이 질문에 대해서 '전설의 고향'에 등장하는 처녀귀신 이야기들은 지라르가 일차적으로 논하는 보다 원형적인 신화보다는 훨씬 후대의

---

52 Girard, *Things Hidden since the Foundation of the World*, 63 ; McKenna, *Violence and Difference. Girard, Derrida, and Deconstruction*, 174. 보다 상세한 논의를 위해서는 정일권, 『르네 지라르와 현대 사상가들의 대화: 미메시스 이론, 후기구조주의 그리고 해체주의 철학』(서울: 동연, 2017)을 보라.

이야기이기에 보다 계몽된 인류의식으로 인해서 죄의식도 반영되고 약화되기도 했다고 볼 수 있다고 답했다. 하지만 약화된 형태로나마 한국과 아시아, 인도에서는 이런 인간 희생양들이 무속에서 볼 수 있듯이 아직도 신성을 지닌 존재로 숭배를 받고 있기에 탈신성화 과정이 거의 완성된 서구와 다른 면이 있다는 점도 인정해야 한다고 필자는 답했다.

또한 오지훈은 그리스 신화만 하더라도 신들의 온갖 기행과 성적인 파행들이 난무하고 디오니소스 축제는 희생제의 이전의 통음난무와 온갖 파계를 통한 인위적인 무질서 시뮬레이션이 있었는데, 적어도 한국의 고대 신화와 제의에서 이와 같은 축제가 있었다는 이야기를 들은 적이 없다고 반문했다. 고대 우리 문화에도 박해와 폭력은 있었지만 그것을 일종의 성스러운 제의로서 필요악으로 여겼지, 집단적인 엑스터시와 함께 쾌락에 빠져들도록 즐기는 분위기 같은 게 없었을 것이라고 그는 답했다.

이 질문에 대해서 필자는 우리나라의 종교와 신화와 전승에도 그리스에서 볼 수 있는 디오니소스적인 통음난무(通飮亂舞)의 흔적을 찾아볼 수 있다고 답했다. 고려시대 불교 팔관회 때에 성적인 몸보시가 많이 이루어졌다는 기록도 있고, 강강술래도 본래 디오니소스적인 성적인 통음난무의 춤이었다는 주장도 있다고 필자는 소개했다.

"강강술래는 섹스의 축제였다"라는 제목으로 중국동포사회문제연구소 소장 김정룡은 「동북아신문」 2008년 4월에 실린 자신의 '역사문화 이야기 시리즈' 중 한 편에 전라남도 남해안 여러 지방의 강강술래도 역시 묘의 제족(苗之諸族)과 같은 순수한 도월놀이었으며 따라서 강강술래도 역시 청춘남녀들이 성적인 야합을 목적으로 한 놀이라고 볼 수 있다고 주장했다. 즉, 현대인은 야합(野合)을 음란행위로 간주하지만 고대인에게 있어서 야합이야말로 신성한 의무라고 여겼을 것이라는 것이다.

중국 학자들의 주장에 따르면, 위대한 공자님도 그의 부모가 매신을 제사하는 모임에서 만나 야합해서 탄생되었다고 한다. 강강술래 참여자들이 본래 소년 소녀들이었다가 여자가 중심으로 된 것은 후대에 내려오면서 유교문화의 영향에서 비롯되었다고 볼 수 있다는 것이다. 강강술래는 순수한 우리말이며 원무를 뜻하며 원무는 곧 도월놀이며 도월놀이는 곧 남녀 야합의 놀이였다는 것이다. 김정룡 소장은 중국 소수민족 문헌인 『묘속기』(苗俗記)에 도월놀이에 관한 기사가 있는바, 그 내용을 다음과 같이 소개한다.

> 이른 봄에 남녀가 들판에 모여 배우자를 찾는 것을 이름 지어 '도월'(跳月)이라 한다…정월 초 3일부터 13일까지 모두 도월놀이 기간이다…13일 도월놀이가 끝나면 남자는 갈대피리를 불면서 앞장서고 여자가 띠를 끌고 뒤따르며 장내를 세 바퀴 돌고 나서 손잡고 대나무 숲속에 들어가 먼저 야합하는 바, 이름 지어 '라양'(拉陽)이라 부른다. 그리고 나서 임신이 되면 시집가고 임신이 안 되면 이듬해에 또 반복해서 도월놀이에 참여한다.

『귀주통지』(貴州通志)에도 위의 기사와 비슷한 내용이 적혀 있다고 그는 소개한다.

> 매년 이른 봄에 남녀가 들판에 모이는 것을 '도월'이라 부른다. 평평한 곳을 택해서 월장(月場)으로 삼는다. 남자가 갈대피리를 불고 여자가 방울을 울리며 빙빙 돌면서 노래 부르고 춤을 추면서 하루 종일 즐긴다. 날이 어

두워지면 남녀가 서로 짝을 지어 갔다가 날이 밝으면 헤어진다.[53]

9. 니체의 '춤추는 신,' 디오니소스 그리고 예수

김정룡은 원무는 고대사회에 수많은 민족들이 보편적으로 추었던 춤이었다고 하면서 기독교에도 강강술래와 같은 디오니소스적인 통음난무의 원무가 존재했던 것처럼, 다음과 같이 주장하고 있다. 『예수는 신화다』라는 책에서 저자는 원무에 관해 다음과 같이 적고 있다.

> "영지주의자 예수"는 미스테리아 입문식에서 원무를 이용하여 제자들을 이끈다. 그러한 입문식 춤은 이교도 미스테리아 의식에서 두루 나타나는 것이다. 현대의 한 권위자는 이렇게 말했다. '고대입문식 축제 가운데 춤이 없는 것은 하나도 없다.' '요한행전'에서도 그와 비슷하게 손을 잡고 원을 그리며 춤을 춘다. 예수가 신호를 보내면 사도들이 신성한 말 '아멘'을 읊조린다. 예수는 이러한 '원무'를 통해서 '수난'을 나타낸다고 가르친다. 그리고 이것을 예수는 '신성한 비밀'이라고 부르도록 했다.[54]

『예수는 반신화다: 르네 지라르와 비교신화학』에서 필자는 이미 초대 기독교가 이단으로 규정한 영지주의 문서들에 기초해서 논증하는 종교다

---

[53] 김정룡, "강강술래는 섹스의 축제였다," 「동북아신문」, 2008년 4월 23일자. http://m.dbanews.com/news/articleView.html?idxno=7384.
[54] 김정룡, "강강술래는 섹스의 축제였다."

원주의적 책 『예수는 신화다』를 지라르의 비교신화학과 비교종교학에 근거해서 비판했다.[55] 예수는 신화가 아니라, 반신화(anti-myth)라는 것이 필자의 결론이다.

예수는 니체가 미래의 신으로 갈망했던 디오니소스처럼 '춤추는 신'이 아니다. 철학자 키에르케고르는 그리스도는 춤을 추지 않는다고 했다. 니체는 "나는 춤을 출 줄 아는 신만을 믿는다"고 말했다. 니체에게 있어서 차라투스트라(Zarathustra)는 춤추는 자며, 집단광기와 집단도취의 주신 디오니소스도 '춤추는 신'이다.

니체는 예수가 디오니소스와 같은 '춤추는 신'이 아니라는 점을 잘 알고 있었다. 니체는 디오니소스와 같은 '춤추는 신'이 단지 예술과 축제의 신 그리고 그리스 비극의 신만은 아니라는 사실도 알고 있었다. '춤추는 신'에 대한 미학적이고 심미적인 이해를 넘어서 니체는 디오니소스와 같은 '춤추는 신'을 중심으로 집행되는 집단광기와 집단폭력의 희생제의적 축제에 대해서 무지하지 않았다.

예수가 디오니소스와 같은 '춤추는 신'이 아닌 것은 예술과 삶을 부정하기 때문이 아니라, 집단광기와 집단폭력의 춤판 가운데 자행되는 희생제의를 반대하기 때문이다. 인류의 모든 춤은 본래 원무였으며, 그 원무 가운데 희생염소 역할을 하는 희생제물이 자리잡고 있었다. 원무의 기원은 원무의 중심에 자리잡고 있는 희생염소를 살해하기 전에 이루어지는 칼춤이었다. 칼춤은 인류 원무의 폭력적 기원을 보여준다. 한국 무속에서는 아직도 무당의 칼춤이 살아 있는 전통으로 남아 있다. 그러나 예수는

---

[55] 정일권, 『예수는 반신화다: 르네 지라르와 비교신화학』 (서울:새물결플러스, 2017).

'춤추는 신'도 아니거니와 특히 무당처럼 칼춤을 추지 않는다.

지라르는 세례 요한 참수 전에 이루어진 살로메의 춤에 대한 분석을 하면서 춤이야말로 집단전염과 집단체면을 일으킬 수 있는 효과적인 수단이라고 분석한 바 있다. 한국 영화 '곡성'이나 '검은 사제들'에서 바르게 묘사되고 있는 것처럼, 무당은 입에 칼을 물고, 등에는 희생제물로 바쳐진 잘린 소머리를 메고 일종의 칼춤을 춘다.

인류의 춤의 기원도 희생제사를 집행하기 위한 칼춤에 있다. 강강술래가 지금은 그냥 아름다운 원무인 것처럼 보이지만, 본래는 남녀의 성적 야합이 이루어지는 통음난무의 춤이었던 것처럼, 인류의 춤도 인류 문화 전체와 마찬가지로 그 '폭력적 기원'(violent origins)을 가지고 있다. 예수가 '춤추는 신'이 아닌 것은 예술을 반대해서가 아니라, 희생제사를 반대해서다. 무당은 저주의 굿판에서 칼춤을 춘다. 춤추는 신들과 칼춤을 추는 무당은 예수 그리스도처럼 희생제사의 종결자나 해체자가 아니라, 폭력적인 희생제사의 주기적이고 영속적인 집행자들이다.

힌두교와 불교에서 모든 요기들과 출가승들의 신화적 모델인 힌두교 최고신 시바(Shiva)도 춤추는 신이다. 본래는 통음난무적인 원무였던 강강술래의 경우처럼 우리는 밀교(비밀불교의 줄임말)에서도 이 디오니소스적인 통음난무가 이루어지는 원무를 발견할 수 있다. 불교 만다라가 상징하고 반영하는 것은 디오니소스적인 집단무의식과 원형이다.

만다라(mandala, 曼陀羅)는 물리학자 볼프강 파울리(Wolfgang Pauli)가 생각했던 것처럼, 물리학적인 것을 보여주지 않고, 비밀불교의 성적인 희생제의의 미술적 표현이다. 만다라는 '탄트라 축제'인 가나샤크라를 미술적으로 표현하고 있다. '가나샤크라'(Ganacakra)라는 말은 밤 중에 비밀스럽게 이루어지는 이 비밀불교의 성적인 제의에 참여하는 '무리들의 원'(티베트어로 *tshogs 'khor*)이란 뜻이다.

이 무리들이 둥글게 모여서 벌이는 비밀불교의 축제는 '비밀제의'(Geheimkult)이다. 가나샤크라는 바로 만다라를 제의적으로 집행하는 것이고, 만다라는 가나샤크라를 미술적으로 표현하고 있다. "만다라와 가나샤크라 사이의 신비적 용해"를 통해서 비밀스러운 탄트라 축제의 참여자들은 만다라에 그려진 붓다들과 여신들(창녀들)이 된다.[56]

만다라의 본래 뜻은 마술적인 원(magical circle)인데, 바로 '무리들의 원'인 가나샤크라를 표현하고 있기 때문이다. 세계 모든 종교는 희생양을 가운데 두고 원형을 이룬 제사공동체였다. 희생제의적 공동체가 희생양, 보다 엄밀하게 번역해서 희생염소를 초점으로 원형을 이룬다.

만다라와 가나샤크라는 니체가 말한 디오니소스적인 통음난무(*orgia*)를 반영한다. 디오니소스 축제 때에는 비밀의식 가운데 축제적 위기를 재현하는 통음난무가 벌어졌다. 만다라의 원이 마술적인 효력을 지니게 된 것은, 그 원 속에서 집행된 통음난무적이고 차이소멸적인 축제의 희생양들(폭력적이고 차이소멸적인 결합 속에 있는 붓다들과 창녀들)이 폭력적인 추방이나 살해 혹은 화형을 당한 이후 신성화되기 때문이다.

필자가 『붓다와 희생양』에서 주장했듯이, 높은 카스트와 창녀들 혹은 붓다들과 창녀들 사이의 반사회적이고 파계적인 합일로 인해 그들은 공동체로부터 비난을 받고 화형된 이후 합체존(合體尊)과 분노존(忿怒尊)으로

---

[56] Adelheid Herrmann-Pfandt, *Dākinīs. Zur Stellung und Symbolik des Weiblichen im Tantrischen Buddhismus* (Bonn: Indica et Tibetica Verlag, 1992), 369, 381. 제10장은 바로 이 Ganacakra에 대해서 논의하고 있다.

신성화된다. 그래서 그 디오니소스적인 비밀축제가 집행된 원은 마술적인 효력을 가진 것으로 생각된다.

10. 거울뉴런 발견자와 지라르의 만남

앞에서 논의한 것처럼, 소포클레스의 『오이디푸스 왕』에 대한 잘못된 독법과 해석으로부터 탄생한 프로이트의 정신분석보다는 최근에는 르네 지라르의 미메시스 이론과 정신분석학 사이의 학제적 연구가 활발하다. 프로이트의 범성욕주의적 정신분석보다는 최근에는 뇌과학 연구에 기반한 인지심리학이 심리학의 주류를 이루고 있다.

인지심리학은 뇌과학, 신경과학, 신경심리학, 정보과학, 언어학, 인공지능, 컴퓨터 과학 등과 관련이 있다. 최근 심리학의 주류는 프로이트의 정신분석을 어느 정도 계승하되 오이디푸스 콤플렉스 이론과 같은 과도한 범성욕주의적 차원은 극복하고 뇌과학에 기반한 신경정신분석학(neuro-psychoanalysis)으로 발전하고 있는 것으로 안다.

앞에서 소개한 것처럼, 2016년 영국 케임브리지대학교에서는 모방적 뇌(Mimetic Brain)를 화두로 "상호주체성, 욕망 그리고 모방적 뇌: 르네 지라르와 정신분석"(Intersubjectivity, Desire, and the Mimetic Brain: René Girard and Psychoanalysis)이라는 주제 아래 국제학술대회가 개최되기도 했다.[57] 뉴턴,

---

57 "Intersubjectivity, Desire, and the Mimetic Brain: René Girard and Psychoanalysis" (11-12 November 2016 (St John's College, Cambridge, UK).

다윈, 스티븐 호킹, 존 폴킹혼 등의 자연과학적 연구로 유명한 영국 케임브리지대학교는 최근 지속적으로 지라르의 이론을 학제적으로 연구하고 있다. 영국 케임브리지대학교 홈페이지 연구자료실에서는 지라르의 미메시스 이론(Mimetic Theory) 연구를 위한 공간을 마련해서 자연과학의 학제적 연구를 위한 자료들을 업로드하고 있다.[58]

2015년에는 세계 성공회 수장이었던 캔터베리 대주교 로완 윌리엄스(Rowan Douglas Williams)가 지라르의 저서 『창세로부터 은폐되어 온 것들』(Des choses cachées depuis la fondation du monde)[59]의 제목을 주제로 삼은 학술세미나에서 케임브리지대학교의 다윈과 '인문학의 다윈'인 지라르를 비교하면서 소개하고 있다.[60]

지라르의 이론과 정신분석을 연결하는 가장 중요한 발견은 거울뉴런(mirror neurons)의 발견이다. 거울뉴런의 발견으로 인해 모방적 뇌(Mimetic Brain)에 대한 연구가 활발하게 되었다. 최근 한국의 뇌과학 분야와 방송과 언론에서 DNA의 발견 이래 최대의 업적으로 평가받는 거울뉴런(mirror neurons) 혹은 거울 신경세포에 대한 논의가 매우 빠른 속도로 전개되고 있지만, 거울뉴런과 르네 지라르의 미메시스 이론 혹은 모방 이론(Mimetic Theory) 사이의 깊은 관련성은 제대로 알려지지 않았다.

필자는 그동안 프랑스 지식인 최고의 영예인 아카데미 프랑세즈(Académie française) '불멸의 40인'으로 선정되었고 '인간과학의 새로운 다윈' 혹은 '사회과학의 아인슈타인'으로 평가받는 르네 지라르에 대한 연

---

[58] http://upload.sms.csx.cam.ac.uk/collection/2111182.
[59] René Girard, *Des choses cachées depuis la fondation du monde* (Paris: Grasset, 1978).
[60] "Cambridge Festival of Ideas," 20 October 2015.

구서들을 출판하면서 반드시 거울뉴런에 대한 논의를 포함시켜 왔지만, 거울뉴런 발견자가 지라르를 직접 만나서 지라르의 이론이 뇌과학적으로 확증되었다고 말했다는 사실을 국내에 제대로 알리지 못했다.

거울뉴런은 1990년대 초 이탈리아 출신의 신경과학자 자코모 리촐라티(Giacomo Rizzolatti) 연구팀이 원숭이를 대상으로 뇌 체계를 연구하던 중 발견한 것이다. 르네 지라르는 이 연구팀 중의 한 학자인 비토리오 갈레세(Vittorio Gallese)를 2007년 스탠포드에서 만나 거울뉴런에 대해서 이야기를 나누었는데, 이 대담에서 갈레세 교수는 "미메시스에 대한 지라르의 개념이 이 발견으로 말미암아 확증되었다"는 것을 인정했다.[61]

거울뉴런의 발견자인 리촐라티 교수가 공저자로 저술한 연구서 『공감하는 뇌: 거울뉴런과 철학』[62] 의 출판사 리뷰에서도 르네 지라르의 미메시스 이론 혹은 모방 이론과 거울뉴런 사이의 깊은 연관성이 다음과 같이 잘 명시되었다.

> 이 책은 거울뉴런의 발견자인 리촐라티와 철학자인 시니갈리아의 공저이다. 유명한 신경의학자인 라마찬드란은 거울뉴런의 발견을 DNA의 발견 이래 최대의 업적이라고 평가하면서, 거울뉴런이야말로 인간을 이해하는 데 새로운 길로 접어들게 할 것이라고 예견하였다. 최근에 사망한 르네 지라르의 모방 이론 역시 거울뉴런과의 연관성을 생각하면 그 가치가 더욱

---

[61] Jean-Michel Oughourlian, *The Genesis of Desire*, trans. Eugene Webb (East Lansing, MI: Michigan State University Press, 2010), 89-90.
[62] 쟈코모 리쫄라띠, 코라도 시니갈이아 공저, 『공감하는 뇌: 거울뉴런과 철학』, 이성동, 윤송아 공역 (UUP, 2016).

빛을 발할 것이라고 생각된다.

DNA의 발견과 비견되는 거울뉴런의 발견은 문학비평으로부터 시작된 지라르의 미메시스 이론 혹은 모방 이론을 뇌과학적으로 혹은 신경과학적으로 확증한다.

2018년 한국어로 번역된 또 다른 거울뉴런에 대한 연구서의 원제는 『공감적 두뇌』(The Empathic Brain)인데, 한국어로는 『인간은 어떻게 서로를 공감하는가: 거울뉴런과 뇌 공감력의 메커니즘』으로 번역되었다. 이 책의 영어 원본의 부제는 "거울뉴런의 발견이 어떻게 인간 본성에 대한 우리의 이해를 변화시켰는가"(How the Discovery of Mirror Neurons Changes Our Understanding of Human Nature)이다.

거울뉴런은 뇌 공감력의 메커니즘을 작동시키기도 하지만, 거울뉴런으로 활성화된 모방과 경쟁은 또한 갈등과 폭력을 일으켜서 르네 지라르가 분석하는 희생양 메커니즘, 좀 더 정확히 번역하자면 희생염소 메커니즘(scapegoat mechanism)을 작동시키기도 한다.

11. 뇌공감력, 공명, 이타심 그리고 희생양 메커니즘

거울뉴런의 공동발견자인 비토리오 갈레세 교수는 2007년 '행위와 거울뉴런'(Acting and Mirror Neurons)에 관한 학술모임에서 르네 지라르의 미메시스 이론과 희생양 이론에 대한 질문에 답하면서, 2007년 르네 지라르를 스탠퍼드대학교에서 만나 지라르가 분석한 모방적 욕망과 거울뉴런이 깊은 관련이 있다고 말했다.

갈레세 교수는 몇 년 동안 1주일 정도 스탠퍼드에서 르네 지라르와 지라르 학파 학자들과 학문적 대화를 나누었다고 이 모임에서 말하고 있다. 갈레세 교수는 이 학술모임에서 거울뉴런을 너무 빠르게(낭만적으로) 공감과 이타심의 기원으로만 파악하는 것에 대해서 거리를 두면서, 지라르가 분석하듯이 거울뉴런의 미메시스는 공감과 이타심의 정반대로 갈 수도 있다는 점을 기억해야 한다고 지적했다.

갈레세 교수는 거울뉴런의 발견이 인간이 선한 의지를 가지고 있으며, 동정적이며, 이타적이며, 공명을 추구하는 존재라는 것을 보여준다고 일면적으로 주장하는 것에 대해서 반대한다. 그는 지라르의 이론을 상세하게 설명하면서 지라르의 모방적 욕망 이론이 말하는 것처럼, 거울뉴런의 또 다른 측면, 곧 거울뉴런으로 인한 모방적 욕망으로 인한 모방적 경쟁과 갈등에 대해서도 분석해야 한다고 이 강연에서 말하고 있다.

거울뉴런을 뇌공감력의 메커니즘으로만 이해하는 것보다는 지라르의 모방적 욕망 이론에서 말하는 것처럼, 거울뉴런으로 인해서 갈등적이고 폭력적인 메커니즘도 발생한다는 점을 보아야 한다고 갈레세 교수는 말한다. 거울뉴런은 뇌공감력과 이타심의 메커니즘으로 작용할 수도 있지만, 정반대로 거울뉴런으로 활성화된 미메시스는 정반대로 작용해서 갈등적이고 경쟁적이고 폭력적인 희생양 메커니즘, 보다 정확히 번역하면 희생염소 메커니즘(scapegoat mechanism)으로 작용할 수도 있다.

거울뉴런을 공감과 이타심 등의 기원으로만 보는 것은 낭만적 거짓이고, 거울뉴런으로 인한 미메시스는 창조적, 공감적, 이타적인 작용뿐 아니라, 갈등적, 경쟁적, 폭력적으로 작용할 수 있다고 보는 것이 더 정직

할 것이다. 거울뉴런으로 인한 모방과 미메시스는 공감뿐 아니라 갈등도 만든다.

이러한 거울뉴런의 발견자 갈레세 교수의 입장은 거울뉴런을 발견을 DNA 발견 이래의 최대의 발견이라고 평가한 V. S. 라마찬드란(V. S. Ramachandran)의 입장과 어느 정도 비견될 수 있다. 라마찬드란은 2012년 미국 캘리포니아대학교에서 이루어진 뇌과학과 관련된 학술모임에서 달라이 라마와 대화하면서 거울뉴런이 공감과 자비(compassion)의 장소라고 주장했다. 라마찬드란은 인간의 진화에서 위대한 도약 이후를 이끌어 온 힘은 바로 거울뉴런과 모방을 이용한 학습이라고 주장한다.

거울뉴런(mirror neurons)으로 인해서 우리의 뇌는 공감적인 뇌(emphatic brain)로만 작동하는 것은 아니다. 그렇다면 인류 역사에서 갈등, 폭력, 증오, 폭력, 살해, 인종청소, 르상티망, 경쟁 등은 존재하지 않았을 것이다. 하지만 현실은 모방적 욕망과 경쟁으로 인한 수많은 야만적 갈등과 폭력이 존재한다. 그렇기에 거울뉴런을 공감, 연민, 이타심, 자비의 장소로만 파악하는 것은 지나치게 일면적이다.

현대 명상불교는 공감, 연민, 이타심, 자비만을 강조하고 역사와 문명 속에 실재하는 각종 갈등, 경쟁, 증오 등을 손쉽게 회피하는 경향이 없지 않다. 평화주의를 위해서는 갈등과 폭력을 회피하기보다는 그것을 직시해서 주제화해야 할 것이다.

모방적 뇌(mimetic brain)를 가진 우리 인간 호모 미메티쿠스(*homo mimeticus*)는 공감할 수 있는 동물이면서도 가장 경쟁적이고 가장 폭력적인 동물이라고 인정하는 것이 역사적 진실일 것이다. 이후 정치경제학적인 논의에서 상술하겠지만 호모 미메티쿠스에 대한 인류학적 이해와 현대 정치학적인 입장은 연결되어 있다. 가장 모방적이고 경쟁인 동물인 인간, 곧 호모 미메티쿠스에 대한 지라르의 입장은 장 자크 루소의 입장보다는 현대 정치학의 아버지로 평가받는 토마스 홉스의 입장과 연결된다.

현대인들의 공감은 또한 쉽게 조작당하고 전염되기 쉽다는 점을 알아야 한다. 국제지라르학회 공식 저널의 이름은 '전염'이라는 의미를 지닌 「전염: 폭력, 미메시스 그리고 문화에 관한 저널」(*Contagion: Journal of Violence, Mimesis, and Culture*)이다. 거울뉴런은 공감도 일으키지만, 사회적 전염도 일으킨다. 한국에서 '드루킹'과 '경공모'(경제적 공진화 모임)의 공감 조작사건과 댓글 조작사건 그리고 국정원의 댓글 조작 등을 기억해 본다면, 한국에서 공감과 전염의 가벼운 정치학이 얼마나 유행하고 있는지를 볼 수 있다.

우리 한국인이 보다 주체적으로 판단하지 못하고, 특정 소수가 조작한 댓글이나 공감 수에 전염되어서 정치적인 선택을 하는 경우가 많다는 것이다. 기사 본문 자체에 대한 독자적, 독립적 그리고 주체적 판단과 이해보다는 그 아래의 댓글이나 공감 수를 보고 쉽게 판단한다.

인간은 사회적으로 쉽게 전염되는 존재다. 이들의 댓글 조작과 공감 수 조작을 통한 여론 조작은 대권 후보자들을 낙마시킬 정도로 큰 영향력을 행사했다고 한다. 기사 본문이 아니라, 댓글과 공감 수가 여론을 결정한다는 것은 우리 한국인이 얼마나 자신의 판단이 아니라, 타자의 판단에 공감하고 모방하고 그리고 전염되어서 사고하고 판단하는지를 보여준다.

거울뉴런이 선하고 좋은 방향으로만 공감과 공명을 일으키지는 않고, 그 반대로 갈등적이고 폭력적인 전염과 경쟁도 발생시킨다는 점은 다음의 사실과도 연관된다. 2018년 4월 KAIST 문화기술대학원 이원재 교수 연구진은 45년간의 '포뮬러 원'(F1) 자동차 경주에서 발생한 사고 데이터를 통해 사회적 행위자들 간의 지위나 정체성이 비슷할수록 폭력, 갈등이 발생할 확률이 높아짐을 발견했다고 밝혔다.

지라르는 이미 문학연구와 비교신화학적 연구를 통해서 차이가 없고 차이소멸적인 형제 관계나 쌍둥이 관계에서 갈등과 경쟁은 격하게 이루어진다는 점을 분석해 내었는데, 이원재 교수 연구진의 이 연구는 지라르의 이론을 사회학적으로 지지하는 의미가 있다. 지라르는 신화 속의 쌍둥이 모티브처럼 차이소멸적인, 곧 차이가 별로 없고 서로 비슷한 사람들 사이에는 모방적 욕망으로 인한 라이벌 관계, 경쟁 관계가 격해진다고 분석한 바 있어서, 현재 국제정치학을 비롯한 여러 학문 분야에서 갈등 이론과 평화 이론으로 주목받고 있다.

지라르에 의하면, 문화체계는 차이의 체계요, 세계 신화와 (희생)제의는 차이소멸로 요약될 수 있다. 세계 신화에서 형제살해의 이야기가 많고 쌍둥이의 메타포가 많이 등장하는 이유가 바로 위기적, 갈등적, 폭력적 그리고 경쟁적 차이소멸을 신화와 제의가 보여주기 때문이라는 것이다.

사회적 관계에서의 갈등, 폭력, 살인은 우발적인 감정 또는 서로 다른 정체성을 가진 집단 간 지위·경제적 능력 차로 발생한다고 생각하기 쉽다. 그러나 이원재 교수 연구진은 빅데이터를 통해 그 원인을 분석했는데 흥미로운 결과가 나왔다. 체계적이고 구조적인 '규칙'이 있었다는 것이다. 특히 사회적 지위·정체성이 비슷할수록 이들 사이에서 폭력적이고 파국에 가까운 갈등이 발생하는 것으로 나타났다. 갈등은 사람들 간 나이가 비슷하고 실력이 우수할수록 더 깊어지는 경향을 보였다.

일반적으로 사회적 갈등이라고 한다면 사용자와 노동자, 권력자와 시민처럼 권력과 정체성이 다른 집단 사이의 갈등을 떠올리기 마련이다. 그러나 생명을 위협할 정도의 갈등으로 범위를 좁히면 오히려 사회적 위치가 비슷한 관계에서 이런 현상이 더 자주 발생한다.[63]

---

[63] "서로 너무 비슷하면 갈등·폭력 발생 가능성 커진다," 'KAIST GSCT 이원재 교수, F1 빅데이터 분석,' 「머니투데이」, 2018년 4월 19일자. http://news.mt.co.kr/mtview.php?no=2018041910003186967.

제5장

카테콘으로서의 정치 질서와 시장경제

1. 폭력과 성스러운 시장경제

2018년 한국어로 번역된 책 『신이 된 시장: 시장은 어떻게 신적인 존재가 되었나』(The Market as God: Living in the new dispensation)[1]는 시장의 종교화와 종교의 시장화를 비판한다. 이 책은 신의 지위를 차지한 현대 시장경제의 부끄러운 민낯을 고발하고 '시장신'(The Market as God)을 새로운 신으로 숭배하는 '시장경제'라는 종교를 분석한다. 이 책은 자본주의와 신자유주의에 대한 비판적 시각에서 자본주의 시장경제가 종교화되고 '신격화'되었다고 비판한다.

하지만 지라르와 지라르 학파에서는 시장이나 경제가 현대 자본주의에 와서 처음으로 종교화되고 성스러운 존재가 된 것이 아니라, 시장경제 자체가 오래전부터 성스러운 기원과 종교적 뿌리를 가지고 있다고 파악한

---

[1] 하비 콕스, 『신이 된 시장: 시장은 어떻게 신적인 존재가 되었나』, 유강은 역 (서울: 문예출판사, 2018).

다. 시장경제는 오래전부터 종교적이었고 성스러웠다. 시장과 경제도 종교, 특히 희생제의로부터 파생되었다. 이후 소개하겠지만, 이 책에서는 자본주의와 시장경제를 폭력으로만 보는 마르크스 전통과는 달리 시장경제가 '나쁜' 무정부주의적 폭력을 담아내고 통제하는 '좋은' 폭력이라고 주장할 것이다.

지라르 학파는 대체적으로 막스 베버(Max Weber)가 이야기했던 근대화 과정으로서의 세계의 탈마술화 과정과 탈신성화 과정 이후 자본주의와 시장경제가 원시시대에 폭력을 통제했던 성스러움(the sacred, le sacré)을 대체하고 있다고 파악한다. 자본주의와 신자유주의 체제 비판에서 쉽게 볼 수 있는 자본주의와 시장경제의 폭력성과 신성을 인정하지만, 이 새로운 성스러움이라 할 수 있는 시장경제가 무정부주의적 폭력으로부터 인류를 보호하는 약과 같은 긍정적인 역할을 하고 있다는 사실도 기억해야 한다고 지라르 학파는 주장한다.

지라르의 이론을 학제적으로 확장시켜 적용시키고자 했던 프랑스 에콜 폴리테크니크(École Polytechnique)와 스탠퍼드대학교의 사회정치학자 장 삐에르 뒤피(Jean-Pierre Dupuy)는 오래전부터 지라르의 통찰을 자본주의와 시장경제 분석에 적용해 왔다. 뒤피는 2014년 10월 31일 미국 포틀랜드주립대학교 '포틀랜드 공공인문학 연구소'(Portland Center for Public Humanities)가 주최한 "종교, 세속주의 그리고 정치적 소속"이라는 주제 아래 모인 학술모임에서 슬라보예 지젝과 만나서 지라르의 이론과 현대 자본주의 등에 대한 대담을 나눈 바 있는데, 지젝은 뒤피의 책들을 읽고나서 뒤피를 '비밀스러운 스승'(secret master)로 모시게 되었다고 한다.

2013년 새로운 시각으로 주류 경제학의 한계 극복을 목적으로 한 '새로운 경제적 사고를 위한 연구소'(INET, Institute for New Economic Thinking) 홍콩 컨퍼런스에 지라르 학파에서 가장 주요한 학자 중 한 명인 장 피에르 뒤피와 폴 뒤무셸(Paul Dumouchel)을 비롯한 경제학과 관련된 지라르 학파의 학자들이 참여해 발표했다.

「한국경제」는 2013년 4월 5일자 기사에서 "욕망은 현대 자본주의를 굴러가게 하는 가솔린 같은 역할을 한다: 욕망 이론과 경제학의 만남, 수학·통계의 기존 경제학은 한계"라는 제목으로 이 학술대회를 다음과 같이 언론 보도했다.

> 새로운 시각으로 주류 경제학의 한계 극복을 목적으로 한 '새로운 경제적 사고를 위한 연구소'(INET)의 홍콩 콘퍼런스에선 인문학과 경제학의 접목도 시도됐다. 프랑스 사상가 르네 지라르의 '욕망 이론'을 경제학과 접목시키려는 철학자와 경제학자들의 열띤 토론이 이어진 것이다…에드워드 플부르크 웨스트잉글랜드대학교 교수는 "기계적 세계관에 수학 통계학 등과 밀접한 관계를 맺어왔던 기존 경제학이 한계에 부닥쳤다"고 지적했다. 그는 "기존 경제학의 패러다임이던 '균형 이론'으로 설명되지 않는 만큼 인간의 욕망에 의해 금융시장이 요동치고, 욕망을 기초 데이터로 활용할 수 있다는 시각으로 지평을 넓혀야 한다"고 주문했다.

에콜폴리테크니크(École Polytechnique) 철학과 장 피에르 뒤피 교수도 이 컨퍼런스에서 "인간의 본성을 수요(needs)가 아니라 욕망(desire)으로 보는 것은 애덤 스미스의 초기 경제학의 기반으로 돌아간다는 의미도 있다"라며 "인간의 욕망과 다른 사람을 닮고자 하는 모방 경쟁은 소비 이론이나 경제 발전의 주체가 무엇인가를 돌아보는 데도 큰 의미가 있다"고 주장했다. 자본주의를 움직이는 것은 필요나 수요(needs)가 아니라, 모방적 욕망(mimetic desire)이라는 것이다.

그렇기에 호모 미메티쿠스에게는 불필요한(needless) 욕망의 거품이 많은 것이다. 이 경제학 학술대회에서는 이렇게 수학·통계의 기존 경제학의 한계를 지적하고, 모방적 욕망, 경쟁, 인정 투쟁 그리고 질투심이야말로 현대 자본주의를 굴러가게 하는 가솔린과 엔진 같은 역할을 한다는 사실이 강조되었다.

또한 지라르의 이론을 경제학적으로 가장 쉽게 보여주는 것이 광고라는 것도 이 컨퍼런스에서 소개되었다. 즉, 왜 그 상품만 소개하면 되지 광고 모델이 필요한가라는 것이다. 광고 모델의 필요성은 지라르의 삼각형의 욕망 이론으로 쉽게 설명된다.

중국은 시장경제 체제를 도입해서 경제를 발전시킴으로 G2까지 도약하게 되었다. 2019년 김정은 국방위원장도 북한사회의 경제발전을 위해서 시장경제 체제를 강화하라는 교시를 내렸다. 체제 경쟁에서 이미 오래전에 승리한 자본주의와 시장경제 체제 중심의 신자유주의가 중국과 러시아 그리고 북한에서도 도입되어서 전체주의적 국가가 효율적으로 만족시키지 못한 국민들의 먹고사는 문제를 보다 효과적으로 해결해 주고 있음에도 불구하고, 자본주의 체제 속에 살아가는 일부 지식인들이 여전히 시장경제와 자본주의에 대한 체제 비판에만 경도되어 있는 것은 점차적으로 극복되어야 할 문제다.

2. 과시적 소비와 명품 마케팅: 베블런과 지라르

2013년 '새로운 경제적 사고를 위한 연구소'(INET)의 홍콩 컨퍼런스에서는 과시적 소비에 대한 베블런의 입장과 지라르의 모방적 욕망이 연결되어서 논의되었다.

미국 사회학자이자 경제학자인 소스타인 베블런(Thorstein Veblen)이 자신의 저서 『유한계급론』(The Theory of the Leisure Class: An Economic Study in the Evolution of Institutions, 1899)에서 유한계급과 같은 상류계급에서 보이는 두드러진 소비행태는 사회적 지위를 과시하기 위해 행해지는 과시적 소비(conspicuous consumption)임을 지적했다. 그가 분석한 '가격이 높을수록 오히려 수요가 늘어난다'는 이른바 '베블런 효과'(Veblen 效果)는 기존 경제학의 질서를 뒤흔드는 내용이다.

유한계급의 과시적 소비뿐만 아니라 베블런이 간과하지 않은 소비행태가 바로 모방 본능에 의한 소비다. 그의 주장은 기존의 경제학에서 말하듯 사람들은 독립적이며 합리적인 의사결정을 통해 소비를 하는 것이 아니라, 주변의 존경과 선망의 대상을 모방하는 소비를 통해 자신의 욕망을 충족시킬 뿐이라는 것이다. 따라서 상류계급인 유한계급이 자신의 부를 과시하기 위해 쓸모 없고 비싼 상품을 소유하면 할수록 그보다 한 단계 낮은 지위의 계급들은 이를 모방해서 소비를 한다는 것이다.

흔히 경제학에서 사람들은 합리적인 의사결정을 하기 때문에 가격이 높으면 수요가 줄어들고, 가격이 낮아지면 수요가 늘어난다고 한다. 하지만 베블런 효과는 가격이 상승하면 오히려 수요가 증가하는 현상, 곧 어떤 상품이 비쌀수록 잘 팔리는 것을 말한다. 즉, 가격이 오르는데도 일부 계층의 과시욕이나 허영심 때문에 수요가 줄어들지 않는다. 자신의 지위를 자랑하려는 과시적 소비, 최신 유행을 무작정 따라가는 모방적 소비, 순간적 욕구에 휘말리는 충동 소비 등이 이에 해당한다.

남을 지나치게 의식하거나 허영심이 많은 소비자일수록 베블런 효과의 영향을 크게 받는다. 특히 명품시장에서 베블런 효과가 많이 나타난다. 이 점을 이용해 유통업계에서는 명품 마케팅, VVIP 마케팅을 펼치고 있다.[2] "명사만을 위한…" 같은 표현은 모두 베블런 효과를 노린 마케팅 전략이다.

호모 미메티쿠스는 과시욕, 모방본능, 군중심리, 경쟁심리 그리고 모방심리가 있기 때문에 오히려 터무니없이 가격이 높은 물건을 선호하는 비합리적인 경향이 있다는 것이다. 모방적 욕망과 경쟁이 만들어 내는 허영심과 과시욕이 때로는 '미친 가격'을 만들어 내는 것이다. 기존의 경제학으로 설명될 수 없는 이러한 비이성적이고 비합리적인 그리고 '미친' 과시적 소비현상에 대한 베블런 효과를 가장 잘 설명할 수 있는 이론이 바로 모방적 욕망과 경쟁, 허영심 등에 대한 지라르의 욕망 이론이다. 소비의 본질은 과시와 모방이라는 것이다.

베블런은 전통적이고 고전적인 경제학, 즉 필요에 의해서 수요와 공급에 의해서 가격이 결정되는 경제학 시대가 아니라, 새로운 유형의 경제학과 자본주의가 싹트는 것을 목도했다. 즉, (모방적) 경쟁(emulation)이 동력으로 작동하는 새로운 유형의 경제학이다. 즉, 명품 소비에서 볼 수 있듯

---

2 "과시적 소비 '베블런 효과,'" 「주간동아」, 2017년 3월 3일자. http://weekly.donga.com/Library/3/all/11/862473/1.

이 가격은 그 상품의 내재적 가치에 의해서 결정되는 것이 아니라, 그 명품을 소비하는 타인의 욕망이 생산하는 '마술적인 아우라'에 의해서 모방적이 되고 경쟁적으로 욕망한다는 것이다.

왜 우리는 명품을 소비하는가?

왜 짝퉁이라도 명품을 소비하고자 하는가?

명품의 내재적 가치는 정말 얼마일까?

고가일수록 더 잘 팔리는 비합리적이고 비이성적이고 그리고 이 '미친' 현상은 수요와 공급에 의해서 가격이 결정된다는 경제학의 공리는 무너진다. 명품시장이나 사치품 시장에서 볼 수 있는 고가 명품 현상은 베블런과 지라르의 분석, 곧 모방적 경쟁이 거품을 만든다는 것으로 잘 설명될 수 있다.

베블런은 인간 속에 자리잡고 있는 경쟁을 향한 경향성(propencity for emulation)을 보았다. 그는 인간의 경쟁 본능(instinct for emulation)을 보았다. 그는 경쟁의 시대(age of emulation)로 접어든 새로운 자본주의의 모습을 보았다. 부동산 시장과 주식시장 등의 위험한 거품은 바로 호모 미메티쿠스의 모방적 욕망과 경쟁적 욕망이 만들어 낸다. 위험한 거품은 우리의 욕망 안에 있다.

이 홍콩 컨퍼런스에서는 모방적 인간인 호모 미메티쿠스의 만성적인 불만족(chronic dissatisfaction)에 대한 분석이 이루어졌다. 모방적 욕망과 경쟁으로 작동되는 현대 자본주의의 새로운 아레나가 분석되었다. 고전경제학에서 말하는 물질적 필요(needs)를 만족시키는 단계를 넘어서 이제는 모방적 경쟁과 모방적 욕망(désir mimétique)을 만족시켜야 하는 새로운 단계의 자본주의로 진화했다. 타자를 추월하고자 하는 모방적 경쟁과 모방적 욕망은 무제한적이지만, 지구의 자원은 제한적이라는 사실도 이 학술대회에서 지적되었다. 남의 떡이 커 보이는 이유는 모방적 욕망 때문이다.

3. 시장경제는 폭력인가 아니면 폭력에 대한 치유인가?

장 피에르 뒤피는 이 경제학 학술대회에서 먼저 '경제의 폭력'(The Violence of the Economy)을 분석한다. 시장경제가 폭력적이라는 사실은 새로운 발견이 아니라고 우선 그는 분석한다. 시장경제의 폭력성에 대해서는 마르크스가 이미 착취와 소외라는 개념을 통해서 고발했다. 마르크시즘과 공산주의의 시장경제의 폭력성에 대한 비판뿐 아니라, 위대한 경제학자들도 경제가 유해하며, 독과 같을 수 있으며 또한 잔인할 수 있다는 점을 자기 관점에서 인지하고 있다고 뒤피는 말한다.

뒤피에 의하면, 이것은 아담 스미스가 도덕감정론에서 '도덕감정의 부패'(corruption of moral sentiments)의 원천으로 본 것이다. 하지만 뒤피는 시장경제의 폭력성을 인정하면서도 "시장경제가 우리 자신의 폭력으로부터 우리를 보호한다"(The Economy Protects Us from Our Own Violence)는 주장을 한다. 뒤피에 의하면, 기독교적 메시지로 인한 세계의 탈신성화 혹은 탈마술화(막스 베버)의 과정에서 우리 사회에게 인간 폭력을 '저장'(to contain human violence)할 수 있도록 유일하게 남아 있는 수단이 바로 시장경제다.[3]

---

[3] A paper read at the Institute for New Economic Thinking Annual Plenary Conference, Hong Kong, 4-7 April, 2013.

뒤피는 이 학술대회에서 마르크스로부터 오늘날의 자본주의 비판에 이르기까지 흐르는 전통에서 주장하는 것처럼, 경제가 폭력인가, 아니면 몽테스큐로부터 오스트리아 태생의 프리드리히 하이에크(Friedrich Hayek)에 이르는 자유주의 전통에서 주장하는 것처럼, 경제는 "폭력에 대한 치유"(remedy for violence)인가라고 질문한다. 경제는 과연 독인가 아니면 약인가라는 질문이다.

하이에크는 신자유주의의 입장에서 모든 계획경제에 반대하였다. 하이에크는 시장경제야말로 인류 역사상 가장 위대한 발견 중 하나라고 보았다. 뒤피는 지라르와 근대 경제학의 아버지인 아담 스미스의 입장을 연결해서 다음과 같이 주장한다. 즉, 경제는 폭력을 포함하고 있지만, 경제가 폭력을 저지하고 있다는 것도 사실이다. 경제를 통해서 폭력은 자기-제한을 보일 수 있으며, 그리하여 사회 질서의 붕괴를 예방하게 된다.

뒤피와 뒤무셸은 30년 전부터 지라르의 이론을 경제학에서 접목해서 다음과 같은 결론을 내렸다.

"경제는 전혀 다른 수단들 통한 성스러움의 연장이다"(The economy is the continuation of the sacred by entirely other means).

즉, 경제는 성스러움(the sacred)과 마찬가지로 폭력을 폭력으로서 저지하고 있다. 그래서 헤겔은 신들의 황혼으로 인해 극도의 위험에 처하게 된 세상에서 경제가 현대세계의 본질적인 형식이 된 이유라고 말했다고 뒤피는 소개한다. 이러한 뒤피와 뒤무셸의 주장은 『사물의 지옥: 르네 지라르와 경제논리』에 잘 나타나 있다.[4]

---

[4] Jean-Pierre Dupuy, Paul Dumouchel, *L'enfer des choses: René Girard et la logique de l'écono-*

뒤피에 의하면, 지라르는 제2차 세계대전과 구조주의와 해체주의 그리고 후기구조주의가 풍미했던 한 시대로 인해 중단되었던 종교적 인류학의 오래된 전통을 부활시킴으로써 문화의 기원에 대한 질문을 새롭게 제기했다. 문화의 기원에 대한 질문은 성스러움(the sacred)의 기원에 대한 질문과 같은 것이다.

지라르에 의하면, 성스러움은 '나쁜' 무정부주의적 폭력을 통제하는 '좋은' 제도화된 폭력이다. 뒤피에 의하면, 옛 성스러움(old sacred)가 그랬던 것처럼 현대 시장경제는 '나쁜' 무정부주의적 폭력을 통제하는 '좋은' 폭력의 역할을 하고 있다는 것이다. 즉, 경제는 현대사회의 새로운 성스러움(the sacred)라는 것이다.

지라르는 현대 서구경제는 독과 같은 모방적 욕망을 약과 같이 긍정적으로 이용하는 법을 터득한 첫 문화라고 다음과 같이 말한다.

> 오늘날의 서구 경제는 모방적 경쟁을 긍정적으로 이용하는 법을 터득한 첫 문화이다. 이것은 경제적 경쟁으로 잘 알려진 것이다. 이것은 때로 통제를 벗어나기도 합니다만, 흔히 경쟁을 하는 비즈니스맨들은 서로에게 총을 쏘지는 않습니다(물론 가끔은 자신들에게 총을 쏘는 경우가 있긴 해도)…만약 궁극적으로 기독교에서 나오는 도덕적 규칙의 견제가 없다면 자본주의적 경쟁은 불가능할 것입니다.[5]

---

mie, postface de René Girard (Éditions du Seuil, 1979).
5   지라르, 『문화의 기원』, 261-63.

지라르는 뒤피의 입장과 유사하게 경제적인 경쟁과 자유시장경제는 모방의 상승을 막아주고 있다고 본다.[6] 이러한 자본주의와 시장경제에 대한 지라르의 입장은 자본주의가 폭력적인 면도 있지만, 옛 폭력적인 성스러움(the sacred)을 대체하는 새로운 폭력 방지의 수단으로서 긍정적으로 작용하고 있다는 점도 인정해야 한다는 사실을 강조한 것이다.

그리고 이 자본주의 유지와 발전을 위해서는 기독교에서 파생된 도덕적 규칙의 견제도 필요하다는 점을 지적하는데, 이것은 막스 베버가 자본주의의 기원과 정신에서 발견한 기독교 윤리, 보다 좁혀서 프로테스탄트 윤리와도 맥을 같이하는 것이다. 이 책에서 현대 자본주의적 질투사회에서 세계 내적 금욕주의가 필요하다고 강조한 것은 바로 이러한 맥락에서다.

슬라보예 지젝과 장 피에르 뒤피는 최근 자본주의, 마르크시즘, 성스러움 그리고 지라르 등에 대해서 지적인 대담을 가졌는데, 뒤피는 자본주의와 시장경제가 새로운 성스러움(the sacred)으로서 폭력 방지의 역할을 하게 된 것은 기독교적 세계의 탈신성화와 탈마술화(막스 베버) 이후의 일이라고 본다.

지라르에 의하면, 기독교는 문화의 발생에 있어서의 종교의 중추적 역할을 계시했다. 기독교는 참으로 종교를 탈신비화시켰는데, 이는 고대 종교가 기초하고 있는 것, 곧 신성화된 희생양의 효율성이라는 오류를 지적하고 있기 때문이다. 폭력을 '담을 수 있는'(to contain) 유일한 시스템이었던 희생제의의 상실로 인해서 우리 가운데 폭력이 다시 돌아온 것이다. 희생제의가 사라지자 남은 것은 모방적 경쟁이며 그것은 극단적으로 가속화

---

6   지라르, 『문화의 기원』, 263.

된다. 희생제의의 완전한 상실은 반드시 '폭발'을 촉발시키는데, 왜냐하면, 희생제의가 우리를 지탱하였던 정치적-종교적 체계였기 때문이다.[7]

지라르는 뒤피와 마찬가지로 대체적으로 자본주의와 시장경제가 독과 같이 폭력적인 측면도 있지만, 또한 새로운 약처럼 사회 내부 폭력과 내부 긴장을 진정시키고 통제하는 역할을 하고 있다고 분석한다. 하지만 그렇다고 지라르가 '현대의 무차별화'와 글로벌화를 무조건적으로 지지하는 것은 아니다. 그는 현대사회가 가져온 긍정적인 발전을 인정하는 동시에 새로운 위험에 대해서 경고한다.[8]

현대사회는 이전의 사회보다 더 나빠질 수 있다. 희생양 메커니즘이 폭로된 이후 등장하는 새로운 위험들을 경고하는 지라르는 '묵시록적인 사상가'다.[9] 전지구적으로 무차별화되는 글로벌화 시대의 종교, 폭력 그리고 평화의 문제를 현실적으로 논의하기 위해서는 '계몽된 묵시록'이 요청된다. 지라르의 학제적 응용을 오랫동안 추구해 왔던 뒤피는 이 위협적인 묵시록적인 시대에는 새로운 기술 윤리가 필요하다고 주장한다.[10]

---

[7] René Girard and Benoît Chantre, *Battling to the End: Conversations with Benoît Chantre* (East Lansing: Michigan State University Press, 2010), 198-9.

[8] Palaver, *René Girards mimetische Theorie: Im Kontext kulturtheoretischer und gesellschaftspolitischer Fragen,* 315.

[9] Palaver, "ein apokalyptischer Denker," *René Girards mimetische Theorie: Im Kontext kulturtheoretischer und gesellschaftspolitischer Fragen,* 316. 정치학과 묵시록의 상관성을 미메시스 이론으로 분석하는 연구들은 다음을 참고하라. Hamerton-Kelly, Robert G. & Johnsen, William (eds), *Politics & Apocalypse* (Studies in Violence, Mimesis, and Culture Series) (Michigan: Michigan State University Press, 2008).

[10] Jean-Pierre Dupuy, "Die Ethik der Technologie im Zeitalter der drohenden Apokalypse," *Aufgeklärte Apokalyptik: Religion, Gewalt und Frieden im Zeitalter der Globalisierung,* ed. Palaver, Wolfgang, Exenberger, Andreas and Stöckl, Kristina, 229–249. Edition Weltordnung – Religion –Gewalt 1 (Innsbruck: Innsbruck University Press, 2007).

기독교 계시는 점차적으로 희생제의를 제거함으로 극단으로 치닫는 경향성을 가속화시켰다. 기독교의 도래는 일종의 '해방적 성숙성,' 곧 '반(反)희생제의적 교육'을 의미한다고 지라르는 본다. 그러나 기독교는 또한 '상처받기 쉬운 전통'이기도 하다. 기독교는 자신이 계시한 메시지와 급진적으로 새로운 정보, 곧 성스러움에 대한 급진적인 탈신비화와 폭력적 기원의 메커니즘에 대한 결정적인 지식의 높은 기준에 어울리게 살지 못하기도 했다.[11]

그러므로 인류는 자신의 폭력과 모방을 인정하면서 과거의 본능적 희생양 메커니즘을 포기한 채, 우리의 연약한 사회시스템에 대한 묵시록적 성숙성과 합리성을 가져야 한다.

4. 시장평화: '카테콘'으로서의 시장경제와 정치 질서

지라르는 오늘날의 일부 지식인들처럼 자유시장경제나 신자유주의 사상의 잔임함에 대해서 그다지 비관적이지 않으면서 자본주의와 민주주의의 새로운 복잡성과 복합성에 대해서 복합적인 사유로 대응해야 한다고 제안한다. 그에게 있어서 시장경제는 정치 질서와 마찬가지로 일종의 '카테콘'이다. '카테콘'(*Katechon*)은 성경 데살로니가후서 2장 7절에 '적그리스도의 활개를 억제하는 자 혹은 억제하는 것'을 의미한다.

---

[11] René Girard and Benoît Chantre, *Battling to the End: Conversations with Benoît Chantre* (East Lansing: Michigan State University Press, 2010), 141.

자신의 저서 『문화의 기원』 내용 중 "성스러운 시장"이라는 제목 아래서 지라르는 세계화는 원래 부를 생산하여 사회 안정에 도움이 되는 경제 발전을 의미하며, 주도적인 역할을 하는 중심세력이 없는 일종의 자율 시스템 같은 것으로 간주하는 에릭 갠즈(Eric Lawrence Gans)의 입장에 동의한다. 자본주의와 세계화 그리고 신자유주의가 주도하는 이 세상에는 안정적인 측면도 분명히 존재한다는 점을 지라르는 본다. 그와 동시에 불안한 요인들 역시 완전히 배제할 수 없다고 그는 말한다.

지라르는 지금 세상이 이상적인 세상이라고 말하는 것은 결코 아니다. 이 세상은 아주 허약하고 아직도 여전히 불공정한 세상이다. 그러나 "옛날의 성스러운 질서가 제공해주던 외적 중개를 대신할 수 있는 안정의 요소"도 갖고 있다고 그는 말한다. 지라르는 이 "거대하고 복잡한 시스템의 전체 운동"을 제대로 분석하기는 쉽지 않다고 말한다.[12]

'카테콘'(Katechon)이라는 말은 데살로니가후서 2장 6-7절에 나오는데, 그리스어로 '아래'를 의미하는 'Kate'와 '갖다, 지니다'를 의미하는 'Echo'가 만난 합성어로, '안에 지니다'(내포)와 '아래로 누르면서 갖고 있다'(억제)라는 두 가지 의미를 가지고 있다. 『신약성서 신학사전』(Theological Dictionary of the New Testament)은 이 말을 "나쁜 사람이나 기운을 차단하는 것"이라고 정의하고 있다.

이 동사의 이중적인 의미는 독일 비스바덴에서 "신학과 세속 사상: 정치철학, 경제, 사회학에 관한 토론"을 주제로 한 국제지라르학회 '폭력과 종교에 관한 학술대회'(Colloquium on Violence and Religion) 1994년 연차대회

---

[12] 지라르, 『문화의 기원』, 264-266.

의 토론회에서 장 피에르 뒤피가 처음으로 주장했던 것이다. 특히 필자의 지도교수였던 팔라버는 자기 자신을 카테콘으로 간주했던 칼 슈미트 전문가로서 "홉스와 카테콘: 희생제의적 기독교의 세속화"라는 논문에서 카테콘에 대해서 논의한 바 있다.[13]

칼 슈미트는 자신의 정치신학을 통해 현세를 그리스도의 재림을 기다리는 중간기(*interim*)로 규정했고, 적그리스도의 활개를 억제하는 자로서 카테콘이란 형상을 내세웠다. 법학자로서 칼 슈미트는 그렇게 법과 세속적 통치와 정치 질서를 카테콘의 영역으로 파악했다.

서구 근대정치학 혹은 정치철학의 아버지인 토마스 홉스의 저서 『리바이어던』(*Leviathan*)은 서구 근대 정치철학의 초석적 텍스트(founding text)라 할 수 있는데, 이 책에서 홉스는 국가의 이미지를 부정적인 이미지를 가진 거대한 괴물 리바이어던에 비유한다. 홉스의 리바이어던이라는 이미지는 모방적 욕망과 경쟁으로 인해서 뜨거운 용광로처럼 끊임없이 발생하는 내부 폭력, 내부 갈등 그리고 시민전쟁과 같은 '나쁜 폭력'을 통제하는 일종의 필요악 혹은 일종의 카테콘으로서의 국가를 잘 보여주고 있다.

'리바이어던'은 구약성서 욥기 41장에 나오는 바다의 괴물 이름으로서, 인간의 힘을 넘는 매우 거대하고 강한 동물을 뜻한다. 홉스는 국가라는 거대한 창조물을 이 동물에 비유한 것이다. 홉스는 17세기 영국의 시민전쟁과 내란 혁명의 원인이 주권의 소재가 명확치 않았던 사실이 최대원인이라고 확신하고, 인간 분석을 통해 주권의 필요성을 논하고, 절대주권을 확

---

[13] W. Palaver, "Hobbes and the Katechon: The Secularization of Sacrificial Christianity," *Contagion* 2 (1995), 57-74를 참고하라.

립함으로써 국민의 안전과 평화를 달성하기 위해 이 책을 저술한 것이다.

카테콘은 '지키다, 간직하다'와 '막다, 억제하다'의 양면성과 이중성의 의미를 가지고 있다. 지라르는 카테콘을 포기해선 안 된다고 말한다. 카테콘을 통해서 나머지 것들도 해결될 수 있다고 그는 본다. 하지만 무엇을 억제하고 막는 카테콘 자체가 부정적인 개념이라는 것도 인정해야 한다고 지라르는 말한다.

지라르는 순결한 '정치학'은 없다고 생각한다. 사회 질서를 지키면서 가능한 평화적 수단을 다 동원해서 무차별화의 속도를 지연시키려 애를 써야 하는 것이 정치학이라고 지라르는 생각한다. 동시에 그에 의하면, 정치학은 폭력을 사용하면 더 큰 폭력을 불러오게 되지만 그렇다고 완전한 비폭력을 바랄 수 없다는 것도 잘 알고 있다. 이렇듯 참된 이론을 만들어 낼 수 없는 우리가 할 수 있는 것은 지연시키는 것이라고 지라르는 말한다. 즉, 카테콘이 역할을 맡아서 이 기능이 영원하도록 노력하는 것이다. 지라르에 의하면, 카테콘은 기독교 세계, 즉 사탄의 지배에서 해방된 세계 있는 것이다.

또한 카테콘은 과거의 질서가 조금은 들어 있는데, 이 질서라도 없다면 폭력에게 완전히 문을 열어주고 말 것이다. 동시 카테콘은 폭력도 담고 있는데, 이것은 사탄이 십자가에 속았을 때 남아 있던 것이라고 지라르는 분석한다. 그렇기에 우리는 약간의 폭력을 통하고 또 폭력을 수반하면서 생각할 수밖에 없다고 지라르는 주장한다.

카테콘의 역할에 대해서 가장 깊이 연구한 20세기의 대표적인 학자가 칼 슈미트라고 지라르는 적고 있다.¹⁴ 앞에서 소개한 것처럼, 칼 슈미트는 독일의 공법학자 겸 정치학자로서 법과 정치 질서가 정당화될 수 있는 근거는 주권적 권위자의 '결단' 속에서 찾아야 한다고 주장했다. 칼 슈미트는 결단주의(Dezisionismus) 법학자다. 헌법 제정 권력과 의회주의의 분석 등에 있어서는 오늘날에도 그의 학설이 시사하는 바가 크다.

폭력과 위기를 말한다는 비난을 받을 때마다 자신은 칼 슈미트를 즐겨 인용한다고 지라르는 말한다. 지라르에 의하면, 칼 슈미트는 계몽주의 시대에 가능한 유일한 학문은 질서의 학문임을 강조한다. 하지만 질서의 학문이 바로 질서는 아니라고 지라르는 말한다. 계몽주의 철학은 위기를 질서의 우발적인 단절로, 말하자면 순전히 비합리적이라서 생각도 할 수 없는 어떤 것으로 보고 있다.

하지만 인간의 질서는 항상 카오스(chaos)에서 나오며 또 카오스로 되돌아간다는 아낙시만드로스(Anaximandros)의 말을 생각해 보아야 한다고 위기의 사상가(Krisendenker)인 지라르는 주장한다. 지라르와 칼 슈미트 모두 질서 보다는 무질서와 위기에 방점을 두고 사유하는 위기의 사상가라 할 수 있다. 지라르에 의하면, 폭력의 통제는 칼 슈미트의 중심 주제였다. 지라르에 의하면, 정치의 역할은 갈수록 줄어들고 있다. 오늘날의 경제가 만족을 주고 있기에 카테콘의 성격을 갖고 있다고 지라르는 분석한다.¹⁵

지라르는 시장처럼 복잡한 시스템 때문에 생겨난 희생양과 희생제의가 다른 인간에 의한 의도적인 인간 생명의 학살을 똑같은 것이라고 급진적

---

14 지라르, 『그를 통해 스캔들이 왔다: 모방적 욕망과 르네 지라르 철학』, 145.
15 지라르, 『그를 통해 스캔들이 왔다: 모방적 욕망과 르네 지라르 철학』, 146-9.

으로 말하는 일부 학자들에 주장에 동의하지 않는다. "시장은 나치 수용소의 가스실같이 오로지 사람을 죽이기 위해서 고안된 기술적인 장치는 아니다"라고 그는 말한다. 지라르는 다음과 같이 분석한다.

> 이런 시스템을 억제한다고들 말하고 있는 '카테콘'들은 아직도 거짓 초월성에 근거해 있으며, 이 초월성은 당연히 불의와 폭력을 낳을 수밖에 없다.

그럼에도 우리는 이 모방 메커니즘이라는 악마 같은 세력이 고삐가 풀린 세상에 살고 있으므로, 일시적이긴 하지만 이 시스템도 엄청난 폭력의 분출에서 우리를 보호해 주고 있다는 것을 참작해야 한다고 주장한다. "신자유주의 경제이론에 근본적인 비판을 가하는 것이 있다면 그것은 확실히 시장 그 자체일 것이다"라고 지라르는 주장한다. 지라르에 의하면, 분명 시장사회에 대한 애정 어린 수정 작업도 하고, 이것의 부당함에 대해 기독교 윤리에 기대어 비판해야 한다는 것은 두말할 나위가 없다.

그렇지만 동시에 우리는 이 과정을 인류 역사라는 기나긴 시간 속에서 이해해야 한다고 그는 주장한다.

> 나는 세계화 혹은 새로운 국제질서의 옹호자가 아니다. 단지 오늘날의 상황을 무책임하게 찬양하지도 않고 또 그렇다고 완전히 매도하지 않으면서 이런 상황의 복잡성을 보려고 노력할 뿐이다…우리 상황의 복합성에 대해서 똑같이 복합적인 생각으로 대응해야 한다.[16]

---

[16] 지라르, 『문화의 기원』, 266-8.

그러므로 이 책에서는 자본주의와 시장경제 그리고 민주주의 등 현대 정치경제학은 근대적 관점에서가 아니라, 지라르가 제안하는 것처럼, 인류 역사라는 기나긴 시간 속에서 이해하고자 한다. 정치경제학을 보다 문화인류학적으로 파악해서 인류 문화의 기원과 진화라는 보다 장대한 문명사적 관점에서 현대 정치경제학을 분석하고 비판해야 한다.

르네 지라르의 사유를 깊게 수용하고 있는 독일 철학자 노베르트 볼츠(Nobert Bolz)도 자본주의적 시장경제와 소비주의를 폭력을 담고 있는 수단으로 긍정한다. 볼츠는 칼 마르크스의 '공산당 선언'을 염두에 둔 자신의 저서 『소비주의 선언』[17]에서 "소비주의는 광적인 종교들이라는 바이러스에 대항하는 세계사회의 면역 체계다"고 긍정하고 있다. 여기서 광적인 종교는 우선적으로 근본주의적 이슬람을 의미한다.

볼츠는 소비주의는 우선 믿을 수 없을 정도로 원시적인 삶의 형태라고 본다. 하지만 볼츠에 의하면, 소비주의는 종교적 근본주의와 비교해 볼 때 보다 작은 악이라 할 수 있다. 볼츠는 발터 벤야민 연구가로서 벤야민에 의지해서 자본주의를 종교대체(Religionsersatz)로 우선 파악한다. 볼츠에 의하면, 자본주의는 일종의 신이교적인 컬트종교(Kultreligion)인데, 그 속에서 모든 날은 상품물신숭배(Warenfetischismus)의 축제일이 된다.

하지만 볼츠는 이 자본주의적 소비주의에 대한 근본적인 거부는 너무 가볍다고 본다. 그는 소비주의를 광적인 근본주의종교와 이데올로기에 저항하게 하는 세계사회의 면역 체계로 긍정한다. 그에 의하면, 소비는 인정과 욕구충족을 가져다주는데, 이러한 것은 추상적인 법 질서나 전쟁을 통

---

[17] Nobert Bolz, *Das konsumistische Manifest* (München: Wilhelm Fink, 2002).

해서 가능해질 수 없는 것들이다. 볼츠는 이처럼 앞에서 논의한 것처럼, 자본주의적 시장경제와 그 소비주의를 사회적 내부 폭력과 긴장을 담아내고 통제하는 수단으로 긍정하고 있는 것이다.

볼츠에게도 자본주의는 일종의 카테콘이다. 볼츠에 의하면, 헤겔 철학의 실존주의적 독법 속에서 역사의 동력으로 이해되는 인정 투쟁(Kampf um Anerkennung)은 소비 속에서 그러한 욕구들이 충족되고 있다고 분석한다. 볼츠는 자유시장경제를 강조하는 자유주의적 전통에 기초해서 "경제적 관계들을 통한 갈등의 대체"가 성공적으로 이루어지지 않는 곳에서 폭력이 발생되는 조건들을 발견한다.

볼츠도 경제적 관계들이 폭력적 갈등과 갈등적 폭력들을 대체하고 통제한다고 보고 있다. 볼츠는 특히 자본주의가 매우 초기부터 인간 열정들의 통제(Regulation der menschlichen Leidenschaften)로서 사유되고 정당화되었다고 본 알버트 히르쉬만(Albert O. Hirschmann)의 입장을 따르고 있다.

히르쉬만은 자신의 저서에서 자본주의를 인간의 열정들을 통제하고 진정시키는 위대한 문화적 업적으로 파악했다.[18] 소비가 갈등을 해결하는 수단이라는 것이다. 자본주의적 시장경제와 소비주의가 헤겔이 말한 역사 동력으로서의 인정 투쟁과 인정욕망을 충족시켜서 모방적 욕망으로 발생하는 내부 갈등과 내부 폭력을 진정시키고 통제하는 역할을 하고 있다는 점에 볼츠도 동의하고 있다.

볼츠에 의하면, 9.11테러 이후 세계는 근본주의와 함께하는 반미주의의

---

[18] Albert O. Hirschmann, *The Passions and the Interests: Political Arguments For Capitalism Before Its Triumph* (Princeton, NJ: Princeton University Press, 1977).

진영과 소비주의적인 자본주의(자유주의)로 양분되게 되었다. 볼츠는 이 두 세계 진영 사이에는 세계 시민전쟁이 벌어지고 있다고 본다. 볼츠에 의하면, 서구사회는 그것이 자본주의적이기에 자유사회라고 본다. 경제가 도덕이 아니라 숫자에 기초하고 있기에 그것은 개방된 시스템으로 발전되게 된다고 그는 본다.

볼츠에 의하면, 돈이 세계를 지배하게 되면 광적인 이데올로기나 피비린내 나는 폭력이 지배할 수 없게 된다. 화폐화된 소유욕이 다른 열정들을 진정시킨다고 그는 파악한다. 그래서 볼츠는 세계 시민전쟁 속에서 세계평화를 위한 기획으로서의 '시장평화'(Marktfriede)을 제안한다.

5. 돈이 희생양을 대체하다: 돈, 경제, 교환의 기원

자본주의와 시장경제를 근대적 기원에서부터가 아니라, 인류 문화의 기원에서부터 시작된 오래된 역사의 관점에서 문화인류학적으로 이해하는 지라르는 돈과 경제와 교환의 종교적 기원을 강조한다.

칼라소(Robert Calasso)는 종교적 공간인 사원이야말로 희생양 대체와 함께 시작된 교환 제도가 생겨난 공간이라는 점을 상기시켜 준다고 지라르는 적고 있다. 즉, 지라르에 의하면, 경제학은 성스러운 공간에서 태어난 셈이다.[19] 이 교환 과정에서 결국 총체성의 새로운 형태로 경제가 종교를

---

[19] Roberto Calasso, *The Ruin of Kasch*, translated from William Weaver and Stephen Sartarelli (Belknap Press of Harvard University Press, 1994), 165.

대신했다고 지라르는 주장한다.

지라르에 의하면, 현대사회에서 종교는 완전히 경제로 대체되었는데, 그것은 경제가 정확히 종교라는 모태로부터 생겨났기 때문이다. 경제는 바로 종교의식이 세속화된 형태라고 할 수 있다고 지라르는 분석한다. 고대의 동전들이 사원이나 성스러운 장소 근처에서 발견된다는 것은 익히 알려진 사실이다. 그것은 바로 사원에서 행할 희생제의에 쓸 동물을 사고팔기 위해서이다.

지라르에 의하면, 무역은 원래 위협적으로 보이던 낯선 신을 달래기 위해 낯선 사람들에게 주던 공물이었다. 그러면 선물을 받은 사람은 또 새로운 선물로 답례한다. 이것은 정말 교환의 기원인데, 지라르는 교환의 종교적 기원에 대해서 조금도 의심하지 않는다. 지라르에 의하면, 어원적으로 보더라도 '돈'(money)이라는 말은 여신 주노 모네타(Juno Mometa)와 그 신전과 연관되어 있는데, 동전은 그 신전 주위에서 주조되었다.[20] 로마 시대 교회당인 바실리카(basilica)도 원래는 물건을 사고팔던 장소를 기독교인들이 종교적인 공간으로 바꾼 것이다.[21]

지라르는 '전쟁과 교환'에 대해서 설명하면서 "돈은 희생양을 대체한다"(money replaces the victim)라고 주장한다. 인류는 오랫동안 이 희생양의 머리 위에서 화해를 발견해 왔는데, 이 희생양의 역할을 이후 돈이 대체하게 되었다는 것이다. 지라르는 돈에도 "희생제의적이고 전쟁적인 차원"이 존재한다고 본다.

---

[20] Glyn Davis, *A History of Money from Ancient Times to the Present Day* (Cardiff, University of Wales Press, 1996), 89.
[21] 지라르, 『문화의 기원』, 269-70.

지라르는 보다 중립적인 교환수단인 돈이 인류 역사상 중요한 발견이라고 평가한다. 즉, 돈이 가지는 '중립성을 향한 경향성'을 인간 관계의 역사에서 볼 때 본질적으로 중요한 발견으로 간주해야 한다고 지라르는 본다. 즉, 보다 중립적 교환수단으로서의 돈이 반대-선물(counter-gift)을 회피할 수 있게 하는데, 다른 말로 표현하자면 비교와 상호성의 귀환을 피할 수 있게 해주기 때문에 돈의 발명을 중요하다고 지라르는 평가한다.[22] 이 맥락에서 시장경제야말로 인류 역사상 가장 위대한 발견이라는 하이에크의 주장도 상기해 볼 만하다.

지라르는 돈과 경제의 기원을 선물, 독(Gift) 그리고 폭력적 상호성과 교환 등에 대한 자신의 문화인류학적 해석 속에서 설명해 냈다. 지라르는 증여와 선물의 의미를 폭력적 상호성 속에서 해석해 냈다. 증여에 대한 대부분의 논의는 마셀 모스(M. Mauss)의 『증여론』으로부터 시작된다. 모스는 증여의 의미를 포착하기 위해 고대사회의 한 의식(儀式)인 '포틀래취'(potlatch)에 주목한다.

포틀래취는 고대사회의 여러 부족에서 행해졌던 막대한 양의 증여물을 분배하거나 파괴하는 의식이었다. 모스는 우선 포틀래취의 본질적인 의미가 '파괴적'이라는 사실을 밝혀냈다. 모스의 『증여론』 이후에 바타이유에게 큰 영향을 주었는데, 그는 일반경제론을 수립하면서 아무런 답례도 요구하지 않는 '절대 순수 증여'의 가능성을 추적하고 있다.

마셀 모스가 연구한 원시부족들 사이에 만연되어 있는 선물의 문화 혹

---

22 René Girard and Benoît Chantre, *Battling to the End: Conversations with Benoît Chantre* (East Lansing: Michigan State University Press, 2010), 57-61.

은 증여의 문화(포틀래취와 쿨라 등)를 지라르는 상호성과 폭력이라는 관점에서 이해했다.²³ 본래 선물에는 독이 들어 있었다. 독일어는 'Gift'는 선물인 동시에 독을 의미한다.

필자는 이미 『붓다와 희생양』에서 힌두교와 불교에서의 선물에 관한 다르마, 선물과 독(毒), 탁발 그리고 희생제의라는 주제를 중심으로 논의했다. 인도 문명의 이 선물에 관한 다르마(dānadharma)에도 폭력적인 상호성을 발견할 수 있다. 인도 문명에 대한 인류학자들의 연구에 의하면, 출가승에게 바치는 선물에는 재가자들의 나쁜 카르마, 액운, 질병 등이 담겨 있다.

출가승들은 선물을 받아서 그 안에 들어 있는 죄(pāp)와 그와 연관된 부정한 것과 불길한 것도 소화시킨다. 출가승에게 주는 선물에는 독이 포함되어 있다. 힌두교와 불교의 선물에 관한 다르마에 의하면, 선물을 받는 출가자들은 선물을 주는 재가신자들의 '죄'와 그와 연관된 부정(不淨)과 불길한 것을 받아 먹는다.²⁴

불교에서도 선물은 받기에 위험한 것이었다.²⁵ 출가자들은 재가자들이 먹기에는 위험한 음식을 받아 먹는다. 출가자들의 받아 먹는 음식은 본래

---

23 René Girard, "Gewalt und Gegenseitigkeit," *Sinn und Form* 54/4 (Juli/August 2002) 437–454; R. Girard, *Celui par qui le scadale arrive* (Paris: Desclée de Brouwer, 2001), 15–43.
24 Andrea Luithle, "Von Asketen und Kaufleuten: Reinheit, Reichtum und soziale Organisation bei den Śvetāmbara-Jaina im westlichen Indien," Nicole Manon Lehmann und Andrea Luithle, *Selbstopfer und Entsagung im Westen Indiens: Ethnologische Studien zum Sati-Ritual und zu den Shvetambara Jaina* (Hamburg: Verlag Dr. Kovac, 2003), 326–7; Gloria Goodwin Raheja, *The Poison in the Gift: Ritual Prestation, and the Dominant Caste in a North Indian Village* (Chicago/London: The University of Chicago Press, 1988).
25 Torkel Brekke, "Contradiction and the Merit of Giving in Indian Religions," *Numen: International Review for the History of Religions*. 45/3 (1998), 299.

위험한 것이어서 그것을 먹는 재가자들은 소나 개로 후대에 환생할 것으로 믿어졌다.[26] 명상의 신 인도의 최고신인 시바가 '죄를 먹는 자'(Sin-eater)인 것처럼, 붓다들도 일종의 죄를 먹고 독을 탁발 공양이라는 선물의 형식으로 받아 먹는 희생양, 보다 정확히 번역해서 희생염소(scapegoat) 역할을 하고 있다고 필자는 이미 밝혔다.

영국 옥스퍼드대학교 불교학 교수인 곰브리치(R. Gombrich)의 분석처럼, 공동체적 종교라기보다는 일종의 순수 구원론(pure soteriology)인 아시아의 불교는 선물과 독(Gift) 그리고 폭력적 상호성이라는 메커니즘을 극복하기보다는 그 속에서 여전히 머물고 있기에 돈이라는 보다 중립적인 교환수단이라 할 수 있는 돈에 기초한 자본주의가 태동하지 못했다고도 볼 수 있다. 아시아에서 경제는 순수 구원론으로서의 불교보다는 공동체적 종교의 역할을 감당한 유교와 연관이 깊다.

불교는 본래 출가불교였고, 재가불교는 불교가 아니었다. 곰브리치의 지적처럼, 불교는 본래 붓다들의 순수 구원론(pure soteriology)이었고, 공동체적 종교(communal religion)가 아니었다.[27] 그의 지적처럼, 불교 승려들은 기독교의 목자가 아니었다. 불교는 본래 결혼식과는 관련이 전혀 없었다. 오직 죽음과 관계하는 '장례식 불교'가 전통적 아시아의 불교였다.

막스 베버의 분석에 의하면, 불교의 경우 재가신자들의 삶의 합리화 과정이 발생하지 못했다. 재가신자들의 신앙은 출가승들에 대한 '우상숭

---

[26] H. L. Seneviratne, "Food Essence and the Essence of Experience," R.S. Khare (ed), *The Eternal Food: Gastronomic Ideas and Experiences of Hindus and Buddhists* (New York: State University of New York Press, 1992), 189.

[27] Richard F. Gombrich, *Theravada Buddhism: A Social History from Ancient Benares to Modern Colombo* (London and New York: Routledge, 1988; reprinted 2001), 29.

배'(*Idolatrie*)와 '성자숭배'(*Hagiolatrie*) 중심으로 이루어졌다.[28]

불교 문화에는 이런 이유로 해서 막스 베버가 근대화 과정으로 분석한 기독교적 세계의 탈마술화와 합리화 과정이 발생되지 못했다. 아시아의 경우 불교가 아니라, 유교가 일종의 공동체적 종교로서 상업 발전에 일정 부분 기여했다고 볼 수 있다.

이후 논의하겠지만, 한병철 교수는 불교를 무신론으로 유럽에 소개하지만, 사실 불교는 출가승들에 대한 '우상숭배'와 '성자숭배'로 이루어진 다신론적 종교다. 불교 속에 살아 있는 다불사상과 생불사상은 불교가 일부 유럽 지식인들이 상상하는 것처럼 무신론적 철학이 아니라, 실제로는 수많은 붓다들과 보살들 그리고 출가승들을 종교적으로 숭배하는 다신론적 종교라는 사실을 보여준다.

출가승들은 재가신자들로부터 옷이나 탁발 공양을 통해서 일종의 '독'을 마신 뒤에 재가신자들에게 공덕을 주는 복전이 된다. 독을 마신 후에 복전이 되는 붓다들은 희생염소 역할을 하고 있다.

6. 자본주의의 정신과 세계 내적 금욕주의: 막스 베버

르네 지라르의 문화 이론에 기초해서 현대 정치경제학을 새롭게 이해하려고 하는 이 책에서는 자본주의의 정신과 기원에 대한 막스 베버의 종교

---

[28] Max Weber, *Gesammelte Aufsätze zur Religionssoziologie II/ Hinduismus und Buddhismus* (Tübingen: J.C.B. Mohr [Paul Siebeck], 1966), 277.

사회학적 연구가 큰 역할을 하고 있다. 칼 마르크스와 막스 베버의 세기적 논쟁의 포인트는 마르크스의 주장처럼 경제라는 하부구조가 문화, 정치, 종교와 같은 상부구조를 결정하는 것인가, 아니면 정반대로 종교라는 상부구조가 경제와 같은 하부구조를 결정하는 것인가에 대한 것이다.

마르크스는 경제적 토대가 문화나 정치 그리고 종교와 같은 상부구조를 결정한다는 경제결정론을 주장했다. 마르크스는 종교가 계급 간의 불평등을 합리화하는 메커니즘으로 작동할 수 있다고 보았다. 마르크스에게 있어서 "종교는 민중의 아편"이었다. 민중의 아편으로서의 종교는 세속을 초월하는 가치를 추구해서 현재의 문제에 대해 무관심하게 만들며 이 또한 결과적으로 상층 계급의 이익을 보장해 주는 결과를 낳는다고 마르크스는 분석했다.

막스 베버는 자신의 저서 『프로테스탄트 윤리와 자본주의 정신』에서 자본주의 정신과 프로테스탄트 윤리와 상관성을 연구하면서 마르크스가 언급한 경제적 요소의 영향을 반드시 고려해야 한다고 여겼지만 종교 윤리와 경제적 관련성에 대해 입증하는 것도 중요하다고 보았다. 종교사회학자로서 막스 베버는 종교가 많은 사회변혁을 주도했다는 사실에 주목했다.

또한 막스 베버가 자본주의의 정신, 기원 그리고 발전에 대한 이러한 연구를 진행한 목적은 동양의 종교는 왜 서양처럼 자본주의 발달에 도움을 주지 못했냐는 의문을 품은 것에 있다. 막스 베버에 의하면, 현대 자본주의의 기원은 기독교, 특히 프로테스탄트 윤리에 있다.

하이데거와 같은 독일 남부의 보수적인 지식인들도 현대 자본주의와 민주주의의 기원에 유대교와 칼빈주의가 대표하는 코스모폴리터니즘(cosmopolitanism, 세계시민주의)이 있다고 보았다. 그래서 로마 가톨릭적 배경에서 성장한 하이데거는 이러한 칼빈주의가 주도한 자본주의와 민주주의 발전에 대해서 르상티망을 품고서 이러한 현대성의 문명사적인 업적들을 존재역사적인 타락사(Verfallsgeschichte)의 관점에서 비판했다.

막스 베버는 현대화, 합리화 과정을 세계의 탈마술화 과정으로 보았는데, 그는 그 세계의 탈마술화와 탈신성화의 기원을 유대교의 예언자적 전통에서 발견했다. 칼빈주의뿐 아니라, 유대인들이 현대 자본주의와 민주주의 발전에 결정적 기여를 했다고 하이데거는 파악했다.

2014년 이후로 출판되기 시작한 하이데거의 『블랙 노트』(Schwarze Hefte)에 세계유대교(Weltjudentum)가 현대사회를 대표하는 자본주의와 민주주의의 기원에 있다고 파악하고, 세계 음모론적 관점에서 유대인들을 이 존재역사적인 타락사에 책임이 있는 희생양으로 몰아가고 있다. 유대인들이 이 존재역사의 타락을 가져왔다고 철학적 마녀사냥을 한 것이다.

현대 자본주의의 기원은 유대-기독교 윤리와 정신, 특히 프로테스탄트 윤리에 있다고 본 막스 베버는 왜 자본주의가 동양 종교에서는 발생하지 못했는가라는 의문을 품고 종교사회학적 관점에서 힌두교와 불교도 연구했다. 지라르 이론에 기초한 사회인류학적 불교 연구를 했던 필자에게 있어서 막스 베버의 종교사회학적 불교 연구는 큰 도움을 주었다.

현대적 합리화의 과정이 왜 서구 기독교적 전통에서 발생했는가?

막스 베버의 분석에 의하면, 현대적 합리화 과정이 불교 문화권에서는 지체되었다. 베버는 불교는 출가불교의 붓다들의 제의적 계율에만 집중한 나머지, 재가신자들의 삶을 보다 합리적으로 영향을 미치지 못했다고 지적한다. 서구 기독교 전통에서 볼 수 있는 마을과 도시의 중심에 서서 평신도들의 삶까지 보다 합리적이고 창조적으로 변화시키지 못했다는 것이다. 아시아의 불교 문화의 경우 재가신자들의 공동체적 삶의 영역은 거의 자율적으로 방치했다. 아시아의 출가승들은 기독교 전통의 목자들처럼 삶의 모든 영역에서 보다 합리적으로 변화시키지 못했다. 아시아의 불교는 재가자들의 '평신도 윤리'(Laiensittlichkeit)를 합리화시키지 못했다.[29]

7. 칼 슈미트와 법의 신화적 기원

앞에서 현대 정치경제학을 사회적 내부 폭력을 억제하고 막아내는 카테콘으로 이해하는 지라르의 입장과 뒤피의 입장을 소개했는데, 이 카테콘 개념을 사용한 가장 대표적인 학자가 칼 슈미트(Carl Schmitt)다. 독일의 헌법학자 칼 슈미트는 자기 자신을 카테콘으로 여기기도 했다. 헤겔은 기독교가 일으킨 세계의 탈신성화와 신들의 황혼으로 인해 극도의 위험에 처하게 된 세상에서 경제가 현대세계의 본질적인 형식이 되었다고 분석한 바 있는데, 칼 슈미트도 자신이 비판한 '중립화와 탈정치화의 시대'(Das Zeitalter der Neutralisierungen und Entpolitisierungen)에 경제가 정치보다 우세하게 된 것을 보게 되었다.

지라르의 사유는 정치학적으로 본다면 장 자크 루소보다는 서구 근대 정치학의 창시자인 토마스 홉스와 '20세기의 토마스 홉스'로 불리는 칼 슈미

---

[29] Max Weber, *Gesammelte Aufsätze zur Religionssoziologie II, Hinduismus und Buddhismus* (Tübingen: J.C.B. Mohr[Paul Siebeck], 1966), 236-241.

트의 이론과 맥을 같이하며, 필자의 지도교수였던 팔라버(Wolfgang Palaver) 교수의 경우처럼 그렇게 많이 연구되고 있다. 칼 슈미트는 보수우파뿐 아니라, 아감벤과 같은 좌파 철학자들에게도 깊은 영향을 주고 있다.

아감벤의 사유에 있어서도 칼 슈미트의 사상이 중요한데, 필자의 지도교수였고 또한 국제지라르학회 '폭력과 종교에 관한 학술대회'(Colloquium on Violence and Religion)의 회장을 역임한 바 있는 팔라버의 교수자격논문(*Habilitation*)의 주제가 칼 슈미트의 법 이론이었다. 필자는 인스부르크대학교의 조직신학부 안에 있는 기독교 사회론(Christliche Gesellschaftslehre) 분야에서 지라르의 문명론을 연구하면서, 지도교수와 함께 칼 슈미트의 『정치적인 것의 개념』(*Der Begriff des Politischen*)과 『대지의 노모스』(*Der Nomos der Erde*)[30]를 함께 읽으면서 연구했다.

박사 학위 논문에서 토마스 홉스의 정치 이론을 지라르의 이론으로 분석한 팔라버 교수는 지라르 이론에 기초한 칼 슈미트 연구로 교수자격논문을 쓴 학자다. 그는 지라르의 이론의 관점에서 토마스 홉스와 칼 슈미트의 이론을 전문적으로 연구한 학자다.[31]

칼 슈미트는 나치정권에 대한 부역의 과오에도 불구하고 정치의 전지구적 전환기에 가장 주목받는 정치철학자 혹은 정치신학자로 되살아났다.

---

30 Carl Schmitt, *Der Nomos der Erde im Völkerrecht des Jus Publicum Europaeum* (Berlin: Duncker & Humblot, 1950).
31 여러 저서와 논문들이 있지만, 우선 다음의 논문들을 소개한다. Wolfgang Palaver, "Carl Schmitt's Apocalyptic Resistance against Global Civil War," Hamerton-Kelly, Robert (Hrsg.), *Politics & Apocalypse* (East Lansing, MI: Michigan State University Press, 2007), 69-94; Wolfgang Palaver, "Hobbes and the Katéchon: The Secularization of Sacrificial Christianity," *Contagion: Journal of Violence, Mimesis, and Culture*, Vol. 2 (Spring 1995), 37-54.

정치와 경제의 전지구화가 적의 개념을 폐지하고 영구 평화를 성취하기는 커녕 테러리즘이라는 새로운 상황을 만들어 냈기 때문이기도 하다. 최근 국내에도 좌파적 시각으로 칼 슈미트를 다시 읽는다는 명분 아래 그의 『독일 헌법학의 원천』, 『땅과 바다』, 『정치적인 것의 개념』, 『정치신학』, 『합법성과 정당성』과 같은 많은 저서들이 번역되었다.

영미 정치사상학계에서 칼 슈미트 르네상스를 이끌었다고 해도 과언이 아니라 할 수 있는 학자는 벨기에 출신 정치철학자로서 영국 웨스트민스터대학교 정치학과 교수로 활동하고 있는 진보적 학자 샹탈 무페(Chantal Mouffe)이다. 그는 탈(脫)마르크시즘, 후기마르크시즘 혹은 급진민주주의적 관점에서 위기에 처한 서구 자유민주주의에 대한 내재적 대안을 사고하기 위해 "슈미트와 함께, 슈미트에 맞서야" 한다고 주장했는데, 이는 슈미트를 단순히 친구로 환대하든, 혹은 적으로 규정하고 배척하든 간에 슈미트가 제기한 정치적인 것, 즉 정치의 조건으로서의 친구와 적의 구분의 지평을 벗어날 수 없다는 인식의 표현이었다.

또한 샹탈 무페와 함께 칼 슈미트에 대한 폭넓은 지적 관심을 촉발시킨 것은 조르조 아감벤(Giorgio Agamben)의 정치철학 저서들이다. 아감벤을 비롯한 다수의 학자들에 의하면, 칼 슈미트는 오늘날 우파에게뿐 아니라 좌파에게도 필수적인 논의의 대상이 되어 가고 있다고 한다.

야콥 타우베스(Jacob Taubes)와 알렉상드르 코제브 등과 같은 젊은 지식인들이 말년의 칼 슈미트를 방문하고 학문적 교제를 나누었다. 특히 유대계 독일 철학자 타우베스는 칼 슈미트의 사도 바울의 정치신학에 대한 연구에 광범위하게 참여했다. 최근 야콥 타우베스의 『사도 바울의 정치신학』,³² 알랭 바디우의 『사도 바울: 보편주의의 기초』³³ 그리고 아감벤의 『남겨진 시간: 로마서에 대한 주해』³⁴ 등은 바울 연구의 르네상스를 보여주는 듯하다. 알랭 바디우는 사도 바울에게서 보편주의의 기초를 발견하고 상대주의를 극복하는 보편적 개별성을 발견한다. 이를 통해 그는 니체와 들뢰즈가 해체해 버린 '주체'를 다시 회복하고자 시도한다.

20세기 헌법학자인 칼 슈미트는 주저 『정치적인 것의 개념』(*Der Begriff des Politischen*, 1927)에서 적과 친구의 구분을 정치적인 것의 핵심으로 분석한 바 있다. 전후 독일에서 나치 법학자였던 그의 정치 이론은 일종의 금기였지만 최근 서구 정치 이론에서 새롭게 주목을 받고 있는데, 이는 그의 유명한 친구와 적에 대한 이론(Freund-Feind-Theorie)의 분석적 가치 때문이다.

칼 슈미트에 의하면, 정치적인 것의 개념에는 본질적으로 '친구와 적의 구분'(Freund-Feind-Unterscheidung)이 존재한다. 로마 가톨릭 교인이었던 칼 슈미트는 성경적 원죄와 타락 교리를 따르면서 타락한 인간은 원죄로 인해서 끊임없이 적과 친구를 구분하면서 정치적인 것을 구성한다고 보았다.

정치적인 것의 개념 속에 본질적으로 자리잡고 있는 칼 슈미트의 적과 친구의 구분에 대한 통찰은 날카로운 분석적 설명력을 가지고 있다. 히틀

---

32 Jacob Taubes, *Die politische Theologie des Paulus* hr. Aleida Assmann und Jan Assmann in Verbindung mit Horst Folkers, Wolf-Daniel Hartwich und Christoph Schulte (München:Wilhelm Fink, 1993).

33 Alain Badiou, *Saint Paul: La fondation de l'universalisme* (Paris: PUF, 1997); Alain Badiou,*Saint Paul: The Foundation of Universalism*; trans. Ray Brassier (Stanford: Stanford University Press, 2003).

34 Giorgio Agamben, *The Time That Remains: A Commentary on the Letter to the Romans*, trans. Patricia Dailey (Stanford: Stanford University Press, 2005).

러와 나치 과거사에도 불구하고, 칼 슈미트의 법 이론들이 최근 보수와 진보, 좌우를 넘어서 새롭게 주목받고 있는 것은 바로 이러한 인류 정치학에 뿌리 깊게 자리잡고 있는 적과 친구의 구분에 대한 그의 날카로운 분석적 가치 때문이다. 정치적인 것의 개념 속에 자리잡고 있는 적과 친구의 구분은 한국 정치학의 보수와 진보 사이의 진영 논리에도 여전히 작용하고 있다.

지라르와 칼 슈미트의 비교 연구의 전문가인 팔라버(Wolfgang Palaver)는 스미트의 적과 친구에 대한 이론 속에서 '정치적인 것의 신화적 원천들'을 분석해 냈다.[35] 팔라버 교수의 분석에 의하면, 칼 슈미트는 '희생제의적 가톨릭 신앙'의 흐름 속에 있다. 그것은 예수 그리스도의 비폭력이라는 보다 온전한 의미에서의 성경적 신앙과 희생제의적 이교적 신앙 사이의 중간단계인 이교적 기독교(Heidenchristentum)에 속한다.[36] 유대-기독교적 전통에 대한 하이데거의 입장도 이와 유사하다. 칼 슈미트는 예루살렘 전통이 아니라, 법 이론적으로 '로마인'이었다.[37]

지라르 자신과 국제지라르학회의 학자들은 대체적으로 보수와 진보, 우파와 좌파를 아우르면서도 그 약점들을 극복하는 중도 노선에 서 있다고 볼 수 있다. 지라르 이론에 기초한 필자의 사회인류학적 불교 연구서가 '미메시스 이론 연구 시리즈: 종교-폭력-커뮤니케이션-세계 질서'(Beiträge zur mimetischen Theorie: Religion - Gewalt - Kommunikation - Weltord-

---

[35] Wolfgang Palaver, *Die mythischen Quellen des Werkes von Carl Schmitt. Eine theologische Kritik* (Habilitationsschrift: Innsbruck, 1996).

[36] Palaver, *Die mythischen Quellen des Werkes von Carl Schmitt: Eine theologische Kritik*, 5, 196.

[37] Palaver, *Die mythischen Quellen des Werkes von Carl Schmitt: Eine theologische Kritik*, 133.

nung) 제28권으로 선정되어 출간되었는데,[38] 이 지라르의 '미메시스 연구 시리즈'는 연구 목표를 다음과 같이 기술하고 있다.

> '미메시스 이론 연구 시리즈'는 문화의 기원과 인류의 삶의 형성에 대한 질문에 있어서 미메시스(모방)가 가지는 근본적인 의미들을 분석한다. 적에 대한 양극화, 권력과 희생양 메커니즘들 그리고 매혹이라는 양가감정이 우리들의 정치적이고 신학적인 이론들뿐만 아니라 우리들의 공적이고 사적인 일상을 지배하고 있다. "친구와 적의 구분"을 고착화시키는 우파적인 입장들과 이 "친구와 적의 구분"을 무해화시키는 좌파적인 입장을 미메시스 이론은 중재하고자 한다.
> 한편으로는 미메시스 이론은 "친구와 적의 구분"이 가지는 큰 정치적 의미를 보면서도, 다른 한편으로 유대-기독교적 전통의 근본동력을 이 "친구와 적의 구분"에 대한 극복으로서 이해한다. '미메시스 연구 시리즈'는 "드라마틱하게" 이해되는 구원사건에 대한 신앙에 기초하며 나아가 인간과학들, 사회과학들 그리고 자연과학들과의 학제적 대화를 추구하고자 한다.

---

[38] 필자의 독일어 단행본 『세계를 건설하는 불교의 세계 포기의 역설: 르네 지라르의 미메시스 이론의 빛으로』(*Paradoxie der weltgestaltenden Weltentsagung im Buddhismus: Ein Zugang aus der Sicht der mimetischen Theorie Rene Girards*, Wien/Münster: LIT Verlag, 2010)는 지라르의 이론으로 불교 문명의 역설을 분석해 불교 연구의 신기원을 이루는 연구로 국제적인 주목을 받고 있다. 이 독일어 단행본은 비서구권 학자로서는 최초로 르네 지라르의 '미메시스 이론 연구 시리즈'(Beiträge zur mimetischen Theorie) 제28권으로 출판되었다. 또한 박사 학위 논문 "세계를 건설하는 불교적 세계 포기의 역설"은 획기적인 연구로 평가받아 '세계 질서-폭력-종교 학제적 연구 프로젝트'로부터 출판비를 지원받았다. 붓다가 은폐된 희생양, 보다 정확히 번역해서 희생염소라는 최초의 주장이 이 책에 실려 있다.

팔라버는 슈미트가 연구한 그리스어 법(*Nomos*, 노모스)의 신화적이고 희생제의적 기원과 뿌리에 주목했고, 슈미트의 노모스 개념에 대해 연구했다.[39] 즉, 법 곧 노모스가 희생제사가 집행되는 '장소'로부터 파생되었다는 것이다.[40] 슈미트가 노모스 개념으로 말하고자 했던 것은 '질서와 장소의 일치'(Einheit von Ortung und Ordnung)였다.

슈미트는 법학 연구에 있어서 당시의 신화연구의 재발견을 수용했다. 필자는 팔라버 교수와 함께 지라르의 이론의 빛으로 칼 슈미트 세미나에 참여하면서 일본 교토학파의 선불교적 종교철학과 비교 연구했다. 칼 슈미트는 하이데거의 경우와 마찬가지로 당시 전쟁 동맹국이었던 일본과의 커넥션이 있었다. 당시 전쟁동맹국이었던 일본에서도 유사하게 교토학파의 종교철학자인 니시다(Kitaro Nishida)는 일본 제국주의적이고 팽창주의적인 전쟁과 무관하지 않은 '장소의 논리'(Logik des Ortes)를 철학화하기도 했다.

팔라버 교수는 칼 슈미트의 보다 현실주의적인 적과 친구의 구분에 관한 이론(Carl Schmitts Freund-Feind-Theorie)의 분석적 가치를 존중했다. 물론 그 분석적 가치에도 불구하고 그가 히틀러의 파시즘적이고 팽창주의적 전쟁을 지원했다는 역사적 사실은 규범적으로 비판받아야 한다. 니시다의 장소의 논리도 일본의 대동아공영권을 향한 팽창주의적 확장의 논리와 결코 무관하지 않다.

---

[39] Wolfgang Palaver, "Globalisierung und Opfer. Carl Schmitts Lehre vom Nomos," B. Dieckmann (Hrsg.), *Das Opfer – aktuelle Kontroversen* (Münster, LIT Verlag, 2001), 181-206.

[40] Wolfgang Palaver, "Carl Schmitt on Nomos and Space," in *Telos* No. 106 (Winter 1996), 105-127.

인류의 법(*Nomos*)은 시공간의 개념과 마찬가지로 희생양의 장소로부터 파생되었다. 희생양을 초점으로 하는 원형의 제사공동체(sacrificial community)의 장소의 논리로부터 '대지의 노모스'(*Nomos der Erde*)가 탄생했다. 칼 슈미트의 대지의 노모스 개념은 그렇기에 당시 일부 독일 지식인들의 허무주의적 이상으로서의 보수혁명 그리고 나치의 핵심적 이념이었던 '땅과 피의 이데올로기'(Blut-und-Boden Ideologie)와 관련된다.

제1차 세계대전과 러시아 혁명의 여파, 그리고 유럽 근대 자본주의 문명의 위기 등에 의한 독일 바이마르공화국의 불안정성에 직면해 헌법학자 칼 슈미트는 법의 권위와 정당성의 원천에 관한 근본적인 물음을 제기한다. '주권자란 예외상태(비상사태)를 결정하는 자'라는 명제의 형태로 던져진 물음이다.

예외상태란 기존의 법 질서가 해소할 수 있는 위기의 최종적인 한계를 의미한다. 예외상태란 현행 법 질서가 더 이상 효력을 발휘하지 않는 지점을 나타내며 바로 그 때문에 법적 권위의 궁극적인 토대를 의심하지 않을 수 없게 만든다.

칼 슈미트의 정치신학의 핵심은 법의 권위가 결코 순수하게 법(학)적으로 규명될 수 없으며, 순수하게 사회학적이거나 정치적으로 밝혀질 수도 없다고 주장하는 데 있다. 법이 법실증주의나 규범주의 법학이 생각하듯 법의 최종적인 권위도 순수하게 법에만 의존해야 한다면 법은 극도의 형식적인 것이 되거나 법은 아예 동어 반복이 되어 버린다.

그렇다고 해서 법을 결정하는 최종심급은 정치사회학에 의해 규명된다고 할 수도 없다. 법이 순수하게 정치에만, 정치적 행위자들 간의 상호작용에만 의존한다면 결국 법은 잠재적으로 '만인에 대한 만인의 투쟁 상태'

와 같은 극도의 무질서에 자신의 운명을 맡기는 신세가 될 것이다.[41]

칼 슈미트는 법학의 신화적 기원을 말한다. 앞에서 말한 것처럼, 필자의 지도교수였던 팔라버가 칼 슈미트의 법 개념을 연구하면서 법, 곧 노모스(*Nomos*)가 희생제사가 집행되는 '장소'로부터 파생되었다는 주장한 것처럼, 법의 권위와 정당성 문제는 법의 종교적이고 희생제의적 기원으로부터 이해되어야 한다.

지라르의 분석에 의하면, 정치적 왕권의 기원도 희생양 메커니즘에 있다. 지라르는 레비 스트로스의 구조주의, 해체주의 그리고 후기구조주의 등에 의해서 단절된 종교사회학적 전통을 다시 살리고자 했다. 그렇기에 법의 권위와 정당성의 원천이 결코 순수사회학적으로나 순수정치학적으로는 설명되기에는 한계가 있다.

헌법학, 정치학과 법학 등은 그 기원으로부터 출발해 종교사회학적으로 이해되어야 한다. 르네 지라르와 현대 정치경제학에 대한 이 책에서의 논의는 바로 현대 정치경제학을 순수 사회학이나 순수 정치경제학의 관점이 아니라, 종교사회학적인 관점에서 그리고 문화인류학적 관점에서 그 기원으로부터 출발해서 이해하고 논의하고자 하는 것이다.

그렇기에 칼 슈미트의 헌법학은 법실증주의와 규범주의의 한계를 지적하고, 법의 정당성과 권위에 대한 보다 궁극적이고 기원적인 원천에 대한 날카로운 지적을 했다고 볼 수 있는데, 지라르의 종교사회학적 분석에 의하면, 법의 기원도 보다 큰 범위의 '문화의 기원'과 마찬가지로 희생제의

---

[41] 홍철기, "주권자는 신이고, 비상사태는 기적이다," 「교수신문」, 2010년 11월 29일자. http://www.kyosu.net/news/articleView.html?idxno=21918.

와 희생양 메커니즘에 있다.

8. 예외상황과 희생제의: 칼 슈미트와 아감벤

칼 슈미트에 의하면, "주권자는 예외상태에 대해서 결단하는 자다" (Souverän ist, wer über den Ausnahmezustand entscheidet). 슈미트는 예외에 우위 (Vorrang des Ausnahme)를 두는 위기의 사상가로 예외상태에서의 결단을 말하는 결단주의(Dezisionismus)를 대변한다. 슈미트와 마찬가지로 지라르도 예외상황이 우선적이라고 본다.[42] 지라르는 세계 신화들을 연구하면서, 문명사적으로 볼 때 법칙과 규범보다 선행하는 것은 무질서와 카오스라는 사실을 발견했다.[43]

슈미트와 마찬가지로 지라르도 결단이 모든 인류 문명의 기원이라고 본다. 지라르에게 그 결단은 희생양 메커니즘이다.[44] 지라르는 무질서한 예외상태에 대한 결단을 희생양 메커니즘으로 파악함으로 슈미트의 법 이론의 분석적이고 설명적 가치는 인정하지만, 규범적으로는 신화적인 것에 다시 근접하는 그의 '로마적인' 법 이론에 동의하지 않는다.

---

[42] W. Palaver, "A Girardian Reading of Schmitt's Political Theology," *Telos* No. 93 (Fall 1992) 43-68, 특히 51-58; W. Palaver, "Order out of Chaos in the Theories of Carl Schmitt and René Girard," *Synthesis: An Interdisciplinary Journal*, Vol. I., No. I: *Chaos in the Humanities* (Spring 1995): 87-106, 특히 89-100.

[43] René Girard, "Disorder and Order in Mythology," *Disorder and Order: Proceedings of the Standford International Symposium* (14-16 Sept., 1981), ed. P. Livingston (Saratoga, 1984), 80-97.

[44] Palaver, *Die mythischen Quellen des Werkes von Carl Schmitt. Eine theologische Kritik*, 82.

로물루스가 레무스를 살해하는 것을 정당화하는 로마 건국신화와는 달리 성경의 하나님은 아벨을 죽인 카인을 정죄하고, 땅에서 호소하는 아벨의 피가 울부짖는 소리를 들으신다. 파르마코스와 카타르마와 같은 인간 희생양들의 추방과 배제에 의해 유지되는 그리스의 도시국가 폴리스처럼 로마도 일종의 희생양인 '호모 사케르'의 배제에 의해 유지된다.

지라르는 장 자크 루소식의 보다 낭만적인 사회계약설 보다는 인류 사회 질서가 지니는 토마스 홉스의 폭력적인 기원설에 대해 동정적이다.[45] 즉, 기원의 문제를 인간의 이성적이고 자발적인 의지 행위가 생산한 사회계약설로 설명하는 것에 대해서 지라르는 회의적이다.[46] 홉스가 분석하는 만인의 만인에 대한 투쟁상태 혹은 '인간이 인간에게 늑대가 되는'(*homo homini lupus*) 전쟁과 같은 자연상태(Naturzustand)를 지라르는 인류 문화 초기의 위기상태에서 본다.

지라르의 문화기원론은 폭력적인 자연상태에 대한 이 홉스의 입장에 근접하고 있다.[47] 기독교는 전통적 사회의 폭력 통제 메커니즘의 폭로와 해체를 문명사 속에 야기시킴으로 새로운 모방 위기를 가져왔다. 그래서 이 새로운 위기를 근대초기 영국의 시민전쟁 시대에서 목도한 토마스 홉스는 인류 문화의 폭력적 기원에 대해서 말하기 시작했던 것이다.

아감벤의 정치적 사유에서 핵심적 개념 중 하나는 '예외상태'(Ausnahme-

---

[45] Palaver, *René Girards mimetische Theorie: Im Kontext kulturtheoretischer und gesellschafts-politischer Fragen*, 4.3. "사회계약설에 대한 비판"을 보라.
[46] René Girard, *Wenn all das beginnt: Ein Gespräch mit Michel Treguer*. Aus dem Französischen von Pascale Veldboer (Münster–Hamburg–London: Thaur, 1997), 38.
[47] René Girard, *Ich sah den Satan vom Himmel fallen wie einen Blitz* (München Carl Hanser Verlag, 2002), 23.

zustand)다. 그의 『호모 사케르』는 주권에 의해 권리를 박탈당한 채 단지 생물학적 생명의 지대로 던져진 존재들, 즉 벌거벗은 삶(bare life)의 비극뿐 아니라, 이러한 벌거벗은 삶을 언제든지 만들어 낼 수 있는 주권의 작동 방식에 대한 책이며, 그러한 주권의 근본 구조가 바로 예외상태임을 밝힌다.

그리고 '호모 사케르' 연작의 두 번째 책인 『예외상태』[48]는 슈미트의 '주권론'과의 대결 속에서 전개되고 있으며, 대결 과정에서 벤야민은 아감벤에게 사유의 영감을 제공하는 원천의 역할을 하고 있다. 칼 슈미트가 『정치신학』에서 주권자란 "합법적으로 법을 중단시킬 수 있는 자," "예외상태를 선포할 수 있는 자"라고 했다. 아감벤은 슈미트의 논지를 빌어, 주권이란 "'예외상태'(Anusnahmzustand)에 대한 결정권"이라고 말한다. 아감벤은 이 예외상태가 사실상 정상적인 법 질서를 떠받치는 은폐된 근간이라고 주장한다. 그에게 예외상태란 일상의 법 질서 자체를 가능하게 하는 근본적 힘이다.

아감벤에 따르면, 진정한 예외상태를 도래시키는 것이 우리의 과제라는 벤야민의 구절은 사실상 주권자란 예외상태를 결정하는 자라는 슈미트의 테제를 직접적으로 겨냥하고 있다. 그러나 벤야민은 그 '진정한 예외상태'가 무엇을 의미하는지 상세하게 기술한 바가 없다.

바로 이 수수께끼를 해명하는 과정에서 아감벤은 사도 바울에 주목한다. 아감벤에게 있어서 사도 바울은 최초의 '진정한 예외상태'의 이론가

---

[48] Giorgio Agamben, *Ausnahmezustand* (Homo Sacer II.I). trans. Ulrich Möller-Schöll (Frankfurt: Suhrkamp Verlag, 2004).

다. 벤야민이 말하는 '진정한 예외상태'는 바로 주권자가 창출하는 예외상태에 맞서기 위해서 제시된 개념이다. 이러한 진정한 예외상태는 메시아와 더불어 도래한다. 메시아 역시 현실적인 법을 중지시키는 자다. 흥미롭게도 아감벤은 메시아가 도래시키는 '진정한 예외상태' 역시 주권자의 예외상태와 동일한 구조를 가지고 있다고 말한다. 아감벤은 사도 바울과 '그의 유보된 메시아적 시간'을 정치철학적으로 논한다.

아감벤은 하지만 예외상태와 희생 이론(Opfertheorie)을 연결해서 사유하지 않고 있다. '호모 사케르'와 '예외상태' 등을 화두로 전개되는 아감벤의 정치철학적 사유에는 정치 이전의 것(das Vorpolitische), 곧 희생제의적이고 신화적인 차원에 대한 논의가 약하다.

최근에는 예외상태와 희생제의를 중심으로 지라르, 슈미트 그리고 아감벤을 연구하기도 한다. 지라르의 희생 이론과 칼 슈미트와 아감벤의 예외상태에 대한 이론 사이의 구조적 유비(Strukturanalogie)를 발견할 수 있다. '자연상태(Naturzustand) - 결단(Entscheidung) - 예외상태(Ausnahmezustand)'는 지라르의 이론에 있어서의 '미메시스적 위기 - 결단 - 희생제의'와 비교될 수 있다. 슈미트와 지라르는 질서의 기원을 결단에서 바라본다. 지라르는 고대 그리스의 희생양인 파르마코스에서 호모 사케르와 같이 모든 질서의 외부에 존재하는 일종의 예외적 인물(Ausnahmefigur)을 발견한다.[49]

지라르의 희생양 이론은 아감벤의 호모 사케르보다 훨씬 더 궁극적이고 보편적이라 할 수 있다. 아감벤의 분석은 푸코가 말한 근대 생정치학을 배

---

[49] Johannes Scheu, "Ausnahmezustand und Opferritual: Ein Vergleich zwischen René Girard, Carl Schmitt und Giorgio Agamben." http://www.inst.at/kctos/speakers_n-s/scheu.htm.

경으로 하지만, 지라르의 미메시스 이론은 근본인류학적 이론으로서 인류 문명 전체를 문화초월적으로(transculturally) 논의하고 있다. 아감벤과는 달리 인문학의 다윈으로 평가받는 지라르는 신화의 수수께끼를 해독하고, '문화의 기원'에 존재하는 초석적 배제와 초석적 살해의 진실을 읽어낸다.

인류학자 지라르는 아감벤의 경우처럼 고대 로마에서부터 서구의 근대 정치학까지만 다루는 것이 아니라, 그의 책 제목으로 『창세로부터 은폐되어 온 것들』을[50] 해독하는 새로운 거대담론이다. 그의 이론은 생정치학(bioplitics)뿐 아니라, 인류 문명에 은폐된 채 작동하는 『가인의 정치학』[51]에 대한 예언자적이고 윤리적 비판 이론이다.[52]

---

[50] René Girard, *Des choses cachées depuis la fondation du monde* (Paris: Grasset, 1978).
[51] Domenica Mazzù (ed), *Politiques de Cain: En dialogie avec René Girard*. Ouvrage punlié sous direction de Domenica Mazzù (Paris: Desclée de Brouwer, 2004).
[52] 아감벤에 대한 보다 상세한 논의를 위해서는 필자의 『르네 지라르와 현대 사상가들의 대화: 미메시스 이론, 후기구조주의 그리고 해체주의 철학』을 보라.

제6장

포스트모더니즘과 급진좌파 정치경제학

1. 9.11테러의 세계무역센터는 바벨탑인가: 자크 데리다

지라르는 「르몽드」와 가진 9.11테러 관련 인터뷰에서 이슬람 국제 테러리즘에 대한 이해와 분석에 있어서 지금 발생하고 있는 것은 지구적 차원에서의 모방적 경쟁(Mimetic Rivalry on a Planetary Scale)이라고 분석했다.[1] 지라르는 슬로터다이크가 "질투의 글로벌화"라는 주제로 분석한 현대사회의 새로운 문제와 도전에 대해서 분석한 것이다.

지라르는 우리 사회에 깊게 퍼져 있는 모방의 영향을 파헤침으로써 오늘날의 지구적 문제 해결에 새로운 길을 제시하고 있는데, 9.11테러의 원인을 종교와 문명권의 대립으로 보는 기존의 시각과는 달리, 그는 이들 문화가 서로 닮아 있기 때문이라고 보고 있다. 9.11테러에 대한 지라르의 이러한 입장은 당시 이슬람 테러리스트들에 의해서 파괴된 세계무역센터

---

[1] Rene Girard, "What is Occurring Today is a Mimetic Rivalry on a Planetary Scale," An Interview by Henri Tincq, *Le Monde* (November 6, 2001).

(WTC)를 "신에 의해서 파괴된 바벨탑"이라고 평가한 자크 데리다(Jacques Derrida)의 입장과 사뭇 대조된다.

2002년 캐나다 토론토에서 이루어진 학술모임[2]에서 데리다는 무너진 세계무역센터를 '바벨탑'이라고 평가했다. 이러한 데리다의 주장이 급진좌파 정치학에서 흔히 발견되는 극단적인 반미정서가 해체주의 철학을 전개했던 1960년과 70년대가 아니라, 그의 죽음 2년 전 소위 후기 데리다의 종교적 전환과 윤리적 전환 시기에 이루어졌다는 점에서 더 충격적이다. 유대교 전통으로 회귀했다고 해도 여전히 그에게는 과거 급진좌파 정치적 견해의 흔적이 남아 있는 것으로 보인다.

그동안 서구 전통철학의 파괴자와 해체자로 이해되어 왔던 데리다는 생애 후기 윤리적 전환과 종교적 전환을 한 것으로 알려져 있다. 『자크 데리다의 기도와 눈물: 종교 없는 종교』라는 책도 후기 데리다의 종교적 전환을 보여준다.[3] 지젝에 의하면, 1980년대 중후반에 데리다의 사유는 급진적인 부정신학으로부터 점차 칸트적인 이상주의의 형태로 이동했다.[4]

바티모(Gianni Vattimo)의 약한 사유의 철학과 유사한 '약한 신학'(Weak theology)을 말하는 존 카푸토(John D. Caputo)는 로고스중심주의와 동일자의 철학을 해체하고자 했던 1970년대의 데리다의 작품들은 기표들의 니체적인 자유로운 놀이로 묘사될 수 있지만, 1990년대의 저서들은 "종교

---

[2] "On Religion: An Interview With Jacques Derrida," 2002 AAR/SBL Annual Meeting in Toronto.
[3] John D. Caputo, *The Prayers and Tears of Jacques Derrida: Religion without Religion* (Bloomington: Indiana University Press, 1997).
[4] Slavoj Žižek, "A Plea for a Return to Differance (with a minor '*Pro Domo Sua*')" *Critical Inquiry* 32 (2) (2006), 226-249.

없는 종교"로 묘사될 수 있다고 파악했다. 후기 데리다의 저작에는 열망과 희망이 가득한 메시아적 종말론과 종말론적 메시아주의의 흔적도 나타난다. 그는 유대교로 다시 근접하면서 기독교 신플라톤주의보다는 유대교의 예언자 전통을 재발견하고 신비주의보다는 종말론적으로 사유한다. 그의 사유는 윤리적, 예언자적, 유대교적 그리고 종말론적으로 전환했다.[5]

데리다는 할례 받은 유대인이었지만, 무신론자로 살았다. 하지만 생애 후기에 그는 유대교 없는 유대인이 되었고, 종교 없는 종교를 가지게 되었다. 데리다는 할례(circumcision)와 성 아우구스티누스의 『고백록』(Confessions)을 연결해서 '써컴페션'(Circumfession)이라는 말을 만들어 냈다. 그에게 아우구스티누스는 자신과 같은 길을 걷고 고뇌한 모델이었다.

데리다는 자신의 이름뿐 아니라, 어머니의 이름과 다른 정황을 통해서도 성 아우구스티누스와의 비교와 연결을 시도한다. 아우구스티누스가 그의 『고백록』을 어머니의 사후 저술했다면 데리다는 자신의 어머니의 죽음 직전 자신의 책을 저술했다. 성 아우구스티누스의 어머니는 자녀를 위해 기도했고, 데리다의 어머니도 유대교 전통을 버린 아들이 돌아오기를 기도했던 것이다.

물론 후기 데리다의 종교적이고 윤리적 전환에 대해서 그동안 무신론적, 회의주의적 그리고 허무주의적 해체주의 철학을 주장했던 데리다를 기억하는 사람들은 충격을 받고, 그 종교적 전환을 크게 받아들이지는 않았다. 데리다가 여전히 무신론자로 남아 있다고 그들은 본다.

지라르도 평가한 것처럼, 니체와 하이데거의 철학 그리고 데리다의 해체

---

5 Caputo, *The Prayers and Tears of Jacques Derrida: Religion without Religion*, xxiv.

주의 철학도 결국은 서구의 문화적 위기에 대한 극단적인 철학적 답변이었다. 지라르의 이론으로 분석하자면, 새로운 거대한 희생위기 혹은 모방적 위기로서의 현대성에 대한 낭만주의적 반작용이라 할 수 있을 것이다.

알란 메길(Allan Megill)의 『극단성의 예언자들: 니체, 하이데거, 푸코, 데리다』라는 책도 이 전복적이고 해체주의적인 극단성의 철학자들을 문화적 위기라는 배경 속에서 바르게 파악했다. 이 책은 디오니소스적 신화를 재활성하고자 했던 미학주의자 니체, 하이데거의 미학주의와 위기, 독일 낭만주의의 그리스 동경, 하이데거의 노스텔지어 이상주의 그리고 데리다의 위기의 해체 등을 다루고 있다.[6]

포스트모더니즘 철학 자체는 일종의 유럽 68문화혁명의 반문화(counter-culture) 운동과 연동된 반철학(counter-philosophy) 운동으로서 극단성의 철학들이고, 또한 일종의 철학적 무정부주의이다. 또한 포스트모더니즘 철학은 정치적으로 중립적인 보다 보편적이고 이성적인 철학이라기보다는 철학 운동으로서 네오마르크시즘과 급진좌파 정치경제학과 강하게 연관된 채로 전개되었다는 것도 사실이다.

슬라보예 지젝(Slavoj Žižek)은 국제지라르학회에서 가장 주요한 학자 중 한 사람인 장 피에르 뒤피와 2014년 미국 포틀랜드주립대학교에서 학술 대담을 가졌는데, 이 대담에서 뒤피는 9.11테러 당시 프랑스「르몽드」는 미국인과의 연대를 표명했는데, 몇 달 후 포스트모던 철학자 장 보드리야르는 정반대의 입장으로 미국이 테러당할 일을 했다는 식의 주장을 했다

---

[6] Allan Megill, *Prophets of Extremity: Nietzsche, Heidegger, Foucault, Derrida* (Berkeley: University of California Press, 1985).

는 사실을 비판적으로 지적한 바 있다.

장 보드리야르(Jean Baudrillard)는 이론적 무정부주의자로 잘 알려져 있다. 장 보드리야르뿐 아니라 많은 포스트모던 철학자들은 일종의 철학적 무정부주의와 반철학(counter-philosophy)을 전개했다. 하이데거 철학에도 반철학(Gegenphilosophie)의 차원이 존재한다.

이 대담에서 장 피에르 뒤피는 현대 세계는 기독교적 메시지에 의해서 형성되었지만, 기독교 메시지의 왜곡된 버전에 의해서 지배당하고 있다고 분석한 영국 작가 체스터턴(Gilbert Keith Chesterton)의 말을 인용하고 있다. 체스터턴은 20세기의 가장 영향력 있는 영국 작가 중 하나다. 체스터턴은 다양한 저널리즘, 철학, 시집, 전기, 로마 가톨릭교회 작가, 판타지와 탐정 소설 등을 창작한 다작가다.

체스터턴은 재기발랄하고 독창적인 역설들을 잘 사용함으로써 '역설의 대가'라는 칭호를 얻었던 체스터턴은 "미친" 기독교적 메시지가 현대 세계를 지배하고 있다고도 지적했는데, 장 피에르 뒤피는 지젝과의 대담에서 이 말을 인용하고 있다. 비슷한 의미에서 지라르도 현대 세계의 진보주의는 기독교로부터 나왔지만 기독교를 배신하고 있다고 주장했는데, 이 사실에 대해서는 이후에 소개될 것이다.

프랑스의 대표적인 포스트모던 철학자 크리스테바(Julia Kristeva)가 불가리아 공산정권 비밀 정보원이었다는 사실이 2018년 3월 국내 언론에도 크게 보도되었다. 「한겨레신문」도 "세계적 철학자 크리스테바, 공산정권 비밀 정보원이었다"라는 제목 아래 프랑스 후기구조주의를 대표하는 정신분석학자 크리스테바(Julia Kristeva)가 공산당 스파이였다는 사실을 '공산주의 시대에 첩보기관을 위해 일한 사람들을 확인하는 불가리아 위원회'가 조사해 밝혔다고 보도했다.

크리스테바는 자크 데리다, 자크 라캉, 롤랑 바르트 등 프랑스 후기구조주의를 대표하는 철학자들과 함께 연구했고, 30권이 넘는 저서를 펴냈다. 여성의 자유와 정체성 문제를 다뤄온 대표적 페미니즘 학자로도 분류된다.[7]

캐나다 오타와대학교 재니스 망아망고(Janice Fiamengo) 교수는 여성 교수로서 20세기 후반 유행했던 포스트모던적 급진좌파 정치학에 몸담았지만, 9.11테러를 보고 데리다나 장 보드리야르와 같이 세계무역센터를 무너져야 할 오만한 바벨탑으로 보고 9.11테러를 오히려 기뻐하는 급진좌파의 동료들에게 크게 실망해서 그 이후 그 노선을 떠나게 되었다고 고백한다.

9.11테러는 하버마스에게도 큰 충격을 주어서 그 이후로 과거 종교적으로 음치였던 그는 '종교의 귀환,' '세속화의 변증법' 그리고 후기세속적(post-secular) 사회에 대해서 말하고, 또한 급진적인 다문화주의자들의 상대주의와 '계몽근본주의'(Aufklärungsfundamentalismus)에 거리를 두면서 다시금 종교의 생동성(Vitalität des Religiösen)을 강조하고 있다.

새는 '좌우의 날개'(left-wing and right-wing)로 비상한다. 좌우, 보수/진보를 표현하는 영어 표현 좌익(left-wing)과 우익(right-wing)에 담겨 있는 '날개'(wing)의 의미가 심장하다고 생각한다. 단순히 좌파, 우파라 하지 않고 '날개'를 포함시킨 것은 민주주의의 '견제와 균형' 정신일 것이다.

극우나 극좌로 지나치게 기울어지면 비상하기보다 추락하고 만다. 극우

---

[7] "세계적 철학자 크리스테바, 공산정권 비밀 정보원이었다."「한겨레신문」, 2018년 3월 29일자. http://www.hani.co.kr/arti/international/europe/838258.html#csidx-c6ddd5760edfda1a81d77c38f4caa36.

적으로 기울어지면 사회가 지나치게 억압적이고 경직된 사회가 되고, 극좌적으로 기울어지면 지나치게 유연해져서 해체되고 해소되고 만다. 포스트모던적 급진좌파 정치경제학은 일종의 철학적이고 이론적인 무정부주의로 카오스와 자기 해체라는 위험한 방향으로 기울어질 수 있다. 수학적이고 기계적인 균형은 아니라 할지라도, '날개'(wing)의 의미를 성찰하면서 견제와 균형의 민주주의 원리를 되새겨야 한다.

2. 21세기 독일과 프랑스의 중도 정치경제학

미국뿐 아니라 독일과 프랑스와 같은 주요 유럽 국가들에서도 급진좌파 정치학은 극복되고 있다. 현재 독일 총리와 프랑스 대통령의 정치 노선은 중도우파에 해당한다. 10년 넘게 재임하고 있는 독일 총리 앙겔라 메르켈(Angela Dorothea Merkel)은 독일의 보수우파 기민당(기독교민주연합)의 당수로서 '열린 중도'를 표방하면서 상황에 따라 진보정당의 정책을 수용하면서 상대적으로 나이가 많고 보수적인 기존 기민당 지지자부터 사회민주당(SPD, 사민당), 녹색당 등을 지지하는 젊은층의 지지까지 이끌어 냈다.

메르켈은 기자회견을 할 때면 뒤로 기민당이 표방하는 중도(Die Mitte)라는 글자가 항상 보이곤 했다. 최근까지 독일인 80%가 정치적 중도를 표방한다는 통계가 나올 정도로 독일은 중도적 색채가 매우 강한 나라다. 그래서 프랑스 일부 급진좌파 철학자들이 생산한 포스트모더니즘 철학에 대해서 독일 학계는 지금까지도 회의적이다.

프랑스 에마뉘엘 마크롱(Emmanuel Jean-Michel Frédéric Macron) 대통령도

중도 노선을 표방한다. 마크롱 정부의 첫 총리는 중도 보수의 노선에 서 있는 인물이다. 마크롱 대통령은 정치사회적으로는 불평등 해소와 전 국민을 위한 기회 진작과 같은 좌파 정책을 지지한다. 전통적인 자유시장 경제주의자로서 마크롱 대통령은 경제적으로는 친기업적 성향이 돋보이는 우파 정책을 내놓는다. 전반적으로는 마크롱은 중도 성향을 표방하고 있다. 마크롱은 프랑스의 위그노 전통의 기독교 철학자 폴 리쾨르(Paul Ricoeur)의 조교이기도 했다.

독일의 이러한 강한 중도적 성향은 독일 철학의 합리적인 전통과 무관하지 않은 것으로 보인다. 독일의 사회철학자인 하버마스(J. Habarmas)는 서양 근대성의 기획과 그에 대한 논의는 아직은 완성되지 않은 기획이라고 말한다.[8] 독일 철학계에서 프랑스 포스트모더니즘을 가장 대표적으로 논하는 철학자 볼프강 벨쉬(Wolfgang Welsch)의 저서『우리의 포스트모던적 모더니즘』(*Unsere Postmoderne Moderne*)의 제목이 보여주는 것처럼, 독일 철학에서는 우리 시대가 포스트모던 시대가 된 것은 아니고, 여전히 모더니즘의 시대이지만 약간의 포스트모던적 요소가 있다는 정도로 파악한다.

벨쉬는 포스트모더니즘을 후기현대나 반(反)현대로 보지 않고 현대성의 동시대적 적절한 형태로 파악한다.[9] 그는 현대성은 추방하고 반대해야 할 적이 아니라, 친구라고 파악한다. 하지만 프랑스 급진좌파 포스트모더니즘 철학자들은 반현대주의적 입장을 견지해 왔다. 이러한 반현대주의적 입장은 니체로부터 그리고 하이데거 철학으로부터 계승되었다. 푸코도 프

---

[8] J. Habermas, *Die Moderne- ein unvollendetes Projekt* (Frankfurt. M., 1980).
[9] Wolfgang Welsch, *Unsere postmoderne Moderne*. 7. Auflage (Berlin: Akademie Verlag, 2002).

랑스 공산당에 가입했었다.

하이데거가 독일 나치의 도움으로 총장으로 역임했던 독일 프라이부르크대학교에서 니체를 공부하고 있는 박충일은 다음과 같이 독일 철학계 내에서 니체 철학과 포스트모더니즘 철학이 지금까지도 얼마나 외면되고 있는지를 다음과 같이 적고 있다.

> 독일 철학에서 포스트모더니즘은 여전히 부재 상태에 있다. 독일인들은 'Postmodernismus'란 단어 자체를 싫어하며 모든 근대와 현대 철학을 'Moderne Philosophie'란 어구로 사용한다. 이것은 니체의 철학이 여전히 독일에서는 인정을 받고 있지 못하다는 것을 반증하는 사례이다. 이것은 물론 대학교에서 가르치는 학술철학의 상황을 설명한 것이다.

니체의 철학을 다루는 전문가가 전체 독일 대학에서 극히 드물다고 그는 적고 있다. 포스트모더니즘은 역설적이게 소크라테스부터 칸트, 헤겔 등에 이르기까지 그리스 전통과 유대-기독교적 사유가 철학적으로 통합된 전통적인 이성철학을 비판하는 일종의 반철학(counter-philosophy, Gegen-philosophie)으로 등장해서 서양 대학과 과학의 존재 목적인 진리와 의미 자체를 부정하는 철학으로 기울어졌기에, 분석철학자들뿐 아니라, 도킨스, 촘스키 그리고 소칼과 같은 자연과학자들로부터 반과학적인 '지적인 사기'로 비판받았다.

데리다가 영국 케임브리지대학교에서 명예박사 학위를 받으려고 할 때 영미권의 대표적인 분석철학자들인 콰인(W. V. O. Quine)과 설(J. Searle) 등이 강하게 반대한 것으로 알고 있다. 왜냐하면, 데리다의 해체주의 철학이 이성, 논리, 진리, 합리성 등을 기본으로 하는 분석철학자들에게 있어서 이성, 합리성, 진리 그리고 논리 자체를 비판하는 데리다의 허무주의적이고 냉소적인 철학은 도저히 학문이라고 할 수 없는 것이었기 때문이다. 분석철학은 수학, 물리학, 언어학, 과학철학, 수리 논리 등에 기초하고 있다.

3. 통섭, 반자연과학적 포스트모더니즘 비판: 에드워드 윌슨

사회생물학의 창시자이자 학문 통합의 길을 줄곧 제시해 온 미국 하버드대학교 생물학과 석좌교수 에드워드 윌슨(Edward Osborne Wilson)은 자신의 역작 『통섭: 지식의 대통합』[10]에서 기본적으로 반과학적 정신을 가진 포스트모더니즘을 이런 대통합 흐름의 상극으로 지목하고 비판한 바 있다. 윌슨은 프랑스 포스트모더니즘에 흐르는 장 자크 루소의 낭만주의도 비판하고 있다.

윌슨에 의하면, 포스트모더니즘은 후속 탐구를 원천적으로 차단하고 있다. 하나의 세상을 설명하는 방식이 자연과학과 인문과학에서 다르고 인문과학과 사회과학에서 다르다면 진리는 여럿이 될 수 있느냐고 그는 반문한다. 그의 대답은 진리는 '통일성'을 지니므로 당연히 '지식의 대통합'도 가능하며 그래야 한다는 것이 이 책의 일관된 주장이다.

에드워드 윌슨은 자연과학과 인문·사회과학의 연구자들이 서로 협력해야 함을 강조한다. 한국에서는 인문과학보다는 인문학(Humanities)이라는

---

10 에드워드 윌슨, 『통섭: 지식의 대통합』, 최재천, 장대익 역 (서울: 사이언스북스, 2005).

표현이 더 많이 사용되고 있지만, 독일어권에서는 학문은 자연과학(Naturwissenschaften)과 정신과학(Geisteswissenschaften)/인문과학(Humanwissenschaften)으로 나누어진다. 인문학도 자연과학과 마찬가지로 하나의 과학이라는 것이 독일어권의 인식이다. 그렇기에 영어권보다는 독일어권에서는 오래전부터 학문의 대통합을 이야기해 왔다. 프랑스 포스트모더니즘에 와서는 이 전통적인 학문의 대통합이 점차 분열되기 시작했다. 반현대주의 정신을 가진 포스트모더니즘 철학은 반자연과학적인 정서를 가지고 있다.

지라르는 일관되게 자신의 인문과학적 미메시스 이론(Mimetic Theory)이 '과학적'(scientific)이라고 주장해 왔다. 그는 인문과학자이지만 '인간과학의 새로운 다윈' 혹은 '사회과학의 아인슈타인'으로 학계에서 평가받는 이유는 지라르가 다른 프랑스 포스트모던 철학자들과는 달리 허무주의적인 언어유희에 빠지지 않고, 과학적 명료성을 추구했기 때문이다.

그래서 필자는 지식의 대통합인 통섭을 추구하기 위해서 문화의 기원을 논하는 지라르의 이론과 빅뱅 우주론, 양자역학 그리고 기독교 자연신학 등을 기독교 신학자로서 융합하고 통섭하는 『우주와 문화의 기원: 르네 지라르와 현대과학』을 출간하기도 했다. 그렇기에 지식의 대통합인 통섭을 말하는 에드워드 윌슨과 인간과학의 새로운 다윈인 지라르 그리고 앞에서 언급한 과학철학자 칼 포퍼는 어느 정도 맥을 같이한다고 볼 수 있다.

장 자크 루소와 포스트모던적 루소주의를 비판하는 지라르의 입장을 이 책에서도 수용해 왔는데, 에드워드 윌슨도 루소의 입장에 대해서 비판적이다. 윌슨에 의하면, 자크 데리다와 같은 포스트모던 철학자들에게 크게 영향을 준 장 자크 루소는 계몽사상가 목록에 종종 등장하지만, 실제로 그는 '낭만주의 철학사조의 창시자이자 극단적 공상가'였다. 그에게 학습과 사회 질서는 인류의 적이었다.

루소는 '잠자는 이성'을 크게 칭찬했다. 루소가 생각하는 유토피아는 사람들이 책을 포함한 지적 도구를 버리고 감각과 건강을 즐기는 최소주의적 세계였다. 그는 인류는 본래 평화로운 자연상태의 고귀한 미개인(noble savages in a peaceful state of nature)이었는데 문명과 학문이 이들을 타락시켰다고 주장했다. 그에 의하면, 종교, 결혼, 법률, 정부는 이기적 목적을 달성하려는 권력자들의 속임수이다. 이러한 상류 계급의 속임수를 위해 일반인이 지급하는 대가는 해악과 불행일 뿐이라고 루소는 주장했다. 에드워드 윌슨은 루소가 "매우 부정확한 인류학을 고안했다"라고 비판한다.[11]

평화스러운 자연상태의 고귀한 미개인이라는 루소의 낭만주의적 인류학은 매우 부정확한 인류학이라는 에드워드 윌슨의 분석은 옳다. 루소의 정치적 입장이 한나 아렌트(Hannah Arendt)의 분석처럼 전체주의적 위험을 가지는 것은 그의 인류학 자체가 정확하지 못하고 낭만적이기 때문이다.

'평화스러운 자연상태의 고귀한 미개인'이라는 루소가 꿈꾸었던 신원시주의적인 유토피아는 낭만적 거짓이다. 원시인의 자연상태는 그렇게 평화스럽지 못했다. 문명이 고귀한 원시인의 평화상태를 파괴하고 타락시킨 것이 아니다. 인류는 원시적 자연상태에서부터 늑대처럼 서로에게 폭력적인 집단이었다.

현대 문명은 그 내재적 폭력을 통제하기 위한 거대하고 복잡한 시스템

---

[11] Edward Osborne Wilson, *Consilience: the unity of knowledge* (New York: Vintage, 1999), 38.

을 발전시킴으로 원시인들보다는 더 평화스럽게 지내게 되었다. 하버드대학교의 스티븐 핑커 교수가 주장한 것처럼, 인류는 분명 폭력적 자연상태로부터 점차적으로 폭력감소의 방향으로 진보하고 계몽되고 있다.

윌슨에 의하면, 장 자크 루소의 사회계약론은 이후 30년 뒤 프랑스 혁명의 '자유, 평등, 박애'라는 구호에 영향을 주었다. "그러나 루소는 이러한 목적들을 성취하기 위한 '일반의지'(general will)라는 치명적인 추상적 개념을 또한 고안했다"라고 윌슨은 루소의 '일반의지' 개념이 역사적으로 몰고 온 전체주의적이고 파시즘적인 폭력을 비판하고 있다. 앞에서 본 것처럼, 한나 아렌트도 루소의 '일반의지' 개념이 가지는 전체주의적 위험을 비판한 바 있다.

윌슨은 이 책 다른 부분에서 장 자크 루소의 평등주의적인 이데올로기가 또한 야만적인 폭력을 몰고 오기도 했다고 분석한다. 윌슨은 루소의 입장이 가지는 전체주의적 문제를 다음과 같이 지적한다.

> (루소에 의하면) '일반의지'에 순응하지 않는 자는 군중에 의한 필요한 강제에 종속되어야 하는 일탈자들이다. 참으로 평등주의적 민주주의를 성취하기에 위해서는 다른 방법이 존재하지 않는다.

또한 에드워드 윌슨은 다음과 같이 분석하고 있다.

> 1793년 프랑스 혁명을 접수한 테러통치 혹은 공포정치(Reign of Terror)의 지도자였던 로비스피에르(Maximilien François Marie Isidore de Robespierre)는 루소의 이 '일반의지' 논리를 너무도 잘 이해하고 있었다.

즉, 에드워드 윌슨은 장 자크 루소의 '일반의지'론이 프랑스 혁명의 공포정치와 테러를 가져왔다고 비판적으로 분석한다. 윌슨에 의하면, 프랑스 혁명과 공포정치 당시 "300,000명의 귀족들, 신부들, 정치적 반체제 인사들 그리고 다른 문제를 일으키는 자들이 투옥되었고, 17,000명이 1년 만에 죽었다."

윌슨에 의하면, 루소의 주장들 이후 2세기 동안 전염병처럼 괴롭혔던 "평등주의적 이데올로기와 야만적 강제 사이의 손쉬운 동거"(easy cohabitation of egalitarian ideology and savage coercion)가 발생했다. 윌슨은 당시 프랑스 혁명 당시의 논리에 의하면 "반체제라는 사회적 전염이라는 위험을 감수하는 것보다는 완벽한 사회에 대해서 헌신을 하지 않는 자들을 부족(tribe)으로부터 추방하는 것이 더 나은 것이었다"라고 분석한다.[12]

이렇게 로비스피에르는 사실상 독재자로서 프랑스를 지배했고 숙청을 통한 공포정치로 많은 반대파를 단두대에 보냈기 때문에 "루소의 피로 물든 손"이라고 불렸다. 그는 18세기 계몽 철학가 루소와 몽테스키외의 이상을 목표로 한 자코뱅파의 유능한 지도자로, 좌익 부르주아계층의 신념을 가졌다. 그러나 조제프 푸셰에게 축출되어 결국 로비스피에르 자신도 1794년 단두대에서 처형되었다.

로비스피에르의 공포정치로 인해서 프랑스 혁명 당시 오스트리아 출신의 루이 16세의 왕비 마리 앙투아네트도 단두대에서 처형되었는데, 지라르는 자신의 책 『희생양』에서 외국인으로서 프랑스의 왕비가 된 마리 앙투아네트(Marie Antoinette d'Autriche)가 근대의 희생양의 한 예라고 분석한 바 있다.

---

[12] Wilson, *Consilience: the unity of knowledge*, 16-7.

지라르는 프랑스 혁명 이후의 사회적 혼란기 속에서 근친상간의 죄목 등으로 몰려 단두대 처형이라는 비극적 죽음을 맞이한 마리 앙투와네트를 희생양으로 본다.

마리 앙투아네트는 오스트리아와 오랜 숙적이었던 프랑스와의 동맹을 위해 루이 16세와 정략결혼을 했었다. 사회적 약자, 신체적 장애인, 외국인, 늙은이, 거지들과 같이 사회적 저층의 약자들만 쉽게 희생양이 되는 것이 아니라, 왕과 귀족들, 부자들과 같이 사회 고위층들도 혼란기에 쉽게 군중의 위험한 질투의 시선에 노출되어서 희생양이 되곤 한다고 지라르는 분석한다. 몇 년 전 JTBC 드라마 '마담 앙트완'은 오스트리아 합스부르크 왕가의 막내딸로 태어나 이후 프랑스 왕비가 되었다가 프랑스 혁명과 공포정치로 인해서 결국 단두대에서 처형된 비운의 마리 앙투와네트와 신접한다는 이야기를 소재로 삼기도 했다.

에드워드 윌슨은 장 자크 루소의 낭만주의에 큰 영향을 받은 반(자연)과학적 경향을 가진 프랑스 포스트모더니즘 철학을 지식의 대통합인 통섭의 관점에서 다음과 같이 비판하고 있다.

> 모든 운동은 극단으로 치닫기 마련이다. 오늘 우리는 이 극단의 지점에 서 있다. 낭만주의에서 모더니즘에 이르는 열광적인 자기실현은 철학적 포스트모더니즘(정치, 사회학적 표현으론 종종 '포스트구조주의'로 불린다)을 불러왔다. 포스트모더니즘과 계몽주의는 완벽한 상극이다. 왜냐하면, 계몽사상가는 우리가 모든 것을 알 수 있다고 믿지만 급진적 포스트모더니스트는 우리가 아무것도 알 수 없다고 믿기 때문이다.

또한 윌슨은 다음과 같이 말했다.

> 철학적 포스트모더니스트들은 무정부 상태의 해적 깃발 아래서 우왕좌왕하는 반역자로서 과학과 철학의 전통적 토대에 도전장을 내밀었다. 그들은 실재가 마음에 의해 구성된 상태이지 마음으로 지각된 것이 아니라고 주장한다. 구성주의의 가장 극단적인 형태에서는 '진짜' 실재는 없다.

이 책 여러 곳에서 에드워드 윌슨은 급진적으로 반자연과학적인 포스트모더니즘의 급진 사회구성주의를 비판하고 있다.

> 정신 작용의 바깥에 존재하는 객관적 진리가 없다는 것인데, 놀랍게도 이것은 사회적 지배 집단이 유포하는 견해이다. 이렇게 되면 윤리학도 확실한 토대를 얻을 수가 없게 된다. 각 사회가 동등한 이해관계에 따라 자기 나름의 관례를 만들기 때문이다.[13]

윌슨이 포스트모더니즘 철학의 이론적 무정부주의와 급진 사회구성주의 속에 함의된 반실재주의를 비판한 것은 옳다.

에드워드 윌슨은 포스트모더니즘 철학 속에서 장 자크 루소가 부활한 것을 본다(Rousseau redivivus). 실제로 구조주의 인류학자 레비 스트로스가 장 자크 루소를 크게 찬양했고, 후기구조주의와 해체주의 철학자 자크 데리다도 루소에 큰 영향을 받아서 자신의 책에서 논하고 있다. 레비 스

---

[13] Wilson, *Consilience: the unity of knowledge*, 43-44.

트로스의 낭만주의적 인류학도 장 자크 루소의 낭만주의와 맥을 같이하고 있다.

윌슨은 포스트모더니즘의 보편적 진리 금지령이 가지는 새로운 전체주의적 위험과 새로운 부족주의의 위험을 다음과 같이 바르게 분석하고 있다. 즉, 윌슨은 포스트모더니즘과 그 정치적 다문화주의가 다양성에 대한 관용을 차원을 넘어서 새로운 '강제'를 가져오고 있다고 다음과 같이 비판적으로 분석하고 있다.

> 이런 전제가 옳다면 각각 독특한 방식으로 표현되는 진리와 도덕이 모든 문화에서 동등한 가치를 갖는다는 결론이 도출된다. 즉, 정치적 다문화주의가 정당화되고 각 민족 집단과 그 공동체 안에서의 성적 기호가 동등한 타당성을 갖는다.
>
> 이것은 관용의 차원을 넘어선다. 특정한 진리·도덕·성적 기호는 공공의 지지를 받는 것이자 다음 세대에게 가르쳐져야 할 것으로 간주되기 때문이다. 그러나 그것은 그 도덕·진리·성적 기호가 사회적으로 중요하기 때문이 아니다. 단지 존재하기 때문이다.
>
> 다시 한 번 말하지만, 앞 문단에서 언급된 구성주의 전제들이 참이라면 이런 결론도 참일 수밖에 없다. 그런데 지지자들은 그 전제들을 참이라고 믿는다. 아니, 참이어야 된다는 식이다.
>
> 그들에게는 다른 것을 주장하는 것이 편협한 행위이며 곧 중대한 범죄이다. 포스트모더니즘의 보편적 진리 금지령(postmodernist prohibition against universal truth)을 무시하고 모든 이들이 받아들이는 공동선을 받아들이는 사람이 있다면 그는 지금 중대한 범죄를 저지르고 있는 셈이다.

웬 루소의 부활인가!(Rousseau redivivus!)[14]

포스트모더니즘 철학이 보편적 진리를 금지시킴으로 인해서 새로운 부족주의(tribalism)를 가져오고 있다는 비판은 앞에서 소개한 하버드대학교의 스피븐 핑커(Steven Pinker) 교수 등도 일관되게 하고 있다.

장 자크 루소의 낭만주의와 '고상한 원시인'(noble savage) 개념에 담긴 신원시주의는 포스트모더니즘 철학 속에 흐르는 반현대주의적이고 반자연과학적인 신원시주의와 새로운 부족주의(tribalism)로 이어진다. 포스트모던적 사유는 대체적으로 유대-기독교적 유일신론을 폭력과 억압으로 보고 대신 다신론적 세계관을 더 평화스럽게 보는 경향이 있는데, 이는 유대-기독교적 유일신론의 업적, 곧 한 하나님 앞에서 모든 영혼은 평등하다는 성경적 가르침을 통해서 인류 문명이 부족주의와 민족주의를 극복하고 보편주의와 세계시민주의를 가능하게 한 업적을 무시하는 것이다.

포스트모더니즘 철학의 대부라 할 수 있는 니체는 다음과 같이 한 하나님 앞에 모든 영혼은 평등하다는 이 보편주의적이고 평등주의적 기독교 가치가 가장 위험한 가치라고 비판하면서, 다시금 신이교적인 입장에서 인간 제사를 긍정했다.

> 기독교에 의해 개인은 너무 중요한 것으로, 너무 절대적인 것으로 여겨지고 평가되어서 더 이상 그를 희생할 수 없게 되었다. 그러나 종족(Gattung)은 오직 인간 제사(Menschenopfer)를 통해서만 유지된다. 하나님 앞에서 모

---

14 Wilson, *Consilience: the unity of knowledge*, 44.

든 영혼은 평등하다. 그러나 이것은 모든 가능한 가치평가들 중에서 가장 위험한 가치다….

참된 인간사랑은 종족의 최선을 위해서 희생을 요구한다. 그것은 가혹하지만, 또한 그것은 자기극복으로 넘친다. 왜냐하면, 그것은 인간 제사(Menschenopfer)를 필요로 하기 때문이다. 그리고 가짜-인간애, 곧 기독교로 불리는 이것은 그 어느 누구도 희생시킬 수 없도록 하고 있다.[15]

4. 장 자크 루소와 데리다: '고상한 미개인'과 애매주의

에드워드 윌슨은 또한 다음과 같이 포스트모더니즘 철학과 자크 데리다의 해체주의 철학이 기지는 유아론적 철학을 비판적으로 분석한 바 있는데, 필자는 포스트모더니즘 철학의 유아론(唯我論)적 함의로 인한 불교철학과의 친화성과 관련성을 이 책 다른 부분에서 비판적으로 분석한 바 있다.

포스트모더니즘은 문학비평 기법인 해체주의에서 명확히 표현된다. 작가들이 의미하는 바는 각자 고유한 것이고 그 기저에는 모종의 전제들이 있다. 따라서 작가의 진정한 의도뿐만 아니라 객관적 실재와 연관된 그 무엇도 신빙성을 획득할 수 없다는 것이다.

"작가의 텍스트는 비평가의 머릿속에 있는 유아론적(solipsistic) 세계에서

---

[15] F. Nietzsche, *Sämtliche Werke: Kritische Studienausgabe*, Bd. 13. Hg. von G. Colli und M. Montinari (München, 1980), 470f.

유래된 신선한 분석과 논평에 열려 있다."

그러나 비평가 또한 해체주의의 적용을 받고 비평가의 비평가 역시 마찬가지이므로 자크 데리다가 "텍스트 바깥에는 아무것도 없다"(Il n'y a pas de hors-texte)라고 말했을 때 의도한 바이다. 윌슨은 "만일 급진적 포스트모더니즘의 전제가 옳다면 필자가 파악한 그의 결론이 정말로 그가 의도한 결론인지는 결코 확신할 수 없다"라고 포스트모더니즘 철학이 가지는 허무주의적 모순을 비판하고 있다.

자연과학자로서 윌슨은 '데리다의 역설'을 분석하면서 해체주의와 포스트모더니즘 철학의 자기모순을 다음과 같이 비판하고 있다.

> 역으로, 만일 필자가 파악한 것이 그가 의도한 것과 동일하다면 그의 논증을 더 깊이 고려해야 할지는 불분명하다. 필자가 '데리다 역설'이라고 부르고자 하는 이 퍼즐은 '크레타인의 역설'(어떤 크레타인이 "모든 크레타인은 거짓말쟁이다"라고 말하는 것)과 비슷하다.[16]

인류 지식의 대통합(통섭)의 관점에서 포스트모더니즘 철학을 비판하는 에드워드 윌슨은 데리다의 현란한 몽매주의와 애매주의를 다음과 같이 바르게 비판하고 있다.

> 데리다의 현란한 몽매주의적(obscuranrism) 진술들을 볼 때 그가 과연 자신이 의도한 바를 정확히 알고 있는지는 그리 분명치 않다. 어떤 이들은 그의 글

---

[16] Wilson, *Consilience: the unity of knowledge*, 44.

이 의도적으로 일종의 농담, 즉 실없는 말을 써 놓은 것이라고 생각한다.[17]

본래 몽매주의 혹은 애매주의는 문학과 예술 분야에서 고의로 의미를 애매하게 하는 표현주의 사조를 일컫는다. 데리다의 해체주의 철학에 존재하는 현란한 애매주의 혹은 몽매주의는 니체적인 '놀이' 혹은 '유희'와 관련이 있다. 데리다의 철학은 무의미한 기호학적 놀이를 강조했다.

에드워드 윌슨은 자기 자신을 책과 글쓰기의 적이자 몽상가로 소개한 장 자크 루소의 관점이 자크 데리다의 해체주의 철학에도 흐르고 있음을 다음과 같이 비판적으로 분석하고 있다. 자크 데리다는 장 자크 루소를 자신의 책에서 다음과 같이 논하고 있다.

그의 새로운 '과학'인 그라마톨로지(Grammatology)는 실은 과학과 정반대의 것으로서 진부함과 환상을 동시에 가진 비일관적 꿈들의 단편이다. 그것은 문명세계의 다른 곳에서 발전한 마음과 언어의 과학에 대해서 마치 췌장의 위치도 모르는 심령치료사처럼 무지하다. 그는 이런 일종의 태만함에 대해 의식을 하고 있었던 것 같다. 어쨌든 그는 루소의 『에밀』에 나온 다음과 같은 말을 인용하면서, 책과 글쓰기의 적이라고 자신을 규정했던 루소의 입장을 취하고 있다.

"철학은 우리에게 주어진 악몽이다. 당신은 나 역시 몽상가라고 할지 모르겠다. 그 점은 인정한다. 그러나 필자는 다른 이들이 하지 못한 것을 한다. 필

---

17 Wilson, *Consilience: the unity of knowledge*, 45.

자는 내 꿈이 꿈이라 말하며, 깨어 있는 사람들이 찾아내도록 남겨 둔다."[18]

에드워드 윌슨은 과학에 대한 일종의 전복을 의미하는 포스트모더니즘 철학의 반(자연)과학적 태도를 비판한다. 또한 그는 신지학(theosophy)이나 초월론적 관념론과 같이 유사학문적인 것으로 비판할 수 있는 포스트모더니즘이 이미 사회과학과 인문과학의 주류에 스며든 것을 다음과 같이 비판한다.

> 깨어 있기에, 깨어 있는 동안 자신이 한 말에 책임을 져야 하는 과학자들은 포스트모더니즘에서 유익한 점을 발견하지 못했다. 과학에 대한 포스트모더니즘의 태도는 일종의 전복이었다. 포스트모더니스트는 중력, 주기율표, 천체물리학을 포함해 외부 세계를 지탱하는 수많은 기둥들을 잠정적으로만 받아들이는 듯하다. 더욱이 그들은 과학 문화가 앎의 방식들 중 하나일 뿐이며 특히 구미 백인 남성들의 전유물쯤으로 여긴다.
> 이런 의미에서 혹자는 포스트모더니즘을 신지학(theosophy), 초월론적 관념론과 함께 역사의 골동품 창고로 보내고 싶어 할지 모른다. 그러나 포스트모더니즘은 이미 사회과학과 인문학의 주류로 스며들었다.[19]

이 책에서는 현대 정치경제학을 논하면서 장 자크 루소의 낭만주의로부터 영향을 받은 레비 스트로스의 구조주의 인류학, 자크 데리다의 해체주

---

[18] Wilson, *Consilience: the unity of knowledge*, 45.
[19] Wilson, *Consilience: the unity of knowledge*, 45.

의 철학, 유럽 68문화혁명, 포스트모더니즘, 서구 명상불교, 뉴에이지와 신지학, 새로운 영지주의 그리고 새로운 부족주의 등의 복잡한 영향사와 얽힘의 관계에 대해서 비판적으로 분석하고 있는데, 에드워드 윌슨도 포스트모더니즘 철학이 대체적으로 급진좌파 정치학, 사회주의 그리고 네오마르크시즘과 깊게 연관되어 있음을 다음과 같이 바르게 분석했다.

> 다양한 은유들이 민족적 다양성과 성(性) 이원론에 적용되면서 포스트모더니즘 학계는 새로운 작업 공간을 만들어 냈다. 또한 그 비유들이 정치화되면서 학파와 이념이 기하학적으로 증가했다. 포스트모더니즘은 대개 좌파 지향적인데 아프리카중심주의, 구성주의 사회인류학, '비판적' 과학(사회주의), 급진 생태학(deep ecology), 에코페미니즘(ecofeminism), 자크 라캉의 정신분석, 그리고 네오마르크시즘 등이 포함된다. 여기에 해체주의 기법과 뉴에이지 전일론과 같은 혼란스러운 변이들이 그 주위를 맴돌거나 다리를 걸치고 있다.[20]

에드워드 윌슨이 잘 분석한 것처럼, 그리고 이 책에서 일관되게 분석한 것은 포스트모더니즘 철학은 본래부터 좌파 지향적으로 정치화된 철학이었고, 네오마르크시즘으로부터 뉴에이지와 새로운 영지주의와 얽혀 있는 전복적, 혁명적 그리고 유토피아적 반철학(counter-philosophy)이었다는 사실이다.

에드워드 윌슨은 포스트모더니즘 철학자들이 난해한 전문용어들을 남

---

[20] Wilson, *Consilience: the unity of knowledge*, 45-46.

발하지만, 결국은 17세기 프랑스 계몽사상이 폐기한 신비주의, 낭만주의 그리고 신원시주의로 퇴행하는 것을 다음과 같이 비판적으로 적고 있다.

> 포스트모더니즘의 지지자들은 난해한 전문어들을 남발하여 진영을 어지럽힌다. 물론 가끔씩은 멋진 용어들도 있기는 하다. 각자의 방식들은 17세기에 계몽사상이 폐기한 '두려운 신비'(mysterium tremendum)를 향해 표류하는 것처럼 보인다.[21]

윌슨은 의도적으로 '모호성'과 '모순'을 추구하는 포스트모더니즘 철학을 바르게 비판하고 있다.[22] 이렇게 사회생물학의 창시자인 동물행동학자 에드워드 윌슨은 "포스트모더니즘은 장 자크 루소의 낭만주의의 연장선"에 있으며, 특히 해체주의의 경우 '무한 소급의 문제'에 빠지게 된다고 포스트모더니즘을 비판했다.

5. 사유재산이 사회 불평등의 기원인가?: 루소

독일 철학자 노베르트 볼츠는 로베르트 슈페만(Robert Spaemann) 교수의 루소 연구서인 『루소-인간 혹은 시민: 근대의 딜레마』를 인용하고 있다.

---

21 Wilson, *Consilience: the unity of knowledge*, 46.
22 Wilson, *Consilience: the unity of knowledge*, 233.

루소에 의하면, "인류의 소외 역사는 최초의 사유재산으로부터 시작된다." 모든 사회적 악들은 바로 이 사적 소유 혹은 사유재산으로부터 나온다고 루소는 보았다.[23]

슈페만 교수에 의하면, 루소의 저작들과 그의 실존은 현대적 의식의 모든 희망들과 모든 노스텔지어들과 그리고 모든 모순들을 대변하고 있다. 구조주의 인류학의 창시자 레비 스트로스는 "장 자크 루소는 우리 모두의 아버지다"라고 말한 바 있다. 루소는 혁명과 복고, 자유적 법치국가와 포퓰리즘적인 독재 그리고 반권위적인 교육학과 전체주의 모두를 야기시켰다.

슈페만 교수에 의하면, 루소의 모순적 실존은 후기현대적(포스트모던적) 개인에게도 이어진다. 슈페만 교수는 루소의 사유와 그의 인간성 속에 존재하는 이러한 근본적인 모순들을 분석한다. 그에 의하면, 루소는 현대인의 선구자가 되었다. 슈페만에 의하면, 루소주의라는 말은 본래 경멸적인 표현이었는데, 그것은 나이브한 유토피아주의를 의미한다.

슈페만 교수에 의하면, 루소는 불안정한(haltloser) '성격'을 가졌다. 루소의 사유는 영원한 혁명에 열려 있으며, 전면적인 무정부주의에 열려 있을 뿐 아니라, 또한 반동적이며 신성한 자연 혹은 인간의 (신적인) 기원을 보존하는 복고(restauration)에도 열려 있다. 슈페만 교수에 의하면, 루소 자신의 인격과 저서들에서 발견되는 이러한 모든 모순적인 측면들은 현대사회

---

[23] Robert Spaemann, *Rousseau – Mensch oder Bürger. Das Dilemma der Moderne* (Stuttgart: Klett-Cotta 2008), 79; Norbert W. Bolz, *Diskurs über die Ungleichheit: ein Anti-Rousseau* (Wilhelm Fink, 2009), 39.

에서도 발견할 수 있다.

슈페만에 의하면, 현대적 주체성은 루소의 실존과 사상 속에서 가장 잘 발견된다. 슈페만은 "폴리스로부터 자연으로 돌아간 루소의 길"(Rousseaus Weg von der Polis zur Natur)이라는 제목 아래서 루소의 나이브하고 낭만적인 유토피아주의를 분석한다. 슈페만 교수에 의하면, 프랑스 혁명과 관련해서 볼 때 루소는 자신이 유일한 참된 종교로 찬양한 자신의 기독교를 사회계약(Contrat social)이라는 정치적 유토피아의 제단 위에서 희생시켜 버렸다.

앞에서 분석한 것처럼, 지라르는 자신의 인류학적 연구를 통해서 루소, 낭만적 원시주의, 니체 그리고 프랑스 미학주의, 악마주의(diabolism, '악의 꽃'), 그리고 미학적 실존주의 - 사드, 보들레르, 지드, 샤르트르, 장 주네, 푸코, 데리다, 폴 드만, 바타유 - 등을 비판한다. 낭만적 신원시주의적 경향을 가진 루소주의는 포스트모더니즘과 유럽 68세대에 큰 영향을 주었다. 루소주의는 반헤겔주의적인 의미를 지닌다.

"장 자크 루소는 우리 모두의 아버지다"라고 말한 구조주의 인류학의 창시자 레비 스트로스와 데리다를 비롯한 후기구조주의 철학, 해체주의 철학 그리고 포스트모더니즘 철학 등에 이르기까지 루소주의의 영향을 발견할 수 있다.

루소의 사유가 한편으로는 낭만적이고 무정부주의적이면서도 다른 한편으로는 전체주의적이고 사회주의적-공산주의적 함의를 가지고 있는 것처럼, 루소주의적인 차원을 가진 포스트모더니즘 철학도 한편으로는 낭만적이고 미학적인 신원시주의와 무정부주의적 경향을 지니면서도 다른 한편으로는 네오마르크시즘과 깊이 연관된 급진좌파 정치경제학으로 기울어진다. 니체와 하이데거 철학, 구조주의 인류학 그리고 포스트모더니즘 철학은 또한 모두 플라톤적-기독교적 휴머니즘 전통을 비판한 반휴머니즘적 철학이라 할 수 있다.

또한 이들 철학들은 최초의 반도덕주의자로 자신을 정의한 니체를 따라서 현대 사유와 현대 철학에서 윤리학과 도덕을 추방시켜 버린 반도덕주의라는 문제를 가지고 있다. 유럽 68문화혁명 세대와 포스트모더니즘 철학은 일상의 존재론과 인식론 그리고 일상적 도덕과 윤리를 과도하게 추방시킨 '일탈의 철학'이라 할 수 있다.

그래서 많은 포스트모던 철학자들과 유럽 68문화혁명 세대들이 자신들의 반문화적 삶과 반철학적인 사유를 통해서 보다 일상적이고 정상적인 것들을 버리고 LSD 마약을 복용하고 동성애를 했던 푸코의 경우처럼 반정상적이고 일탈적인 삶을 살다가 결국 푸코와 들뢰즈의 경우처럼 결국 자살로 생애를 마감했다.

일탈의 철학이라 평가할 수 있는 포스트모던적 사유 속에서 '일상철학'은 과도하게 상실되고 추방되었다. 21세기 인문학과 철학은 다시금 일상의 지평을 회복해야 한다. 영원한 일탈은 지속 가능하지 못하기에 20세기 후반 일탈을 꿈꾸고 실험했던 세대들이 다시금 일상과 교회로 되돌아오고 있다.

6. 기회평등인가 결과평등인가?

　독일 철학자 노베르트 볼츠(Norbert Bolz)는 19세기 중반에는 남녀 모두에게 동일한 가치를 부여하고 도덕과 정치와 학문에서의 여성 해방이 하나의 한계, 곧 여성성을 해치는 것을 하지는 말아야 한다는 한계를 가지는 '계몽된 페미니즘'이 존재했다고 말한다. 즉, 여성은 열등한 것이 아니라 다를 뿐이라는 것이다. 그렇기에 성평등은 여성을 남성처럼 대우하는 것을 의미하지는 않는다.

　볼츠에 의하면, 계몽된 페미니즘과 달리 '광적인 페미니즘'(der fanatische Feminismus)은 오늘날 자유나 기회평등을 목적하지 않고, 성과평등 혹은 결과평등(Ergebnisgleichheit)을 목적으로 하고 있다. 모든 사람들이 사회 지도층의 고위직을 차지하는 여성 비율만 바라보고 있다. 독일 대학에서의 여성 교수들의 숫자가 얼마나 높은지만 바라보고 있다고 볼츠 교수는 비판적으로 분석한다. 즉, 볼츠에 의하면 오늘날 '광적인 페미니즘'은 자유 대신에 평등을 그리고 기회평등 대신에 결과평등(Ergebnisgleichheit)을 쟁취하려고 한다.

　더 나아가 광적인 페미니즘은 그 결과평등마저도 여성 개개인을 위한 결과평등이 아니라, 전체로서의 여성 집단을 위한 결과평등을 원하고 있다고 볼츠는 비판한다. 볼츠는 광적인 페미니스트들이 "실제로는 평등보다는 권력을" 쟁취하려고 한다고 분석한다.[24] 앞에서 소개한 독일의 자라친 박사도 프랑스인 장 자크 루소의 사회 불평등론이 잘못된 세계관으로

---

[24] Bolz, *Diskurs über die Ungleichheit: ein Anti-Rousseau*, 48–49.

부터 나온 것이라고 비판한다. 자라친(Thilo Sarrazin) 박사에 의하면, 영미권에서는 기회평등을 주장하지만, 장 자크 루소는 결과평등을 주장하기에 옳지 않다는 것이다.

호모 미메티쿠스의 모방적이고 경쟁적 욕망으로 인해서 평등은 인류에게 힘겨운 이상과 가치로 남아 있다. 인간의 모방적이고 경쟁적인 욕망과 탐욕으로 인해서 인류는 원시사회로부터 지금까지 평등이 아니라 차이에 근거해서 뜨거운 내부 폭력과 갈등을 억제하고 통제하면서 안정성을 가지면서 발전해 왔던 것이다.

인류 문화를 차이의 체계로 파악한 것은 구조주의 인류학자 레비 스트로스인데, 지라르는 이 관점을 수용하면서 보다 더 깊게 발전시킨다. 기독교 이전의 문화는 평등이 아니라, 차이에 근거해서 문화가 건설되었는데, 기독교가 신화의 수수께끼를 해체하고 희생양 메커니즘의 정체를 폭로함으로써 점차 평등의 가치가 우세하게 되었다.

그래서 이 책 다른 부분에서 말한 것처럼, 니체는 이 기독교적 평등가치가 문명의 데카당스를 가져올 수 있는 가장 위험한 가치라고 진단한 바 있다. 현대 평등주의적 질투사회에 관해 지라르가 말하는 인류학적 분석은 일종의 21세기 인류 지혜로서 진지하게 논의될 만한 가치가 있는 통찰이다. 자유보다는 평등이 더 힘든 가치다. 자유민주주의 체제 아래서 신분과 계급은 철폐되었기에 이제 남은 것은 경제적 불평등이다. 법 안에 만인은 평등하다.

하지만 경제적 불평등을 해소하기 위해서 장 자크 루소가 주장하는 것처럼, 사유재산을 폐지해야 하는가?

루소의 유토피아적이고 낭만주의적인 주장처럼 사회 불평등의 기원인 사유재산을 폐지하게 되면, 그것은 공산주의 체제가 될 것이다. 니체의 문명분석에서 말하는 것처럼, 이 평등이라는 위험한 가치를 인류 문명 속에 확립한 스토리는 기독교다. 이 '위험한 가치'인 평등을 근거로 해서 극좌의 전체주의라 할 수 있는 사회주의와 공산주의 혁명은 수많은 폭력과 만행을 자행했다. 평등 요구에 자리잡고 있는 가진 자에 대한 르상티망과 질투도 논의되어야 한다.

위에서 본 것처럼, 독일 철학자 볼츠는 광적인 페미니즘이 권력 쟁취를 목표하고 있다고 분석한 바 있다. 이는 권력 의지에 대해서 말한 니체와 좌편향적으로 정치화된 포스트모더니즘 철학과 연관된다. 니체의 '권력에의 의지'(Wille zur Macht)는 기독교적 의미에서 '진리에의 의지'(Wille zur Wahrheit)에 대립적인 의미를 지닌다.

니체가 말한 권력에의 의지와 니체주의자 푸코가 분석하는 권력 관계 분석 혹은 근대 권력 비판은 평화주의적 권력 비판 담론이라기보다는 새로운 권력 쟁취를 위한 것이었다. 그렇기에 푸코적, 니체적, 포스트모더니즘적 그리고 급진 페미니즘적인 권력 쟁취를 위한 권력 비판 담론에는 문화전쟁(Kulturkampf)적인 차원이 존재한다는 것을 부인할 수 없다.

포스트모던적 탈권위 시대의 투쟁적 인권문화의 문제를 분석할 필요가 있다. "금지하는 모든 것을 금지하라"는 구호와 성혁명으로 대표되는 유럽 68문화혁명은 구체제를 거부하고 새로운 질서의 도래를 요구했다. 네오마르크시즘과 연동된 유럽 68문화혁명 세대와 유럽 좌파는 유럽 문화와 유럽 도덕의 모태가 된 기독교적 가치관과 질서의 해체를 의도했으며, 동성애나 낙태 등 성적인 자기결정권의 무제한적 허용을 요구했다.

냉전시대를 지나 공산주의가 몰락한 1990년대에 소강세를 보였던 이러한 유럽과 서구의 급진좌파들은 동성결혼 합법화와 동성애 인권화 운동을 계기로 2000년 이후 유럽 전역에 정치적 세력을 확보했다.[25]

2019년 1월 연세대학교는 지난 제29대 총여학생회가 급진 페미니스트 강사의 강연을 추진한 것을 계기로 학생들의 반발에 부딪혀서 결국 총여학생회가 폐지되었다고 한다. 이 논란은 총여학생회가 급진 페미니스트 강사의 "대학 내 인권활동 그리고 백래시(backlash)"라는 제목의 교내 강연을 추진하면서 불거졌다.

당시 일부 학생들은 연세대학교가 기독교 학교인 점, 그리고 강사가 십자가 모양의 자위기구 사진을 개인 사회적관계망서비스(SNS)에 올린 점을 놓고 강연 취소를 요구했다. 하지만 총여학생회가 강사의 초청강연을 강행하자, 강연 당일 학생들은 강연장 앞에서 반대 시위를 벌이기도 했다. 급기야 강연 이튿날에 '총여학생회 퇴진 및 재개편 추진단'이라는 학내 단체까지 꾸려졌다.

거센 비판과 항의가 계속되자 연세대학교 총여학생회 '모음'은 사과했다. 이로써 서울 지역 대학교의 총여학생회는 하나도 존재하지 않게 되었다. 포스트모던 급진좌파적 시각에 기초한 보다 전투적인 급진 페미니즘('메갈'이나 '워마드')이 보다 온건하고 계몽된 페미니즘과 미투 운동 등을 파시즘이나 테러로 오해하게 만들어서 사회로부터 고립시키고 있다는 여론이 크다.

---

[25] 유정우, "교정학적 인간관에 따른 현대 교정정책 위기의 원인과 대안: 평화민영교정론의 실천과 과제," 경기대학교 대학원 2017학년도 박사 학위 논문, 44. 법학자 유정우 박사의 이 논문에는 지라르의 사유도 포함되어 있는데, 필자는 2018년 유정우 박사와 만나서 지라르에 대한 학문적 대화를 나눈 바 있다.

우리는 계몽된 페미니즘과 미투 운동을 지지하지만, 20세기 후반 서구에서 일시적으로 유행했던 특정한 사조, 곧 유럽 68문화혁명과 성혁명이라는 반문화 운동에 기초한 포스트모던적 급진 페미니즘과 동성애 퀴어 이론 등에 담긴 디오니소스적-향락주의적(hedonistic) 차원에 대해서는 보다 비판적으로 성찰해야 한다.

7. 급진 사회구성주의와 반실재주의 비판

볼츠는 광적인 페미니즘이 남녀의 사회적 역할들을 성역할들로 바꾸고 있다고 비판한다. 남성과 여성이라는 것은 결코 사회적 구성물(soziales Konstrukt)이 아니라고 그는 주장한다.

볼츠는 광적인 페미니즘이 무엇보다도 생물학적인 성(Sex)을 젠더(Gender)라는 개념으로 몰아내는 언어정치(Wortpolitik)를 시도하고 있다고 분석한다. 그래서 젠더 연구가 활발하게 이루어지는 곳에서는 무엇보다도 남녀의 생물학적 차이를 말하는 "진화생물학에 반대하는 선전포고"가 이루어지고 있다고 분석한다.[26] 진화생물학에 반대하는 선전포고와 같은 입장을 우리는 이후에 동성애를 변호하는 유발 하라리의 입장에서도 분석할 것이다.

포스트모던적-후기구조주의적 퀴어 이론이 목표하는 것도 무엇보다 전통적인 의미에서의 남녀의 생물학적 성별 구별을 폐지하는 것이다. 퀴어

---

26 Bolz, *Diskurs über die Ungleichheit: ein Anti-Rousseau*, 52–53.

이론은 포스트모더니즘이라는 매우 특정한 사유와 사조로부터 파생되었고 그것에 기초하고 있다. 퀴어 이론은 포스트모던적 급진 사회구성주의(social constructionism)와 반실재주의(anti-realism) 등에 기초하고 있다. 즉, 남녀의 구분과 차이는 사회적으로 구성된 것이고 실재하지 않는 것이라는 주장이다.

이러한 퀴어 이론에서 볼 수 있는 급진적 사회구성주의는 반자연과학적인 의미가 있다. 즉, 진화생물학적 연구나 남녀 유전자의 생물학적 차이까지도 부정하고 해체하려는 급진적인 주장을 퀴어 이론은 주장한다. 이러한 급진적 사회구성주의와 연결된 포스트모더니즘은 그 성격에서 있어서 기본적으로 반자연과학적이다.

포스트모더니즘의 족보에 있는 하이데거도 데카르트를 비판하며 반자연과학적인 입장을 가진다. 하이데거에게 있어서 수학과 자연과학은 계산성으로 특징지어지는 유대인의 산물이다. 니체와 바타유, 데리다 그리고 푸코 등의 강한 영향을 받은 버틀러(Judith Butler)와 같은 퀴어 이론가들은 자연과학적이고 생물학적인 의미에서의 남녀의 차이를 차별로 파악해서 급진 사회구성주의의 이름으로 남녀의 차이를 '해체'(deconstruct)하려는 일종의 해체주의 철학자들이다.

필자는 대체적으로 기독교적 사유를 반영하는 비판적 실재론(critical realism)의 입장에 서서 포스트모던적 급진 사회구성주의와 해체주의 철학을 비판하고자 한다. 퀴어 이론과 퀴어 신학이란 기독교 정통신학과 기독교적 도덕에 기초한 유럽 도덕에서 볼 때 퀴어(queer)라는 말 자체가 의미하듯이 낯설고 이상한 것, 괴기하고 비정상적인 것으로 간주되는 테마를 이론의 중심에 내세우는 포스트모던적 사조다. '낯설고 이상하고 괴기하고 비정상적 것'으로 간주되어 온 동성애를 이론적으로 정당화하고 동성혼을 정상화하는 것을 목적으로 하고 있다.

퀴어 이론의 기원에 있는 버틀러가 니체와 니체적인 바타유의 사상에 크게 영향을 받은 것처럼, '퀴어'라는 개념 자체에 니체적이고 디오니소스적인 것이 분명 존재한다. 디오니소스의 철학자가 되기를 원했던 니체가 말한 디오니소스적인 것에는 집단광기와 집단폭력뿐 아니라, 성적인 통음난무도 존재한다는 것은 주지의 사실이다.[27]

퀴어 이론은 이렇게 포스트모던적 급진적 사회구성주의(social constructionism)의 관점에서 전통적인 의미에서의 남녀의 성별 차이 그리고 생물학적-자연과학적인 의미에서의 남녀의 성적 차이를 '해체'(deconstruct)하려는 시도로 요약될 수 있다. 우리가 동성애자 개개인은 동료 인간으로서 존중하고 관용할 수 있다. 그러나 20세기 후반 유럽 68문화혁명 세대와 깊이 관련된 포스트모더니즘이라는 특정 사조에 기초해서 동성애를 이론적으로 정당화하는 퀴어 이론에 대해서는 자유로운 학문적 비판과 논의가 허용되어야 한다.

하지만 포스트모던적 퀴어 이론에 대한 이론 논쟁적이고 학문적인 비판마저도 동성애자들을 향한 차별, 혐오 그리고 폭력으로 몰고 가거나 혹은 정치적 올바름이라는 새로운 언어정치의 이름과 논리로 비판하는 것은 극좌의 전체주의 혹은 동성애자들의 새로운 전체주의의 위험에 노출되어 있다.

---

[27] 디오니소스와 디오니소스적인 것에 대해서는 필자의 『우상의 황혼과 그리스도: 르네 지라르와 현대사상』을 보라.

이론물리학자 앨런 소칼의 『지적 사기』가 잘 비판한 것처럼, 프랑스 일부 사상가들이 생산한 포스트모더니즘 철학은 자연과학을 오용하고 있을 뿐 아니라, 탈근대주의 및 반근대주의의 의미를 지닌 포스트모더니즘 철학은 그 본질에 있어서 반자연과학적 철학이다. 그래서 진화생물학자이자 선교적 무신론자인 도킨스도 포스트모더니즘에 대해서 비판적이다.

한국 '위키백과 사전'에서도 다음과 같이 특히 많은 자연과학자들로부터 반자연과학적 혹은 반과학적인 담론으로 비판받는 포스트모더니즘에 대해서 비판적으로 분석하고 있다. 포스트모더니즘 비판 중 가장 대표적인 것은 "포스트모더니즘은 무의미하고 몽매주의를 양산시킨다는 것, 과학의 엄밀성을 침해한다는 것, 실질적 사회 발전에 도움을 주지 못한다는 것" 등이 있다. '포스트모더니즘의 막연성'을 비판하면서 철학자 노엄 촘스키는 "포스트모더니즘은 분석과 경험에 기초한 실증적 지식에 기여하는 것이 아무것도 없기 때문에 무의미한 학문"이라고 비판했다.

학계 내 좌파였던 뉴욕대학교 물리학과 교수인 앨런 소칼은 학자의 입장에서 "포스트모더니즘은 말장난에 지나지 않는다"라고 생각했고, 또 정치적인 입장에서 사상누각 같은 포스트모더니즘 '신좌파'가 중도나 우파 세력에 의해 공격받아 자신을 포함해 정통 좌파 진영에까지 피해가 돌아올 것을 우려했다. 이론물리학자 소칼은 포스트모더니스트들의 "과학 지식 오용과 그 사상의 막연성, 몽매주의"와 애매주의에 대해 포화를 퍼부었다.[28]

---

[28] 포스트모더니즘 철학에 대한 필자의 비판에 대해서는 필자의 책 『르네 지라르와 현대 사상가들의 대화: 미메시스 이론, 후기구조주의 그리고 해체주의 철학』(서울: 동연, 2017)을 보라.

포스트모더니즘에 대한 비판과 관련하여 한국 '위키백과 사전'도 다음과 같이 도킨스의 비판을 잘 소개하고 있다.

> 도킨스도 「네이처」(*Nature*)에 게재한 "발가벗겨진 포스트모더니즘"(Post-modernism disrobed)이라는 글에서 포스트모더니즘을 비판했다. 도킨스는 후기구조주의 정신분석학자 자크 라캉이 사기꾼이라는 것을 납득시키기 위해서 굳이 수학 전문가의 의견을 들이댈 필요가 없을 정도다고 비판한다. 또한 "아인슈타인의 질량 - 에너지 동등성 공식($E = MC^2$)이 빛의 속도에 '특권을 주기' 때문에 성욕의 의미를 담고 있다"라고 말한 포스트모던 여성주의 철학자, 정신분석학자 그리고 문화 이론가 뤼스 이리가레이(Luce Irigaray)를 도킨스는 비판한다.
>
> 또한 도킨스는 "남성의 음경이 딱딱하게 발기하기 때문에 고체역학은 남성 중심적이고, 여성의 음순에서는 생리혈과 질액이 나오기 때문에 유체역학은 여성 중심적이므로 고체역학이 유체역학보다 '특권을 가지고 있다'"라고 쓴 이리가레이의 주장 역시 터무니없을 뿐이라고 잘라 말한다.

이렇게 포스트모더니즘과 포스트모던적 급진 페미니즘과 동성애 담론 퀴어 이론 등은 그 근본 정신에 있어서 반자연과학적이다. 포스트모더니즘은 급진 사회구성주의와 얽혀 있는데, 이들은 실재를 지나치게 사회적으로만 파악하고 기본적인 자연과학적 사실조차도 사회적으로 구성된 것으로 급진적으로 주장하고 있다. 반실재주의적인 함의를 지닌 포스트모던적 급진 사회구성주의는 실증주의를 비판하면서 세계 자체는 존재하지 않고 세계에 대한 해석만이 존재한다는 니체의 사유와도 맥을 같이하고 실제로 계보학적으로 그러한 니체적 인식으로부터 파생되었다.

이러한 반실재주의적인 사유는 반실재주의적인 불교 철학과도 맥을 같이한다. 그래서 유럽 68세대의 문화혁명의 반문화, 반철학 운동은 불교의 반철학과 반문화와도 연결되었다. 실제로 많은 포스트모던적 철학자들이 불교를 수행하거나 불교 철학에 동정적이거나 반실재주의적인 불교 철학적인 방향으로 기울어졌다. 온건한 의미에서 사회적으로 구성되는 측면들이 있음을 인정할 수 있지만, 반실재주의적인 급진 사회구성주의는 급진적인 주장이다.

기독교 철학은 대체적으로 비판적 실재론을 말한다. 반실재주의는 불교 철학적인데, 불교 철학의 반실재주의와 부정주의는 앞에서 논의한 것처럼, 재가자들의 사유가 아니다. 그것은 출가승들만의 특정 사유로서 포스트모던적 의미에서 해체주의적으로 읽어야 할 것이 아니라, 전근대적-신화적 의미에서 희생제의적으로 읽어야 할 개념이다. 불교 철학의 무(Nichts)의 반실재주의는 붓다들만의 특정 철학이다. 희생염소 역할을 하는 붓다들은 이 세계 자체의 비존재성과 공성(空性)을 깨닫기 위해서 세계 포기적 염증명상(Ekelmeditation)을 한다.

또한 불교의, 좀 더 정확하게 사회인류학적으로 개념 해명 하자면 출가승들만의 희생제의적 반실재주의는 유럽 68세대와 포스트모던 철학이 꿈꾸었던 자유롭고 평화스러운 유토피아적인 해방이 아니라, 전체주의적이고 파시즘적인 불교의 세계 질서와 문화 질서를 유지하고 갱신하는 축제적이고 일시적인 안전밸브 역할을 했을 뿐이다. 즉, 절대적 무(Nichts)와 공성을 말하는 불교 철학은 우주의 거대한 질서를 유지하고 갱신시키는 일종의 축제적인 수사학에 머물렀다. 불교적 반실재주의를 말하는 대부정은 거대한 우주질서에 대한 대긍정을 위한 축제적 부정에 불과하다.

지라르는 포스트모던적 반실재주의적이고 허무주의적 경향에 대해서 비판한다. 지라르와의 학문적 만남을 통해서 기독교적 전통으로 회귀하고 있는 포스트모던 철학자 바티모(G. Vattimo)는 '하이데거와 지라르' 사이의 대화와 접근을 시도하면서 여전히 니체와 하이데거를 변호한 바 있다.[29]

하지만, 지라르는 같은 책에 실린 논문, "사실들, 해석들뿐만 아니라"(Tatsachen, nicht nur Interpretationen)에서 포스트모던 철학의 일반적인 허무주의 분위기와 "해체주의적인 허무주의," 혹은 바티모의 "허무주의적 해석학"을 비판하고 있다.[30] 지라르의 이 논문 제목은 포스트모던 철학의 출발선상에 있는 니체의 말, 즉 "사실은 존재하지 않고, 해석만이 존재할 뿐이다"라는 주장을 염두에 둔 것이다.

이처럼 지라르는 프랑스 포스트모더니즘 철학자들의 언어학적 허무주의와는 달리 사건의 진실을 믿는 리얼리스트다. '해석들만이 아니라 사실들'의 중요성을 역설하는 지라르는 '포스트모더니즘의 허무주의'를 거부한다.[31] 이러한 니체적인 인식으로부터 파생된 퀴어 이론의 급진 사회구성주의와 반실재주의는 해체주의적인 허무주의며 허무주의적 해석학과 인식론이기에 학문적으로 동의하기 힘들다.

---

[29] Gianni Vattimo, "Heidegger und Girard – Ansätze eines Dialogs," *Das Opfer – aktuelle Kontroversen: Religionspolitischer Diskurs im Kontext der mimetischen Theorie*; deutsch–italienische Fachtagung der Guardini–Stiftung in der Villa Vigoni, 18–22 Oktober, 1999, ed. Bernhard Dieckmann, *Beiträge zur mimetischen Theorie* 12 (Münster: LIT, 2001), 251–259.

[30] René Girard, "Tatsachen, nicht nur Interpretationen," *Das Opfer – aktuelle Kontroversen: Religionspolitischer Diskurs im Kontext der mimetischen Theorie*, 261–79.

[31] Palaver, *René Girards mimetische Theorie: Im Kontext kulturtheoretischer und gesellschaftspolitischer Fragen*, 336.

8. 유행으로서의 동성애와 차별금지법 논쟁

독일 철학자 노베르트 볼츠는 원형적인 페미니즘으로서의 계몽된 페미니즘은 지지하지만, 보다 광적이고 전투적인 페미니즘을 비판한다. 그는 다시금 신보수주의적 관점에서 가정의 가치를 회복하고자 한다. 그는 전통적이고 보수적인 로마 가톨릭 교인인 아내와 결혼해서 슬하에 4명의 자녀를 두고 있다.

독일 위키피디아의 소개처럼 볼츠는 자본주의 시장경제의 개방성에 대해서 근본적으로 긍정적인 입장을 가지고 있으며 '정치적 올바름' 현상으로 인한 보수적 견해들의 '터부화'(Tabuisierung)를 비판하면서 개개인들의 높은 책임성을 요구하고 있다.

또한 사회적 불평등에 대해서 반-루소(Anti-Rousseau)의 입장을 가진 볼츠는[32] 독일사회에서의 가정해체 현상을 비판적으로 분석하면서 자신의 저서 『가정의 영웅』(*Die Helden der Familie*)에서 "자기실현이라는 새로운 향락주의(Hedonismus)"를 비판하고 정치적 올바름으로서 위장된 자녀적대성(Kinderfeindlichkeit)을 비판한다.

또한 볼츠는 정치적 올바름의 터부화로 인해서 저지할 수 없게 되고 있는 "동성애화라는 사회적 트렌드"(gesellschaftlichen Trend der Homosexualisierung)를 비판적으로 분석하고 있다.

동성애는 개인의 사적인 성적 취향의 문제보다는 오늘날의 새로운 성적 트렌드 혹은 성적 유행 현상으로도 파악해야 한다. 그동안 동성애자들에

---

[32] Nobert Bolz, *Diskurs über die Ungleichheit: Ein Anti-Rousseau* (Fink, 2009).

대해서 보다 관용적인 태도를 보였던 프란치스코 교황은 2018년 12월 동성애의 유행 현상에 대해서 비판했다. 교황은 "동성애 문제는 굉장히 심각하고, 사제 후보자 시작부터 적절하게 포착돼야 한다"고 말했다.

프란치스코 교황은 "우리 사회에서 동성애는 유행이 된 것처럼 보인다"며 "또한 그 사고방식은 일정 부분에서 교회에도 영향을 미친다"라고 주장했다. 그러면서 "성직 생활에서 그런 종류의 애정을 위한 자리는 없다"며 "교회는 그런 경향을 가진 사람들에게 사역이나 봉헌된 삶에 진입하지 않도록 권해야 한다"라고 설명했다.[33]

지라르는 "오늘날의 풍조가 가져다준 것은 사실상 낙태, 안락사, 유니섹스와 같은 이교도의 온갖 풍습으로서의 회귀"라고 말한다. 이 '새로운 이교'는 십계명을 비롯한 유대-기독교의 모든 모럴(moral)을 참을 수 없는 폭력으로 추정하고, 이런 계명을 완전히 없애는 것을 제일 목표로 삼는다. 이들은 또 도덕률을 충실히 지키는 것은 본질적으로 종교적인 박해의 세력과 같다고 간주한다. 이 '새로운 이교'는 무한한 욕망을 만족시키는 것, 그러므로 이 만족을 가로막는 모든 금기를 없애는 것을 행복이라고 생각한다고 지라르는 지적한다.[34]

슬로터다이크는 앞에서 언급한 "질투의 제국에서 잠을 깨다: 르네 지라르의 인류학적 메시지에 대한 메모"에서 지라르가 유대-기독교적 도덕과 십계명에 근거해서 니체의 "'신이교주의'(Neopaganismus)에 대한 신학적-

---

[33] https://www.bbc.com/korean/international-46423441.
[34] 지라르, 『나는 사탄이 번개처럼 떨어지는 것을 본다』 (서울: 문학과 지성사, 2004), 226-7.

문화전쟁적인 표현"을 했다고 비판했다.[35]

하지만 이러한 슬로터다이크의 비판은 그가 니체처럼 유대-기독교적 도덕을 거부하는 니체적-불교적-신이교주의적 관점을 가지고 있기에 나온 것이다. 하버마스는 슬로터다이크의 철학을 '신이교적'(neuheidnisch)인 것으로 파악했다. 신이교주의(Neuheidentum)는 '파시즘혐의'(Fascismusverdacht)와 '영지주의-혐의'(Gnosis-Verdacht)를 가지고 있다.[36]

동성애를 철학적으로 정당화하는 포스트모던적 퀴어 이론에는 유대-기독교적 문화, 도덕 그리고 철학에 대한 반문화적이고 반철학적인 문화전쟁(Kulturkampf)의 차원도 분명 존재한다. 지라르는 자신의 이론으로 인해서 기독교 전통으로 다시금 철학적으로 회귀하는 포스트모던 철학자 바티모와 학문적 우정과 대화를 나누었지만, 니체와 하이데거를 여전히 변호하면서 동성애자로 남아 있는 바티모는 '향락주의적 기독교'(hedonistic Christianity)를 대변하고 있다고 비판적 거리를 유지했다.

지라르는 포스트모던 사유 속에 흐르는 니체적인 의미에서의 반도덕주의와 디오니소스적-향락주의적 차원에 대해서 비판적이다. 포스트모더니즘 철학은 최초의 반도덕주의자 니체의 사유와 윤리와 도덕을 거부한 하이데거를 따라서 유대-기독교적 도덕과 윤리 그리고 십계명 등을 금기, 폭력 그리고 억압 등으로 비판하면서 성욕망을 중심으로 한 모든 욕망의 무한한 충족을 지향하는 디오니소스적-향락주의적 담론이자 일종의 문화

---

[35] Sloterdijk, "Erwachen im Reich der Eifersucht: Notiz zu René Girards anthropologischer Sendung," 251.
[36] Heinz-Ulrich Nennen, *Philosophie in Echtzeit. die Sloterdijk-Debatte : Chronik einer Inszenierung : über Metaphernfolgenabschätzung, die Kunst des Zuschauers und die Pathologie der Diskurse* (Würzburg: Königshausen & Neumann, 2003), 117.

전쟁적인 담론이었다. 20세기 후반 유럽 68문화혁명 운동과 연동된 이러한 축제적-향락주의적 철학 '운동'은 서구 대학가에서 진리, 의미, 논리 등만 추방했을 뿐 아니라, 도덕과 윤리까지도 많이 추방해 버렸다.

니체는 유대-기독교적 도덕과 가치에 대한 가치 전복 시도로서 일종의 문화전쟁을 시작했다. 니체와 하이데거를 계승하는 포스트모던 철학이 그리스 전통이 통합된 유대-기독교적 철학에 기초한 전통적인 서구 형이상학과 합리적 이성철학에 대한 문화전쟁적인 '친부살해'를 시도한 것이다. 2,000년 유럽 도덕과 기독교 전통에 대항해서 먼저 문화전쟁을 선포한 것은 니체이고, 그 후는 니체의 계보학과 지식의 고고학의 전통에 서 있는 학자들이다.

지라르의 이론은 문화전쟁적 반론이거나 반동이 아니다. 그의 이론은 인류 문명 전체를 아우르는 보편적이고 과학적 이론이다. 지라르의 이론은 포스트모더니즘의 경우처럼 철학적 반문화 운동 혹은 반철학(counter-philosophy)과 같은 반작용적인 철학이 아니다. 지라르는 반문화(counter-culture) '운동'에 전염되어서 휩쓸린 것이 아니라, 인류 '문화의 기원'을 보다 중립적이고 과학적이고 보편적으로 해명하고자 했다.

많은 포스트모던 철학자들이 프로이트의 잘못된 '오이디푸스 콤플렉스' 이론에 기초한 정신분석의 영향으로 디오니소스적 성욕망의 해방이라는 지적인 유행에 전염되었지만, 지라르는 보다 중립적이고 독립적으로 인간 욕망의 기원에 천착했다. 지라르 스스로가 주장했듯이 그리고 이 책 다른 곳에서 소개한 것처럼, 그의 학문적 관심은 유행적이고 찰나적인 것이 아니라 자연법칙처럼 영원한 가치를 지니는 것에 대한 발견이었다.

21세기에 접어들면서 극단성의 철학인 포스트모더니즘의 거품이 빠지고 황혼이 시작된 것은 그것이 한 세대(유럽 68세대)가 문화 '운동'으로 일으킨 혁명적, 급진적, 낭만적, 루소적 그리고 유토피아적인 반작용의 철학에 머물고 있기 때문이다. 포스트모더니즘 철학에서 지속 가능성이 떨어지는 반작용의 한계를 본다. 많은 자연과학자들이 날카롭게 비판하는 것처럼, 포스트모더니즘 철학은 과학성과 보편타당성이 떨어지는 담론일 뿐 아니라, 지속 가능성이 떨어진다.

포스트모더니즘 철학이 학문적으로 근거가 희박하고 지속 가능성이 떨어지는 이유 중 하나는 정확하지 못한 비교신화학과 인류학에 기초하고 있기 때문이다. 지라르는 니체의 디오니소스적 철학 이후 배제되고 추방되었던 유럽 도덕과 가치를 정당한 범위 내에서 복권할 뿐이지, 몇 십 년 정도 유행할 문화전쟁적인 이론을 전개하는 것이 아니다.

지라르는 21세기 주류 유럽의 인문학과 철학의 향락주의적 유행을 넘어서 다시금 철학 속에서 윤리학과 도덕 그리고 십계명을 재발견하고 있다. 슬라보예 지젝은 신적인 명령인 십계명과 그것의 현대 '인권'의 상호관계를 기억하는 것이 중요하다고 말한다. "후기정치적인 자유주의적-허용적 사회"에서 인권이 결국에는 그 핵심에 있어서 "십계명을 범할 수 있는 권리"임을 지적한다. 프라이버시에 대한 권리, "간음할 수 있는 권리," 언론의 자유와 표현의 자유의 이름으로 주장되는 "거짓말 할 수 있는 권리" 등의 복잡한 문제를 그는 지적한다.[37]

지젝은 최근 지라르를 언급하면서 서구 인권과 민주주의의 유대-기독

---

[37] Slavoj Žižek, *The Fragile Absolute or, Why is the Christian Legacy Worth Fighting For?* (London and New York: Verso, 1999), 110; 슬라보예 지젝, 『무너지기 쉬운 절대성』, 김재영 역 (서울: 인간사랑, 2004).

교적 계보학을 재확인하고 있는 하버마스와 같이 십계명이 인권 개념을 탄생시켰다는 사실을 바르게 지적한다. 또한 지젝은 이렇게 십계명을 범할 수 있는 권리 등과 자유주의적-허용주의적 사회의 과도한 권리 문화를 비판적으로 성찰하고 있는 것이다. 2013년 아감벤은 "의무의 고고학"이라는 부제를 가진 책을 출판하기도 했다.[38]

포스트모던 철학의 향락주의적 담론들도 유대-기독교적 전통의 도덕과 윤리 그리고 십계명에 도전하고 그것을 전복하려는 극단적인 권리 담론들이라 할 수 있다. 극단적인 개인 권리만을 강조하는 민주주의의 한계와 자유주의의 불만 등을 경험한 보다 진보된 서구 민주주의는 이제는 공동체주의적인 관점에서 권리 문화뿐 아니라 의무의 중요성도 재발견하고 있다.

기독교적 가치는 약자와 소수자와 희생자들의 권리와 인권을 보호하고 변호하는 것에만 제한되지 않는다. 건강한 가정, 자녀, 교회 공동체, 사회 그리고 민족과 국가를 위한 의무의 가치도 기독교적 가치다. 슬로터다이크도 부분적으로 지라르가 유대교의 십계명에 대한 '인류학적 새로운 해석'을 통해서 인간 욕망의 미메시스적인 구조를 밝히고 있다고 소개한다. 특히 그는 십계명의 마지막 계명에서 볼 수 있는 섹슈얼리티와 소유에 대한 모방적 욕망과 경쟁, 질투의 문제를 언급한다.

이렇게 21세기에 접어들면서 유럽 인문학과 철학에서는 유대-기독교적 십계명과 도덕을 전복하고 반대하는 반문화 운동과 반철학 운동으로 설명

---

[38] Giorgio Agamben, *Opus Dei: An Archeology of Duty,* trans. Adam Kotsko (Stanford: Standford University Press, 2013).

될 수 있는 유럽 68문화혁명과 디오니소스적-향락주의적 포스트모더니즘이 점차적으로 황혼기에 접어들면서 다시금 철학에서 도덕과 윤리를 재발견하고 있다. 그런데 한국에서는 여전히 디오니소스적-포스트모던적 동성애와 다자성애(polyamory) 담론이 아직도 일부지만 소개되고 있다.

2019년 1월 국가인권위원회가 한동대학교에 "다자성애, 낙태, 동성애 강연주최자에 대한 징계 취소하고 재발방지책 수립하라"는 권고 결정을 내렸다. 한동대학교 미인가 동아리인 '들꽃'에 소속된 몇 학생들은 2017년 12월 학교 측의 반대에도 불구하고 다자성애와 매춘, 낙태, 동성애 합법화를 주장하는 강연을 진행했다. 한동대학교는 강의 내용이 기독교 건학이념에 어긋난다는 이유로 행사를 개최한 학생들을 징계했다.

그러나 이들 중 3명은 부당한 징계 때문에 인권 침해 및 표현·집회·학문·종교·양심 등의 자유를 침해당했다며 지난해 1월 국가인권위에 진정서를 제출했었다. 국가인권위원회는 한동대학교의 이런 결정은 헌법상 보장된 표현과 집회의 자유를 침해한 것이기에 이런 결정을 내렸다고 한다.

하지만 한동대학교는 이 사건은 "다자성애, 매춘 등 부도덕한 성적 자기결정권 합법화 주장이 헌법이 보장하는 종교교육의 자유보다 우월하다고 판단한 초유의 사건"이라면서 "그런데도 국가인권위는 그걸 헌법상 보호해줘야 할 절대 권리인 양 치켜세우고 있다. 이번 결정에 불복하며 강력 대응할 것"이라고 밝혔다. 한동대학교는 또 "대학 선택의 자유가 보장되는 한국사회에서 종립학교의 설립이념, 자율권, 즉 헌법이 보장하는 종교의 자유를 국가가 짓밟으려는 위험한 발상"이라고 지적했다.[39]

---

[39] "국가인권위 '다자성애 매춘 강연 제한은 인권 침해,'" 「국민일보」, 2019년 1월 6일자.

앞에서 자유주의적-허용적 사회에서 인권이 결국에는 그 핵심에 있어서 '십계명을 범할 수 있는 권리'임을 지적한 슬라보예 지젝의 주장을 언급했다. 즉, 지젝이 분석한 것처럼 '간음할 수 있는 권리'도 인권의 이름으로 허용되는 것이 현대사회다. 21세기에 접어들면서 서구 철학은 극단적인 허용주의적-자유주의적 권리 문화의 한계를 인정하면서 다시금 건강한 도덕과 윤리의 중요성을 철학적으로 재발견하고 있으며, 의무의 문화도 다시금 강조하고 있다.

20세기 후반 서구 대학들에서 점차적으로 포스트모더니즘 등의 영향으로 도덕과 윤리가 점차적으로 추방되고 실종되었다. 유럽 68세대와 포스트모더니즘 유행으로 인해서 철학적 향락주의(hedonism) 혹은 향락주의적 담론이 서구에서 잠시 유행했다가 이제는 그 거품이 빠지고 있는데, 한국 대학에서는 뒤늦게 이것이 부분적으로나마 유행하고 있는 것 같다.

표현의 자유와 집회의 자유에 근거해서 국가인권위원회에서 한동대학교에 대해서 이런 판단을 내렸다고 하는데, 동성애, 매춘, 다자성애에 대한 학문적 비판은 성소수자들의 성적 취향에 대한 반인권적 혐오나 차별로 몰아가면서 표현의 자유와 학문의 자유를 억압하는 경우가 많다.

매춘이나 다자성애도 인권의 이름으로 관용하고 포용해야 하는가?

무한 관용이 존재할 수 있는가?

무(無)관용이 적용되는 분야도 많다. 이제는 '톨레랑스의 변증법'에 대해서 생각해 볼 때다. 기독교적인 정신이 아니더라도 인류 보편적인 법감정이나 상식으로도 한번 생각해 보자.

---

http://news.kmib.co.kr/article/view.asp?sid1=all&acid=0012968185&code=61221111.

20세기 후반 서구에서 유행했던 성해방 혹은 성혁명에 영향 받은 이런 성에 대한 허용주의적이고 향락주의적 담론과 주장들에 대해서 관용하고 포용만 할 수 있는가?

인류 역사상 많은 폭력과 갈등들이 바로 섹슈얼리티로 인해서 발생해 왔고 21세기에도 여전히 폭력과 성(sexuality)은 얽힌 문제로 남아 있는데, 진리를 추구하는 지식인의 전당인 대학에서 이렇게 허용주의적-향락주의적 담론이 학문과 표현의 자유의 이름으로 무제한적으로 허용될 수 있는가?

21세기에 접어들면서 유대교의 정의의 윤리와 기독교의 사랑의 윤리가 인권, 자유, 평등, 민주주의 등의 직접적인 기원이라고 주장한 바 있는 독일 사회철학자 위르겐 하버마스는 오래전에 유럽 68문화혁명을 두고서 좌파 파시즘(Linksfaschismus)의 문제를 지적했고, 지라르도 극좌의 새로운 전체주의를 지적한 바 있다. 인권 개념의 기독교적 기원에도 불구하고, 인권의 이름으로 기독교적 도덕을 추방하는 새로운 현상을 우리는 보고 있다.

유럽 68문화혁명을 일으킨 마르크시즘을 따르는 신좌파는 성해방과 성혁명의 이름으로 새로운 향락주의적 담론과 문화를 생산했다. 유럽 68문화혁명 운동에는 반체제 운동, 반전 운동, 제3세계의 해방 운동, 히피 운동, 록음악, 마약, 성해방, 마오이즘, 루소주의, 포스트모더니즘 그리고 신좌파 운동이 얽혀 있다.

유럽 68세대의 신좌파, 반체제 인사들, 그리고 학생운동가, 동성애 집단들은 성해방과 성혁명에 적극적인 의사를 표현하고 그것을 지지했다. 이러한 와중에서 자라난 '68운동가'들은 신체와 성의 억압으로부터 벗어나려는 '저항'을 시도했는데, 이들은 프리섹스와 피임은 말할 것도 없고, 급속히 퍼지는 성에 관련된 지식과 성 전문가의 등장, 그리고 인기몰이를 하던 섹스 숍 등에서 '해방'을 발견했다. 성해방을 주장하는 자들은 어린이와 청소년의 성해방을 통한 오르가즘의 추구와 동성애를 포함한 모든 성적 금기의 타파를 주장했다.

성혁명을 주장하는 학자들은 대체적으로 프로이트의 정신분석에 근거해서 인간의 정신적 건강은 무엇보다도 섹슈얼리티의 자유로운 분출, 곧 성적 욕망의 자유로운 분출에 달려 있다고 주장한다. 섹슈얼리티는 결코 억압하거나 회피하거나 혹은 '억압으로 승화시키거나' 해서는 안 되며, 마음껏 발휘할 수 있도록 해야 한다고 그들은 주장했다. 그들은 성적 쾌락의 금기 없는 추구를 이상으로 삼은 것이다.

이러한 성해방 운동은 성억압에 대한 프로이트의 정신분석에 크게 영향을 받았는데, 앞에서 주장한 것처럼 성해방적이고 성혁명적인 성담론의 근거가 되었던 프로이트의 오이디푸스 콤플렉스 이론(근친상간과 부친살해)은 소포클레스의 그리스 비극 『오이디푸스 왕』에 대한 오독에 근거하고 있기에 전면적으로 수정되거나 폐기되어야 할 이론이다.

유럽 68문화혁명이 시도한 자유롭고 평등한 성해방, 성혁명 그리고 섹슈얼리티에 대한 실험은 대체적으로 유대-기독교적 도덕에 의한 '성억압'을 벗어나서 원시사회에서의 자유로운 섹슈얼리티에 대한 낭만적 동경에서 시작된 것인데, 이 실험적이고 전위적인 성해방 운동은 결국은 실패했다. 그들은 원시인들처럼 남녀가 집단 동거하면서 자유로운 성욕망의 성취를 꿈꾸었지만, 내부의 성적인 질투(sexual jealousy)로 인해서 결국 그 신원시주의적이고 낭만주의적 섹슈얼리티 공동체는 붕괴되었다.

폭력과 성(sexuality)의 얽힘은 원시사회로부터 현대사회에 이르기까지

인류의 오래된 난제로 남아 있다. 폭력과 성(sexuality)의 얽힘은 동서고금을 막론하는 보편적인 인류의 문제다. 세계 신화 속에 많은 신들이 대부분 성범죄자로 묘사되는 것은 이러한 폭력과 성의 연계와 얽힘의 문화초월적인 보편성을 잘 보여주고 있다.

디오니소스적 성해방과 성혁명을 주장하는 포스트모던적 정신분석이 기초하고 있는 프로이트 정신분석에 등장하는 '오이디푸스적 죄악'인 근친상간과 부친살해는 유럽 68문화혁명 세대들의 금기 타파의 의미로 심각하게 오독되고 오해되었다. 근친상간과 부친살해는 21세기에도 최악의 범죄로 남아 있다. 유럽에서 시도한 성혁명과 성해방 운동은 결국 실패했다고 볼 수 있는데, 그 이유는 그것이 오이디푸스 신화에 대한 피상적인 이해에 그것이 기초하고 있기 때문이다.

장 자크 루소가 낭만적으로 동경했던 '고상한 원시인'(noble savage)과 구조주의 인류학자 레비 스트로스가 동경했던 서구문명에 의해서 사라져 가는 '슬픈 열대'(Tristes Tropiques)[40]의 원시인에게도 질투는 최대의 난제였다. 원시인들은 모방적 욕망과 경쟁으로 인해서 발생하는 독과 같은 폭력적 질투와 내부 폭력을 통제하기 위해서 금기와 제의적 금지 규정을 만들고, 또한 희생제의로 끝나는 축제를 주기적으로 개최했던 것이다.

원시사회에도 질투의 문제는 있었지만, 그 사회는 질투를 차갑게 통제하려고 했다. 현대사회에도 질투의 문제는 여전하지만, 원시사회와는 달리 모방적 욕망과 질투의 고삐가 풀린 현대사회는 '뜨거운 사회'로서 그

---

[40] 구조주의 인류학자 레비 스트로스가 1930년대와 40년대에 떠난 브라질 오지 탐험의 경험을 풍부한 인문학적인 통찰과 더불어 기록한 기행문의 제목이다.

독과 같은 질투를 약처럼 사용하려고 하는 사회다. 만인에 대한 만인의 질투가 이루어지는 폭력적으로 뜨거운 현대 질투사회를 경험하고서, 질투의 문제가 보다 낭만적으로 은폐되고 차갑게 통제되던 원시사회가 보다 비폭력적이고 평화스러워 보여서 그것을 동경하는 것은 일면 이해할 만하다.

하지만 그것은 낭만적 착각이다. 지라르가 일관되게 주장하듯이 원시사회와 고대사회는 신화와 제의 등을 통해서 상존하는 모방적 욕망으로 인한 갈등과 폭력을 낭만적이고 신화적으로 은폐하고 있는 사회다. 탈신성화의 메시지와 스토리를 가진 유대-기독교 텍스트가 탈낭만적 입장을 가진 것은 그것의 근본 정신이 반신화적이기 때문이다.

9. 퀴어 이론가 주디스 버틀러(Judith Butler) 비판

국내에서 차별금지법에 대한 논의가 뜨겁다. 특히 차별금지법과 동성애 문제에 대해서 그렇다. 한국 기독교계는 차별금지법이 동성애를 감싸고 있고 동성애자들은 차별금지법으로 비판을 봉쇄하려고 한다고 본다. 동성애자들은 자신들의 인권을 지키고 혐오·차별을 막기 위해 차별금지법을 반드시 제정해야 한다고 주장한다. 하지만 기독교계는 차별금지법이 제정되면 동성애자들에 대한 건전한 비판마저 할 수 없는 전체주의적 사회가 될 것이라고 우려한다.

동성애자들은 국가인권위원회법이 동성애자들을 구제하는 강력력이 없기 때문에 차별금지법을 제정해 성적 지향(性的指向, Sexual orientation), 즉 동성애를 차별하지 못하도록 막아야 한다는 주장한다. 그러나 기독교계는 이 법은 상당한 문제점을 내포하고 있는데, 왜냐하면 차별금지법이 정의 내린 차별 금지 영역에 가치 중립적인 것과 가치 판단의 기준이 혼재돼 있기 때문이라고 말한다. 즉, 피부색, 언어, 출신 국가, 장애는 개인적 의지에 따라 변경할 수 없는 가치 중립적 영역이지만 종교, 사상, 성적 취향은 개인 의사에 따라 얼마든지 바꿀 수 있다는 것이다.

이렇게 변할 수 있는 것을 가치 판단의 영역이라 할 수 있다. 장애, 피부 색깔 등은 본인이 어떻게 바꿀 수 없는 가치 중립적인 것이지만 가치 판단의 영역은 헌법에 보장된 양심·사상·종교의 자유에 따라 비판할 수 있다. 따라서 동성애를 차별의 대상에서 제외시켜야 한다는 게 차별금지법을 반대하는 기독교의 주장이다.

차별금지법에 따르면, 동성애를 비판하는 것은 동성애자들에 대한 차별 행위가 되므로 이 법이 제정되면 앞으로 동성애에 대한 성경적, 신앙적 반대 의견조차도 불법이 되어 제재를 받게 될 것이며 아울러 동성애를 반대하는 대다수의 시민들의 표현의 자유와 양심의 자유도 억압될 수밖에 없다. 이는 소수의 인권을 위한다는 이유로 다수의 인권을 무시하고 짓밟는 처사라고 기독교계는 비판한다. 동성애는 개인의 성적 취향에 해당하며, 개인의 선택에 따라 얼마든지 바뀔 수 있기 때문에 차별적 요소에 해당되지 않는다는 것이 대체적인 기독교계의 비판이다.[41]

동성애는 고정된 성적 정체성이라기보다는 개인의 성적 취향이며 사회적·성적 유행과 트렌드에 해당하며 개인의 선택에 따라 얼마든지 바뀔 수

---

[41] 백상현, "차별금지법, 무엇이 문제인가?," 「국민일보」. http://www.futurekorea.co.kr/news/articleView.html?idxno=31648.

있다. 동성애자가 성적 취향이나 성적 유행이 바뀌어서 다시금 이성애자가 될 수 있는 것이다. 이는 동성애 담론인 퀴어 이론의 창시자라 할 수 있는 버틀러(Judith Butler)의 주장에서도 확인된다. 버틀러가 주장한 퀴어 이론을 한마디로 정의하면 다음과 같이 표현될 수 있다.

> 당신의 성적인 "행위가 당신의 젠더를 창조한다"(Your Behavior Creates Your Gender). 동성애라는 성적 행위가 게이와 레즈비언이라는 젠더를 창조한다는 것이다. 반대로 동성애라는 성적 행위를 중단하고 이성애라는 행위를 하게 되면 게이와 레즈비언은 다시금 이성애자가 될 수 있는 것이다.

동성애를 변호하는 자들은 그것이 성적 취향이기 때문이라고 말한다. 모든 것을 개인 취향의 문제(Geschmackssache)로 파악한 것은 최초의 반도덕주의자라고 스스로 말한 미학주의자 니체였다. 동성애를 개인의 성적 취향의 문제로 정의하는 것에는 이렇게 니체 철학의 영향이 존재한다. 하지만 취향은 지라르적인 의미에서 미메시스적이다. 개인 취향은 모방적, 경쟁적이며 또한 유행적이다.

그렇기에 개인 취향은 지극히 가변적인 것이다. 급진 사회구성주의와 반실재주의라는 인식론에 기초한 포스트모던적 퀴어 이론 자체가 고정된 성정체성을 인정하지 않는다. 동성애자들도 버틀러의 주장대로라면 동성애라는 성적 '행위'를 중단하면 이성애자가 되는 것이다. 이렇게 지극히 가변적, 유동적 그리고 유행적인 성적 취향으로서의 동성애를 변호하는 포스트모던적 퀴어 이론에 대한 비판까지도 차별과 혐오로 모는 것은 포스트모더니즘 자체처럼 너무 '가볍다.'

퀴어 이론은 전통적, 기독교적 그리고 생물학적 성정체성에 대한 이론적 전복을 의도했지만, 그 전복을 위한 이론적 기초로서 성적 수행성(performativity)과 지극히 유행적이고 모방적인 개인의 성적 취향을 주장함으로써 그 전복 시도가 다시금 전복될 수 있는 길을 열어놓았다.

포스트모더니즘 철학 자체와 마찬가지로 동성애 담론 퀴어 이론도 물리학이나 진화생물학과 같은 자연과학적 의미에서의 '하드 사이언스'(hard science)보다는 '소프트 사이언스'(soft science) 중에서도 극단적인 소프트 사이언스라 할 수 있는 포스트모던적 허무주의적 해석학과 철학에 기초하고 있기에, 그 학문적 근거가 너무 유동적이며, 유행적이고, 가볍고, 유체적이고, 단단하지 못하며 또한 불안하다.

학문의 대통합인 '통섭'(統攝)을 주장하는 에드워드 윌슨은 물리학과 생물학을 하드 사이언스로 파악하고, 정치학, 경제학, 인류학 등을 소프트 사이언스로 불렀는데, 포스트모더니즘 철학은 가장 극단적인 소프트 사이언스라 할 수 있다.

포스트모더니즘 철학, 퀴어 이론 등은 급진 사회구성주의, 반실재주의, 허무주의와 냉소주의 그리고 루소주의적 낭만주의 등에 기초하기 있기에 그 철학은 극단적으로 '소프트'하고 가볍고 유동적이고 유체적이고, 낭만적이고 허무주의적이다. 퀴어 이론 등은 그 학문적 근거가 견고하지 못하며, 너무 소프트해서 가볍고 얕다.

'참을 수 없이 가벼운' 극단적으로 소프트한 포스트모더니즘 철학과는 달리, 동물행동학, 문화인류학, 고고학적 발견 그리고 거울뉴런 등에 기초한 지라르의 미메시스 이론은 인간과학이지만 보다 '하드 사이언스적인' 면을 지향하는 이론이라 할 수 있다. 그래서 인문과학자이지만 지라르를

'인간과학의 새로운 다윈' 혹은 '사회과학의 아인슈타인'으로 평가하는 것이다.

버틀러는 페미니즘과 성정체성의 전복을 의도하면서 젠더 수행성(gender performativity) 이론을 발전시킨 저작인 『젠더 트러블』(*Gender Trouble: Feminism and the Subversion of Identity*)을 출간했다. 버틀러의 이 이론은 현재 여성, 퀴어 연구와 퀴어 운동에서 중심적인 역할을 하고 있다. 버틀러는 자신의 책 『젠더 트러블』에서 '수행'(Performance)으로 쓰던 것을 다른 저서 『의미를 체현하는 육체』에서부터는 '수행성'(Performativity)이라는 용어로 사용하고 있다.

버틀러의 핵심 개념은 "젠더는 수행적으로 구성된다"로 요약될 수 있다. 더 나아가 버틀러에게 있어서 "젠더는 퍼포먼스(수행)이다"(Gender is a performance). 즉, 남성이 여성적인 행동을 수행하면 여성이 된다는 것이고, 여성이 남성적인 행동을 수행하면 남성이 된다는 것이다. 버틀러는 외부 성기의 유무 및 염색체적 특성이 남녀를 명확히 구분할 수 없는 기준임을 『젠더 트러블』에서 논증한다.

레즈비언인 버틀러는 실상 모든 정체성이란 허구적으로 구성된 것이고 사회가 이상화하고 내재화한 규범이 반복적으로 수행되어서 몸에 각인되는 행위에 불과하기에, 섹스나 섹슈얼리티도 그런 의미에서 결국에는 젠더라고 말한다. 여기서 버틀러의 급진 사회구성주의와 비본질주의를 보게 된다.

보통 섹스와 젠더를 구분할 때 섹스는 생물학적인 성이고 젠더는 사회학적인 성으로 이해된다. 섹스란 일종의 실재로서 변할 수 없는 것인 반면 젠더는 획득된 문화적 구성으로 여긴 것이다. 하지만 버틀러는 젠더뿐만 아니라 섹스마저도 사회적으로 구성된 산물이며 그것을 당연하게 주어진 것으로 간주함으로 이분법적 성적 체계를 공고히해 왔다고 주장했는데, 이러한 그녀의 급진적인 해체주의적 주장은 페미니즘 내부 논쟁을 불러일으켰다.

버틀러는 보다 급진적인 사회구성주의(social constructionism)의 관점에서 생물학적 남녀의 이분법적 차이를 데리다식으로 '해체'(deconstruct)하려고 했다. 앞에서 분석한 것처럼, 포스트모던적 퀴어 이론 속에 담긴 급진 사회구성주의와 반실재주의는 생물학적 차이를 말하는 현대 진화생물학에 선전포고를 하는 것이다.

버틀러의 이론도 반자연과학적 경향을 지닌 포스트모던 이론으로서 기본적으로 생물학적 차이까지도 사회적 구성물로 파악하는 반실재주의적 경향을 보인다. 그래서 버틀러의 이러한 보다 급진적인 주장은 페미니즘 내부에서도 논쟁과 비판을 가져왔는데, 만약 사회적 젠더뿐만 아니라 생물학적 섹스의 이분법적 구분까지도 강제적인 이성애 담론 체계의 결과로 버틀러가 주장하는 것처럼 거부한다면, 과연 여성 없는 페미니즘이 무슨 의미가 있느냐는 것이다. 또한 버틀러는 젠더를 언어와 담론으로 축소시켰다고 비판받고 있다.

이렇게 퀴어 이론의 창시자 버틀러는 생물학적 성의 이분법을 해체하고 전복하려고 한다. 그녀에게 있어서 동성애는 일종의 전복적 실행이다. 그렇기에 동성애자들은 보호받아야 할 성소수자와 약자로만 주장하는 것은 일면적이다. 분명히 포스트모던적 퀴어 이론에는 그 이론의 창시자 버틀러의 주장처럼 유대-기독교적 성도덕에 대한 반문화적, 반철학적, 혁명적 그리고 유토피아적·전복적·문화전쟁적 실행 의지가 존재하고 있다.

버틀러는 포스트모던적 급진 사회구성주의와 반실재주의적 관점에서 생물학적 의미에서의 남녀의 이분법적 구분과 정체성은 픽션이며, 젠더는 수행성에 의해 결정된다고 주장했다. 모든 것은 픽션과 스토리에 불과하다는 이런 식의 주장은 동성애자로서 불교 명상에 심취하고 있는 유발 하라리의 주장에서도 발견되는데, 이는 이후에 다룰 것이다. 버틀러의 이론에는 니체 철학과 니체주의자로서 인간 제사도 긍정했던 프랑스 철학자 바타유의 영향도 존재한다.

버틀러가 자신의 책에서 주로 인용하는 학자들은 포스트모던 철학자들인데, 미셸 푸코, 자크 라캉, 자크 데리다뿐만 아니라, 앞에서 소개한 것처럼 "뉴턴의 『프린키피아』는 일종의 강간 매뉴얼"이라는 주장을 통해서 극단적인 반자연과학적 정서를 보였던 포스트모던 페미니즘 철학자 뤼스 이리가레이, 구조주의 인류학자 레비 스트로스, 정신분석가 프로이트, 마르크시즘 철학자 루이 알튀세르 그리고 언어학자 오스틴 등이다.

버틀러의 성담론과 퀴어 이론의 성담론이 크게 의지하고 있는 프로이트의 범성욕주의적 정신분석의 기초가 되는 '오이디푸스 콤플렉스' 이론은 소포클레스의 그리스 비극 『오이디푸스 왕』에 대한 범성욕주의적 오독에 기초한 것이기에 지라르의 그리스 비극해석 이후로 전면적으로 재검토되거나 폐기되어야 할 이론이라고 앞에서 주장했다.

버틀러는 포스트모던적 급진 사회구성주의, 반실재주의 혹은 비본질주의의 관점에서 '젠더의 사회구성주의'(social construction of gender)를 주장한다. 그녀에게는 '젠더의 퍼포먼스'(performance of gender) 자체가 젠더를 창조한다. 자연적인 이분법적 성(sex)에 대한 사회적 구성주의(construction)에 기초해서 이분법적 젠더와 이성애가 자연적인 것으로 '구성'되었다고 버틀러는 주장한다.

버틀러에게 있어서 생물학적 섹스와 사회적 젠더 모두 수행적으로 함께 '구성'되었다(performative co-construction of sex and gender). 즉, 버틀러에게 있어서 생물학적 남녀의 이분법은 실체가 아니며, 생물학적 섹스와 사회적 젠더 모두 사회적인 구성물(social construct)에 불과하다. 생물학적 섹스와 사회적 젠더는 사회적 구성물일 뿐 아니라, 일종의 수행적 구성물에 불과하다는 것이 그녀의 입장이다. [42]

동성애가 사회적 구성물일 뿐만 아니라, 수행적 혹은 행위적 구성물에 불과하다면, 동성애라는 행위 자체를 중단할 경우 이성애자로 얼마든지 돌아올 수 있는 것이다. 그렇기에 성소수자가 성다수자가 쉽게 될 수 있는 것이다. 사회적 약자인 장애인들은 쉽게 정상인들이 되기 힘들고 가난한 자들도 쉽게 부유한 자들이 될 수 없기에 사회적 약자 보호의 대상이 되지만, 성소수자들의 경우 버틀러의 주장처럼 동성애라는 수행에 의해서 동성애가 결정되는 것이라면 동성애라는 행위와 수행 자체를 버리고 이성애를 하면 이성애자가 쉽게 될 수 있는 것이다.

그러므로 성소수자 동성애자들과 사회적 약자들을 너무 같은 차원에서 놓고 쉽게 판단하기보다는 보다 정밀하게 구분해서 논의해야 할 필요가 있다. 2018년 청와대는 사회적 약자인 노동자와 약자의 위치를 넘어서는 노동 단체를 구분한 적이 있는데, 성소수자로서의 동성애자 개인들과 문화정치적으로 혹은 문화전쟁적인 차원에서 집결된 퀴어 문화 축제와 이론

---

[42] Judith Butler, *Gender Trouble: Feminism and the Subversion of Identity* (New York: Routledge, 1999), 163-71, 177-8.

적으로 동성애를 정당화하는 버틀러의 이론과 같은 퀴어 이론은 어느 정도 구별되어야 한다.

동성애자들 개개인에 대한 인권과 관용의 문제와 포스트모던 철학적 동성애 담론에 대한 이론 논쟁과 학문적 토론을 구분해서 논의해야 하긴 하지만, 퀴어 문화 축제에서 볼 수 있는 보다 특정한 향락주의적인 담론과 반문화적인 성(sexuality)운동은 성소수자에 대한 차별 금지라는 희생자학적인 주장을 하고 있다. 그러나 퀴어 이론 창시자 버틀러의 이론이 말하는 것처럼, 그들은 분명 정상적이고 전통적 성도덕과 성정체성에 대한 반문화적이고 반철학적인 전복과 혁명, 곧 문화전쟁도 시도하고 있는 것이다.

실제로 문화전쟁적인 차원에서 진행되고 있는 동성애 퀴어 이론, 퀴어 문화 축제 그리고 차별금지법은 일반적인 사회적 약자와 소수자 그리고 희생자에 대한 논의와는 다른 차원에서 비판적으로 성찰되어야 한다. 동성애 정당화 담론인 퀴어 이론과 차별금지법 등은 사회적 약자와 희생자에 대한 전통적인 의미에서의 좌파적 입장과는 다른 차원에서 진행되고 있는 포스트모던적 향락주의적 좌파(hedonistic left)의 성해방과 성혁명을 위한 문화전쟁적이고 반문화적인 담론과 주장들이다.

버틀러는 사회적 담론에 의해서 생산된 (생물학적) 섹스에 대한 비판 없이는 이분법적이고 비대칭적인 젠더와 강압적인 이성애에 대한 사회적 구성(construction)에 도전하기 위한 페미니스트들의 전략으로서의 섹스/젠더의 구분은 효과가 없을 것이라고 주장한다.[43]

버틀러의 주장처럼 과연 남자와 여자라는 생물학적 성의 차이까지도 사

---

[43] Butler, *Gender Trouble: Feminism and the Subversion of Identity*, 9-11, 45-9.

회적 담론이 생산한 것인가?

이런 버틀러의 주장에서 포스트모더니즘 철학에서 공통적으로 발견되는 반자연과학적인 함의를 가지는 극단성의 철학을 발견하게 된다. 이제는 전면적으로 재검토되거나 폐기되어야 할 '오이디푸스 콤플렉스' 이론에 기초한 프로이트의 정신분석은 범성욕주의적 일반화의 오류를 범하고 있는데, 프로이트의 정신분석의 계보에서 나온 이러한 포스트모던적 성해방 담론들도, 앞에서 본 것처럼 뉴턴의 만유인력 법칙이나 아인슈타인의 위대하고 아름다운 방정식($E = MC^2$)까지 범페미니즘적인 관점에서 성차별적인 주장들이고 가부장적인 법칙들이라고 주장한다.

과연 뉴턴의 만유인력 법칙이 성차별적이고 가부장적인가?

이는 포스트모던적 헛소리다. 이론물리학자 앨런 소칼은 『지적 사기』(*Fashionable Nonsense*)에서 포스트모더니즘을 유행하는 '헛소리'(nonsense)로 비판한 적이 있는데, 이런 류의 범성욕주의적이고 범페미니즘적인 주장들은 반자연과학적인 포스트모더니즘의 헛소리에 불과하기에, 보다 온건하고 계몽된 페미니즘 학자들에게서조차 비판을 받고 있는 것이다. 생물학적 의미에서 여성이 존재하지 않는다면 여성 없는 페미니즘이 도대체 무슨 의미가 있느냐고 보다 온건하고 합리적인 페미니스트들이 반론을 제기하는 것이다.

차별금지법과 동성애 논쟁에 대해서 이 책에서 우선적으로 의도하는 것은 동성애자들 개개인의 인권과 차별에 대한 것보다는 동성애를 정당화하는 포스트모던적 퀴어 이론(예를 들어 버틀러의 이론)이 가지는 급진 사회구성주의와 반실재주의에 대한 이론적 비판이며 논쟁이다.

동성애자들과 그 옹호론자들이 차별금지법에 대해서 반대하는 국내 기독교를 '반인권적 혐오단체'라고 비난하기도 하지만, 이 책에서 반복해서 주장한 것처럼 기독교는 차별을 금지하는 평등주의적인 민주주의와 보편주의를 점차적으로 이룩해 나갔다. 인권과 성소수자 논리에 기초한 포스트모더니즘 철학 자체와 퀴어 이론 자체는 앞에서 본 것처럼 반휴머니즘을 의미하기에 어느 의미에서 '반인권적'이라 할 수 있다.

퀴어 이론에 결정적인 영향을 준 포스트모던 철학자 미셸 푸코는 '주체의 죽음'을 선언하고 반휴머니즘적인 철학을 전개했다. 포스트모더니즘 철학에 있어서는 깊게 질문하자면 인권의 주체가 죽었고 사라졌다. 포스트모더니즘을 탄생시킨 니체를 계승하는 하이데거도 항상 '현 존재'(Dasein)에 대해서 말하지 구체적이고 개별적인 인간이나 주체에 대해서 말하지 않기에 그의 철학은 게르만적인 전체, 민족과 혈통에 대한 나치적, 전체주의적 그리고 민족사회주의적 '피와 땅의 이데올로기'(Blut-und-Boden-Ideologie)를 대변하고 있다.

하이데거는 데카르트적인 근대 주체를 비판했고, 이러한 철학적 전통에서 포스트모던 철학자들은 니체의 신의 죽음 이후의 주체의 죽음을 극단적으로 주장했기에, 포스트모더니즘과 니체주의 이후의 지젝과 바디우 같은 철학자들은 다시금 그 주체를 회복시키고자 하고 있다.

유대-기독교적 성도덕에 대한 니체적-디오니소스적 전복과 혁명을 목표한다고 스스로 말하는 포스트모던적 퀴어 이론을 기독교가 이론적으로 비판한다고 해서 기독교를 반인권적 혐오단체라고 비난하는 것은 정치철학, 사회철학 그리고 법철학에서 쉽게 확인할 수 있는 인권 개념의 기독교적-신학적 기원에 대한 무지로부터 나온 것이다. 반기독교적 정서를 가진 포스트모던적 퀴어 이론이 내세우는 인권 가치 자체가 불교적 기원이나 그리스적 기원이 아니라, 유대-기독교적 기원으로부터 점차 확립되어 나갔다는 사실을 기억해야 한다.

이 책 다른 곳에서 소개한 것처럼, 21세기에 접어들면서 위르겐 하버마스는 유대교의 정의의 윤리와 기독교의 사랑의 윤리가 인권을 비롯해서 자유, 평등, 민주주의, 보편주의 그리고 평등주의의 직접적인 기원이라고 주장했으며, 이와는 다르게 주장하는 것은 "포스트모던적 잡담"이라고 주장한 바 있다.

10. 차별금지법과 포스트모던적 루소주의

버틀러는 2018년 10월 1일 스코틀랜드 글래스고대학교에서 개최된 기포드 강좌(Gifford Lectures)에서 서구 근대 정치학의 아버지로 평가받는 토마스 홉스의 입장이 현대 정치경제학의 주류에 속하는 것을 인정하면서도, 홉스적인 견해를 비판하고 장 자크 루소의 낭만주의를 지지하면서 전투적인 평화주의(militant pacificism)의 관점에서 비폭력을 논의했다.

퀴어 이론 주창자인 버틀러는 차별금지법(anti-descrimination law)을 주장하면서 장 자크 루소의 입장에서 자신의 주장을 전개하고 있다. 버틀러는 장 자크 루소에 의지해서 토마스 홉스가 말하는 자연상태(state of nature)는 강력한 픽션(fiction)이라고 주장한다. 즉, 현대 정치학의 주류가 폭력적, 갈등적 그리고 경쟁적인 자연상태에 대한 홉스적인 견해에 기초하기 있기에 강력한 이론이지만, 그것은 픽션이라고 주장하는 것이다.

과연 늑대처럼 서로 경쟁하고 갈등하는 자연상태에 대해서 말하는 토마스 홉스의 입장과 자유롭고 평화스러운 자연상태 속에 살고 있는 '고상한 원시인'에 대해서 말하는 장 자크 루소의 입장 중에서 어떤 견해가 픽션일까?

장 자크 루소의 '고상한 원시인'과 그 평화스러운 자연상태가 낭만적 거짓이고 인류학적 픽션일 것이다. 토마스 홉스는 현실주의 입장에서 우리 인류가 인정하고 싶지 않은 '불편한 진실'과 인류학적 진실을 말했을 뿐이다.

가장 모방적이고 경쟁적인 동물인 인간에 대한 토마스 홉스의 이러한 현실적이고 비극적 이해로부터 근대 정치학의 주류는 발전되어 나갔다. 장 자크 루소의 낭만주의 인류학에 기초한 정치학은 비주류에 속했지만, 유럽 68문화혁명과 포스트모던적 반문화 운동과 반철학 운동을 통해서 일시적으로 유행하기도 했다.

버틀러는 토마스 홉스의 개인을 우선시하는 주권적 개인 간의 갈등과 전쟁상태로서의 자연상태 개념이나 사회계약 등이 픽션이라고 주장한다. 장 자크 루소는 자연상태를 평화상태로 보고 자연으로 되돌아갈 것을 주장했지만, 토마스 홉스는 자연상태를 전쟁상태로 보았기에 자연상태로의 회귀를 주장하지 않았다는 사실을 버틀러는 상기시킨다.

버틀러는 토마스 홉스의 폭력적인 갈등과 갈등 조정에 대한 견해는 픽션이라고 주장하는 루소에 견해에 동의한다. 포스트모던 철학자 버틀러는 토마스 홉스적인 사회계약설을 비판하면서, 사실 사회계약은 본래 성계약(sexual contract)이었다고 주장하는 다른 페미니즘 학자들의 입장을 따른다. 사회계약도 성계약으로 보는 것은 과도한 범페미니즘적인 주장으로 필자는 생각한다.

이렇게 버틀러는 루소를 따르면서 토마스 홉스가 말하는 전쟁상태로서의 자연상태를 의심하고 있다. 물론 그녀는 토마스 홉스가 말하는 갈등적 인간관계에 대한 이론이 모두 틀린 것은 아니라고 인정한다. 하지만 루소의 낭만주의에 기초한 '전투적 평화주의'와 비폭력이 불가능하고 비현실적이라는 비판이 있다는 것을 알고 있다고 하면서도 루소의 입장을 따르는 데리다 같은 포스트모던 철학자들처럼, 그녀도 루소주의적 계보에서 이론을 전개하고 있다. 그녀는 루소주의적 입장이 마르크스 사상에도 흐르고 있다고 본다.

버틀러가 말하는 '전투적 평화주의'는 비폭력을 전투적으로 주장하는 모순적 측면이 존재한다. 이러한 모순적 입장은 앞에서 본 것처럼 장 자크 루소의 평화상태로서의 자연상태와 '고상한 원시인'을 주장하는 낭만주의 인류학에도 존재한다.

루소의 일견 낭만주의적이고 평화주의적인 담론들이 무정부주의로도 기울어졌지만, 실제로 프랑스 혁명을 공포정치를 비롯해서 이후 공산주의, 사회주의, 마르크시즘의 전체주의와 파시즘으로도 기울어진 것을 우리는 앞에서 보았다. 그렇기에 버틀러는 토마스 홉스적인 전쟁상태로서의 자연상태를 비판하면서도 '전투적'이고 문화전쟁적인 평화주의의 이름으로 권력 쟁취를 위한 권력 의지를 보이고 있는 것이다.

결국 자연상태를 전쟁상태로 본 토마스 홉스의 통찰은 20세기에도 보편적으로 적용될 수 있다. 전쟁상태를 싫어하고 루소의 낭만주의적 신원시주의에서 말하는 평화상태를 주장하는 것 같지만 포스트모던 철학이나 버틀러의 퀴어 이론도 20세기 버전의 문화 '전쟁상태'에 있는 이론들에 불과하다.

20세기 아카데미아(academia)도 원시상태처럼 여전히 전쟁상태에 있는데, 이 전쟁상태는 문화전쟁의 형태로 진행되고 있다. 포스트모더니즘과 퀴어 이론 등은 평화주의적인 수사학을 사용하지만 여전히 전복과 혁명을 스스로 주장하는 권력 투쟁과 문화전쟁을 벌이고 있는 것이다.

사유재산을 사회 불평등의 기원으로 지목하고 그것의 폐지를 주장했던 장 자크 루소의 주장은, 실제로 마르크스주의와 공산주의의 폭력, 야만 그리고 전체주의로 이어진 것처럼, 루소주의적-포스트모던적 의미에서의 차별금지법에도 문화의 차이 자체를, 심지어는 생물학적 차이까지도 사회 불평등의 기원과 차별 금지의 대상으로 삼고자 하는 전체주의적인 위험이 존재한다.

이 책 다른 부분에서 주장한 것처럼 포스트모더니즘은 일종의 부활한 루소주의이며, 루소주의가 마르크시즘과 공산주의와 연결되는 것처럼 포스트모더니즘 철학도 급진좌파 정치경제학과 보다 문화적이고 문화정치적인 네오마르크시즘과 실제로 연동되어 있다. 그렇기에 포스트모던적 의미에서 동성애 담론, 퀴어 이론과 퀴어 문화 축제 운동 속에서 루소주의적-네오마르크시즘적인 계급 투쟁, 권력 쟁취를 위한 권력 투쟁 그리고 문화전쟁의 차원을 무시하거나 간과해서는 안 된다.

21세기에도 세계는 여전히 홉스적이다. 그래서 포스트모더니즘을 학문적으로 분석하는 하버드대학교의 스티븐 핑커는 포스트모던적 부족주의(tribalism)를 분석하는데, 이는 포스트모더니즘 철학에 내재하는 보편적 진리 금지 규정 때문이기도 하다. 현대주의의 업적인 보편주의와 휴머니즘을 전복하고자 했던 포스트모던적 전복 시도들 때문에 다시금 신원시주의적인 의미에서 부족주의가 등장한 것이다.

21세기 정치경제학의 아레나(arena)에도 니체가 말한 아곤(Agon)이 지배하는 동성애자들과 이성애자들, 남성과 여성 등 각 부족들 간의 토마스 홉스적인 전쟁상태가 지속되고 있다. 결국 21세기 인간은 여전히 호모 미메티쿠스로 남아 있다. 21세기 문명은 인간의 모방성과 경쟁성을 더 격화시켰다. 초연결사회로서의 21세기 현대사회는 초모방사회가 되었다.

버틀러는 "어떤 인간도 개인으로 태어나지 않는다"라고 주장함으로써 앞에서 언급한 개인주의를 비판하면서 인간의 급진적 의존성을 강조한다. 이 점에서 버틀러의 입장은 근대적 개념인 '나누어질 수 없는 개인'(individual) 개념을 비판하고 개인은 '나누어질 수 있는 존재'(dividual)라고 주장하는 유발 하라리의 루소주의와도 맥을 같이하는 것 같다.

지라르는 개인(individual)이라는 말 대신에 '상호 개인'(interdividual)이라는 신조어를 통해서 인간의 사회성과 관계성을 강조하지만, 루소주의의 영향을 받은 포스트모던 철학에서 주장하는 반휴머니즘적이고 반현대주의적인 입장처럼 인간을 근대 개인 이전의 나누어질 수 있는 존재(dividual)로 파악하는 것을 거부한다. 루소의 낭만주의적 신원시주의가 평화주의적-무정부주의적으로 보이지만, 실제로는 근대적 의미에서의 개인과 인권의 존엄성을 사유적으로 무시하는 반휴머니즘적, 전체주의적, 사회주의적 그리고 공산주의적 위험에 노출되어 있다는 사실을 이 지점에서 기억해야 한다.

버틀러는 장 자크 루소의 낭만주의에 근거해서 비폭력을 매우 전투적이고 투쟁적으로 주장하고 있다. 버틀러가 사용한 역설적인 표현인 '전투적 평화주의'는 이를 잘 보여준다. 앞에서 주장한 것처럼, 좌파 혹은 급진좌파의 관점에서 칼 슈미트의 '친구와 적의 구분'을 재발견하고 있는 샹탈 무폐(Chantal Mouffe)가 현대 정치경제학에서 다시금 투쟁적(agonistic) 차원에 주목하면서 급진좌파 투쟁과 포퓰리즘을 주장하는 것처럼, 버틀러 역시 평화주의를 말하지만 실제로는 투쟁적(agonistic) 퀴어 이론을 주장하는 것이다.

루소를 부활시키고자 하는 버틀러의 퀴어 이론을 비롯한 포스트모던 철학들도 실제로는 토마스 홉스적이고 칼 슈미트적인 관점으로 기울어지고 있는 것이다. 포스트모던적 급진좌파 정치경제학은 본질적으로 투쟁적이며, 전복적이며, 혁명적이고 또한 유토피아적이다. 자유롭고 낭만적인 평화상태로서의 자연상태를 말하는 루소를 따른다고 하지만 실제로는 포스트모던적 급진좌파 정치경제학은 실제로는 홉스적인 견해를 비판하면서도 추종하고 있는 것이다.

루소의 입장에 영향을 받은 마르크시즘 자체가 계급 투쟁을 말하기에 이미 홉스적이다. 네오마르크시즘과 연동되어 있는 포스트모더니즘 철학도 미학적, 시학적 그리고 낭만적인 수사학을 사용하지만, 실제로는 니체적-디오니소스적 반문화 '운동'과 반철학 '운동'으로서 전복과 혁명을 목표로 하고 있기에 그 기본적인 성격과 지향에 있어서 투쟁적이고, 권력 지향적이며 또한 문화전쟁적이다.

포스트모더니즘이 평화주의라는 것은 낭만적 거짓이다. 그것은 버틀러의 표현처럼 전투적이고 문화전쟁적이고 권력 비판을 통한 권력 쟁취를 목표로 하는 평화주의다. 모든 억압, 차별 그리고 권력 등을 해체하고 전복하고 비판하고자 했던 포스트모더니즘이 수사적으로는 평화주의를 말하지만, 실제로는 또 하나의 권력 쟁취를 위한 투쟁적이고 전쟁적인 학문인 이유는 21세기에도 인간은 여전히 '고상한' 존재라기보다는 모방적이고 경쟁적으로 남의 것을 탐욕하는 늑대와 같은 호모 미메티쿠스로 남아 있기 때문이다.

좌파가 사회정의를 말하고 때로는 더 정의로운 것처럼 보일 수도 있지만 그들도 동일하게 모방적이고 경쟁적으로 욕망하고 질투와 르상티망(폭력적 질투심)의 병리학에 시달리는 호모 미메티쿠스라는 보다 근본적인 인류학적 성찰로부터 출발해서 21세기 정치경제학에 대한 좌우 논쟁을 시도해야 한다.

반휴머니즘적, 반자본주의적 그리고 반개인주의적인 입장을 가진 포스트모더니즘 철학과 퀴어 이론 등은 네오마르크시즘과 같은 급진좌파 정치경제학 운동과 사회주의 운동과 연동되어 왔고 지금도 그러하다. 개인주의의 폐해를 비판한다고 해서 사회주의가 대안이기는 힘들다. 북한과 같은 현실 사회주의와 공산주의 국가에서의 개인의 자유에 대한 억압과 인권 탄압은 이를 잘 보여준다.

자유와 평등 모두 프랑스 혁명의 가치였고 현대 자유 민주주의 핵심가치이지만, 칼 포퍼의 주장처럼 자유가 평등보다는 우선되어야 한다고 본다. 사유재산 제도가 사회 불평등의 기원이라고 주장한 루소의 입장과 유사한 사회주의적이고 공산주의적인 의미와 맥락에서 사회 불평등을 타파하기 위한 차별금지법이 되어서는 곤란하다. 차별이 루소주의적이고 공산주의적인 의미에서 금지된 곳은 결코 유토피아가 될 수 없을 것이다. 필자는 사회주의적-공산주의적 평등보다는 민주주의적이고 개인주의적 자유가 우선해야 한다고 생각한다.

지라르의 입장은 사회철학적으로 볼 때 대체적으로 민주주의의 한계와 자유주의의 불만에 대한 대안으로 연구되고 있는 공동체주의(communitarianism)에 근접한다. 공동체주의가 사회주의와 공산주의는 아니다. 반휴머니즘적이고 반현대주의적인 정서와 지향을 가진 포스트모더니즘의 루소주의는 정치철학적으로 네오마르크시즘과 급진좌파 정치경제학과 연결되는데, 유럽 좌파의 문화적 네오마르크시즘의 이상과는 달리 현실에 존재하는 사회주의와 공산주의는 개인의 인권과 자유가 박탈당하고 억압받은 전체주의 사회였다는 사실을 우리는 망각하지 말아야 한다.

앞에서 니체와 하이데거 그리고 포스트모던 철학에 대한 위르겐 하버마스의 비판에서 소개했듯이, 니체가 미래의 메시아로 선택한 '낭만적 디오니소스'는 군중의 신이었고, 반계몽의 신이었다. 집단광기와 집단도취의 신 디오니소스가 군중의 희생양 만들기와 린치를 정당화하고 대변하는 신이라면, 니체가 점차 멀리하기 시작한 '십자가에 달리신 자'는 군중 속에 억압받는 개인을 일으켜 세운다.

기독교는 전체주의적 군중의 마녀사냥의 텍스트인 신화 속에서 은폐되고 억압되었던 개인을 발견하고 일으켜 세웠다. 인류 문명은 그 폭력적이고 희생제의적 기원으로부터 출발해서 점차 뮈토스(*mythos*)로부터 로고스(*logos*)로, 군중으로부터 개인의 가치를 발견하는 계몽의 방향으로 점진적으로 진보해 갔다.

낭만주의 운동과 새로운 신화학 운동과 연결되어 있는 루소주의적 포스트모더니즘이 그 허무주의적 죽음의 철학으로 인간의 죽음과 주체의 죽음을 등을 주장함으로 반휴머니즘적인 정서를 보이는데, 이는 포스트모더니즘과 연동된 네오마르크시즘과 급진좌파 정치학과 무관하지 않다. 장 자크 루소의 신원시주의적 낭만주의는 문화인류학적으로 볼 때 '낭만적 거짓'이다. 인류 문화의 폭력적이고 희생제의적 기원이 인류학적 진실일 것이다.

11. 어린 소년을 향한 동성애적 성폭력

2018년 국내 TV를 통해서 우연히 '영 포프'(The Young Pope, 2017)라는 외국 드라마를 본 적이 있다. 2016년 베니스국제영화제에서 상영되기도 했던 작품이다. 향락주의적 삶을 추구했던 유럽 68문화혁명 세대 출신의 히피 부모로부터 버림받아 고아원에서 자란 아이가 젊은 교황이 되어서 보다 보수적 입장을 대변한다는 내용이다.

이 드라마는 군중 속에서 그 히피 부모를 발견하고서는 젊은 교황이 쓰러지는 것으로 끝난다. 드라마이긴 하지만, 21세기에 접어들면서 유럽과 서구에서 유럽 68문화혁명 세대의 반문화적 히피 문화가 추구했던 향락주의적 담론과 라이프스타일이 점차적으로 비판적으로 성찰되어서 서구에서 인간의 성욕망과 문화에 대한 보다 보수적인 입장이 강해지고 있는 단면을 보여주는 것으로 생각된다.

이제 유럽 68세대가 저물고 유럽과 서구의 새로운 세대들은 이 급진적인 반문화(counter-culture) 운동을 보다 비판적으로 성찰하고 있다. 이 책 앞에서 21세기 독일과 프랑스의 정치경제학을 소개하면서 중도 노선 혹은 중도우파 노선이 지배적인 흐름으로 자리잡고 있음을 소개했다. 그리고 이 드라마에서는 최근 로마 가톨릭 사제들의 동성애로 성폭력을 당했던 젊은 소년들의 이야기도 등장하고, 동성애 성폭력을 경험한 그 젊은 소년들이 이후에 자살하는 내용도 등장했다.

푸코는 자신의 동성애를 정당화하기 위해서 일본의 동성애를 언급하는데, 세계적인 선불교 학자 베르나르 포르(Bernard Faure)는 일본 선불교 사찰 내 창녀들의 문제뿐 아니라, 불교 사찰 내 동성애와 어린 소년에 대한 성적 착취에 대해서 지적했다.

포르는 자신의 책 제5장 "불교적 동성애"과 제6장 "남성 성인들에게 간 소년들"에서 상세하게 일본어로 '나쇼쿠'(nanshoku, 남성들의 사랑)라는 주제를 다루었다. 그의 책 제5장에는 일본에 간 예수회 선교사들이 중국과 일본에 광범위하게 행해지던 동성애를 발견하고서는 큰 충격을 받는 장면이 소개된다.

포르는 일본 불교의 동성애는 어린 소년에 대한 착취를 그리고 그 어린 소년들과의 성관계를 하나의 '도'(道)로 변화시키고 소년과의 항문성교가 이루어지는 남색을 하나의 교육으로 변모시킴으로써 그 동성애 행위들을 독특한 방식으로 미화시키고 있다고 지적한다.[44]

남색(男色, Pederasty)은 소년과의 항문성교를 의미하는 것으로 '페데라스티아'(*Paederastia*)의 영어식 표기다. '*Paederastia*'는 그리스어 '파이도스'(*Paidos*, 소년)와 에란(*Eran*, 사랑)의 합성어이다. 이는 고대 그리스에서 퍼졌던 악습으로 기독교 전통은 소년과의 항문성교를 죄악으로 정죄했다.

포르는 이 일본 선불교에서 광범위하게 이루어진 동성애 혹은 소년과의 항문성교인 남색의 희생자인 어린 소년(ちご, chigo)에 대한 성폭력과 성착취를 지적한 것이다. 포르는 불교 법문집 혹은 (남성들 간의) 연애 이야기라 할 수 있는 '치고 모노가타리'(稚児物語, chigo monogatari)라는 장르를 분석하면서 이러한 불교 문헌들을 "일종의 제도화된 매춘 혹은 강간에 대한 잔인한 이데올로기적 은폐"로 파악했다.[45]

---

[44] Bernard Faure, *The Red Thread: Buddhist Approaches to Sexuality* (Princeton: Princeton University Press, 1998), 213.
[45] Faure, *The Red Thread: Buddhist Approaches to Sexuality*, 265.

유럽 68문화혁명 세대들의 유토피아적이면서도 신원시주의적인 성해방 운동과 성혁명 운동은 성억압에 대한 프로이트의 정신분석과, 특히 '오이디푸스 콤플렉스' 이론에 기초해 있고 그 기초에서 파생되고 진화된 포스트모던적 정신분석 이론 등과 깊이 연관되어 있는데, 프로이트의 오이디푸스 콤플렉스 이론은 소포클레스의 그리스 비극 『오이디푸스 왕』에 대한 지라르의 해석 이후로 결정적으로 그 학문적 근거를 상실했기에 전면적으로 재검토되거나 폐기되어야 할 이론이다.

유럽 68세대의 성혁명 시도의 학문적 근거가 흔들리고 있는 것이다. 성해방과 성혁명을 주장하는 사람들은 특히 유대-기독교적 전통이 성을 억압한다고 했지만, '오이디푸스 왕'의 배경이 된 그리스 폴리스에서도 근친상간은 가장 더러운 범죄로 인식되었다. 오이디푸스의 근친상간은 해방되어야 할 억압된 성욕망이 아니라, 당시 그리스 폴리스에서도 억압되고 통제되어야 할 가장 더러운 성범죄였다.

고대 원시사회나 현대사회나 섹슈얼리티는 수많은 갈등과 폭력의 원인이 되기에 그것을 통제하고 억압하려고 했던 것이다. 이 유토피아적인 시도들은 결국 공동체 내의 성적인 질투 문제를 해결하지 못하고 실패했다. 폭력과 성(sexuality)의 깊고 오래된 얽힘의 문제가 있기에 21세기에도 성욕망에 대해서는 보수적으로 접근하는 것이 좋다.

2018년 한국의 어느 대법관의 주장처럼 동성애를 단지 개인의 사적인 성적 취향으로만 파악하는 것은 피상적이다. 20세기 후반 동성애는 개인의 성적 취향을 넘어서 보다 집단적인 성적 유행 현상으로까지 확대되었다. 인류 역사상 동성애는 어느 정도 존재했지만, 20세기 후반 유럽 68문화혁명, 포스트모더니즘 그리고 퀴어 이론과 문화 축제라는 이름으로 보다 정치세력화된 동성애는 새로운 반문화적인 성문화적 유행으로 퍼져나가고 있다.

미국의 이론물리학자 앨런 소칼(Alan Sokal)은 『지적 사기』(Fashionable Nonsense)라는 책에서 프랑스 포스트모더니즘을 비판했는데, 포스트모더니즘은 한 세대, 특히 유럽 68문화혁명 세대에 풍미했던 유행적(fashinable)인 사조였다. 포스트모더니즘과 연동된 동성애 운동도 유행적이다. 푸코, 들뢰즈, 바티모 등 많은 포스트모던 철학자들이 동성애자들인 것처럼, 유행하는 사조였던 포스트모더니즘의 풍토 속에서 동성애도 하나의 성적인 유행과 트렌드로서 모방되는 현상도 분명히 지적되어야 한다.

지라르에게 큰 영향을 준 프랑스의 신비주의 사상가 시몬 베유(Simone Weil)는 지적인 유행 현상에 대해서 날카로운 감수성으로 분석한 바 있는데, 학문적 사조뿐 아니라 동성애도 유행 현상으로 모방되고 전염되는 측면을 보아야 한다. 동성애를 하나의 개인의 성적 취향으로 본다고 해도 그 또한 유행적이고 가변적인 것이다. 취향은 유행적이며 전복될 수 있다.

성소수자들로서의 동성애자 개인들과는 달리 동성애자들의 보다 집단적이고 조직적인 담론인 퀴어 이론과 퀴어 문화 축제는 점차 정치적으로 조직화되고 거대화되어서 새로운 성적 유행과 성적인 반문화를 생산한다. 그러므로 이러한 운동들에 전통적이고 생물학적 차원에서의 성차이와 성도덕을 전복적으로 혁명하고자 하는 문화전쟁적인 차원도 존재한다는 사실에 대해 침묵하지 말아야 한다.

앞에서 말한 것처럼, 독일 철학자 슬로터다이크는 유대교가 역사 속에서 '운동'을 가동시켰다고 비판하면서 보다 수동적이고 식물적인 불교의 멈춤을 위생학적이고 카타르시스적으로 찬양한 바 있는데, 유럽 68세대의 대표자격인 슬로다이크 자신도 인도에서 요가 수행을 하는 등 반문화(counter-culture) '운동'에 주도적으로 참여한 학자다. 포스트모더니즘도 철학적 '운동' 현상이다.

이러한 운동은 '십자가에 달리신 자'를 점차적으로 등지기 시작한 니체가 유대-기독교에 대한 철학적 반대운동(Gegenbewegung)을 시도함으로써 시작된 것이다. 유대교뿐만 아니라, 반유대주의자들도 '운동'으로부터 자유롭지 못하다. '멈춤'을 강조하는 서구 명상불교도 운동도 여러 '운동'들 중의 하나의 유행적 '운동'이다.

포스트모더니즘 철학은 유럽 68문화혁명 당시의 반문화 '운동'과 연동되었기에 지라르가 비판하는 것처럼, '프랑스 역병'처럼 미국과 서구 대학가를 강하게 전염시키면서 유행될 수 있었다. 하지만 그 철학 운동은 인류 문화에 대한 보편적이고 과학적 이해라는 단단한 기초에 근거한 운동이 아니라 반작용적, 전복적 그리고 혁명적인 반문화 운동이었기에 그 운동의 주체였던 세대들이 은퇴하면서 그 운동에너지는 현격히 감소해서 지속 가능성을 강하게 의심받고 있다.

퀴어 이론에 가장 큰 영향을 준 학자인 동성연애자 푸코도 동성애를 정당화하기 위해서 고대 그리스와 일본의 동성애에 대한 예를 언급하고 있는데, 많은 경우 고대뿐 아니라 현대에도 어린 소년들이 동성애의 대상이 되었다. 그러므로 동성애 운동 속에 은폐되고 있는 사회적 약자인 어린 소년에 대한 성폭력과 관련한 인권적 감수성도 가져야 한다. 성소수자의 이름으로 자신의 정치적 권리를 주장하는 동성애자들이 사회적 약자인 어린 소년에 대한 반인권적 성폭력을 가해서는 안되는 것이다.

현대 로마 가톨릭 교회 내에서 성인 신부의 동성애 혹은 소아성애로 인해서 성폭력을 당한 어린 소년들의 인권 문제가 크게 공론화되고 있는 것처럼, 동성애와 퀴어 이론과 퀴어 문화 축제에 대한 논쟁에서도 성인 동성애자들에 의한 미성년의 어린 소년들에 대한 성폭력의 문제도 논의되어야 한다.

인권 감수성과 젠더 감수성을 말하는 좌파적 감수성의 기원은 반신화적이고 반우상숭배주의적인 근본 정신을 가진 유대-기독교적 텍스트다. 지라르의 주장처럼 일본 사무라이 정신이나 중국 문화에서는 기독교적 감수성으로부터 진화된 현대의 이러한 민감한 감수성을 발견할 수 없다. 국내에서는 아직도 성폭력이나 성추행에 대한 감수성, 인권이나 차별에 대한 감수성이 서구의 선진화되고 민주주의만큼 성숙되지 못한 면이 있기에 미투(Me Too) 운동이나 인권 감수성을 확산시키려는 좌파적 담론들을 우선적으로 지지한다.

하지만 이 책에서 주장하는 것처럼, 우리보다 앞선 유럽과 서구에서는 보다 급진적이고 극단화된 형태의 과잉 인권, 과잉 권리 그리고 과잉 관용의 문제라 할 수 있는 급진좌파 혹은 극좌적인 감수성의 문제도 분명 존재한다. 그래서 이 책은 한국 현실 상황보다는 좀 더 앞선 21세기 유럽 정치경제학에서의 논쟁들을 소개하고 있다.

유럽과 서구에서만큼 급진좌파적이거나 극좌적인 담론이 한국사회에서 지배적인 담론으로 자리잡고 있지는 못하기에, 정치적 올바름에 대한 논의보다는 한국에서는 희생자들에 대한 관심에 좀 더 방점을 두어야 한다는 혹자의 주장도 일리가 있다. 인구절벽 문제 등에서 볼 수 있듯이 대한민국도 빠른 속도로 유럽화되고 서구화되는 측면도 있기에 좀 이른 면이 있긴 하지만, 극좌의 새로운 위험에 대해서도 이 책은 침묵하지 않고 있는 것이다.

우리는 성소수자에 해당하는 동성애자들에 대해서 사회적 약자와 소수자에 대한 관용의 차원에서 어느 정도 이해할 수 있지만, 20세기 후반 포스트모더니즘이나 후기구조주의와 같은 특정 사조에 기초한 동성애 담론 퀴어 이론에 대해서는 얼마든지 학문적 논쟁과 비판을 할 수 있고, 또한 그렇게 되어야 한다. 특히 과학성과 보편성이 현격하게 떨어지는 반과학적 급진 사회구성주의와 반실재주의라는 허무주의적 주장들에 대한 비판적 이론 논쟁은 뜨겁게 이루어져야 한다.

많은 물리학자들과 자연과학자들이 일종의 철학적 헛소리라고 비판하는 포스트모더니즘 철학에 기초한 동성애 담론인 퀴어 이론에 대해서 학문적으로 비판하는 것조차 과연 차별과 혐오라고 할 수 있는가?

하긴 뉴턴의 만유인력의 법칙이나 아인슈타인의 그 위대한 방정식조차도 성차별적이라고 하니 할 말이 없긴 하다. 이러한 극단적이고 급진적인 주장과 담론들에서 루소주의적인 면에서의 새로운 전체주의적 위험을 필자는 어느 정도 느낀다. 보편적 진리 주장 자체를 폭력, 억압, 차별로 생각하는 이러한 포스트모던 시대의 새로운 부족주의적 사유는 학문의 자유와 표현의 자유를 억압하고 탄압하는 새로운 전체주의적 위험에 노출되어 있다.

12. 과잉된 희생자 이데올로기의 문제

앞에서 지적한 것처럼, 성소수자나 사회적 약자를 관용하고 보호하는 것은 기독교적 윤리 감수성이지만, 그 성소수자나 사회적 약자들도 모방적 욕망과 권력 의지를 가진 동일한 호모 미메티쿠스라는 보다 근본적인 인류학적 통찰도 포기하지 말아야 한다.

지라르가 지적하고 있듯이 '희생자에 대한 성경적 근심'이 보다 보편화되어 현대 세계의 새로운 지배적 이데올로기가 되어 버려서, 서구 학계나 언론에서처럼 한국의 언론과 학계에서도 극우주의에 대한 비판은 종종 보게 되지만, 극좌주의에 대한 논의나 담론은 상대적으로 잘 보이지 않는 것도 사실이다. 하지만 분명 극우와 마찬가지로 극좌의 위험도 반드시 비판적으로 성찰되고 분석되어야 한다.

한국 언론에서도 '극우'라는 단어와는 달리 '극좌'라는 표현들은 잘 등장하지 않는다. 물론 그 이유는 언론이 그 기본 속성상 권력에 대한 좌파적 비판이기 때문이기도 할 것이다. 하지만 앞에서 본 것처럼, 권력 비판을 하는 좌파도 권력의 무중력 지대를 지향하지 않고 권력 비판을 통한 새로운 권력 쟁취를 위한 권력 의지를 가지고 있다.

권력 비판을 존재 이유로 삼는 현대 언론도 제4의 권력 기관이라고 한다. 그래서 앞에서 소개한 독일의 저명한 언론학자 노베르트 볼츠는 독일 언론을 비롯한 서구 언론에 지배적인 좌편향적인 정치적 올바름의 논리를 가장 앞장 서서 독일 철학계에 화두로 던진 것이다.

극좌의 위험이나 극좌주의 비판이 21세기 학계나 언론에서 극우주의 비판에 비해서 상대적으로 약한 것을 보면 현대 정치경제학에 있어서 희생자학(victimology)이 지배적인 논리로 작용하고 있다는 사실을 알 수 있다. 희생자에 대한 성경적 근심은 진정한 기독교적 윤리와 정신이지만, 희생자를 정치적으로 그리고 이데올로기적으로 낭만화하거나 절대화하는 것은 왜곡된 버전의 기독교 정신이다.

　인간은 초모방적이고 초경쟁적인 동물이고, 정치적 좌우의 운동에는 필연적으로 집단심리적, 모방심리적 그리고 경쟁심리적 쏠림 현상, 과잉 현상이나 과도한 급진 현상이 존재하기에, 우리는 극우의 위험뿐 아니라, 극좌의 위험에 대해서도 경계해야 한다. 정치적 운동은 결코 극우쪽으로만 쏠리지 않고, 그 반대로 극좌로도 과잉되게 쏠릴 수도 있다.

　희생자에 대한 성경적 근심 자체가 호모 미메티쿠스의 경쟁 상대가 되어서 과잉된 희생자 이데올로기가 발생하는 경우가 있다. 우리의 목표는 초모방적이고 초경쟁적인 인간에 의해서 생상되는 과잉된 쏠림 현상을 극복하고 어떻게 정의롭고 적정한 희생자에 대한 보호를 시도하는 것이 될 것이다. 과잉 인권, 과잉 정의 그리고 과잉 관용 등을 세밀하게 분별해서 보다 정의로운 적정 인권, 적정 정의 그리고 적정 관용을 확립하는 것이 우리의 과제가 될 것이다. 국민의 법 정서 자체에 모방적, 경쟁적, 경쟁심리적 그리고 집단심리적 차원이 존재한다. 법과 정치 영역도 호모 미메티쿠스의 아레나다.

　독일어권에서는 유럽 68문화혁명 시대의 폭력 문제로 인해서 당시부터 '좌파파시즘'(Linksfaschismus)이라는 개념이 등장해 급진좌파들의 새로운 파시즘을 비판했다. 독일 사회철학자 위르겐 하버마스가 이 '좌파파시즘'이라는 표현을 처음으로 사용해서 이 유럽 68문화혁명이 가지는 새로운 폭력과 위험을 지적한 것으로 알려져 있다.

　현대 정치경제학을 논의하는 이 책에서 기본적으로 유럽 68문화혁명 세대와 포스트모더니즘에 대해서 비판적인 것은 그 사조들과 문화 운동들이 근본적으로 일종의 반문화 운동이고 반철학(counter-philosophy) 운동으로 무정부주의적인 지향을 가진 급진좌파 혹은 극좌의 입장을 가지고 있기 때문이다. 무정부주의적 혼돈이라는 보다 큰 폭력보다는 토마스 홉스적인 '리바이어던'이나 칼 슈미트가 말한 '카테콘'과 같은 보다 작은 폭력이 더 나은 대안이라는 것이 이 책의 기본 입장이다.

장 자크 루소의 무정부주의적 유토피아주의는 실제로는 마르크시즘, 사회주의 그리고 공산주의라는 더 큰 전체주의적 폭력과 야만을 가져왔다. 자본주의와 시장경제도 폭력이지만, 사회주의와 공산주의보다는 더 큰 폭력을 통제하고 담아내는 훨씬 작은 폭력이다. 루소주의에 대한 비판에서 분석한 바와 같이 극좌적이고 무정부주의적인 지향을 가진 포스트모던적 정치경제학을 낭만적으로 평화주의적인 운동이나 담론으로만 볼 수 없다. 이러한 사조들은 기존 체제의 권력 비판을 하지만, 반문화 운동으로서 또 다른 권력을 추구하고 있는 것 또한 사실이다.

포스트모던적 권력 비판이 평화주의를 위한 것이라는 말은 낭만적 거짓이다. 일종의 반문화 운동으로서 그들은 분명 문화전쟁적인 차원에서 새로운 문화 권력을 쟁취하려고 하는 사실도 지적되어야 한다. 그래서 이 책에서는 포스트모더니즘, 급진 정치경제학 그리고 네오마르크시즘 등의 얽힘에 대해서도 지적한 것이다.

독일의 헌법학자 칼 슈미트가 적과 친구의 구분을 정치적인 것의 기본적인 개념으로 파악한 이유는 그의 로마 가톨릭 신앙과 무관하지 않다. 즉, 원죄와 타락으로 인해서 인간은 끊임없이 적과 친구의 구분을 통해서 정치를 한다는 것이다. 우리나라 정치계에서도 쉽게 볼 수 있는 진영 논리가 바로 칼 슈미트가 정치적인 것의 개념의 본질 속에서 날카롭게 분석한 '친구와 적의 구분'이다.

인간은 타락한 존재이자 죄인이기에 끊임없이 친구와 적의 구분을 통해서 정치를 한다는 것이 칼 슈미트의 기본적인 생각이다. 좌파 지식인 샹탈 무페(Chantal Mouffe)는 칼 슈미트의 이론을 수용해서 급진좌파적 관점에서 현대 정치학을 지배하고 있는 투쟁과 경쟁(Agon, 아곤)의 차원을 읽어내고 있다.[46] 많은 포스트모던 철학자들은 기본적으로 반(anti)철학자들이다.

포스트모던적 철학자들은 무엇에 대해서 반대하는가?

그들은 기본적으로 유대-기독교를 '우상'으로 파악하고 전복하려고 했던 디오니소스적 철학자 니체와 그 후계자 하이데거를 따라서 유대-기독교적 철학, 도덕, 가치 그리고 그 형이상학을 파괴하고 해체하고 전복하려고 했다.

그러므로 동성애와 퀴어 이론 논쟁들을 너무 낭만적으로 혐오, 차별의 문제로만 보는 것은 피상적이다. 분명 문화전쟁적인 아곤(Agon)이 존재한다. 동성애자들의 퀴어 이론을 성소수자들과 사회적 약자들의 이론과 담론으로만 볼 수는 없고, 문화적 헤게모니와 권력 쟁취를 위한 정치투쟁적인 차원과 성격도 분석되어야 한다. 현대의 새로운 투쟁적 인권문화가 만들어 내는 새로운 정치경제학적 복잡성에 대해서 보다 균형 잡힌 이해가 필요하다.

칼 슈미트가 정치적인 것의 개념에서 날카롭게 분석한 적과 친구의 구분은 21세기 정치경제학 분석에 있어서도 여전히 분석적 설명력을 강하게 가진다. 포스트모던적 정치경제학도 니체적 권력 의지로부터 자유롭지 못

---

[46] Chantal Mouffe, *Agonistics: Thinking The World Politically* (Verso: London-New York, 2013).

하다. 니체주의적 철학자 푸코의 권력 비판이나 권력 관계 분석도 평화주의적 권력 비판으로 나아가는 것이 아니라, 또 다른 권력 투쟁과 권력 쟁취의 방향으로 나아간다는 사실을 인정해야 한다.

프랑스 공산당에 가입한 푸코는 네오마르크시즘적인 관점도 가지기에 계급 투쟁과 같은 투쟁적 사유가 그의 철학에도 존재하는 것이다. 권력 의지로부터 자유로운 사람은 존재하지 않는데, 인간은 모두 모방적이고 경쟁적으로 권력을 욕망하기 때문이다. 우리는 포스트모던적 급진좌파 정치경제학도 보다 투쟁적으로 새로운 문화 권력, 언론 권력 그리고 정치 권력을 추구한다는 점을 분석해야 한다. 현대 정치경제학에 대한 치열한 논의는 모방적으로 욕망하는 인간에 대한 인류학적 근본 성찰이라는 공통분모에서부터 출발해야 한다.

성소수자, 동성애자, 기타 소수자들이 이렇게 당당하게 전면에 자기주장을 할 수 있게 된 최초의 문화는 기독교 문화다. 그래서 불교 문명권이나 이슬람 문명권이 아니라, 기독교 문명권에서 동성애 논쟁은 어느새 보수와 진보 논쟁의 뜨거운 감자가 되어 버렸다.

포스트모던 철학에 기초한 동성애 담론, 퀴어 이론과 차별금지법 논쟁 등에는 초기독교적인 것도 존재하고 반기독교적인 것도 존재한다. 왜냐하면, 현대 세계의 진보주의가 기독교로부터 나왔지만 기독교를 배신하고 있다는 지라르의 분석처럼 인권, 차별 금지, 정치적 올바름 그리고 평등 등을 주장하는 현대 정치적 진보주의도 기독교적 감수성으로부터 나왔기 때문이다. 또한 네오마르크시즘, 루소주의의 낭만주의와 신원시주의 그리고 니체의 반기독교적 철학 등과 연결되면서 반기독교적 지향도 동시에 가지고 있다.

지라르가 말했듯이 일본 사무라이 문화나 중국의 유교 문화, 불교 문화에서는 거대한 짐승의 우상, 전체나 집단에 억눌려 있던 소수자들이 목소리를 낼 수 없었다. 세계 신화는 결국은 소수자들의 목소리가 은폐되고 파묻혀진 전체주의적 마녀사냥의 텍스트다. 이러한 파시즘적인 신화에 의심을 제기하면서 저항하고 반대한 반신화적 텍스트인 성서로부터의 영향을 받기 시작한 문화에서부터 소수자들의 인권을 변호하는 문화가 시작되었다.

하지만 최근에는 이러한 기독교적 사유가 극단적인 방식으로 오용되는 초기독교적, 후기기독교적 혹은 반기독교적 흐름들도 존재한다. 동성애 논쟁도 결국은 고도로 민주주의가 발전한 서구 기독교 문명권에서만 뜨거운 것이다. 동성애와 퀴어 이론 등과 관련하여 기독교 좌파 진영은 인권, 권리, 톨레랑스라는 기독교 가치만을 내세우고, 건강하고 건전한 가정, 자녀, 섹슈얼리티, 도덕과 윤리, 절제와 금욕 등의 다른 기독교적 가치를 상대적으로 간과하고 있다.

또한 퀴어 이론과 같은 동성애 담론은 20세기 후반의 성정체성에 대한 급진 사회구성주의와 반실재주의라는 포스트모던적 특정 사유와 특정 논리에 기반하고 있기에, 퀴어 이론에 대한 학문적 이론 논쟁까지도 혐오와 차별로 몰아가는 것에는 극좌의 전체주의적 위험이 있다. 그리고 버틀러의 경우에서처럼 퀴어 이론 등이 추구하는 디오니소스적 성혁명과 성해방은 더욱더 비판할 여지가 많다.

최근 서구 민주주의의 한계와 자유주의의 불만에 대한 비판적 반성으로부터 주목받고 있는 공동체주의(communitarinism)에서 극단적인 개인주의적 권리 문화를 넘어서 다시금 가정, 교회, 학교 등 공동체적 가치의 회복을 주장하고 있다. 그러므로 포스트모던적 퀴어 이론과 동성애 논쟁에 대해서는 이 초기독교적인 새로운 복잡성에 대한 보다 깊이 있는 이해와 논의가 필요하다.

제7장

희생자에 대한 관심과 정치적 올바름 논쟁

1. 가인의 정치학을 넘어서

지라르의 이론은 인류의 오래된 정치학인 '가인의 정치학'을 넘어설 것을 요구한다. 정치학은 정치 이전의 것, 곧 종교적인 기원을 가지고 있다. 정치학의 종교적 기원은 또한 인류 정치학의 폭력적 기원을 보여준다. 『가인의 정치학: 르네 지라르와 대담』[1]이라는 책은 바로 아벨을 살해한 가인이 세운 인류 도시와 그 정치학에 대한 예언자적이고 윤리적 비판을 담고 있다.

또한 이 책은 현대 정치학이 정치 이전의 것인 종교적 차원을 논의에 포함시킬 것을 제안한다. 최근에 하버마스(Jürgen Habermas)도 지라르를 언급하면서 신화와 제의에 대해서 다시 논의하고, 정치 이전의 것(das Vorpolitische)에 관심을 가진다. 성경은 초석적(礎石的) 살해에 기초를 두고 있

---

[1] Domenica Mazzù, *Politiques de Caïn: En dialogue avec René Girard* (Paris: Desclée de Brouwer, 2004).

는 가인의 도시와 문명 그리고 정치학을 비판하고, 기독교 윤리학자 요더 (John Howard Yoder)의 책 제목처럼 『예수의 정치학』[2]을 대안으로 제시한다. 에클레시아는 새로운 폴리스와 새로운 도시로서의 새로운 예루살렘을 희망한다.

지라르도 프랑스의 법역사학 교수이자 사회학자 그리고 개신교 신학자인 자크 엘륄(Jacques Ellul)과 같이 "세속적 정치 질서의 폭력적 기원들"을 추적한다. "인류의 탐욕적 본성" 때문에 "가인의 희생제의적 질서는 불가피하다." 엘륄도 기독교의 창조 스토리는 '초석적 폭력'(foundational violence)과는 근본적으로 다른 기원을 묘사한다고 본다.

지라르에게 있어서 성경 저자들은 일관되게 이전에 존재하는 신화들을 재구성해서 그들의 특정한 관심의 정신 속에서 차용하며 희생자들과 박해자들 사이의 관계를 뒤집고 있다. 사실 히브리적 성경은 "성스러운 내러티브들을 탈신화화시키는 역전"으로 가득 차 있다.

성경에는 "히브리 성경의 반-희생제의적(counter-sacrificial) 계시"와 "반-희생제의적 복음"에 대해서 기록되어 있다. 하지만 인류 종교에 자리잡고 있는 "희생양 메커니즘의 중심은 어두운데, 왜냐하면, 그것이 효과적으로 작동하기 위해서 그것은 참된 본질이 은폐되어 있어야만 했기 때문이다."

이 메커니즘의 은폐된 본질은 베일로 쌓여 분리된 성전의 가장 신성한 곳과 연결된다. 하지만 복음서는 예수의 죽음으로 인해 성전의 휘장이 찢어졌다고 말한다. "진리의 빛으로 인한 그 어두운 곳에 대한 계시"가 이루

---

[2] John Howard Yoder, *The Politics of Jesus* (Grand Rapids: Eerdmans, 1972).

어진 것이다.[3]

가인의 정치학은 또한 군중심리의 정치학이기도 하다. "군중은 비진리다: 키에르케고르와 지라르에 대한 비교"라는 논문은 키에르케고르가 지속적으로 말한 "군중은 비진리다"(The Crowd is Untruth)라는 말을 화두로 삼았다. 키에르케고르는 미묘하고 신학적으로도 심오한 폭력의 심리학 이해를 위한 기초를 제공했다고 이 연구는 본다.

지라르의 군중 이해는 키에르케고르는 보다 훨씬 이론적으로 정교하고 방대하다는 것이다. 군중심리학에 대한 지라르의 이론은 "고대 아즈텍 문명으로부터 현대사회에 이르기까지 방대한 사회과학적 데이터를 고려함으로써 현대의 철학적 인류학과의 대화 속에서 명확히 표현된 방대한 사회이론으로 발전하게 되었다." 지라르의 사상이 키에르케고르의 군중 이해와 연관된다면, 그 결과는 "폭력의 심리학 이해를 위한 근거로서 기독교 지성적 전통의 능력에 대한 매우 강한 증거가 될 것이다"라고 이 연구는 말하고 있다.[4]

로마(Rome)라는 도시는 아우 레무스(Remus)를 살해한 형 로물루스(Romulus)의 이름으로부터 파생되었기에, 로마 제국이 성경과는 달리 일종의 가인의 정치학을 추구했다고 볼 수 있다. 그런 점에서 칼 슈미트의 헌법학적 깊은 설명력에도 불구하고 그가 로마법 전통에 서 있기에 신학적 관점에서 그의 결단주의를 모두 지지할 수는 없다.

---

[3] Matthew Pattillo, "Violence, Anarchy, and Scripture: Jacques Ellul and René Girard," *Contagion: Journal of Violence, Mimesis, and Culture*, Volume 11 (Spring 2004), 35-41.

[4] Charles K. Bellinger, "The Crowd is Untruth: A Comparison of Kierkegaard and Girard," *Contagion: A Journal of Violence, Mimesis, and Culture* 3 (1996), 117.

분명 유대-기독교적 텍스트와 전통은 세계 신화와 세계제국이 추구했던 지배자들과 승리자들의 정치학이라 할 수 있는 가인의 정치학을 비판하고, 은폐된 피해자와 희생자라 할 수 있는 아벨의 피로부터 요한계시록 어린 양의 피까지를 신원하고 변호하는 텍스트와 전통이라는 점에서는 세상의 모든 희생자들과 피해자들의 편에 서고자 하는 현대의 진보좌파의 입장을 지지하고 연대한다.

창세로부터 은폐되어 왔던 가인의 정치학을 최초로 가치 전복하기 시작한 유대-기독교적 텍스트로부터 희생자들에 대한 현대적인 감수성이 탄생했다. 하지만 인간은 호모 미메티쿠스인지라 이 정당한 기독교적 감수성이 정치 논쟁을 통해서 극단화되고 정치세력화되어서 왜곡되고 오용되고 있는 측면들도 논의되어야 한다. 희생자에 대한 적정 감수성이 아니라, 과잉 감수성이 발생하기도 한다.

무속의 신들에 대한 숭배를 비극적 희생자 숭배(tragic victim worship)로 요약해서 설명할 수 있는데, 인류는 오랫동안 자신들이 박해하고 추방한 동료 인간들을 귀신들이나 신들로 숭배해 왔다. 동일하지는 않지만, 현대 정치 풍경에서 가끔씩 볼 수 있는 비극적 희생자에 대한 정치적 숭배의 문제도 유사한 맥락에서 생각해 볼 필요가 있다. 분명 인간의 비극적 죽음은 군중에게 카타르시스적인 일치감을 선물한다. 그래서 인류 정치적 질서의 초점에는 사회계약이 아니라, 비극적인 죽음을 당한 희생자의 무덤이 있었다. 인류 문화는 본래 무덤 위에 세워졌다.

지라르가 주장하는 것처럼, 유대인들은 그리스의 디오니소스 극장과 같은 극장을 가지고 있지 않을 뿐 아니라, 동료 인간들을 희생자로 만들지도 그 희생자들을 신격화하지도 않는다. 인간은 인간일 뿐이다. 하지만 인류는 마녀사냥의 돌들을 던져서 살해한 사회적 약자들을 인류는 또한 정반대로 자신들의 공동체의 신들로 신격화해서 숭배해 왔다. 비극적 희생자에 대한 정당하고 정의롭고 또한 적정한 변호와 그 범위를 넘어서는 과잉된 유사종교적이고 정치 이데올로기적인 '숭배'는 구별되어야 한다.

2. 초기독교사회와 또 다른 전체주의

지라르는 반희생제의적이고 반신화적 정신을 가진 유대-기독교 텍스트가 점차적으로 인류의 오래된 가인의 정치학을 극복하고 성경에서 말하는 희생양에 대한 근심과 변호를 정치적 우선 가치로 삼는 현대 민주주의를 탄생시켰다고 분석한다. 또한 현대 민주주의 체제에서 등장한 새로운 왜곡 현상인 초기독교적 현상에 대해서도 비판적으로 분석한다. 지라르는 현대인은 희생양에 대한 근심을 반기독교적인 방식으로 극단적으로 밀고 나감으로써 유대-기독교의 회로에서 벗어나려고 애쓰는 "희화화된 초기 독교 사회"에 살고 있다고 지적한다.[5]

지라르는 세상이 점점 더 기독교적으로 변해간다고 생각한다. 이런 사실이 이 현상을 더 모순적인 것으로 만드는데, 사람들이 그것이 성서에서 나온 것인지 모를수록 성서의 법칙을 되살려 내기가 더 쉽기 때문이라고 그는 본다. 지라르는 "현대사회에서 이제는 피해자 보호 원칙이나 희생양

---

[5] 르네 지라르, 『나는 사탄이 번개처럼 떨어지는 것을 본다』 (서울: 문학과 지성사, 2004), 223-6.

옹호가 성스러운 것과 절대적인 것이 되었다"라고 분석한다.

지라르에 의하면, 현대인들은 모두 희생양의 무고함을 믿는 사람들이다. 그런데 희생양의 무고함을 믿는 것은 알다시피 기독교 사상의 핵심이다. 지라르에 의하면, 니체는 기독교의 해체를 꾀했는데, 그는 기독교가 희생양을 옹호한다고 제대로 이해하고 있었기 때문이다.

지라르는 "희생양 옹호가 새로운 박해를 수반할 정도"의 새로운 현상을 희화화된 초기독교 사회에서 본다. 지라르는 오늘날에는 오로지 "박해에 반대한다는 이름으로만 박해를 행할 수 있는" 새로운 현상이 등장했다고 분석한다. "자신의 박해 욕망을 정당화하기 위해서는 그의 상대방이 박해자라는 것을 입증해야 한다"는 것이다.

지라르는 오늘날의 지식인들이 복음서의 깊은 뜻과 기독교의 역사를 혼동하는 경향을 지적한다. 기독교의 역사는 근본적으로 말하자면, 우리에게 남아 있는 과거의 성스러운 사고방식의 유산과 우리의 모방적인 관행과 맞서 싸우는 점진적이고 느린 과정이라 할 수 있다. 오늘날의 비기독교인들은 자신들이 투석을 싫어하게 된 것이 바로 기독교 덕분이라는 것을 깨닫지 못하고 있다고 지라르는 말한다.[6]

노베르트 볼츠, 자라친, 슬라보예 지젝 그리고 스티븐 핑커와 같은 학자들이 희생자 옹호와 변호의 정신에 기초한 정치적 올바름(Political Correctness, PC)의 정치학이 새로운 전체주의의 위험을 안고 있다는 주장과 현대 정치학에서 피해자 보호 원칙이나 희생자 옹호가 과잉되고 성스럽고 절대적인 것이 되어서 희생자 옹호가 새로운 박해를 가져올 수 있다는 지

---

6 지라르, 『문화의 기원』, 282-86.

라르의 주장은 맥을 같이한다. 정치적 올바름에 대한 비판적 성찰을 시도하는 학자들은 이것이 극단적으로 적용될 경우 표현의 자유와 학문의 자유가 박해를 당하고 위축당하는 새로운 전체주의를 가져올 수 있다고 주장한다.

지라르는 우리가 살고 있는 완전히 전지구적인 문화를 지배하는 것은 희생자들을 위한 관심이며, 바로 이 관심의 열매가 현대세계라고 말한다.[7] 지라르는 성경적 계시에 대한 현대의 도전을 일종의 "희생자에 대한 왜곡된 관심," 곧 희생자들에 대한 성경적 관심을 정치적으로 오용해서 그 희생양 만들기라는 비난을 그리스도인들과 성경적 계시 자체에 겨냥하는 것이라고 분석한다. 지라르는 다음과 같이 말한다.

> **또 다른 전체주의**(The other totalitarianism)는 유대-기독교적 열망들을 반대하지 않지만, 그것들이 자신의 것인 것처럼 주장하면서 그리스도인들에게서의 희생자들을 향한 관심에 의구심을 제기한다…그 또 다른 전체주의는 공개적으로 기독교를 반대하지는 않지만, 좌측면에서 공격한다.[8]

그 결과 "희생자의 위치"는 열정적으로 추구되는 것이 되었으며, 그것은 "권력의 위치"가 되었고 "정치적 자본의 원천"이 되었다.[9]

지라르의 분석처럼 현대 정치학을 지배하는 이념은 바로 희생자들에 대한 관심이다. 독일 철학자 노베르트 볼츠가 잘 분석한 것처럼, 이 희생자

---

[7] René Girard, *Je vois Satan tomber comme l'éclair* (Paris: Grasset, 1999), 178.
[8] Girard, *Je vois Satan tomber comme l'éclair*, 180.
[9] Pattillo, "Violence, Anarchy, and Scripture: Jacques Ellul and René Girard," 30-32.

들에 대한 성경적 관심과 감수성으로부터 나온 것이 정치적 올바름의 언어정치학인데, 이 정치적 올바름은 서구 정치학의 지배적인 이데올로기가 되었다. 그러므로 기독교적 감수성과 계시로부터 탄생한 희생자에 대한 정당한 관심과 지라르의 표현처럼 "희생자에 대한 왜곡된 관심"과 그 과잉 이데올로기를 분별하는 지혜가 필요하겠다.

피해자 중심주의와 유사종교적인 의미에서의 피해자들과 희생자들에 대한 정치적 '숭배'는 구별되어야 한다. '피해자 코스프레(kosupure)'라는 말에서 볼 수 있는 것처럼, 현대사회에서는 피해자 혹은 희생자의 위치가 모방적이고 경쟁적으로 탐할 수 있는 정치적 위치와 지라르의 표현대로 하나의 "권력의 위치"와 "정치적 자본의 원천"이 된 면도 반드시 고려되어야 한다. 현대 정치학에서는 누구든지 자신이 희생자와 피해자라는 정치 논리로서 정치적 주장을 펼치게 되었다.

미국의 대표적인 기독교 지성인이요, 권위 있는 기독교 잡지 「크리스채너티투데이」(Christianity Today)의 총 편집자였던 필립 얀시는 현대사회에서는 주변화된 인물이 도덕적 권위를 가지는 사실을 지적하는 지라르를 언급하고 있다. 지라르는 현대의 각종 해방 운동, 곧 노예, 여성, 시민, 성소수자, 동물 등의 권리 운동과 해방 운동이 20세기에 가속화되고 있음을 본다. 이러한 희생자들, 약자들, 소수자들이 도덕적 권위를 가지는 현상은 새로운 현상으로 고대 문헌에서는 그 유례를 찾아볼 수 없다고 주장하는 지라르를 필립 얀시는 언급한다.

주변화된 인물이 아니라 승리자가 역사를 기록하기에 바벨론, 그리스 그리고 세계의 모든 신화들은 불쌍한 희생자들이 아니라 강한 영웅들을 예찬하고 있다. 지라르는 약자들, 희생자들 그리고 소수자들에 대한 현대

세계의 유례없는 관심과 염려의 기원을 예수라는 역사적 인물에서 발견한다고 얀시는 적고 있다.[10]

필립 얀시는 다른 저술에서도 지라르의 영향을 받아 현대사회에서 여성들, 소수자들, 장애인들, 환경운동가들이나 인권운동가들은 모두 하나님께서 희생자의 편을 든 사건인 십자가 복음의 능력으로부터 그들의 도덕적 힘을 끌어오고 있다는 사실을 말한다. 즉, 현대의 소수자들, 약자들, 희생자들의 권리를 위해 투쟁하는 많은 권리 운동들과 해방 운동들은 결국은 희생양에 대한 우선적 선택과 염려를 하는 기독교적 가치 전복으로부터 유래했다는 것이다.

이들 '정치적으로 올바른'(politically correct) 운동들은 자주 스스로를 기독교의 적으로 제시하지만, 역설적이게도 기독교의 복음이 그러한 해방 운동이 가능할 수 있는 기반을 제공했다고 얀시는 주장한다. 얀시는 지라르 학파 학자인 베일리(Gil Bailie)의 『폭로된 폭력: 기로에 서 있는 인류』[11]를 언급하면서 복음이 인류 역사 속에서 가장 놀라운 가치 전복을 가져왔다는 사실을 말한다. 즉, 기독교 복음의 영향으로 희생자가 서구세계의 거의 모든 곳에서 도덕적으로 높은 위치를 점하게 되었다는 것이다.[12]

지라르에 의하면, 성경은 가인의 정치학과 같이 승리자와 살해자의 관점에서 기록된 전체주의적 마녀사냥의 텍스트인 신화와 그 가치에 대한 가치 전복(Umwertung)을 의미한다. 니체는 신화적 가치를 가치 전복하는

---

[10] Philip Yancey, *What Good is God? In Search of a Faith that Matters* (New York: FaithWords, 2010).
[11] Gil Bailie, *Violence Unveiled: Humanity at the Crossroads* (New York: Crossroad, 1995).
[12] http://www.christianitytoday.com/ct/1999/february8/9t2136.html.

유대-기독교적 가치를 다시금 가치 전복하고자 했지만, 그의 디오니소스적 가치 전복 시도는 결국은 독일 나치즘과 파시즘으로 귀결되었다.

지라르는 베일리(Gil Bailie)의 『폭로된 폭력: 기로에 서 있는 인류』의 서문에서 "복음서는 어떤 사회과학이 제공하는 것보다 우월한 종교의 인류학을 내포하고 있다"라고 주장한다. 지라르는 "종교적 상대주의의 피상성"을 말한다.[13]

베일리는 "사회적 조소의 희생자들에 대한 성경적 연민이…다문화주의의 황금시대를 가져왔다"라고 바르게 지적했다. 오늘날의 다문화주의에 대한 공적인 논쟁이 가능해진 것은 '희생자들에 대한 성경적 연민'이 그 토론과 논쟁의 '도덕적인 세력'으로 자리잡고 있기 때문이다.[14] 현대사회는 희생자가 가지는 반박의 여지가 없는 특권이 진리를 결정하는 사회다. 거의 모든 현대사회에서의 사회적, 정치적 그리고 도덕적 논쟁에서 양 진영은 모두 자신들이 희생자들이거나 희생자들을 위한다고 주장한다.

이러한 현대사회를 가능케 했던 것은 성경적 계시가 "폭력을 신성화시키는 능력"을 점차적으로 파괴했기 때문이다.[15] 그렇기에 헌법학자 칼 슈미트나 사회철학자 위르겐 하버마스의 주장처럼 현대 국가학, 법학, 민주주의, 인권, 평등, 보편주의와 평등주의 등은 모두 세속화된 신학적 개념들에서 파생된 것이라는 것과 유대교의 정의의 윤리와 기독교의 사랑의 윤리로부터 탄생했지만 그 기독교적 논리를 초기독교적인 방식으로 극단화, 급진

---

13 René Girard, "Foreword," Gil Bailie, *Violence Unveiled: Humanity at the Crossroads* (New York: Crossroad, 1995), xii.
14 Gil Bailie, *Violence Unveiled: Humanity at the Crossroads*, 9.
15 Gil Bailie, *Violence Unveiled: Humanity at the Crossroads*, 22-24.

화시킴으로 기독교를 배신하고 있다는 측면도 지적되어야 한다. 우리는 이러한 새로운 현상들을 포스트모더니즘 철학과 연관된 급진좌파 정치학이나 동성애 담론인 퀴어 이론 등에서 발견하게 된다.

3. 정치적 올바름을 넘어서

지라르는 현대 정치경제학의 진보주의가 기독교로부터 나왔지만, 기독교를 배신하고 있다고 주장한다.

"우리의 진보주의(progressivism)는 기독교로부터 나왔지만, 기독교를 배신하고 있다."[16]

지라르는 자신의 이론이 진보적이고, 해체적이며 또한 전위적인 동시에 기독교적인 이론이라고 주장한다. 그에 의하면, 현대의 많은 진보적이고 전위적인 이론이 기독교로부터 나왔지만 더 이상 기독교적이지 않다고 비판한다. 지라르가 타계했을 때 지라르가 가르쳤던 미국 스탠퍼드대학교는 다음의 2009년도에 말한 지라르의 주장을 추모기사에 소개했는데, 이는 한국「한겨레신문」의 지라르 추모기사에 반영되기도 했다.

> 사람들은 내 이론에 반대한다. 그것이 전위적인(avantgarde) 동시에 기독교 이론이기도 하기 때문이다. 전위적인 사람들은 반기독교적이며, 많은 기

---

[16] René Girard and Benoît Chantre, *Battling to the End: Conversations with Benoît Chantre* (East Lansing: Michigan State University Press, 2010), 63.

독교인들은 반전위적이다. 기독교인조차 내게 의심이 많았다.

현대 정치경제학의 진보주의 혹은 진보적 입장의 기원이 기독교 윤리와 가치에 있음에도 불구하고 진정한 기독교를 배신하고 기독교의 진정한 메시지의 왜곡하는 현상에 대해서 필자는 분석하고자 했다.

앞에서 언급한 것처럼, 지라르 학파의 장 피에르 뒤피(Jean-Pierre Dupuy)는 슬라보예 지젝(Slavoj Žižek)과의 대담에서 현대 세계는 기독교적 메시지에 의해서 형성되었지만, 진정한 기독교적 메시지의 왜곡된 버전이 지배하고 있다고 분석한 체스터턴의 입장을 지지한 바 있다. 즉, 우리는 현대 급진좌파 정치경제학에서 진정한 기독교적 메시지와 가치라기보다는 기독교적 기원으로부터 파생되었지만 체스터턴의 표현처럼 '왜곡되고 미친' 형태로 변해버린 기독교적 메시지를 분별해야 한다.

국내에서 동성애, 난민, 이슬람, 차별금지법 논쟁 등과 관련되는 개념이고 또한 1990년대부터 미국에서 논의되기 시작해서 미국과 유럽에서 가장 뜨겁게 논의되는 개념이 정치적 올바름(Political Correctness, PC)이다. 정치적 올바름은 이른바 '소수자,' '약자,' '피억압자,' '피해자'에 대한 무조건적 인정과 보호, 관용을 강요하는 병리적 문화 현상을 뜻한다.

슬라보예 지젝, 국내에도 잘 알려진 하버드대학교의 스티븐 핑커(Steven Pinker) 그리고 전 하버드대학교 심리학과 교수이자 현재는 토론토대학교 교수로 재직 중인 조던 피터슨(Jordan B. Peterson) 등은 이 정치적 올바름에 대해서 비판적이다.

슬라보에 지젝은 정치적 올바름 논리에 근거해서 침략당한 희생자 위치에 있는 미국 인디언들을 이상화하는 것에 대해서 반대하면서 인디언들도 살육을 많이 했다는 사실에 대해서도 침묵하지 않는다. 자본주의와 사회주의(공산주의)의 이데올로기적 대결의 결과를 쉽게 보려면 남한과 북한을 보라고 말하는 스티븐 핑커도 이 정치적으로 올바른 논리를 비판하면서, 그것이 반계몽주의적이며 언론의 자유를 억압하고 있다고 지적한다.

슬라보예 지젝은 이 정치적 올바름을 "더 위험한 형태의 전체주의"(Political Correctness is a More Dangerous Form of Totalitarianism)로 파악한다. 지젝은 정복자 미국인은 자연을 착취했지만, 원주민이었던 인디언들은 자연에 대한 보다 대화적이고 평화스러운 자세를 가졌다는 식의 낭만적 주장들을 비판하면서 인디언들도 미국인보다 더 많은 버팔로를 죽였고 더 많은 숲을 불태웠다는 사실을 지적한다. 지젝은 정치적 올바름을 "전체주의의 암묵적인 하나의 형식"(a tacit form of totalitarianism)으로 파악하고 정치적 올바름의 강제 행위를 비판한다.

하버드대학교의 교수이자 뇌인지과학자인 스티븐 핑커(Steven Pinker)에 의하면, 정치적 올바름은 "한때는 정당했던 운동의 '데카당스적인 단계'"('decadent phase' of once legitimate movement)라고 분석한 바 있다. 즉, 정치적 올바름은 본래 기독교적 감수성에서 나온 희생자들에 대한 정당한 적정 변호와 적정 관심이었지만, 이것이 과잉되게 정치화되면서 데카당스적이고, 병리학적이고 또한 이데올로기화된 정치 논리로 변해버렸다고 지적하는 것이다.

니체는 자신이 우상으로 진단한 유대-기독교가 문명의 데카당스(décadence)를 가져오는 데카당이라고 비판한 바 있는데, 이 주장에는 진리의 조각이 존재한다. 문명사적이고 정신사적으로 살펴본다면 정치적 올바름은 사회적 약자, 소수자 그리고 희생자에 대한 염려와 배려에서 나온 일종의 시민교양적 정중함(civility)이었다.

하지만 이것이 정치적으로 과도하고 급진적으로 과잉되면서 보다 데카당스적인 단계로 나아가는 면도 있다. 이 정치적 올바름을 비판하는 여러 학자들은 바로 이 정당한 정중함(civility)을 넘어서는 급진좌파적 언어정치로서의 과도하고 데카당스적인 정치적 올바름을 비판하는 것이다. 니체가 기독교를 비판했던 것은 자신이 노예 도덕(Sklavenmoral)으로 비난했던 기독교의 가치와 윤리가 사회조직의 약화와 붕괴를 가져올 수 있다는 점이었다.

니체에 의하면, 약자, 희생자 그리고 소수자에 대한 성경적 염려와 기독교적 헌신과 변호는 결국 사회조직의 데카당스(부패, 약화 그리고 붕괴)를 야기시키는 데카당이다. 독일 나치와 히틀러라는 극우주의적이고 파시즘적인 정치로까지 이어진 니체 철학에는 다 동의할 수 없지만, 니체의 이러한 문명 진단은 보다 진지하게 숙고되어야 할 가치가 있다. 실제로 보수우파적인 입장을 가진 많은 학자들은 기독교적 윤리와 가치로부터 탄생한 정치적 올바름이 급진화되면서 데카당스적인 차원으로까지 나아가는 현상을 비판적으로 분석하고 있다.

유럽의 이슬람 난민과 이민을 통한 인구증가의 문제 그리고 성소수자로서의 동성애자와 동성혼에 대한 논쟁에서도 이런 정치적 올바름에 대한 논쟁은 적용된다. 다른 부분에서 소개한 것처럼, 지라르는 현대의 진보주의는 기독교로부터 나왔지만, 또한 기독교를 배신하고 있다고 분석한 바 있는데, 이는 정치적 올바름에도 적용된다.

정치적 올바름이라는 진보적 관점은 분명 희생자에 대한 성경적이고 기독교적 염려와 우선적 선택으로부터 점차 탄생되고 발전했지만, 그 진보적 관점은 또한 그 개념사적인 모태인 기독교를 배신하는 경우도 많다.

2018년 어느 법무부 인권국장은 동성애와 동성혼을 반대하는 한국 기독교는 혐오집단이라고 주장해서 거센 비판을 받기도 했다. 여기서 우선적으로 비판하는 것은 사회적 약자, 타자, 외국인, 희생자 그리고 소수자에 대한 시민적 정중함이라는 기독교적이면서도 정당한 적정 수준에서의 정치적 올바름이 아니라, 광적인 정치적 올바름(Political Correctness Gone Mad)이라는 정치적으로 급진화된 언어정치다.

정치적 올바름이나 사회적 약자, 소수자 그리고 희생자에 대한 좌파 정치경제학에는 성경적이고 기독교적인 영향도 존재하지만, 또한 마르크스적인 영향도 강하다. 이 책 다른 부분에서 지적한 것처럼, 포스트모던적 급진좌파 정치경제학, 네오마르크시즘 혹은 문화적 마르크시즘 사이에는 관련성이 깊다.

포스트모던적 급진좌파 정치경제학이나 그 언어정치로서의 정치적 올바름이라는 정치 논리에는 문화적 마르크시즘이나 네오마르크시즘의 영향도 크다. 지라르의 말처럼 현대 진보주의가 기독교로부터 나왔지만, 그것을 또한 배신하고 있다는 주장은 특히 종교를 민중의 아편으로는 이해하는 마르크스를 따라서 반기독교적 정서를 가진 네오마르크시즘과 관련된다. 정치적 올바름이 문화적 네오마르크시즘의 이데올로기라는 주장에도 진리의 조각이 존재한다.

트럼프가 당선된 이유는 미국 사회 곳곳에 찌든 이런 정치적 올바름에 대한 미국인들의 혐오와 역겨움 때문이라고 한다. 2017년 미국 하버드대학교에서는 급진적 휴머니즘을 지향하는 그룹(Spiked Magazine Panel)이 주최가 되어서 스티븐 핑커 등이 패널로 참여한 토론이 "트럼프가 승리한 것은 정치적 올바름 때문인가?"(Is political correctness why Trump won?)라는 제목으로 개최되기도 했다. 이 토론에서는 2017년 미국 국민의 70%가 정치적 올바름이 큰 문제라고 느낀다고 응답했다는 통계도 소개되었다. 이 급진적 휴머니즘을 지향하는 그룹은 또한 "좌파는 자기 자신을 먹고 있는가?"(Is the Left Eating Itself?)라는 제목으로 미국 뉴욕법률대학원(New York Law School)에서 여러 지식인들을 초청해서 토론회를 개최하기도 했다.

정치적 올바름이 만연한 사회는 전체주의적이고 집단적인 특성을 지니기 때문에 비판이나 반대 의견이 허용되지 않는다. 설령 그것이 정당한 비판일지라도 말이다. 예를 들어 서구사회에서 흑인이나 이슬람, 동성애, 트랜스젠더에 대한 비판을 입에 올리는 순간 '혐오주의자,' '차별주의자,' '꼰대,' '극우' 등으로 낙인찍힌다. 도덕적 비난과 경멸뿐만 아니라 벌금을 내거나 감옥에 갈 수도 있다.

슬라보예 지젝은 정치적 올바름이 공개적인 인종주의나 차별보다는 좋지만, 정치적 올바름은 혐오를 고착화시키기에 제대로 작동하지 않는다고 주장한다. 지젝은 그 예로 이슬람에 대한 비판 자체를 이슬람 공포증(Islamophobia)으로 몰아가는 현상을 언급한다. 그는 두 가지 극단적인 현상을 분석하는데, 한편으로는 현대 서구는 다원주의의 이름으로 모든 것이 가능하다고 주장하지만, 다른 한편으로는 또한 정치적 올바름의 논리에 입각해서 모든 자유롭고 학문적인 비판도 봉쇄하고 있기도 하다고 분석한다.

시민적 교양과 정중함(civility)을 넘어서는 정치적 논리로서의 정치적 올바름에 대한 뜨거운 논쟁은 최근 독일 철학계에서도 일어나고 있다. 2017년 독일어권에서 가장 유명한 철학 방송인 스위스 공영방송(SRF)의 '슈테

른슈튼데'(Sternstunde)에서는 "정치적 올바름의 종말?"(Das Ende der Political Correctness?)이란 제목으로 이 문제를 다루었다. 특히 독일어권에서 정치적 올바름 논쟁은 2016년 이슬람 난민들에 의한 '독일 쾰른 집단 성폭력 사건'과 관련되어 있다.

2016년 쾰른 집단 성폭력 사건에 대해서는 국내 나무위키(namu.wiki)가 다음과 같이 잘 소개하고 있다.

> 이것은 이슬람 난민들에 대한 유럽인들의 동정과 선의를 철저히 짓밟고 유린한 대규모 범죄 사건이다. 2015년 마지막 날과 2016년 1월 1일 사이, 즉 신년 맞이 시기에 독일 쾰른에서 약 1,000여 명의 중동, 북아프리카 출신 난민 신청자(asylum seeker)들이 행인 등을 대상으로 성폭력, 강도, 절도, 폭행 등의 범죄를 일으킨 사건이다. 특히 범죄자들은 여성들을 주로 노렸으며 대부분의 범죄가 성범죄와 이어져 국제사회에 충격을 주었다.

당시 성폭력·강도 등으로 경찰에 신고한 여성만 1,200여 명에 달했으며, 최소 24건의 강간 사건이 벌어졌다고 한다. 피난민을 바라보는 서구의 관점에 충격을 준 사건이자, 현실을 무시한 이상적인 인도주의 정책에는 뼈저린 대가가 따른다는 사실을 일깨워 준 사건이었다. 독일 정부는 용의자들 가운데 시리아 출신 난민 신청자가 있다는 사실을 일찌감치 알고, 고의적으로 은폐하려고 했다는 점이 드러나 모두에게 충격을 주었다.

이 이슬람 난민에 의한 집단 성폭력 사건 이후 독일 메르켈 총리는 난민 정책을 수정했다. 바로 이러한 점에서 앞에서 소개한 독일에서 가장 유명한 철학자 슬로터다이크와 노베르트 볼츠는 메르켈 총리의 이슬람 난민정

책을 비판해 왔다.

정치적 올바름은 본래 사회적 약자, 희생자 그리고 소수자에 대한 차별적 표현을 사용하지 않는 것으로부터 시작되었지만, 이것이 이후 보다 정치논리화됨으로써 차별적 표현에 대한 과도한 반응을 의미하기도 했다. 정치적 올바름 문제가 너무 지나쳐서 오히려 역으로 차별 받는 일들이 많이 일어나고 있는 것도 사실이다.

사회적 약자에 대한 배려, 예민함 그리고 감수성은 성숙한 민주사회의 시민교양이지만, 시간이 지나면서 정치적 올바름에 대해 불필요할 정도로 너무 강조를 하다 보니까 이제는 오히려 표현의 자유까지 위협받게 된 것이다. 희생자에 대한 정당하고 적정한 감수성의 과잉 현상으로서의 희생자에 대한 감상주의는 비판적으로 성찰되어야 할 문제다.

4. 유토피아와 폭력: 칼 포퍼의 마르크스 비판

네오마르크시즘에 기초하고 있는 급진좌파나 좌파는 언제나 정치적으로 옳은(politically correct) 입장을 보인다. 하지만 정치적 올바른 입장이 모든 사태의 진실을 정의롭게 다 보여주고 있지는 못하다. 정치적으로 올바른 급진좌파들이 금기시하고 침묵하고 있는 불편한 진실들도 많다. 우리가 불편하지만 실체적인 진실들을 정의롭게 보고자 한다면, 때로는 정치적으로 옳지 않는(politically uncorrect) 선택을 해야 할 경우도 있다.

네오마르크시즘에 기초한 정치적 올바름이라는 새로운 언어정치는 권력에의 의지(Wille zur Macht)를 추구했던 니체와 니체주의자 푸코처럼 계급 투쟁과 권력 투쟁을 통해서 권력 쟁취를 목표로 한다. 이러한 니체가 말한 권력에의 의지가 니체가 비판한 기독교적 의미에서의 진리에의 의지(Wille zur Wahrheit)를 밀어내고 있다.

정치적 올바름(Political Correctness)이라는 새로운 언어정치와 언어검열이 가질 수 있는 새로운 전체주의의 문제를 논하면서, 칼 포퍼(Karl Popper)의 비판적 합리주의에 주목할 필요가 있다. 칼 마르크스의 『자본론』에서 보여준 자본주의 비판과 급진적 사회개혁론에 청년 시절에 한때 심취했지만, 이후 그것을 비판하고 극복하고자 했던 오스트리아 출신의 비판적 합리주의자 칼 포퍼의 입장이 이 맥락에서 시사하는 바가 크다.

포퍼는 절대적 이념과 정의로운 명분을 내세우는 마르크스적인 급진적 사회개혁론의 한계를 젊은 시절 체험하고 나서 이후에는 항상 전체보다는 개인을, 혁명보다는 다수의 동의에 기초한 점진적 개혁을 주장했다. 칼 포퍼는 "인간이 아니라, 이념이 죽게 하라"(Lasst Ideen sterben, nicht Menschen)는 유명한 말을 남겼다.

포퍼는 "유토피아와 폭력"(Utopie und Gewalt)이라는 논문[17]을 통해서 혁명적이고 급진적인 유토피아주의가 가져오는 폭력을 비판했다. 그는 유토피아주의가 아니라, 이성적인 태도야말로 폭력을 대체할 수 있는 유일한 방법이라는 것을 역설한다. 젊은 시절 공산주의적이고 사회주의적인 이상과 유토피아에 심취했던 칼 포퍼는 이 유토피아적 환상으로 수많은 사람들이 희생되는 것을 경험하고 이 유토피아적 환상으로부터 깨어나서 혁명

---

17 Karl Popper, "Utopie und Gewalt," *Kritischer Rationalismus und Sozialdemokratie* (BonnBad Godesberg: J.W.Dietz, 1975), 303-15.

적 유토피아주의가 가져올 수 있는 비극적 폭력에 대해서 경고한다.

칼 포퍼가 말하는 열린 사회는 플라톤, 헤겔 그리고 마르크스가 말하는 유토피아적이고 전체주의적인 이상국가 건설을 목적으로 삼지 않고, 경험적이고 다원적이고 인간의 가치를 다양하게 표현할 수 있는 비판과 토론이 자유롭게 허용되는 사회다. 정치적 올바름의 언어정치가 가지는 새로운 전체주의의 문제는 바로 학문적 비판 자체를 혐오나 차별로 차단하고 폐쇄시키려 하기 때문이다. 그것은 칼 포퍼가 말하는 '전체주의적 닫힌 사회'이다. 참된 '열린 사회'는 학문적 비판이나 표현의 자유에 대해서 항상 열려 있어야 한다.

칼 포퍼는 독일 나치와 마르크시즘 철학에서 유토피아주의가 가지는 전체주의적 폭력을 보았지만, 이는 중국의 마오이즘과 문화대혁명 그리고 마오이즘에 강한 영향을 받았던 유럽 68문화혁명의 유토피아주의에도 적용될 수 있다. 칼 포퍼가 비판했던 전체주의적 마르크시즘이 보다 문화화되고 문화정치화된 네오마르크시즘 형태로 유럽 68문화혁명과 포스트모더니즘 철학과 연동되었기에, 우리는 포스트모던적 급진좌파 정치경제학에서도 칼 포퍼가 비판적으로 분석했던 전체주의적 위험을 분석할 수 있다.

물론 포스트모던 철학에서는 공산주의나 사회주의의 전체주의적 야만과 폭력의 형태는 아니지만, 보다 철학화되고 약화된 형태의 새로운 전체주의의 위험을 분석할 수 있는데, 정치적 올바름이라는 언어정치는 그 중 하나다.

아인슈타인의 현대물리학 등에 대한 조예가 깊었고 자연과학적 학문 연구를 추구했던 오스트리아 비엔나 출신의 과학철학자 칼 포퍼는 그 당시

과학을 표방하고 나온 프로이트의 정신분석학과 오이디푸스 콤플렉스 이론 그리고 마르크시즘은 반증 불가능하기 때문에 비과학적임을 입증하려 했다.

마르크스는 많은 예측을 하였지만 그 예측은 맞지 않았다. 그럼에도 불구하고 마르크시즘 신봉자들은 결정적인 반증을 피하면서 변명을 늘어놓았다. 칼 포퍼는 과학으로 위장하여 학문적인 위상을 높이려 한 이론들의 정체를 폭로하였다. 앞에서 논의한 것처럼, 프로이트의 정신분석학, 특히 오이디푸스 콤플렉스 이론은 소포클레스의 그리스 비극『오이디푸스 왕』에 대한 오독에서 나온 것이기에 그 학문적 근거를 상실했다.

또한 이 프로이트의 '오이디푸스 콤플렉스' 이론으로부터 파생되고 진화된 자크 라캉, 들뢰즈-가타리, 크리스테바, 버틀러와 같은 학자들이 말하는 각종 포스트모던적 정신분석도 그 학문적 설득력과 설명력을 상실했다. 중국, 북한, 러시아까지도 자본주의와 시장경제 체제로 진화하려고 하기에 마르크시즘도 체제 경쟁에서 이미 패배했다.

칼 포퍼는『열린 사회와 그 적들』(The Open Society and It's Enemies)을 출판해서 플라톤, 헤겔 그리고 마르크스와 같은 "거짓 예언자들에 대항하는 철학"(Philosophie gegen falsche Propheten)을 전개했다. 이 책을 통해서 칼 포퍼는 전체주의와 파시즘을 비판하고 자유민주주의 체제를 옹호한다. 그에게 있어서 자유민주주의는 장구한 정치역사 속에서 최선의 체제로 검증받았다.

칼 포퍼의 이 책이 저술된 배경은 20세기 초 유럽을 휩쓴 독일 나치즘과 마르크시즘의 광풍이다. 칼 포퍼는 끊임없는 이성적 대화와 토론을 통해서 사회의 목표를 계속 점검하는 동시에 점진적으로 사회를 변화시켜야 한다고 주장한다. 이것이 가능한 사회가 열린 사회라고 그는 말한다. 전체주의적이고 파시즘적인 사회는 이성적 토론과 학문적인 비판에 닫힌 폐쇄적 사회다. 칼 포퍼는 공산주의는 필연적으로 닫힌 사회로 갈 수밖에 없다는 시각을 가지고 있어서 마르크스에 대해서도 매우 비판적이었다. 공산주의는 반증이나 비판을 수용하지 않고 자신의 주장을 도그마처럼 유지하기에, 마르크시즘처럼 본질적으로 광기와 폭력으로 이어진다고 그는 보았다.

칼 포퍼는 영국으로 건너가 런던대학교의 런던정치경제학교(LSE)에서 논리학 및 과학적 방법론을 강의했다. 20세기 가장 영향력 있는 과학철학자인 칼 포퍼는 인식론, 합리성, 과학철학, 논리학, 사회철학, 정치철학, 심리철학 그리고 양자역학 해석 등 '통섭적'이고 학문통합적으로 다양한 학문 분야를 연구했는데, 그의 비판적 합리주의 정신, 전체주의 비판, 과학철학 그리고 과학적 방법론은 포스트모던적 비합리주의와 비이성주의, 반자연과학주의 그리고 루소주의적 낭만주의에 대한 적절한 비판으로 재발견될 필요가 있다.

칼 포퍼는 세속적 휴머니즘 협회의 회원이었으며 스스로를 불가지론자이기는 하나 기독교와 유대교의 도덕적 전통을 존중하는 사람이라고 밝혔다. 그는 칸트의 '영원한 평화'를 높게 평가하고 추종했다. 칼 포퍼는 이성을 중시하는 합리주의의 전통을 따르되 이성을 절대적으로 간주하기보다 '인간의 이성은 원래 오류를 범할 가능성을 갖고 있다'고 보는 비판적 합리주의(Kritischer Rationalismus)를 주장한다.

비판적 합리주의자로서 칼 포퍼는 "지상 천국을 건설하고자 하는 시도는 항상 지옥을 가져온다"라고 주장함으로써 사회 전체를 혁명적이고 급적으로 재구성하려는 유토피아주의적 구성주의(Konstruktivismus)의 위험을 비판한다. 칼 포퍼는 이러한 급진적이고 혁명적인 사회구성주의는 필연적으로 폭력을 가져온다고 보았다. 그는 합리적 이성과 자유롭고 열린 대화와 논쟁을 통한 점진적 사회공학을 대안으로 제시했다.

칼 포퍼가 마르크시즘에서 이 급진적 사회구성주의의 위험을 본 것은 포스트모던 철학에서 주장하는 급진 사회구성주의(social constructionism)와 반실재주의의 문제와 연관해서 생각해 볼 때 시사하는 바가 크다. 네오마르크시즘과 연관된 포스트모더니즘 철학도 대체적으로 급진적인 사회구성주의적 철학에 기초하고 있다. 하지만 동성애를 철학적으로 정당화하는 퀴어 이론의 급진 사회구성주의도 전통적인 의미에서의 생물학적 성(sex)을 해체(deconstruct)한 후에 사회적 의미에서의 젠더(gender)라는 개념으로 급진적으로 재구성하려는 구성주의적 시도를 하고 있다.

포스트모던적 급진좌파 정치경제학에서도 칼 포퍼가 비판적으로 분석한 급진적이고 혁명적인 사회구성주의의 유토피아주의적인 위험을 읽어 낼 수 있다. 반합리주의 혹은 비합리주의적인 정신을 가진 포스트모던 철학의 급진 사회구성주의와 반실재주의를 비판함에 있어서 칼 포퍼가 강조한 비판적 합리주의를 과학적 방법론으로 재발견할 필요가 있다. 이 책은 칼 포퍼식의 비판적 합리주의나 기독교적 인식론인 비판적 실재론의 입장에서 포스트모던적 급진 사회구성주의, 반실재주의 그리고 실체적 진실의 공성 등을 주장하는 불교적 반실체주의 등을 비판하고 있다.

이념과 이데올로기에 사로잡혀서 정치경제를 비롯한 사회 전체를 혁명적이고 급진적으로 재구성하려는 마르크시즘과 같은 급진적 사회구성주의가 가져오는 유토피아주의적인 폭력과 전체주의적 위험을 경고한 칼 포퍼의 사유는 정치경제를 폭력을 통제하는 '카테콘'으로 파악하는 지라르와 지라르 학파의 사회철학적 인식과 맥을 같이한다고 볼 수 있다.

독일 나치 시대의 전체주의적 폭력과 야만을 몸소 체험한 칼 포퍼에게 있어서 국가의 존재 목적은 무엇보다도 폭력 방지와 평화였다. 물론 칼 포퍼는 유토피아 자체를 비판하기보다는 보다 급진적이고 혁명적으로 이데올로기화된 유토피아주의를 비판했다. 하지만 그는 인간을 정치적 이념과 이데올로기에 희생시키는 폭력을 비판하고자 했다. 인간이 아니라 이데올로기가 죽어야 한다는 것이 그의 신념이었다. 실제로 이데올로기의 종언 이후 그 유토피아주의적 이념은 죽었다.

칼 포퍼는 18세기부터 20세기까지 현대사상의 중심에 있었던 평등 문제에 직면하면서 자유는 평등보다 더 중요하다고 주장했다. 그에 의하면, 평등을 실현하려는 시도는 자유를 위태롭게 한다. 그리고 자유가 상실되면, 자유도 평등도 존재하지 않을 것이라고 그는 생각했다. 자유와 평등의 문제는 다른 곳에서 독일 철학자 노베르트 볼츠(Nobert Bolz)에 대한 논의에서 다룰 것이다.

칼 포퍼에 의하면, 거대한 유토피아적 몽상과 미리 설계한 청사진에 따라 사회 전체를 변혁시키고자 하는 비타협적인 급진주의적 구성주의는 위험하다. 또한 비판을 금지하는 폐쇄적 사회인 전체주의는 열린 사회의 적이다. 열린 사회는 비판과 토론에 항상 열려 있는 사회를 말한다. 비판적 합리주의자인 칼 포퍼의 과학적 방법론은 친자연과학적인데, 그가 주장한 반증주의(反證主義)는 이를 잘 보여준다. 포퍼에 따르면 일단 어떤 과학 이론이 제시되면 그 이론은 엄격한 테스트를 받게 되는데, 그것이 반증되면 그 이론은 폐기되지만 반증되지 않는 것은 살아남는다는 것이다.

이처럼 반증을 위한 비판과 토론이 살아 있는 사회가 열린 사회다. 이런 점에서 자연과학적 사회야말로 칼 포퍼의 '열린 사회'의 표본이다. 자연과학과의 학제적 대화와 학문통합적 통섭을 변호하는 칼 포퍼의 이러한 과학철학적 입장은 포스트모더니즘의 반자연과학적 정서를 비판적으로 교정하는 데 꼭 필요한 것이다.

네오마르크시즘과 연관된 포스트모더니즘 급진좌파 진영에서 강요하는 정치적 올바름이라는 새로운 언어정치적 검열과 그 전체주의의 위험에 대해서는 슬라보예 지젝, 스티븐 핑커, 노베르트 볼츠 등 많은 학자들이 지적하고 있는데, 칼 포퍼의 전체주의 비판에 대한 재발견을 통해서 보다 자유로운 토론과 논쟁에 열려 있는 사회로 나아가기를 기대해 본다.

5. 희생자에 대한 감수성과 희생자 이데올로기

지라르 자신과 지라르 학파의 다수 학자들은 사회적 희생자와 약자 그리고 소수자에 대한 기독교적 감수성으로부터 파생되었지만 이후에 과도하고 극단적으로 왜곡되어 가는 정치적 올바름(Political Correctness) 현상에 대해서 비판한다. 정치적 올바름에 대해서 비판적인 학자들이 주로 제기하는 것도 타자, 약자, 소수자, 이방인의 인권에 대한 기독교적 그리고 좌파적 감수성이 때로는 지나치게 그리고 급진적으로 오용되어서 새로운 전체주의적 경향으로 치닫는 경우가 있기 때문이다.

지라르도 이 포스트모던적, 다문화주의적, 문화상대주의적인 정치적 올바름이 자신의 문화인류학적 연구같이 보다 과학적이고 엄밀한 학문 연구를 억압하고 있다고 지적한 바 있다. 지라르는 기독교가 전체주의적 텍스트인 신화 속에 억압받고 희생당한 약자, 소수자, 장애인, 외국인 그리고 개인을 구하고 그 목소리를 비로소 들리게 한 최초의 종교이지만, 이것을 극단적으로 정치적으로 오용하는 문제에 대해서는 "희생양들의 전체주의"라고 비판한 바 있다.

현대 정치학을 이해하기 위해서는 반드시 '희생자학'(Victimology)에 대한 깊은 이해가 있어야 한다. 정치적인 올바름이라는 시민교양적 정중함(civility)과 사회적 약자와 소수자에 대한 도덕적 감수성을 문명 속에 확립하게 한 것은 기독교이지만, 그것의 새로운 정치적 오용과 왜곡 현상에 대해서도 우리는 직시해야 한다.

정치적 올바름을 문명 속에서 점차적으로 확립한 것은 약자와 소수자에 대한 독특한 기독교적 감수성이지만, 이것으로 인한 초기독교적인(hyperchristian) 여러 가지 새로운 오용 현상도 발생했다. 예를 들어 기독교적 색채를 가진 '메리 크리스마스'(Merry Christmas)라는 말을 다종교와 다문화주의적 관점에서 기독교 색채를 제거해서 보다 중립적으로 '행복한 휴일'(Happy Holiday)로 대체해야 한다는 것이 극단적인 정치적인 올바름의 한 예이다.

희생자에 대한 기독교적 감수성이 포스트모던적 급진좌파 정치학에서는 계급 투쟁을 목표로 하는 네오마르크시즘과 연결되면서 과도하게 반기독교적 지향을 가진 투쟁주의적 인권문화와 그 정치적 올바름의 논리가 발생했다고 볼 수 있다. 혹자는 정치적 올바름의 논리가 네오마르크시즘의 산물로 분석하는데, 이 분석은 어느 정도 정당하지만 보다 깊게 살펴본다면 희생자에 대해서 정치적으로 옳은 언어와 사유의 심층적 뿌리는 기독교적 감수성과 윤리라 할 수 있을 것이다. 칼 마르크스도 기독교 문명이라 할 수 있는 독일에서 활동했던 유대인 출신 학자였다.

다문화주의로 시작된 정치적인 올바름의 후유증이 현대사회에서 너무 크게 작용하고 있다. 과도한 정치적인 올바름은 다른 사람의 종교, 정치적 신념, 주장 등에 대한 비판마저 원천 봉쇄하여, 만약 어떤 사람이 동성애, 공산주의, 타 종교에 대한 문제의식을 가지고 비판적 연구나 발언 조차도 못하게 함으로써 표현의 자유, 종교의 자유가 심히 훼손되고 억압될 수밖에 없고 과도하게 경직된 전체주의적인 사회를 초래하게 된다.

전체주의적 마녀사냥의 텍스트 속에 억압되고 침묵을 강요당했던 희생자들과 소수자들을 기독교가 희생양 메커니즘을 폭로함으로서 일으켜 세웠다고 주장한 지라르도 이 새로운 현상을 분석하면서 극우의 전체주의뿐 아니라 극좌의 전체주의의 문제를 지적한다. 즉, 희생자들의 새로운 전체주의라는 현상이다. 지라르는 새로운 "좌파의 전체주의"를 지적하면서 "희생양의 이름으로 희생제의를 계속하는 초특급 희생제의"를 비판한다.

또한 그는 "기독교를 지나치게 기독교화하면서 기독교 정신에 어긋나게 경쟁적으로 기독교를 모방하는 이데올로기"를 비판적으로 분석하고 있다.[18] 즉, 지라르의 희생양 이론에 기초해서 살펴본다면 정치적인 올바름의 개념사적이고 사상사적 기원은 기독교이지만, 급진적이고 극단적인 정치적인 올바름의 왜곡 현상과 과잉 현상에는 초기독교적 현상뿐 아니라, 반기독교적 차원도 존재한다.

자유민주주의 체제 아래서 표현의 자유와 학문의 자유 가운데서 이런

---

[18] 지라르, 『문화의 기원』, 252-3.

복잡한 문제들에 대한 치열하고 건강한 토론을 통해서 대안을 찾을 수 있는 길이 있음에도 불구하고, 인권의 프레임을 걸어 표현의 자유를 억압하는 경우도 존재한다.

다수가 소수에 대해서 비판하는 것은 '혐오 표현'이지만 소수가 다수를 공격하거나 작은 집단이 큰 집단을 공격하면 '혐오 표현'에 해당되지 않는다는 소수만을 위한 역차별의 문제 혹은 소수자들의 새로운 전체주의의 문제도 존재한다. 사회적 약자들과 희생자들이 자신의 희생자 위치에 기반해서 정치세력화해서 발생하는 현대 정치학의 새로운 복잡성도 결코 간과해서는 안 된다.

필자가 오스트리아 인스부르크대학교에서 지라르 이론에 기초해서 보다 엄밀하게 사회인류학적 불교 연구를 시작했을 때 그곳 분위기는 그렇게 필자의 연구에 대해서 동정적이지 않았다. 종교 간 대화를 주장했던 칼 라너의 계보를 잇는 신학자들은 필자의 불교 연구가 종교 간 대화를 해칠 위험이 있고 또 어떤 학자들은 필자를 칼빈주의적 근본주의 신학자로 오해하기도 했다.

21세기에 접어들면서 평화스럽고 친절한 평화의 종교라는 불교에 대한 낭만적이고 미학적인 이미지의 거품이 많이 빠지긴 했지만, 필자의 학위 과정 동안에는 보다 과학적이고 엄밀한 불교 연구가 종교 간 대화를 망친다는 식의 부정적인 분위기가 존재했었다. 하지만 국제지라르학회 회장을 역임한 필자의 지도교수 팔라버(Wolfgang Palaver)는 정치적 올바름이 보다 엄밀한 학문 연구를 억압해서는 안 된다는 입장을 가지고 인내심을 가지고 지지해 주었다.

전통 종교와 문화에 대해서는 오직 '복원의 해석학'만 적용하고 동일한 잣대를 가지고 '의심의 해석학'을 적용하기를 거부하는 20세기 후반의 다문화주의, 문화상대주의 그리고 그것의 정치적 올바름의 논리가 보다 엄밀한 문화인류학적 연구를 억압하고 있다고 지라르는 비판했다. 정치적 올바름의 새로운 문제를 직시한 필자의 지도교수는 유럽 지식인들의 지적인 유행이었던 불교를, 그것도 종교 간 대화의 신학적 단초를 제공한 칼 라너가 가르쳤던 오스트리아 인스부르크대학교에서 르네 지라르 이론에 기초해서 보다 엄밀하게 분석하고자 했던 필자의 연구를 그렇게 지지해 주었다.

다문화주의로 시작된 정치적 올바름이라는 새로운 정치적 논리는 현대 정치학에서 여러 가지 새로운 복잡한 문제를 만들어 내고 있다. 정치적 올바름 논리가 과도하게 극단화되면, 다른 사람의 종교, 정치적 신념, 주장 등에 대한 학문적 비판마저 원천봉쇄하여 만약 어떤 사람이 동성애, 공산주의, 타 종교에 대한 문제의식을 가지고 시도하는 비판적 발언이나 비판적 연구 자체를 차별, 혐오 그리고 폭력으로 규정하는 새로운 경직된 전체주의적 문화를 만들어 내게 된다.

한국에서도 한때 종교다원주의를 법적으로 강제하려는 시도들이 존재했었다. 법적으로 강제된 종교다원주의는 종교 간 대화와 평화 그리고 다원성을 인정하는 범위를 넘어서서 타종교에 대한 어떠한 비판적 입장이나 연구나 언설 자체도 차별, 혐오 그리고 폭력을 규정하는 극좌의 새로운 전체주의의 위험을 가지고 있다.

이러한 시도들은 비판적 학문 연구나 표현의 자유, 언론의 자유 등을 새로운 방식으로 억압하고 자유민주주의 헌법에 맞서는 위헌적인 시도들이고 새로운 전체주의적 시도라 할 수 있다. 정치적 올바름 논리가 극단화될 경우 표현의 자유, 학문의 자유, 언론의 자유 그리고 종교의 자유가 심히 훼손되고 억압될 수밖에 없고 매우 경직된 전체주의적인 사회를 초래하게 된다.

한국에서 최근 강조하는 인권 감수성도 그 개념사적 뿌리를 추적해 보면 폭력, 약자, 소수자 그리고 희생자에 대한 기독교적 감수성으로부터 파생되었다. 전체주의적이고 마녀사냥의 텍스트인 신화에는 그러한 감수성이 존재하지 못한다. 반신화적이고 반우상숭배주의적인 유대-기독교적 텍스트의 영향사로부터 점차적으로 인권 개념과 인권 감수성이 돋트고 싹트기 시작했다.

하지만 20세기와 21세기 현대 정치학에서 자신의 희생자됨(victimhood)을 정치 논리로 앞세우는 일종의 정치 이데올로기화된 희생자학(Victimology)이 지배하게 되었다고 지라르와 지라르 학파는 대체적으로 분석한다. 희생자에 대한 기독교적 도덕의 섬세한 감수성이 정치적으로 오용되는 차원에 대해서도 비판적으로 분석되어야 한다.

슬라보예 지젝도 영속적인 희생자 의식(perpetual victimhood)에 근거한 정치학의 한계를 지적한다. "모든 곳에 희생자들, 희생자들: 권총 위협, 안전한 공간 그리고 학문의 자유"(Victims, Victims Everywhere: Trigger Warnings, Safe Spaces, and Academic Freedoms)라는 주제로 모인 2018년 미국 포틀랜드 주립대학교 학술모임에서는 대학 캠퍼스에서의 표현의 자유와 전문적인 희생자 의식(professional victimhood)에 대해서 비판적으로 논하기도 했다.

즉, 이 학술모임에서는 지젝이 말하는 영속적인 희생자 의식과 같이 보다 전문적으로 자신의 희생자됨과 희생자 위치를 정치 논리로 앞세우는 희생자 의식에 대해서 비판적으로 분석하고 있는 것이다. 정치적 올바름의 논리를 일관되게 비판하는 슬라보예 지젝이 미국에서 특강할 때 급진 좌파 운동가들과 학생들의 반대와 위협으로 특강이 취소되는 경우가 발생했는데, 이렇게 미국 대학들에서는 극우뿐 아니라, 극좌적인 저항들로 인해서 학문 연구의 자유가 위축되는 경우도 있다.

소수자, 약자 그리고 희생자도 천사가 아니라, 호모 미메티쿠스다. 거대한 짐승의 우상에 맞서서 소수자와 희생자들을 우선적으로 변호하는 것은 기독교적이지만, 희생자들의 위치를 과도하게 낭만화하거나 지라르의 표현처럼 성스럽고 절대적인 것으로 과장하는 것도 옳지 않다. 피해자 중심주의도 기독교적 가치이지만, 피해자도 모방적 욕망을 가진 인간이라는 사실을 기억해야 한다.

전체주의적인 희생양 메커니즘의 정체를 폭로한 기독교 이후에 등장한 새로운 정치경제학적 복잡성을 함께 보아야 한다. 소수자, 약자 그리고 희생자들도 호모 미메티쿠스로서 동일하게 모방적으로 욕망하고 경쟁하고 질투하고 증오하는 인간이라는 근본인류학적인 성찰 위에서 정치경제학적 논의와 논쟁을 해야 한다.

그렇기에 현대 정치경제학은 인간에 대한 보다 깊고 진지한 인류학적 성찰로부터 출발해야 한다. 특히 모방적이고 경쟁적으로 욕망하는 호모 미메티쿠스의 욕망을 충족시키는 정치경제학이 되어야 함과 동시에 그 호모 미메티쿠스의 뜨거운 모방적 욕망을 잘 관리하고 통제하는 정치경제학이 되어야 한다. 현대 민주주의와 자본주의가 지속 가능한 방식으로 발전되고 유지되기 위해서는 그렇기에 무엇보다도 인간의 모방적 욕망, 르상티망 그리고 질투에 대한 인문학적이고 인류학적 성찰이 성숙한 시민교양의 관점에서 잘 성찰되고 교육되고 수용되어야 한다.

6. 독일 철학과 정치적 올바름 논쟁: 볼츠와 자라친

위에서 언급한 독일어권 저명한 철학 방송에서도 2016년 독일 쾰른에서 일어난 집단 성폭력 사건 당시 독일의 ZDF 방송이 정치적 올바름 때문에 이슬람 난민자들에 의한 집단 성폭력 사실에 대해서 침묵했다가 이후 공개적으로 사과한 것을 다뤘다.

이 철학 방송에서 정치적으로 올바른 논리에 대해서 비판적 입장을 전개한 학자는 방대한 저술로 잘 알려진 독일 베를린공대의 미디어학 교수 노베르트 볼츠(Nobert Bolz)인데, 그는 독일어 여러 공영방송에 자주 출연해서 대중적으로 잘 알려진 학자다. 볼츠는 자신의 저서들과 강연들 속에서 자주 지라르의 통찰들을 언급하고 적용한다.

볼츠의 저서들은 국제지라르학회인 '폭력과 종교에 관한 콜로키움'(Colloquium on Violence and Religion)의 공식 저널 「전염: 폭력, 미메시스 그리고 문화에 관한 저널」(Contagion: Journal of Violence, Mimesis, and Culture)의 2013년 논문 "독일어권에서의 미메시스 이론의 수용의 역사"에 포함되어 소개되기도 했는데, 지라르의 종교 이론에 기초한 필자의 사회인류학적 불교 연구의 결과도 이 논문에 포함되었다.[19]

필자의 연구는 독일어권뿐 아니라, 핀란드와 스칸디나비아 반도 국가에서의 르네 지라르 사상의 수용사에 포함되었는데, 이는 2018년 국제지라르학회 공식 저널인 「전염: 폭력, 미메시스 그리고 문화에 관한 저널」에

---

[19] Andreas Hetzel, Wolfgang Palaver, Dietmar Regensburger, Gabriel Borrud, "The Reception of the Mimetic Theory in the German-Speaking World," Contagion: Journal of Violence, Mimesis, and Culture Volume 20 (2013), 25-76.

서 논의되었다.[20] 볼츠는 독일 철학계에서 1990년대부터 논의되기 시작한 정치적 올바름의 새로운 정치적 논리에 대한 비판적 성찰을 가장 주도적으로 시도하고 있는 학자다.

국내에서 볼츠는 독일의 유대계 철학자이자 문학평론가인 발터 벤야민(Walter Benjamin) 연구가로 잘 알려져 있으며, 독일 미디어 이론을 일군 선구자로 알려져 있다. 독일 베를린에서 유학한 진중권의 '시뮬라크르의 미학' 강의 등에 언급되는 주요 학자다.

볼츠의 이력은 화려한데, 그는 철학과 독문학, 영문학과 종교학을 공부했고, 아도르노(T. W. Adorno)의 미학 이론으로 박사 학위 논문을 썼으며, 1992년부터 10여 년간 독일 에센대학교에서 예술 및 디자인학부 교수로 커뮤니케이션 이론을 강의하였다. 그리고 현재 그는 탁월한 미디어 이론가이자 트렌드 분석가라는 명성 속에서 베를린공대 미디어학과 교수로 재직 중이다.

볼츠는 독일의 집권 여당인 기독교민주연합(CDU)의 경제 자문으로 활동하고 있다. 볼츠는 정치적으로 좌파적이고 네오마르크시즘적인 전통의 독일 프랑크푸르트 학파의 아도르노를 전공한 이후 베를린에서 야콥 타우베스(Jakob Taubes)의 제자가 되어서 제2차 세계대전 이후의 철학적 극단주

---

[20] Hanna Mäkelä, "The Reception of René Girard's Thought in Finland and Scandinavia: From the 1980s to the Present," *Contagion: Journal of Violence, Mimesis, and Culture*. Vol. 25 (2018), 95-118. "핀란드와 스칸디나비아 반도 국가에서의 르네 지라르 사상의 수용: 1980년대부터 현재까지"라는 이 논문은 영어권에 지라르 이론에 기반한 저의 연구를 소개하기 위해 작성한 온라인 출판물(Chung, Ilkwaen, "Deconstructing the Buddhist Philosophy of Nothingness: René Girard and Violent Origins of Buddhist Culture"(2017 [2012]). https://www.scribd....)을 주로 인용하고 있다.

의에 대한 연구로 교수자격논문(Habilitation)을 썼다. 볼츠는 야콥 타우베스와의 만남을 통해서 그리고 칼 슈미트 등을 다시 읽으면서 좌파적 시각에서 보다 보수적인 시각으로 전향했다고 고백한다.

야콥 타우베스는 오스트리아 빈 태생의 유대인 철학자로서 대랍비였던 아버지로부터 정통 랍비 교육을 받았으나, 곧이어 스위스 바젤대학교와 취리히대학교에서 철학과 역사를 공부했다. 미국 활동 당시 레오 스트라우스에게서 개인적으로 사사하기도 했으며, 한나 아렌트 및 폴 틸리히와 친분을 쌓기도 했다. 1966년부터 베를린자유대학교 철학부 교수로 재직하면서 해석학 연구소와 유대학 연구소를 이끌었다. 타우베스는 20세기 최고의 법학자 칼 슈미트와 학문적 교류를 나누었다.

노베르트 볼츠는 독일 프랑크푸르트 학파와 아도르노에 심취할 때 교회를 떠났는데, 그것은 지적인 확신에서 그러한 것이 아니라 1968년 문화혁명 이후 교회를 떠나서 무신론적 입장을 가지는 것이 "지적인 유행"이었기에 그것에 전염되어서 그랬다고 고백하고 있다. 그는 야콥 타우베스를 만나서 그와 함께 연구하면서 좌파적인(links) 아도르느와 독일 프랑크프루트 학파를 좀 더 비판적으로 성찰하면서 점차 보수주의적 입장으로 변하게 되었고 독일 개신교회로 다시 돌아왔다고 한다.

볼츠는 야콥 타우베스에게서 현대사상의 신학적 기원에 대해서 많이 배우게 되었다고 말하는데, 칼 슈미트도 비슷한 맥락에서 유럽 국가학의 많은 개념들이 사실은 세속화된 신학적 개념이라고 주장했다. 볼츠는 지라르를 우리 시대의 위대한 학자로 평가한다.

볼츠는 언론의 자유와 자유라는 프랑스 계몽주의의 가치를 외쳤던 좌파가 자유를 억압하는 새로운 금기어를 만들어 냈다고 분석한다. 그는 좌파의 금기에 대한 비판(Krik an der linken Tabus)을 시도한다. 볼츠는 "자유에 대한 아카데믹한 변절과 배신"을 분석한다. 방대한 저술을 하고 있는 볼츠는 또한 그리스 전통이 잘 통합된 유대-기독교적 가치 위에 세워진 유럽정신의 회복을 말하며, 이슬람은 신정정치(Theokratie)를 포기하지 않는 종교이기에 보다 신중해야 한다고 주장한다.

볼츠는 유럽 68문화혁명 세대, 독일의 이슬람화 그리고 동성애에 대한 비판적 입장을 가지고 제2차 세계대전 이후 가장 많이 팔린 책들을 저술한 사회민주주의 노선에 서 있는 독일 사민당(SPD) 출신의 자라친(Thilo Sarrazin) 박사를 변호한다. 자라친 박사는 유럽 68문화혁명 세대들이 역사 서술을 독점하고 있다고 비판한다. 그는 21세기에 접어들면서 독일연방은행의 이사로 활동하면서 독일이 처한 새로운 팩트들을 심각하게 생각하면서 자신이 속했던 사회민주주의 노선과 유럽 68세대들의 노선으로부터 점차 떠나게 되었다고 한다.

자라친의 저서들은 독일을 양분시킬 정도로 엄청난 논쟁과 논의를 불러왔다. 여론 조사에 따르면 독일 국민의 61% 정도가 자라친의 표현에 어느 정도 동감한다고 밝혔다. 그의 저서 『독일은 폐지되고 있다: 어떻게 우리는 우리 조국을 위험에 빠뜨렸는가?』(*Deutschland schafft sich ab: Wie wir unser Land aufs Spiel setzen*)는[21] 독일 ZDF 방송에 의하면 "제2차 세계대전 이후로 가장 많이 팔린 책으로 130만 부가 판매되었다."

또한 이 책은 2010년 9월부터 2011년 2월까지 독일 「슈피겔」(*Spiegel*)

---

[21] Thilo Sarrazin, *Deutschland schafft sich ab: Wie wir unser Land aufs Spiel setzen*. Deutsche Verlags-Anstalt, 2010.

지가 선정한 베스트셀러 1위였다. 이 책에서 자라친 박사는 이슬람권 이주민의 엄청난 출산율이 노령화된 유럽에 위협이 되고 있다고 비판적으로 분석하고 있다. 그는 보다 현실적인 이해를 저해하는 이슬람의 무해화(Verharmlosung) 현상을 비판한다.

이슬람 이민자들과 난민들과는 달리 아시아계를 비롯한 다른 민족과 종교는 상대적으로 소수이고 또 유럽사회 속으로의 통합이 비교적 잘 이루어서 유럽에서 큰 문제를 일으키지 않았다. 하지만 이슬람 난민과 이민자들은 독일사회로의 통합에 대한 의지가 현격하게 부족할 뿐만 아니라 교육열은 저조하고 출산율은 폭발적이어서 인구통계학적으로 볼 때 심각한 문제를 보이고 있다는 것이 자라친 박사의 현실적 분석이다. 이러한 엄중한 인구통계학적 팩트들을 무시하는 것은 무책임한 자세라고 자라친 박사는 보고 있다. 그는 이슬람에 대한 비판적 입장으로 인해서 경찰의 신변보호를 받고 있다고 한다.

앞에서 언급한 쾰른에서의 집단 성폭력 사건을 ZDF 방송과 같은 독일 대표적인 주류 언론이 침묵되고 금기시했다가 비판이 일어나자 사과한 것처럼, 독일에서 이슬람 문제는 지금까지 침묵되고 금기시되어 왔다. 자라친 박사의 저서들은 바로 이 금기를 깨고 보다 진지하고 솔직하게 이 문제를 성공적으로 공론화시킨 것이다.

자라친 박사의 저서들은 독일사회가 양분화될 정도로 큰 반향과 논쟁을 불러일으켰다. 그가 진보정당이라 할 수 있는 독일 사민당(SPD) 출신이라는 것도 큰 의미가 있다. 자라친 박사는 자신을 인종주의자로 비난하는 현상에 대해서 그것은 군중 현상(mob)이라고 반박한다.

2018년에 자라친 박사는 『적대적 인수: 어떻게 이슬람은 진보를 저해하며 사회를 위협하는가?』[22]라는 자신의 저서 제목이 말하는 것처럼, 이슬람이 독일사회와 유럽사회를 적대적인 방식으로 점차적으로 인수하고 있다는 주장을 하고 있다. 이슬람 이민자들은 높은 출산율이 비해 교육열이나 교육 정도가 낮고 나아가 독일사회로의 통합에 대한 의지와 준비도 약하다고 자라친 박사는 지적하고 있다. 독일 학교의 경우 대체적으로 15%-20%의 학생이 이슬람 배경을 가진 학생들이다.

독일 메르켈 총리는 독일에서의 다문화주의가 실패했다고 인정하기도 했다. 현재 독일을 비롯해서 유럽은 인구통계학적인 측면에서 폭발적으로 증가하는 이슬람 인구와 노령화되는 유럽 주류사회의 문제로 인해서 슬로터다이크와 같은 독일에서 가장 대중적인 철학자를 비롯한 지식인들이 유럽에서의 이슬람 이민과 난민 문제 등에 대해서 보다 현실적이고 보수적으로 이해하고 접근하고 있다.

슬로터다이크는 2016년 독일의 앙겔라 메르켈 총리의 난민 무제한 수용정책을 "자기 파괴의 행위"(Akt der Selbstzerstörung)이라고 비판해서 큰 반향을 일으켰다. 니체와 하이데거의 전기문을 출판하기도 한 독일 철학자 사프란스키(Rüdiger Safranski)도 이슬람 이민과 난민 문제에 대해서 보다 신중하고 보수적인 접근을 요구하고 있다.

또 다른 큰 논란과 반향을 독일사회에서 불러일으킨 자라친 박사의 『새로운 덕의 테러: 독일에서의 표현의 자유의 한계들에 대해서』[23]는 "평등

---

[22] Thilo Sarrazin, *Feindliche Übernahme: Wie der Islam den Fortschritt behindert und die Gesellschaft bedroht* (FinanzBuch Verlag: München, 2018).

[23] Thilo Sarrazin, *Der neue Tugendterror: Über die Grenzen der Meinungsfreiheit in Deutschland* (Deutsche Verlags-Anstalt: München, 2014).

광기"(Gleichheitswahn)가 프랑스 혁명과 스탈린주의에서 보이는 것처럼, 덕의 테러(Tugendterror)로 이어진다고 분석하고 있다. 그리고 자라친 박사는 이 책에서 유럽 68문화혁명 세대들의 개념들이 마르크스적이었다고 비판한다. 이 마르크스적인 관점을 가진 유럽 68문화혁명 세대들의 입장도 덕의 테러(Tugendterror)를 가져온다고 분석한다.

자라친 박사는 또한 다수 대중의 왼쪽에 서 있는 '언론 계급'(Medienklasse), 곧 좌파적 언론 계급은 정치적 올바름의 언어를 사용하고 있다고 비판적으로 분석하고 있다. 이러한 그의 입장은 볼츠의 입장과도 맥을 같이 한다. 자라친 박사는 또한 동성결혼이나 동성애 문제 등에 대해서도 보수적 입장을 주장하면서 장 자크 루소로부터 마르크스를 거쳐서 유럽 68문화혁명 세대에까지 이어지는 사상들에서 전통적인 가정 형태에 대한 적의를 발견할 수 있다고 주장한다.

최근 독일에서의 사회적 보수화에 대한 분석들이 존재하는데, 실제로 독일과 프랑스와 같은 유럽 국가들에서는 유럽 68문화혁명 세대들의 마르크시즘적-좌파적-루소주의적 관점이 점차적으로 비판적으로 성찰되면서 보다 보수적 관점이 우세해지고 있는 것이 사실이다.

이러한 새로운 관점을 변화를 주도적으로 일으키고 있는 노베르트 볼츠는 자신의 저서 『불평등에 관한 담론: 반-루소』[24](*Diskurs über die Ungleichheit: Ein Anti-Rousseau*)에서 사회 불평등의 기원으로서 사유재산과 부패한 사회구조를 지목한 장 자크 루소와 루소주의적 전통에 서 있는 마르크시즘, 유럽 68문화혁명 그리고 포스트모더니즘의 급진좌파 정치경제학 등을 자유

---

[24] Norbert W. Bolz, *Diskurs über die Ungleichheit: ein Anti-Rousseau* (Wilhelm: Fink, 2009).

주의적 관점에서 비판하고 있다.

앞에서 지적한 것은 사유재산 자체를 사회 불평등의 기원으로 분석한 루소의 입장은 무정부주의로 기울어질수도 있고 정반대로 전체주의적으로 기울어질 수도 있다. 루소의 입장은 한나 아렌트가 분석한 것처럼 파시즘으로 연결되며 실제로 사회주의, 공산주의 그리고 마르크시즘에 큰 영향을 주었다.

7. 차이, 차별 그리고 차이소멸된 평등사회의 역설

노베르트 볼츠는 『불평등에 관한 담론: 반-루소』에서 우선 자유시장경제 체제를 옹호한 오스트리아 출신의 경제학자 하이에크(Friedrich August von Hayek)의 유명한 말, 곧 "자유로운 시장이야말로 인류사의 가장 위대한 발견"이라는 말을 인용하고 또한 지지하고 있다.[25] 하이에크는 자유주의의 입장에서 계획경제에 반대했고, 사회주의 및 전체주의를 비판하면서 자유 민주주의 이론과 자유시장경제 체제를 옹호한 신자유주의의 사상적 아버지로 불리고 있다.

노베르트 볼츠는 2018년 10월에 개최된 국제하이에크학회(Friedrich A. von Hayek-Gesellschaft e.V) '2018년 자유 포럼'(Forum Freiheit 2018)에 초대되어서 "자유냐 평등이냐?"(Freiheit oder Gleichheit?)라는 제목으로 발표했는데, 이 발표에서 볼츠는 자유시장경제야말로 인류사의 가장 위대한 발견

---

[25] Bolz, *Diskurs über die Ungleichheit: ein Anti-Rousseau*, 7.

이라고 말한 하이에크의 말을 인용한 다음, 차이가 아니라 차이소멸이 갈등과 폭력을 야기시킨다는 르네 지라르의 문화인류학적 성찰을 자신의 정치경제학적 논의에 포함시켜 소개했다.

지라르와 정치경제학을 전문적으로 연구하는 지라르 학파 학자들의 주장처럼 자유로운 시장경제는 폭력적이고 성스러운 측면도 있지만, 기독교적 탈신성화 이후로 고삐가 풀린 독과 같은 폭력을 통제하는 약과 같은 새로운 성스러움(the Sacred) 혹은 카테콘으로 긍정할 수 있다는 측면에서 하이에크의 주장처럼 인류사의 위대한 발견으로 평가할 수 있다. 앞에서 지적한 것처럼, 뒤피와 같은 지라르 학파 학자들은 기독교의 탈신성화 이후 등장한 시장경제는 옛 전통종교와 사회에서 폭력(Violence)을 통제했던 성스러움의 역할을 다른 수단들을 통해서 대체하고 있다고 본다.

볼츠는 루소의 사회 불평등론을 비판하는 자신의 책에서 "차이가 결여된 곳에 폭력이 위협한다"는 지라르의 말을 인용한다. 볼츠는 다음과 같이 주장한다.

"문화인류학자 르네 지라르의 이 문장은 현대 대중민주주의로 향하는 출입문 위에 걸려 있어야 한다."

볼츠는 "문화는 항상 차이화(Differenzierung)이며, 무차별화 혹은 차이소멸화(Entdifferenzierung)는 폭력을 야기한다"는 지라르의 주장을 수용하면서 인용한다. "왜냐하면, 차이가 아니라 차이소멸이 경쟁을 야기하기 때문이다"라고 그는 지라르를 인용하면서 적고 있다.

볼츠는 지라르의 모방적 욕망과 경쟁에 대한 이론을 분석하면서 과거에는 종교와 계층화가 이 모방갈등을 통제했지만 "현대의 민주화 과정이 경쟁을 향한 힘을 약화시키기보다는 강화시켰다"는 사실은 "세계 역사의 쓰

디쓴 아이러니"라고 적고 있다. "바로 현대의 평등 원칙이 폭력을 야기하고 있다"라는 문장으로 볼츠는 지라르 이론에 기초해서 현대 평등사회가 오히려 강화시킨 경쟁과 폭력이라는 역사적 아이러니에 대해서 비판적 성찰을 시도하고 있다.[26]

볼츠에 의하면, 르상티망은 성공에 대한 증오심이다. 질투하는 자는 성공을 증오하는데, 그는 타인들의 풍요로운 재산뿐 아니라, 그런 성공을 비로소 가능케 한 규율과 고된 노동에 대한 요구들도 증오한다고 볼츠는 적고 있다. "이러한 르상티망은 보헤미안의 문화 속에서 창조적으로 변했는데, 곧 불행으로의 의지(Wille zum Unglück)다"라고 볼츠는 표현한다. 이러한 "성공하지 못함에 대한 하위문화적 미화(Verklärung)는 거의 200년 동안 지적인 반시민성(Antibürgerlichkeit)"으로 이어지게 되었다고 볼츠는 분석한다.

볼츠에 의하면, 질투 속에서 평등을 향한 열정은 자유를 파괴할 위험에 놓이게 된다. 민주주의는 평등이라는 이상을 지향한다. 민주주의는 평등한 권리와 형식적인 사회적 기회평등을 보장한다. 그러나 바로 그것을 통해서 권력, 재산 그리고 명성에 있어서의 실제적인 불평등들은 더욱더 현격하게 보이게 된다.

볼츠에 의하면, 민주주의는 규범적인 평등을 함의하지만, 그 사실로부터 모든 사람들이 끊임없이 모순, 괴리 그리고 불일치를 계산하는 일에 관여해야 한다는 사실이 파생된다. 바로 그렇게 폭력적인 질투심인 르상티망이 생기는 것이다. 차이들은 이렇게 감소하게 되지만, 평등을 향한 기대

---

[26] Bolz, *Diskurs über die Ungleichheit: ein Anti-Rousseau*, 31.

들은 증가하게 된다.²⁷ 지라르도 이러한 새로운 차이소멸적인 민주주의와 평등주의 사회 속에 살아가는 현대인들의 전형적인 병리학을 르상티망으로 진단했다.

볼츠는 "평등이라는 이상이 불평등의 현실을 야기하는 증오심을 영속화하고 있다는 사실은 세계 역사의 슬픈 아이러니다"고 주장한다. '대중민주주의적으로' 살아간다는 것은 타인들과의 비교하는 시선 속에서 살아간다는 것을 의미한다. "생활관계가 비슷하거나 동일할수록 우월한 탁월성을 소유한 자들에 대한 질투적 시선은 더욱더 집요하게 고정되게 된다"라고 볼츠는 분석한다. 볼츠는 미국의 민주주의를 분석한 토크빌(Charles Alexis Clérel de Tocqueville)의 다음의 문장을 인용하고 있다.

> 불평등이 어떤 사회의 일반적 법칙일 경우에는 가장 강한 불평등들도 잘 드러나지 않는다. 하지만 모든 것이 매우 강하게 평준화되었을 경우에는 가장 작은 차이들도 마음을 아프게 하는 것으로 다가온다. 그렇기에 평등이 크면 클수록 평등을 향한 갈망은 더 채워지지 않게 된다.²⁸

불평등이 일반적인 법칙인 카스트 제도로 조직화된 인도사회에서는 가장 강한 불평등들도 잘 드러나지 않는다. 불가촉천민들은 최고계급인 브라만을 질투하지 않으며, 높은 행복지수 속에 살아간다. 카스트적인 계급사회가 아니라, 민주주의적인 평등사회에서 사회적 불평등은 민감하게 느

27　Bolz, *Diskurs über die Ungleichheit: Ein Anti-Rousseau*, 14-15.
28　Nobert Bolz, *Diskurs über die Ungleichheit: Ein Anti-Rousseau*, 84.

껴지며, 그것으로 인해 폭력적이고 병적인 질투심인 르상티망이 그 질투의 제국 속에 살아가는 현대인의 전형적인 질병이 되어 간다.

지라르는 '선망 어린 찬미'와 '증오에 찬 숭배'라는 모방이 유발하는 이런 복잡한 감정을 이해하기 위해서 언제나 시대에 뒤떨어진 아리스토텔레스의 미메시스라는 생각을 갖고 있는 사람들보다는 인간관계를 잘 그리는 위대한 극작가들과 소설가들을 더 좋아했다고 고백하고 있다.[29]

폭력적인 근접성 속에 살아가는 호모 미메티쿠스들의 질투사회의 복잡한 심리학과 병리학을 이해하는 데 있어서 지라르의 모방적 욕망 이론은 매우 큰 설명력을 가진다고 할 수 있다. 앞에서 분석한 한병철의 피로사회론에서도 푸코식의 사회의 권력 구조가 피로와 과로를 만드는 면도 일부 있지만, 본질적으로 피로사회를 만드는 것은 인간들 사이의 미메시스적 관계일 것이다.

관계가 피로를 만든다. 권력 관계가 피로를 만들기도 하지만, 경쟁 관계가 피로를 생산하기도 한다. 그렇기에 피로사회론은 지라르의 보다 소설적인 관계 이론인 미메시스 이론으로 보다 깊게 성찰되어야 한다. 모방적 욕망과 경쟁이 피로사회를 만든다. 질투 때문에 피로하다. 질투사회가 피로사회를 만든다.

볼츠는 그의 책에서 사적소유 혹은 사유재산이 평등상태로서의 자연상태(Naturzustand)를 파괴했다는 사회 불평등에 대한 루소적 견해를 비판하고 있다. 볼츠는 이렇게 독일의 사회국가(Sozialstaat) 이념이 전제하는 평등주의에 대해서 문제를 제기하고 있는데, 그의 평등주의에 대한 비판에는

---

[29] 지라르, 『문화의 기원』, 293.

지라르의 문화인류학적 성찰이 크게 영향을 주고 있다.

모든 이들의 평등 요구가 르상티망에 근원을 두고 있다는 니체적인 분석도 그에게 영향을 주고 있다. 지라르도 민주주의적 평등사회가 현대성의 업적이긴 하지만, 현대사회의 차이소멸과 무차별화로 인해서 르상티망과 질투 그리고 원한이 증가하고 있다고 냉철하게 분석하고 있다. 평등에 대한 요구가 자유를 위협한다는 토크빌의 입장에도 볼츠는 동의한다.

토크빌은 프랑스 귀족 출신의 정치학자이자 역사학자이자 19세기 전반에 지배적이었던 전통적 자유주의의 대표적 사상가다. 그는 1831년 프랑스 정부의 명을 따라 미국을 시찰, 미국의 국정을 분석하여 보고한 『미국의 민주 정치』(De la Democratie en Amerique) 제5권(1835~40)은 미국 민주주의의 학문적 연구에 있어서 가장 중요한 저서가 되었는데, 이 책은 13판을 거듭했다.

토크빌은 지라르 자신과 지라르를 정치경제학적 관점에서 연구하는 학자들에게도 민주주의와 평등주의 등에 대해서 깊은 통찰을 제공했다. 지라르는 토크빌이 "지적으로도 아주 명료하게 민주주의의 위험성을 지적했다"고 자신의 저서 『문화의 기원』에서 주장했다. 대부분의 사람들은 모방적으로 행동하고 또 자주 희생 때문에 모여드는 경향이 있다고 간주한다는 점에서, 지라르의 이론은 반민주주의적 의미가 다소 있다고 생각하지는 않는가라는 질문에서 나온 말이다.

지라르는 자신의 입장이 반민주주의적인 의미가 있다는 주장을 반박하면서 "진정으로 민주주의에 찬성한다는 것은 곧 민주주주의 위험을 본다는 것을 의미한다"고 주장하면서 토크빌의 연구를 인용하고 있다. 지라르는 이 민주주의가 가질 수 있는 "위험을 완전히 감추어 버리면 사회는 소비에트(Soviet) 같은 사회가 되는데, 이런 사회가 가장 선호하는 시스템은 단원제"라고 주장한다.[30] 이 책에서 장 자크 루소의 낭만주의적 전체주의, 극좌의 전체주의 그리고 정치적 올바름이 가지는 전체주의적 위험에 대해서 경고하는 것은 매우 중요한데, 만약 극좌의 전체주의의 위험에 대한 자유민주주의적 비판이 허용되지 않는다면 그것은 실제로 공산당이 독재하는 공산주의적 전체주의 사회가 될 것이다.

노베르트 볼츠는 지라르와 토크빌의 입장을 따라서 현대 민주주의와 평등주의가 가질 수 있는 새로운 위험과 폭력의 문제를 지적하지만, 그렇다고 해서 반동적인 의미에서 반민주주의나 반평등주의를 주장하는 것은 결코 아니다. 지라르는 현대 민주주의, 자본주의, 평등주의, 자유주의를 데카당으로만 파악하는 니체나, 존재사적인 타락사(Verfallsgeschichte)로만 파악하는 하이데거와는 달리 이 당당한 모더니즘의 업적들을 긍정한다.

하지만 이 새로운 현대 체제 아래서 살아가는 인간 자신은 여전히 모방적으로 욕망하고 경쟁하므로 폭력의 문제는 체제변화로 인해서 해결된 것은 아니라고 보기에 현대 민주주의와 평등주의도 호모 미메티쿠스로 인해서 여전히 위험하고 폭력적인 측면을 가지고 있다고 주장하는 것이다.

물론 볼츠도 평등에의 요구 그 자체를 부정하지 않는다. 그는 다만 지금까지 돈을 많이 버는 사람에게 많은 세금을 거두어 그렇지 못한 사회적 약자에게도 혜택을 주던 분배적 평등 대신에 사회 체제에 대한 참여의 평등과 기회평등으로 그것을 제한시키려고 한다. 물론 사회민주주의적 노선이 강했던 유럽과 독일의 경우와 한국의 상황은 다른 측면이 분명 존재하지

---

[30] 지라르, 『문화의 기원』, 273.

만, 기존의 사회민주주의적 노선에 대한 최근의 독일과 프랑스에서의 비판적인 성찰에 대한 소개도 한국 정치의 미래를 위해서 꼭 필요한 작업일 것이다.

볼츠는 토크빌의 오래된 주제인 "평등을 통한 자유의 위험화"가 루소주의에 반대하는 자신의 책의 주제라고 말한다. 그는 이 토크빌의 문제의식이 지금 현재 더 중요해졌다고 본다. 그는 "사회주의는 평등의 물신숭배"(Sozialismus ist der Fetischismus der Gleichheit)라고 분석한다.[31] 볼츠는 "토크빌의 섬뜩한 적시성(Aktualität)"이 우리 시대에 가장 적용될 수 있는 현상이 바로 "정치적 올바름이라는 언어정치"(Sprachpolitik der Politischen Korrektheit)라고 주장한다.

정치적 올바름이라는 새로운 언어정치는 "표현의 자유를 사보타주(sabotage)하고 있다"라고 볼츠는 분석한다.

> 정치적 올바름이라는 언어정치는 언어통제로서의 검열에 대한 루소의 긍정적인 개념과 직접적으로 연결된다…정치적 올바름의 가장 중요한 과제들 중에는 문명들의 충들과 문화들의 전쟁들에 대한 분석을 차별과 위험한 여론 조작으로 폄하하는 것이다.[32]

유럽의 정치적 현실에서 폭발적으로 증가하는 이슬람과 유대-기독교적 유럽문화 사이에 실제로 문명 간의 충돌이 존재함에도 불구하고, 문명 간

---

[31] Bolz, *Diskurs über die Ungleichheit: ein Anti-Rousseau*, 27.
[32] Bolz, *Diskurs über die Ungleichheit: ein Anti-Rousseau*, 28-29.

의 대화, 톨레랑스 그리고 다문화주의라는 낭만적 입장만 이야기하는 것은 무책임한 일이다.

또한 전통적인 유럽 도덕이라 할 수 있는 유럽-기독교적 도덕과 가치에 대해서 가치 전복적 문화전쟁을 시도한 니체뿐 아니라, 니체주의적인 포스트모더니즘 철학과 그 성적인 반문화 운동도 전복과 혁명을 위한 문화전쟁을 하고 있음에도 불구하고, 동성애와 퀴어 이론을 비판하는 기독교가 문화전쟁을 일으켜서 성소수자들을 혐오하고 차별하고 있다고 주장하는 것이다. 기독교적인 의미에서의 성정체성, 성도덕 그리고 생물학적 성(sex)이라는 이원론을 '해체'하려는 철학적 시도 자체가 문화전쟁인 것이다.

볼츠에 의하면, 1960년대, 곧 유럽 68문화혁명 세대에서 볼 수 있는 것처럼 '성공한 시민들을 향한 증오심'으로부터 '좌파 지식인들'이 탄생했다. 그들 좌파 지식인들의 "감정세계는 업적, 성공, 탁월성에 대한 비난과 경쟁과 이윤 동기에 대한 악마화로 각인되어 있다"라고 분석하며, 볼츠는 다음과 같이 적고 있다.

> 모든 경제 위기는 자본주의의 몰락을 알리고 인류의 이름으로 평등으로서의 정의를 장려하기 위해서 여기서 감사한 것으로 받아들여진다. 평등에 대한 설교(Gleichheitspredigt) 뒤에는 복수심이 숨어 있다.[33]

그러면서 볼츠는 좌파 지식인들의 르상티망과 질투심 그리고 복수심 등

---

[33] Bolz, *Diskurs über die Ungleichheit: ein Anti-Rousseau*, 29.

을 논의하고 있다. 신자유주의적 자본주의를 비판하는 한병철의 피로사회론에도 업적사회에서의 업적, 성공, 탁월성, 경쟁 등에 대한 비난과 악마화를 부분적으로 엿볼 수 있지만, 좌파보수적으로(linkskonservativ) 변한 슬로터다이크의 간접적인 영향인지 한병철의 경우에는 마르크스적-좌파적 르상티망만 존재하는 것은 아닌 것 같다.

포스트모더니즘의 계보학에 중요한 위치를 차지하고 있는 하이데거의 존재철학도 현대성(자본주의, 민주주의, 자연과학, 세계시민주의 등)을 대변하는 유대교에 대한 '르상티망 현상' 혹은 '르상티망의 철학'으로 평가할 수 있다. 하이데거는 유대인들을 폭력적으로 질투했다. 하이데거의 유대인을 향한 폭력적 질투심인 르상티망은 그의 존재철학에 철학화된 형태로 자리잡고 있는데, 이는 2014년 이후로 독일에서 출판되기 시작한 하이데거 자신의 철학적 일기장인 『블랙 노트』(Schwarze Hefte)에 보다 진솔하게 표현되어 있다.

자유우파는 허영, 거품, 부패를 조심해야 하고, 진보좌파는 르상티망을 조심해야 한다. 자본주의적 질투사회에 대한 이해와 분석을 시도하는 이 책에서는 자본주의를 가볍게 찬양하지만은 않았다. 지라르와 베블런에 대한 경제학적 논의를 통해서 자본주의 사회 속의 과시적 소비와 명품 마케팅에서 볼 수 있는 허영적 거품에 대해서 비판적으로 분석하기도 했다.

볼츠는 유럽 68문화혁명의 "결정적인 신앙 조항"은 다음 4가지로 정의된다고 분석한다.

① 모든 라이프스타일은 동등하다.
② 어떤 대안적인 라이프스타일을 차별하는 것은 하나의 범죄다. 평등정

치(Gleichstellungspolitik)에 반대하는 자는 인종주의자요, 외국인혐오자요 성차별주의자다.

③ 동성애자들이 병든 것이 아니라, 동성애를 비난하는 자들이 병든 자들이다.

④ 어떤 종교와 문화는 다른 종교와 문화 보다 우월하지 않다.

볼츠는 계속해서 다음과 같이 말한다.

> 이렇게 정치적 올바름(Politische Korrektheit)은 방해받지 않고서 환상적인 웰니스(wellness) 이야기들을 말하며 역사를 소수자들을 위한 테라피(Therapie für Minderheiten)로 변모시켜 버렸다.[34]

볼츠는 서구 민주주의 생존이 흔들리게 되었다고 분석하는데, "민주주의는 특히 고된 노동, 용기, 정직성, 책임의식, 냉철함 그리고 친절과 같은 시민적인 미덕들을 전제하기 때문이다." 하지만 볼츠에 의하면, 이러한 성숙한 민주주의의 시민의식과 시민적 미덕들과 도덕들은 "그 반대의 경우를 처벌할 준비가 되어 있을 때만 함양될 수 있다. 낙인 없이는 가치도 없다!(kein Wert ohne Stigma!)" 볼츠는 다음과 같이 비판적으로 분석한다. "하지만 현대 서구사회는 변칙들과 이상(異常)들을 더 이상 낙인찍지 않으며, 대신에 그것을 관용하고 그것을 다른 표현으로 개칭하고 있다."

---

[34] Bolz, *Diskurs über die Ungleichheit: ein Anti-Rousseau*, 34.

전통적인 비정상은 이렇게 정상화된다. 이혼한 가정, 미혼모들 그리고 혼외 자녀들은 이제 더 이상 가정의 붕괴에 책임 있는 것이 아니라, 단지 대안적인 라이프스타일에 불과하다고 인식된다.[35]

전통적이고 정상적이고 일상적인 시각에서 이상하고 괴기하고 비정상적인 것을 지칭하는 퀴어(queer)를 이론화한 퀴어 이론도 위의 볼츠의 지적처럼 괴기하고 비정상적이고 이상한 것을 전면에 내세움으로써 그것을 정상화하려고 한다. 낙인 없이는 가치도 없다는 볼츠의 주장은 급진적이면서 인상적이기도 하다.

물론 우리가 소수자들과 희생자들과 사회적 약자들을 다시금 낙인찍기는 힘들 것이다. 하지만 인류 사회에서 일어나는 모든 것들을 다 관용하고 정상화시킬 수는 없는 것이다. 인류 사회에는 모방적 욕망으로 인한 각종 폭력과 갈등, 변칙들과 이상현상들 그리고 범죄라고 사회가 정죄해야 할 일들도 상존하고 있다.

볼츠는 유럽 68문화혁명 세대들이 전통적인 의미에서 비정상적인 것들을 정상화시킬 뿐 아니라, 지금까지 자명하게 정상적인 것으로 간주되어 온 것들을 비정상적인 것으로 정의하고 있다는 비판하면서, 그 예로 전통적인 의미에서의 가정을 지키며 자녀들을 따뜻하게 돌보는 전업주부가 폄하되는 사회적 분위기를 비판하고 있다. 직장생활하는 아버지와 가정주부(Hausfrau)로서의 어머니라는 전통적이고 고전적인 가정이 "반동적이며, 여성적대적이며, 심지어 병리적인 것으로" 치부되는 현상을 볼츠는 비판한다.

---

[35] Bolz, *Diskurs über die Ungleichheit: ein Anti-Rousseau*, 34.

그래서 서구 문화 곳곳에 변칙적이고 이상(異常)한 것들이 정상화되고 보상받으며, 반대로 시민적으로 존경받을 만한 것들은 낙인찍히며 처벌되고 있다. 볼츠에 의하면, 부르주아의 경쟁정신과 개인적인 야망은 처벌된다. 반대로 '쿨함'(Coolneß)과 보헤미안들의 반시민적인 정서는 보상받고 있다.[36]

국내에도 차별금지법에 대한 논란이 뜨겁다. 지라르는 문화를 차이의 체계로 파악한 레비 스트로스의 입장을 받아들여서 세계 신화와 제의를 한마디로 차이소멸로 파악했다. 신화와 제의는 차이를 갱신하기 위해서 의도적으로 카오스적인 차이소멸을 재현하고 있다. 기독교의 희생양 메커니즘의 정체에 대한 계시적 폭로로 인해서 막스 베버가 말한 세계의 탈마술화와 탈신성화가 진행되었다.

이제 모방적 욕망이 통제된 전통적인 차가운 문화로부터 모방적 욕망의 고삐가 풀린 매우 뜨거운 평등사회와 질투사회가 되었다. 지라르는 결코 반평등주의자는 아니지만, 차이소멸적이고 무차별화된 평등주의적 현대사회의 새로운 복잡성을 자신의 근본인류학적인 성찰로 분석하고 있는 것이다. 차이와 차별을 혼동해서는 안 된다.

차이소멸이 폭력과 갈등을 야기한다는 지라르의 통찰을 우리는 깊이 숙고해 보아야 한다.

---

[36] Bolz, *Diskurs über die Ungleichheit: ein Anti-Rousseau*, 34-35.

제8장

불교가 질투사회의 대안인가?

1. 욕망의 꼭두각시와 미메시스적 심리치료

앞에서 지적한 것처럼, 포스트모더니즘은 그 반현대주의적인 철학적 지향으로 인해서 반자본주의적 정서를 가지고 있으며 그렇기에 문화적 혹은 문화정치적인 네오마르크시즘과도 관련되어 있다. 유럽 68문화혁명 세대를 대표했던 슬로터다이크와 한병철은 마르크스적인 관점을 어느 정도 벗어난 것으로도 보이지만, 기본적으로 자본주의와 신자유주의 체제에 대한 비판적 정서가 강한 것으로 보인다. 이는 이들 학자가 니체와 하이데거 철학의 계보에 서 있고 또한 포스트모던적이고 불교적 사유에 가까운 학자들이기 때문이기도 하다.

'피로사회'를 화두로 자본주의적-신자유주의적 자기 착취의 문제를 심리정치학적으로 진단하는 한병철 교수의 분석을 지라르의 모방적 욕망 이론에 기초한 심리정치학과 그 미메시스적 심리치료로 수정하고 보완하고 심화시킬 필요가 있다. 앞에서 언급한 프랑스 파리대학교 임상적 정신병리학 교수인 우구를리앙(Jean-Michel Oughourlian)은 임상연구와 함께 지라르의 이론을 정신의학, 심리학 그리고 정신병리학 분야에 적용하고 발전시키는 연구를 지속해 온 학자다. 그는 모방적 욕망 이론을 관하여 임상적 관점을 전개한 몇 권의 책을 쓰기도 했다. 그는 『욕망의 꼭두각시: 히스테리, 빙의, 최면의 심리학』에서 지라르의 미메시스 이론과 연결시켜 '모방적 욕망의 현상학'을 제안했다.¹

우구를리앙은 임상연구를 병행하는 신경 정신병학자로서 지라르의 분석처럼 욕망의 근본적 "타자성"을 발견했고, 모방적 욕망이 만들어 내는 각종 정신병리학적 현상에 대해서 미메시스 이론이 지니는 '치유적 가치'를 발견했다. 욕망의 모방성, 경쟁성, 타자성 그리고 관계성이 수많은 형이상학적 질병을 만들어 낸다는 것이다.

그가 임상에서 발견한 대부분의 병리학들(히스테리, 공포증, 불안, 파괴적 격정, 강박적 질투심, 신경성 무식욕증 등)은 '욕망의 질병들'이라고 분석한다. 모방적 욕망에 의해 촉발된 경쟁이 우리를 너무 강하게 모델에 사로잡아서 증오의 관계성 속에 사로잡는다는 것이다. 인간의 상호관계에 존재하는 미메시스적인 것(mimetism)을 이해하지 못하기에 그렇다는 것이다.

그래서 자신의 '미메시스적 심리치료'(mimetic psychotherapy)는 끝없는 경쟁에 사로잡혀 있는 사람들을 풀어서 그 허구적 집착을 깨닫게 한다는 것이다. 우리의 강한 모방성에 대한 깨달음을 얻게 되면, 그 깨달음이 우리를 점차 해방시켜 모방적 욕망이 우리를 '욕망의 꼭두각시'처럼 조종하지 못하게 한다는 것이다.²

---

1   Jean-Michel Oughourlian, *The Puppet of Desire: The Psychology of Hysteria, Possession, and Hypnosis*, trans. Eugene Webb (Stanford: Stanford University Press, 1991).
2   Oughourlian, *The Genesis of Desire*, 11-3.

한병철은 자본주의와 신자유주의가 만들어 내는 피로사회 아래서의 인간의 자기 착취에 대해서 불교적 '무'(Nichts)를 대안으로 제시하지만, 피로사회에서의 자기 착취에 대한 치유는 과잉 멈춤과 과잉 비움보다는 모방적 욕망으로 인해 촉발된 경쟁과 질투의 허구성과 타자성에 대한 깨달음일 것이다.

과도한 업무 때문에 피로하기도 하지만, 많은 사람들과의 관계와 경쟁에서 오는 피로도 존재한다. 모방적 욕망과 경쟁 그리고 질투와 르상티망으로부터 나오는 피로와 자기 착취는 미메시스적인 깨달음으로 어느 정도 치유할 수 있다. 모방적 욕망과 경쟁에 대한 집착을 깨닫게 될 때 그 깨달음이 점차 피로와 자기 착취로부터 우리를 해방시킬 것이다.

우구를리앙은 인간만이 가지는 다양한 형태의 성적인 도착 현상(페티시즘, 관음증, 가피학증 등)은 모방적 욕망이 기저에 존재하는 성적인 본능을 변경시켜서 발생하는 것으로 분석한다. 동물들도 성적인 본능과 필요를 가지고 있지만, 그들에게는 성적인 도착이 존재하지 않는다. 왜냐하면, 그들에게는 (모방적) 욕망이 없기 때문이다.[3]

우구를리앙은 고전적 심리학을 넘어서 이제는 '새로운 상호 개인성(interdividuality)의 심리학'을 제안한다.[4] 상호 개인성이라는 개념은 앞에서 보았듯이 지라르가 제안한 개념이다. 상호 개인적 관계의 장 속에 우리는 존재하기에 우리의 "모든 욕망은 경쟁적이고, 모든 경쟁은 또한 욕망적이다." 욕망과 경쟁은 얽혀 있다. 모방적 욕망은 경쟁을 생산하고, 경쟁은

---

[3] Oughourlian, *The Genesis of Desire*, 29.
[4] Oughourlian, *The Genesis of Desire*, 34.

욕망을 가속화시킨다.⁵

우구를리앙에 의하면, 현대인들의 고통은 결국은 '욕망의 질병들'이다. '욕망의 병리학들'이 현대사회에 범람한다. 각종 범죄들, 불필요한 폭력, 어린이를 대상으로 하는 성도착, 마약, 오직 경쟁적 열정을 표현하기 위한 각종 종류의 카오스적인 혁신들이 그것이다. 그는 현대인들의 모방적 욕망과 경쟁의 형이상학적 병리학들과 질병들에 대한 힐링으로서 '미메시스적인 심리치료'(mimetic psychotherapy)를 제시한다. 즉, 모방적 메커니즘을 인정하게 함으로 증오와 르상티망과 불필요한 경쟁으로부터 벗어날 수 있다는 것이다.⁶

한병철은 현대인들의 병리학을 '피로'로 파악한다. 이 피로는 폭력이며, 이 피로라는 폭력을 일으키는 원인으로 자본주의와 신자유주의를 지목한다. 그러나 그는 루소처럼 사회구조만을 주로 비판하고, 피로감을 느끼는 인간 자신의 문제를 도외시하고 있다. 물론 그가 자기 착취라는 표현으로 자기 성찰을 요구하는 것 같지만, 많은 부분에서 그는 푸코식으로 자본주의와 신자유주의적 사회구조를 비판한다. 그러나 피로를 일으키는 인간 자신 안의 모방적 욕망과 경쟁, 질투와 르상티망의 문제를 그는 도외시하고 있다.

슬로터다이크는 지라르 이론을 수용해서 모방적 욕망과 르상티망의 심리정치학에 대해서 논한다. 그렇기에 한병철의 피로사회론도 지라르적인 모방적인 욕망과 르상티망의 심리정치학과 심리치료로 좀 더 심화되고 확

---

5 Oughourlian, *The Genesis of Desire*, 66.
6 Oughourlian, *The Genesis of Desire*, 116-8.

장될 필요가 있다. 소진(Burn out) 현상에 대한 최근의 외국 연구서들과 강연들에서도 사회구조 비판뿐 아니라, 인간 자신 안의 문제, 즉 경쟁으로 인한 소진과 스트레스의 문제를 잘 지적하고 있다. 자기 착취는 궁극적으로 분석하면 인간의 (모방적) 욕망과 경쟁으로부터 발생한다.

그러므로 한병철의 피로사회론은 폭력적 피로의 원인을 인간 자신 안에서, 특히 인간의 모방적 욕망과 경쟁 그리고 르상티망에서 원인을 찾는 것으로 좀 더 심화되어야 한다. 즉, 피로사회보다 질투사회에 대한 담론이 훨씬 더 궁극적이고 포괄적이라 할 수 있다.

피로사회 속에서의 폭력적 자기 착취는 자본주의와 신자유주의의 문제라기보다는 인간 자신의 (모방적) 욕망의 질병들이며 병리학으로 보는 것이 더 급진적이고 궁극적일 것이다. 물론 현대 자본주의가 질투를 조직적으로 자극한다는 사실을 고려한다면 자본주의 체제에 대한 구조적인 이해와 비판도 필요할 것이다. 하지만 더 궁극적인 것은 호모 미메티쿠스의 욕망 안에 있다. 모방적 욕망이 피로사회를 만든다.

2. 질투의 글로벌화

슬로터다이크는 지라르가 유대교의 십계명에 대한 새로운 인류학적 해석을 통해서 인간 욕망의 미메시스적인 구조를 밝히고 있으며, "미메시스적인 인류학의 정신으로부터 기독교를 새롭게 수립하고자" 한다고 분석한다. 지라르는 십계명에 대한 논의에서 "네 이웃의 것을 탐내지 말라"는 계명과 '폭력적 근접성'의 개념을 연결시켜서 설명한다.

최근 마틴 하이데거의 『블랙 노트』(Schwarze Hefte)가 출판되면서 하이데거가 자신의 학문적 이웃이었던 많은 유대인들에게 얼마나 뿌리 깊은 질투심과 르상티망 그리고 증오심을 가지고 자신의 철학을 전개했는지 잘 드러나게 되었다. 하이데거는 스스로 유대인을 증오한다고 고백한 나치로서 그의 이론적 철학 자체가 뿌리 깊게 나치적이라는 사실이 자신의 철학적 일기장인 『블랙 노트』를 통해서 명료하게 드러나게 되었다. 유대인을 향한 하이데거의 증오심은 바로 유대인을 향한 질투심과 깊이 얽혀 있다.

슬로터다이크는 나아가 지라르가 『나는 사탄이 번개처럼 하늘에서 떨어지는 것을 본다: 기독교에 대한 비판적 변증』 제14장에서 "니체의 이중 유산"을 논의하는 것에도 주목했다.[7] 그는 지라르의 도움으로 현대 소비사회가 "에로틱한 장의 무제한적인 규제 철폐"를 통해 "욕망에 대한 조직적인 자극"을 가져왔다고 분석한다. 그리하여 세익스피어에 관한 지라르의 책 제목처럼[8] 현대의 소비사회를 "질투의 불꽃(Feuer des Neides)을 자극하는 질투사회"라고 말한다.

결국 지라르의 이론으로 분석해 본다면, 현대사회는 "시장에 통합된 질투를 생산하는 원자로(Eifersuchtsreaktoren) 혹은 시기를 발생시키는 발전소(Neidkraftswerke)"라는 것이다. "거시역사적인 관점에서 바라보면" 현대사회는 "고삐가 풀린 대중의 질투(Masseneifersucht)"와 무제한적인 소비재 생산이 얽혀 있는 독특한 사회다.

현대사회에서는 조직적인 질투의 자극과 생산이 이루어진다. 지라르

---

[7] Sloterdijk, "Erwachen im Reich der Eifersucht: Notiz zu René Girards anthropologischer Sendung," 249-51.
[8] R. Girard, *Shakespeare ou les feux de l'envie* (Paris: Grasset, 1990).

는 많은 현대인들의 정신병과 폭력성이 모방 욕망, 경쟁, 질투, 원한, 르상티망과 결코 무관하지 않다고 지적하기도 했다. 슬로터다이크는 사회심리적 관점에서 현대 소비사회에는 "질투의 원자로"가 존재한다고 분석하고, 좌절과 실패로 인한 르상티망의 범람과 '전염'의 문제를 본다. 그래서 오늘날의 문화 이론이나 도덕철학이 논의해야 할 문제는 다음과 같다고 말한다.

"현대사회는 어떻게 다시금 '질투의 글로벌화'를 통제할 수 있을까?"[9]

'질투의 글로벌화를 어떻게 통제할 것인가'가 새로운 문제로 등장하게 되었다. 지라르의 많은 저서들을 이탈리아어로 출판한 로베르토 칼라소(Roberto Calasso)는 서구가 질투의 고삐를 풀어놓아 그것을 통제하지 못해서 질투 때문에 망할 것이라고 경고한 바 있다. 서구 기독교가 전통적 사회의 자기보호 메커니즘이었던 희생양 메커니즘을 폭로함으로써 모방 욕망이 고삐가 풀리게 되고, 질투와 르상티망이 역사 속에서 범람하게 되었다. 서구는 질투 때문에 망할 것이라는 칼라소의 경고는 신중하게 받아들여져야 한다.[10]

물론 현대인들은 모방 욕망을 양성화해서 또 다른 창조적 에너지로 사용하고 있고, 불타는 질투를 관용하고 견딜 수 있는 개인들이 있긴 하지만, 그럼에도 불구하고 고삐가 풀린 질투 때문에 서구가 점차적으로 쇠약해질 것이라는 경고는 무시할 수 없다고 본다. 니체가 유대-기독교 전통

---

[9] Sloterdijk, "Erwachen im Reich der Eifersucht: Notiz zu René Girards anthropologischer Sendung," 252-4.

[10] R. Calasso, *Der Untergang von Kasch,* trans. J. Schulte (Frankfurt/M: Suhrkamp, 1997), 61-71.

이 개인의 가치를 지나치게 절대화해서 공동체를 조직하는 힘이 약화되게 되었다고 분석한 것은 틀린 이야기만은 아니다.

지라르의 미메시스 이론은 경제학의 논리를 모방적 욕망과 경쟁 그리고 질투의 관점에서 분석한다는 점에서 마르크스적인 자본주의 비판과 분석보다도 더 급진적이라고 할 수 있다. 에콜폴리테크니크(École Polytechnique)와 스탠퍼드대학교의 사회정치 철학자이자 응용인식론 연구센터의 소장인 장 피에르 뒤피(Jean-Pierre Dupuy)는 지라르의 문화 이론을 학제적으로 응용하는 주도적 역할을 해왔다.

뒤피는 자본주의를 아주 '정신적인' 세계로 본다. 왜냐하면, 이 사회의 관심은 엄격하게 물질적인 것이 아니기 때문이다. 그 결과 순수하고 단순한 의미의 물건 취득은 사라지고 단지 질투만이 남게 되며, 물건 자체는 그저 질투의 기호로서 존재한다.[11] 그러므로 자본주의 사회에서의 결핍 혹은 부족의 양가성도 미메시스 이론으로 잘 설명된다는 것이다.[12]

물론 과잉 소통과 무한 욕망이 범람하는 현대의 피로사회와 질투사회를 치유하기 위한 처방으로서, 지라르가 제시하는 '올바른 거리 두기'의 지혜와 함께 슬로터다이크가 제안하는 불교적인 '무관심의 윤리학'을 긍정

---

[11] Jean-Pierre Dupuy, "Le Signe et l'envie," *L'nfer des choses*, Paul Dumouchel et Jean-Pierre Dupuy (Paris: Seuil 1979); Paul Dumouchel und Jean-Pierre Dupuy, *Die Hölle der Dinge: René Girard und die Logik der Ökonomie*. Mit einem Nachwort von René Girard. Hrsg. von Erich Kitzmüller und Herwig Büchele. Aus dem Französischen von Vanessa Redak und Erich Kitzmüller (Beiträge zur mimetischen Theorie 9) (Münster/Berlin/Wien, 1999).

[12] Paul Dumouchel, "Die Ambivalenz der Knappheit," *Die Hölle der Dinge: René Girard und die Logik der Ökonomie*. Mit einem Nachwort von René Girard. Hrsg. von Erich Kitzmüller und Herwig Büchele. Aus dem Französischen von Vanessa Redak und Erich Kitzmüller (Beiträge zur mimetischen Theorie 9) (München/Berlin/Wien: LIT Verlag, 1999), 175-308.

적으로 수용할 수도 있을 것이다. 하지만 그렇다고 해서 불교의, 보다 정확히 말하자면 붓다들의 '무관심의 윤리학'의 희생제의적 본질에 대한 보다 엄밀한 종교학적 이해까지 포기할 필요는 없다.

3. 포스트휴머니즘, 반휴머니즘 그리고 냉소주의

슬로터다이크가 현대 질투사회에 저항할 수 있는 대안적 지혜로서 불교적인 무관심의 윤리학을 높게 평가하는 것은 그의 냉소주의와 포스트휴머니즘적 반휴머니즘과 무관하지 않다.

한국의 도올 김용옥과 슬로터다이크를 비교한 한병철 교수도 최근의 기행과 막말로 구설수에 올랐다. 한때 불교 출가자로 수행하기도 했던 고은 시인의 성적인 기행도 대중들에게 알려지게 되었다. 일본에서 선불교를 수행한 푸코도 광기와 섹슈얼리티에 천착하면서(혹은 집착하면서) 마약 LSD를 복용하고 동성연애를 했으며 이후 결국 자살로 생을 마감한 것으로 알려져 있다.

한병철 교수의 『피로사회』에서도 불교 철학적인 차원과 함께 푸코의 권력 분석에 대한 이해가 포함되어 있다. 급진좌파 철학자 들뢰즈도 과도한 음주가와 흡연가로 건강이 좋지 않았으며 결국 자살했다. 최초의 반도덕주의자라고 스스로 주장한 니체, 그리고 도덕을 역겨운 것으로 본 하이데거 그리고 포스트모던 철학에서도 일상적이고 건강한 도덕과 윤리가 실종되고 추방되었다. 포스트모던 철학은 일상의 철학과 인식론을 추방하는 일탈의 철학이었다.

슬로터다이크는 인간을 유전학적으로 선별하고 사육할 수 있게 만든 생명공학은 포스트휴머니즘의 도래를 의미한다며 근대적 휴머니즘의 패러다임을 넘어선 '포스트휴머니즘'을 주창했다. 그의 주장은 유전공학과 관련한 슬로터다이크 논쟁을 불러일으켰는데, 이는 그가 인간 사육의 휴머니즘(Züchtungs-Humanismus)을 말하기 때문이다.

슬로터다이크는 『인간농장을 위한 규칙: 하이데거의 휴머니즘 서간에 대한 하나의 답변』의 강의와 출판을 통해서 새롭게 파시즘 논쟁을 불러일으켰다. 그는 인간의 야만성을 교육 등을 통해 극복하려 했던 휴머니즘의 이상이 이미 실패로 돌아갔으며 그 원인은 휴머니즘에 내재해 있다고 주장했다. 그는 야만의 시대, 휴머니즘에 사형을 선고하면서 독일 지성계를 뒤흔든 학자이다.[13]

슬로터다이크는 문명이 야만주의를 향해 점차 나아가고 있으며, 인간의 야수화가 가속화되고 있다고 지적한다. 하버마스를 비롯한 프랑크푸르트 학파의 비판 이론의 노선에 있는 좌파 지식인이 비판하듯이, 그의 사유에는 반휴머니즘적이고 파시즘적인 요소가 있다. 독일 나치의 야만적 폭력과 우생학 정책으로 인해 그가 노골적으로 사용하는 인간 사육(Züchtung)과 선별(Selektion)이라는 표현은 음산하고 위험한 의미를 내포하고 있다.

포스트휴머니즘이라는 개념 속에 내포된 반휴머니즘은 니체와 하이데거 그리고 포스트모던 철학에도 존재한다. 슬로터다이크는 독일이 세금을 자발적인 기부로 대체해야 한다고 엉뚱한 주장을 하기도 했다.

---

[13] 김석수, "독일 지성계를 뒤흔드는 슬로터디예크: 야만의 시대, 휴머니즘에 사형을 선고한다," 김호기 외, 『지식의 최전선』 (한길사, 2002), 490-1.

반휴머니즘적인 철학을 전개한 니체와 하이데거 그리고 포스트모더니즘 철학 위에 세워진 동성애 담론인 퀴어 이론이 동성애를 학문적으로 비판하는 기독교를 반인권적 혐오단체라고 주장하는 것은 근거가 희박하다. 반인권적인 것은 반휴머니즘적인 철학인 포스트모던적 퀴어 이론이다. 저자의 죽음, 주체의 죽음, 진리와 윤리의 죽음 등 온갖 종류의 죽음을 선포한 '죽음의 철학'인 포스트모더니즘 철학에서는 휴머니즘과 인권도 사실상 죽은 주제다. 그렇기에 퀴어 이론과 인권은 그다지 철학사적으로 볼 때 어울리는 조합이 아니다.

냉소주의의 재건을 주장하는 슬로터다이크는 『냉소적 이성 비판』(*Kritik der zynischen Vernunft*)[14]에서 냉소주의가 위선적 계몽주의의 산물이라면서, '뻔뻔함'(Frechheit)을 새로운 철학적 사유 양식으로 제시했다. 이 책에서 그는 "시대는 온통 냉소적이 되었다"라는 명제 하나로 시대정신으로서의 냉소주의를 분석한다. 이제 더 이상 계몽이나 이성을 신뢰하지 않기 때문에 철저하게 냉소적이 되었다는 것이다. 냉소주의가 바로 계몽주의의 극단적 산물이라는 것이다.

『냉소적 이성 비판』은 냉소적 이성의 그리스적 기원으로 디오게네스와 견유학파를 소개한다. 사회적 관습을 무시하는 것에서부터 아무데서나 잠을 자는 것에 이르기까지 이들의 행태가 개와 비슷하다고 해서 이들의 사상을 견유주의(犬儒主義)라고도 하는데, 우연의 일치지만 그리스어로 '개 같은'(doglike)이라는 뜻의 단어는 '키니코스'(*cynikos*)이다. 그래서 이들을

---

[14] Peter Sloterdijk, *Kritik der zynischen Vernunft* 2 Bände (Frankfurt am Main: Suhrkamp, 1983). 페터 슬로터다이크, 『냉소적 이성 비판』, 이진우·박미애 역 (서울: 에코리브르, 2005).

견유학파 또는 키니코스학파라고도 한다. 견유학파의 대표적인 인물인 디오게네스는 이상적인 인간이나 일정한 시간이나 예의범절의 규칙에 따라 살아가는 도덕적 인간이 아니라, 배고플 때 먹고, 지칠 때 잠자는 동물적인 인간을 추구하였다. 디오게네스는 공공장소에서 자위를 한 것으로 잘 알려져 있다. 디오게네스는 개차반, 철학자, 백수건달이었다.[15]

한병철이 '독일의 도올 김용옥'이라고 평가한 슬로터다이크는 이렇게 인도에서 요가 수행을 한 이유에서인지 소크라테스보다는 디오게네스를 현대의 철학적 모델로 삼았다. 유럽 68문화혁명을 통해서 등장한 성혁명과 성해방 운동으로 인해서 또한 공공장소에서의 자위행위도 서슴치 않았던 디오게네스를 모델로 삼는 포스트모던적 철학의 영향으로 인해 우리나라 대학가에서도 다자성애와 매춘, 동성애 등 온갖 종류의 성적인 일탈을 철학적으로 정당화하고 정상화하려 한다.

다른 책에서 주장한 것처럼, 디오게네스와 같은 그리스 견유학파는 냉소주의적 일탈의 철학자들로서 실제로는 그리스 폴리스의 안전밸브 역할을 하고 있는데, 이는 디오니소스적 파계로 특징지어지는 불교 철학이 불교적 문화 질서의 안정화를 위한 안전밸브 역할을 하는 것과 유사한 것이다. 즉, 불교 출가승들은 안전밸브 역할을 하는 희생염소들이라는 것이 필자의 결론이다.

축제적 일탈은 일상을 강화하기 위한 안전밸브에 불과하듯이 디오게네스적이고 디오니소스적인 이러한 성적이고 철학적인 일탈 현상이 얼마나 지

---

[15] 보다 자세한 논의를 위해서는 필자의 책 『르네 지라르와 현대 사상가들의 대화: 미메시스 이론, 후기구조주의 그리고 해체주의 철학』에서 슬로터다이크를 논한 장을 참고하라.

속 가능한 일상의 지혜가 될 수 있을지 의문이다. 그것도 성숙한 시민들과 지성인들을 양성해야 할 고등 교육 기관인 대학에서 축제적이고 일탈적인 성담론을 무비판적으로 수용하는 것도 깊게 고려해 보아야 할 문제다.

한국의 경우 불교계와도 멀지 않은 철학자 강신주도 디오게네스를 방송 강연에서 강조하는 것을 잠시 본 적이 있다. 많은 포스트모던 철학자들이 소크라테스를 비판한 니체를 따라서 소크라테스 대신에 디오게네스를 철학적 모델로 삼았다. 냉소주의는 포스트모더니즘 철학의 특징 중 하나다.

『냉소적 깨달음』이라는 책은 슬로터다이크가 말하는 냉소주의와 불교 사이의 관계에 대해서도 말한다. 1970년대와 80년대의 포스트모던적 조건의 핵심적인 특징으로서의 냉소주의를 다룬다. 유럽 68문화혁명 세대로서 그는 1960년대에 팽배했던 정치적 환멸과 서구사회에서의 정치적 사회적 대안의 부재에 대한 고통을 다룬다. 푸코와 마찬가지로 슬로터다이크도 냉소주의 철학을 삶과 예술의 관계를 강조함으로서 일종의 삶의 철학으로 제시한다. 그리스의 견유학파를 다룬 그의 책은 당시 히피들을 위한 책이었고, 제2차 세계대전 이후의 의미의 위기에 대한 답변이었다.

슬로터다이크는 디오게네스로부터 하이데거에 이르기까지 많은 냉소주의자들을 열거한다. 하지만 냉소주의에 대한 그의 명상적 해석을 가장 잘 대변하는 것은 붓다였다. 그래서 붓다가 냉소적 의식을 대변하는 중심적 모델로서의 디오게네스를 대체하기 시작한다. 슬로터다이크는 디오게네스를 또한 선불교의 선승들과 비교한다. 그는 인식을 비판한 아드로노를 '숨겨진-불교인'(crypto-Buddhist)이라고 말한다.

그에게 있어서 "고대 견유학파는 일종의 이원론을 해체하고 자아와 타자의 조화를 성취하고자 하는 불교의 한 형태라고 가장 잘 이해될 수 있다." 물론 그는 냉소주의와 불교의 비교를 시도하면서도 어떤 점에서 그러한지 구체적인 설명을 충분히 제공하지 않아서 많은 개념 혼동들이 존재하고 또한 서로 다른 전통들에 대한 파스티셰(pastiche, 그림 등이 여러 스타일을 혼합한 작품)를 보여주기에, 그는 일종의 "뉴에이지 '넌센스'"을 옹호하고 있다고 비판받는다.[16]

필자는 '인도의 디오니소스'인 시바(Shiva)를 신화적 모델로 삼는 인도의 급진적인 고행자들과 세계 포기자들 파수파타스(Pasupatas)들과 비밀불교의 급진적인 수행자들 그리고 선불교의 선승들의 디오니소스적인 파계와 광기 그리고 소위 '미친 지혜'(crazy wisdom) 등이 보여주는 '신적 광기'(Divine Madness)의 수수께끼를 희생양 메커니즘 속에서 해독해 냈다.

그들은 의도적이고 기술적인 광기와 파계를 통해서 공동체로부터 비난을 자신에게 흡수하는 희생양들이다. 파수파타스 수행자들도 "미친 사람들처럼 행동함으로 비난과 모욕의 매를 번다(court)." 또한 그들은 디오니소스적인 파계(transgression)의 행위로 "세상의 조롱을 자신 안으로 쌓는다."[17]

필자가 『붓다와 희생양』에서 주장했듯이, 디오니소스적인 차이소멸의 죄악, 곧 의도적이고 기술적인 파계 이야기를 수많은 붓다들, 보살들, 마하싯다들, 원효 대사의 생애, 선불교 방장들의 미친 지혜들, 그리고 대선사들의 기이한 언행 속에서도 발견할 수 있다.

이 "붓다들과 보살들과 불교 성자들의 명백한 파계 이야기들은"[18] 도덕

---

[16] Louisa Shea, *The Cynic Enlightenment: Diogenes in the Salon* (Baltimore: The Johns Hopkins University Press, 2010), xi, 136, 156.

[17] David Kinsley, "Through the Looking Glass: Divine Madness in the Hindu Tradition," *History of Religions* 13 (1973), 294-305.

[18] Faure, *The Red Thread: Buddhist Approaches to Sexuality*, 100.

주의의 관점에서나 혹은 한때 풍미했던 금기 파괴에 대한 즐거운 유희의 차원에서보다는 희생제의적이고 통과제의적으로 읽어야 한다. 그것은 희생양들이 범해야만 하는 금기에 대한 의무적인 파계다. 그들은 즉위식 때 온갖 폭력적이고 부도덕한 죄악을 범하도록 요구받는 신성한 왕들처럼 통과제의 속에서 계율을 파괴하는 죄악을 범하도록 요구받는 초석적인 희생양들이다.[19]

슬로터다이크가 냉소적 이성으로 찬양한 불교 속의 고승들의 디오니소스적이고 디오게네스적인 성적인 파계와 기행은 우리나라 국민들에게 낯선 풍경이 아니다. 2018년 MBC PD수첩 "큰 스님께 묻습니다" 방송에서 조계종 총무원장 설정 스님과 현응 교육원장의 혼외자 의혹과 성폭력 그리고 유흥 업소 출입 등에 대해서 보도했다. 결국 설정 스님은 총무원장 자리를 물러나게 되었다.

설정 스님이 불교방송에서 한국 근현대 불교를 개창한 대선사인 경허 스님에 대해서 강의하는 것을 잠시 본 적이 있다. 경허도 원효처럼 파계와 기행으로 잘 알려진 인물이다. 우리나라 선(禪)불교의 중흥조(中興祖)로 알려진 구한말의 경허는 견성(見性)한 후 온갖 파계적 기행(奇行)으로 유명했다. 대중 앞에서 대놓고 음주식육(飮酒食肉)을 하는 것은 다반사였고, 여색(女色)도 서슴지 않았다고 한다.

이러한 행동을 무애행(無礙行)이라고 한다. 우리나라 불교계에는 경허처럼 파계적인 행동을 해야 뭔가 깨달은 붓다인 것 같고 그러다 보니 그러한 잘못된 행동을 용인해 주는 풍토가 있다. 술을 먹고, 화투를 치고, 여자를

---

[19] Girard, *Das Ende der Gewalt: Analyse des Menschheitsverhängnisses*, 63.

가까이해야 자유함을 얻은 붓다라고 생각하는 것이다.

  조계종 총무원장 설정스님의 은처자 의혹을 비판하면서 한국교수불자연합회는 "파계승을 일벌백계해야" 한다고 주장했다. 불교 개혁을 위해서 파계승을 일벌백계해야 한다는 현대적 재가신자들의 입장은 이해가 되지만, 원효 대사로부터 근대말 경허 스님에 이르기까지 많은 고승들은 깨달음의 탄생을 위해서 파계(transgression)하는 파계승이었기에, 딜레마와 아이러니가 있다.

  아시아에서 대부분의 위대한 고승들은 대부분 파계승이었다. 파계(transgression)와 성불의 비례 관계 혹은 인과관계는 지라르의 희생염소 메커니즘(scapegoat mechanism)의 빛 속에서 쉽게 해명될 수 있다. 본래 불교에서 파계는 깨달음을 위해서 본질적으로 필요했던 과정이었다. 그리고 출가승들과 고승들은 파계, 특히 성적인 파계로 인해서 재가신자들로부터 일벌백계당함으로써 공동체를 정화시키는 '복전'(福田)으로 역할을 해왔다.

  필자의 연구 결과에 의하면, 파계승/고승을 일벌백계해야 하는 불교의 딜레마, 역설 그리고 그 메커니즘은 르네 지라르가 신화의 수수께끼에서 해독해 낸 희생양 메커니즘, 보다 정확하게 표현하자면 희생염소 메커니즘(scapegoat mechanism)으로 해명될 수 있다.

4. 부처님 머리 위의 촛불

  티베트 불교, 일본 선불교, 요가와 명상 유행에 전염되어서 심취했던 슬로터다이크와 같은 유럽 68문화혁명 세대 출신의 철학자들은 불교를 제대로 이해하기 위해서 부처님 머리 위의 촛불에 다시금 주목해야 한다. 불교 명상을 데카르트적인 근대철학적 명상보다 더 고차원적인 어떤 것으로 서술하는 한병철 교수도 불교 명상의 본질과 기원으로서의 불 제사(fire sacrifice)에 대해서 주목해야 한다.

부처님 머리 위의 촛불 혹은 두개골 돌출과 파열은 불 제사로서의 불교 명상의 결과라고 필자는 이미 『붓다와 희생양』에서 밝혔고, 이는 「동아일보」, 「매경이코노미」, 「경향신문」 등을 통해서 소개되었다. 또한 입소문을 통해서 이 사실이 알려져 과거 '개그콘스트'에서는 이 부처님 머리에 대한 개그가 몇 차례 이루어진 것을 필자는 직접 보았다.

2018년 카이스트(KAIST)와 플라톤아카데미가 공동으로 주최한 SBS CNBC 방송의 "과학 기술 시대, 명상을 만나다"는 4차 산업혁명 시대와 인공 지능 시대를 맞이하여 명상을 과학적 시각에서 탐구하고자 기획된 대중 강연 프로그램이었다. 김완두(미산 스님) 카이스트 명상 과학연구소 소장은 그동안 서구에서 불교가 유럽 68혁명 세대들의 반문화(counter-culture) 운동과 연동되어서 많이 유행되었지만, 21세기에 들어서면서 명상 과학 운동을 중심으로 소개되고 있다고 이 강연에서 소개했다. 하지만, 불교를 명상불교, 특히 과학적 명상 혹은 명상 과학의 이름으로 소개하는 것은 현대 불교의 가장 오래되고 전형적인 포교 전략이다.

불교 명상의 뇌과학적 혹은 인지과학적 효과는 불교 명상의 부산물이지, 본래적 의미와 목적은 아니라고 필자는 이미 『붓다와 희생양』에서 주장했다. 불교 명상의 본래적 의미는 희생제사, 특히 불 제사의 내면화에 있다. 스리랑카 불상이나 동남아 남방 불교의 불상에서 쉽게 찾아볼 수 있는 부처님 머리 위의 촛불 형상이나 양초 형상 혹은 불 제사로 솟아오른 두개골 파열 혹은 돌출은 이를 잘 보여준다.

르네 지라르의 분석처럼 인류 문화제도가 희생제의로부터 파생된 부산물이라는 점에서 현대인들은 불교 명상의 부산물인 뇌과학적 효과와 힐링을 어느 정도 수용하고 긍정할 수 있지만, 불교 명상의 원래적 의미와 목적을 망각해서는 안 된다.

스리랑카에서 쉽게 발견되는 불상은 보다 원색적으로 부처님 머리 위의 촛불을 잘 보여준다. 법열(*tapas*)이 있어야 붓다가 된다고 불가에서는 말한다. 불교 명상이 가져다주는 뇌과학적 효과와 힐링을 말하지만, 본래 힌두교와 불교에서 명상은 현대인들이나 일부 명상불교 포교론자들이 주장하는 것처럼, 힐링이나 웰빙이 아니라, 일부 출가승들에 의해서 매우 제한적으로 이루어진 위험한 수행이었다.

명상의 본래 목적과 의미는 힐링이나 웰빙이 아니라, 희생제의적 킬링이라는 사실이 다른 곳에서 소개될 것이다. 『붓다와 희생양』에서 논의한 것처럼, 인도학과 불교학에서 불교 명상은 일종의 정신적 제사(mental sacrifice)였다. 일종의 '멘붕'(멘탈 붕괴)을 의도적으로 가져오는 것이 명상이다. 그래서 불교 논리와 철학에서는 논리와 정신을 죽이는 것이 목적으로 자리잡고 있다.

이미 엄밀하게 아카데믹한 불교학자들은 뇌과학과 양자역학 등을 엮어서 유사학문적인 방식으로 소위 과학적 불교로 고속 근대화시키는 시도들을 '프로테스탄트 불교'(Protestant Buddhism)라고 명명한 바 있다. 물론 명 때리기처럼 불교 명상도 뇌과학적인 안정이나 효과를 줄 수 있다. 하지만, 그것은 불교 명상의 부산물이지, 본래적 의미와 목적은 아니다.

본래 불교 명상은 속세에 대한 '염증'을 일으키도록 고안되었다. 소위 '염증명상'(Ekelmeditation)이었다. 그래서 본래 출가승들은 시체를 명상하곤 했다. 불교는 항상 그 신화적, 제의적 차원을 벗어나기 위해서 양자역학, 인공지능, 뇌과학과 관련을 통해서 고속적으로 자신을 근대화시키려고 한다.

불교는 뇌과학, 명상 과학 그리고 '붓다 브레인'을 화두로 해서 뇌과학적으로 명예를 높이려는 모방적 욕망으로부터 자유롭지 못하다. '붓다 브레인'을 이야기하지만, '붓다 브레인'은 요가와 명상 결과 발생하는 법열로 인해서 파열되고 돌출되었다. '붓다 브레인'은 내면화된 불 제사로 인해서 촛불이 된다. 그래서 요가에 대한 고전적 연구를 한 엘리아데는 "붓다는 불타고 있다"(Buddha is burning)라고 말했다.

5. 불교 속의 카타르시스와 카타르마: 인간 희생양

독일 철학자 슬로터다이크(Peter Sloterdijk)는 지라르의 저서 『나는 사탄이 번개처럼 하늘에서 떨어지는 것을 본다: 기독교에 대한 비판적 변증』의 후기(Nachwort)를 "질투의 제국에서 잠을 깨다: 르네 지라르의 인류학적 메시지에 대한 메모"라는 제목으로 썼다.[20] 슬로터다이크는 이 글에서 불교적인 무관심의 윤리를 현대 질투의 제국 속에 살아가는 현대인들을

---

20 Peter Sloterdijk, "Erwachen im Reich der Eifersucht: Notiz zu René Girards anthropologischer Sendung," R. Girard. *Ich sah den Satan vom Himmel fallen wie ein Blitz: Eine kritische Anthropologie des Christentums* (München: Hanser, 2002). 243-54.

위한 대안으로 제시했다.

슬로터다이크는 이 글에서 니체를 따라 '무관심의 윤리'(Ethik der Desinter-essierung)의 가장 성숙한 형태를 '통찰의 칼'로 집착을 자르는 불교적인 가르침에서 발견할 수 있다고 말한다. "인과적인 사슬에 대한 섬세한 분석"을 통해서 불교는 "적어도 몇몇 사람들을 욕망의 아레나로부터 건져내 피할 수 없는 상실감으로부터 해방시키고자 하는 시도를 했다"는 것이다.

그는 니체가 불교에서 "개인과 집단을 위한 가장 중요한 감정적인 위생학"을 발견한 것은 우연이 아니라고 적고 있다. 그러면서 르상티망에 대한 니체의 분석을 높이 평가한다.[21] 슬로터다이크는 또한 지라르가 모방적 욕망의 발생과 욕망의 삼각형 구조를 분석함으로써 인간의 '미메시스적인 조건'(conditio mimetica)을 해명했다고 평가한다.[22] 인간의 조건(conditio humana)은 근본적으로 미메시스적이다. 그러므로 인류는 미메시스의 장을 벗어나기 힘들다.

슬로터다이크의 말처럼 현대인은 '질투의 제국' 속에 살고 있다. 대중문화 평론가로서 슬로터다이크는 현대의 풍요사회에서 발견되는 새로운 문명 속의 불만과 스트레스에 대해서 논의하면서 지라르의 문명론을 자주 언급한다. 그는 프로이트의 『문명 속의 불만』(Unbehagen in der Kultur)으로 시작해서 현대 풍요사회의 새로운 문명 속의 불만과 르상티망의 문제를 다룬다.

---

[21] Peter Sloterdijk, "Erwachen im Reich der Eifersucht: Notiz zu René Girards anthropologischer Sendung," R. Girard, *Ich sah den Satan vom Himmel fallen wie ein Blitz: Eine kritische Anthropologie des Christentums* (München: Hanser, 2002), 247-8.

[22] Sloterdijk, "Erwachen im Reich der Eifersucht: Notiz zu René Girards anthropologischer Sendung," 249.

또한 문화의 역사, 폭력의 문제, 헤겔이 말했던 소외의 문제, 짐멜이 주목했던 문화의 비극 문제를 다루면서, 지젝과 달리 슬로터다이크는 여전히 니체와 하이데거를 따라서 수동적 내맡김(Gelassenheit)의 지혜를 제시하기도 한다. 슬로터다이크는 불교의 수동적인 무관심과 내맡김의 지혜와 윤리가 위생적이라고 낭만화하지만, 그 무관심의 윤리를 가능케 한 비극적 영웅들인 붓다들의 식물적 수동성에 은폐되어 있는 희생제의적 (자기)강제성은 보지 못하고 있다.

필자는 『붓다와 희생양』에서 이들 독일 철학자들이 인식하지 못하고 있는 희생양 메커니즘, 보다 정확하게 번역해서 희생염소 메커니즘을 분석한 이후 붓다들이 세계 신화와 종교의 수많은 신들처럼 희생염소(scapegoat)을 하고 있다고 주장했다.[23]

물론 새로운 희생의 위기와 격렬한 질투사회를 문명 속에 가져온 유대-기독교적 전통 속에서 살아온 슬로터다이크와 같은 학자들이 불교의 차가운 무관심과 포기의 지혜에서 부분적이나마 정신적인 오아시스와 카타르시스적인 위생학을 본 것은 이해할 만하다. 그리고 모방적 욕망과 르상티망이 범람하는 잉여 욕망의 시대를 사는 현대인들에게는 지라르가 말하는 창조적 포기와 '올바른 거리 두기'가 필요하기도 하다.

하지만 욕망과 집착을 잘라버리는 '지혜와 통찰의 칼'이나 불교적 유형의 금욕심리학을 지나치게 미학적으로 미화하는 것은 옳지 않다. 속세에 대한 욕망과 집착을 지혜와 통찰의 칼로 잘라버리기 위해서 염증명상을 해야만 했던 불교 출가승들의 희생제의적 실존에 대한 인류학적 이해가

---

[23] 정일권, 『붓다와 희생양: 르네 지라르와 불교 문화의 기원』(서울: SFC 출판부, 2013).

선행되어야 한다. 다른 부분에서 소개한 것처럼, 세계를 포기하는 염증명상(Ekelmeditation)의 결과 초기 많은 출가자들은 심지어 우울증에 빠져 자살하는 예가 많았다.²⁴

슬로터다이크는 불교의 카타르시스적인 지혜만 낭만적으로 찬양하고 있고, 그 카타르시스가 불교의 카타르마(인간 희생양, human scapegoat) 역할을 하는 붓다들과 출가승들로부터 온다는 사실을 깨닫지 못하고 있다. 그리고 그는 욕망과 집착을 잘라버리는 불교의 무욕에 대한 가르침이 전근대적인 의미에서 희생제의적이라는 사실을 보지 못하고 있다.

니체와 하이데거의 계보에 서서 철학하는 슬로터다이크가 불교를 찬양하는 것은 그의 과거의 삶으로부터 이해될 수 있다. 슬로터다이크 자신이 부인하지는 않지만, 때로는 침묵하고 때로는 아주 드물게 인정하는 사실 중 하나는 그가 1978년에서 1980년까지 인도에 머물면서 오쇼 라즈니쉬(Rajneesh Chandra Mohan Jain)의 제자로서 오렌지 색깔의 옷을 입은 요기적 세계 포기자(Sannyasin)로서 수행하고 스와미 피터(Swami D. Peter)라는 이름을 받았다는 것이다.²⁵

이 오쇼 라즈니쉬의 영향은 슬로터다이크에게 지속적인 영향을 주고 있다. "한번 세계 포기자(Sannyasin)이면 영원한 세계 포기자인가"라는 질문에 그는 긍정의 답변을 했다. 그는 세계 포기자일 뿐 아니라(Sloterdijk als Sannyasin), 유럽 68문화혁명 세대를 대표하기도 한다(Sloterdijk als 68-er). 그 자신이 인터뷰에서 인정하듯이 그는 '향락주의적 좌파'를 포함한 68문화혁명의 행

---

24   Michael von Brück, *Einführung in den Buddhismus* (Frankfurt a.M: Verlag der Weltreligionen im Insel-Verlag 2007), 158.
25   Die Tageszeitung interview dd. 13 June 2006, interview in Lettre International(German).

동주의자는 아니었지만 '서정적인 급진주의자'였다. 그는 사회적이고 정치적인 것보다 심리적인 차원에서 혁명적인 것을 추구하려고 했다.

오쇼 라즈니쉬는 매우 섹슈얼리티에 대해서 자유분방한 입장을 가진 것으로 잘 알려져 있고, 『섹스로부터 우주적 의식에까지』라는 책도 출판되었다. 라즈니쉬는 제자들을 모아 새로운 세계 포기자(Neo-Sannyasins) 공동체를 형성했다. 필자는 지라르의 종교 이론으로 불교를 사회인류학적으로 연구한 박사 학위 논문에서 이 세계 포기자들과 세계 포기자(world-renouncer) 붓다들이 희생염소(scapegoat) 역할을 하고 있다고 밝혔다.[26]

『붓다와 희생양』에서 주장했듯이, 요기적 명상의 최종 단계인 사마디(samādhi)는 또한 무덤을 의미한다. 필자는 이 책에서 오렌지 색깔의 옷을 입은 세계 포기자는 그리스의 오이디푸스와 마찬가지로 은폐된 희생양, 보다 정확히 번역해서 희생염소 역할을 하고 있다고 주장했었다. 본래 사형 집행을 기다리는 죄수들이 입었던 옷이 오렌지 색깔이었다.

세계 포기자와 인도의 폭력적으로 성스러운 제도인 세계 포기(World-renunication)를 이해함에 있어서 중요한 삼냐사 우파니샤드(Samnyasa Upanishads)에 대한 연구가 필자에게 큰 도움을 주었다.[27] 필자는 이 우파니샤드의 분석을 지라르의 종교 이론과 제의 이론으로 해석해 냈다.

학위를 받기 전이지만, 국내뿐 아니라 오스트리아에서도 어느 정도 연구내용이 알려져서 박사과정의 동료 스테판 후버(Stefan Huber)는 지라르의

---

26 Ilkwaen Chung, *Paradoxie der weltgestaltenden Weltentsagung im Buddhismus. Ein Zugang aus der Sicht der mimetischen Theorie Rene Girards* (Wien/Münster: LIT Verlag, 2010).
27 Patrick Olivelle, *Saṃnyāsa Upaniṣads: Hindu Scriptures on Asceticism and Renunciation, translated and with an Introduction* (New York, Oxford: Oxford University Press, 1992).

문명 이론의 빛으로 분석해 보는 필자의 사회인류학적 연구, 특히 세계 포기자와 세계 포기와 출가의 길을 걸어가는 붓다들을 인류학적으로 다시 읽어내는 필자의 연구에 큰 관심을 보였다. 그래서 필자에게 인터뷰를 요청했고, 그것은 드라마틱한 수용 과정으로서의 불교에 대한 모방적 재구성의 문제를 다룬 논문으로 2006년 오스트리아 주교회의가 주관하는 「프로 스키엔티아」(Pro Scientia)에 수록되었다.[28]

당시 인스부르크대학교 지라르 학파에서도 슬로터다이크가 어느 정도 알려져 있었지만, 그가 세계 포기자로서 수행을 했다는 것을 필자는 뒤늦게 알게 되었다. 당시 필자에게 인터뷰를 요청한 학자는 필자가 세계 포기자(Sannyasin)에 대해서 연구를 집중하는 것에 대해서 큰 관심을 보였다. 슬로터다이크는 인스부르크 지라르 학파의 학자들과 어느 정도 교류가 있었는데, 몇 번의 경우는 초대에 응하지 않은 경우도 있었다.

은폐된 희생양들로서 세계 포기자 혹은 출가자들은 출가와 함께 이미 세상에 대해서 죽었고 그렇기에 화장의 형태로 이미 장례식을 치룬다. 이후 그들은 '화장식을 치룬 이후의 실존'(postcrematory existence of the *sannyāsin*, 'the renouncer')으로서 지상에서 양가적이고 경계선적으로 살아간다. 그들 속에 희생제의의 장소도 내면화된다.[29]

슬로터다이크와 함께했던 한병철 교수도 슬로터다이크처럼 불교 철학 속에서 피로사회와 성과사회를 극복하는 부정의 힘을 발견하고자 한다.

---

[28] Stefan Huber, *Buddhismuskonstruktion als dramatischer Rezeptionsprozess*, 41-44. PRO SCIENTIA. http://www.proscientia.at/files/2006/reader.pdf.

[29] David Gordon White, *The Alchemical Body. Siddha Traditions in Medieval India* (Chicago and London: The Universities of Chicago Press, 1996), 281.

하이데거에 대한 연구로 박사 학위를, 데리다에 대한 연구로 교수자격논문을 쓴 한병철은 유럽 68혁명 세대의 대표적 학자 중 하나인 슬로터다이크처럼 니체, 하이데거, 포스트모더니즘, 불교 철학 등의 노선에서 자본주의와 신자유주의를 비판하고 있다. 그의 『선불교의 철학』[30]에서도 하이데거에 대한 많은 논의를 보게 된다.

6. 한병철의 『선불교의 철학』 비판

한병철의 『선불교의 철학』은 대체적으로 무(無, Nichts)를 초점으로 하는 불교가 평화스럽고 친절한 종교라는 주장을 하고 있는데, 여기서 그의 미학적 자기 오리엔탈리즘을 엿볼 수 있다. 그의 불교 이해는 독특한 것이 아니라, 20세기 후반 유럽 지식인들 사이에 지적으로 유행했던 불교에 대한 클리셰(cliché)였다.

하지만 2003년 독일 「종교학회 저널」(Zeitschrift für Religionswissenschaft) 11권은 불교와 폭력 문제를 특집으로 논의하면서, 불교를 평화스러운 종교의 대명사로 이해하는 것은 한때 "유럽의 지적인 엘리트들의 유행"이었다고 분석했다. 2003년 독일 종교학회는 이제 유럽에서 더 이상 불교를 낭만적으로 이해할 수 없게 되었다고 선언했다. 이 종교학회는 "이제 불교는 유럽에서 어제의 불교가 아니다"라고 선언했다.[31]

---

[30] 한병철, 『선불교의 철학』, 한충수 역 (서울: 이학사, 2017).
[31] Karénina Kollmar-Paulenz and Inken Prohl, "Einführung: Buddhismus und Gewalt," Zeitschrift für Religionswissenschaft 11 (2003), 143.

한병철은 『선불교의 철학』을 논하면서 헤겔의 불교 이해를 비판하고 있다. 선불교의 철학에 대한 그의 분석에는 '불교의 급진적인 차이성'을 강조하는 자기 오리엔탈리즘을 보이고 있다. 그는 '붓다를 죽여라'는 선승의 요구가 헤겔에게는 도저히 이해될 수 없는 것이라고 주장한다.[32]

하지만, '붓다를 죽여라'라는 가르침은 헤겔이나 데카르트 같은 서양철학자들이 이해할 수 없는 고차원의 지혜라기보다는 깨달음을 향한 통과제의 속에서 요구되는 파계(transgression)로 보아야 한다. 그 파계를 필자는 필자의 책 『붓다와 희생양』에서 지라르가 분석하는 희생양 메커니즘, 보다 정확하게 번역하자면 희생염소 메커니즘(scapegoat mechanism) 속에서 새롭게 해석했다.

선불교 전통은 깨달음의 과정 중에 살불살조(殺佛殺祖)를 요구한다.

> 깨침의 과정에서 부처를 만나면 부처를 죽이고, 조사를 만나면 조사를 죽여라. 나한을 만나면 나한을 죽이고, 그가 부모일지라도 죽이고, 친족 권속이라 해도 죽여라.[33]

살불살조를 해야만 비로소 최상의 자유인 해탈에 이를 수 있다는 이 파계적인 요구는 종교적 통과제의에서 요구되는 것으로 이해해야 한다. 살불살조에 등장하는 이 '다섯 가지 큰 죄악들'[34]을 통과제의 속에서 범해야

---

[32] Byung-Chul Han, *Philosophie des Zen-Buddhismus* (Stuttgart: Reclam Verlag, 2002), 8.
[33] Hugo M. Enomiya-Lasalle, *Zen-Buddhismus* (Köln: J.P. Bachem, 1974), 24.
[34] Heinrich Dumoulin, *Geschichte des Zen-Buddhismus*, Band I. Indien und China (Bern-München: Francke Verlag, 1985), 186.

만 해탈에 이를 수 있다는 것이다.

"이 다섯 가지 큰 죄악들은 해탈의 관점 아래서 나타난다."[35]

부처와 조사와 나한과 부모를 죽이는 것은 오이디푸스의 근친상간과 부친살해처럼 종교적 통과제의 속에서 희생양들에게 요구되는 "무차별화하는 죄악들"이다.[36]

하이데거 전공자인 한병철은 헤겔이나 데카르트에 대해서는 보다 비판적이면서 하이데거식의 불교 이해를 따르고 있다. 한병철은 "선불교의 이론적대적이고 담론적대적인 근본 자세"를 출가승들만의 특정하고 고유한 다르마로서의 '부정성'으로부터 파생한 불교 철학의 태생적 부정주의(Negativismus)이라는 맥락에서 이해하지 못하고 있다.

앞에서 논한 것처럼, 선불교나 불교 철학의 이론적대적이고 담론적대적인 근본 자세는 출가승들만의 다르마(dharma)로서의 부정주의로부터 이해되어야 한다. 부정주의는 출가승들만의 다르마요 특정 논리다. 불교의 무(Nichts)는 실제로는 출가승들만의 '진영 논리'로서의 '무'였다.

무는 본래 재가자들의 논리와 철학이 아니었다. 불교는 본래 출가불교였다. 재가불교는 본래 불교도 아니었다. 무로 요약될 수 있는 불교 철학은 출가승들만의 특정한 '진영 논리'와 '진영 철학'을 반영하고 있다.

한병철은 헤겔은 불교를 해석함에 있어서 본질, 실체, 신, 힘, 권력, 창조와 같은 "존재신학적인 개념들"(onto-theo-logischen Begriffen)을 가지고 잘못 해석하고 있다고 지적하면서, 이 모든 것은 불교에는 적합하지 않는 것

---

[35] Dumoulin, *Geschichte des Zen-Buddhismus*, Band I. Indien und China, 186.
[36] René Girard, *Der Sündenbock* (Zürich: Benziger, 1988), 38.

이라고 말한다.[37] 불교 속에 이 하이데거적인 표현들인 '존재신학적인 개념들'이 존재하지 않는 이유는 불교 속에 아직도 강한 신화적 희생 논리와 지라르가 말하는 희생양 메커니즘이 작동하고 있기 때문이라는 사실을 한병철은 깨닫지 못하고 있다.

불교 속에 강하게 자리잡고 있는 철학적 부정주의(Negativismus)는 현대 철학적으로 읽어야 될 것이 아니라, 전근대적이고 신화적인 의미에서 희생제의적으로 읽어야 할 것이다. 불교 철학이 부정주의적이고 반실체론적인 이유는 불교 철학의 의미 중심에 있는 붓다들과 보살들의 존재 자체가 희생염소들로서 부정주의적이고 반실체론적이기 때문이다.

다른 곳에서 주장한 것처럼, 보살들과 붓다들의 존재 자체가 무(Nichts)이다. 그렇기에 불교 철학의 중심에 있는 무는 해체주의적인 개념이 아니라, 희생제의적인 개념이다. 무는 출가승들에게만 요구된 희생 논리다. 부정주의적이고 반존재신학적이고 반실체론적인 불교 철학은 형식논리학적으로가 아니라, 출가승들만의 특정 철학으로서 사회인류학적으로 읽어야 제대로 이해될 수 있다.

불교 철학이 철저하게 반본질주의, 반실재주의 그리고 반실체주의인 것은 불교 철학의 의미 중심인 붓다들과 보살들의 존재 자체가 무이기 때문이다. 그동안 유럽의 많은 지성인들이 불교의 무(無)가 신화적인 희생 논리라는 사실을 보지 못했다. 필자는 지라르 이론에 기초해서 최초로 그동안 많은 유럽 지식인들이 헤겔 철학이나 데카르트적인 명상보다 더 고차원적인 어떤 것으로 찬양한 불교의 무가 사실은 희생제의적 개념이라고

---

[37] Byung-Chul Han, *Philosophie des Zen-Buddhismus*, 12.

밝혔다.

불교의 무를 너무 쉽게 찬양하기 전에 자신의 존재 자체를 무(無)로 파악하면서 언제든지 자신을 보시하고 희생할 준비가 되어 있어야 하는 수많은 붓다들과 보살들을 희생양, 보다 정확하게 표현해서 희생염소(scapegoat)로 파악해야 한다. 붓다들과 보살들이 공(空)이었다(Bodhisattva is empty).

보살들은 자신의 존재에 대해서 인식하지 않는다. 왜냐하면, 보살이 공(空)이기 때문이다.[38] 공(空)은 사회인류학적으로 읽어야 할 희생제의적 개념이지, 서구적 전통에 서 있는 포스트모더니즘 혹은 해체주의 철학과 손쉽게 비교될 수 있는 개념이 아니다. 불교에서 말하는 해체는 출가승들의 몸의 해체(Deconstruction of the Body)와 관련된 것이다.[39]

불교의 무에 '배제하는 주체성'이나 '의식적인 의지'가 없다는 것은 불교의 부족함이 아니라, 불교의 독특한 강함이라고 한병철은 주장한다. 불교의 무에 의식적인 의지가 없는 이유는 무를 대변하는 출가승들이 사회적 죽음을 의미하는 출가(세계 포기, world-renunciation) 이후에는 '살아 있으나 죽은 자'(living dead)이기 때문이다. 살아 있으나 죽은 자인 출가승들만의 철학에는 의식적인 의지나 배제하는 주체성이 존재하지 않는다.

불교에 의지 혹은 주체성이 부재하기에 불교가 평화스러운 종교라고 한

---

[38] Luis O. Gómez, "From the Extraordinary to the Ordinary: Images of the Bodhisattva in East Asia," *The Christ and the Bodhisattva*, ed. Donald S. Lopez, Jr and Steven C. Rockefeller (Albany: State University of New York Press, 1987), 156.

[39] Patrick Olivelle, "Deconstruction of the Body in Indian Asceticism," Vincent L. Wimbush and Richard Valantasis (eds.), *Asceticism*, 188–210 (Oxford: Oxford University Press, 1995).

병철은 주장한다. 결국 불교의 무(無)는 주체 없고 의지 없고 권력으로부터 자유로운 비폭력적이고 평화스러운 종교라고 한병철은 주장한다. 배제적인 주체성이 부재하고 존재하지 않는다는 사실이 불교를 친절한 종교라 만든다고 그는 주장한다. 그렇기에 불교에는 '근본주의'가 없다고 그는 말한다.

불교에 근본주의가 없는 것은 (출가)불교의 철학이 문명의 중심인 마을과 집이라는 근본을 떠나서 야만과 무질서를 상징하는 정글 속으로 출가의 길을 떠난 출가승들의 희생제의적 무근본주의를 대변하기 때문이다. 이러한 불교의 무근본주의나 반근본주의도 평화주의로 볼 것이 아니라, 전근대적인 의미에서 희생제의적으로 보아야 옳다. 출가승들에게만 반근본주의가 요구되고 문명의 상징인 마을에서 욕망하고 출산하고 생산하는 재가자들은 철저한 근본주의석 입장을 가지고 있다.

또한 한병철은 나르시스적인 기독교와는 달리 "불교는 반대로 결코 나르시스적으로 구조화되어 있지 않다"라고 주장한다. 기독교는 성육신하신 하나님 안에서 인간은 자기 자신을 보기에 나르시스적이라고 분석한다. 하지만 성육신한 하나님을 보는 기독교는 나르시스적이 아니라, '인간적인' 종교다. 한병철에 의해 나르시스적이 않은 비주체성 혹은 반주체성의 종교라 평가되는 불교는 사실 희생제의적 종교다.

한병철은 불교적 무, 좀 더 엄격히 말해서 출가승들만의 진영 논리로서의 무(Nichts)를 중심으로 구조화된 소위 비주체성과 반주체성의 종교(불교) 속에 은폐된 채 작동하는 신화적 박해 논리를 깨닫지 못하고 있다. 재가자들이 아니라, 붓다들만이 비주체적이고 반주체적인 희생염소 역할을 하고 있다.

그렇기에 (출가)불교는 카타르마(인간 희생양) 역할을 하는 붓다들을 신격화하는 카타르시스적인 종교다. 한병철은 기독교가 나르시스적인 종교라 비판하지만, 자신이 높게 평가하는 평화스럽고 친절한 종교가 사실은 카타르마 역할을 하는 붓다들의 비주체적이고 반주체적인 희생을 강요하는 카타르시스적인 박해종교라는 사실을 깨닫지 못하고 있다.

본래 불교뿐 아니라, 마녀사냥의 텍스트이자 박해의 문서인 세계 신화의 텍스트 자체가 비주체적이고 반주체적이다. 세계 신화는 전체와 집단만 존재할 뿐 주체와 개인은 억압받고 은폐되어 있는 전체주의적 텍스트다. 주체를 비로소 일으켜 세우고 개인을 발견하고 점차적으로 구원한 것은 일반적으로 잘 알려진 것처럼 기독교다. 그는 불교의 무(Nichts)가 전근대적인 의미에서의 강한 희생 논리요 희생제의적 개념이라는 사실을 보지 못하고 있다. 그리고 그는 선승이 범한 성상파괴주의적인 행위(Destruktion des Heiligen)를 통해서 불교 속의 "평화로움"을 발견하고자 한다.[40]

필자가 『붓다와 희생양』에서 주장했듯이, 불교의 무(Nichts), 좀 더 깊게 읽어서 사회인류학적으로 개념 해명하자면 출가승들만의 무(Nichts) 속에는 배제하는 주체성이나 의식적인 의지가 없기에 불교는 평화스럽고 친절한 종교라고 보기보다는, 주체성 없고 의지 없는 출가승들을 희생양으로 파악해야 한다. 불교의 무(Nichts), 좀 더 엄밀하고 정확하게 말해서 출가승들만의 무(Nichts)에 주체성이 없고 의지가 없는 것은 출가승들과 붓다들 자체가 '살아 있으나 죽은 자'(living dead)이기 때문이다.

본래 출가 혹은 세계 포기는 사회적 죽음을 의미했다. 일본 선불교의 스

---

[40] Byung-Chul Han, *Philosophie des Zen-Buddhismus,* 16-18.

님들도 "살아 있으나 실제로는 죽은 자들"이었다.[41] 힌두교와 불교에서 출가를 의미하는 세계 포기(world-renunciation)는 곧 "세계 포기자의 제의적이고 시민적 죽음"을 의미한다.[42] 그야말로 신성한 존재로서 때로는 지상의 신들처럼 때로는 "종교적 좀비"처럼 살아가는 특별한 종류의 사람들이다.[43] 그들은 살아 있으나 실제로는 죽은 자들이다.[44] 불교 출가승들도 출가함으로 살아 있으나 실제로는 죽은 자들에게 합류한다.[45]

7. 불교는 평화스럽고 친절한 종교인가?

한병철은 선불교 선승이 범한 폭력적 성상파괴주의적인 행위(Destruktion des Heiligen)를 통해서 불교 속의 "평화로움"을 발견하고 있지만, 선승들의 성상파괴주의를 청정계율과 파계(transgression)라는 큰 맥락에서 읽어내지 못하고 손쉽게 불교를 평화스럽고 친절한 종교로 제시하기에 바쁘다.

---

[41] Faure, *The Red Thread: Buddhist Approaches to Sexuality*, 29; Ulrich Schneider, *Einführung in den Buddhismus* (Darmstadt: Wissenschaftliche Buchgesellschaft, 1987), 183.

[42] Patrick Olivelle, "…renunciation constitutes the ritual and therefore the civil death of the renouncer," *The Āśrama System: The History and Hermeneutics of a Religious Institution* (New York: Oxford University Press, 1993), 207.

[43] Thomas Mooren, *Die Vertauschten Schädel. Tod und Sterben in Naturreligionen, Hinduismus und Christentum* (Düsseldorf: Patmos Verlag, 1995), 92.

[44] Jonathan Parry, "Sacrificial Death and the Necrophagous Ascetic," *Death and the Regeneration of Life,* eds. Maurice Bloch and Jonathan Parry (Cambridge: Cambridge University Press, 1982), 98 ; Olivelle, *Saṃnyāsa Upaniṣads: Hindu Scriptures on Asceticism and Renunciation*, 92-3.

[45] Bernard Faure, "By renouncing the world, the Buddhist ascetic joins the 'living dead,'" *The Red Thread: Buddhist Approaches to Sexuality* (Princeton: Princeton University Press, 1998), 29.

2002년 독일에서 출간된 선불교에 관한 그의 책 앞부분에는 선불교 선승들이 사용하는 죽비 혹은 몽둥이로 때리는 것에 대한 언급이 등장하는데,[46] 한병철은 그것을 제의적 폭력으로 보지 못하고 있다.

최근 국제적으로 선불교 연구에서는 이러한 제의적 폭력 문제를 깊게 다루고 있는데, 한병철의 선불교에 관한 책은 선승들의 제의적이고 언어적인 폭력 문제는 도외시하고, 오직 불교를 평화스럽고 친절한 종교로 재해석하기에 집중하고 있다. 『붓다와 희생양』에서 이미 주장한 것처럼, 최근 불교학 내부에서는 이 "교육적 폭력"과 선불교의 "신체적이고 언어적인 폭력"에 대해서 민감한 논의들이 시작되었다.[47] 불교 명상 수행에 있어서 사용되는 '폭력의 요소들'은 최근 비판적으로 논의되고 있다.[48] 물론 이러한 폭력은 통과제의적 시험에서 볼 수 있는 제의적 폭력이다.[49]

후대의 약화에도 불구하고 선불교 명상시 사용되는 케이사쿠(けいさく, 警策) 막대기의 폭력성은 "실제적이라" 보아야 한다.[50] "제의화된 몽둥이로 때리기(*kyōsaku*)"에서 포르(Bernard Faure)는 피에르 부르디외(Pierre Bourdieu)의 영향을 받아 "상징적 폭력의 완곡어법화"를 본다.[51] 이 "폭력적 수단

---

[46] Byung-Chul Han, *Philosophie des Zen-Buddhismus*, 7.
[47] Brian A. Victoria, *Zen, Nationalismus und Krieg. Eine unheimliche Allianz*, aus dem Englischen von Theo Kierdorf und Hildegard Höhr (Berlin, 1999), 288–91.
[48] Georg Baudler, *Gewalt in den Weltreligionen* (Darmstadt: Wiss. Buchgesellschaft, 2005), 114.
[49] René Girard, *Der Sündenbock* (Zürich:Benziger, 1988), 225.
[50] Heinrich Dumoulin, *Der Erleuchtungsweg des Zen im Buddhismus* (Frankfurt am Main: Fischer-Taschenbuch-Verlag, 1976), 149; Hugo M. Enomiya-Lasalle, *Zen-Buddhismus* (Köln: J.P. Bachem, 1974), 44.
[51] Bernard Faure, *The Rhetoric of Immediacy: A Cultural Critique of Chan/Zen Buddhism* (Princeton: Princeton University Press; 1991), 23.

들"은⁵² 지라르의 이론으로 보자면 "카타르시스적인 해결을 위해 필수불가결한 전 단계"로 간주할 수 있다.⁵³

깨달음의 순간(satori)이 가까워지면 선승은 더욱더 "무자비하고" 더 세게 몽둥이로 내리친다.⁵⁴ 선문답을 통해서 발생한 의심의 강도와 깨달음의 가치 사이에는 "비례 관계"가 존재한다.⁵⁵ 제의적 폭력의 강도와 깨달음의 순간은 이렇게 연결되어 있다. 30대 몽둥이로 구타를 당하고 나서야 내적인 눈이 열리게 되었다고 한다.⁵⁶ 깨달음의 체험은 이처럼 "인위적으로 강제된 영혼의 폭발 과정"으로 볼 수 있다.⁵⁷

제자를 "이원론적 주체-객체의 정신"으로부터 해방시키기 위해 선승은 "구타"와 같은 물리적 폭력이나 "고함"과 같은 언어적 폭력을 통과제의적으로 사용한다.⁵⁸ 한병철의 책에는 일본 선불교의 이러한 내용을 소개하면서도 폭력을 외면하면서 불교가 모든 것으로부터 자유롭고, 평화스럽고 그리고 친절한 종교로만 주로 소개되어 있다.

지라르의 관점에서 이 주객의 이원론적 사고의 해방은 제의적 폭력사용을 통해서 발생하는 "무차별적 체험"으로 볼 수 있다.⁵⁹ "일견 의미 없

---

52 Heinrich Dumoulin, *Geschichte des Zen-Buddhismus. Band I. Indien und China* (Bern-München: Francke Verlag, 1985), 182 ; Bernard Faure, *Der Buddhismus* (Bern/München/Wien: Scherz Verlag, 1998), 50.
53 Girard, *Das Heilige und die Gewalt*, 178.
54 Hugo M. Enomiya-Lasalle, *Zen-Buddhismus* (Köln: J.P. Bachem, 1974), 44.
55 Heinrich Dumoulin, *Zen: Geschichte und Gestalt* (Bem: Franche Verlag, 1959), 256.
56 D. T. Suzuki, *Die große Befreiung. Einführung in den Zen-Buddhismus*. 9. Auflage. Frankfurt am Main (1980), 94.
57 Dumoulin, *Zen: Geschichte und Gestalt*, 282.
58 Perle Besserman and Manfred Steger, *Verrückte Wolken: Zen-Meister, Zen-Rebellen*. Aus dem Englischen von Wolfgang I. Waas (Berlin, 1999), 58-9.
59 Girard, *Der Sündenbock*, 25.

는 공식들이나 대답들, 혹은 구타, 조롱, 비웃음"을 사용함으로 선승은 제자로 하여금 대립적 사고를 벗어나게 하고, 합리적 이해의 장벽을 넘어서 모든 반대되는 것 이전의 일치를 깨닫게 한다고 한다.[60] 하지만 모방 이론으로 이 선문답을 통과제의적으로 읽어보면 우리는 각종 제의적 폭력을 통해서 무차별의 위기(crise d'indifférenciation)를 재현하고 있는 것을 알게 된다.

이렇게 한병철은 불교의 무(Nichts)를 평화스럽고 친절한 무신론으로 제시함으로 그것을 신비화하고 미학화하고 있지만, 불교의 무(Nichts)가 본래 출가승들의 다르마였다는 사실을 깨닫지 못하고 있다. 나아가 이미 국제적으로 뜨겁게 논의되고 있는 일본 선불교와 군국주의와 파시즘의 깊은 관계에 대해서는 그는 무지하거나 혹은 침묵하고 있다.

불교에 대해서 가장 낭만적 입장을 가지고 있는 독일어권에서도 최근 영미권에서 먼저 시작된 불교와 폭력 혹은 불교와 파시즘에 대한 최근의 비판적 내용이 수용되고 있다.[61] 빅토리아(Brian A. Victoria)의 저서 『선(禪)의 전쟁』(Zen at War),[62] 일본의 비판불교(Critical Buddhism) 그리고 『무례한 깨달음』(Rude Awakenings: Zen, the Kyoto School, & the Questions of Nationalism)에서 이루어진 논의들이 그것이다.

『선(禪)의 전쟁』은 일본 선불교와 파시즘적인 침략전쟁 사이의 구조적

---

[60] Ernst Benz, *Zen in westlicher Sicht: Zen Buddhismus -Zen Snobismus* (Weilheim, Otto Wilhelm Barth-Verlag, 1962), 82.
[61] Michael von Brück, *Einführung in den Buddhismus* (Frankfurt a.M: Verlag der Weltreligionen im Insel-Verlag, 2007), 300.
[62] Brian A. Victoria, *Zen, Nationalismus und Krieg: Eine unheimliche Allianz*, aus dem Englischen von Theo Kierdorf und Hildegard Höhr (Berlin. 1999).

연관성을 밝힌 계몽서다. 일본 선불교 학자들과 불교인들의 제2차 세계대전 당시 주류 일본 선불교 학자들과 불교인들의 제국주의적 침략전쟁의 조직적인 참여를 분석했다. 하지만 최근까지 일본 불교는 이 과거사 문제를 그냥 쉽게 망각하려 하고 폭력에 대한 사회윤리적 민감한 반응을 보이지 않았다.[63] 박노자가 불교와 파시즘에 대해 진지하게 논의한 것처럼, 스즈키(D. T. Suzuki)는 폭력적인 무사도의 무아경을 미화하고 찬양한다. 무아경에 도달해 자신과 남을 희생시키는 것이야말로 보살도(菩薩道)라고 그는 말한다.[64]

일본, 중국, 한국, 티벳에서 모두 발견할 수 있는 승병(Mönchskrieger) 제도와 (제의적) 폭력의 문제도 연구되고 있다.[65] 스즈키는 불교는 "그 전체 역사 동안 한 번도 전쟁 행위에 동참하지 않았다"고 주장했지만,[66] 실제로는 불교 역사에는 무술하는 승려, 소림사, 승병제도 등 각종 (제의적) 폭력과 전쟁이 깊이 개입되어 있었다.[67] 새로운 새대의 독일 종교학자들은 그동안 일본 선불교 전통의 무술 전통에 대해서 더 이상 낭만적이지 않다.

정신 수양을 위한 무해하고 비폭력적인 정신 수양으로 각색되어 후기

---

[63] Peter Fischer, "Buddhismus und die Legitimation staatlicher Gewalt: Die Haltung des Oberhauptes der Nichiren-Sekte zum Chinesisch-Japanischen und Pazifischen Krieg," *Zen, Reiki, Karate: Japanische Religiosität in Europa*. Hrsg. von Inken Prohl und Harmut Zinser (Hamburg. 2002), 125.

[64] 박노자, "불교와 파시즘의 기묘한 만남,"「한겨레21」, 412호 (200. 6).

[65] Christoph Kleine, "Üble Mönche oder wohltätige Bodhisattvas? Über Formen, Gründe und Begründungen organisierter Gewalt im japanischen Buddhismus," *Zeitschrift für Religionswissenschaft* 11 (2003).

[66] D. T. Suzuki, *Zen und die Kultur Japans* (Stuttgart/Berlin, 1941), 49.

[67] Christopher Ives, "Dharma and Deconstruction," *Contagion: Journal of Violence, Mimesis, and Culture* 9 (2002), 156.

자본주의적으로 찌든 현대인들에게 낭만적인 오아스시를 줄 수 있는 것처럼, 말하지만, 그 뿌리에는 일본 선불교 전통의 제의적 무술 전통이 자리 잡고 있고, 이는 현실 역사에서 결코 무해하지 않았다. 『선(禪)의 전쟁』에서처럼, 그리고 난징 대학살에서처럼 "무"(無)의 이름으로 많은 폭력이 자행되었다.[68] 한병철이 불교의 무(Nichts)를 미학적이고 서정적으로 해석해서 불교를 평화스럽고 친절한 종교로만 제시하는 것이 정당한 것인지 질문해 본다.

지라르의 종교 이론에 기초한 필자의 사회인류학적 불교 연구의 결과는 독일어 위키피디아뿐 아니라, '기독교와 불교'에 대한 한국의 위키백과(ko.wikipedia.org)에도 자세하게 소개된 바 있다. 또한 '평화의 종교'라는 주제에 대한 나무위키(namu.wiki)에도 필자의 『붓다와 희생양』이 소개되었는데, 서구인들이 지나치게 불교를 미화 왜곡하고 있으며 불교도 여느 종교와 마찬가지로 폭력으로부터 자유로울 수 없다는 필자의 주장이 실려 있다.

8. 정신적 희생제사로서의 불교 명상

한병철은 또한 근대 서양철학의 출발점에 있는 데카르트의 철학적 명

---

[68] Victoria, *Zen, Nationalismus und Krieg. Eine unheimliche Allianz* ; Reinhard Zöllner, "Rächer, Märtyrer, Opfer: Gewalt in japanischen Religionen," *Religion, Gewalt, Gewaltlosigkeit. Probleme – Positionen – Perspektiven.* Hrsg. von Christoph Bultmann, Benedikt Kranemann und Jörg Rüpke (Münster, 2004), 183–197.

상과 방법론적 회의가 불교 명상과 불교에서의 대부정과 '대회의'(große Zweifel)보다는 충분히 급진적이지 못하다고 주장한다.[69] 불교 명상이 데카르트적인 명상보다 더 고차원적인 것이라는 자기 오리엔탈리즘적인 주장을 반복하고 있다.

이는 데리다의 해체주의 철학이 대부정을 말하는 불교 철학의 해체주의보다 덜 급진적이라는 주장과 유사한 것이다. 생각하는 주체(*cogito*)에 기초한 데카르트의 철학적 명상과 회의보다는 생각하는 주체가 부재한 불교 명상이 더 급진적으로 회의하고 사유하는 고차원의 철학이라고 그는 주장하는 것이다.

하지만 한병철은 불교 철학에서 근대적 의미에서 생각하는 주체가 부재하고 상실된 것은 불교 철학이 살아 있으나 죽은 자처럼 살아가면서 희생 염소로서 역할하는 붓다들, 보살들, 출가승들의 특정한 관점과 사유에 기초하고 있다는 사실을 간과하고 있다. 근대철학적 의미에서 사유하고 회의하는 주체가 없는 불교 철학은 근대를 극복하고자 하는 포스트모던적 철학이 아니라, 사실은 전근대적이고 신화적인 희생 논리(sacrificial logic)에 의해 구조화되어 있다는 사실을 그는 모르고 있다.

한병철이 데카르트적인 명상보다 더 급진적이고 우월한 것처럼 말하는 불교 명상은 대부정과 대회의를 목표로 하는데, 이는 사유하는 주체에 기초한 철학적 명상이 아니라, 자신의 존재와 주체 자체를 부정하면서 살아 있으나 사회적으로 이미 죽은 자들로서 살아가는 출가승들만의 '희생제의적 명상'이었다.

---

[69] Byung-Chul Han, *Philosophie des Zen-Buddhismus*, 20.

한병철은 데카르트가 더 급진적으로 명상하지 못했다는 식으로 말한다. 그는 "선사 도겐은 데카르트에게 성찰을 계속해서 의심을 더욱 촉진하고 크게 만들라고 조언할 것"이라고 말한다. 데카르트는 '나'(자아)도 '신'의 관념도 산산조각이 날 때까지 더 큰 의심을 해야 한다는 것이다.

하지만 '나'(자아) 개념까지도 산산조각이 날 때까지 더 큰 의심을 해야 하는 것은 오직 희생양 역할을 하는 출가승들만의 다르마였다. 데카르트가 말한 방법론적 회의보다 더 급진적이고 큰 회의라고 높게 평가하는 불교의 의심, 곧 '나'(자아) 개념까지도 산산조각이 날 때까지 하는 더 큰 의심은 출가자들에게만 요구되었던 희생제의적 회의와 의심이었다. 오직 출가자들만 '나'(자아) 개념까지도 산산조각이 날 때까지 희생적으로 의심했다.

그래서 이러한 희생제의적 의심과 회의로 인해서 불교 역사에서는 제의적 자살이 많았다. 불교 철학에서의 무아(無我)는 출가승들에게만 요구된 희생 논리요 희생 개념이다. 불교 텍스트는 출가승들에게만 강요된 희생 논리로서의 무(Nichts)를 중심으로 구조화된 '박해의 텍스트'라 할 수 있다. 많은 현대 불자들과 불교에 동정적인 학자들은 이 불교 속의 은폐된 '박해의 텍스트'를 읽어내지 못하고 있다.

한병철은 데카르트의 "나는 생각한다. 고로 존재한다"(cogito, ergo sum)의 불교적 안티테제로 만든 문장을 만들어서 데가르트가 보다 더 큰 의심을 했다면 다음과 같이 기뻐서 외쳤을 것이라고 말한다.

"나는 생각하지 않는다. 고로 존재하지 않는다"(neque cogito, neque sum).[70]

---

[70] Byung-Chul Han, *Philosophie des Zen-Buddhismus*, 21.

이 말은 불교 출가승들의 희생제의적 실존과 인식론을 가장 간명하게 표현하고 있다. 한병철은 자신의 이 표현으로 데카르트의 근대적 의미의 사유주체를 추월하는 고차원의 불교에 대한 어떤 것으로 주장하지만, 이 말은 데카르트 이전의 전근대적-신화적 희생 논리와 희생철학을 보여주고 있을 뿐이다.

한병철은 전체주의적 거대한 '전체' 아래서 희생당한 채 은폐되어 있는 희생염소 역할을 하는 출가승들의 실존에 대해서 눈치채지 못하고 있다. 사회적으로 이미 죽은 자들인 출가승들은 생각하지 않는다. 불교 철학, 좀 더 정확하게 말해서 출가승들만의 철학의 중심 주제는 무념무상(無念無想)이다. 또한 출가승들은 사회적으로 이미 죽은 자들이기에 존재하지 않는 자들이다. 그래서 불교 철학은 본질적으로 반실체주의적이고 비실체주의적이다. 출가승들의 존재 자체가 무(Nichts)이기 때문이다.

한병철은 생각하지 않는 주체를 가진 출가승들이 살아 있으나 사회적으로 죽은 자로서의 비존재적인 희생양 역할을 하고 있다는 사실을 보지 못하고 있다. "나는 생각하지 않는다. 고로 존재하지 않는다"는 근대 철학의 기원에 있는 데카르트가 더 궁극적이고 급진적으로 회의해야 할 어떤 것이 아니라, 전근대적이고 신화적인 의미에서 희생양에게 강요된 희생제의적 논리에 불과하다.

불교 명상은 본래 일종의 '정신적 희생제사'(mental sacrifice)였다. 불교 명상은 데카르트적인 명상보다 고차원적인 어떤 것이 아니라, 일종의 출가승들의 멘탈을 붕괴시키는 정신적 희생제사로 보아야 한다. "무상과 죽음에 대한 명상들"은 모두 출가자들의 명상적 사유의 주제들이었다. 세계를 고통(dukkha)으로 인식하는 것도 "인생에 대한 경험적인 관찰 혹은 판단"

이 아니라, 일종의 구원론적이고 세계 포기적인 기획으로 말미암은 인식이다. 붓다는 인도 요기들의 '신체적인 죽이기'(physical mortification)를 '우주적 고통에 대한 명상이라는 '정신적인 죽이기'(mental mortification)로 대체시켰다.[71]

그러므로 무(無), 공(空) 그리고 무상에 대한 불교 철학은 모두 "출가자들의 정신적인 희생제의"(mental sacrifice, mānasa yajña)[72]라는 의미에서 이해할 수 있다. 쉽게 말해 불교 명상과 선문답 등은 멘탈 붕괴(멘붕)를 일으키기 위한 것이다. 그래서 불교 철학에는 불교학자들도 인정하듯이 넌센스와 헛소리가 많은 것이다. 그리고 불교 명상은 또한 내면화된 불 제사의 의미가 있다고 이미 필자는 『붓다와 희생양』에서 소개했는데, 이 내용은 이 책 다른 부분에서 상술될 것이다.

뜨겁게 경쟁적인 현대 질투사회 속에서 살아가는 현대인들은 멘탈의 힐링을 위해서 불교 명상도 하고 요가도 하지만, 본래 불교 명상은 멘탈 힐링이 아니라, 멘탈 제사(mental sacrifice)로 이해해야 한다. 희생염소 역할을 하는 출가승들의 정신과 멘탈을 제물로 바쳐서 희생시키는 것이 불교 명상이다. 그래서 이 요기(Yogi)적 불교 명상으로부터 파생된 불교 철학의 무(nothingness), 공(emptiness) 그리고 반(anti)과 같은 주요 개념들은 포스트모던적-해체주의적인 개념과 관련된 것이 아니라, 전근대적-희생제의적 개념들로 파악해야 한다.

---

[71] Steven Collins, *Selfless Persons: Imagery and Thought in Theravada Buddhism* (Cambridge: Cambridge University Press, 1982), 235.
[72] Collins, *Selfless Persons: Imagery and Thought in Theravada Buddhism*, 57, 각주 11에서 인용됨.

한병철이 데카르트적 명상보다 우월한 것으로 고안한 불교적 명상을 대변하는 문구, 곧 "나는 생각하지 않는다. 고로 존재하지 않는다"(*neque cogito, neque sum*)라는 말은 그렇기에 재가자들이 아니라, 오직 세계 포기적인 출가의 삶을 사는 붓다들과 출가승들만의 특정 논리와 특정 사유를 의미하는 것으로 보아야 한다. 세계 포기자(world-renouncer) 붓다만이 다음과 같이 말한다.

"나는 생각하지 않는다. 고로 존재하지 않는다."

실제로 불교 명상, 보다 정확하게 사회인류학적으로 개념 해명(Begriffs-explikation) 하자면 출가자들의 명상은 "나는 생각하지 않는다"(*neque cogito*)를 지향한다. 출가자들의 명상은 무념무상을 지향한다. 왜냐하면, 희생염소 역할을 하는 세계 포기적인 출가자들은 출가 이후 살아 있으나 죽은 자로서, 곧 살아 있으나 '존재하지 않는'(*neque sum*) 자로서 살아간다.

힌두교와 불교에서 출가 혹은 세계 포기(world-renunciation)는 실제적-제의적 의미에서 사회적 죽음을 의미한다. 앞에서 말한 것처럼, 붓다들은 속세와 사회에 대해서 제의적인 의미에서 실제로 살아 있으나 죽은 자들이다. 그래서 우리는 스님들의 '법명'만 알 뿐 '시민명'을 알지 못한다.

연기와 무아와 공을 기본사상으로 하는 불교의 비실체론을 해체해 보면, 그곳에는 출가승들의 비실체론이 존재한다. 출가승들의 지상에서의 실존 자체가 비실체적이었다. 그들은 출가와 함께 장례식을 치르고, 이 땅에서 죽은 자들처럼 살아간다. 불교의 비실체론은 그 사회인류학적 주체인 "출가승들의 제의적 탈육체화"(rituellen Entkörperlichung des Entsagenden)[73]

---

[73] J. F. Sprockhoff, "Die Alten im Alten Indien – Ein Versuch nach brahmanischen Quellen,"

라는 배경 속에서 읽혀질 수 있다. 출가자들은 자신의 육체로부터 해방되었고, 그렇기에 "제의적으로 탈물질화되었다"(rituell entmaterialisiert).[74]

일부 서구와 아시아의 불교학자들이나 불교에 동정적인 학자들은 종종 서구 철학보다 불교 철학이 더 급진적이고 깊은 철학이라는 자기 오리엔탈리즘적인 주장을 해 왔다. 예를 들어 데리다의 해체주의 철학보다 불교 철학은 더 급진적으로 해체주의적이라는 식의 주장이다.

하지만 필자는 더 급진적인 해체주의 철학이라고 하는 불교 철학에서 신체해체나 존재해체를 자신의 다르마와 운명으로 받아들이며 희생염소(scapegoat)로 살아가는 출가승들의 비극적 실존에 대한 이야기를 읽어냈다. 데카르트의 명상보다 더 고차원적인 어떤 것으로 불교 명상을 제시하는 한병철의 입장에서도 이러한 자기 오리엔탈리즘을 발견할 수 있다.

하지만 데카르트적인 명상보다 더 급진적으로 무념무상에 대해서 명상하고 자신의 비존재에 대해서 명상하는 출가승들은 결국 자신의 희생제의적-세계 포기적 죽음과 추방으로서 재가자들에게 카타르시스를 주는 희생염소 역할을 하고 있다. 재가자들이 아니라, 특정 인간들인 출가자들에게만이 "나는 생각하지 않는다. 고로 존재하지 않는다"가 적용되는 것이다.

죽음에 이르는 의심으로 인해서 불교 역사에는 실제로 제의적 자살로 생을 마감한 출가자들의 이야기가 많이 등장한다. 불교 출가자들은 화장터나 무덤에 거하면서 무상의 상징으로 "죽음에 대한 명상"과 시체가 부패해서 사라지는 과정을 명상했다. 이러한 세계를 포기하는 염증명상

Saeculum 30 (1979), 394.
[74] Sprockhoff, "Die Alten im Alten Indien – Ein Versuch nach brahmanischen Quellen," 394.

(Ekelmeditation)의 결과, 초기 많은 출가자들은 심지어 우울증에 빠져 자살하는 예가 많았다.[75]

한병철 교수의 선불교에 대한 미학적-서정적 자기 오리엔탈리즘과는 달리 슬로터다이크는 최근의 불교 연구의 흐름이라 할 수 있는 '인류학적 불교 연구' 결과를 최근의 자신의 저서에 반영하면서 출가승들의 명상의 본질이라 할 수 있는 염증명상에 대해서 언급하고 있다.[76]

"불교와 폭력"이라는 중심 주제로 2003년 출판된 독일 종교학 잡지에 기고한 논문 "붓다를 위해 죽다, 붓다처럼 죽다: 동아시아 불교에 있어서의 제의적 자살의 행위와 그 근거"에서 독일 종교학자 클라이네 교수는 신체에 대한 집착을 버리는 이러한 세계 포기적 명상으로 인해 불교 역사에는 제의적 자살이 많았다는 사실을 지적한다.[77]

"인간 신체에 대한 역겨움과 무상함에 대한 명상"은[78] 출가자들로 하여금 세계에 대한 집착을 포기하도록 하기 위함이었다. "역겨움에 대한 명상"과 시체의 부패 과정을 명상적으로 관찰하는 "화장터 명상"은 모두 출가자들로 하여금 세계에 대한 집착을 포기하도록 하기 위함이었다.[79]

---

[75] Michael von Brück, *Einführung in den Buddhismus* (Frankfurt a.M: Verlag der Weltreligionen im Insel-Verlag 2007), 158.

[76] Peter Sloterdijk, *Du musst dein Leben ändern: Über Anthropotechnik* (Frankfurt am Main Suhrkamp, 2010), 376.

[77] Christoph Kleine, "Sterben für den Buddha, Sterben wie der Buddha. Zu Praxis und Begründung ritueller Suizide im ostasiatischen Buddhismus," *Zeitschrift für Religionswissenschaft* 11.2 (2003), 7. 특히 7.3.2. "육체에 대한 경멸과 삶에 대한 염증"을 보라.

[78] Moritz Winternitz, *Geschichte der indischen Literatur*, Band 2 (Stuttgart: Koehler, 1968), 62.

[79] Thera Nyanaponika, *Geistestraining durch Achtsamkeit. Die buddhistische Satipaṭṭhāna-Methode* (Konstanz. Beyerlein-Steinschulte Verlag, 1993), 61-4.

9. 분신공양, 소신공양, 성불(成佛) 그리고 인간 제사

피로사회론을 전개하면서 한병철이 강조한 과잉 긍정성을 치유하는 부정성의 강조 그리고 대안으로서의 바보 되기나 백치 되기 등에서 필자는 그의 사유 속에 남아 있는 불교 철학적 흔적을 본다.

하지만 그는 불교를 충분히 급진적으로 읽어내지 못하거나 오독하고 있다. 특히 불교 철학을 단지 철학적으로만 읽고, 무(Nichts)와 같은 그 불교 철학의 근본 개념들의 사회인류학적 뿌리에 대해서 한병철은 잘 알지 못하고 있다. 한병철 교수는 동아시아 출신의 철학자로서 불교에 대한 보다 현실적이고 엄밀한 이해를 제시하기보다는, 일본 선불교를 잘 각색해서 수출한 스즈키(D. T. Suzuki)처럼 미학적이고 서정적인 자기 오리엔탈리즘의 의미에서 평화스럽고 친절한 불교로만 일면적으로 소개하고 있다.

하지만 21세기에 접어들면서 독일의 종교학자들은 이미 지라르의 직간접적인 영향으로 불교 명상과 소신공양, 분신공양 전통 속에서 은폐된 인간 제사에 대한 불편한 진실을 읽어내고 있다. 앞에서 소개한 것처럼, 불교와 폭력의 문제를 다룬 2003년 독일 종교학 잡지에 출판된 클라이네(C. Kleine) 교수의 논문 "붓다를 위해 죽다. 붓다처럼 죽다: 동아시아 불교의 제의적 자살의 예들과 그 근거들에 관하여"는 이 제의적 자살행위들, 분신공양과 소신공양의 문제를 다루었다.[80]

이러한 최근의 연구 동향은 그동안 보다 불교에 대해서 다소 낭만적이

---

80 Kleine, "Sterben für den Buddha, Sterben wie der Buddha. Zu Praxis und Begründung ritueller Suizide im ostasiatischen Buddhismus."

었던 기독교와 불교의 비교 연구학자들이나 종교학자들의 최근 연구에도 점차적으로 반영되게 되었다.[81]

클라이네에 의하면, 동아시아 불교 역사에서 분신공양, 소신공양, 소지공양, 제의적 자살 등은 매우 광범위하게 이루어졌으며 또한 잘 기록된 현상이다. 클라이네는 이 자기희생 사건들과 종교적 자살은 많은 경우 실제로는 "집단을 위한 은폐된 인신제사"로 이해해야 한다고 주장한다. 왜냐하면, 불교 역사에 나타난 이러한 제의적 자살들은 불교 이전 혹은 밖의 인신제사 전통과 연결되기 때문이라고 그는 본다.[82]

한병철의 선불교 이해에는 불교의 무(無, Nichts)에 대한 (사회)인류학적 이해가 결여되어 있다. 그의 주장처럼 불교의 무가 기독교의 경우처럼 나르시스적이지 않을 수는 있겠지만, 출가승들만의 다르마로서의 무는 본래 희생제의적인(sacrificial) 것이었다. 한병철이 평화스럽고 친절한 불교 이미지를 만들기 위해서 도입하는 불교의 공(空), 무아(無我), 무주(無住) 그리고 죽음 등은 출가승들의 다르마와 운명이라는 사회인류학적 상황과 맥락에서 읽어야 바로 이해될 수 있는 희생제의적 개념들이다.

그러나 무(無)를 친절한 평화주의로만 해석할 것이 아니라, 무의 이름으로 범해진 폭력도 소개되어야 한다. 왜 평화스럽고 친절한 불교에 일본 선불교의 사무라이의 무사도가 존재하고, 왜 헐리우드 불교 영화는 왜 대부분 폭력적이고 잔인한 무술 영화인지 설명해야 한다. 소림사 무술에서 볼

---

81 Michael von Brück, *Einführung in den Buddhismus* (Frankfurt/Leipzig: Verlag der Weltreligionen, 2007), 287–92.
82 Kleine, "Sterben für den Buddha, Sterben wie der Buddha. Zu Praxis und Begründung ritueller Suizide im ostasiatischen Buddhismus," 39. 특히 6.6. "종교적 자살은 은폐된 인간제사인가"(Religiöser Suizid als verstecktes Menschenopfer?)를 보라.

수 있듯이 왜 스님들이 무술을 하게 되었는지를 질문해야 하는데, 필자는 소림사 무술, 일본 선불교의 사무라이적 무사도의 희생제의적 기원(sacrificial origin)을 지라르 이론에 기초해서 분석했다.

필자가 『붓다와 희생양』에서 주장했듯이, 한병철이 평화스럽고 친절한 종교로 소개하는 일본 선불교의 기원은 달마 대사다. 달마 대사는 소림사 무술의 기원에 자리잡고 있을 뿐 아니라, 잔인하게 살해당한 이후 신성화된 지라르적인 의미에서 희생양, 보다 정확히 표현해서 희생염소(scapegoat) 역할을 하고 있다. 달마 대사는 일본에서는 오뚜기 인형의 모체인 붉은 색체를 가진 다루마(Daruma) 인형으로 숭배를 받고 있다.

붓다의 계보에 서 있는 달마 대사는 불교학에서 '붉은 여우'(Red Fox)로도 불리운다. 우리나라 '전설의 고향'에 등장하는 처녀귀신 이야기와 구미호 이야기에서 지라르적인 관점의 비극적인 희생자에 대한 숭배(tragic victim worship) 현상을 읽어낼 수 있듯이, 한편으로는 부처님이면서도 한편으로는 구미호와 같은 '붉은 여우'라는 이중적이고 야누스적인 모순을 가진 달마 대사의 살해와 이후의 종교적 숭배에서도 우리는 여전히 작동하고 있는 희생양 메커니즘을 볼 수 있어야 한다.

달마도에 묘사된 그의 모습은 신성하면서도 폭력적이다. 그의 "크고 날카로운 시선"과 "신비로 둘러쌓인 "그의 "폭력적인 죽음," 그리고 새로운 가르침보다는 그의 죽음으로 신성화된 선불교의 "신화적으로 위대한 창시자" 달마 대사[83] 그림은 마술적인 능력을 가지고 있다고 지금까지도 믿어

---

[83] Heinrich Dumoulin, *Der Erleuchtungsweg des Zen im Buddhismus* (Frankfurt am Main: Fischer-Taschenbuch-Verlag, 1976), 44-6.

진다. 필자는 달마 대사를 지라르적인 의미에서 희생양, 보다 정확히 표현하자면 희생염소(scapegoat)로 파악했다.

10. 하이쿠, 텅 빈 중심 그리고 일본 천황

한병철은 일본 선불교를 평화스럽고 친절한 종교로 철학적으로 소개하면서 선불교를 상당히 미학적이고 시학적으로 소개하고 있다. 그는 자신의 책에 중간중간 하이쿠(はいく, 일본의 전통 단시)를 배치시켰다. 그리고 그는 다음과 같이 말한다.

> 선불교의 세계상은 위로도 향하지도 않고 그렇다고 중심을 향해 집중되지도 않는다. 선불교에는 통치하는 중심이 없다. 중심은 모든 곳에 있다고 말할 수 있다. 모든 존재자가 중심을 형성한다.

그는 "어떤 것도 배제하지 않는 친절한 중심"을 선불교 철학에서 발견하고자 했다.[84] 이러한 한병철의 입장은 포스트모던적인데, 이런 입장은 포스트모던 철학자 롤랑 바르트(Roland Barthes)에게도 나타난다. 필자는 이미 『르네 지라르와 현대 사상가들의 대화』에서 기호학적 관점에서 일본 선불교의 하이쿠와 텅 빈 중심을 미학화했던 롤랑 바르트를 비판적으로 분석한 바 있다. 바르트는 『기호의 제국』에서 일본을 기호의 광범위한 네

---

[84] Byung-Chul Han, *Philosophie des Zen-Buddhismus*, 19.

트워크, 또는 기표의 은하수라고 묘사한다.

롤랑 바르트는 일본을 기호학의 천국처럼 묘사한다. 일본 문화의 특성을 '텅 비어 있음'에서 발견한다. 주어의 자리가 비어 있는 일본어 문장에서, 중심이 텅 비어 있는 도쿄라는 도시에서, 개인이 사라지고 없는 공손한 인사에서, 사물에 대한 묘사와 정의를 거부하고 기호의 흔적마저 지워 버림으로써 언어의 갑작스런 중단에 이르는 하이쿠(haiku)에서, 무(無)를 둘러싼 건축물에서 '텅 비어 있음'을 롤랑 바르트는 발견한다.

롤랑 바르트는 주어의 자리와 개인의 공간이 사라져서 비어 있는 성스러운(sacred) 제국 일본을 '기호의 제국'으로 미학적으로 낭만화하고 있다. 주어와 개인의 존재론적 공간이 상실된 성스러운 제국 일본은 또한 타자와 약자와 희생자에 대한 공간도 점령당한 강한 전체주의적 정치를 보인다. '기호의 제국'은 중심은 금지된 중립의 공간, 텅 빈 무(無)의 공간, 그리고 그 누구도 발을 들여놓을 수 없는 공허한 지점인데, 그것은 바로 성스러운 일본 천황이다.

일본 철학의 아버지 불리는 니시다 키타로(西田幾多郞)는 선불교 철학으로부터 영감 받은 모순적 논리로서 군국주의적 파시즘의 초점인 신화적 일본 황실을 절대적 무(無)의 장소(場所)로 찬양했다.[85] 일본 천황과 황실이 일본 선불교의 텅 빈 중심인데, 일본 천황이 과연 한병철이 미학적으로 찬양하는 '어떤 것도 배제하지 않는 친절한 중심'이 될 수 있는지 의문이다.

---

[85] Christopher Ives, "Ethical Pitfalls in Imperial Zen and Nishida Philosophy," James W. Heisig and John C. Maraldo(ed), *Rude Awakenings. Zen, the Kyoto School, & the Question of Nationalism*, 23–4.

일본의 "텅 빈 중심"은 도쿄에 있는 황실의 궁궐이며, 좀 더 정확하게 말하자면, '텅 빈 중심'이자, "성스러운 '무'"(sacred 'nothing')인 천황 자신이다.[86] 한병철이 일본 선불교에서 발견한 "어떤 것도 배제하지 않는 친절한 중심"에는 바로 군국주의적 전쟁을 일으켰던 일본 천황이 자리잡고 있다.

한병철의 독법처럼 선불교의 텅 빈 중심을 타자를 배제하지 않고 포용하는 평화스럽고 친절한 중심으로 보기보다는, 거대한 정치 질서의 초점에 자리잡고 있는 블랙홀이나 태풍의 눈과 같이 이해해야 한다. 블랙홀과 태풍의 눈과 같은 일본 천황과 황실은 결코 한병철이 말하는 것처럼, 평화스럽고 친절한 중심이 아니다. 그것은 타자, 약자, 소수자 그리고 희생자를 흡수하고 삼켜버리는 블랙홀과 같다.

그래서 실세로 일본 비판불교(Critical Buddhism) 연구자들은 일본 선불교에는 레비나스적인 의미에서 타자를 위한 존재론적 공간이 증발되어 있다고 자성하고 있다. 태풍의 눈과 같은 텅 빈 중심을 초점으로 하는 일본의 선불교적 세계 질서는 평화스럽거나 친절하지 못하고, 군국주의적이고 사무라이적이고 팽창주의적이었다. 히틀러는 이러한 강한 파시즘적인 일본의 사무라이 정신을 부러워했다고 한다.

또한 선불교의 텅 빈 중심은 희생양의 장소로 파악해야 한다. 이미 『붓다와 희생양』에서 밝힌 것처럼, 일본 천황도 희생양의 역할을 하고 있다. 선불교의 텅 빈 중심은 블랙홀이나 태풍의 눈과 같은 역할을 하는 희생양

---

[86] Roland Barthes, *Empire of Signs*, tr. Richard Howard (New York: Hill and Wang, 1982), 32.

의 장소로 파악해야 한다.

롤랑 바르트의 『기호의 제국』(*L'Empire des signes*)이라는 책 제목 자체가 "기호와 제국 사이의 관련성," 곧 일본 문화가 어떻게 일본 천황을 초점으로 형성되었는지를 보여준다. 즉, 기호학적 개념들과 일본의 천황제도 사이에는 연속성과 관련성이 존재한다는 것이다.[87]

지라르의 이론에 의하면, 정치적 권력 자체가 희생양 메커니즘으로부터 나왔다. 신성한 왕국(sacred kingship)이 정치적 권력의 기원이다.[88] 지라르에게 있어서 초월적 기표로서의 희생양은 최초의 상징기호다.[89] 그래서 필자는 이미 텅 빈 중심에 자리잡고 있는 일본 천황을 지라르가 말하는 희생양 메커니즘 속에서 해석했다. 한병철이 평화스럽고 친절한 중심으로 오독한 선불교의 텅 빈 중심에는 거대한 제국주의적이고 팽창주의적인 태풍의 눈이나 블랙홀과 같은 일본 천황이 존재한다.

롤랑 바르트에게 있어서 서구 형이상학과 현존, 깊이 그리고 의미에 대한 그것의 집착에 대한 결정적인 타격을 주는 것은 바로 하이쿠(haiku)의 시적 형태다.[90] 하이쿠는 무(無)를 의미한다.[91] 하이쿠와 관련해서 롤랑 바르트는 지식과 주체를 뒤흔드는 일본의 독특한 지적인 시스템으로서의 선불교의 정신을 언급한다. 하이쿠와 선불교는 모두 언어의 무를 창조한다.

---

[87] Fabio Rambelli, *Lecture 8. The Sacred, The Empire, and the Signs: Religion, Semiotics, and Cultural Identity in Japanese History* (http://projects.chass.utoronto.ca/semiotics/cyber/ram8.pdf), 1.
[88] Palaver, *René Girards mimetische Theorie. Im Kontext kulturtheoretischer und gesellschaftspolitischer Fragen*, 6.1. "정치 권력의 기원으로서의 신성한 왕국을 보라."
[89] Girard, *Das Ende der Gewalt: Analyse des Menschheitsverhängnisses*, 103.
[90] Barthes, *Empire of Signs*, 69-84에서 상세하게 논의하고 있다.
[91] Barthes, *Empire of Signs*, 69.

그것은 모든 의미로부터의 면제를 만들어 낸다.[92] 하이쿠는 언어를 중지시키고 또한 그것을 비우기 위해서 고안되었다고 그는 말한다.

그래서 선불교에서 깨달음(*satori*)이라고 부르는 것은 결국 "언어의 공황상태적 중지"다. 롤랑 바르트는 우주의 공성에 대한 불교적 가르침에 따라 하이쿠를 통해서 공(空)에 대한 불교적 개념을 이상화한다. 하이쿠를 읽을 때 요구되는 것은 선문답에서 요구되는 것과 같다. 하이쿠와 선문답은 마치 그것이 의미가 있는 것처럼, 해결하려고 해서는 안 된다.[93]

앞에서 말한 것처럼, 불교 명상도 멘탈 힐링보다는 멘탈 제사, 곧 정신적 희생제사(mental sacrifice)이며, 깨달음도 일종의 정신적이고 언어적인 공황상태를 가져오는 것이다. 즉, 명상과 깨달음 모두 '멘붕'(멘탈 붕괴)을 의미하고 목적한다. 멘붕과 같은 의식적 공황상태와 멸절상태를 지향하는 불교 깨달음과 명상은 그렇기에 희생제의적이다.

롤랑 바르트는 하이쿠를 선문답과 유사한 관점에서 파악했는데, 선문답은 결국 레비 스트로스가 (희생)제의에서 공통분모로 발견하는 것, 곧 차이소멸(the undifferentiated)로 파악될 수 있다. 2012년 일본지라르학회(Japan Girard Association)가 주최해서 국제지라르학회인 '폭력과 종교에 관한 학술대회'(Colloquium on Violence & Religion)가 아시아에서 처음으로 일본에서 개최되었다.

필자는 "레비 스트로스, 르네 지라르 그리고 불교에서의 차이화와 차이소멸"를 주제로 논문 발표를 신청했고, 학회에서 수용되었다.[94] 필자의 논

---

[92] Barthes, *Empire of Signs*, 83-4.
[93] Barthes, *Empire of Signs*, 72, 74.
[94] www.japan-girard-association.org/conference/abstracts/Chung.docwww.japan-gi-

문은 지라르의 논문 "레비 스트로스와 현대 비판적 이론에서의 차이화와 차이소멸"을 불교에 적용하는 것이었다.[95] 지라르는 이 논문에서 신화는 언어와 사고와 동일한 차이화(differentiation)의 원칙을 상징하는 반면, 제의는 **"차이소멸된 즉각성"**(undifferentiated immediacy)을 되찾고자 하는 것이라는 레비 스트로스의 주장을 비판한다.

지라르는 제의들은 레비 스트로스가 말하는 이 차이소멸(undifferentiated)을 영원히 반영하고 있다고 보지 않는다. 인도와 중국을 비롯한 모든 위대한 전통적인 해석들은 제의가 영원히 차이소멸을 구현하는 것이 아니라, 차이화(differentiation)를 지향하고 있다고 말한다. 하지만, 레비 스트로스는 이 차이화를 제의가 아니라, 오직 신화에서만 발견하려고 했다고 지라르는 분석한다.

필자가 『붓다와 희생양』에서 보여준 것처럼, 그리스 비극 대화의 특징인 수수께끼 같은 문답을 우리는 불교의 선문답에서도 발견할 수 있다. 선문답은 '비논리적인' 것을 '의도적으로' 재현하는 대화다.[96] 선문답은 '구문과 논리의 파괴'를 의미한다.[97] 각종 수수께끼와 패러독스로 가득 차 있고, 비논리적이고 반논리적인 선문답은 서구에서도 한때 유행이었다.

"거의 모든 선문답에 있어서 현격한 특징은 바로 언행의 비논리적인 것

---

rard-association.org/conference/abstracts/Chung.doc.
[95] René Girard, "Differentiation and Undifferentiation in Lévi-Strauss and Current Critical Theory," *Contemporary Literature* Vol. 17, NO. 3 (1976): 111-136.
[96] Hans Waldensfels, *Absolutes Nichts. Zur Grundlegung des Dialogs zwischen Buddhismus und Christentum*. Mit einem Geleitwort von Keiji Nishitani (Freiburg/Basel/Wien: Herder, 1978), 42.
[97] Bernard Faure, *Chan Insights and Oversights. An Epistemological Critique of the Chan Tradition* (Princeton: Princeton University Press, 1993), 196.

이나 모순되는 것이다."[98]

선승들은 논리적인 연결을 시도하지 않고 이리저리 뛰면서 말한다. 하이데거와 선불교에 관한 저서에서 헴펠은 제3자가 보기에 선문답은 마치 "정신병 환자"의 말과 같다고 적고 있다.[99] 선문답은 뜬금없는 동문서답처럼 주로 정작 묻는 말에 대답은 안 하고 전혀 엉뚱한 답만 늘어놓고 있다는 의미로 주로 이해된다.

선문답은 제자로 하여금 의도적으로 현실을 혼동하도록 고안되었다(for deliberate reality confusion).[100] 지라르의 제의 이론의 관점에서 살펴보면, 이 선문답은 깨달음을 향한 통과제의적 명상에서 제의적인 차이소멸을 발생시키기 위한 언어학적 도구로 이해될 수 있다. 선문답은 비논리적이고 반논리적인 언어유희처럼 보인다. 선문답의 언어적 특성은 모순적 언어의 사용이다.

지라르는 그리스 철학 이전의 소포클레스, 유리피데스, 아이스킬로스의 그리스 비극 연구를 통해 적이 폭력적인 쌍둥이로 변하는 과정에 주목했다. 횔덜린(Johann Christian Friedrich Hölderlin)에 영향을 받아 지라르는 그리스 비극이 독특하게 보여주는 것은 바로 적의 거울효과라는 것을 알게 된다.

비극적 시를 한마디로 정의한다면, 바로 대칭적인 요소들의 대조라 할 것이다. 그리스 비극의 행위, 형태 그리고 언어에 있어서 대칭이 본질적인 역할을 하고 있다. 비극적 투쟁의 완벽한 대칭은 바로 격행대화(隔行對話,

---

[98] Heinrich Dumoulin, *Zen: Geschichte und Gestalt* (Bem: Franche Verlag, 1959), 134.
[99] Hans-Peter Hempel, *Heidegger und Zen* (Frankfurt am Main, 1992), 133.
[100] Hugo M. Enomiya-Lasalle, *Zen-Buddhismus* (Köln: J.P. Bachem, 1974), 201.

Stichomythie)에서 구체화된다.¹⁰¹ 그리스 비극 시인들이 보여주는 사실은 위기는 바로 차이소멸에서 발생한다는 것이다.

격행대화는 1행씩 번갈아 가며 하는 대화로 그리스 비극에서 사용한 형식을 말한다. 2명의 등장인물이 각기 경구적인 시행을 번갈아 읊는다. 아이스킬로스의 『아가멤논』(*Agamemnon*)과 소포클레스의 『오이디푸스 왕』(*Oedipus Rex*) 같은 비극에서 볼 수 있는데, 등장인물들이 격렬하게 논쟁하는 모습을 보여주거나 장면의 감정을 고조시키는 수단으로 이용하기도 한다. 등장인물들은 번갈아 가며 정반대의 입장을 표명하며 다른 뜻을 제시하거나 말을 비꼬기 위해 상대방의 말을 가로막기도 한다.

지라르는 힌두교 신화 속에서 발견되는 경쟁적(agnostic) 구조를 자신의 미메시스 이론에 기초해서 미메시스적 경쟁으로 파악한 바 있는데¹⁰², 필자는 지라르가 다루지 못한 우파니샤드 이후의 불교를 연구하면서, 불교 선문답 등에서 발견되는 이 경쟁적 설전을 지라르 이론에 기초해서 새롭게 해석했다.

선문답도 일종의 언어전쟁인 설전으로 기본적으로 '경쟁담'이다. 설전으로서의 선문답의 근본 구조는 경쟁적(agonistic)이다. 니체는 경쟁을 의미하는 아곤(Agon)이야말로 그리스 정신을 잘 보여준다고 하기도 했다. 이 (모방적) 경쟁(Agon)과 경쟁적 구조는 그리스적 아레나뿐 아니라, 불교 신화와 제의에도 여전히 지배적이다. 불교 속의 '경쟁담'이 그 한 예다.

2013년 출간된 『석가와 미륵의 경쟁담』¹⁰³은 2011년 6월 금강대학교

---

101 Girard, *Das Heilige und die Gewalt*, 69f, 72.
102 René Girard, *Le sacrifice* (Paris: Bibliothèque nationale de France, 2003).
103 김선자, 김헌선, 박종성 지음, 『석가와 미륵의 경쟁담』 (금강대학교 불교문화연구소 금

불교문화연구소가 개최했던 학술 대회의 각 발표자들이 발표문을 출판에 맞춰 수정한 것인데, 그동안 불교계에서 거의 다루어 오지 않았던 '석가와 미륵의 경쟁담'이라는 특정한 아시아의 종교적 민담이 주제다. 지역별로 전승되어 온 석가-미륵 경쟁 화소를 소개하고 있다. 석가와 미륵의 경쟁담은 동북아시아 일대에 널리 퍼져 있다. 이 책은 불교 '경쟁담의 신화적 논리'를 종합적으로 분석하고 있다.

20세기 후반 서구에서 일시적으로 유행했던 선불교로 인해서 선문답과 선불교 속에 자리잡고 있는 신화적-(통과)제의적 아곤(Agon)을 제대로 파악하지 못하고, 그것을 너무 쉽게 미학화하고 포스트모던적 의미에서 철학화하곤 했다. 한병철의 선불교 이해나 그의 선문답과 하이쿠에 대한 미학적-시학적 이해도 그러한 유행을 따르고 있다.

그러나 탈신화적이고 탈신성화석 근본 정신을 가진 유대-기독교 텍스트와 예전에는 이러한 신화적이고 통과제의적인 아곤(Agon)이 존재하지 않는다.

11. 붓다와 희생염소

이렇게 롤랑 바르트와 한병철이 포스트모던적인 의미에서 친절하고 평화스러운 텅 빈 중심이라고 오독하고 있는 불교의 공(Leere)과 무(Nichts)를 우리는 희생제의적이고 카타르시스적으로 다시 읽어야 한다.

강학술총서 11), (CIR, 2013).

지금까지 한병철의 선불교 이해에 자리잡고 있는 철학적 오독을 사회인류학적 관점에서 비판하고자 했던 이유는 바로 그가 피로사회론이나 다른 저작들에서 제시하는 대안들이 많은 측면에서 불교적이기 때문이다. 그가 제시하는 불교적 대안이 한계를 지니는 이유 중 하나는 그가 20세기 후반에 서구 명상불교라는 지적 유행에 전염되었던 많은 서구 지식인들처럼 불교를 오독하고 있기 때문이다.

한병철 교수의 피로사회론에서 대안으로 제시하는 평화스럽고 친절한 불교 이미지와는 달리 한국 불교는 최근 국제 불교학에서 연구되고 있는 불교, 폭력 그리고 파시즘 등에 대한 연구를 수용하고 있다. 불교 명상을 하는 국내 어느 블로거(Blogger)도 필자의 『붓다와 희생양』과 르네 지라르가 깊이 생각하게 만든다고 하면서 다음과 같이 적고 있다.

> 르네 지라르의 욕망론을 사용하여 불교를 비판하는 기독교신학자 정일권의 『붓다와 희생양』을 읽었다. 정일권은 붓다가 희생양이라 한다.
> 어떤 의미일까?
> 리차드 도킨스가 창조주를 맹신하는 우매함을 폭로하니 이에 대한 반동으로 기독교계에서 혜성처럼 등장한 신학자가 정일권이다…붓다는 사회에서 물러나 세계 포기를 가르쳤고, 내면적으로 자신을 불태움으로써 해탈을 성취하였다고 불교를 이해한다. 붓다의 해탈 방식은 민중의 원한과 욕망을 내면적으로 불태워 무화(無化)하라고 가르침으로써 민중으로 하여금 지배계급의 통치에 순응하게 만들었다는 것이다.
> 과연 그런가?
> 일면 불교 역사를 보면 일리가 있기도 하다. 봉건 왕조의 후원에 의지하여

승가를 운영하였기에 왕권에 협조하고 지배 기득권자들의 이익에 봉사하거나 그들과 이해관계를 공유한 역사가 있기 때문이다.

공과 무아, 무차별, 불이(不二)라는 교설을 내세움으로써 독재와 파시즘을 옹호한 역사가 있지 않은가?

그렇다. 화엄철학이 측천무후의 독재를 장엄해 주었고 중국 역대 황실과 신라와 고려, 일본은 화엄과 선을 통치 이데올로기로 이용하였다. 더구나 일본 선사들의 살불살조와 불이론이 대동아공영권을 조장하며 전쟁을 부추겼다.

이렇게 볼 때 불교에는 애초부터 폭력적인 요소가 잠재해 있던 걸까, 아니면 당대의 불교사상가들과 선사들이 불교를 나쁘게 이용한 결과인가?

어떤 불교에 어떤 요소가 폭력을 내포하고 있다고 할 수 있는가?

남방 불교의 어떤 요소, 화엄불교의 어떤 요소, 유식불교의 어떤 요소, 선불교의 어떤 요소, 티베트 불교의 어떤 요소, 일본 선의 어떤 요소에 반민주적이고 폭력적이고 약자의 희생을 은폐하는 요소가 들어 있는가?

근본적으로 반성해 보아야 한다. 불교라고 다 좋은 것은 아니다. 불교 안에도 폭력성이 깃들어 있다는 비판은 아프게 받아들여야 한다.

국내에서는 'scapegoat'를 희생염소가 아니라, 희생양으로 잘못 번역한 것이 이미 많이 굳어져 버렸기에 필자는 책 제목을 『붓다와 희생양』으로 정했지만, 사실 "붓다와 희생염소"라고 읽어야 한다. 즉, 붓다가 희생염소 역할을 하고 있다는 것이다. 일종의 문제작이라 할 수 있는 『붓다와 희생양』은 한국 불교학자들과 스님들도 많이 읽고 있다. 2017년 11월 서강대학교 종교학과 김재영 교수와의 식사를 통해서 서강대학교 종교학부에서 공부하는 불교 스님들과 불교계 지식인들의 『붓다와 희생양』에 대한 이해를 전해 들었다.

김재영 교수는 슬라보예 지젝의 『무너지기 쉬운 절대성』의 번역자로서 필자가 오스트리아 인스부르크대학교 유학 시절 그곳에 방문했을 때 프로이트, 라캉, 지젝 그리고 지라르 등에 대해서 유익한 대화와 만남의 시간을 가졌던 분이다.

김재영 교수는 르네 지라르와 필자의 불교 연구에 대해서 여러 질문들을 하셨는데, 특히 불교 깨달음 과정에서 중심적인 파계(transgression)를 희생양 메커니즘 속에서 해독한 필자의 책을 읽은 스님들과 불교계 지식인들은 기독교의 위경과 외경에서 볼 수 있듯이 예수 그리스도에게서도 파계와 유사한 것을 발견된다고 반론을 제기했다는 이야기를 전해주었다.

하지만 기독교가 오래전부터 이단으로 규정한 도마복음과 같은 영지주의 문서에는 예수 그리스도의 살인 이야기 등과 같은 신화적 이야기들이 등장하지만, 외경와 위경에는 불교에서처럼 파계와 같은 스토리가 등장하지 않는다.

진주선원 원담 스님 법문에서도 필자의 『붓다와 희생양』이 자세하게 언급되고 논의되었다. 이 법문에는 필자의 연구를 다음과 같이 소개하고 있다.

> 인도 문명에 대한 사회인류학적 연구의 권위자인 뒤몽의 연구에서부터 불교 철학의 의미 중심인 신성한 출가승들을 둘러싼 디오니소스적이고 비극적인 것들을 미화시키는 포스트모더니즘적 접근과 달리 불교의 문화를 근원적이고 사실적으로 분석하여 불교 문화 속에 내재된 세계 건설적 욕망

을 드러낸다.

또 하나의 주제는 불교 문화 자체가 지니고 있는 세계 포기적이면서 세계 건설적인 역설적 특징에 관한 것이다. 불교는 허무주의 사상이 아니라 세계를 포기한 요기들과 불교 승려들의 제의적 의례를 통한 세계 건설적 의미를 지닌다는 것이 정일권 박사의 관점이다.

12. 마틴 하이데거의 『블랙 노트』 그리고 선불교

하이데거 전공자로서 한병철은 대체적으로 일본 선불교를 하이데거 철학과 연결해서 많이 소개하고 있다. 앞에서 분석한 것처럼, 그의 『선불교의 철학』에는 기존의 하이데거와 선불교 철학 사이의 비교 연구가 다시 반복되고 있다. 일본 최초의 철학이라 할 수 있는 일본 교토학파의 선불교적 종교철학은 어느 독일 철학자들보다 파시스트적인 나치즘의 과거를 가진 하이데거의 존재철학에 깊이 매료를 느꼈다.

교토학파는 유럽 철학 중에서도 주로 하이데거 철학에 큰 관심을 가졌다.[104] 『하이데거와 선불교』[105]라는 책은 마틴 하이데거와 일본 선불교의 깊은 연관성을 다루고 있다. 제2차 세계대전 당시 동맹국이었던 독일과 일본 사이에는 학문적 교류도 활발했는데, 하이데거가 독일 나치의 도움으로 총장으로 재직했던 독일의 프라이부르크대학교와 일본의 교토 사이

---

[104] Ryôsuke Ohashi, *Die Philosophie der Kyôto-Schule. Texte und Einführung* (Freiburg/München: Alber Verlag, 1990), 15.
[105] Hans-Peter Hempel, *Heidegger und Zen* (Frankfurt am Main, 1992).

에는 정치적이면서도 철학적인 중대한 교류가 있었다. 그러므로 일본 교토학파는 독일 민족사회주의(Nationalsozialismus)를 철학적으로 지지했던 독일의 하이데거를 연상케 한다.[106]

그러므로 하이데거 철학의 목가적이고 시학적이고 전원적인 측면과 불교를 연결해서 불교를 평화스럽고 친절한 무신론으로 제시하는 한병철의 기획은 한계가 있다. 독일 나치당원이었고 파시스트였던 하이데거와 당시 일본의 팽창주의적 군국주의를 철학적으로 지지하고 정당화했던 일본 선불교적 교토학파 사이의 깊은 관련성에 대해서는 최근 이미 많은 연구가 진행되었다.

2014년 이후로 독일에서 출판되어서 뜨거운 논쟁을 일으키고 있는 하이데거의 『블랙 노트』(Schwarze Hefte)에 대한 한병철 교수의 입장이 궁금하다. 필자는 이미 하이데거의 『블랙 노트』에 대해서 국내에서 가장 앞서서 이 불편한 주제를 최근 저서를 통해 이미 소개했기에 여기서는 짧게 논하고자 한다.[107]

2014년 이후로 독일에서는 뜨거운 논쟁과 토론이 이루어지고 있지만, 국내에서는 상대적으로 그렇게 논의가 활발하지 않은 것 같은데, 진보좌파나 포스트모던적 계열의 학자 그리고 불교계 학자들에게는 불편한 주제여서 그런 것 같기도 하다. 국내 친일파 과거사 청산에 대한 열정과 관심에 비해서 독일 나치 과거사와 관련된 하이데거에 대한 논의는 약한데, 앞으로 보다 깊고 진솔한 연구도 이루어지기를 기대해 본다.

---

[106] Ohashi, *Die Philosophie der Kyôto-Schule: Texte und Einführung*, 17.
[107] 정일권, 『예수는 반신화다: 르네 지라르와 비교신화학』(서울: 새물결플러스, 2018)에서 하이데거의 『블랙 노트』에 대한 장을 보라.

하이데거의 노골적인 나치즘과 파시즘이 적나라하게 적혀 있는 『블랙 노트』에 대한 논의는 하이데거 전공자인 그에게 불편한 일일 것이다. 이 하이데거의 『블랙 노트』의 출판으로 독일하이데거학회 회장 귄터 피칼(Günter Figal)은 이 하이데거의 철학적 일기장에 표현된 노골적이고 뿌리 깊은 나치즘과 반유대주의, 문화 쇼비니즘(chauvinism) 등을 지지할 수 없다고 하면서 사퇴하기도 했다.

이 일기장에서 하이데거는 히틀러를 찬양하고 있다. 슬로터다이크처럼 한병철도 최근에서야 지라르에 대해서 논하기 시작했지만, 여전히 슬로터다이크처럼 니체적이고 하이데거적이고 불교적인 사유에서 크게 벗어나지 않은 것으로 보인다. 하이데거가 철학의 영역에서 총통(Führer)이었던 히틀러를 인도하고(führen) 싶었다면, 칼 슈미트는 헌법학과 정치학의 영역에서 총통을 인도하고 싶어했다.

니체와 하이데거는 유대-기독교적 텍스트가 탄생시킨 새로운 희생위기로서의 뜨거운 모더니즘을 허무주의적으로만 파악해서 영지주의적 유혹에 저항하지 못했다. 하이데거도 자신의 『블랙 노트』에서 현대사회의 업적이라 할 수 있는 민주주의, 자본주의 그리고 자연과학과 기술을 위기로만 파악하고 있으며, 이 현대 합리성과 계산적 사고를 가져온 주범으로서 유대인을 지목하여 비난하고 있다.

또한 영미권의 민주주의와 세계시민주의뿐 아니라, 상업과 금융을 비롯한 자본주의를 비판한 하이데거에게서 우리는 상대적으로 앞서지 못한 농업 중심의 독일 남부의 로마-가톨릭 영역에서 자란 그의 르상티망을 분석해 낼 수 있다. 그래서 하이데거의 『블랙 노트』의 편집자이자 독일 부퍼탈대학교 하이데거연구소 소장인 페터 트라브니(Peter Trawny)는 하이데거의 존재철학을 '일종의 철학적 르상티망 현상'이라고 분석한다.

『블랙 노트』로 인해서 하이데거와 나치의 관련성이 단지 개인적인 차원이 아니라, 보다 조직적인 차원에 존재한다는 것이 드러나게 되었다. 즉, 하이데거의 나치적인 반유대주의가 그의 철학의 중심에 자리잡고 있다는 것이다. 이 『블랙 노트』는 하이데거의 극단적인 반유대주의를 보여준다. 하이데거는 히틀러의 헌법학자 칼 슈미트(Carl Schmitt)조차도 리버럴하다고 비판한다.

이 『블랙 노트』에는 영국과 미국의 민주주의에 대한 하이데거의 르상티망과 세계유대교(Weltjudentum)에 대한 그의 음모론적인 비판이 일관되게 등장한다. 하이데거는 43세가 되던 1931년에 이미 동생에게 히틀러의 『나의 투쟁』(*Mein Kampf*)을 선물로 주면서 히틀러의 "비상하고 확실한 정치적 감각"을 칭송했다.

니체와 그의 후계자인 하이데거는 전후 독일에서 히틀러의 나치즘과의 깊은 연관성 때문에 전후 독일어권에서 터부였지만, 들뢰즈를 비롯한 일부 프랑스 포스트모던 철학자들에 의해서 미학화되어서 복권되었다. 지라르도 오래전부터 니체와 하이데거를 '신이교주의'(Neuheidentum)의 대변자로 파악해 왔지만,[108] 프랑스의 데리다, 이탈리아의 바티모, 미국의 리처드 로티 등이 하이데거를 전후에 복권시켜서 이후 니체와 하이데거는 프

---

[108] René Girard, *Hiob – ein Weg aus der Gewalt* (Zürich: Benziger, 1990), 191; René Girard, *Wenn all das beginnt: Ein Gespräch mit Michel Treguer*. Aus dem Französischen von Pascale Veldboer (Münster–Hamburg–London: Thaur, 1997), 18f; René Girard, *Ich sah den Satan vom Himmel fallen wie einen Blitz. Eine kritische Apologie des Christentums*. Aus dem Französischen von Elisabeth Mainberger-Ruh (Munich and Vienna: Carl Hanser Verlag, 2002), 219.

랑스 포스트모더니즘의 계보학에 자리잡게 되었다. 또한 푸코의 철학에도 하이데거의 큰 영향을 발견할 수 있고, 라캉은 하이데거를 직접 만나기도 했다.

『블랙 노트』에 대한 최근 논의에서는, 이와 같이 프랑스의 포스트모던 철학자들이 나치였던 하이데거를 점차적으로 복권시켰을 뿐 아니라, 홀로코스트를 부정하는 일부 프랑스의 극우적 입장을 가진 사람들에 의해서 하이데거가 높게 평가되었다는 내용도 지적되고 있다.

합리적이고 이성적인 독일 철학에 대해서 비판적이었던 일부 프랑스의 학자들이 하이데거의 비이성적 형이상학 비판과 이성 비판을 수용해서 칸트와 헤겔과 같은 전통적 독일 철학을 대체하고자 했다. 니체의 철학은 반소크라테스적이었고 또한 반칸트적이었다. 들뢰즈와 같은 프랑스의 일부 포스트모던 철학사들의 사유에는 반헤겔주의(Anti-Hegelianismus)와 장 자크 루스를 따르는 루소주의가 자리잡고 있다.

하이데거의 철학은 당시 보수주의 지식인들의 '보수 혁명'(Konservative Rovolution)의 맥락에서 이해되어야 한다. 마틴 하이데거, 나치의 '계관법학자'(Kronjurist) 칼 슈미트(Carl Schmitt), 그리고 에른스트 융어(Ernst Jünger)는 이 보수혁명의 대표적인 세 인물이다. 이 보수혁명에 참여했던 일부 학자들은 파시즘으로 기울어졌다. 하이데거는 '영도자'(Führer) 히틀러의 철학적 '영도자'가 되기를 원했다. 칼 슈미트는 히틀러의 헌법학적 혹은 법적인 영도자로 활동했다.

니체 철학을 수용해서 전쟁적이고 영웅적인 것을 찬양했던 에른스트 융어는 "잔인성의 시인"(Poet der Grausamkeit)로도 불리운다. 하이데거의 철학과 시학에서도 전원적이고 목가적이고 서정적이고 미학적인 차원이 존재하지만, 우리는 그것을 정치적 실존주의의 의미로 이해해서 현대성의 업적들이라 할 수 있는 민주주의, 자유주의, 세계시민주의, 평등주의, 보편주의, 자본주의 그리고 과학기술에 대한 그의 르상티망적 비판이라는 배경 속에서 읽을 수 있어야 한다.

니체를 계승하는 하이데거의 이러한 반현대주의적이고 반계몽주의적 입장은 포스트모더니즘 철학에도 그대로 이어지게 된다. 니체와 하이데거의 철학적 계보에서 파생된 반현대주의적 포스트모더니즘 철학은 그 근본 지향에 있어서 자본주의, 민주주의, 현대 자연과학 그리고 휴머니즘 전통을 비판하고 있다. 그래서 포스트모더니즘 철학은 기본적으로 네오마르크시즘과 급진좌파 정치경제학과 연동되어서 전개되었다.

이러한 하이데거적인 반현대주의적인 입장이 그의 계보학에서 철학하는 슬로터다이크와 한병철에게도 발견된다.

13. 세계 질서와 세계 포기의 변증법

한병철과 슬로터다이크는 니체와 하이데거를 따라서 유대-기독교적 전통이 문명 속에 가져온 운동과 시간 압박 그리고 질투사회와 피로사회를 극복하기 위해서 불교적인 지혜를 대안으로 제시한다.

하지만 슬로터다이크와 한병철 모두 일견 피로사회를 위한 힐링적 대안인 것처럼 보이는 불교적 참선과 공(空) 사상 그리고 부정주의 등에 은폐되어 있는 사회인류학적 희생양 메커니즘에 대해서 깨닫지 못하고 있다. 그 불교적 부정이 실제로는 현대 질투사회, 피로사회, 성과사회보다 더 폭력적이고 억압적인 사회 형태를 유지시키는 카타르시스적인 안전밸브 역할을 하고 있다는 사실을 알지 못하고 있다.

이 책에서 시도되는 불교에 대한 비판적 이해를 한국의 다종교적 상황에서 이웃 종교로 존재하는 불교에 대한 무례한 시도로 보아서는 안 된다. 필자의 사회인류학적 불교 읽기는 다분히 20세기 후반에 유행했던 철학적 시대정신 이해와 비판으로부터 출발한 것이다. 니체 이후 서구 철학이 그리스 철학과 잘 통합된 유대-기독교적 철학으로부터 이탈해서 점차 불교적 사유로 기울어졌기 때문이다.

20세기의 포스트모던적 사유는 대체적으로 불교 철학과 영지주의 방향으로 기울어졌다. 당시 철학계의 기독교적인 '교황'으로 평가받는 헤겔과 경쟁하다가 패배한 쇼펜하우어는 독일 철학에 처음으로 불교 철학을 도입했고, 이러한 사유는 니체에게까지 흐른다. 하이데거의 사유도 도교적이고 불교적이다. 선불교 철학에 기초한 일본 교토학파가 그래서 니체와 하이데거를 열렬하게 수용했던 것이다.

레비 스트로스도 미얀마 불교에 대한 낭만적이고 동정적 입장을 가졌다. 푸코도 일본에서 선불교 수행을 했다. 롤랑 바르트도 『기호의 제국』에서 일본 선불교를 기호학적인 의미에서 매우 낭만적으로 분석하고 있다.[109] 유럽 68혁명(의 유대-기독교적 문화)에 대항하는 반문화(counter-culture) 운동과 포스트모던적 반철학(counter-philosophy) 운동은 연동되어서 진행되었다. 나아가 포스트모던적 반철학 운동과 반문화 운동은 또한 인도

---

[109] 롤랑 바르트 등에 대한 보다 상세한 논의는 필자의 책 『르네 지라르와 현대 사상가들의 대화: 미메시스 이론, 후기구조주의 그리고 해체주의 철학』을 보라.

에서 세계 질서에 대한 반철학과 반문화 운동으로 탄생한 불교와 연동되어서 유행되었다.

하지만 포스트모던 철학자들은 불교 속의 강한 반대와 부정을 데리다의 해체주의 철학의 해체와 같이 해방적인 것으로 새롭게 오해했다. 불교 속의 부정주의(Negativismus)는 사회해방적인 것이 아니라, 카타르시스적인 것이었다. 불교의 대부정은 대긍정을 위한 축제적 부정에 불과했다. 불교의 부정주의는 전체주의적이고 파시즘적인 불교 질서를 갱신하고 강화시키기 위한 일시적이고 축제적인 수사학에 불과했다.

지라르 이론에 기초한 필자의 불교 연구는 불교 문명권에서 발견되는 세계 포기(World-Renunciation)와 세계 질서의 변증법에 관한 것이다. 필자는 불교적 세계 포기가 세계 질서에 대한 사회해방적 부정과 비판이 아니라, 세계 질서에 대한 대긍정을 위한 안전장치로 작동했다고 주장했다. 세계 포기 위에 건설된 불교 문명의 폭력적 역설을 지라르의 문화 이론에 기초해서 해석하고자 했다.

종교사회학자 막스 베버를 계승하면서 종교사회학자 아이젠스타트(Shmuel N. Eisenstadt)는 "세계 외적인 지향을 가진 문명들의 패러독스: 막스 베버의 힌두교와 불교 연구에 대한 몇 가지 성찰들"이란 논문에서 세계 외적인, 곧 세계 포기적인 전제들을 가진 힌두교와 불교 문화의 모순과 패러독스에 대해서 논했다.[110] 종교적 엘리트들이 세계 내적인 영역으로부

---

[110] Shmuel N. Eisenstadt, "Die Paradoxie von Zivilisationen mit außerweltlichen Orientierungen. Überlegungen zu Max Webers Studie über Hinduismus und Buddhismus," *Max Webers Studie über Hinduismus und Buddhismus: Interpretation und Kritik,* ed. Wolfgang Schluchter (Frankfurt am Main: Suhrkamp, 1984).

터 거의 완전히 철수해서 오로지 종교적 영역에만 집중하는 현상이나 통음난무적이고 세계 외적이고 명상적인 지향들을 가진 섹트들(sects)이 발생한 인도 문명은 막스 베버가 분석한 서구에서의 탈신성화와 합리화 과정이 발생하지 않은 것 같다.

힌두교와 불교 문화는 역설적이게도 세계 질서를 부정하는 세계 외적인 지향들 위에 기초하고 있다는 것이다. 필자는 이 불교 문화의 문명사적 역설을 르네 지라르의 이론, 특히 세계 질서인 카스트와 그 축제적 반질서와 무질서로서의 세계 포기 사이의 존재하는 폭력적인 상호성을 희생양 메커니즘의 관점에서 이해하려고 한다.

세계 포기(world-renunciation)가 역설적이게도 세계 질서인 카스트 제도를 발생시키고, 또 그것을 유지를 위한 안전장치 역할을 하고 있다는 인도 문명에 대한 사회인류학적 연구의 대가 뒤몽의 분석은[111] 바로 세계 포기적인 전제들과 지향들 위에 서 있는 인도 문명과 또한 불교 문화의 패러독스를 이해하는 데도 도움이 된다. 세계 포기자들이 초석적 희생양 역할을 하기에, 그들은 역설적이게도 문명의 건설자, 철학자, 그리고 세계 정복자가 되기도 한다. 초석적 희생양의 가장 큰 역할은 차이들을 갱신하는 것이다.[112] 초석적 희생양은 무차별화시키는 죄악으로 비난받고, 처형되거나 추방됨으로써 새롭게 갱신된 차이들의 초석이 된다.[113]

인류 문화가 언제나 축제적 무차별로부터 일상적 차이를 주기적으로 생

---

[111] Louis Dumont, *Homo Hierarchicus. The Caste System and Its Implications* (Chicago and London: The University of Chicago Press, 1980), 279.
[112] René Girard, *Das Heilige und die Gewalt* (Zürich: Benzinger, 1987), 447.
[113] Girard, *Das Heilige und die Gewalt*, 139.

산하듯이, 인도 문화와 불교 문화는 서구 문명과는 다르게 전통적인 축제성에 보다 더 문명사적인 비중을 둔 것 같다. 그 축제는 점차적으로 특정한 출가자 집단에게로 전문화되고, 이 분업을 통해 인도 문명은 축제와 일상이 주기적으로 반복되는 전통사회와는 달리, 영원한 안정성을 가지게 되었다는 것이 뒤몽의 분석이다.

불교의 출가자들은 이 디오니소스적인 축제의 삶을 지상에서 살아가는 비극적인 영웅들이었다. 세계 포기의 깊은 뿌리에 존재하는 사회적 '추방'과[114] 사회적 죽음이라는 폭력적인 기원으로부터 점차적으로 보다 합리적이고 창조적이고 긍정적인 변화가 발생했다. 뒤몽은 발우(鉢盂)를 들고 오렌지 색깔 옷을 입은 신성하고 축제적인 출가승들을 둘러싼 사회인류학적 메커니즘을 '안전밸브'로 이해했다.[115]

이후 불교 철학에서 존재나 운동에 대해서 이중부정을 사용하여 상당히 난해한 논리를 펼치고 있지만, 선문답에서처럼 언제나 불교 철학의 가장 기본적 화두는 무(無)이다. 역설적이게도 이 비극적 영웅인 출가자들의 무를 의미 중심으로 난해한 불교의 형이상학이 세워져 간다. 대부정이 대긍정으로 전환된다.

폭발할 정도로 뜨거우면서도 가장 생산적인 현대 질투사회에서 일부 사람들이 정글로부터 온 이런 지혜로부터 위로를 느끼는 것은 어느 면에서 이해할 만하다. 하지만 인류 문화의 제로점에 존재하는 폭력적인 기원과

---

[114] Monika Shee, "Exil," *Tapas und Tapasvin in den erzählenden Partien des Mahābhārata,* Studien zur Indologie und Iranistik Dissertationen 1 (Dr. Verlag fur oriental istische Fachpublikationen, 1986), 316.

[115] Pauline Kolenda, "Seven Kinds of Hierarchy in Homo Hierarchicus," *Journal of Asian Studies* 35, 4 (1976), 593.

그 희생양 메커니즘에 대해서도 논의해야 한다. 그렇기에 필자는 불교 문화 속의 세계 질서(world order)가 대변하는 차이화(differentiation)와 세계 포기(world-renunciaiton)가 대변하는 무차별화(undifferentiation) 혹은 차이소멸 사이의 문화적 변증법과 메커니즘을 르네 지라르가 분석하는 차이를 발생시키는 희생양 메커니즘의 시각에서 해석하고자 한다.[116]

또한 필자는 클로드 레비 스트로스(Claude Lévi Strauss)와 지라르 신화 이론을 비교하면서 불교에 동정적인 레비 스트로스가 말하는 '슬픈 열대'와 '야생적 사고'가 인도의 몬순 아시아(Monsoon Asia, Paul Mus)의 정글에 속하는 세계 포기자(world-renouncer) 혹은 출가자들의 사고와 논리에 해당하며, 이 논리 속에는 신비화되고 초월화된 문화적 메커니즘이 은폐되어 있다는 것을 논증했다.

신성하면서도 디오니소스적인 반질서와 무질서를 대변하는 세계 포기와 그 출가자들의 야생적 사고와 논리는 무차별화를 대변한다. 이 축제적인 무질서를 대변하는 신성한 출가자들과 붓다들은 불교의 세계 질서를 발생시키고 유지시키고 갱신하는 초석적 희생양 역할을 한다. 힌두교와 불교 문화의 주요한 이중구조인 마을과 정글, 세계 질서와 세계 포기, 문화 질서와 그 반대구조로서의 세계 포기, 일상적 질서와 축제적 무차별화, 이 모두는 지라르 이론에 있어서의 무질서로부터 발생되고 갱신되는 질서로 이해되며 설명될 수 있다.

세계 신화들 속에서 신화적이고 비극적인 영웅들은 처음에는 무질서의

---

[116] René Girard, "Differentiation and Undifferentiation in Lévi-Strauss and Current Critical Theory," *Contemporary Literature* Vol. 17, NO. 3 (1976), 111-136.

상징으로서 등장한 뒤 폭력적으로 추방되고 살해되고 징벌받은 이후 질서의 상징으로 변화된다.[117] 불교 문화의 이 패러독스를 사회인류학적으로 새롭게 읽어서 그것의 메커니즘을 해체하고자 하는 이 연구는 세계 포기에 대한 권위 있는 뒤몽(L. Dumont)의 사회인류학적 연구에서 큰 도움을 받았다.[118]

또한 세계 포기에 대한 '희생제의적 해석'에 기초하고 있는데, 이 해석에 따르면 출가자의 삶은 희생제사가 출가자의 인격 안으로 옮겨온 것으로 이해된다.[119] 힌두교 불 제사의 희생제의적 내면화 과정(Interiorisierung des Opfers)에 대한 헤스터만의 연구도 중요한 도움을 주었다.[120]

한편 위르겐 하버마스와 르네 지라르의 이론에 입각해서 오스트리아 비엔나 출신의 어느 문학비평가요 작가는 희생양과 현대문화의 상관성을 다룬 연구서를 2013년 출판했는데, 이 책 제2장 "세계 종교와 내적인 희생"(Die Weltreligionen und das innere Opfer)에서 불 제사의 희생제의적 내면화 과정(Interiorisierung des Opfers)에 대해서 논한 필자의 독일어 단행본을 상세

---

[117] R. Girard, "Disorder and Order in Mythology," ed. *Disorder and Order: Proceedings of the Standford International Symposium* (14–16 Sept., 1981), Standford Literature Studies 1(Saratoga: Anma Libri, 1984), 81.

[118] Louis Dumont, "World Renunciation in Indian Religions," *Contributions to Indian. Sociology* 4 (1960), 33–62.

[119] Charles Malamoud, "···'sacrificial' interpretation of renunciation (the *saṇnyāsa* initiation ceremony and even the *saṇnyāsin* lifestyle are analysed as a sort of transposition of sacrifice to the interior of the person)," *Cooking the World: Ritual and Thought in Ancient India*, trans. David White (Oxford: Oxford University Press, 1996), 106.

[120] Jan C. Heesterman, "Die Interiorisierung des Opfers und der Aufstieg des Selbst (atman)," *Der Hinduismus als Anfrage an christliche Theologie und Philosophie,* ed. Andreas Bsteh (Mödling: St Gabriel, 1997).

하게 인용하고 있다.[121]

필자는 불교 속의 디오니소스적인 파계(transgression)의 차원에 대한 베르나르 포르(Bernard Faure)의 연구 등, 인도학과 불교학의 세계적 권위자들의 사회인류학적이고 종교학적인 연구 결과들을 지라르의 희생제의 이론으로 해석하여 그 속에 숨겨져 있는 희생양 메커니즘과 그 폭력적 역설을 해독하고자 했다.

"세계 포기라는 반대구조는 신성한 실체이다."[122]

문명의 폭력적 기원을 해독하고자 하는 지라르의 문명 이론으로 세계 질서를 발생시키는 성스럽고도 폭력적인 반(反)질서인 세계 포기의 문명사적 역설과 그 속의 희생양 메커니즘을 이해하는 것은 불교 문화의 역설을 이해하는 데 중요한 단서가 된다. 희생양 메커니즘은 무엇보다도 문화 질서의 "차이를 발생시키는 메커니즘"(differentiating mechanism)이다. 문화 질서는 바로 이 무질서로부터 나온다.[123]

불교적 세계 포기는 바로 이 신성한 무질서와 카오스를 담고 있는 신성한 제도이다. 이 무질서와 카오스로부터 불교 문화의 질서와 차이가 반복적으로 갱신되고 재생산된다. 우리는 이 축제적이면서도 디오니소스적인 무질서와 카오스를 그들의 삶과 논리로 대변하는 붓다들의 비극적인 실존

---

[121] Kirstin Breitenfellner, *Wir Opfer: Warum der Sündenbock unsere Kultur bestimmt*(Diederichs Verlag: München, 2013).

[122] Patrick Olivelle, "The anti-structutre of world renunciation in India, therefore, was a sacred reality," *The Origin and the Early Development of Buddhist Monarchism* (Colombo: Gunasena, 1974), 4.

[123] René Girard, *Things Hidden since the Foundation of the World*. Research undertaken in collaboration with Jean-Michel Oughourlian and Guy Lefort (Stanford: Stanford University Press, 1987), 312.

을 둘러싸고 있는 폭력적인 역설과 그들의 초석적이고 문명사적인 역할을 지라르의 문화 이론적인 시각에서 서술적으로 이해하려고 했다.

14. 파르마코스 붓다

현대 질투사회에 대해서 불교적인 지혜가 대안이 될 수 있을까?

피상적으로 생각하면, 질투사회와 경쟁사회로서의 모더니티(Modernity)를 가져온 기독교보다는 욕망과 집착을 극복하고 멈춤과 비움을 가르치는 불교적인 가르침이 더 필요한 것처럼 보이기도 한다. 부분적인 의미에서 그리스도인들도 이러한 불교적 지혜와 가르침을 질투의 제국 속에서 살면서 어느 정도 수용하고 배울 수도 있다.

지라르는 모방적 욕망에 대한 성숙한 자기 성찰을 대안으로 제시하지만, 모방적 욕망과 질투심에 대한 불교적 거세와 멸절이 대안이 된다고 보지 않는다. 지라르는 모방적 욕망의 선함(goodness of mimetic desire)을 말한다. 물론 지라르는 대체적으로 토마스 홉스처럼 모방적 욕망으로 인한 갈등, 폭력, 질투, 르상티망 등에 대해서도 매우 깊고 비극적이고 현실적인 이해를 가지고 있지만, 그렇다고 해서 불교에서 가르치는 모방적 욕망에 대한 니르바나(nirvana)적인 멸절이 대안이 된다고 보지는 않는다.

필자는 더 나아가 불교에서는 이 모방적 욕망과 질투심에 대한 니르바나적인 멸절과 거세가 불자들 모두를 향해서 이루어지는 것이 아니라, 오직 출가승들에게만 적용되는 특정 논리이기에, 이 논리에는 은폐된 희생양 메커니즘이 작동하고 있다고 주장했다.

슬로터다이크는 니체와 하이데거를 따라서 불교를 예찬하고 있지만, 슬라보예 지젝은 소위 서구 불교(Western Buddhism) 유행에 대해서 매우 비판적인 분석을 시도했다. 아래에 소개되는 지젝의 서구 불교 비판은 피로사회론에서 불교적 대안을 제시하는 한병철의 입장에게도 적용될 수 있다.

앞에서 부분적으로 소개한 것처럼, 지젝은 서구 불교와 그 대중문화적인 현상들은 시장경쟁의 가공할 만한 속도에 대해서 내적인 거리와 무관심을 보이는 것 같지만, 실제로는 자본주의적 역동성에 참여하면서도 정신적인 건강을 유지하는 듯한 인상을 주는 가장 효과적인 형태다. 즉, 서구 불교는 "후기자본주의의 전형적인 이데올로기다."[124]

지젝은 현대 서구 불교와 서구 도교는 페티쉬적인 보충에 의지함으로 지성적, 정치적 그리고 경제적 난제들을 회피하기 위한 완벽한 방법이라고 분석한다. 지젝에게 있어서 "서구 불교는 그러한 페티쉬(fetish)다." 서구 불교는 가공할 말한 속도의 자본주의적 게임에 완전히 참여하고 있으면서도 내적인 자아의 평화를 유지하는 듯한 기만적인 인상을 준다. 그에게 있어서 서구 불교는 소위 후기이데올로기적 시대의 "이데올로기의 페티쉬적인 모드"에 완벽하게 들어맞는다.

지젝은 이 "페티쉬적인 논리"가 가장 명확하게 들어나는 곳은 바로 "후기-기독교적 '영적인' 상상"에서 가장 중심적인 역할을 하는 티베트 불교라고 지적한다. 티베트는 어떤 '보석'과 같은 '기이한 것'(fantasmatic thing)의 역할을 하고 있지만, 더 가까이 가보면, 그것은 '배설물'과 같은 것임

---

[124] Slavoj Žižek, "Star Wars III: Über Taoistische Ethik und den Geist des virtuellen Kapitalismus," *Lettre* 69 (2005), 55.

을 알게 된다고 지적한다. 티베트는 서구의 이데올로기적인 상상력 투영을 위한 스크린 역할을 하고 있을 뿐이다.[125]

서구 불교에 대한 지젝의 비판적 접근은 한국에서는 잘 소개되지 못하고 있는 것 같다. 2018년 SBS CNBC에서 방송된 경희대학교에서 진행된 '슬라보예 지젝 특강' 제1강 "섹슈얼리티를 위하여"를 잠시 시청하다가 '뉴에이지 신비주의'(New Age Mysticism)를 그냥 '신비주의'로 번역해서 자막 처리한 것을 보았다.

이것을 단순 실수라고 보기는 힘들 것 같다. 한국의 뉴에이지와 불교를 의식한 번역인지 모르겠다. 한국 언론을 통한 지젝의 인문학 강좌에서는 지젝이 칼 융(Carl Gustav Jung)식의 반계몽주의와 영지주의, 뉴에이지 신비주의에 대해서는 비판적이며 또한 달라이 라마와 관련 있는 헐리우드 팝 불교(Pop-Buddhismus)와 서구 불교 현상에 대해서도 비판적이라는 사실이 잘 소개되지 않는 것 같다. 또한 지젝이 유대-기독교적 가치를 재발견할 필요가 있다고 역설하는 내용도 한국 언론을 통해서는 잘 소개되지 못했다고 볼 수 있다.

불교 지혜의 수동성과 식물성(멈춤과 비움)이 카타르시스를 줄 수 있다. 슬로터다이크는 유대교가 문명 속에서 운동을 가져왔다고 비난하는 듯한 주장을 제기하면서, 불교의 수동성과 식물성을 오히려 예찬하고 있다. 필자의 『붓다와 희생양』은 니체와 그의 계보에 서있는 슬로터다이크 등이 불교 속에서 보고 있는 그 위생적이고 카타르시스적인 것의 비극적 기원

---

[125] Slavoj Žižek, "From Western Marxism to Western Buddhism," http://www.cabinetmagazine.org/issues/2/western.php.

을 해독하고자 했다. 곧 불교 문화의 카타르마, 곧 우주적 대자비와 보시를 위해서 언제든지 희생할 준비가 되어 있어야만 하는 비극적 영웅들로서의 붓다들의 특정실존에 은폐되어 있는 희생양 메커니즘을 해독했다. 불교가 주는 마음수련과 카타르시스는 사실상 불가의 카타르마(붓다들)로 인한 것이라고 본다. 많은 사람들은 불교 속에서 데리다가 말한 독과 약으로서의 파르마콘(*pharmakon*)과 같은 것을 말하면서도, 그것이 불교 속의 파르마코스(인간 희생양들)와 얽혀 있다는 사실을 보지 못하고 있다.[126]

『붓다와 희생양』에서 주장한 것처럼, 붓다들과 출가승들은 재가자들로부터 탁발 공양이나 가사(袈裟, *kāṣāya*, 카사야)를 통해서 '독'과 같은 나쁜 카르마, 액운, 질병 등을 흡수해서 그것을 '약'과 같은 공덕으로 변화시켜 전달하는 복전(福田)이 된다. 불교 출가승들은 재가자들로부터 독과 부정적인 것을 신물로 받는 '죄를 먹는 자'(sin-eater) 곧 희생염소 역할을 하고 있다. '독'을 선물로 받은 출가승들이 공덕을 재가자들에게 주는 복전, 복밭이 되는 것이다.

출가승들의 신화적 모델은 힌두교의 최고신 시바인데, 시바는 세상의 모든 독을 마시는 자요, 죄를 먹는 자다. 인도 문명에 대한 최근 인류학자들의 연구에 의하면, 출가승에게 바치는 선물에는 재가자들의 나쁜 카르마, 액운, 질병 등이 담겨 있다. 출가승들은 선물을 받아서 그 안에 들어 있는 죄(*pāp*)와 그와 연관된 부정한 것과 불길한 것도 소화시킨다. 출가승에게 주는 선물에는 독이 포함되어 있다.

---

[126] 슬라보예 지젝의 보다 상세한 서구 불교 비판에 대해서는 필자의 책 『르네 지라르와 현대 사상가들의 대화: 미메시스 이론, 후기구조주의 그리고 해체주의 철학』을 보라.

힌두교와 불교의 선물에 관한 다르마에 의하면, 선물을 받는 출가자들은 선물을 주는 재가신자들의 '죄'와 그와 연관된 부정(不淨)과 불길한 것을 받아 먹는다.[127] 붓다들도 재가자들의 죄를 먹고 독을 마시는 희생염소 역할을 하고 있다는 것이 필자의 결론이었다. 붓다들도 그리스의 인간 희생염소(human scapegoat) 역할을 하는 파르마코스처럼 독과 같은 존재로서 희생당한 뒤에 약과 같은 존재가 된다. 예수에게는 희생양 메커니즘의 한 기제인 독과 약의 야누스적 이중성이 존재하지 않는다.

소설가 장정일은 비슷한 맥락에서 "『피로사회』를 경멸하는 이유"라는 제목으로, 개인을 향한 강박적인 착취가 벌어지는 사회를 문제시하는 한병철의 『피로사회』는 활동 과잉과 긍정성을 내려놓고 자신을 무장 해제하라고 말하지만, 외부의 착취 구조를 외면하는 개개인의 무장 해제는 '힐링'에 그친다고 바르게 비판했다.

이 책의 출판 이후 베를린에서 지은이와 신진욱 교수(중앙대 사회학과)가 대담을 했다. 거기서 한병철 교수는 "피로사회는 '자신을 착취하는 사회'이기 때문에 '착취하는 타인'이 없다"라고 강변했다. 그의 제안에 의하면, 우울증, 과잉행동장애, 경계성 성격장애, 소진증후군 같은 신경증에 만연된 성과사회의 해결책은, "~해야 한다"라는 활동 과잉과 긍정성을 내려놓고 자신을 무장 해제하는 것이다. 장정일은 다음과 같이 지적한다.

---

[127] Andrea Luithle, "Von Asketen und Kaufleuten: Reinheit, Reichtum und soziale Organisation bei den Śvetāmbara-Jaina im westlichen Indien," Nicole Manon Lehmann und Andrea Luithle, *Selbstopfer und Entsagung im Westen Indiens. Ethnologische Studien zum Sati-Ritual und zu den Shvetambara Jaina* (Hamburg: Verlag Dr. Kovac, 2003), 326–7; Gloria Goodwin Raheja, *The Poison in the Gift: Ritual Prestation, and the Dominant Caste in a North Indian Village* (Chicago/London: The University of Chicago Press, 1988).

하지만 외부로부터의 착취 구조를 외면하는 개개인의 무장 해제는 요즘 유행하는 '힐링'에 그칠 공산이 크다. 무위 속에서 심신의 피로를 푼 개인 혹은 공동체는 심기일전해 자기를 착취하는 사회 속에 다시 뛰어든다.[128]

디오니소스적-서정적-미학적 철학을 전개한 슬로터다이크가 불교의 무관심의 윤리학을 질투사회를 위한 대안으로 제시한 것처럼, 한병철도 힐링(healing) 불교적으로 보이는 과잉 부정과 과잉 멈춤을 대안으로 제시하는 것 같다. 그렇기에 이 지점에서 우리는 슬로터다이크와 한병철에게서 한때 유행했던 일종의 철학적 냉소주의를 보게 된다.

지젝이 날카롭게 분석한 것처럼, 한병철이 대안으로 제시하는 명상불교적 멈춤과 서구 불교라는 대중문화적인 현상들은 모두 시장경쟁의 가공할 만한 속도에 대해서 내적인 거리와 무관심을 보이는 것 같지만, 실제로는 자본주의적 역동성에 참여하면서도 정신적인 건강을 유지하는 듯한 기만적 인상을 주고 있다.

이러한 서구 명상불교는 자본주의와 시장경제에 대한 깊은 이해를 하지 못하고 있으며, 21세기 새로운 문화로부터 파생되는 지성적, 정치적 그리고 경제적 난제들과 복잡성을 손쉽게 회피하고 있다.

---

[128] 장정일, "『피로사회』를 경멸하는 이유,"「시사IN」, 2013년 1월 12일자. https://www.sisain.co.kr/?mod=news&act=articleView&idxno=15308.

제9장

유발 하라리의 『호모 데우스』 비판

1. 21세기 미래 인류는 '호모 데우스'가 되는가?

르네 지라르의 이론으로 현대 정치경제학을 논의하는 이 책에서 마지막으로 21세기 인공지능, 4차 산업혁명, 빅데이터 등을 논하면서 필자는 문자적인 의미에서 '인간이 신이 되는' 『호모 데우스』(*Homo Deus*)를 출간한 유발 하라리의 포스트모던적, 루소주의적, 급진 사회구성주의적 그리고 불교적 사유를 비판적으로 분석하고자 한다.

불교 위파사나(*Vipassanā*) 명상을 매일 2시간씩 수행한다는 유발 하라리는 자신을 동성애자라고 스스로 밝히면서 목적론적 세계관과 성정체성 등에 대해서 말하는 기독교 신학은 신화라고 비판한다. 하라리는 동물세계에서도 동성애는 친밀감이나 정치적 목적을 위해서 자주 이루어진다고 말함으로 동성애를 변호한다. 유발 하라리는 『호모 데우스』에서 진보적 기독교 분파에서 동성혼이나 여성성직자 수용을 인정하게 된 것은 성경이나 아우구스티누스, 루터를 읽어서가 아니라 미셸 푸코의 책을 읽었거나 그 영향을 받았기 때문이라고 한다.

하라리는 진보적 기독교 분파들의 윤리적 태도가 푸코의 영향 때문이라고 인정은 하지 않고, 다시 성경과 전통적 문헌들을 철저히 읽고 필요한 내용을 찾아서 창의적으로 재해석한다 해도 푸코의 영향을 부인하기 힘들다고 지적한다. 그래서 그들은 이런 생각이 실제로는 푸코에게서 나왔지만 성경에서 유래한 것처럼 말하면서 권위의 원천으로서 성경의 위치를 고수하려 한다고 하라리는 지적한다.

동성혼이나 동성애 문제와 관련해서 진보 기독교가 성경 텍스트 자체보다는 동성연애자 푸코의 영향을 강하게 받고 있다는 유발 하라리의 지적은 틀리지 않다. 니체주의자 푸코의 (디오니소스적) 광기, 섹슈얼리티, 감시와 처벌 등에 대한 연구에 큰 영향을 받은 퀴어 이론(Queer Theory)을 기독교 신학에 적용시키는 것이 퀴어 신학이다. 퀴어라는 말 자체에 니체주의적이고 디오니소스적 것이 존재한다는 사실을 부인하기 힘들다.

유발 하라리는 이제 인간은 호모 사피엔스로부터 신이 된 인간을 의미하는 '호모 데우스'(*Homo Deus*)로 업그레이드가 될 것이라고 주장했는데, 이 주장에는 어떤 불교적인 관점이 있다. 유발 하라리는 은유적인 의미에서가 아니라, 문자적인 의미에서 인간은 이제 인공지능 등을 통해서 신이 된다고 주장했다. 호모 사피엔스는 21세기 인공지능 등을 통해서 불멸성과 신성을 가진 문자적인 의미에서 신이 된 인간 '호모 데우스'로 업그레이드될 것이라고 그는 주장한다.

유발 하라리의 유튜브 동영상 강의와 인터뷰 자료를 들어보니, 그는 미래 인류인 호모 데우스와 미래 종교인 실리콘밸리의 데이터 종교(The Data Religion)를 찬양하면서 이 책 앞 부분에서 언급한 르네 지라르의 제자이자 실리콘밸리의 벤처자본가, 헤지펀드 매니저, 미래학자, 기업가 그리고 법학박사인 피터 틸(Peter Thiel)을 언급한다.

유발 하라리는 자신의 강연들뿐 아니라, 자신의 책 『호모 데우스』에서도 피터 틸을 언급하고 있다. 유발 하라리는 실리콘밸리의 피터 틸의 노화 방지 및 장수 연구 등을 언급하면서 인간이 이제 불멸성을 가진 호모 데우스로 업그레이드되고 진화될 것이라는 과장된 주장을 펼친다.

지라르의 제자인 피터 틸은 인류의 미래를 위해서 노화 방지 및 장수 연구 등에 과감한 투자를 하는 기업가이지만, 유발 하라리처럼 인간이 이제 호모 데우스로 업그레이드될 것이라는 과장된 주장은 하지 않는다. 피터 틸도 미래 기술을 통해서 인간이 불멸성과 가까운 장수를 누릴 것을 꿈꾸어 보지만, 그렇다고 해서 불교적 영향을 강하게 받은 유발 하라리처럼 문자적인 의미에서 이제 호모 사피엔스가 신이 된 인간인 호모 데우스가 될 것이라는 비약적이고 과장된 주장을 하지는 않는다.

물론 인간은 21세기 미래 기술을 통해서 유전자 기술이나 미래 의학기술을 통해서 수명을 연장할 수 있을 것이다. 하지만, 이후 소개하겠지만 그렇다고 해서 유발 하라리도 언급하는 '빅뱅'을 일으킬 정도의 신적인 존재가 되지는 못할 것이다.

2. 유발 하라리의 동성애와 명상불교

유발 하라리는 도킨스와 함께 새로운 선교적 무신론 운동을 주도하는 샘 해리스(Sam Harris)와 여러 차례 인터뷰하면서 유럽 68세대와 불교 명상에 대해서 이야기를 나누었다. 샘 해리스도 유럽 68세대의 전통에 서서 불교 명상에 심취해서 30년간 수행한 학자이다. 유발 하라리는 샘 해리스와의 대담에서 자신은 버마 불교 출신의 스승으로부터 위파사나(*Vipassanā*)[1] 명상을 배웠고 지금도 매일 꾸준하게 수행하고 있다고 말한다.

그러면서 하라리는 이 불교 명상이 자신의 연구에도 크게 영향을 주었다고 말하는데, 특히 무엇이 실재인가라는 질문에 대해서라고 말한다. 무엇이 실재이고, 무엇이 픽션이고 그저 스토리에 불과한지를 구분할 수 있도록 불교 명상이 도움을 주었다는 것이다. 유발 하라리에 의하면, 유대-기독교적 의미에서의 신은 픽션에 불과하다.

불교 철학은 비판적 실재론의 입장을 가진 기독교 철학과는 달리 연기와 공(空) 사상 등으로 인해 철학적으로 반실재주의 혹은 반실체주의적 입장을 가진다. 우주의 공성(空性)을 주장하는 불교 철학에 있어서 실체적 진실은 존재하지 않는다. 불교에서는 우주와 만물과 실재가 '연기'이기에 '공'하다고 말한다.

그렇기에 이러한 반실재주의적 불교 철학은 퀴어 이론과 포스트모던 철학에서 말하는 급진적 사회구성주의(social constructionism)과 맥을 같이한다.

불교 명상에 심취하고 동성애자라고 스스로 고백한 유발 하라리도 성정체성과 실재 등에 대해서 불교적-반실재주의적 관점을 보이고 있다. 그는 스스로 불교 명상 수행과 자신의 저서들 사이의 깊은 연관성을 주장한다. 서구 명상불교, 포스트모더니즘, 퀴어 이론 그리고 네오마르크시즘 등은 서로 얽혀 있다.

---

[1] '위파사나'는 석가모니 시절부터 행해 온 일종의 명상 수행법으로, 우리의 일상적인 활동과 마음씀에 대해 관찰하고, 그 관찰을 통해서 깨달음을 얻는 것이다.

유발 하라리는 자신이 동성애뿐 아니라, 동성결혼을 한 사람이라고 스스로 밝혔는데, 이는 2018년 8월 국내 「조선일보」와의 인터뷰에서도 확인된다. 「조선일보」와의 인터뷰에서 그는 동성애를 비판하는 기독교 신학이나 유대교 랍비의 주장은 과학적 사실이 아니라 인간이 만들어 스토리에 불과하다고 비판한다.

나아가 하라리는 여러 차례에 걸쳐 자신이 『사피엔스』와 『호모 데우스』를 쓸 수 있었던 비결 중 하나로 불교 명상을 언급했다. 구체적으로는 위파사나 명상인데, 이것이 '자신만의 질문'을 찾기 위한 집중력 강화의 도구라는 것이다. 그는 새벽에 한 시간, 자기 전에 한 시간 하루에 두 시간씩 매일 명상하고, 1년에 한 번은 아예 모든 것을 끊고 한두 달을 캠프에 들어가 명상 수련을 한다고 한다. 하라리에 의하면, "불교 명상은 어떤 목적도 없으며, 아무것도 안 하는 게 목적이다." 그는 "실재(reality)가 무엇인지를 파악하는 수련이 명상이다"라고 주장한다.[2]

하지만 본래 불교 명상의 목적은 실재가 무엇인지를 파악하는 것이 아니라, 실재가 '연기'이기에 공(空)하다는 것을 깨닫기 위한 것이었다. 불교 명상의 목적은 실재가 무엇인지를 인지하기 위한 것이 아니라, 실재가 '공'(空)하다는 것을 깨닫기 위한 것이다. 현대 서구 불교가 고안한 소위 명상불교에서 와서 본래 출가승들이 속세에 대한 집착을 버리고 또한 속세에 대한 염증을 느껴서 '실재의 공성'을 깨닫기 위한 불교 명상이 실재가 무엇인지를 파악하는 수련으로 변화되었다.

---

2   "『사피엔스』, 『호모 데우스』 펴낸 유발 하라리 이스라엘 히브리大 교수," '어수웅 기자의 어프로치' 「조선일보」, 2018년 8월 11일자. http://news.chosun.com/site/data/html_dir/2018/08/10/2018081002489.html.

초기 불교 출가자들의 명상은 자신의 육체와 세계에 대한 염증을 불러일으켜 속세에 대한 집착을 제거하려는 '염증명상'(Ekelmeditationen)이었다.[3] 불교 명상, 좀 더 정확하게 사회인류학적으로 파악하자면 출가승들만의 명상은 본래 출가승들에게만 강요되었던 '세상에 대한 염증'으로부터 파생되었다.

이는 붓다의 이야기를 통해서도 확인될 수 있다.[4] 불교 출가승들은 명상을 통해서 실재가 연기이기에 공(空)하다는 것을 깨닫고 속세에 대한 염증을 느껴서 집착을 버리고 출가의 길을 간다. 한때 유행했던 종교 현상학적 불교 이해에 의하면, 붓다는 사물의 진상을 보았다고들 한다. 세계 포기자 붓다는 사물의 진상을 공(空)으로 보았다. 희생염소 역할을 하는 붓다는 자기만 사물의 진상을 공으로 본 것이다.

유빌 하라리는 우리의 정체성은 사회적으로 구성된 스토리에 불과하다고 주장한다. 그는 급진적 사회구성주의의 입장을 취하고 있다. 그는 성정체성이라는 것도 급진적 사회구성주의에서 말하는 것처럼, 사회적으로 구성된 스토리에 불과하지, 실재가 아니라고 말한다.

유발 하라리의 말처럼 "아무것도 안 하는 것이 불교 명상의 목적"이라면 실재가 무엇인지를 파악하는 것도 하지 말아야 한다. 일본 선불교에 기초한 일본 교토학파가 자신들의 철학을 절대적 무(無)의 철학이라고 한 것처럼, 불교 철학과 불교 명상은 절대적 무를 향하고 있다.

---

[3] Michael von Brück, *Einführung in den Buddhismus* (Frankfurt a.M: Verlag der Weltreligionen im Insel-Verlag, 2007), 93 ; Friedrich Heiler, *Die buddhistische Versenkung. Eine religionsgeschichtliche Untersuchung* (München: Reinhardt, 1918), 15-6.

[4] Ann Grodzins Gold, "The Once and Future Yogi: Sentiments and Signs in the Tale of a Renouncer-King," *The Journal of Asian Studies* 48, no. 4 (November 1989), 773.

그렇다면 실재가 무엇인지를 파악하는 것도 포기해야 하는 것이 불교 명상의 목적이 아닌가?

유발 하라리의 강의나 인터뷰 동영상을 보면 불교 명상의 목적은 인간의 마음 혹은 지성을 아는 것(know the mind)이라고 말하는데, 이것은 불교 명상을 'Mindfulness'로 재정의하고 있는 서구 명상불교의 모방적 욕망이 새롭게 고안한 것이다. 'Mindfulness'를 불교계에서는 명상 혹은 '마음챙김'으로 번역하는데, 이는 불교 명상을 힐링으로 제시하고자 하는 서구 명상불교의 창작물에 불과하다. 명상을 'Mindfulness'로 재정의하고 싶어 하는 모방적 욕망까지도 멈추고 비워서 절대적 무에 도달하는 것이 본래 불교 명상의 목적이다.

3. 힐링, 킬링, 멘붕 그리고 불교 명상

본래 불교 명상은 '힐링'(healing)이 아니라 '킬링'(killing)을 목적으로 한다. 붓다는 인도 요기들의 '신체적인 죽이기'(physical mortification)를 우주적 고통에 대한 명상이라는 '정신적인 죽이기'(mental mortification)로 대체하였다.[5] 불교 명상은 본래 정신적인 죽이기였다.

불교 명상이 주는 힐링은 본래 불교 명상의 희생제의적 킬링이 주는 부산물이다. 독일 철학자 슬로터다이크가 명상불교에서 발견하는 위생학적

5　Steven Collins, *Selfless Persons: Imagery and Thought in Theravada Buddhism* (Cambridge: Cambridge University Press, 1982), 235.

이고 카타르시스적인 힐링은 불교의 카타르마(인간 희생양)들인 출가승들과 붓다들의 비극적이고 희생제의적 실존으로부터 비로서 나온다.

앞에서 주장한 것처럼, 불교 명상은 일종의 정신적 희생제사(mental sacrifice, *mānasa yajña*)⁶였다. 불교 명상은 멘탈을 킬링하고 희생시키기 위한 것이었다. 불교 명상이 본래 힐링이 아니라 킬링을 지향하기에, 불교학자들도 불교 철학을 '죽음의 철학'이라 부른다. 본래 어둡고 허무적인 부정주의가 지배적이었던 희생제의적 죽음의 철학이었던 불교 철학이 현대에 와서 달라이 라마가 강조하는 것처럼, 밝은 의미에서의 행복과 힐링을 강조하는 종교로 변모했다.

멘탈이나 마음에 대한 불교 명상적 힐링은 부산물이지, 불교의 요기적 명상의 본래적 목적은 아니었다. 현대 서구 명상불교에서는 이 불교 명상이 본래 가지고 있던 희생제의적 차원과 의미가 은폐되고 있거나 증발되어 있다. 불교 명상은 본래 힐링이 아니라, 킬링과 일종의 멘붕을 일으키기 위한 것이었다. 불교학자들도 헛소리(non-sense)로 파악하는 선문답도 그 기본적 코드는 논리를 킬링하는 반논리(anti-logic)로서 멘붕을 일으키기 위해서 고안된 통과제의적 장치였다.

불교 명상은 마음을 챙기고 힐링하는 것이 아니라, 본래는 출가승들의 마음과 정신을 킬링하는 일종의 희생제사였다. 물론 명상 자세를 통해서 마음의 안정을 얻고 힐링되는 측면이 있다. 하지만 불교 명상의 힐링은 본래 희생제의적 킬링이었던 불교 명상의 부산물이지, 본래의 목적과 의

---

6 Collins, *Selfless Persons: Imagery and Thought in Theravada Buddhism*, 57, 각주 11에서 인용됨.

미는 아니었다. 필자의 책 『붓다와 희생양』에서 이미 상세하게 논증했듯이, 실제로 전통적인 불교 명상의 최종 단계는 멸절이다. 불교 명상은 실재와 우주의 공성을 깨닫기 위해서 사유와 논리를 죽이는(킬링) 것을 목표로 한다.

불교의 무념무상(無念無想)은 모든 개념들과 논리들을 '무화'시키는 불교 명상의 본래 목적인 킬링과 멘붕을 잘 보여준다. 불교 철학에 가득한 폭력적인 역설들과 반논리들은 희생염소 역할을 하는 출가승들의 '멘탈 붕괴'(멘붕)를 희생제의적으로 발생시키기 위한 것이며 또한 그 멘탈 붕괴를 반영하는 것이다.

명상불교적 힐링은 본래 불교 명상의 희생제의적 킬링의 문화진화적 부산물이다. 명상 자세로 이루어지는 소신공양(燒身供養)과 분신공양(焚身供養)에서 보다 급진적인 예를 볼 수 있듯이 불교 명상의 원래적 의미는 일종의 희생제사, 특히 내면화되고 철학화된 불 제사로서 일종의 희생제의적 킬링 의식이었다. 아직도 약화되었지만 살아 있는 전통인 분신공양과 소신공양은 보다 원색적인 불 제사다.

불교 명상은 보다 내면화되고 철학화된 불 제사다. 그리고 다른 곳에서 소개한 것처럼, 2003년 이후로 독일 종교학자들은 아시아 불자들이 성불 과정으로 이해하는 분신공양과 소신공양 등을 은폐된 형태의 인간 제사(Menschenopfer)로 파악하기 시작했다.

지라르가 주장하듯이 인류 문화가 장 자크 루소의 낭만주의와 신원시주의에서 상정하는 사회계약과 같은 합리적이고 이성적인 기원으로부터 파생된 것이 아니라, 희생제사라는 '폭력적 기원'으로부터 점차 파생, 분화 그리고 진화된 것처럼 불교 명상도 희생제의적이고 폭력적 기원을 가진다. 그러므로 불교 명상의 뇌과학적 힐링만 보는 것은 반쪽의 진리에 불과하다. 불교 명상의 본질을 보려면 그 기원에서부터 파악해야 한다.

유발 하라리는 불교 명상에 깊이 심취한 결과 동성애를 비판적으로 보는 것은 실재가 아니라, 사람들이 만들어 낸 픽션이며 스토리라고 주장하는데, 동성애는 실재이며 이성애는 그저 스토리이며 픽션이란 말인가?

유발 하라리의 주장대로라면 동성애도 스토리에 불과하다. 절대적 무, 좀 더 정확하게 표현하자면 희생제의적 무를 지향하고 가르치는 불교 명상(보다 정확하게는 출가승들만의 명상)은 실재가 무엇인가를 파악하는 노력조차도 '공'한 것으로 본다. 앞에서 통섭을 주장하는 에드워드 윌슨이 자크 데리다의 해체주의를 비판하면서 해체의 무한소급의 문제를 지적한 것처럼, 단지 형식논리학적으로 볼 때는 우주의 공성(空性)을 깨닫고자 하는 불교 철학의 극단적 부정주의에도 부정과 공성의 무한소급의 문제가 존재한다.

하지만 불교 철학에서 발견되는 무와 부정의 무한소급 문제는 형식논리학적으로는 문제가 되지만, 그것을 사회인류학적으로 깊게 읽어내어서 출가승들만의 희생제의적인 다르마(dharma)와 희생 논리로 파악한다면 문제가 되지 않는다. 불교 명상은 실재가 무엇인지를 파악하는 수련이라는 것은 현대 명상불교가 만들어 낸 관점에 불과하다. 유발 하라리가 불교 명상을 보다 일관되게 했다면 동성애조차도 실재가 아니며 사람들이 만들어 낸 스토리와 픽션에 불과하다는 깨달음에까지 도달해야 할 것이다.

이렇게 유발 하라리는 유대-기독교적 의미에서의 신(Gott), 돈, 실재 및 소년은 소녀를 사랑해야 한다는 이성애 등은 모두 픽션이며 스토리라고 주장한다. "명상, 종교 그리고 신"이라는 주제 아래서 이루어진 유발 하라리와 샘 해리스와의 대담에서, 선교적 무신론자 샘 해리스는 하라리가 너무 느슨한 의미에서 모든 것은 실재가 아니며 픽션이며 스토리라고 주장하기에 혼란을 준다고 비판한 적이 있을 정도로,[7] 유발 하라리는 일관성이 없고 혼란스러우며 너무 쉽게 '모든 것은 스토리이며 픽션'이라고 주장한다.

곧이어 소개하겠지만, 유발 하라리는 성경도 오래된 '가짜뉴스'(Fake News)에 불과하다고 주장한다. 거의 모든 것은 스토리에 불과하며 픽션이라고 주장하지만, 자신의 동성애나 불교 명상은 실재와 과학적 사실처럼 말하고 있다. 그의 주장대로라면 동성애 혹은 동성혼도 스토리와 픽션에 불과하다. 그리고 불교 명상도 본래 그가 주장하는 것처럼, 실재가 무엇인지를 파악하는 것이 목적이 아니라, 실재가 '공'하다는 것을 깨닫기 위한 일종의 '정신적 희생제사'(mental sacrifice)였다.

유발 하라리의 논리를 보다 깊게 적용해서 생각해 보자면, 동성애와 동성혼이라는 것은 68세대들이 포스트모던적-불교적 반문화와 반철학 운동을 하면서 만들어 낸 일종의 스토리, 픽션 그리고 성적인 유행이나 트렌드에 불과하다고 필자는 생각한다. 유발 하라리의 주장과 논리대로라면, 동성애도 인간이 만들어 낸 스토리와 픽션에 불과하다. 본래 불교 명상은 우주의 공성을 가르친다. 모든 것이 공하다는 것이 불교 명상의 결론이다.

그런 논리라면, 동성애도 스토리에 불과하다. 필자가 보기에 동성애라는 이 유행적 스토리는 68문화혁명 이후로 유행하고 있다.

이성애가 과학적 사실이 아니라 스토리와 픽션이라면, 동성애는 과학적

---

7   https://www.youtube.com/watch?v=nzvUZLD9ssY.

사실이란 말인가?

「조선일보」와의 인터뷰에서 유발 하라리는 인간이 만들어 낸 스토리와 픽션에 불과한 이성애와는 달리 동성애는 과학적 사실이라는 것을 말하고 싶어서인지, 동물들, 특히 침팬지에게도 동성애가 있다는 사실을 주장했다. 침팬지에게는 동성애뿐 아니라 일종의 강간도 존재하며 각종 성폭력도 존재한다.

동물세계에서 아주 극소수의 경우에 발생하는 동성애와 인간을 포함한 동물세계의 번식에 있어서 절대적 다수의 경우에 이루어지는 이성애 중에 무엇이 과연 더 과학적 사실인가?

유발 하라리의 경우와 포스트모던적 퀴어 이론은 자신들의 동성애 담론이라는 스토리와 픽션을 가지고 수컷과 암컷을 통한 생존과 번식을 연구하는 진화생물학이라는 과학적 연구와 사실에 도전하고 있다.

필자가 보기에는 동성애를 정당화하는 하라리의 주장이나 퀴어 이론이 과학적 사실보다는 사회적 스토리와 유행에 훨씬 더 가깝다고 본다. 동성애나 동성혼을 정당화하는 유발 하라리의 주장도 실재가 아니라, 그저 스토리에 불과하다고 보아야 한다. 동성애도 과학적 사실이나 실재가 아니라, 동성애를 하게 된 사람들이 자신들을 정당화하기 위해서 만들어 낸 스토리에 불과하다.

유발 하라리의 논리대로라면 21세기의 동성애, 동성혼 혹은 퀴어 이론 등은 유럽 68문화혁명 세대와 포스트모던적-불교적 유행이 만들어 낸 스토리와 픽션에 불과하다. 또한 그의 논리대로라면 생물학적으로 볼 때 절대 다수를 차지하는 이성애는 가장 오래된 스토리이며, 동성애와 동성혼은 그동안 극소수와 예외로 존재했지만 유럽 68문화혁명과 포스트모던적 퀴어 이론 등을 통해서 20세기 후반부터 유행하게 된 최신의 스토리에 불과하다.

동성애자로서 유발 하라리는 성정체성에 대한 기독교 신학의 본질주의와 실체주의를 포스트모던적-불교적 반실체주의, 반본질주의, 혹은 급진적 사회구성주의적 관점에서 비판하고 있다. 그의 많은 주장들에서 필자는 유럽 68문화혁명, 포스트모던 철학, 불교 철학, 급진적 사회구성주의 등의 흔적을 본다. 유발 하라리는 인간의 자아는 존재하지 않으며 생화학적 알고리즘과 메커니즘에 불과하다고 주장한다.

또한 인간은 더 이상 쪼개질 수 없는 개인(individual)이 아니라, 쪼개질 수 있는 존재(dividual)라고 주장하는데, 이런 주장들에서 필자는 개인이나 우주나 실체의 본질을 인정하지 않는 포스트모던적 반본질주의, 반실체주의 그리고 불교적 공 사상의 흔적을 보게 된다. 불교 철학에서도 우주, 실체, 자아 등은 연기이기에 공이라는 사상이 있다.

4. 현대 자연과학에 대한 유발 하라리의 모순된 관점

앞에서 소개한 것처럼, 독일 철학자 노베르트 볼츠(Nobert Bolz)는 포스트모더니즘적 젠더 연구와 동성애 담론들이 기본적으로 진화생물학에 대한 선전포고의 의미를 지닌다고 분석한 바 있는데, 이는 진화생물학의 입장에서 호모 사피엔스를 연구한 유발 하라리의 동성애 변호에도 적용될 수 있다. 그는 포스트모던적 급진 사회구성주의나 반실재주의에서 말하는 것처럼, (진화)생물학적 차이는 실재하지 않는 픽션과 같은 스토리에 불과하다고 주장한다.

　남녀의 생물학적 차이와 이성애는 과학적 사실이 아니라 사회적으로 구성된 구성물인 스토리에 불과하다는 것이 하라리의 기본적인 입장이다. 이 점에서 그가 21세기 진화생물학과 인공지능 등을 논한다고 하더라도 기본적으로 자신의 동성애와 동성혼에 대한 문제를 포함해서 사회와 실재에 대한 그의 이해와 주장은 유럽 68문화혁명과 포스트모던적 사유로 경도되어 있다는 사실을 볼 수 있다.

　여기서 하라리의 분열되고 모순적인 모습을 보게 된다. 앞에서 21세기 인공지능, 빅데이터 등 온갖 종류의 자연과학의 위대한 성취들을 논하면서 본 것처럼, 기본적으로 그는 모든 것을 스토리와 픽션으로만 파악하는 반자연과학적인 포스트모던적 사유를 전개하고 있는 것이다. 유발 하라리는 한편으로는 진화생물학적 입장에서 호모 사피엔스에 대해서 논하면서, 자신의 동성애 문제와 종교적 선택 등에 대해서는 진화생물학에 선전포고를 하는 포스트모던적 급진 사회구성주의의 입장을 보이는 것이다.

　유발 하라리에게서 발견되는 진화생물학과 포스트모던적 급진 사회구성주의도 어울리지 않는 모순된 조합이다. 유발 하라리는 기본적으로 진화생물학에 근거해서 자신의 책 『사피엔스』를 썼지만, 자신의 동성애 문제 등에 대해서는 진화생물학을 거부하고 포스트모던적 급진 사회구성주의와 불교적-포스트모던적 반실재주의 혹은 반실체주의로 기울어지고 있다.

　리처드 도킨스가 진화생물학에 근거해서 반자연과학적 입장을 가진 포스트모던적 급진 페미니즘과 포스트모더니즘을 비판하는 것처럼, 우리는 유발 하라리의 동성애 변호도 과학적 입장에서, 특히 진화생물학적 관점에서 비판할 수 있다. 진화생물학적으로 볼 때 남녀의 생물학적 차이가 보다 정상적이고 법칙적인 것이고, 동성애가 보다 예외적이고 우연적이고 변이적인 것이다. 동성애자들이 인정하듯이 그들은 성소수자이고, 진화생물학적으로 보더라도 동성애는 극소수에 불과하다. 극소수의 예외적이고 변이적인 동성애의 관점에서 남녀의 생물학적·기본적·법칙적인 차이까지도 사회적으로 구성된 스토리에 불과하다고 '해체'하려는 시도는 지나치게 급진적이고 과장되었다.

진화생물학적으로 보더라도 동성애자는 유발 하라리가 인정하듯이 성소수자에 불과하고, 거의 자연법칙처럼 절대적 다수의 생명체는 이성애를 하고 있다. 포스트모던적-불교적 급진 사회구성주의나 반실재주의에서 주장하는 것처럼, 모든 것은 사회적으로 구성된 스토리와 픽션에 불과하다고 주장하는 유발 하라리는 21세기 인공지능 등 현대과학을 말하지만, 자신의 책 『사피엔스』 등이 기초하고 있는 진화생물학적 생식의 법칙인 이성애를 스토리에 불과하다고 너무 쉽게 주장한다.

급진적 사회구성주의나 반실재주의와 같은 포스트모던적 사유에 근거한 동성애 담론인 퀴어 이론은 기본적으로 반자연과학적인데, 특히 생물학적인 차원에서의 암수 혹은 남녀의 차이와 그 이성애를 사회적 구성물로 '해체'하려고 한다는 점에서 그것은 반(反)진화생물학적 담론이다. 유발 하라리의 사유에는 진화생물학과 반진화생물학적인 급진 사회구성주의가 모순되게 공존하고 있는 것이다.

거의 모든 것을 픽션이나 스토리로 파악하는 불교적-포스트모던적 사유에서는 결코 자연과학, 양자역학, 인공지능 그리고 빅데이터 등은 연구되거나 발전될 수 없다. 물리적 실재의 법칙성에 대한 강한 확신으로부터 자연과학은 탄생했고, 과학사적으로 볼 때 물리적 실재에 존재하는 자연법칙(natural law)에 대한 강한 확신은 자연법칙의 제공자(law-giver)로서의 신에 대한 종교적 신념을 제공한 유대-기독교적 전통이었다.

지라르는 마녀사냥의 종식이 근대 자연과학의 탄생을 가져왔다고 주장하는데, 세계 신화의 마녀사냥의 논리를 유대-기독교 텍스트가 종식시킴으로서 점차적으로 근대화와 합리화 과정으로 이해되는 세계의 탈마술화(막스 베버)를 가져왔고, 이것으로 인해 근대적 의미의 자연과학은 기독교 문명권에서 발생하기 시작한 것이었다.

지라르는 "희생제의로부터 과학으로"(From Ritual to Science)라는 논문을 통해서 인류 문화의 각종 제도처럼 과학도 희생제의의 반복으로부터 점차적으로 탄생했다고 주장한다.[8] 과학의 희생제의적이고 종교적 기원에 대한 문화인류학적 인식으로부터 시작해서 근대 자연과학의 기독교적 기원에 대한 과학철학적인 이해로까지 나아갈 수 있다.[9]

앞에서 본 것처럼, 뉴턴의 만유인력이나 아인스타인의 위대한 방정식조차도 가부장적인 남성 중심 사회가 '사회적으로 구성한' 스토리이기에 성차별적이라고 주장하는 포스트모던적 급진 사회구성주의와 현대 자연과학은 어울리지 않는 조합이다. 이러한 모순된 조합을 한편으로는 진화생물학, 인공지능, 빅데이터 등을 논하면서 또 한편으로는 포스트모던적 사유를 주장하는 유발 하라리에게서도 발견하게 되는 것이다.

또한 과학철학적이거나 과학사적으로 볼 때 명상불교와 인공지능 등은

---

8 René Girard, "From Ritual to Science," *Configurations* 8 (2000).
9 근대 자연과학을 탄생시키는 유대-기독교적 전통의 문명사적 공헌에 대해서는 필자의 책 『우주와 문화의 기원: 르네 지라르와 자연과학』(서울: CLC, 2019)을 보라.

본래 붓다가 속세와는 관련이 전혀 없듯이 관련이 없는 조합임에도 불구하고, 실리콘밸리에 불교 명상에 심취한 동성애자들이 일부 활동하고 있다고 해서 유발 하라리는 21세기 신이 된 인간(호모 데우스)을 탄생시킬 수 있는 인공지능과 같은 현대 자연과학의 성취들이 불교와 마치 깊은 관련이 있는 것처럼 주장하고 있다.

21세기 인공지능과 빅데이터 등은 반자연과학적 지향을 가지고 모든 것을 스토리와 픽션으로 파악하는 포스트모던적 급진 사회구성주의와 반실재주의로부터 탄생한 것이 아니다. 21세기 인공지능과 빅데이터 등은 비판적 합리주의와 비판적 실재주의의 산물이지, 포스트모던적 급진 사회구성주의나 포스트모던적-불교적 반실체주의나 반실재주의의 산물이 아니다.

종교적으로는 유발 하라리가 자신의 책을 학문적 위상 등을 올리기 위해서 언급하고 논의하는 21세기 자연과학의 위대한 성취들은 불교로부터 탄생한 것이 아니라, 서구 기독교 전통으로부터 탄생했음에도 불구하고, 마치 그것이 명상불교와 관련이 있는 것과 같은 기만적인 인상을 주면서 연관시키고 있다.

이 책 다른 곳에서 지적한 것처럼, 리처드 도킨스와 같은 진화생물학적들을 비롯해서 많은 자연과학자들은 반자연과학적인 포스트모던적 입장에 대해서 매우 비판적이다. 유발 하라리도 21세기 인공지능, 해킹, 실리콘밸리, 호모 사피엔스 등을 논하고 있지만, 동성애 문제 등에서 기본적으로 반자연과학적인 입장을 드러내고 있는데, 이는 기본적으로 우주의 공성과 실재의 공성을 가르치는 불교 철학과 불교 명상의 영향으로 보인다.

리처드 도킨스(Clinton Richard Dawkins)뿐만 아니라, 이론물리학자 앨런 소칼(Alan Sokal)도 자신의 책 『지적 사기』(Fashionable Nonsense)의 한 장을 할애해서 뉴턴의 『프린키피아』(Philosopiae Naturelis Principia Mathematica)는 일종의 "강간 매뉴얼"(rape manual)이라고 주장한 포스트모던 정신분석학자이자 급진 페미니스트인 이리가레이(Luce Irigaray)를 비판하고 있다. 이리가레이는 아인슈타인의 유명한 $E = MC^2$는 광속에 특권(privilege)을 부여하기 때문에 성별이 정해진 공식(sexed equation)이라는 주장을 하기도 했는데, 진화생물학자 도킨스와 이론물리학자 소칼은 이러한 급진적 주장을 비판했다.

이렇듯 포스트모더니즘 계열의 학자들은 그 기본적인 지향과 정신에 있어서 반자연과학적인 입장을 보인다. 특히 수학과 과학에 대한 비판과 적의가 포스트모더니즘 철학에서 드러나는데, 이는 포스트모던 철학 계보에 자리잡고 있는 하이데거 철학에서도 마찬가지다.

하이데거에 의하면, 수학과 과학은 계산성을 대표하는 유대인의 학문이다. '반지성주의'에 대해서 한국 나무위키(namu.wiki)에서 잘 소개하고 있듯이, 포스트모더니즘 철학에는 반지성주의의 요소가 존재한다. 포스트모더니즘 철학의 근간이 되는 사상들인 상대주의나 다원주의 또는 회의주의나 해체주의가 반지성주의를 불러일으키고 있기 때문이다.

미셸 푸코, 자크 데리다, 질 들뢰즈와 같은 포스트모던 철학자들의 저서들에는 반복적으로 이성주의 전반에 대한 비판 혹은 적개심이 표출되어 있다. 자크 데리다의 경우 로고스(logos)로 대표되는 서양의 이성주의를 남근이성중심적(phallogocentric)이라고 서술한 바 있다.

이러한 관점을 받아들인 포스트모던 급진 페미니스트들에게 있어서 로고스에 기반한 자연과학이야말로 궁극적인 맨스플레인이다. '맨스플레인'(mansplain)은 영어 신조어로 '남성'(man)과 '설명하다'(explain)의 합성어로 주로 남자가 여자에게 권위적인 태도로, 아랫사람을 훈계하듯이 설명해 주는 것을 의미한다.

이리가레이의 경우에서처럼, 포스트모던 급진 페미니즘 철학자들은 과학, 수학에 대단히 적대적인 모습을 보인다. 이리가레이는 과학이 유체역학의 난제들을 풀지 못하고 있는 이유는, 과학과 수학이 남성 중심적인 학문이기 때문이라는 주장을 하기도 했다. 이러한 급진적인 페미니스트들은 수학, 과학이라는 학문 전반을 남성 중심적인 학문으로 간주하고, 수학과 과학을 거부하는 모습을 보이기도 했다.

인간을 호모 사피엔스로부터 호모 데우스로 업그레이드시킬 21세기 인공지능 등은 모든 것을 스토리와 픽션으로 간주하는 유발 하라리의 포스트모던적 급진 사회구성주의로부터 탄생한 것이 아니라, 수학, 물리학, 과학, 진화생물학 등과 같은 하드 사이언스(hard science, 자연과학)로부터 탄생한 것이다. 극단적인 소프트 사이언스(soft science)라 할 수 있는 포스트모더니즘 철학은 실재를 극단적으로 소프트하고, '참을 수 없을 정도로 가볍고,' 니체적-데리다적인 의미에서 유희적이고 유체적인 '사회적으로 구성된' 스토리와 픽션으로 '해체'시키고 있다.

21세기 하드 사이언스로부터 탄생한 인공지능 등을 논하면서 거의 모든 것은 스토리와 픽션에 불과하다고 말하는 유발 하라리의 주장은 모순이다. 21세기 인공지능은 우주의 공성을 가르치는 불교 철학처럼 거의 모든 것을 픽션으로 보는 관점에서는 탄생할 수 없다. 인공지능 등은 비판적 실재론과 비판적 실재주의의 관점으로부터만 탄생될 수 있다. 비판적 실재론을 말하는 기독교적 토양에서부터 현대 자연과학을 꽃피우기 시작했다. 실체적 진실이나 실재가 아니라, 반실체적 공성이나 반실재주의를 주장하는 불교 문화권에서 현대 자연과학이 탄생하지 못한 것은 당연한 것이다.

필자의 책 『르네 지라르와 현대 사상가들의 대화』에서 소개한 것처럼, 이론물리학자 앨런 소칼은 자신의 저서 『지적 사기』에서 포스트모더니즘 철학자들의 급진적인 반과학주의와 반지성주의를 비판했다. 포스트모더니즘 철학자들은 기본적으로 대체로 과학 이론도 사회적 구성물에 불과하다고 본다.

앞에서 지적한 것처럼, 포스트모더니즘과 급진적 사회구성주의는 얽혀 있다. 소칼이 포스트모던 철학자들의 자연과학적 지식의 오용을 잘 비판한 것처럼, 포스트모더니즘 철학자들은 자신들에게 유리한 연구 결과는 적극적으로 사용하다가 불리한 연구 결과가 나오면 과학 역시 서구 문명의 제국주의적, 압제적, 자본주의적 백인 남성 가부장제의 산물이라고 비판하곤 한다. 지적 성실성과 정직성보다는 급진좌파 정치경제학이라는 이념과 정치가 우선이라는 논리가 포스트모더니즘에 지배적으로 작용하고 있는 것이 사실이다.

미국의 언론, 인문학계는 지라르가 이후에 '프랑스 역병'이라고 후회하면서 거리를 두게 된 프랑스 포스트모더니즘의 영향을 상당히 받았기 때문에 지식인의 이름으로 반지성주의적 주장을 하는 이들이 많다. 이 책 여러 곳에서 지적한 것처럼, 포스트모더니즘의 급진적 사회구성주의에 입각한 반과학주의와 반지성주의를 앨런 소칼, 조던 피터슨, 리처드 도킨스 등의 학자들이 바르게 비판하고 있다. 모든 것은 스토리에 불과하다는 유발 하라리의 입장에서도 이러한 포스트모던적 급진적 사회구성주의의 관점을 엿볼 수 있다.

포스트모던 철학자들의 '지적 사기'를 잘 비판한 소칼이 지적하고 있듯이, 자크 라캉을 비롯한 포스트모던 철학자들은 하이데거의 경우처럼 기본적으로 수학과 과학에 기반한 현대 자연과학을 비판하고 부정하는 입장에 서 있으면서도, 포스트모던적 결론을 지지하는 양자역학이나 위상수학(Topology) 분야의 연구가 있을 경우에는 엄밀한 연관 없이 막연하게 그것을 오용해 왔다.

호모 사피엔스를 진화생물학적 관점에서 논의하고 21세기 인공지능, 나노 기술, 실리콘밸리 등을 논하는 유발 하라리도 현대 자연과학의 업적들을 자신의 주장의 근거로 삼고 있으면서도, 불교적-포스트모던적 사유가 말하는 것처럼 모든 것은 스토리에 불과하고 실체는 존재하지 않는다는 반자연과학적 입장을 보인다.

포스트모던 철학자들과 유발 하라리의 경우에서 우리는 현대 자연과학에 대한 일관되지 못한 채 분열되고 모순된 입장을 보게 된다. 수학과 과학에 기초한 현대 자연과학에 대한 이러한 모순되고 분열된 입장은 포스트모던 철학에서도 드러난다. 그들은 현대 자연과학의 업적들을 향유하면서도, 그것에 대한 이론적 적의를 드러내고 있다.

포스트모던 철학자들은 현대 자연과학을 이성중심주의의 이름으로 근본적으로 거부하면서도, 그 현대 자연과학의 화려한 명성을 이용하고 싶어 한다. 이러한 모순적인 입장은 호모 사피엔스와 21세기 현대 자연과학 기술을 통한 호모 데우스로의 진화를 주장하는 유발 하라리의 사유에서도 발견된다.

『붓다와 희생양』을 비롯한 필자의 다른 저서들에서 논의한 것처럼, 현대 자연과학의 모태 혹은 산파 역할을 했던 기독교와는 달리 과학사적으로 볼 때 자연과학과는 거의 관련이 없었던 불교는 현대에 와서 끊임없이 현대 자연과학의 명성을 이용해서 불교의 위상을 높이려고 시도해 왔다. 양자과학을 이용한 뉴에이지 불교 유행 현상이나 최근에는 뇌과학과 불교 명상을 관련시키려는 작업들이 그 예다. 과학사적으로나 과학철학적으로 볼 때 양자역학과 인공지능, 실리콘밸리 등은 불교와 관련이 없음에도 불구하고, 유발 하라리의 경우처럼 마치 불교 명상을 통해서 실재의 본질을 과학적으로 보게 되었다고 유사학문적으로 주장하는 것이다.

유발 하라리가 오해하고 있는 것처럼, 불교 명상의 목적은 실재의 본질을 과학적으로 인지하기 위한 것이 아니라 실재의 '공성'(空性)을 깨닫기 위한 것이다. 우주의 '공성'을 주장하는 절대적 무의 불교 철학에는 본래 현대 자연과학도 '없었다.' 기본적으로 반실재주의적인 입장을 가진 불교 철학은 반실재주의적-급진 사회구성주의적 입장을 가진 포스트모던 철학과 친화성을 가지고 있으며, 실재로 일본 선불교를 수행한 푸코, 롤랑 바르트 등 많은 포스트모던 철학자들이 불교 철학쪽으로 기울어지기도 했다.

반기독교적 정서와 지향을 가진 포스트모더니즘 철학은 서구 기독교에 대한 대안 종교로 고안된 불교 철학 방향으로 기울어진 철학이다. 이렇게 반자연과학적 근본 정신을 가진 포스트모던 철학과 불교 철학은 현대 자연과학에 대해서 일관되지 못한 분열되고 모순된 입장을 가지고 있는데, 이러한 분열된 입장은 불교적이고 포스트모던적 경향을 가진 유발 하라리의 경우에서도 발견된다.

포스트모던 급진 페미니즘과 마찬가지로 포스트모던적-불교적 동성애 정당화 이론이나 담론에서도 현대 자연과학에 대한 분열되고 모순된 입장을 볼 수 있다. 유발 하라리의 경우처럼, 그들은 모든 것이 스토리와 픽션에 불과하다는 급진 사회구성주의적이고 반자연과학적인 입장을 보이지만, 동성애를 정당화하기 위해서 또한 침팬지의 동성애를 언급하면서 진화생물학에 의존하고 있다.

　유발 하라리는 21세기 인공지능 등을 언급하면서 세계 게이들의 수도라고 하는 미국 실리콘밸리를 '데이터 종교'라는 새로운 종교의 성지로 과도하게 찬양하고 있다. 유발 하라리는 과거에는 기독교와 바티칸이 과학적 진보의 선구자라는 사실을 인정하지만, 21세기 이제는 신이 된 인간 '호모 데우스'를 가능하게 하는 실리콘밸리가 그 역할을 대체하고 있다고 주장한다. 그러면서 21세기에 접어들면서 기독교는 과학기술 발전에 대해서 반동적이 되었다고 그는 비판한다.

　성경을 가짜뉴스(Fake News)로 주장하는 유발 하라리는 반기독교적이고 불교적이고 그리고 동성애적 진영과 연대하면서 그 진영 논리에 속한 주장들을 하고 있다.

5. 기독교는 가짜뉴스다: 유발 하라리

　동성애자로서 반기독교적 정서를 가진 유발 하라리는 마치 21세기 실리콘밸리, 인공지능, 데이터교(Dataism) 등이 불교 명상과 연관이 있는 것처럼 주장하지만, 그가 인정하듯이 과학사적으로 볼 때 21세기의 실리콘밸리도 현대 자연과학을 선구자적으로 탄생시킨 기독교적 유산으로부터 파생된 것이다.

　21세기 미래 인류가 창조하는 인공지능 등도 결국은 참된 살과 피가 아니라, '실리콘'으로 제작된 것이다. 유발 하라리는 '과거에는 기독교가 자연과학의 선구자였지만 21세기에는 그렇지 않다'고 과도하게 불연속성을 주장하고 있다.

기독교가 현대 자연과학의 산파, 모태 혹은 촉매재 역할을 해오다가 21세기 실리콘밸리에 와서는 갑자기 반동적이 되었는가?

20세기까지 뉴턴의 만유인력 법칙이나 아인슈타인의 상대성 이론과는 전혀 상관이 없던 불교가 21세기 실리콘밸리의 데이터 종교에서는 갑자기 주도적인 역할을 하고 있는가?

역사가로서 유발 하라리는 과도하고 급진적으로 과거 기독교적 서구의 자연과학 발전사와 21세기 실리콘밸리의 불연속성을 주장하고 있다. 역사적 비약이 강한 그의 주장은 마치 삼단논법을 무시하고 이리저리 비약적으로 뛰어다니는 선문답의 동문서답과 같다.

21세기 실리콘밸리의 학자들이 반기독교적 정서를 가지는 것은 그들이 많은 경우 동성애자들이기 때문이기도 하다. 유럽 68문화혁명 세대들과 히피 문화, 서구 명상불교, 동성애자들 그리고 실리콘밸리와는 어느 정도 관련이 있는 것도 사실이다. 하지만 실리콘밸리에서 일부 명상불교에 심취하는 동성애자들이 있다고 해서 실리콘밸리가 불교로부터 탄생한 것과 같은 인상을 주는 것은 옳지 않다.

서구 명상불교, 동성애, 포스트모더니즘, 실리콘밸리 그리고 히피 문화의 조합은 하나의 사회적 유행일 뿐이다. 20세기 후반 불교 명상이 유행했던 것과 연동되어서 동성애도 일종의 성적인 유행이나 트렌드로서 유행한 것이 사실이다.

앞에서 소개한 것처럼, 지라르는 "현대 진보주의는 기독교로부터 나왔지만, 또한 기독교를 배신하고 있다"라고 말한 바 있는데, 이는 현대 사유뿐 아니라, 현대 자연과학에도 적용될 수 있다. 필자의 책『우주와 문화의 기원: 르네 지라르와 현대과학』[10]에서 밝힌 것처럼, 뉴턴의 만유인력의 법칙, 아인슈타인의 상대성 이론, 빅뱅 우주론, 양자역학 등은 모두 기독교적 영감과 영향으로부터 탄생한 것이다.

현대 자연과학이 중국이나 인도에서 탄생하지 못하고 왜 기독교적-서구적 토양에서 발전되었는가?

많은 과학철학자들은 기독교 세계관이 자연과학 탄생의 촉매, 산파 혹은 모태 역할을 했다는 사실에 대체로 동의한다. 유발 하라리도 이 역사적 사실에 대해서는 인정한다. 이렇게 자연과학에서의 진보주의나 진보가 기독교적 토양이나 모태로부터 나왔음에도 불구하고, 현대에는 기독교를 배신하는 입장이 가끔씩 등장한다. 유발 하라리의 경우도 그 한 예다.

하지만 21세기 실리콘밸리, 인공지능 등을 연구하는 학자들이 모두 유발 하라리의 입장과 같은 것은 아니다. 앞에서 유발 하라리도 종종 언급하는 지라르의 제자이자 실리콘밸리의 가장 큰 벤처 투자자 중 한 사람인 피터 틸(Peter Thiel)이 그 한 예다. 반기독교적 정서를 가진 유발 하라리의 입장은 그가 유일하게 참된 종교라고 말하는 명상불교에 대한 그의 종교적이고 세계관적인 선택과 헌신 그리고 그의 동성애와 동성혼에 대한 성적인 지향과 취향에서 이해되어야 한다.

유발 하라리의 반기독교적-불교적 입장은 그의 동성애 문제와 무관하지 않은 것으로 보인다. 하지만 그가 역사가로서 보다 지적으로 정직하고

---

[10] 정일권,『우주와 문화의 기원: 르네 지라르와 현대과학』(서울: CLC, 2019).

성실하게 살펴본다면 그가 종교적 선택과 지향으로 인해서 중세로부터 20세기까지의 현대 자연과학에 대한 기독교적 공헌과 21세기 실리콘밸리 사이에 과도하고 급진적인 불연속성을 주장하고 있다는 사실을 알 수 있을 것이다.

오스트리아 인스부르크대학교 물리학과 출신인 카프라(Fritiof Capra)가 양자역학을 이용하고 오용해서 뉴에이지 운동의 전도사가 된 것처럼, 유발 하라리는 21세기 인공지능, 실리콘밸리 그리고 데이터 종교 등을 이용해서 또 한 번의 유사학문적 유행을 만들려고 하는 것 같다. 뉴에이지 운동의 대부 카프라는 최근 다시 기독교적 전통으로 회귀했다고 최근 오스트리아의 한 방송이 보도한 바 있다.

유발 하라리의 경우도 역사가로서 보다 엄밀하고 중립적이기보다는 어떤 진영과 집단 속에 소속되어서 세계를 변화시켜야 한다는 그의 주장에서 엿볼 수 있듯이 불교적이고 동성애적인 진영과 연대해서 활동하고 있기에 보다 대중적으로 알려지고 있는 것 같다. 그는 동성애가 타인에게 어떤 해를 주지 않는데도 불구하고, 악하고 나쁜 것으로 비판하는 것을 반박하고 있다.

하지만 성인 남자가 어린 소년과 동성애를 할 때는 이야기가 달라지지 않을까?

그런 동성애의 경우에는 미성년 소년에 대한 성폭력이라는 인권적 감수성을 가지고 보아야 한다. 앞에서 본 것처럼, 실제로 푸코와 동경했던 그리스와 일본의 동성애 경우에도 성인 남자와 미성년의 소년 사이의 동성애 경우에는 어린 소년에 대한 성폭력과 성억압 그리고 성착취라는 불편한 진실이 자리잡고 있다. 로마 가톨릭의 경우에도 성인 남성 신부에 의해서 성당에서 봉사하던 소년들이 많은 경우 동성애적 성폭력을 당한 희생자였다. 그리고 동성애적 성폭력을 당한 그 어린 소년들은 이후 성인이 되어서 극심한 트라우마를 가지고 살아가거나 자살하거나 때로는 스스로 동성애자가 되기도 한다.

유발 하라리는 인권이나 민주주의 그리고 자유의지도 픽션이라고 주장한다. 인권이나 자유의지도 픽션이라고 주장하면서 자신의 동성애에 대해서는 인권적인 개념으로 변호하는 분열된 모습을 보이고 있다. 인권이나 자유의지 등도 픽션으로 보는 유발 하라리의 입장에는 유대-기독교적 개념들에 대한 반감 혹은 적의를 엿볼 수 있다. 유발 하라리는 '회의론자들'(skeptics)의 과학 샬롱(Science Salon)과 인터뷰하면서 유대-기독교적 의미에서의 자유의지는 픽션이라고 주장했다.[11]

샘 해리스와의 인터뷰에서 유발 하라리는 가짜뉴스(Fake News)에 대해서 말하면서 성경이야말로 수천 년 동안 내려온 가짜뉴스라고 주장한다. 유발 하라리는 구글(Google)에서의 대담에서도[12] "하나의 예외를 제외하고 모든 종교는 픽션과 같은 스토리들"이라고 주장한다. 여기서 하나의 예외는 유발 하라리 자신의 종교인 불교를 의미한다고 그는 말한다. 불교를 제외하고는 모든 종교는 픽션과 같은 스토리에 불과하다는 것이다.

이 구글 인터뷰에서 유발 하라리는 다시 한 번 예수 그리스도의 부활과 같은 성경 이야기는 가짜뉴스라고 주장한다. 유발 하라리는 불교가 훨씬 더 신화적이고 픽션과 같은 스토리라는 사실을 보지 못하고 있다. 유발 하

---

[11] https://www.skeptic.com/science-salon/
[12] Yuval Noah Harari, "21 Lessons for the 21st Century," Talks at Google.

라리는 2018년 인도에서의 강연에서도[13] 가짜뉴스의 선구자는 성경이라는 질문에 대해서 그렇다고 답변했다.

「조선일보」와의 인터뷰에서 유발 하라리는 2017년 겨울에는 인도에 있는 명상 캠프에서 두 달을 보냈다고 밝혔다. 인도 강연에서 그는 성경은 가짜뉴스라는 기본적인 입장을 유지하면서 성경은 영원히 계속되는 가짜뉴스라고 주장했다. 이 강연에서 그는 좀 다른 뉘앙스를 가지고 성경에는 고고학적으로 증명될 수 있는 역사적 사실들도 많다는 사실을 인정했다. 하지만, 에덴동산에서의 뱀이나 아담 하와, 그리고 예수 그리스도의 부활 등은 가짜뉴스라고 그는 주장했다.

유발 하라리는 영화배우 나탈리 포트만(Natalie Portman)이 진행한 자신의 책 『21세기를 위한 21가지 제언』 북토크에서도 성경은 가짜뉴스라고 말하면서 "자신의 종교, 곧 명상불교를 제외하고는 모든 종교는 가짜뉴스다"라고 주장했다. 유발 하라리는 자신의 종교인 명상불교만이 "참되다"(true)고 주장함으로써 근본주의적 명상불교의 입장을 보인다. 유발 하라리는 모든 것은 픽션, 스토리요 그리고 신화라고 주장하지만, 자신이 하고 있는 불교 명상은 예외인 것처럼 주장한다. 자신의 불교 명상은 종교가 아니라 영성이라고 주장한다.

하라리는 신, 돈, 성경 등 많은 것을 스토리로 '해체'하면서, 자신이 심취하고 있는 불교 명상에 은폐되어 있는 희생염소 역할을 하는 출가승들의 비극적 스토리는 보지 못하고 있다. 그는 불교 명상 속에 있는 은폐된 신화, 은폐된 스토리 그리고 은폐된 희생염소 메커니즘(scapegoat mechanism)

---

[13] Nationalism in the 21st Century - Yuval Noah Harari at the India Today Conclave 2018.

은 깨닫지 못하고 있다.

유발 하라리는 불교 명상 속에 은폐된 신화적-비극적 스토리에 대해서 알지 못한다. 그의 논리대로라면 불교도 하나의 스토리에 불과한데, 불교의 경우는 희생염소 역할을 하는 출가승들을 의미 중심으로 하는 신화적 '박해의 스토리'라는 사실을 유발 하라리는 보지 못하고 있다. 유발 하라리는 자신이 유일한 참된 종교로 말하는 그 명상불교도 실제로도 이 마녀사냥의 스토리와 박해의 스토리 중의 한 풍경이라는 사실을 보지 못하고 있는 것이다.

하라리가 인류 역사에 대한 빅픽처를 보여주고 있는 것은 포스트모던적 시대에 환영할 만하지만, 그는 출가승들의 명상 주변에 존재하는 사회인류학적 빅픽처를 보지 못하고 있다. 유발 하라리는 부처님 머리 위의 촛불의 의미에 대해서 깨닫지 못하고 있는 것이다.

유발 하라리는 2018년 인도 강연에서 자신의 불교 명상은 실재를 명확하게 보고 관찰하는 것이라고 주장하지만, 앞에서 주장한 것처럼 그는 본래 불교 명상은 실재를 명확하게 보고 관찰하기 위함이 아니라, 실재의 공성을 깨닫기 위함이었다는 사실을 알지 못한다. 필자의 책『붓다와 희생양』에서 주장했듯이, 염증명상을 통해서 실재의 공성을 깨닫고 속세의 집착을 버리고 속세에 대한 염증을 느껴서 사회적 죽음으로 정의되는 출가(세계 포기, world-renunciation)의 길을 걸어가는 붓다들을 둘러싸고 있는 비극적이고 희생제의적인 스토리와 그 사회인류학적 메커니즘을 유발 하라리는 보지 못하고 있다.

유발 하라리는 불교 명상만 보지, 불교 명상자인 출가승들을 둘러싼 사회인류학적 빅픽처를 보지 못하고 있다. 유발 하라리는 포스트모던적-반실재주의적 급진적 사회구성주의가 주장하는 것처럼, 모든 것은 스토리에 불과하다고 주장하지만, 정작 자신이 유일한 참된 종교라고 말하는 명상불교의 그 명상을 중심으로 이루어지는 출가자와 재가자 사이의 사회적 혹은 사회인류학적 스토리를 깊게 읽어내지 못하고 있다.

본래 불교에서 명상은 급진적 출가승들에게만 제한적으로 요구되었던 위험한 것이었는데, 현대 명상불교에 와서는 재가신자들도 명상을 하고 있다.

6. 빅뱅(Big Bang), 크신 하나님(Big God) 그리고 호모 데우스

2018년 인도 강연에서도 유발 하라리는 '신이 존재하는가'라는 질문에 대해서 두 가지 종류의 신을 구분하면서 빅뱅을 시작시킬 수 있는 신과 같은 '신비로운 신'으로서의 신은 인정하는 듯한 주장을 했다. 필자가 보기에 유발 하라리는 불교적 영향으로 21세기 인간은 인공지능 등을 통해서 문자적인 의미에서 신이 된 인간 곧 호모 데우스(*Homo Deus*)가 될 것이라고 과장되게 주장하지만, 그가 인정하는 것처럼 참된 신이 되려면 빅뱅을 발생 시킬 만큼의 존재가 되어야 할 것이다.

필자는 『우주와 문화의 기원: 르네 지라르와 현대과학』[14]에서 기독교적 우주론을 확증하는 함의를 가진 '빅뱅 우주론'에 대해서 논의한 바 있다. 이 책에서 필자는 '빅뱅을 창조하신 크신 하나님'(Big Bang, Big God)에 대해

---

[14] 정일권, 『우주와 문화의 기원: 르네 지라르와 현대과학』 (서울: CLC, 2019).

서 과학적으로 논증한 영국 케임브리지대학교의 '패러데이 과학종교연구소'(The Faraday Institute for Science and Religion)에서 강좌 책임자(course director)로 활동했던 홀드(Rodney Holder) 교수의 책 『빅뱅, 크신 하나님: 우주는 생명을 위해 설계되었는가?』(Big Bang, Big God)[15]를 소개하고 논의한 바 있다.

유발 하라리가 말하는 신이 된 인간 '호모 데우스'는 빅뱅을 창조할 만큼 크고 위대한 신이 아니라, 인공지능 등을 통해서 보다 진화되고 발전되었지만, 여전히 '창백한 푸른 점'에 살고 있는 존재에 불과하다. 호모 데우스는 빅뱅을 일으킬 만큼 충분히 크고 위대하고 신비로운 존재가 되지 못한다. 그는 그저 인공지능 등을 통해서 약간 진화된 존재로 머물 것이다.

니체의 위버멘쉬(Übermensch) 개념을 느슨하게 확장시켜서 사용되고 있는 트랜스휴머니즘(transhumanism) 혹은 포스트휴머니즘(posthumanism) 담론에 기초해서, 혹은 그런 담론의 맥락에서 유발 하라리도 호모 사피엔스로부터의 호모 데우스로의 업그레이드를 주장하지만, 그 신이 된 인간은 하라리 자신이 '신비로운 존재'로 말한 빅뱅을 발생시킬 만한 창조자는 되지 못한다. 니체-하이데거 그리고 포스트모더니즘 계열에서 사용되는 트랜스휴머니즘과 포스트휴머니즘 담론에 담긴 반휴머니즘적인 차원에 대해서도 비판적으로 성찰되어야 한다.

유발 하라리는 불교와 유교에는 신개념이 약하다는 주장을 하고 있는데, 그가 신이 된 인간 곧 호모 데우스라는 개념을 전면에 내세우는 것

---

[15] Rodney Holder, *Big Bang, Big God: A Universe designed for life?* (Oxford: Lion Hudson, 2013).

에서 우리는 유대-기독교적 신개념에 저항하는 불교적 영향을 발견할 수 있다.

7. 불교는 무신론적 철학인가?

서구에서 무신론과 유신론 논쟁에 있어서 종종 선불교 명상을 수행하는 학자들이 무신론의 대변자로 등장하는 것을 보게 된다. 서구 명상불교도 분명 종교임에도 불구하고, 그들은 불교는 본래 종교가 아니라 무신론적 철학이라고 주장하면서 자신들이 무신론자라고 주장하는 것이다. 유발 하라리도 분명 특정 종교인 명상불교를 수행하고 있음에도 불구하고, 명상불교는 종교가 아니라 영성이라는 이상한 주장을 한다.

2007년 영국 브리스톨대학교(University of Bristol)에서 개최된 유신론과 무신론 논쟁에서 영국 옥스퍼드대학교의 과학자이자 신학자인 알리스터 맥그라스(Alister McGrath)와 논쟁한, 무신론을 대표하는 학자 수잔 블랙모어(Susan Blackmore)라는 학자도 불교 명상을 수행하는 자다. 그녀는 명상불교라는 특정 종교를 수행하면서도 자신을 무신론자라고 주장하는 것이다. 서구 대학에서도 불교는 무신론적 철학의 이름으로 가르쳐지고 기독교 신학은 종교이기에 추방되는 현상이 존재해 왔다.

수잔 블랙모어가 주장하는 무신론은 신의 존재를 인정하지 않고 종교도 인정하지 않는 보다 엄밀하고 중립적인 의미에서의 무신론이 아니라, 명상불교라는 특정 종교에 기초하고 있는 매우 이상한 무신론이다. 선교적 무신론자 도킨스는 영국을 비롯한 서구에서 유행했던 뉴에이지 유행과 서구 불교 유행도 비합리적이고 반과학적이라고 비판한 적이 있는데, 유발 하라리의 경우처럼 특정 종교인 서구화된 명상불교에 의지하고 기초해서 무신론을 주장하는 것은 설득력이 별로 없다. 무신론을 참되고 일관되게 주장하려면 리처드 도킨스와 같은 종교적으로 보다 중립적인 무신론이어야 할 것이다.

알리스터 맥그라스와의 논쟁 이후의 토론 시간에 어느 한국 유학생이 우선 선불교 명상을 수행하는 무신론자 수잔 블랙모어를 향해서 선불교는 종교가 아닌가라는 비판적 질문을 던졌다. 또한 그 유학생은 '신에 대한 믿음은 위험하다'는 수잔 블랙모어의 무신론적 입장을 비판하면서 한국 교회의 경우 신에 대한 믿음인 유신론과 기독교가 선교사들에 의한 교육과 의료 등 매우 긍정적인 역할을 했다는 사례를 들면서 그녀의 입장을 비판하기도 했다.

불교는 일부 서구 지식인들이 주장하는 것처럼 무신론적 철학이 아니라 다신론적 종교다. 아시아의 불교에는 수많은 붓다들을 종교적으로 숭배하는 다불사상(多佛思想)이 존재하고 있고, 나아가 살아 있는 붓다들을 믿는 생불사상(生佛思想)도 존재한다. 기독교에 대한 모방적이고 경쟁적인 관계 속에서 불교를 대안 종교로 각색하기를 모방적으로 욕망하는 학자들의 희망사고와는 달리 불교는 무신론적 철학이 아니라, 다불과 생불을 종교적으로 신앙하는 다신론적 종교라는 사실을 불교의 다불사상과 생불사상은 잘 보여준다.

유발 하라리는 불교는 종교가 아니라, 영성이며 과학이라는 주장을 가지고 새로운 스토리를 쓰고 있다. 아시아의 법당은 수많은 붓다들과 보살들로 넘쳐난다. 일찍이 종교사회학적 관점에서 불교와 힌두교를 연구한 막스 베버는 아시아의 불교 속에서 출가승에 대한 '우상숭배'(*Idolatrie*)와 '성자숭배'(*Hagiolatrie*)를 분석했다.[16] 불교는 출가승에 대한 우상숭배적이고 성자숭배적인 종교성이 살아 있는 다신론적 종교다.

이렇게 서구 명상불교 추종자들이 새로운 무신론(New Atheism)을 대변하는 흥미로운 현상이 존재한다. 유발 하라리와 여러 번 인터뷰한 현대 선교적 무신론의 대표자 중 한 학자인 샘 해리스(Sam Harris)도 리처드 도킨스와 같은 보다 중립적인 무신론자가 아니라 유럽 68세대의 전통에 서서 선불교를 수행했고 선불교에 심취한 학자다.

기독교적 역사철학으로 인해서 당시 철학계의 '교황'으로 간주되던 헤겔에 대한 미메시스적인 라이벌 의식을 강하게 가졌던 쇼펜하우어 이후로 불교는 독일에서도 보다 중립적인 관점에서 이해되고 서술되기보다는 기독교와의 미메시스적인 관계에서, 곧 기독교를 모방하고, 기독교에 대항하고 경쟁하는 대안 종교로 새롭게 쓰여지고 전파되기 시작했다.

당시 독일 철학계에 최초로 인도 철학과 불교 철학을 도입한 쇼펜하우어는 헤겔과 경쟁하기 위해서 헤겔과 같은 시간에 강의를 개설했지만, 수강생이 거의 없어서 그 수업은 폐강되었고, 헤겔에게 패배한 쇼펜하우어는 평생 헤겔에 대한 르상티망(불타는 질투심 혹은 폭력적 질투심)과 원한 속에서 살았다고 전해진다.

니체도 점차적으로 '십자가에 달리신 자'로부터 등을 돌리고 쇼펜하우어의 계보에서 불교적-디오니소스적 철학을 전개했는데, 이는 니체주의라 할 수 있는 포스트모더니즘 철학에까지 이어진다. 하지만 불교는 무신

---

[16] Weber, *Gesammelte Aufsätze zur Religionssoziologie II, Hinduismus und Buddhismus*, 277.

론 진영을 대변할 수 있는 무신론적 철학이 아니라 많은 부처님에 대한 종교적 숭배에 뿌리를 두고 있는 다신론적 종교다.

불교를 무신론적 철학으로 새롭게 오해하는 풍경은 영국 옥스퍼드대학교 수학자 존 레녹스(John Lennox)와 논쟁한 미국 프린스턴대학교 생명윤리학 석좌교수인 피터 싱어(Peter Singer)의 주장에서도 발견된다. 유신론을 대변하는 존 레녹스는 리처드 도킨스와 논쟁했던 저명한 학자이며, 피터 싱어는 실천윤리학자이자 동물 해방론자로 2005년 「타임」지 선정 '세계에서 가장 영향력 있는 100인' 중 한 사람이다.

피터 싱어는 다른 인종을 차별하는 인종차별주의자에 빗대어 동물차별을 정당화하는 사람들을 종(種)차별주의자라고 지칭하여 많은 논란을 일으켰다. 이러한 주장을 담은 그의 책 『동물 해방』은 전 세계에 동물 해방 운동과 채식주의를 촉발시키는 계기가 됐다.

이러한 유신론 대 무신론 논쟁에서 서구 무신론자들이 엄밀한 무신론이라기보다는 기독교에 저항하는 대안 종교로서 선택된 서구화된 명상불교로 기울어지는 것을 많이 본다. 피터 싱어(Peter Singer)도 자신의 무신론을 변호하면서 순수 불교에 대해서도 말하는데, 그는 순수 불교는 본래 종교가 아니라고 말한다. 아시아 불교에는 '미신적인 요소'가 있다고 피터 싱어도 인정하지만, 본래 순수 원시불교는 그렇지 않았다고 주장한다. 나아가 피터 싱어는 불교는 종교가 아니라 일종의 철학이라고 주장한다.

그러나 필자가 『붓다와 희생양』 등에서 주장했듯이, 보다 아카데믹한 불교학자들과 종교학자들은 불교는 본래 순수했는데, 이후로 아시아의 '미신적'인 불교로 타락했다는 타락설(Dekadenztheorie)을 받아들이지 않는다. 석가모니(Sakyamuni)에 포함된 '무니'(muni)라는 단어 자체가 디오니소스적 광기를 의미한다고 이미 필자는 주장했다.

불교는 원시불교에서부터 이미 '미신적'이고 신화적이었다고 불교학자들은 인정하지만, '서구 명상불교'를 추종하는 일부 학자들에게는 이런 희망사고가 아직도 존재한다. 순수한 원시불교는 서구 불자들이 희망사고를 역투영해서 고안한 것이다. 불교에 대한 보다 깊고 정확한 이해를 위해서 이러한 불편한 사실까지도 거론하는 필자의 입장은 불교라는 이웃 종교에 대한 폄하적 비판이라기보다는 20세기 후반의 유행한 특정한 '서구 명상불교'에 대한 보다 세계관적 논쟁이고 철학적 이론 논쟁을 목표로 하고 있다.

이 책에서 종종 말하는 유럽 68문화혁명 세대, 포스트모더니즘, 급진 사회구성주의와 반실재주의, 퀴어 이론과 동성애 그리고 새로운 선교적 무신론 등이 대체적으로 서구 명상불교와 불교 철학과 깊게 얽혀 있고 또한 연동되어 있기에, 필자는 포스트모던적-불교적 인식론, 세계관 그리고 철학 등에 대해서 지라르의 이론에 기초해서 이론 논쟁을 정치경제학적인 차원에서 하고 있는 것이다.

쇼펜하우어 이후 니체와 하이데거를 거쳐서 포스트모더니즘에 이르기까지 그리고 최근의 선교적 무신론자들에 이르기까지 20세기 후반 서구사유가 유대-기독교적 전통을 이탈해서 또한 그것을 전복해서 불교적인 어떤 것으로 기울어졌기에 불교에 대한 보다 엄밀한 이해가 필요하다고 주장하는 것이다. 이는 유발 하라리의 주장에 대한 비판적 이해를 위해서도 꼭 필요하다.

피터 싱어는 무신론을 변호하면서 그리스도의 부활도 인류학적으로 볼 때 독특한 것이 아니라고 주장했다. 영국 옥스퍼드대학교 등 최근의 신에 대한 논쟁(God-debate)에서 예수 그리스도의 부활과 디오니소스의 소생은 인류학적으로 그리고 비교신화론적으로 동일한 것이라는 식의 주장이 종종 등장한다.

하지만 필자가 필자의 다른 책들을 통해서 주장한 것처럼, 디오니소스는 부활한 것이 아니라 계절의 주기에 따라 잠시 소생했을 뿐이다. 디오니소스는 불사조처럼 계절의 주기에 따라서 소생과 죽음을 주기적으로 반복한다. 하지만 그리스도의 부활은 이러한 디오니소스의 경우처럼 신화적인 소생과는 다른 차원의 사건이다. 그리스도의 부활은 종교사적으로 인류학적으로도 독특한 사건이다.

앞으로 21세기 인공지능 등을 통해서 포스트휴머니즘 혹은 트랜스휴머니즘이 말하는 것처럼, 어느 정도의 인간 발전이 있을 것은 분명하지만, 유발 하라리가 과장되게 주장하는 것처럼 신이 된 인간 호모 데우스는 출현하지 못할 것이다. 호모 데우스는 우주의 기원에 있는 빅뱅을 일으킬 만한 존재가 되지 못한다.

필자가 보기에는 불교적 영향으로 유발 하라리는 신이 된 인간 호모 데우스를 말하지만, 인간이 신이 되는 신화적 메커니즘, 곧 희생양 메커니즘에 대해서는 알지 못하고 있다. 유발 하라리는 왜 명상 수행자인 붓다들과 보살들이 한편으로는 사회적인 죽음을 경험한 자, 추방된 '천민'(outcaste) 그리고 걸량승(乞粮僧, 탁발승)이면서도 또 다른 한편으로는 신적인 존재로 재가자들로부터 종교적 숭배를 받는지 그 메커니즘을 알지 못한다. 불교 속에 존재하는 '신이 된 인간'을 만드는 희생양 메커니즘, 좀 더 정확히는 희생염소 메커니즘이라는 코끼리를 보지 못한 채 명상 효과라는 한 부분만 보고 있다.

붓다를 신이 된 인간 '호모 데우스'라 할 수 있지만, 붓다는 자신을 (내면적 혹은 외면적) 불 제사의 희생제물로 던지고 난 이후에 비로소 '호모 데우스'가 된다. 필자가 『붓다와 희생양』에서 주장한 것처럼, 스님들도 재가자들로부터 독과 같은 나쁜 카르마와 악업을 탁발 공양이나 가사를 매개로 해서 흡수하는 희생염소로서 역할한 이후에 비로소 재가자들에게 공덕을 주는 복전 혹은 '신이 된 인간'과 같은 신적인 존재가 되는 것이다.

지라르가 말하는 희생양, 보다 정확히 희생염소는 속된 말로 액받이와 욕받이 역할을 하는 것이다. 앞에서 말한 것처럼, 오이디푸스의 근친상간과 부친살해도 욕받이 역할을 하는 희생양 오이디푸스가 그리스 폴리스로부터 욕을 벌고 매를 벌기 위한 것이다. 필자가 불교를 사회인류학적으로 읽으면서 발견한 것도 이것이다. 출가승도 속되게 말하자면 결국은 재가신자들의 액받이와 욕받이 역할을 하는 것이다.

불교 고승들의 각종 언어적이고 성적인 기행과 파계도 결국 오이디푸스의 근친상간과 부친살해의 경우처럼 액받이와 욕받이를 하기 위한 장치에서 발생한 것이다. 우리나라 역사에서 무속의 무당들이 액받이와 욕받이를 한 경우가 많은 것과 마찬가지로 불교 출가승들도 이후에 종교적으로 초월화되고 신격화되어서 '신이 된 인간'처럼 보이지만 결국은 재가신자들의 희생염소, 액받이 그리고 욕받이 역할을 우선적으로 감당하고 있다.

유발 하라리는 불교 명상에 담긴 이러한 깊고도 비극적인 사회인류학적 스토리와 메커니즘에 대한 빅픽처를 보지 못하고 있다. 유발 하라리는 21세기 과학 발전에 근거해서 생화학적 알고리즘과 메커니즘 등을 언급하고 있지만, 여전히 세계 신화와 종교, 특히 불교에 대해서는 여전히 낭만적인 이해를 가지고 있고, 그 속에 은폐된 신화적 메커니즘과 코드에 대해서는 명료하게 인지하지 못하고 있다.

유발 하라리는 세상을 변화시키기 위해서는 홀로는 힘들기에, 반드시 조직과 단체를 통해서 해야 한다고 조언하는데, 그 자신도 보다 중립된 관점에서 연구하고 강연하기보다는 특정한 사조나 단체 그리고 종교와의 연대 속에서 활동하는 것 같다. 대체적으로 불교계나 샘 해리스와의 만남을 통해 알 수 있듯이, 그는 선교적 무신론계나 유럽 68문화혁명 세대, 동성애 담론인 퀴어 이론 그리고 포스트모더니즘 등과의 연동 속에서 활동하는 것 같다.

유발 하라리의 관점들을 비판적으로 읽어보면 그가 역사학자로서 보다 중립적으로 서술하기보다는 불교적-포스트모던적 세계관에 경도되어서 인류 역사와 미래를 서술하고 있다. 이후에 논의하겠지만 그는 특히 인류사에 있어서의 농업혁명을 사회 불평등의 기원으로 보는 장 자크 루소의 관점을 반복하고 있다.

장 자크 루소의 사유는 1960년대의 유럽 68세대의 히피 문화와 포스트모던적 반문화 운동과 반철학 운동에 큰 영향을 주었다. 유발 하라리는 과거에는 서구 기독교와 바티칸이 과학기술과 학문의 중심지였다는 사실을 인정하지만, 이제는 실리콘밸리가 데이터 종교의 중심지라고 과도하게 주장하고 있다. 그의 주장들에서 우리는 반기독교적-불교적 함의들을 읽어낼 수 있다.

8. 21세기 실리콘밸리는 데이터 종교의 성지인가?

　4차 산업혁명, 인공지능 등을 통해서 인간의 과학기술적 업그레이드, 진보 그리고 진화가 일어나겠지만, 그렇다고 불교적이고 포스트모던적 관점으로 기울어진 유발 하라리가 주장하는 것처럼 인간이 신이 된 인간 호모 데우스가 된다는 주장은 과도한 비약이다. 21세기 기독교는 실리콘밸리가 주도하는 새로운 과학 발전에 반동적이라는 것은 유발 하라리의 편견일 뿐이다.
　21세기에도 기독교는 과거에 그랬던 것처럼 여전히 진보적이다.
　21세기에 와서 불교는 자연과학 발전에 갑자기 진보적이 되었는가?
　불교는 전통적으로 자연과학과는 상관없고 무개념이었던 것처럼 지금도 그러한데, 일부 서구 명상불교라는 특정 종교와 특정 세계관과 연대한 학자들이 21세기 과학적 불교라는 새로운 신화와 스토리를 생산하고 있을 뿐이다. 국내에서도 종종 등장하는 "인공지능과 성불"이라는 주제도 비슷한 류의 담론이라고 생각한다.
　유발 하라리에 의하면, 생물체(organism)는 결국 알고리즘(algorithm)이다. 생명체는 생화학적 알고리즘으로 환원될 수 있다는 것이다. 그렇기에 생명체의 생화학적 알고리즘과 컴퓨터 알고리즘 사이에는 연속성이 존재한다는 것이다. 유발 하라리는 우주에서 최고의 생화학적 알고리즘을 가진 인간이 새로운 전기적 혹은 전자적 알고리즘을 가진 인공지능을 창조하고 있다고 주장한다. 물론 그는 인간이 인공지능을 창조했지만, 인공의식은 아직 아니라고 말한다. 그는 인간이 인공지능은 발전시키겠지만, 인공의식은 개발할 수 없을 것이라 예견한다.

21세기 인간이 '인공의식'이 아닌 '인공지능'을 창조했다고 해서 신적인 인간 혹은 신이 된 인간 호모 데우스가 되는 것은 아니다. 인공지능은 결국 '실리콘' 인공지능으로 남아 있을 것이다. 신이 된 인간이라면 인공의식이나 생명도 탄생시켜야 할 것이다. 그가 21세기 인간이 점차 호모 데우스가 될 것이라는 주장의 근거로 내세우는 것은 인간이 비유기체적인 생명을 탄생시킬 수 있을 것이라는 기대이다.

유발 하라리는 『호모 데우스』라는 과장된 책 제목을 내세웠지만 인간이 스스로 인간의식이나 진정한 유기체적 생명을 창조할 것이라고 보지는 않는다. 이렇게 그의 과장된 책 제목『호모 데우스』에서 불교적 영향이 엿보인다. 그러나 아무리 인간이 인공지능 등을 통해서 스스로를 업그레이드하고 진화시켜도, 인간은 광대한 우주의 창백하면서도 경이롭게 푸른 점이라고 할 수 있는 지구에 사는 먼지와 같은 왜소한 존재라는 점도 망각하지 말아야 한다.

물론 기독교에도 신화(神化)의 교리(*theosis*, deification)가 있다. 신화란 '우리가 하나님을 닮아가는 것'을 의미하며 신의 성품에 참여하게 되는 상태를 말한다. 하나님에 대한 닮음이 극(極)에 달할 때, 마치 우리 인간이 하나님처럼 된다는 교리이다. 하지만 우리가 '신의 성품에 참여한다'는 말은 본질적으로, 존재론적으로 하나님의 본질에 참여한다는 의미가 아니다. 유대-기독교적 전통에서 우주의 창조자인 하나님은 인간과 구별되는 절대 타자다.

유발 하라리는 13세기를 비롯한 중세시대에는 기독교가 서구 대학을 설립하고 실리콘밸리처럼 자연과학의 발전에 주도적 역할을 했지만, 지금은 실리콘밸리의 데이터교가 새로운 종교로 부상했기에 기독교는 반동적이라고 비판한다. 그는 기독교 전통이 현대 자연과학과 과학기술의 탄생에 있어서 모태 혹은 산파 역할을 했다는 역사적 사실을 인정한다. 하지만 21세기 실리콘밸리와 인공지능 시대에는 기독교가 반동적이 되었다고 비판하는데, 13세기 이후로 과학철학적 의미에서 볼 때 지속적으로 서구 자연과학과 과학기술의 탄생과 발전에 큰 기여를 한 기독교가 갑자기 21세기에 와서 반동적이 되었다는 그의 주장은 설득력이 약하다.

유발 하라리는 13세기에는 기독교와 바티칸이 일종의 실리콘밸리 역할을 했다고 주장한다. 하지만 그는 21세기 미국의 실리콘밸리를 데이터 종교의 '바티칸'으로 과도하게 종교적 의미를 부여하고 있다. 실리콘밸리도 자연과학적 지식의 계보학이나 고고학으로 볼 때 당시 실리콘밸리와 같은 역할을 했던 중세와 근대 기독교의 직간접적인 영향사에서 세워진 것이다. 21세기 실리콘밸리가 현대 자연과학의 모태 역할을 했던 기독교와는 전혀 상관없이 갑자기 세워진 것이 아니다.

미국 실리콘밸리는 불교와는 계보학적으로 더욱 관련이 없다. 과학철학적으로 살펴볼 때 유대-기독교적 전통이 진정한 의미에서의 현재 자연과학의 모태였다. 기독교가 현대 자연과학의 탄생에 산파 역할을 했다는 역사적 사실에는 큰 이견이 없다. 그래서 이론물리학자 폴 데이비스(Paul Davies)는 현대 자연법칙의 '신학적 기원'에 대해서 주장한다.

9. '불멸의 물리학'과 현대 우주론 그리고 오메가 포인트

    필자는 『우주와 문화의 기원: 르네 지라르와 현대과학』[17]에서 이미 현대 자연과학과 과학기술의 탄생에 있어서 산파 역할을 한 유대-기독교적 전통의 역할에 대해서 과학사적이고 과학철학적인 차원에서 소개했다. 현대 정보과학의 관점에서 볼 때 미래 인류의 지능과 의식이 점차적으로 비약적으로 발전할 것이라는 예측에 대해서는 동의하지만, 무신론적-불교적인 영향으로 인해서인지 호모 사피엔스가 21세기에는 인공지능과 생명공학 등으로 불멸성과 신성을 가지고 죽음까지도 정복하는 '호모 데우스'가 된다는 유발 하라리의 과장과 비약은 동의하기 힘들다.

    여기서 필자는 인간이 호모 데우스로는 격상되지는 않겠지만, 생명공학, 인공지능 등을 통해서 미래 인류는 훨씬 더 진보되고 진화된 형태의 인간이 될 것이라는 예측에는 동의하면서, 좀 더 궁극적으로 인류의 미래뿐 아니라 우주의 미래를 기독교 종말론적 관점에서 잠시 소개하고자 한다. 필자는 이미 『우주와 문화의 기원: 르네 지라르와 현대과학』에서 인류와 우주의 미래에 대해서 기독교 종말론과 현대 우주론의 대화라는 관점에서 소개한 바 있다.

    즉, 『불멸의 물리학: 현대 우주론, 하나님 그리고 죽은 자들의 부활』이라는 제목으로 수리물리학자이자 우주론자인 티플러(Frank J. Tipler)는 컴퓨터 과학에 근거해서 죽은 자들의 부활의 메커니즘을 물리학적으로 설명

---

[17] 정일권, 『우주와 문화의 기원: 르네 지라르와 현대과학』(서울: CLC, 2019).

했다.[18] 티플러는 샤르댕(Pierre Teilhard De Chardin)에게서 용어를 빌려와 자신의 이론을 "오메가 포인트 이론"(Omega Point Theory)이라 불렀다. 옥스퍼드대학교의 물리학자 도이치(David Deutsch)는 티플러의 신학적 결론을 수용하지는 않지만, 오메가 포인트 우주론이 궁극적 실재에 대한 자신의 이론과 맥을 같이한다면서 옹호했다.[19]

필자의 책 『우주와 문화의 기원』에서 논한 것처럼, 지라르의 이론을 중심으로 해서 "연구 프로젝트 드라마틱한 신학"(Forschungsprojekt Dramatische Theologie)을 발전시킨 슈바거(Raymund Schwager) 교수는 폭력과 종교에 대한 문제뿐 아니라, 과학과 종교 연구에도 깊은 관심을 가져 오스트리아 인스부르크대학교에서 매달 정기적인 학술 심포지움을 개최했는데, 1997년 6월에 그는 판넨베르크(Wolfhart Pannenberg)와 티플러를 초대해서 『불멸의 물리학』에 대해서 논평하도록 했다.[20] 판넨베르크는 과학과 종교 연구에도 천착해 케임브리지대학교를 비롯한 여러 대학에서 명예박사 학위를 받은 저명한 조직신학자로서 르네 지라르의 이론을 어느 정도 수용하고 인용하고 있는 학자다.

"현대 우주론: 하나님과 죽은 자들의 부활"이란 제목의 논평에서 판넨베르크는 티플러의 주장이 무엇보다 가장 강한 형태의 인류 원리인 최종

---

[18] Frank J. Tipler, *The Physics of Immortality: Modern Cosmology, God and the Resurrection of the Dead* (New York: Doubleday, New York, 1994).

[19] David Deutsch, *The Fabric of Reality: The Science of Parallel Universes—and Its Implications* (London: Penguin Press, 1997)에서 "우주의 종말"(The Ends of the Universe)을 보라.

[20] 오스트리아 인스부르크대학교의 '연구 프로젝트 드라마틱한 신학'의 전 역사(Vorgeschichte)에 대한 자료를 보라. http://www.uibk.ac.at/rgkw/drama/allgemein/vorgeschichte.html.

적 인류 원리(final anthropic principle)라는 전제에서 출발한다고 분석했다.[21] 판넨베르크는 티플러의 이론을 요약한다. 이 원리는 생명체와 지성적 존재는 우리 우주 안에서 필연적일 뿐 아니라, 그들의 첫 출현 이후 더 이상 사라지지 않고 우주 전체에 퍼져서 지배하도록 되어 있다는 주장이다.

또한 티플러에 의하면, 우리 우주는 최대한의 엔트로피 상태로 종말을 맞는 것이 아니라, 아마 최대한의 정보 처리(maximal information processing)를 의미하는 영원한 생명의 상태로 끝난다. 티플러에게 있어서 생명체는 본질적으로 정보 축적(accumulation of information)이다. 오메가 포인트 자체가 최대한의 정보 축적의 장소가 될 것이다.

판넨베르크는 티플러가 말하는 오메가 포인트가 하나님에 대한 성경적 진술과 상응하는 면이 있다고 말한다. 판넨베르크가 말하는 궁극적 미래로서의 하나님과 오메가 포인트 사이의 부분적인 유사성이 있다는 것이다. 그것은 다가오는 하나님 나라이다. 창조주는 이미 그의 피조물인 우주의 주이지만, 이 우주의 완성이라는 미래를 통해서, 그리고 그의 왕국의 도래를 통해서 우주 전체에 대한 자신의 왕권과 신성이 온전히 계시될 것이라고 판넨베르크는 본다.

필자의 책 『우주와 문화의 기원』에서 이미 소개한 것처럼, 오메가 포인트의 하나님은 최대한의 정보 축적에 의해 특징지어지기에, 어떤 인격으로서의 하나님에 대한 개념이 티플러에게 문제가 되지는 않는다고 판넨베

---

[21] 1997년 인스부르크대학교에서의 논평은 이후 조직신학 연구 시리즈에 출판되었다. Wolfhart Pannenberg, "Eine moderne Kosmologie: Gott und die Auferstehung der Toten," Wolfhart Pannenberg, *Natur und Mensch - und die Zukunft der Schöpfung* (Beiträge zur Systematischen Theologie Band 2 (Göttingen: Vandenhoeck & Ruprecht, 2000), 93-98.

르크는 본다. 이로 인해 티플러에게서 기독교적 삼위일체론에 대한 열린 자세를 기대할 수 있다고도 판넨베르크는 생각한다. 오메가 포인트의 속성들과 기독교적 신 개념 사이에는 유사성이 일부 존재한다고 판넨베르크는 분석한다.

티플러의 이론이 인류 원리로부터 시작해서 오메가 포인트를 향하는 과정에서 볼 수 있는 정보 축적의 결정적인 증가를 묘사하고 있다면, 그것은 "우주의 절대적 미래로서의 하나님에 대한 이해"로 이끌어 준다고 판넨베르크는 평가한다. 오메가 포인트에서 특징적인 무한한 정보의 축적은 컴퓨터 시뮬레이션의 모델에 따라서 과거를 동일하게 시뮬레이션할 수 있도록 한다고 판넨베르크는 보았다.

판넨베르크에 의하면, 부활 이전과 이후의 정체성에 관한 결정적인 점은 토마스 아퀴나스가 오리게네스를 따라 이미 강조한 것처럼 우리의 신체적 존재가 보유하고 있는 영혼 속에 프로그램화된 형태(programmierte Form)이다.[22] 그러나 유발 하라리는 인간이 불멸성과 신성을 메타포가 아니라 아니라 문자적인 의미에서 가지게 되는 이유는 생명을 창조한 신처럼 인간이 생명을 창조하게 되었기 때문이라는 것이다.

하지만 21세기 인간이 생명을 창조할 수 있는가?

인간은 인공지능은 창조할 수 있지만, 여전히 생명은 창조하지 못하고 있다. 인공지능은 인공의식도 아니며 생명도 아니다.

기독교 신학에도 우주의 창조자의 무로부터의 창조(creatio ex nihilo)뿐 아니라, 창조주 하나님의 창조 사역에 동참하고 동역하는 계속되는 창조

---

[22] Pannenberg, "Eine moderne Kosmologie: Gott und die Auferstehung der Toten," 96.

(*creatio continua*) 교리가 있다. 신의 형상으로서의 인간은 창조의 드라마틱한 개현, 진화 그리고 창조에 동참하고 동역하고 있다는 점에서 인간의 과학기술을 통한 창조 행위는 기독교에 의해 진보적으로 긍정되며 장려되어 왔다. 그렇다고 존재론적인 의미에서 인간이 신이 되는 것은 아니다. 유발 하라리의 주장에는 과장된 비약이 존재한다.

10. 사회 불평등의 기원으로서의 농업혁명: 루소와 하라리

21세기 인공지능 시대에 고무된 유발 하라리가 실리콘밸리의 데이터 종교를 과도하게 유사종교화해서 21세기 기독교는 반동적이 되었다고 비판하지만, 21세기에도 여전히 기독교 신학은 과학기술의 발전의 대화자와 동맹자로 남아 있다.

유럽 68세대와 히피 문화, 불교 명상 유행, 동성애 등과 실리콘밸리 사이에는 어느 정도 관련성이 있는 것도 사실이다. 하지만 실리콘밸리의 과학기술의 뿌리에 있는 양자역학과 아인슈타인의 상대성 이론 등의 발전에는 기독교 삼위일체론을 비롯한 기독교적 영감과 영향이 결정적으로 기여했다는 사실을 필자는 『우주와 문화의 기원』에서 밝혔다.

유발 하라리는 불교 명상이 마치 21세기 인공지능과 실리콘밸리의 데이터 종교와 어떤 연관성이 있는 것처럼 주장하지만, 실리콘밸리의 과학사적 혹은 과학철학적 계보학을 살펴보면 그것들은 관련이 거의 없다. 아시아 불교가 세계적으로 발전시킨 것은 중국 소림사 무술이나 일본 사무라이 무사도에서 볼 수 있는 무술하는 불교 승려 전통일 것이다. 세계 포기자 붓다가 속세와는 관련이 전혀 없듯이, 불교는 본래 자연과학과 관련이 없었다. 왜냐하면, 불교는 전통적으로 우주와 자연의 공성과 무상함을 가르쳐 왔기 때문이다. 속세와 우주와 자연에 대한 염증명상(Ekelmeditation)에 집중되어 있는 불교 문화에서 자연법칙에 대한 깊은 호기심과 확신으로부터 탄생한 자연과학이 탄생하기는 힘든 것이다.

불교가 인공지능, 양자역학 그리고 다중우주(Multiverse) 등과 관련이 있다는 주장들은 서구 대학을 설립하고 자연과학의 탄생에 기여한 기독교에 대한 불자들의 모방적 욕망이 만들어 낸 일종의 손쉬운 문명적 표절 현상이라 할 수 있다. 불교학자들은 이런 현대 불교 현상을 '프로테스탄트 불교'(Protestant Buddhism)라고 불렀다. 불교는 욕망에 대한 섬세한 감수성을 가지고 있는 종교이기에, '과학적 불교' 혹은 '과학적 불교 명상'을 말하는 학자들은 무엇보다도 지라르가 지적하는 기독교에 대한 모방적 욕망에 대해서 명상적으로 성찰해야 한다.

21세기 호모 사피엔스가 지구적인 차원에서 인공지능 등을 만든다고 하더라도, 우주적인 차원에서 빅뱅을 발생시킬 수 있는 신과 같은 존재로 진화하거나 업그레이드되는 것은 아니다. 앞에서 말한 것처럼, 유발 하라리는 자신의 종교인 명상불교라는 예외를 제외하면 모든 종교적 픽션과 같은 스토리라고 주장하면서 유대-기독교적 신도 스토리나 픽션에 불과하다고 주장하지만, 우주적 차원에서 빅뱅을 일으키는 존재 혹은 왜 '무'가 아니고 '유'인가라는 문제에 대한 답변으로 존재할 수 있는 우주적 차원에서의 신은 신비라고 가능성을 열어두고 있다.[23]

---

23 Yuval Noah Harari, "21 Lessons for the 21st Century," Talks at Google.

불교에서는 붓다가 되는 성불이 니체가 말한 위버멘쉬(Übermensch, 초인)나 신적인 존재가 되는 것처럼 이해하기에 유발 하라리의 호모 데우스와 같은 주장이 나온 것 같다. 하지만 불교 명상을 깊이 수행하는 유발 하라리는 인간의 생화학적 메커니즘과 알고리즘에 대해서 논하지만, 자신이 하고 있는 불교 명상과 성불 속에 은폐된 메커니즘, 곧 희생양 메커니즘에 대해서는 인지하지 못하고 있다.

'문화의 기원'에 대한 그랜드 스토리와 이론, 빅픽처 그리고 빅퀘스천(big question)을 던진 지라르와 같이 유발 하라리가 21세기에 접어들면서 인류 역사와 미래에 대한 보다 큰 그림을 그린 것은 긍정적인 것으로 평가할 수 있다. 하지만 호모 데우스라는 개념으로 그가 제시한 인류의 미래는 과도하게 낭만적으로 비약되어 있다.

또한 유발 하라리는 자신의 책 『사피엔스』에서 인류가 일으킨 농업혁명은 수많은 종의 멸종을 가져온 부정적인 사건이라 주장했는데, 이 주장에서 우리는 앞에서 지적한 루소주의를 엿보게 된다. '전체주의적 민주주의'의 아버지로도 평가되는 장 자크 루소는 사유재산이 사회 불평등의 기원이라고 주장했고, 특히 농업이야말로 사회 불평등의 기원이라고 주장했다.

유발 하라리도 이러한 루소의 입장과 유사하게 대규모 정치사회 체제의 토대를 가능케 한 농업혁명은 사회 불평등의 시발점이라고 비판하고 있다. 장 자크 루소에 대한 외국 강의에서도 유발 하라리가 루소와 유사하게 농업혁명을 부정적인 사건으로 평가했다는 점이 비판적으로 분석되고 있다.

이러한 유발 하라리의 주장은 농업혁명 덕분에 인류가 번영과 진보의 길에 들어섰다는 일반적 이해에 역행하는 것이다. 유발 하라리는 농업혁명을 통한 인류 문명의 발전을 부정적으로만 파악해서 사피엔스가 자연과의 공생을 포기하고 멸종과 탐욕과 소외의 길로 달려간 전환점으로만 파악한다. 여기서 유발 하라리에게서도 포스트모던 철학, 유럽 68문화혁명 그리고 서구 명상불교 운동 등에서 종종 발견되는 현대적 루소주의를 발견할 수 있다.

유발 하라리는 한편으로는 인류 문명의 진화와 진보에 따라서 등장하게 된 농업혁명을 비관적이고 부정적으로만 파악해서 사회 불평등의 기원으로만 파악하면서도, 인류 미래에 대해서는 인공지능과 미래 과학기술 등을 통해서 호모 사피엔스가 호모 데우스가 될 것이라는 과도한 과학기술적 유토피아를 꿈꾸고 있는데, 이러한 그의 분열되고 모순되는 주장은 이미 장 자크 루소에게서도 발견된다.

농업혁명도 과학기술을 통한 진보가 아닌가?

물론 농업혁명을 통해서 진보뿐 아니라 사회 불평등이 야기된 면도 존재하겠지만, 그렇다고 해서 사유재산 제도가 사회 불평등의 기원이기에 그것을 폐지해야 한다는 장 자크 루소의 '공산주의적' 주장이 미래의 대안인가?

인류가 농업혁명 이전의 수렵 단계로 되돌아가야 하는가?

또한 21세기 인공지능과 생명공학을 통해서는 사회 불평등이 감소되는가?

그렇지 않다. 농업혁명과 사유재산만이 사회 불평등의 기원이나 원인이 아니라, 유발 하라리가 유토피아주의적으로 서술하는 21세기 인공지능과 생명공학을 통해서도 사회적 불평등이 더 심화될 것이다. 사회 불평등의 기원과 책임을 사유재산이나 농업혁명과 같이 과학기술 자체나 사회 제도 자체에서 찾고자 하는 루소주의적 관점은 너무 낭만적이고 피상적이다.

물론 사회 제도에 대한 성찰도 지속되어야 하겠지만, 보다 깊고 궁극적인 사회 불평등의 기원은 인간의 모방적 욕망이 아닐까?

루소의 입장은 한편으로는 무정부주의적이면서도 또 다른 한편으로는 전체주의적이고 공산주의적인 함의를 지닌다. 21세기 인공지능과 실리콘 밸리의 과학기술을 통한 호모 사피엔스의 호모 데우스로의 업그레이드를 주장하는 유발 하라리가 인류가 도구와 기술발절을 통해서 점차적으로 수렵 단계에서 농업 단계로 진보한 것을 타락의 역사로만 파악하는 것에서 일관성이 결여되고 분열된 그의 입장을 보게 된다. 그는 맥도날드가 인류의 건강을 더 해치기 때문에 이슬람국가(IS)보다 1,000배 더 위험하다는 주장도 했다.

제10장

르네 지라르, 정치신학 그리고 공공신학

1. 희생자에 대한 성경적 근심과 현대적 강박

　필자는 2014년 한국복음주의 윤리학회에서 지라르의 이론에 기초해서 기독교적 차별 금지에 대해서 논문을 발표한 바 있는데, 이는 「복음과 윤리」에 "희생양 메커니즘과 차별: 문화인류학적 관점에서- 사회적 차별에 대한 기초신학적, 이론적 논의"라는 제목으로 수록되었다.[1]

　최근 한국사회에 대두되고 있는 윤리적 문제는 동성애의 윤리적 정당성과 성차별 문제, 사회 저변에 형성된 불평등한 갑을 관계, 차별금지법 제정을 둘러싼 찬반 논쟁 등이 부각되고 있다. 이 논문을 통해서는 필자는 지라르의 희생양 이론의 빛으로 문화인류학적 관점에서 사회적 차별 문제를 기독교윤리학적 관점에서, 특히 보다 기초신학적이고 근본인류학적인 측면에서 다루고자 했다.

---

[1] 정일권, "희생양 메커니즘과 차별: 문화인류학적 관점에서 - 사회적 차별에 대한 기초신학적, 이론적 논의," 「복음과 윤리」 (한국복음주의 윤리학회 논총 11권), 2014, vol.11, 77-110.

지라르가 자신의 희생양 이론에서 사회적 차별과 '왕따' 현상에 깊이 천착하게 된 이유를 설명하면서, 프랑스 아비뇽 출신으로서 그가 파리에서 경험한 '남쪽 사람들'로서의 차별 경험 그리고 미국으로 이민 갔을 때 경험한 차별 경험에 대해서 말한다.

필자는 이 논문에서 무엇보다도 니체와 지라르를 비교하면서 유대-기독교의 반차별적이고 포용적인 평등 도덕의 계보를 보여주고자 했다. 지라르는 신화 속에서 군중 현상을 해독해 냈다. 지라르에 의하면, 신화적 해석이 난해한 이유는 그 사회 자체가 자신에게 일어난 일을 이해하지 못하기 때문이다. 실제로 인류학자들도 이를 해석하지 못하고 폭력적 만장일치가 만들어 낸 환상을 알지 못했는데, 그것은 무엇보다도 신화적 폭력 뒤에 있는 군중 현상을 이해하지 못했기 때문이라고 지라르는 주장한다.

지라르에 의하면, 성경의 기록을 통해서만 이런 환상을 극복할 수 있다. 신화는 박해자에게는 죄가 없고 희생물한테 죄가 있다고 표현함으로써 진실을 완전히 뒤바꾸고 있다. 신화는 항상 속이고 있는데, 그 이유는 신화 자신도 속고 있기 때문이다.[2] 그러나 복음서의 입장은 강자 앞에 처한 약자의 편에 드는 편견에서 나오는 것이 아니라, 폭력의 전염에 항거하는 영웅적인 저항이며, 악마적이고 디오니소스적인 폭력의 군중심리에 감히 반대하는 소수의 선견지명이라고 지라르는 분석한다.

니체는 '희생양에 대한 근심'이야말로 현대 문화의 퇴폐를 촉진하고, 문화를 빨리 노화시키는 원인이라고 비난한다. 하지만 지라르는 서구사회

---

2   르네 지라르, 『나는 사탄이 번개처럼 떨어지는 것을 본다』(서울: 문학과 지성사, 2004), 14-5.

는 지금 조기에 노화하기는커녕 거듭되는 쇄신과 계속되는 엘리트의 확장으로 대단한 장수를 누리고 있음을 지적한다. 그래서 지라르에 의하면, 광기에 휩싸여서 현대사회의 '참된 위대성'을 비난하는 니체는 스스로 자멸할 뿐 아니라, 독일 나치의 민족사회주의의 끔찍한 파멸을 암시하고 또 부추기기도 한다고 지적한다. 수많은 시체 더미 아래 희생양에 대한 현대인의 근심을 같이 묻어버리는 것, 그것이야말로 정녕 니체적인 나치 민족사회주의자들의 발상이었다고 본다.[3]

니체는 데카당스(décadence, 퇴폐·쇠락)로서의 현대성의 위기를 가져온 결정적 인자로 기독교 도덕을 지목한다. 현대성의 제반 특징들이 데카당스의 특징을 띠고 있다고 생각하는 니체는 『우상의 황혼』에서 민주주의, 사회주의, 아나키즘 등의 사회·정치 이데올로기, 기독교 도덕, 학문, 노동자 계층의 정치적 권력화 등을 그 예로 제시한다.

니체는 평등 원칙의 계보로서의 기독교에 대해 논한다. 니체는 기독교인이나 아나키스트 모두를 데카당(décadent, 퇴폐주의를 추종하는 예술가나 문인들)으로 본다. 기독교는 평등 사유에 기초한 종교다. 니체에게 있어서 기독교는 사회주의와 아나키즘과 그 계보상으로 다를 바가 없다. 그에 의하면, 기독교적 가치 판단은 사회주의자들의 체계 전반에 남아 있다. 사회주의는 기독교라는 종교의 비종교적 변형에 불과하기 때문이다.

니체가 기독교 도덕을 약자들의 복수와 원한의 감정에서 비롯된 노예 도덕이라고 파악한 것에는 동의할 수 없지만, 그가 기독교가 약자, 타자, 소수자를 발견하고, 변호하고, 구원한 종교라고 본 것은 정확하다. 지라르

---

[3] 지라르, 『나는 사탄이 번개처럼 떨어지는 것을 본다』, 219.

는 디오니소스가 오히려 군중이며, 기독교는 소수자, 그러나 군중에 저항할 줄 알았던 소수자였다고 강조한다.

기독교의 동정의 도덕에 대한 니체의 비판은 현대성 비판의 또 다른 축이다. 니체에게 있어서 동정의 도덕에 대한 과대평가는 기독교라는 종교 현상을 반영할 뿐 아니라, 데카당스 현대성을 반영하는 문화 현상이다. 전술한 것처럼, 니체는 실제로 기독교가 개인을 절대적인 것으로 발견하고 가치평가했기에 더 이상 개인을 희생할 수 없게 되었다고 불평한다.

그래서 그는 종족(Gattung)은 인간 제사(Menschenopfer)를 통해서만 유지된다고 주장하면서 인간 제사까지 변호한다. "강력한 시대와 고상한 문화는 동정과 '이웃 사랑'과 자아와 자의식의 결여를 경멸스러운 것으로 여긴다"라고 니체는 적고 있다.[4] 프랑스에 니체 철학을 확산시킨 바타유(Georges Bataille)도 인간 제사를 변호했다. 이처럼 점진적으로 디오니소스적으로 전환해 갔던 니체는 유대-기독교적 가치로부터 탄생한 현대성의 업적들인 자유주의, 평등주의, 민주주의, 사회주의, 아나키즘과 같은 평등적 사고를 오히려 '데카당스'한 것으로 보고 철학적 망치질을 시도했었다.[5]

지라르, 니체 그리고 하버마스가 잘 분석하고 있듯이 반신화적인 유대-기독교적 메시지는 군중 현상이 제작하는 신화적이고 초석적 배제의 논리를 해체적으로 비판하고, 보다 자유롭고 평등한 반차별적 포용의 평등 도덕을 역사 속에 가져왔다. 민족 간 분쟁과 종교 간, 계급 간 갈등이 끊이지

---

4 프리드리히 니체, 『우상의 황혼』 (서울: 서울대학교 철학사상연구소, 2006), 186.
5 니체, 『우상의 황혼』, 17.

않는 오늘날의 세계는 타자(the other)에 대한 배제와 차별이 자리잡고 있다. 지라르 이론의 입장에서 보면 인류의 정체성(identity)은 초석적 배제에 기초해 있으며, 그렇기에 불가피하게 희생제의적이다.

모든 폭력과 차별과 배제의 기저에 있는 정체성과 타자성(otherness)의 문제는 보다 더 복잡하고 드라마틱하게 파악해야 한다. 타자의 얼굴이 가지는 이질성과 상처받기 쉬움을 구원한 것은 유대-기독교적 스토리텔링이다. 객과 고아와 과부의 야훼 하나님과 세리와 창녀들의 친구였던 예수 그리스도에 대한 선포가 반차별적이고 포용적인 평등 도덕의 질서와 타자를 포용하는 화해의 메시지였다.

인간은 본성적으로 나를 중심에 두고 타자를 주변화하며, 타자를 정복하여 통합하려 하거나 배척하며 제거하려고 한다. 20세기 가장 유명하면서도 독일 나치즘의 지지자였기에 논란의 대상이 되었던 헌법학자 칼 슈미트(Carl Schmitt)는 주저 『정치적인 것의 개념』(*Der Begriff des Politischen*, 1927)에서 적과 친구의 구분을 정치적인 것의 핵심으로 분석한 바 있다. 정치적인 것은 바로 적과 친구를 구분하는 것이다.

마찬가지로 인간의 정체성에는 초석적 배제와 희생양이 자리잡고 있다. 작은 원시적 사회에서 타자는 무질서를 몰고 오는 이방인이었고 항상 결국 희생양으로 살해되게 된다고 지라르는 적고 있다. 즉, 타자와 약자를 희생양으로서 변호하고 구원한 것은 기독교였다. 그러나 지라르는 기독교의 묵시록적인 업적과 대가에 대해서 동시에 지적한다. 그러므로 성서는 어린아이 시절의 희생양 메커니즘을 포기한 이후의 '인류의 성숙함'을 요

청한다.⁶

지라르는 우리 주변의 정치, 민족, 종교, 사회, 인종 등에 관한 모든 '차별 정책'을 희생양이라는 말로 비판하는 우리의 판단을 지지한다. 인간 집단이 지역, 민족, 이념, 인종, 종교 등의 주어진 정체성에 자신을 다시 가두려 하는 곳에서는 어디서나 희생양이 늘어나는 것을 우리는 쉽게 볼 수 있다. 지라르는 우리 사회를 괴롭히는 온갖 문제들의 밑바닥에 있는 종교적인 토대와 근본인류학적인 차원에서 배제나 차별 대우나 인종차별주의 등에 관한 연구를 표피적인 차원에서가 아니라 보다 깊게 연구할 것을 제안한다.⁷

지라르에 의하면, 현대 문화의 모든 이념적 지평의 중심에는 사실 희생양이 있다. 여기에는 홀로코스트의 희생양, 자본주의의 희생양, 사회적 불의, 전쟁과 박해, 생태계 재앙, 인종과 성과 종교적 차별의 희생양 등 이루 헤아릴 수 없을 정도의 희생양이 있다. 그런데 처음으로 무고한 희생양을 위치시킨 것은 바로 기독교라고 지라르는 주장한다.

현대사회는 전통적 다르마가 붕괴되고 무차별화된 새로운 위기의 사회이다.⁸ 기독교는 희생양 메커니즘을 폭로함으로써 많은 전통적 희생양들을 복권시켰다. 하지만 전통적 사회의 보호 메커니즘이었던 이 메커니즘

---

6 René Girard and Benoît Chantre, *Battling to the End: Conversations with Benoît Chantre* (East Lansing: Michigan State University Press, 2010), 105; 정일권, "슬픈 현대: 글로벌 시대의 종교와 평화 - 르네 지라르의 최근 저작 『클라우제비츠를 완성하다』를 중심으로," 「한국조직신학논총」 36 (2013. 9), 258-60을 보라.
7 지라르, 『나는 사탄이 번개처럼 떨어지는 것을 본다』, 202.
8 René Girard, *Evolution and Conversion: Dialogues on the Origins of Culture* (London: Continuum, 2008), 240-1.

의 작동원리가 폭로됨으로써 전통적 질서는 와해되고 하나의 거대한 모방 위기인 현대사회가 도래하게 되었다.[9] 위계질서와 사회적 신분과 같은 모든 전통적 다르마가 사라진 뒤 사람들은 욕망과 증오를 오가는 스캔들이 넘쳐나는 모방의 물결 속에 빠지게 되었다.[10]

현대의 많은 상황신학들, 곧 여성신학, 흑인신학, 해방신학과 민중신학 등도 지라르가 말하는 기독교의 희생양에 대한 우선적 선택과 근심으로 요약될 수 있다. 지라르는 세계화 또는 이른바 새로운 국제질서의 옹호자가 아니다. 그는 오늘날의 상황을 무책임하게 찬양하지도 않고, 그렇다고 완전하게 매도하지도 않으면서 이런 상황의 복잡성을 보려고 노력할 뿐이다.

세계 각국의 인종분쟁, 특히 복수와 원한의 양상 등이 글로벌화되고 무차별화된 현대사회의 폭력 문제는 생각보다 골이 깊고 복잡하다. 다문화주의는 배제의 욕구를 서구의 주된 잘못이라고 비난하고 있으면서도 종종 자기 스스로 이 욕구를 따르고 있다고 지라르는 비판한다.[11]

지라르에 의하면, 고대의 전통사회에서는 사람들이 자신들의 문화에 더 많은 것을 의지하고 있었기 때문에 자신들의 문화를 비판할 수 있을 정도로 거리를 유지하기도 힘들었다. 오늘날도 마찬가지여서, 대부분의 사람들

---

[9] René Girard, *Das Heilige und die Gewalt* (Zürich: Benzinger, 1987), 299; Girard, *Ich sah den Satan vom Himmel fallen wie einen Blitz: Eine kritische Apologie des Christentums*, 208, 229; Palaver, *René Girards mimetische Theorie: Im Kontext kulturtheoretischer und gesellschaftspolitischer Fragen*, 313-4 에서 "모방적 위기로서의 현대사회"를 보라.

[10] Girard, *Evolution and Conversion: Dialogues on the Origins of Culture*, 13; 정일권, "새로운 희생위기로서의 현대사회: 르네 지라르의 현대사회에 대한 분석,"「철학연구」125 (2013.2), 313-44을 보라.

[11] 르네 지라르,『그를 통하여 스캔들이 왔다』(서울: 문학과 지성사, 2007), 53.

에게 있어서 자기 문화를 비판하는 것은 여전히 상상하기 힘들다. 모든 문화는 타문화보다 자기 문화를 무조건 더 좋아하지 않고 또 종교적인 명령을 맹목적으로 따르지 않는 자기 문화 구성원들을 엄격하게 취급한다.

고대 문화의 이런 명령이 내부와 외부, 받아들일 수 있는 것과 받아들일 수 없는 것 등을 최초로 구별하는 '초석적 배제'에서 나온 것이 사실이라면, 이 명령을 거부한 자들은 배제, 즉 추방의 형을 받았을 것이다. 그 문화는 이런 사람들을 향해 초석적 폭력을 행사했다.

지라르는 서구를 벗어나면 자기 문화 비판은 없거나, 있더라도 아직 맹아의 단계에 있다고 생각한다. 서구인들은 자문화와 타문화의 관계에 대해 세계 모든 문화들이 행하고 있는 자문화 찬양과는 전혀 상반된 새로운 사고방식을 생산했다고 지적한다.[12]

지라르는 오늘날 현대사회가 과거 어느 때보다 희생양에 대한 많은 근심을 표하고 있음을 지적한다. 그는 어떤 시대, 어떤 사회도 희생양에 대해 현대사회만큼 많이 이야기한 적이 없다고 본다. 지라르는 중국의 관료사회, 일본의 사무라이 사회, 인도, 콜럼버스 이전의 아메리카, 그리스, 로마 등의 사회는 그들 신에게 바치는 희생양은 말할 것도 없고 조국의 명예와 크고 작은 정복자의 야망에 바쳐진 희생양에 대해 거의 근심이 없었다는 사실을 지적한다.

지라르에 의하면, 현대사회는 "희생양에 대해 강박관념에 가깝게 근심을 가지는" 사회다. 현대인이 희생양에 대해 이토록 근심을 가지는 것은 기독교 때문이다. 휴머니즘과 인도주의는 우선 기독교 문명에서 전개된다

---

12 지라르, 『그를 통하여 스캔들이 왔다』, 47-8.

는 사실을 지라르는 지적한다. 반면, 가족, 씨족, 민족과 같이 아직도 자율적인 문화를 갖고 있는 집단은 온갖 연대의식을 가지고 있으면서도 내부의 알려지지 않은 익명의 희생양을 알아채지 못하고 있다. 지라르에 의하면, 사회변혁의 힘 중에서 가장 효력이 있는 것은 혁명적인 폭력이 아니라, 바로 희생양에 대한 현대의 근심이다.[13]

지라르에 의하면, 싫든 좋든 간에 희생양에 대한 근심이 지금 전 지구적 문화를 지배하고 있다. 이 희생양에 대한 근심의 결과가 세계화지 세계화의 결과가 희생양에 대한 근심은 아니다. 지라르에 의하면, 경제, 과학, 예술 심지어는 종교적인 모든 활동의 본질을 지배하는 것은 과학의 진보도 아니고, 시장경제도 아니고 형이상학적인 역사도 아니다. 그것을 지배하는 것은 바로 이 희생양에 대한 근심이라고 지라르는 지적한다.

과거의 이네올로기들을 살펴보아도 그 안에 지속하는 무언가가 있는데, 철학적인 미사여구로 수식되어 있지만 그것 또한 결국은 희생양에 대한 근심이라는 것을 알 수 있다고 지라르는 말한다. 희생양에 대한 근심은 그 순수한 모습과 불순한 모습을 다 드러내고 있다. 지라르에 의하면, 수 세기 전부터 우리 사회의 변화를 은연중에 지배하던 것도 바로 이 희생양에 대한 근심이었다.[14]

고대 문명에서 '자비'라는 개념은 극히 제한된 집단 내부에만 해당되었다고 지라르는 분석한다. 그리고 '경계'는 언제나 희생양으로 표시되었다. 모든 포유류는 자기 영역을 자신의 분비물로 표시하는데, 인간도 마찬가

---

[13] 지라르, 『나는 사탄이 번개처럼 떨어지는 것을 본다』, 203-12.
[14] 지라르, 『나는 사탄이 번개처럼 떨어지는 것을 본다』, 222-3.

지로 오랫동안 그들의 특별한 분비물이라 할 수 있는 희생양으로 포유류의 영역 표시 같은 행위를 했다고 지라르는 말한다.[15] 그러므로 문화의 기원이 희생양 메커니즘에 있는 것과 마찬가지로 우리의 정체성도 희생양을 통해서 비로소 형성된다. 지라르에 의하면, 우리의 집단소속감과 개인적 정체성을 형성하고 있는 것이 바로 초석적 배제와 폭력이다.[16]

하지만, 역설적이게도 이제는 희생양에 대한 근심 자체가 모방적 경쟁 관계의 목표가 되었다. 희생양에 대한 오늘날의 근심이 우리로 하여금 영원히 우리 자신을 자책하게 만들고 있다고 지라르는 말한다.[17] "계속되는 가속화 현상으로 인해 희생양에 대한 근심은 전체주의적인 명령이나 엄격한 심문처럼 변하고 있다"라고 지라르는 지적한다.

이런 사정을 알고 있는 언론 매체는 '희생자학'(victimology)이라고 조롱하고 있지만, 이 매체들이라고 해서 이를 이용하지 않는 것은 아니다. 현대인은 희생양에 대한 근심을 반기독교적인 방식으로 극단적으로 밀고 나감으로써 유대-기독교의 회로에서 벗어나려고 애쓰는 '희화화된 초기독교 사회'에 살고 있다고 지라르는 말한다.

그래서 지라르는 '희생양들의 전체주의'의 새로운 현상에 대해서도 지적한다. 희생양 근심의 승리로 인해 오늘날 이득을 보는 것은 기독교가 아니라 '다른 전체주의,' 곧 희생양들의 전체주의라고 그는 분석한다. 이 전체주의는 더 약삭빠르며 지금뿐만 아니라 미래에도 더 많이 설쳐댈 것이라고 그는 분석한다.

---

15 지라르, 『나는 사탄이 번개처럼 떨어지는 것을 본다』, 213.
16 지라르, 『그를 통하여 스캔들이 왔다』, 59.
17 지라르, 『나는 사탄이 번개처럼 떨어지는 것을 본다』, 206-8.

지라르에 의하면, 가장 강력한 기독교 반대운동은 희생양 근심을 자신의 것으로 떠안고서 이를 '극단적으로 밀고 나감'으로써 이를 타종교의 것으로 만들어 버리는 운동이다. 그들은 기독교가 충분한 성의를 가지고 희생양을 보호하지 못했다고 비난한다. 이들은 과거의 기독교에서 오로지 박해와 억압과 심문만을 본다.[18]

그렇기에 이 시대에는 비판적 톨레랑스와 현대사회의 새로운 복잡성 이해를 위한 드라마틱한 해석학이 요청된다. 지금까지 살펴본 것처럼, 희생양에 대한 근심과 우선적 선택 그리고 반차별 정신은 성경의 예언자적인 정신이요 기독교적 정신이다. 하지만 이 기독교적이고 참으로 기독교적인 정신의 과도한 정치적 오용의 문제도 함께 논의해야 한다.

반차별, 평등, 톨레랑스의 가치는 결코 자명한 가치가 아니라, 특정한 종교와 문화, 곧 유대-기독교적 가치의 유산이다. 니체는 비록 점차적으로 디오니소스적인 것으로 전환되어 갔지만, 2,000년 유럽 도덕의 유대-기독교적 뿌리에 대해서 잘 알고 있었다. 그래서 막스 베버와 위르겐 하버마스 등의 학문적 전통을 이어받고 있는 한스 요아스(Hans Joas)와 같은 종교사회학자는 이 가치들의 우연성(contingency)에 대해서 말한다.

이 휴머니즘적이고 반차별적이고 평등한 가치들은 결코 자명한 것이 아니라 상처받기 쉬운 가치들이다. 후기기독교적 문화, 혹은 더 나아가 지라르가 말하는 초기독교적 상황 속에서는 누구나 자신이 약자, 타자, 소수자 그리고 희생양이라고 정치적 논리를 주장한다. 20세기 정치학에서 가장 중심되는 주제는 바로 이 논리다.

---

[18] 지라르,『나는 사탄이 번개처럼 떨어지는 것을 본다』, 223-6.

최근에는 비판적 톨레랑스의 필요성이 자주 지적된다. 후기기독교적 혹은 초기독교적 사회에서의 새로운 복잡성을 균형 있게 논의하는 보다 드라마틱한 해석학이 요청된다. 유대-기독교적 반차별적 평등 도덕의 계보가 이룩한 고전적 서구 자유주의와 민주주의 한계와 불만에 대해서 지적하는 공동체주의(communitarianism)의 입장에 대해서 주목할 필요가 있다.

또한 최근에는 철학을 비롯한 인문학계에서 그동안의 미학적 전환 이후의 윤리적 전환(ethical turn)이 이루어지고 있다. 포스트모더니즘이 보다 유연하고 자유롭고 포용적인 문화를 일부 가져오기도 했지만, 또한 도덕성의 약화 혹은 철학적 향락주의를 가져온 것도 사실이다. 도덕 지식이 실종하고, (모방) 욕망의 충족만이 지배적인 가치가 되었다. 욕망이 선을 앞도하게 되었다.

윤리적 유일신론과 구약 예언자들의 정의에 대한 외침의 전통에 서 있는 기독교 윤리학이 희생양들(약자, 타자, 소수자)을 우선적으로 선택하고 보호하고 변호하는 것은 옳다. 하지만 초기독교 사회의 새로운 복잡성을 전체적으로 함께 바라보는 기독교의 입장은 극우의 전체주의뿐 아니라, 극좌의 전체주의 저편에 있다고 볼 수 있다.

2. 세속화의 변증법과 후기세속적 사회 : 위르겐 하버마스

앞에서 논의한 것처럼, 독일 헌법학자 칼 슈미트는 정치철학자이지만 정치신학자이기도 하다. 칼 슈미트의 사상은 좌파뿐 아니라 우파 학자들에게도 깊은 분석적 설명력을 보여주고 있으며, 현재 영미권 정치신학

(Politische Theologie) 연구에도 주요한 학자로 연구되고 있다. 칼 슈미트는 헌법학자로서 자신의 저서 『정치신학: 주권론에 관한 네 개의 장』[19] 중 제 3장 첫 문장에서 "현대 국가학(Staatslehre)의 모든 중요한 개념들은 세속화된 신학적 개념들이다"라고 주장한 바 있다.

독일 철학자 노베르트 볼츠에게 큰 영향을 준 유대계 독일 철학자 야콥 타우베스(Jakob Taubes)는 칼 슈미트의 정치신학에 대한 연구에 광범위하게 참여했고, 『사도 바울의 정치신학』[20]이라는 자신의 저서를 출판했다. 최근 좌파적 시각에서의 칼 슈미트 읽기가 크게 진행되어 칼 슈미트의 많은 저서들이 한국어로 번역된 것처럼, 야콥 타우베스의 『사도 바울의 정치신학』도 최근 한국어로 번역되었다.

타우베스는 독일의 법철학자 칼 슈미트와 우정을 맺으면서 그의 정치신학적 관점에 깊은 영향을 받았다. 야콥 타우베스는 칼 슈미트와 로마서 강독을 함께 했다. 칼 슈미트는 정상 상태가 아니라 법이 효력을 정지하는 '예외상태'(Ausnahmezustand)를 강조하며 근대 법철학의 세속주의를 비판했다. 이는 칼 슈미트가 그의 『정치신학』을 "주권자란 예외상태를 결정하는 자이다"라는 문장으로 시작하는 데에서 잘 알 수 있다.

야콥 타우베스는 "정치적 함축을 가지지 않은 신학이 없기 때문에, 신학적 전제가 없는 정치 이론도 없다"라고 말하는 점에서 칼 슈미트와 의

---

[19] Carl Schmitt, *Politische Theologie: Vier Kapitel zur Lehre von der Souveränität*. Siebente Auflage (Berlin: Duncker & Humblot, 1996), 43; 칼 슈미트, 『정치신학: 주권론에 관한 네 개의 장』, 김항 역 (서울: 그린비, 2010).

[20] Jacob Taubes, *Die politische Theologie des Paulus*, hr. Aleida Assmann und Jan Assmann in Verbindung mit Horst Folkers, Wolf-Daniel Hartwich und Christoph Schulte (München: Wilhelm Fink, 1993).

견을 같이한다. 칼 슈미트와 야콥 타우베스는 세속화된 현대세계가 처한 위기의 극복을 위해서는 초월적 범주가 필요하다는 사실에 동의한다.

영국 노팅엄의 성요한칼리지(St John's College, Nottingham) 2014년 강좌 자료[21]에서 "칼 슈미트와 정치신학"이라는 제목 아래 칼 슈미트의 정치신학을 영국적 상황에서 상세하게 논의하고 있다. 먼저 유럽에 이민 온 이슬람들은 영국의 기독교가 상당 부분 종교의 공공성을 상실하고 사적인 종교로 변화되었다고 비판하는 사실을 언급하면서 정치신학 혹은 공공신학(public theology)의 필요성을 강조하고 있다. 칼 슈미트에 대한 이 자료에서도 그의 유명한 표현, 곧 "현대 국가학의 모든 중요한 개념들은 세속화된 신학적 개념들이다"라는 말을 소개하고 있다.

또한 이 자료에서는 21세기로 접어들면서 유럽은 이제 후기세속적(post-secular) 시대로 접어들었다고 지적하면서, 9.11테러 이후에 후기세속적 사회를 주장한 독일 사회철학자 위르겐 하버마스를 언급한다. 이 자료에서는 최근의 공적신학 혹은 공공신학자로서의 주목해야 할 신학자들 중 밀방크(John Milbank) 등을 언급하는데, 밀방크는 오래전부터 지라르의 사유를 비판적으로 수용한 학자로서 최근에는 슬라보예 지젝과 신학적 논쟁을 전개하기도 했다.

20세기 후반 지배적이었던 세속화 테제는 9.11테러 이후 그리고 21세기로 접어들면서 최근 하버마스를 비롯한 많은 다른 사상가들에 의해서 다시금 비판적으로 재검토되고 있다. 이 세속화의 테제는 지라르와 학문

---

[21] "Carl Schmitt and Political Theology with Richard Subworth." https://www.youtube.com/watch?v=LzSxocM7mTM.

적 교류를 했던 찰스 테일러, 필자의 지도교수였던 팔라버에 의해서 오스트리아 인스부르크대학교에서 초청강의를 하기도 한 종교사회학자 호세 카사노바(José Casanova), 하버마스 등에 의해서 최근 비판적으로 점검되고 있다.[22]

하버마스는 『세속화의 변증법』[23]이라는 책을 통해 후기세속적 사회(postsäkulare Gesellschaft)에서 다시금 종교와 신앙공동체의 역동성이 중요하다고 강조하고 있다. 하버마스는 바티모가 주장하는 것과 유사한 전통적 세속화 테제를 비판적으로 점검하면서 『세속화의 변증법』(Dialektik der Säkularisierung)과 후기세속적 사회(postsäkulare Gesellschaft)에 대해서 말한다.[24] 하버마스는 일부 급진적인 다문화주의자들의 상대주의와 '계몽근본주의'(Aufklärungsfundamentalismus)에 거리를 두면서 다시금 '종교의 생동성'(Vitalität des Religiösen)을 강조한다.

서구는 20세기 후반의 포스트모던(postmodern)적 시대를 넘어서 21세기에 후기세속적(postsecular) 시대로 접어들었다. 9.11테러 이후 종교와 신들이 유럽에 다시 돌아왔다고 하면서 후기세속적 시대에서의 공적인 영역에서의 종교의 문제에 대해서 많은 사회학자들과 철학자들이 논의를 하고 있다. 21세기에 접어들면서 전통적인 세속화 테제를 주장하거나 세속화를 예찬했던 학자들의 한계가 보이기 시작한다.

르네 지라르의 사유는 21세기 후기세속적 사회에서의 정치신학과 공적

---

22 José Casanova, *Europas Angst vor der Religion* (Berlin: Berlin University Press, 2009).
23 Jürgen Habermas, Joseph Ratzinger, *Dialektik der Säkularisierung: Über Vernunft und Religion* (Freiburg: Herder Verlag, 2005).
24 Jürgen Habermas, Joseph Ratzinger, *Dialektik der Säkularisierung: Über Vernunft und Religion* (Freiburg: Herder Verlag, 2005).

신학 혹은 공공신학(Public Theology)에 큰 사상적 영감과 도전을 주고 있다. 2018년 가을 강남 사랑의교회 사랑의복지재단의 한 회의실에서 개최된 공공신학 모임에서 몇 차례에 걸쳐서 지라르의 사유를 소개했다. 이 공공신학 모임은 약 5년 전부터 미국 프린스턴신학대학원에 있는 아브라함카이퍼연구소와 유사한 한국적 연구모임이다.

아브라함 카이퍼(Abraham Kuyper)는 신학자로서 네덜란드 암스테르담 자유대학교를 설립하고 네덜란드의 수상이 되었다. 학부 시절 필자의 첫 논문도 바로 네덜란드어에서 직접 번역한 아브라함 카이퍼의 문화철학에 대한 것이었다. 아브라함 카이퍼의 일반은총론과 영역주권 사상은 칼빈주의 전통에 있는 교회와 신학이 기독교 신앙의 사유화를 극복하고 기독교의 보편성과 공공성을 회복하는 데 주요한 단초를 제공하고 있다. 또한 르네 지라르에게 최초로 명예박사 학위를 수여한 대학이 아브라함 카이퍼가 설립한 암스테르담자유대학교이다.

기독교학문연구회 초대회장 고려대학교 조무성 명예교수(행정학), 김앤장 국제중재팀 수석변호사로서 세계적인 국제중재 전문가로 인정받는 박은영 변호사, 전 기독교 철학회 회장이신 박창균 교수 등 각 분야의 전문가들이 함께 모여 지라르의 사유에 근거한 공공신학의 가능성에 대해서 함께 연구하고 토론했다.

또한 팀 켈러 목사가 목회한 미국 뉴욕 리디머교회에서 훈련을 받고 귀국한 오종향 목사(뉴시티교회)도 이 공공신학 모임에 참여했는데, 그는 2016년 팀 켈러 목사의 목회관을 정리한 책 『센터처치』를 출판했다. '세상은 아버지가 필요합니다'(The World Needs a Father, TWNAF) 운동의 최수남 교수, 그리고 안익선 사랑의복지재단 사무국장 등 다양한 분야의 전문가들이 참여했다.

급진좌파나 냉소주의, 회의주의, 허무주의 혹은 무신론 쪽으로 경도된 많은 서구의 학자들이 부모님, 특히 아버지를 너무 일찍 잃었거나 아버지와의 관계가 좋지 못했던 어린 시절을 보냈다는 사실을 기억할 때 TWNAF 운동은 중요하다고 생각된다. 장 자크 루소도 어린 나이에 어머니를 잃었고, 스위스 제네바의 칼빈주의적 노선을 따르는 시계공 아버지에게 학대를 받다가 16세경에 가출해서 몇십 년 동안 유럽을 방랑했다고 한다. 니체도 너무 일찍 아버지를 잃었다. 인도에서 요가 수행을 했던 독일 철학자 슬로터다이크도 아버지를 일찍 잃었다고 한다.

이 공공신학 모임에 필자를 초대한 고려대학교 조무성 교수도 젊은 시절 요가와 명상에 깊이 심취했던 분이라는 사실을 이 모임을 통해 알게 되었다. 공공신학 모임에 참석한 IT 분야의 정언화 대표도 불교 금강경을 깊게 읽은 과거를 소개하면서 필자의 책 『붓다와 희생양』을 들고 와서 흥미로운 대화를 나누기도 했다. 2019년 6월에는 "르네 지라르, 팀 켈러 그리고 공공신학"이라는 제목으로 학술대회를 개최하였다.

'21세기의 C. S. 루이스'로 평가되는 팀 켈러도 보다 공적이고 공공적인 기독교 신앙을 강조하는데, 그는 나 중심이거나 우리 교회 중심이 아닌, 공적인 영역 곧 이웃과 지역 사회, 국가와 세계를 먼저 생각하는 신앙을 강조한다. 즉, 그는 대체적으로 지극히 사적이며 내면적인 것들에 치중하는, 오직 교회에 다니는 사람들만 이해하고 알 수 있는 '게토' 언어를 사용하는 기독교가 아니라, 기독교 신앙이 없는 사람들도 충분히 이해할 수 있고, 공적 소통과 논쟁, 검증이 가능하며 다른 관점들과의 경쟁과 상호 소통, 그리고 더 나아가서 (평화스럽고도 드라마틱한) 공존을 꿈꿀 수 있는 기독교 진리의 지향을 강조한다.

지라르의 사상을 소개하는 이 공공신학 모임에서는 2018년 최근 미국 대법관으로 취임한 브렛 캐버노(Brett Kavanaugh)에 대한 이야기, 동성애와 퀴어 이론 논쟁, 차별금지법에 대한 논의가 이루어졌다. 특히 앞에서 소개한 약자, 희생자 그리고 소수자에 대한 시민교양적 정중함(civility)의 범위를 넘어서서 이루어지는 급진적이고 과도한 정치적 올바름(Political Correctness, PC)이라는 새로운 언어정치가 내포하는 극좌적 새로운 전체주의의 위험(지젝, 스티븐 핑커, 볼츠, 자라친 등)을 지적했다.

또한 필자는 현대 정치학적 논의의 중심에 있는 일종의 희생자학(Victimology)과 지라르의 희생양 이론의 관련성에 대해서 소개했다. 위르겐 하버마스의 최근 주장, 곧 유대교의 정의의 윤리와 기독교의 사랑의 윤리가 현대 민주주의, 자유, 평등, 인권의 직접적인 기원이라는 이 주장을 소개했는데, 많은 분들이 관심을 가졌다.

지라르의 미메시스 이론과 기독교 신학의 관계를 다루면서, 기독교 신학자들과 목회자들을 위한 르네 지라르 신학적 입문서로 기획된 필자의 책 『십자가의 인류학』이 성경적인 법학 연구, 대안적인 법률가의 삶, 법을 통한 섬김을 모토로 하는 기독법률가회(CLF) 2015년 8월 연구위원회 독서공방 교제로 읽혀지기도 했다.

2018년 초에 필자는 양재 온누리교회에서 개초된 기독교학술원(원장 김영한 박사) 주최 '제66회 기독교학술원 월례포럼'에서 르네 지라르의 사상에 대해서 소개하는 발제를 했는데, 당시 박창균 교수(한국기독교 철학회 회장)가 논평을 했다. 그의 논평과 공공신학 모임에서의 토론을 통해서 박창균 교수도 아브라함 카이퍼 이후로 인문학적 보편성을 추구하는 르네 지라르의 사유가 공공신학 또는 광장의 신학을 위해서 반드시 논의되고 소개되어야 할 주요 이론이라고 주장했다. 인류 문명과 인간 욕망에 대한 보편적 이해를 추구하는 지라르의 사유가 공공신학 연구 분야에서도 적용되기를 기대해 본다.

기독교학술원과 공공신학 발표와 토론을 통해서 기독교가 인문학적 공론의 장에서 보다 당당하고 적극적으로 소통하면서 변증하기에는 르네 지라르 만한 학자가 없다는 공감대가 형성되기도 했다. 이 모임에서, 21세기에 접어들면서 프랑스를 비롯한 유럽과 서구에서 황혼기에 접어든 포스트모더니즘이 아직도 지배적인 사조인 것처럼 생각하는 젊은 지식인들에게 지라르는 보다 깊고 넓게 읽혀야 할 학자라는 사실에 대체로 의견을 같이 했다.

21세기 독일로부터 시작된 4차 산업혁명과 인공지능 시대에 반(자연)과학적인 기본자세를 가진 포스트모더니즘은 보다 비판적으로 성찰되어야 할 사조다. 포스트모더니즘은 유럽 68문화혁명 세대들의 반문화 운동과 깊이 연동된 반철학(counter-philosophy) 운동이라는 것이 대체적인 사실이다.

르네 지라르가 포스트모더니즘을 극복했다고 해서 감리교 전통에서 그에 대한 관심이 뜨거운 것으로 안다. 필자는 2018년 10월 감리교 경기연회 예수학당 초대로 기쁜교회 더기쁜문화센터 아트홀에서 '르네 지라르 열린 특강'을 한 바 있는데, 당시 질문과 토론 시간에 해방신학/민중신학과 지라르 사상의 관련성에 대한 질문이 있었다. 이 질문에 대해서 필자는 기독교 철학회에서의 르네 지라르에 대한 발제 때 논평하신 진보신학계의 어느 교수님의 다음과 같은 분석을 답변으로 제시했다.

민중신학이 마르크스 이론에 의존하기보다는 소수자, 약자, 희생자의 관점을 최초로 가능하게 한 성서 텍스트 자체의 독특성을 논증한 지라르의 이론에 기초하는 것이 더 바람직하다.

지라르의 사유는 이렇게 정치신학과 공공신학 분야뿐 아니라, 한국 정치경제계에도 점차적으로 읽혀지고 사유되고 또한 적용되고 있다. 경제전문 TV부북리뷰는 2018년 "박근혜 죽이기와 쏠림 현상"이라는 제목으로 필자의 책 『우상의 황혼과 그리스도: 르네 지라르와 현대사상』의 내용을 상세하게 유튜브로 제작해서 소개한 바 있다.

이 유튜브 동영상의 대부분은 필자의 책에 대한 소개이지만, 부분적으로 이 책에 기초한 한국 현실정치적 비평도 있다. 박근혜 대통령의 탄핵은 인정하지만, 과도한 집단심리적 쏠림 현상에 대해서 마지막 부분에 언급하면서 제목을 그렇게 잡은 것 같다. '인문학의 다윈' 혹은 '사회과학의 아인슈타인'이라고 평가되는 지라르를 좁게 한국 현실 정치에서의 보수/진보로 양분된 진영 논리로 끌고 가는 것은 어느 정도 무리가 있지만, 지라르와 지라르 학파가 대체적으로 욕망과 문명에 대해서 보수적 관점을 가지고 있다는 것은 사실이다.

여기서는 한때 니체를 크게 평가했던 '강남좌파,' 니체의 '디오니소스 대 십자가에 달리신 자,' 정치적 올바름(Political Correctness)의 문제, 최근 20대 청년에서의 정부 지지율 하락 문제, 광우병 사태, 성숙성의 필요성 등을 언급하면서 지라르와 필자의 연구서를 언급하고 있다. 현대사회의 새로운 복잡성에 대해서 보다 성숙되게 사유하는 청년들에게 르네 지라르의 사상이 많이 읽혀지기를 필자는 바란다.

『우상의 황혼과 그리스도』에 대한 경제전문 TV부북리뷰 유튜브 자료에 대해서 어느 독자는 "박근혜 죽이기와 쏠림 현상"이라는 제목 때문인지 몰라도, 지금 한국사회가 '희생양'에 더 관심을 기울여야 할 때인지 '정치적 올바름'에 관심을 더 기울여야 할 때인지 냉정하게 판단해야 한다고 생각한다고 댓글을 달기도 했다. 서구 유럽과 한국사회는 그 성숙 정도가 다르고 많은 차이가 있기 때문에 그렇다고 그는 말한다.

우선 대한민국이 서구 유럽에 비해서 민주주의의 역사가 길지 않기에 서구에서 1990년대부터 논의되고 있는 정치적 올바름보다는 사회적 약자, 소수자, 희생자에 대한 관심과 선택에 좀 더 힘을 실어야 한다는 그의 댓글에 필자가 동의하는 면도 있다. 분명 민주주의 한계와 자유주의의 불만을 느낄 정도로 오래된 민주주의 역사를 가진 서구 유럽에 비해 우리의 민주화의 역사도 짧기에 그러한 지적은 어느 정도 정당하다.

하지만, 보수/진보의 정치적 논쟁들이 많은 부분 서구적 논쟁을 수용해서 국내에서도 진행되는 면이 있기에 좀 앞서가는 느낌이 있지만, 정치적 올바름에 대한 논의도 분명 보다 깊게 이루어져야 한다고 생각한다. 서구 유럽과 분명 차이가 있는 한국의 정치 현실이지만, 보수/진보 모두 항상 서구적 논의와 모델을 염두에 두고 수용하고 모방하고 있다는 것 또한 사실이기에 학자들은 21세기에 민주주의 선진국에서 진행되는 정치적 논쟁들도 균형 있게 소개해야 할 책임이 있다고 본다.

민주화가 아직도 완성되지 못하고 민주주의가 아직도 성숙되지 못한 면도 있지만, 다른 한편으로 대한민국의 인구절벽 위기를 보면 상당히 빠른 속도로 서구화, 유럽화되고 있는 면들도 분명 존재하는 것 같다.

3. 성서 인문학과 신앙의 보편성과 공공성

르네 지라르 사유에 기초한 정치신학 혹은 공공신학을 위해서 2018년 1월과 2월에 필자는 '사랑과 정의를 위한 성서 인문학' 강좌를 대구 한영아트센터에서 지라르의 십자가의 인류학과 21세기 유럽 인문학과 철학의 최근 동향을 중심으로 강의했다. 대구 경북 지역 의사, 경북대학교와 안동대학교 교수, 교사 등을 비롯한 지식인들과 일반인들 중심으로 모인 성서 인문학 모임이었다.

특히 2014년부터 출판되기 시작해서 독일 철학계에서 뜨거운 논의의 중심에 있는 마틴 하이데거의 『블랙 노트』(Schwarze Hefte)에 대해서 하이데거를 전공한 경북대학교 김재철 교수와 흥미로운 토론과 논쟁을 벌이기도 했다. 하이데거가 생애 말년에 가다머를 비롯한 제자들과 지인들 그리고 가족들에게 반복적으로 했다는 "니체가 나를 망쳤다"(Nietzsche hat mich kaputt gemacht)는 말에 대해서 토론하기도 했다.

이 대구 경북 지역에서의 르네 지라르 강연이 이루어지도록 공헌한 파스칼 리(Pascal Lee, 필명)에 의하면, 지라르의 의의는 다음과 같다.

첫째, 지라르는 철학과 인문학의 전선에서 소외되었던 기독교를 오히려 전선의 중심으로 만들어 버렸다. 기독교를 - 심지어 십자가를 - 외면하고서는 논의 자체가 진행될 수 없게 하는 반전이 일어난 것이라고 그는 봤다.

둘째, 포스트모던을 비롯한 모든 현대 일반 인문 이론과 맞서거나 대화할 수 없었던 교회가 그 지위와 도구(언어)를 갖게 되었다. 그러면서 그는 2017년 현대 문화의 고고학을 다룬 미국 IVP 출판사 출간 서적에서 지라르에 대한 논의가 등장하고 있다는 사실을 알려주면서, 이는 신학적 논의에 지라르가 본격적으로 논의되고 있다는 한 증거라고 평가했다.[25] 이 대구 경북 지역 성서 인문학 르네 지라르 강의에 참석했던 어느 경북대학교 학생은 불교에서 기독교로 개종하기도 했다.

숙명여자대학교 김응교 교수는 작가 한강도 르네 지라르의 책들을 읽고 있다고 2017년 11월 필자의 책 『르네 지라르와 현대 사상가들의 대화』[26] 북콘서트('와와클럽 김응교 시인의 인문학교실' 96회)에서 알려주었다. 김응교 교수는 폭력과 희생에 대한 지라르의 사유가 『소년이 온다』와 『채식주의자』와 같은 작가 한강의 작품들 속에서도 녹아 있다고 이 북콘서트를 통해서 알려 왔다.

한신대학교 출신의 정빛나라 목사는 작가 한강의 작품들 속에 녹아든 지라르의 사유를 다음과 같이 소개하면서 알려 왔다.

> 한강 작가의 『소년이 온다』와 『채식주의자』 두 작품 모두에서 폭력으로부터 희생당한 약자들이 등장한다. 『소년이 온다』에서 폭력은 국가적 차원의 폭력이며 치유는 희생당한 사람들을 기억하는 연대다. 『채식주의자』에서 폭력은 야만적 육식 행위의 억압적 관습 주입이다. 치유는 흙으로 돌아가는 인간의 초상이다. 지라르의 희생양 메커니즘으로 생각해 본다면 두 희생자 모두 거대한 폭력의 피해자들이며, 그들 모두는 박해의 텍스트

25　Bob Goudzwaard, Craig G. Bartholomew, *Beyond the Modern Age: An Archaeology of Contemporary Culture* (IVP, 2017).
26　정일권, 『르네 지라르와 현대 사상가들의 대화: 미메시스 이론, 후기구조주의 그리고 해체주의 철학』(서울: 동연, 2017).

(textes de persécution) 안에서 구원받아야 되는 대상들이 된다. 그래서 작가 한강의 두 책 모두 종결 부분에는 어두운 곳에서 벗어나 꽃과 나무가 되는 생명적 전환을 꿈꾼다. 약하고 여린 것들의 마지막 절규 같은 희망을 이야기한다.

이렇게 지라르의 사상은 한국에서 정치경제학과 철학, 신학, 종교학, 신화학뿐 아니라, 연극영화계의 드라마 작가, 소설가, 문학가 들에게도 큰 영향을 주고 있다.

필자는 『르네 지라르와 현대 사상가들의 대화』를 통해서 르네 지라르의 이론이 인류 문화에 대한 보편적이고 과학적 이해 추구를 시도하고 있다고 소개했다. 유럽 68세대의 (유럽의 전통적인 유대-기독교적 문화와 가치를 전복하는) 반문화(counter-culture) 운동, 반철학(counter-philosophy) 운동 그리고 급진 좌파 정치 운동과 연동되었던 일부 프랑스 사상가들의 포스트모더니즘 철학과는 달리, 르네 지라르의 미메시스 이론은 인류 문명 전체에 대한 보다 보편적이고 과학적인 이해를 추구하는 문화초월적인 이론이다.

지라르 자신의 표현처럼 그의 이론은 진보적(아방가르드적)이면서도 기독교적이며, 기독교적이면서도 전위적이다. 문화의 기원과 신화의 수수께끼를 해독하는 지라르의 이론은 문화초월적인 보편성을 추구하고 있다. 그렇기에 지라르의 이론은 주로 서구-기독교적 형이상학과 철학 전통에 대한 니체-디오니소스적 해체를 시도했던 포스트모던 철학과는 달리 인류 문명 전체를 포용하는 이론이다.

그 책을 통해서 필자는 20세기 철학의 언어학적 전환 이후, 지라르의 영향으로 이루어진 현대사상의 인류학적 전환을 조망함과 동시에 지라르의 이론을 통해 포스트모던적 시대정신 이후의 새로운 사유를 모색해 보려는 시도를 소개했다.

지라르는 이 포스트모더니즘의 반이성주의, 허무주의, 니체주의, 냉소주의, 반과학주의, 급진적 사회구성주의, 반문화 운동과 반철학(counter-philosophy) 운동 그리고 네오마르크시즘 등과 거리를 두면서 인류 욕망과 문화의 기원 등에 대한 보다 보편적이고 과학적 이해와 연구를 추구했다. 필자는 이 책에서 르네 지라르의 포스트모더니즘 비판 혹은 포스트모던 철학자들과의 드라마틱한 대화를 소개했다.

어느 독자의 말처럼 필자는 그 책에서 니체나 하이데거 계보에서 나온 프랑스 포스트모더니즘 유행 속에서 배제되고 추방되었던 유대-기독교적 텍스트와 그 가치에 대한 지라르의 변호가 민주주의와 인권, 자유와 평등과 같은 인류 보편적 가치를 위해서도 옳다는 사실을 보여주고자 했다.

김응교 교수는 문학평론가 김현 선생께서 르네 지라르를 소개한 이후 필자가 가장 정확하게 르네 지라르의 사상을 연구하고 있다고 소개하면서 지라르의 이론으로 니체, 데리다, 들뢰즈, 아감벤, 지젝 등과 비교해서 설명한다고 평가했다. 2017년 4월 한국현상학회는 르네 지라르가 "미국과 유럽에서 현재 인문학계의 블루칩"이 되었다고 평가한 바 있는데, 실제로 정치학, 경제학, 법학, 사회학, 종교학, 신화학, 신학, 언어학, 인류학, 정신분석학, 심리학 그리고 뇌과학 등 다양한 학문 분야에서 지라르가 소개하는 인류 문명의 기원과 발전에 대한 빅픽처에 관심을 가지면서 학제적 연구를 진행하고 있다. 21세기에 국제적으로 지라르의 이론만큼 학제적으로 연구되는 이론이 없다고 할 수 있다.

이 북콘서트에는 서울대학교 학생, 이화여자대학교 영문학 박사과정의 이현경, 지라르의 이론에 깊은 관심을 가져서 저와 그동안 소통해 왔던 『레위기의 신학과 해석』의 저자 김경열 박사, 최근 『희생되는 진리 르네 지라르와 무라카미 하루키 기독교를 옹호하다』를 출간한 오지훈 작가, KBS 직원, 한동대학교 출신의 경제학도, 지난 『붓다와 희생양』 북콘서트에 이어서 참여한 미국 웨스트민스터신학교에서 코넬리우스 반틸의 전제주의적 기독교 변증론과 철학을 공부한 이성재 목사, 유럽 선교의 교두보이자 가교인 불어공동체를 창립하신 프랑스 유학파 손부원 선교사 그리고 최근 홍성사에서 책을 출간한 여류 작가와 및 마을공동체를 이끄시는 분들과 같은 각 분야의 전문가들이 참여해서 여러 가지 흥미로운 대화를 나누었다.

특히 불교로 출가한 이후 환속해서 불교 서적을 전문적으로 번역하시는 박용길 선생도 필자의 『붓다와 희생양』을 읽고 난 후 이 북콘서트에 참여해서 필자의 불교 연구와 관련해서 좋은 논평을 해주었다. 박용길 선생은 특히 독일어권에서 티베트 불교의 달라이 라마를 모시고 각종 세미나와 모임을 주도했지만, 이후 그는 티베트 신화의 거품을 알게 되면서 독일에서 휴머니즘의 관점에서 티베트 불교(밀교, 비밀불교, 탄트라) 계몽 운동을 가장 대표적으로 주도했던 독일의 트리몬디(Trimondi) 부부의 글들을 10년 전부터 읽기 시작했다고 해서 소개했는데, 필자는 국내에서 가장 먼저 이 트리몬디 부부를 소개한 사람이기에 반갑고 놀랐다.

필자는 지라르 이론에 기초해서 사회인류학적 불교 연구를 했을 때 2000년대부터 이 트리몬디 부부와 이메일을 주고받으면서 소통했다. 이 부부의 활동으로 독일어권에서도 비록 늦은 감은 있지만 보다 엄밀하고 비판적인 불교 연구가 확산되었다. 불자이신 박용길 선생께서는 필자의 불교 연구 결과 드러나게 된 불교 속의 불편한 것들, 예를 들어 불교에서 소위 (티베트) 밀교(비밀불교)의 디오니소스적-성적(sexual)-통음난무적인 차원을 은폐하는 경향이 있는 사실을 지적하면서 이제는 보다 정직하게 그것을 공론화해야 한다고 지적했다.

이처럼 르네 지라르의 인류학적 이론은 다종교적이고 다문화적인 한국 상황 속에서 기독교의 공공성과 보편성을 잘 보여주고 있다. 2018년 8월에 개최된 '제15회 전북 익산 목회자 포럼' 르네 지라르 특강에서 필자는 르네 지라르의 '십자가의 인류학'과 그의 이론에 기초한 다종교, 다문화 사회 속에서의 21세기 기독교 선교와 변증에 대해서 강의한 바 있다.

기독교 보수와 진보와 함께 참여한 80-100명 정도의 초교파적 목회자 세미나는 필자의 책 5권을 모두 읽고 지진과 같은 큰 도전과 충격을 경험했다는 이리중앙교회 조성천 목사와 그 목회자 독서그룹이 주도해서 성사된 것이었다. 특히 전북 익산이 원불교의 발상지라는 사실을 이 세미나를 통해서 알게 되었는데, 필자의 설교를 듣고서 목회자 세미나에 참여하신 원광대학교 언어학과 교수도 있었다. 코넬리우스 반틸과 윌리엄 레인 크레이그의 기독교 변증론과 르네 지라르의 기독교 변증론의 차이에 대해서 질문하신 분도 있었다.

또한 다른 사람은 지라르의 이론이 접촉점이 너무 강하다고 말하기도 했다. 반틸과 크레이그는 일반 (인문)학계에서는 거의 알려지지 않지만, 르네 지라르는 일반 인문학계의 주류에 속하는 학자로서 반틸과 같이 전제주의적이라기보다는 전제 없이 자신의 연구의 자연스러운 결과로 회심하고 변증하기에 훨씬 더 보편타당성이 강하다고 필자는 답변했다.

이 보수와 진보를 아우르는 초교파적 목회자 세미나는 전북 CBS 방송을 통해서 소개되었고, 이 세미나의 영향인지는 모르겠지만 이후 전북사회과학연마소에서 몇 차례에 걸쳐서 지라르를 연구한 것으로 알고 있다.

제11장

한국사회는 질투사회인가?

1. 만인에 대한 만인의 질투의 시대

앞에서 논의한 것처럼, 현대사회는 '만인에 대한 만인의 질투'의 시대다. 질투사회는 자본주의 체제 아래서의 새로운 인간 조건(conditio humana)이다. '독'과 같이 사회 붕괴를 가져올 수 있다는 이유로 모방과 질투를 억압하고 통제하고자 했던 전통적인 위계적 신분사회를 넘어온 현대의 새로운 평등사회는 질투를 약으로 사용하고자 하는 새로운 사회 형태다. 현대사회는 질투를 약으로, 자본주의의 동력으로 사용하는 사회다. 질투가 가솔린처럼 소비되어서 자본주의를 움직인다.

자본주의를 움직이는 원자로는 '질투의 원자로'다. 자본주의는 질투를 조직적으로 자극해서 그 질투를 동력과 에너지로 사용하는 체제다. 인도의 카스트 제도와 같은 신분사회에서 최저의 불가촉천민은 최고의 카스트 계급인 브라만을 결코 질투하지 않는다. 현세 자신의 카스트는 전생의 카르마의 결과라고 믿기 때문에, 그들은 질투하지 못한다. 카르마와 카스트 제도는 질투를 통제하기 위한 사회적 장치였다. 하지만 현대사회는 이러한 모방적 욕망과 질투를 통제하고 담는 사회적 위계질서가 사라진 뜨거운 평등사회다.

"한국인은 배고픔은 해결했지만 배아픔은 아직 해결하지 못했다"라고 2018년 소설 『인간시장』(人間市場) 등을 출간한 저명한 소설가 김홍신은 말한 적이 있다. 르네 지라르의 이론을 잘 알고 그 이론에 기반해서 한국사회를 분석한 문화심리학자 김정운은 "대한민국은 '시기(猜忌)사회'다!"라고 분석한 바 있다. 그는 질투심과 시기심을 신분·지위 급격한 변화 그리고 압축 성장이 남긴 집단심리학적 흔적으로 바르게 분석했다.

시기심은 나같이 철없는 사내만 느끼는 미성숙한 감정이 아니라는 것이다. 시기심 따위와 전혀 상관없어 보이는 사람일수록(예를 들어 지식인, 종교인, 문화예술인 등) 시기심은 더 적나라하고 치밀하다고 그는 분석한다. 그는 교수들의 시기심이 가장 심하다고 평가한다. 특히 인문사회분야 교수들의 시기심은 하늘을 찌른다고 그는 보았는데, 자연과학과는 달리 인문사회과학에는 객관적 잣대가 없기 때문이라는 것이다.[1]

김정운은 다음과 같이 분석하였다.

> 대한민국은 아주 특별한 시기(猜忌)사회(Neidgesellschaft)다-독일에서는 남의 고통을 기뻐한다는 '샤덴프로이데'(Schadenfreude)라는 단어를 아무렇지도 않게 사용한다. 심리학이 독일에서 시작된 것은 결코 우연이 아닌 듯하

---

[1] 김정운, "대한민국은 '猜忌(시기)사회'다!," '김정운 敢言異說, 아니면 말고,' 「조선일보」, 2013년 7월 19일자. http://news.chosun.com/site/data/html_dir/2013/07/18/2013071803727.htmlhttp://news.chosun.com/site/data/html_dir/2013/07/18/2013071803727.html.

다. 한국사회를 설명하는 정언적(定言的) 표현이 참 다양하다. '위험사회,' '격차사회,' '피로사회,' '불안사회' 등등. 그러나 시기사회처럼 한국사회의 특징을 잘 드러내는 표현은 없다.

김정운은 다양한 외피를 입고 나타나는 시기심을 세련되게 다루는 방식을 '문화'라고 보았다. 그에 의하면, 시기사회의 근본 문제는 자신의 시기심에 관해 아무도 드러내고 이야기하지 않는다는 사실에 있다. 시기심에 관한 사회적 성찰의 부재는 온갖 분노와 적개심이 모두 정당한 것처럼 착각하게 만든다고 김정운은 바르게 분석했다. 그에 의하면, 품격 있는 사회는 시기심을 세련되게 관리하는 사회를 의미한다.

분노와 적개심이 치밀 때마다 '이 분노의 근원이 과연 정당한가'에 관해 성찰해야 한다는 그는 주장했다.[2] 이 책에서 이루어지는 질투사회에 대한 학문적이고 이론적인 '주제화'와 문제제기 그리고 인문학적 자기 성찰이 질투심에 대한 보다 세련된 관리가 이루어지는 품격 있고 교양 있는 한국사회로 향하는 작은 첫 걸음이 될 것이다.

문화심리학자 김정운은 자신의 책에서 지라르의 사유를 문화심리학적으로 한국사회에 잘 적용하고 있다. 그가 프랑스 포스트모던 철학자들과 비교하면서 지라르를 다음과 같이 소개한 것은 옳다.

---

2 김정운, "대한민국은 '猜忌(시기)사회'다!," '김정운 敢言異說, 아니면 말고,'「조선일보」, 2013년 7월 19일자. http://news.chosun.com/site/data/html_dir/2013/07/18/2013071803727.html; http://news.chosun.com/site/data/html_dir/2013/07/18/2013071803727.html.

지라르의 이론은 여느 프랑스 철학자들과는 완전히 다르다. 쉽고 명쾌하다. 자크 라캉, 롤랑 바르트, 자크 데리다와 같이 난해하기 짝이 없는 프랑스 철학자 이름을 침이 마르도록 인용하는 지식인은 많다. 그러나 한국사회에 미세먼지처럼 깔려 있는 분노, 적개심을 해석하는 데 있어 가장 훌륭한 이론을 제시하는 르네 지라르의 이름은 별로 언급하지 않는다. 현상을 쉽고 명쾌하게 설명하면 폼이 안 난다고 생각하는 묘한 허세가 한국의 지식인 사회에 존재하기 때문이다.[3]

성숙한 한국사회(Mature Society)를 위한 인터넷 사이트에 기고한 글에서 전 한국철학회 회장인 이한구 교수는 "질투심의 사회적 조절이 필요하다"라는 제목으로 다음과 같이 바르게 한국사회와 남의 성공을 보고 함께 즐거워하지 않고 오히려 괴로워하는 질투심에 대해서 바르게 분석한 바 있다.

우리나라 사람들은 남을 시기하고 질투하는 성향이 강하다는 이야기를 자주 듣는다. 질투심이 강하여 남을 헐뜯고 깎아내리는 데만 열심이고, 인물을 키우려고 하지 않으며, 모함과 증오로 점철된 역사라는 한탄도 있다. 행복하기 위해서는 마음을 수양하여 질투의 불길을 끄라는 충고도 자주 듣는다.

그러나 이러한 비판은 현상적으로는 맞는 이야기라고 할지라도 질투를 개

---

[3] 김정운, 『가끔은 격하게 외로워야 한다: 내 삶의 주인이 되는 문화심리학』 (파주: 21세기북스, 2015).

인 차원의 문제로만 보고, 질투가 유난히 기승을 부리도록 부추기는 사회구조나 분위기를 간과하고 있다. 만약 우리가 다른 나라 사람보다 질투심이 강하다면, 질투심을 조절하는 사회구조나 분위기를 정착시키지 못했기 때문이라고 생각된다.

승자를 필요 이상으로 우대하고 패자를 지나치게 폄하하는 사회는 질투의 화신들을 양산할 수 있다. 정의로운 사회의 구조를 다루면서 경쟁을 최대한 공정하게 하고 사회적 약자에 대한 배려를 통해 시기나 질투를 최소한으로 줄이는 사회구조를 만들기 위해 무던 애를 쓴 롤즈에 깊은 공감이 간다.[4]

언론보도에 의하면, 한국인은 중국, 일본인보다도 질투지수가 훨씬 높다. 한국인이 남의 시선을 많이 의식하는 이유는 우리 사회의 비교·경쟁 지향이 다른 나라보다 강하기 때문이다. 이런 높은 사회적 경계심(내가 남에게 어떻게 보일지를 걱정하는 성향)은 불필요한 시기와 질투심, 스트레스, 불평(짜증)을 유발할 수 있다는 점에서 사회적 관심과 대응이 필요하다.

이 시대는 인터넷과 스마트폰을 통해 실시간으로 자신과 남을 비교하게 되면서 타인을 의식하는 정도가 더 커졌다. 남의 시선에 대한 과도한 의식은 개인의 행복도를 떨어뜨린다. 다른 사람의 시선에 지나치게 신경 쓰는 사람은 자존감이 낮아지는 경향이 있으며, 남의 기준을 충족시키려다 보면 정작 자신의 행복을 포기할 수밖에 없다. 과열된 한국 경쟁사회가 불필요한 질투심과 시기심을 조직적으로 그리고 구조적으로 자극한다는 것이

---

[4] http://maturesociety.or.kr/bbs/skin/ggambo6210_board/print.php?id=bulssi&no=79.

다. 한국인들은 일찍부터 사교육과 입시 경쟁에 내몰리면서 경쟁을 먼저 배우고, 이런 분위기에 익숙해진 사람들은 항상 자신과 남을 비교하고, 그 과정에서 시기·질투심에 사로잡힌다.

설문 조사에 따르면, 시기·질투심은 특히 여성에게서 많이 나타났다. "내가 가질 여력이 안 되는 물건을 가진 친구를 보면 부럽다"라는 항목에 절반이 넘는 51.8%의 여성이 "그렇다"고 답했다. 남성의 응답 비율은 45.4%였다. 아울러 여성에게 열악한 사회 분위기는 경제활동을 막 시작하는 20대 여성의 질투심에 불을 붙인다. 20대 여성은 자기에게 없는 것을 가진 다른 사람에게 질투심을 느끼는 비율(69.2%)이 모든 연령대 중에서 가장 높았다.[5]

2. 한반도 통일과 질투 관리

통일 이후 가장 신경써야 할 건은 북한의 질투 문제라고 김정운은 르네 지라르의 이론에 기반해서 '2015년 세계경제금융 컨퍼런스'에서 지적하기도 했다. 잘 알려진 인정 투쟁(Ankerkennungskampf) 못지않게 중요한 것이 '질투 투쟁'이라고 그는 표현하면서 정치·경제의 통합 못지않게 문화적 갈등 관리가 중요하다고 말한 바 있다. 통일 이후 독일도 동서독 사람들이 심각한 '질투 투쟁'을 경험했다는 사실을 지적했다.

---

[5] "한국인 '시기·질투 지수' 중국·일본인보다 훨씬 높아,"「동아일보」, 2011년 4월 30일자 커버스토리. http://news.donga.com/3/all/20110429/36816482/1#csidx-9e5b888d919dd8b9231401a76df3d30.

통일 한국에서도 남북한 간의 문화적 반목인 '질투'을 어떻게 관리하느냐가 정치·경제적 관리 못지않게 중요할 것이라고 그는 주장했다. 그는 통일에 대해서 문화심리학적 분석 없이 정치·경제적으로만 접근하는 것은 단기적 시야라고 강조했다. 사람들 간의 직접적 갈등인 심리적 갈등을 해결하지 못하면 정치와 경제 등 모든 측면에서 두세 배 이상의 갈등 비용이 발생할 수 있다는 것이다.[6]

「한겨레21」은 "우리는 질투에 시달린다"라는 제목 아래서 다음과 같이 한국사회가 질투하는 사회라고 진단한 바 있다.

> 우리 사회에서 질투의 감정은 오랫동안 감춰야 하는 것이었다. 공개적으로 문제가 되는 질투의 양태는 남녀 간의 애정과 관련한 부정망상인 의처증이나 의부증 정도였다.
> 하지만 최근 일상의 경쟁이 치열해지고, 사회가 불안정해지면서 질투에 관한 이런 심리적 억제선과 자기통제 장치가 무너지고 있다. 먼저 남녀 간 질투의 경계선이 무너지고 있다. 그동안 질투는 마치 여성의 전유물처럼 인식돼 왔다. 그러나 상당수 남성들이 직장생활 등 일상의 현장에서 질투심으로 고통받고, 병적인 증상으로 신경정신과를 찾는 경우까지 생겨나고 있다.
> 신경정신과 전문의들은 "'1등 제일주의'를 강요하는 문화가 온존하는 가운데 평등주의가 무차별적으로 확산되면서 질투의 천민화가 진행되고 있

---

6 "통일 후 가장 신경써야 할 건 北 '질투' 관리," 「한국경제」, 2015년 3월 11일자. http://news.hankyung.com/article/2015031024301.

는 것"이라고 진단했다. 과거에는 위계신분에 의한 차이를 현실로 받아들이며 자신과 비교대상이 되지 않는 한계를 인식하고 있었다. 그러나 최근 사회의 모든 분야에서 평등주의가 확산되면서 자신의 객관적 리얼리티를 깨닫지 못한 채 '나도 남만큼 돼야 한다'는 집착을 갖는다. 일종의 천박한 평등주의에 사로잡혀 있는 것이다.

경쟁이 치열하고 경제적 불안정이 가속화될수록 인간의 본성인 질투감정은 더욱 노골화된다. 남자건 여자건 이제 과거처럼 더이상 질투를 숨기거나 억제하지 못한다. 사회 전 영역에서 질투를 양산하고 확대하고 있기 때문이다. 한마디로 질투하는 사회에 살고 있는 것이다.[7]

르네 지라르도 평등주의적 현대사회를 차이소멸적인 위기사회와 질투사회라고 비극적으로 분석한 바 있다.

'한국사회는 질투사회인가'라고 질문해 보면서 질투를 조직적/구조적으로 자극하는 질투사회로서의 한국사회의 측면들이 있다.

첫째, 한국 교육문화 속에 있는 여전히 지나친 경쟁구도이다. 과도하고 과열된 입시 경쟁과 성적 경쟁의 그림자를 비판적으로 분석하지 않을 수 없다.

둘째, 어른들의 세계에서 발견할 수 있는 것처럼, 과도하게 아파트 평수와 자동차 크기를 마치 성공지수나 행복지수로 생각하는 사회적 분위기이다.

---

7   "우리는 질투에 시달린다,"「한겨레21」, 2001년 2월 13일자. http://h21.hani.co.kr/arti/special/special_general/1677.html.

따라서 질투를 조직적으로 자극하는 한국사회 메커니즘에 대한 의식적 자각이 우선적으로 필요하다. 질투를 조직적으로 자극하는 질투사회로서의 한국사회에서 한국교회는 예언자적인 비판과 저항을 시도하는 대안 공동체가 되어야 하는데, 이 점에 있어서도 부족한 면이 많다. 때로는 한국교회가 질투사회의 축소판인 것처럼 보일 때도 많다. 공교회성을 고백하지만, 여전히 개교회주의가 팽배하고 실제로는 교회도 자본주의적 성공과 욕망이 이끄는 삶을 가르치지만, 교회에서 욕망 담론과 질투담론에 대한 교육은 잘 이루어지지 않는다.

학교폭력, 이지매 현상과 왕따 현상, 군대 내무반에서의 '고문관' 현상 등 많은 부분에서 지라르의 이론이 적용되고 있다. 사회적 보호를 받지 못하고 복수의 위험이 없는 사회적 약자들(거지, 외국인, 어린 소녀, 고아 등등)과 장애인들만이 희생자와 희생양이 되는 것이 아니라, 사회적으로 탁월하고 화려한 위치에 있어서 질투심과 르상티망의 대상이 되는 자들도 사회적 위기 때에 희생양이 된다.

후자에 해당하는 가장 거대하고 전형적인 희생양 만들기 사건이 바로 독일 나치에 의한 유대인 600만 명 인종학살 사건이다. 당시 경제적으로 그리고 학문적으로 탁월했던 유대인들은 독일 나치들의 질투와 르상티망 그리고 그것으로 인한 증오심의 타깃이었다.

2018년 4월 대구 경상고등학교에서 "르네 지라르의 욕망 이론과 우리들의 행복"이란 제목으로 특강을 했는데, 180여 명의 학생들이 참여한 이날 특강에서 필자는 지라르의 모방적 욕망 이론과 욕망과 행복을 화두로 거울뉴런의 발견과 뇌과학, 신경인문학, 과시적 소비의 문제, 희생양 메커니즘, 학교폭력, 왕따 현상과 이지매 현상, 그리스 비극 이해와 지라르의 비교신화학 그리고 질투를 조직적으로 자극하는 자본주의에 대한 이해 등을 강의했다.

필자는 특히 모방적이고 경쟁적 욕망으로 인한 스트레스를 만만한 사회적 약자에게 푸는 집단폭력과 집단적 따돌림 현상에 관해서 분석하면서 고등학생들에게 지라르의 이론을 소개했다. 필자가 강조한 것은 그동안 인류가 오랫동안 개인의 스트레스와 사회적 스트레스를 해소하고 진정시키기 위해서 반복해 왔던 이 희생양 메커니즘을 비판적으로 인식하고 최소화하는 성찰이 필요하다는 것이었다. 그리고 현대 자본주의는 조직적으로 질투를 자극하는 체제이기에 우리 사회가 품격 있는 사회가 되기 위해서는 질투심에 대한 품격 있고 세련된 관리가 필요하다고 강조했다.

정의롭고 공정한 사회구조를 만들어 가는 노력과 함께 시민 개개인의 욕망구조에 대한 성찰과 개혁도 이루어져야 한다고 필자는 고등학생들에게 강조했다. 그래서 미래의 주인공인 고등학생들이 모방적 '욕망의 꼭두각시'가 아니라 욕망의 당당한 주체가 되어야 한다고 강조했다.

3. 욕망의 꼭두각시와 욕망의 당당한 주체

최근 '미니멀라이프'(minimal life)나 '스몰웨딩'(small wedding) 등에 대한 사회적 인식이 증가하는 것은 이런 점에서 바람직하다. 여전히 뜨거운 질투사회로서의 한국사회의 그림자도 있지만, 자신의 진정한 욕망을 따라서 덜 경쟁적이고 덜 질투적으로, 그리고 보다 다양하고 대안적인 삶의 방식을 선구자적으로 살아가는 이들에 대한 언론보도는 좋은 치유책이 될 수 있을 것이다.

한국교회는 불교적 세계 포기나 불교에서 말하는 세계 포기적 욕망 포기를 대안으로 제시할 수는 없지만, 그럼에도 불구하고 내려놓음과 포기의 영성을 가르쳐야 한다. 욕망 담론이 불교적이라는 것은 피상적 오해일 뿐이다. 가장 섬세한 욕망 이론을 이미 성경은 가르치고 있다.

지라르의 교부적 기여 때문에 가인과 아벨 이야기에서 볼 수 있는 것처럼, 인류 문화의 기원 그리고 신화와 제의의 기원에 모방적 욕망으로 인한 차이소멸적 위기가 있음을 인류는 이제 알게 되었다. 아직도 살아 있는 종교 전통인 스리랑카 불교 문화권의 저주의식이나 한국 무속에서의 저주굿에서처럼 종교의 기원에도 질투심이 자리잡고 있다.

니체는 유대-기독교 전통이 르상티망으로부터 나온 종교라고 잘못 분석했다. 십자가는 일그러진 군중 현상뿐 아니라 인류의 일그러진 욕망과 르상티망도 보게 한다. 그렇기에 기독교는 니체가 주장한 것처럼 르상티망의 산물이 아니라 르상티망의 치유이며 또한 그렇게 되어야 한다. 그렇기에 기독교에는 질투심으로 인한 저주의식이 존재하지 않는다.

질투사회로서의 한국사회에 대한 치유적 대안은 우선적으로 자기 성찰의 인문학으로서 인간의 모방적 욕망과 질투심에 대한 인류학적이고 인문학적 교육이 될 수 있다. 욕망의 기원과 기제에 대한 인류학적인 깨달음을 통해서 인류는 보다 성숙한 모습으로, 자신의 모방적 '욕망의 꼭두각시'가 아니라 욕망의 당당한 주체가 될 수 있을 것이다. 지라르 학파의 주요한 어느 정신분석학자의 책 제목처럼 우리는 많은 경우 (모방적) 욕망의 진정한 주체가 되지 못하고 '욕망의 꼭두각시'(Puppet of Desire)[8]가 된다.

한국사회는 가장 뜨거운 질투사회다. 상대적으로 민족적 단합을 잘 이루는 중국인들 및 일본인들과는 달리 유별나게 한국인들은 서로에게 경쟁적이고 질투적이라는 사실을 외국 교포사회를 유학 중에 보면서 느끼게 되었다. 한국사회는 지나치게 경쟁적이다. 많은 곳에서 출혈 경쟁이 이루어지고 있다. 입시 경쟁이 대표적이다.

유럽, 특히 오스트리아에서 지라르 연구를 위해서 잠시 머물면서 관찰하고 느낀 것은 유럽인들은 현대인들이지만 한국인들만큼 그렇게 경쟁적이거나 질투적이지는 않았던 것 같다. 물론 사회정의와 경제정의가 잘 이루어진 국가여서 그런 점도 있겠지만, 그 사회구조 속에 살아가는 개개인들의 보다 성숙된 시민적 의식과 교양도 큰 역할을 한 것으로 보인다. 모방적 욕망과 경쟁 그리고 질투심과 르상티망으로부터 상대적으로 자유로워진 자유인과 '자연인'들이 많이 일어나기를 기대해 본다.

인간은 가장 모방적인 동물이기에 가장 질투적인 존재다. 모방적 욕망 때문에 질투심이 발생한다. 사실 자기한테 필요가 없는데도 남이 가졌기 때문에 모방적으로 소유하고 싶어 하기에 질투심이 발생하는 것이다. 모방적 욕망이 없다면 질투심도 없을 것이다. 자족한다면 질투심은 발생할 수 없다.

지나치게 과열된 질투사회의 모습을 가진 한국사회는 다시금 욕망의 메커니즘에 대해서 성찰해야 한다. 인간 욕망의 구조와 기원에 대한 성찰이

---

[8] Jean-Michel Oughourlian, The *Puppet of Desire: The Psychology of Hysteria, Possession, and Hypnosis*, trans. Eugene Webb (Stanford: Stanford University Press, 1991).

질투사회에 대한 대안이 될 것이다. 모방적 욕망 그리고 질투에 대한 지속적인 학문적 주제화가 보다 성숙하고 교양 있는 한국사회를 점차적으로 만들 수 있다.

신비적 여성철학자 시몬 베유(Simon Weil)는 은총만이 사회적 중력으로부터 우리를 끌어올려서 구원한다고 보았는데, 이 현대 소비사회의 강력한 모방적 욕망과 질투라는 강력한 사회적 중력장으로부터 자유로워지기 위해서 기독교적 신비와 은총을 기대해 보자.

또한 모방적, 경쟁적, 질투적인 군중 현상의 정체를 폭로한 십자가를 중심으로 새롭게 모인 교회 공동체가 질투사회를 점차적으로 이해하고 치유하는 대안 공동체가 되도록 노력해야 한다. 교호는 새로운 폴리스로서 희생양 메커니즘을 치유하는 대조 공동체일 뿐 아니라, 질투를 조직적으로 자극하는 질투사회로서의 현대사회를 치유하는 대안 공동체로 기여해야 한다.

오스트리아에서 지라르 세미나에 참여하면서 초대교회의 기둥 성자(Pillar Saints)에 대한 이야기를 전해 들은 적이 있다. 모방적 경쟁으로 인해 사막에서 수도 생활을 했던 기둥 성자들도 모방적 욕망과 경쟁 그리고 질투심으로 인해서 기둥이 점차적으로 올라갔다는 이야기인데, 기독교적 성자라 할지라도 모방적 욕망과 경쟁으로부터 자유롭기가 얼마나 힘든지를 보여주는 이야기일 것이다.

4. 모방 욕망의 거품, 허영 그리고 적정 욕망

『마녀사냥의 경제학: 왜 아프리카에는 고층빌딩이 없는가?』[9]라는 도발적인 제목을 가진 책은 아프리카를 돕기 위한 자원봉사자로서 활동했던 스위스 어느 학자가 문화인류학적 관점에서 쓴 아프리카 사회의 내부 문제를 분석한 책이다. 또한 지라르의 문화 이론으로 깊이 영감 받은 작품이기도 하다.

매우 흥미롭고 진지하게 이 책을 읽고 나서 아프리카 사회에 대한 폄하보다는 한국적 휴머니즘에 대해서 깊이 인류학적으로 생각해 보았다. 저자는 참된 아프리카 발전이 지체되는 가장 큰 원인은 외부적 약탈구조보다는 시스템 내부, 곧 사회인류학적인 차원에 있다고 말한다. 서구적 교육을 받고 고향으로 돌아온 엘리트를 향한 인류학적 질투와 마녀사냥(단순한 집단심리학적 차원과 함께 전통적이고 제의적 차원까지 포함하는) 때문에 아프리카 사회는 보다 창조적이고 혁신적인 '모난 돌'이 되기를 두려워한다는 것이다.

사회 내부의 마녀사냥이 창조적이고 역동적인 발전을 저해하는 중요한 요인이라는 것이다. 질투와 마녀사냥이 아프리카의 참된 발전을 저해하고 있다는 것이다. 서양 근대적인 교육을 받고 아프리카 고향으로 돌아왔을 때, 고향 사람들부터의 질투와 시기에서 나오는 제의적인 마녀사냥에 대한 두려움이 진정한 현대화를 저해한다는 것이다.

---

[9] David Signer, *Die Ökonomie der Hexerei – oder Warum es in Afrika keine Wolkenkratzer gibt* (Wuppertal: Peter Hammer Verlag, 2004).

인류학적 현장 연구를 통해서 나온 이 지적은 아프리카 문화와 그 사람들에 대한 서구적 폄하가 결코 아니다. 기존의 정치, 사회적, 경제적 약탈 외부구조에 대한 관심으로부터 저자는 점차적으로 아프리카 사회의 사회인류학적 내부구조에 대한 관찰과 분석으로 그 관심을 옮겨간다. 저자는 '열대성 휴머니즘'이라는 개념으로 전통적 샤머니즘의 저주의 굿판처럼 아프리카의 많은 제의적 주술에 숨겨져 있는 질투와 시기의 코드를 읽어낸다.

 '모난 돌이 정 맞는다'라는 옛 속담은 희생양의 전형적인 특징에 대해서 잘 말해준다. 지라르가 말한 대로 희생양들은 비평균적이다. 평균 이상의 탁월한 미모, 지혜, 권력을 가진 자든지, 평균 이하의 장애인들이나 바보들은 쉽게 군중의 시선을 받게 되고, 또 쉽게 희생양이 된다. 이러한 동물행동학적인 메커니즘은 어린아이들의 세계에서 쉽게 찾아 볼 수 있다. 지라르 자신도 자신의 이론은 어린아이들의 집단행동에서 가장 쉽게 발견할 수 있다고 했다.

 이 속담은 얼룩말의 무늬처럼 집단의 시선을 피하고 희생양의 운명을 피해서 처신하도록 가르치는 인류학적 지혜다. 동서고금을 막론하고 모든 인류의 지혜는 군중의 질투심의 공격 대상이 되지 않도록 겸손을 가르친다. 이 속담은 또한 모방 욕망의 위험에 대해서 가르친다. 고대의 지혜 문서들은 바로 모방 욕망에 대한 매우 깊고도 예민한 이해를 가지고 있다. 인도의 카르마 교리와 카스트 제도도 바로 모방 욕망의 통제하기 위한 교리와 제도다. 인류는 오랫동안 집단의 질투심과 시선을 피하기 위한 지혜로서 겸손을 가르쳐 왔다.

 하지만 전통적 사회와는 달리 현대사회는 모방 욕망과 질투심을 창조적으로 긍정하는 사회다. 보다 성숙된 사회는 모방 욕망과 질투심 등과 같은 미메시스적인 것에 대한 섬세하면서도 세련된 이해 위에 서 있다. 현대사회는 질투사회(Neidgesellschaft)다. 질투사회와 피로사회는 현대사회를 특징짓는 중요한 개념이 되었다. 지라르가 말하듯이, 르상티망이야말로 현대인의 가장 전형적인 형이상학적 질병이 되었다.

독일어에는 '남이 무너지는 것을 즐거워한다'는 의미의 '샤덴프로이데'(Schadenfreude)라는 말이 있다. 이러한 표현이 독립적으로 존재한다는 것은 카타르시스적인 현상에 대한 독일인의 인문학적 이해가 깊다는 것을 보여준다. 모방 욕망과 질투심으로 뜨거운 우리의 파토스에 대한 인문학적 논의가 깊은 사회가 성숙한 사회다. 전통적 사회일수록 이 논의를 회피한다.

지라르 이후로 질투는 가장 중요한 인문학의 화두가 되었다. 어느 면에서 저급한 지하실의 감정이라 할 수 있는 질투심이야말로 인간적인, 너무나 인간적인 감정이다. 현대사회는 마녀사냥의 희생양 메커니즘에 대한 매우 민감하고도 세련된 이해에 기초해 있다. 지라르의 주장대로 근대 서구문명이 마녀사냥을 종식시킨 것이 아니라, 마녀사냥의 종식이 서구 근대 문명을 가져왔다.

주술과 샤머니즘의 심리적 동기도 질투다. 질투심을 극복하지 못해서 저주의 굿판을 통해서 경쟁자를 살해하려고 한다. 지라르가 해독한 것처럼, 희생제의는 바로 모방 욕망으로 인한 질투심 또한 그것으로 인한 집단 내부의 갈등을 외부로 배출하기 위한 장치다. 보다 원시적 희생제의의 화석형태인 샤머니즘과 주술의 가장 근본된 동기도 질투심이다. 스리랑카와 같은 불교 국가에서 이루어지는 저주의 의식도 결국은 질투심에서 나온

것이다.[10]

우리에게 잘 알려진 한국 샤머니즘의 '저주의 굿판'도 결국은 질투심으로부터 나온 것이다. 조선시대 장희빈은 인현왕후의 죽음을 기원하는 저주굿을 했다고 한다. 한국 무속에서의 저주의식은 지금도 부분적으로 이루어지고 있는데, 많은 경우 그것은 모방적이고 경쟁적인 질투심과 무관하지 않다.

우리는 무엇을 욕망할지 사실 모른다. 대부분 남을 따라 하면서 욕망한다. 아이들의 모방 욕망은 보다 원시적이다. 자신의 소유 이외에 단지 형제와 자매 혹은 친구가 가졌기에 그것을 가지고 싶어 한다. 필자도 어릴 때에 자전거를 죽도록 모방 욕망했다. 하지만 그것을 소유하고 나면, 며칠 못 가서 또 다른 것을 욕망했다. 타자에 대한 병적인 관심으로부터 자유하고 자신의 샘물 속에서 행복을 찾는 인간이 참 성숙한 현대적 개인이다.

인간이 스트레스가 많은 것도 자신의 모방 욕망 때문이다. 르상티망 때문에 인간은 영혼의 평화를 쉽게 누리지 못한다. 자신의 모방 욕망 때문에 스스로 노예가 되고 희생될 수 있는 동물은 인간뿐이다. 인간은 위대하면서도 참 어리석은 동물이다.

사법 제도가 존재하기 이전의 원시적 단계의 인류는 피비린내 나는 제의적 폭력으로 희생양을 살해하고 신격화시켰다. 사법 제도 이후 현대인은 많은 경우 보다 은밀하게 공동의 적에 대한 험담과 가십, 즉 언어폭력으로 집단의 연대감을 강화시키고 일시적인 카타르시스를 느낀다.

10　J. P. Feddema, "The Cursing Practice in Sri-Lanka as a Religious Channel for Keeping Physical Violence in Control: the Case of Seenigama," *Journal of Asian and African Studies* 32/3-4 (1997), 202-20.

인간만이 괜히 증오한다. 증오심은 질투심에서 나온다. 600만 명이라는 유대인에 대한 야만적 학살행위도 유대인을 향한 게르만족의 질투심을 제외하고서는 설명하기 힘든 것이다. 질투심은 모방 욕망 때문이다. 인간은 알고 보면 자기에게 별로 필요 없는데 남이 가진 것을 소유하고자 욕망하는 매우 폭력적인 동물이다.

지라르는 자신의 이론이 아이들의 세계에서 잘 증명된다고 말하는데, 아이들은 자신의 좋은 장난감을 가지고 행복하게 놀다가도 다른 아이가 가지고 있는 장난감을 가지고 싶어 하며, 그것 때문에 갈등과 투쟁도 일어난다. 옛말에 '남의 떡이 항상 커 보인다'는 것은 우리의 욕망이 얼마나 모방적이고 경쟁적인지를 보여준다. 인간의 폭력성은 유전자의 문제가 아니라 욕망의 모방적 성격과 구조 때문이다. 그러므로 평화를 위해서는 모방 욕망의 무상성과 비진정성에 대해서 큰 깨달음을 얻는 것이 중요하다.

인간만이 경쟁 자체를 위해서 경쟁을 지속하다가 스스로 파괴시킬 수 있는 유일하게 어리석은 동물이다. 동물들은 먹을 것을 위해서 경쟁하지만, 같은 종을 죽이거나 파괴하지는 않는다. 동물들도 일부 질투하기도 하지만, 가장 질투적인 존재는 가장 모방적이고 경쟁적인 동물인 인간이다. 질투는 인간적인, 너무나 인간적인 감정이다. 인간에게는 이런 통제 메커니즘이 존재하지 않으며, 강한 욕망의 모방성으로 인해 미래를 향해서 그 가능성이 열려 있다. 그것이 때로는 창조적으로 열려 있기도 하지만, 반대로 자기 파괴적으로 열려 있기도 하다.

인간은 선의로 토론을 시작했다가, 어느 순간 논점을 잊어버리고, 경쟁 자체에 빠져서 얼굴을 붉히는 어리석은 존재다. 서울 명동에서 속도 경쟁을 하다가, 대전까지 갈 수 있는 연약한 존재다. 우리가 모방적이라는 사실을 솔직하게 인정할 때 우리의 짐은 좀 가벼워지고 우리는 잠을 좀 더 편안하게 잘 수 있을 것이다.

왜 우리는 알프스의 소처럼 풀만 먹고 살 수 없는 것일까?

5. 소확행, 욜로, 모방심리 그리고 경쟁심리

요즘 젊은층에서는 소소하고 확실한 행복 '소확행'(小確幸)이 유행이다. 자신의 개인적이고 소소한 행복에 빠지는 것은 좋다. 타자에 대한 병적인 관심으로부터 해방되어 자기가 소유하고 있는 소소한 것에 자족하면서 행복을 추구하는 자세가 질투의 제국 속에서 살아가는 현대인들에게 꼭 필요하다. 또한 '욜로'(Yolo) 현상도 등장했다. 이는 "당신은 인생을 한 번 사니까"(Yolo, You Only Live Once) 당신의 행복을 위해서 오늘 하루 열심히 일하고 그 돈을 당신을 위해 쓰라는 정도의 의미를 가지고 있다.

하지만 소소하고 확실한 자기 것에서 행복을 추구하는 욜로와 소확행도 결국은 미메시스적인 중력장에서 벗어나지 못하고 있다. 소확행과 욜로도 많은 경우 페이스북과 인스타그램과 같은 SNS를 통해서 유행하고 있다. 인스타그램을 보면 여행 사진, 옷 사진, 비싸고 고급진 음식 사진들이 범람하면서, 모방적이고 경쟁적인 욕망을 불러일으킨다.[11]

앞에서 페이스북 초기 투자자인 지라르의 제자 피터 틸을 소개하면서 서술한 것처럼, SNS야말로 지라르의 미메시스 이론이 가장 잘 설명될 수

---

[11] "'소확행' 뒤에 가려진 진실." https://brunch.co.kr/@minsungdkim/219.

있는 공간이다. 페이스북과 인스타그램과 같은 SNS야말로 가장 뜨겁게 불타는 질투의 제국이요 모방적 욕망과 경쟁의 21세기 아레나가 되었다. 요즘에는 수많은 소소한 것들이 사회적 유행의 대상이 되고 있다. 그야말로 SNS는 초모방적인 관계망이 되었다.

한국인의 소비 패턴에는 분명 강한 모방심리, 경쟁심리, 집단심리 그리고 군중심리가 작용하고 있다. 우리가 맛집을 가는 이유에는 진짜 맛있는 집이어서 그런 면도 있지만 많은 경우 사람들이 맛있게 먹는 모습, 줄을 서서 기다리는 모습 등을 모방해서 간다. 아무리 맛있는 집이라도 사람들이 없다면 웬지 발걸음이 그 식당으로 향하지 않게 된다. 가끔씩 숲속 산책을 하면서 건강을 위해서 뒷걸음질 하는 사람들을 아무 생각 없이 모방하면서 같이 뒷걸음질하게 되는 경우가 있다. 거울뉴런은 오늘도 우리의 모방심리와 경쟁심리를 발생시킨다.

'사람이 분수를 알아야 한다'는 조상들의 지혜는 우리의 연약함에 대한 깊은 인류학적 성찰에서 나온 것이다. 하지만 근대로 들어오면서 분수를 넘어서는 것을 욕망하도록 자극받고, 도전받고, 강요받는다. 언제나 남의 떡이 커 보인다. 욕망은 많은 경우 시각적으로 발생한다.

견물생심(見物生心)이라 했다. 성경은 "안목의 정욕"이라 했다. 충동구매처럼 우리 욕망은 많은 경우 즉흥적이며, 남이 가진 것을 그저 바라보기 때문에 때로는 신경화학적으로 전염되어서 그것을 가지려고 한다. 모두 삼투성의 모방 욕망의 전염성에 대해서 말한다. 광고심리학의 가장 중요한 코드는 질투를 유발시키는 것이다. 지라르의 모방적 욕망 이론을 쉽게 이해하려면 왜 광고 모델이 필요한지를 보면 알 수 있다.

왜 물건 자체만 광고하면 되지 화려한 광고 모델을 중개시켜서 광고

하는가?

왜 샤넬백만 광고하면 되지 전지현이라는 광고 모델이 들고 있는 샤넬백을 광고하는가?

멋지고 화려한 자본주의의 모델을 시각적으로 관찰함으로, 우리 뇌 속의 거울뉴런은 우리의 욕망을 자극한다. 우리는 질투하도록 강요받고 조작받는다. 이사를 할 때면 우리에게 얼마나 별로 필요없었던 많은 것들을 즉흥적으로 모방해서 소비했는지 한 번쯤 생각해 보게 된다.

욕망의 모방성, 경쟁성 그리고 그 무상성과 비진정성에 대한 큰 깨달음이 참된 행복의 시작이다. 기독교는 붓다들처럼 욕망 자체를 악마화하는 세계 포기자(world-renouncer)보다는 욕망의 모방성, 군중성 그리고 비진정성에 대한 한 깨달음을 얻는 '세계 내적 포기자'를 성자적이고 이상적 인간성으로 제시한다. 창조 질서로서의 모방 욕망의 축복뿐 아니라, 모방 욕망으로 인한 죄악과 저주, 그리고 그 비참함을 동시에 말한다는 점에서 기독교의 인간 이해는 낭만적이지 않고 '비극적'이고 현실적이라 할 수 있다. 이것은 기독교 원죄론이 오래전부터 가르쳐 왔던 것이다.

과열된 군중성에 갈대처럼 흔들리지 않고 적정 욕망을 추구하는 포기자들이 기독교적 성자 모델이다. 기독교적 포기자는 자발적 가난과 청빈, 자발적 불편 그리고 세계 내적 금욕주의적 영성을 추구한다. 모방 욕망의 포기자들이 욕망의 독립운동과 욕망의 모방성에 대한 계몽 운동을 일으켜 질투의 제국과 피로사회 그리고 새로운 '폭력적 근접성' 속에 살아가는 과열되고 파편화된 포스트모던적 자아를 치유하기를 기대해 본다. 지라르는 현대사회를 '폭력적 근접성'이 지배하는 사회로, 그리고 '타자에 대한 병적인 관심'이 지배하는 사회로 분석한 바 있다.

기독교는 인류를 보다 성숙하도록 불렀다. 기독교는 인류로 하여금 보다 복잡하고 뜨거운 질투사회라는 새로운 문화를 탄생시키도록 했다. 이제는 모방적 욕망에 대한 보다 성숙한 이해가 필요하고 또한 욕망의 독립운동이 필요하다. 교양 있고, 품격 있고, 문명화된 신사는 질투의 제국 속에 살면서도 그 뜨거운 복잡성을 관용하면서, 아프더라도 견디어 내는 사람이라 할 수 있을 것이다.

문화국가(Kulturstaat)는 모방적 욕망에 대한 인문학적 성찰로 갈등 조정을 세련되고 섬세하게 할 줄 아는 국가다. 질투사회(Neidgesellschaft)가 21세기 현대 인류에게 새로운 인간 조건(*conditio humana*)이라면, 이제는 모방적 욕망으로 인한 질투심과 르상티망에 대한 보다 세련되고 섬세한 이해와 성찰이 필요하다.

우주와 문화의 기원
정일권 지음 | 신국판 | 344면

한국의 대표적인 지라르 연구가이자 전문가인 정일권 박사가 반자연과학적 정서를 가진 포스트모던 철학과는 달리 보편성과 과학성을 주장하는 르네 지라르의 미메시스 이론과 현대 자연과학의 통섭적 연구를 모색한 책이다. 과학철학적 논의를 담고 있는 본서에서는 빅뱅우주론, 양자물리학 등 현대 자연과학의 새로운 발견들로 인해 일어난 자연신학의 르네상스에 대한 최신 연구들을 창조-타락-구원-완성이라는 기독교적 세계관의 틀 속에서 논의하면서 삼위일체론적 만유이론을 시도하고 있다. 21세기 인공지능, 과학과 신학의 대화 그리고 다중우주론과 불교 철학에 대한 비판적 논의 등 다양한 주제들에 대해 융합/통섭/학제적으로 접근하며 논의한 책이다.